SOCIÉTÉ ARCHÉOLOGIQUE D'EURE-ET-LOIR.

CARTULAIRE

DE

NOTRE-DAME DE CHARTRES.

SOCIÉTÉ ARCHÉOLOGIQUE D'EURE-ET-LOIR.

CARTULAIRE

DE

NOTRE-DAME DE CHARTRES

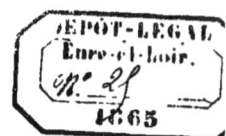

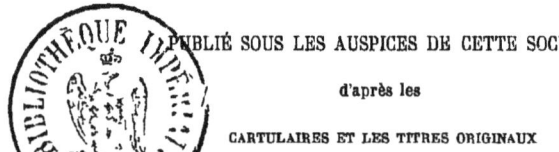

PUBLIÉ SOUS LES AUSPICES DE CETTE SOCIÉTÉ

d'après les

CARTULAIRES ET LES TITRES ORIGINAUX

PAR MM. E. DE LÉPINOIS ET Lucien MERLET

TOME DEUXIÈME

CHARTRES.
GARNIER, IMPRIMEUR, RUE DU GRAND-CERF, 11.

1863.

CHARTULARIUM

ECCLESIÆ

BEATÆ MARIÆ CARNUTENSIS

EX AUTOGRAPHIS

ET ALIIS INSTRUMENTIS NOVISSIME COLLECTUM.

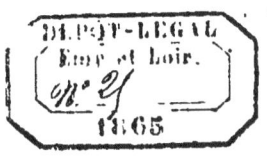

CXLIII.

De pace inter dominos de Chavernaio et majorem de *Auviler*, super quibusdam pertinentibus ad Capitulum Carnotense. »

(1200, 16 mars.)

« Ego Ludovicus, Blesensis comes et Clarimontis, notum facio universis presentem paginam inspecturis quod contencio vertebatur inter Philippum et Gaufridum et Henricum de Chaverneto[1] et Pucelinam, matrem eorum, ex una parte, et inter Gaufridum, majorem de Auviler, ex altera, super quodam homagio et super quibusdam consuetudinibus quas predicti fratres et mater eorum a predicto majore exigebant; e contrario major hoc se eis debere constanter negabat. Tandem vero, prudentum et discretorum virorum mediante consilio, contentio ista finem sortita est in hunc modum : predicti fratres Philippus, Gaufridus, et Henricus, et Pucelina, mater eorum, in hoc concorditer convenerunt quod, pro pace de cetero firmiter obser-

---

[1] La famille de Chavernay était une des plus considérables du pays chartrain; mais l'éclat de son blason se ternit au XIIIe siècle par le meurtre que commirent deux de ses membres sur la personne du grand-chantre Renaud de Lépine (voir plus loin, à l'année 1251).

vanda, concesserunt et, fide interposita, ratum in perpetuum habuerunt quod predictus Gaufridus, major, et pater ejus Ernaudus et Bernardus, carpentarius de Auviller, de contencione predicta super sacrosanctas reliquias possent legitime jurare, nec de cetero post juramentum ipsorum aliquid ultra super majorem reclamarent, nisi hoc solummodo quod post sacramentum suum legitime dicerent. Jurati itaque major et pater ejus et Bernardus dixerunt quod major debet facere homagium heredi de Chaverneto, cui accidet homagium jure hereditario, de justiciis et redditibus fideliter conservandis que veniunt ad manum domini de Chaverneto de territorio extra arpenta, salvo integre jure Capituli Carnotensis. Quando vero dominus de Chaverneto accipit homagium majoris, major ei pro omni servicio xx solidos erogat, nec ad magis potest eumdem majorem efforciare pro servitio homagii istius. Item juraverunt predicti, major scilicet et pater ejus et Bernardus, quod antecessores sui granicam et arpentum in quo sita est tali conditione a dominis de Chaverneto in dono acceperunt quod, singulis annis, pro granica illa, duos denarios Capitulo Carnotensi redderent; quod si ullus majorem de granica illa molestaret vel gravaret, predictum Capitulum Carnotense, prout debet, majorem ab omni injuria illata liberaret et defenderet. Predictus vero major talem debet facere granchiam illam quod dominus de Chaverneto nullum inde dampnum percipiat, defectu clausture aut cooperture. Si vero hujusmodi defectibus dominus de Chaverneto dampnum aliquod sustinuerit, prefatus major dampnum domino de Chaverneto rationabiliter emendabit. Tempore vero messium, cum prima garba campipartis debebit afferri, major clavem granice illius sine dilatione tradet servienti domini de Chaverneto, qui eam tenebit et granicam custodiet donec omnes segetes campipartis intus afferantur et rationabiliter possint triturari, scilicet usque ad festum sancti Remigii tantummodo; et tunc sine contradictione tenebitur serviens de Chaverneto reddere clavem majori, nisi forte prius segetes triturentur, et tunc etiam clavem et granicam major libere possidebit. A festo autem sancti Remigii usque ad tempus messium, rursum habebit major granicam libere ad usus suos sicut suam, cum farraginibus et paleis et veciis, et has farragines et paleas et vecias, sicut predicti juraverunt, et major et antecessores sui semper habuerunt a Capitulo Carnotensi et tenuerunt et relevaverunt. Major vero in granica illa, quotiens opus est, tenetur querere scopas et palas et vannos et que ad mundandas segetes sunt vel erunt necessaria. Hec itaque, ut predicta sunt et sicut predicti homines juraverunt, prenominati fratres de Chaverneto et eorum mater Pucelina, fide corporaliter prestita, in perpetuum servanda et fideliter tenenda, concesserunt majori et heredibus suis in perpetuum libere et quiete possidenda. Ego autem, ad preces et peticionem utriusque partis, quia hoc ad feodum meum spectat, firmiter tenendum et garandizandum manucepi. Quod ut ratum habeatur et firmum, litteris commendavi et sigillo meo confirmavi. Testes sunt, Petrus de *Villerbeton* [1]; Robertus de Mesio; Willelmus de Bardileriis; Hugo *Oliver* de Feritate; Raginaldus, mareschallus; Robertus, frater Teobaldi, cancellarii mei; Teobaldus de Hervevilla, clericus meus; Philippus Savagius, clericus; Johannes, Vindocinensis archidiaconus; Odo, diaconus; Matheus de Parisio; Odo, filius Henrici de Bonevalle; Hardoinus, carnifex; Petrus, armiger; Petrus de *Viller;* Mauricius de Mamberoliis. Actum Carnotum, anno ab incarnatione Domini M°C° nonagesimo nono. Data per manum Teobaldi, cancellarii, xvi die marcii. »

(*Orig. en parch.;* Arch. d'Eure-et-Loir, fonds du Chap., C. XCIII, K, 1. — Bibl. Imp.; *Livre des Priv. de l'égl. de Ch.,* cart. 28, p. 122, et 28 bis, f° 57 r°.)

CXLIV.

« De consuetudinibus ecclesie littera ad Capitulum Cenomanense. »

(vers 1200.)

« Venerabilibus ac dilectissimis in Christo, fratribus et amicis, Nicolao decano et Capitulo Cenomanensi, Gaufridus decanus et universitas Capituli Carnotensis, salutem, cum devoto fraterne karitatis affectu. . . . . . In primis, noveritis quod quilibet ecclesie nostre canonicorum super qualibet personarum de familia sua, communitatis, et uxoribus ac liberis, ceteris que fami. . . . . ac fratre suo et concanonico, si ejus frater commensalis est, plenam omnium habet tuicionem, cum juridictionis ecclesiastice et secularis integra potestate. Quod si canonicus de aliquo suorum justiciam exibere refugerit, conquerenti defectum suum cogetur per ipsum

[1] Ce chevalier figure comme témoin dans l'enquête de 1194-1195 (voir vol. 1er, p. 230).

Capitulum emendare, tota, si opus fuerit, ad Capitulum questione delata, omni prorsus episcopi nostri circa hoc aucthoritate seclusa; quod de clericis chori non canonicis similiter observatur. Si vero Capitulum ipsum in juris exhibicione defecerit, tunc tandem per episcopum nostrum tota universitas nostra cogetur, ut plenam faciat conquerenti justiciam exhibere; quod semper, ubi contra totum Capitulum ab extraneis agitur, observatur. Episcopus enim universitatis nostre judex est erga extraneos, et universitas judex est singulorum; ita quod minimus eciam ecclesie nostre canonicus, ab episcopi juridictione liber penitus et immunis, ipsi Capitulo, prout domino suo, stat aut cadit[1]. Persone tamen ecclesie nostre, que et ipse canonici sunt, super hiis que universitatem nostram tangere non videntur possunt coram episcopo, in claustro tamen et non alibi, conveniri, et juri stare tenentur, sub reliquarum examine personarum, racione fidelitatis quam ipsi episcopo, sub hominio personatibus ipsis annexo, ex antiquis temporibus consueverint astringi. Que videlicet iste persone, sub hiis que nostre sunt potestatis, utpote super prebendis, terris, hominibus, consuetudinibus nostris, nulla possunt racione ad episcopum trahi. Ad hoc, in ecclesiis dominationis nostre, atque ministris et parochianis eorum, nec episcopus, neque archidiaconus, ullam obtinet potestatem; sed comprebendales eorum locorum canonici, pro disposicione Capituli, plena ibidem archidiaconi vice funguntur, appellacionibus tamen et hujusmodi que alibi ad episcopum pertinent Capitulo reservatis. Super ordinacionibus clericorum canonicorum et dedicationibus ecclesiarum et hujusmodi que nonnisi ab episcopo fieri permittuntur, noster est episcopus, si presens fuerit, requirendus; super quibus tamen, ipso forte absente, vel ea exequi recusante, alterius episcopi licite possumus suffragium implorare. Si quis autem nostrorum, vel universitas nostra, sive clerici de choro nostro contra quamlibet personam, vel collegium dyocesis Carnotensis, causam habuerit, super hiis que ad tuicionem ecclesie pertinere noscuntur, archidiaconus ille ad quem id pertinet ex officio, inrequisito episcopo, causam ipsam tenetur, citato reo, ad Capitulum revocare, dictatam tandem a Capitulo ipso sentenciam effectui mandaturus;

---

[1] Ces priviléges du Chapitre contre l'Evêque furent la cause de longs débats commencés dès le XIV° siècle sous Robert de Joigny, et terminés seulement en 1700 sous Godet des Marais. Le Chapitre, comme nous l'avons déjà dit, finit par succomber dans la querelle.

quam etiam ipsam sentenciam idem archidiaconus tenetur gradatim, pro arbitrio Capituli et rei exigencia, postmodum agravare, vel pocius exequi a Capitulo agravatam, et decanos ac presbyteros quibus incumbit, ad ipsius observacionem sentencie, ipso Capituli loco, ad mandatum Capituli, fidei vel juramenti astringere caucione, episcopo nostro, nec ante sentenciam nec post, de jure aliquatenus retinente. In requirendis autem malefactoribus nostris hunc ordinem observamus quod malefactor noster, si presens fuerit in loco ubi delictum committitur, ipse est in propria persona requirendus; alioquin, requisito ejus officiali ad quem id noscitur pertinere et juri stare nolente, terram illius eidem officiali commissam interdicto supponimus, ordine prenotato. Hiis et duximus adnectendum quod in generali sinodo injungitur ab episcopo presbyteris, annuatim, ut quicumque ipsorum hominem, predam, sive quamcumque rem ecclesiastice protectioni subjectam, in sua invenerit parrochia captam violenter, sive detentam, eam statim reddi postulet aut recredi ; quod si nequiverit obtinere, locum illum statim subteret interdicto. Quod si res capta ad aliam forte parrochiam transferratur, ad ipsum monebit ejusdem parrochie presbytero faciendum. In recredentia vero facienda major ille sive alterius nominis serviens ad cujus curam et officium res capta noscitur specialiter attinere, ipse et non alius detentori fidejussor,. pro justicia exibenda ubi debetur, assignatur. Quod si forte detentor ipse recredentiam negaverit, rem alienam violenter captam, sive seisitam, tenere aliqua occasione contendens, non per exceptionem nec per appellationem potest aliqua racione tueri quominus eam reddere vel recredere compellatur. Addimus preterea quod ecclesia nostra vel civitas Carnotensis nec per episcopum, nec per aliam ecclesie nostre personam, nisi per Capitulum nostrum, potest interdicto supponi; quod utique licet Capitulo pro delicto principis aut ministrorum suorum, qui et propter hoc extra urbem minime requiruntur, omni episcopi contradictione cessante, dum tamen, ob sui reverenciam et honorem debitum, tantummodo, si presens fuerit, requiratur. Semel autem lata pro querelis nostris aut nostrorum sentencia in quocumque tocius dyocesis loco, quoadusque de ipsis fuerit nobis integre satisfactum, non potest de jure ab archidiacono vel ab episcopo seu ab alio aliquatenus relaxari, salva tamen archidiaconi emendacione delicti, qui districtum vel rectum vulgariter appellatur, super qua etiam archidiaconi a Capitulo requisiti, ejus consueverunt acquiescere voluntati. Et notandum quod in justicia exigenda vel exercenda, negocium Capituli per majorum absenciam personarum nullatenus recordatur, cum, eis forte absentibus, ebdomadario sacerdoti, urgente negocio, liceat capitulum convocare et justitiam nihilominus exercere ; archidiaconi vero vices suas ad hoc tenentur committere alicui canonico in ecclesia residenti. Has vero et alias consuetudines ac libertates nostras scriptas et non scriptas et maxime privilegiatas, que non omnes scripto vel in memoria possunt ad presens facile comprehendi, Episcopus noster, quicumque pro tempore fuerit, tenetur nobis, per juramentum ex consuetudine debitum, ante ipsius consecracionem, publice in capitulo prestandum, fideliter tenere ac fideliter observare. Verum si episcopus vel archidiaconus premissis libertatibus nostris duxerit obviandum, nos, in ipsius confusionem et penam, cathedralem ecclesiam, excepto tamen sonitu campanarum, supponere possumus interdicto [1]. Quin etiam archidiaconum ipsum, sicut quamlibet aliam juridictionis nostre personam, possumus per nos ipsos, omnium contradictione cessante, episcopum vero, tanquam juratum libertatis nostre. . . . . per majorem judicem, pro rei exigencia, severius cohercere. . . . . Incumbit vobis quatinus reverendum patrem ac dominum Hamelinum, divina providentia, episcopum vestrum, qui vos et ecclesiam vestram tam inestimabili dicitur libertate donasse, pre omnibus benefactoribus vestris, post primum ipsius ecclesie fundatorem, honorare in omnibus humiliter et devote et. . . . semper devocione diligere studeatis. »

(Bibl. Imp.; *Livre des Priv. de l'égl. de Ch.*; cart. 28, p. 186.)

CXLV.

« De dono Hemerici de Blandevilla [2]. »
(c. 1200.)

« G[aufridus], decanus, et universitas Capituli Carnotensis. . . . .
Le Chapitre consent à ce que le chanoine Aymery de Blandainville lègue

---

[1] C'est en vertu de ce privilége que le Chapitre refusa, en 1319, d'ouvrir les portes de la cathédrale à l'archevêque de Sens, métropolitain, déserta le chœur et le lieu capitulaire, en 1322, lorsque Robert de Joigny se présenta pour y entrer, et, en 1466, excommunia et tenta de chasser de l'église l'évêque Miles d'Illiers.

[2] L'anniversaire d'Aymery de Blandainville était au XIIIe siècle à la charge des prébendiers de Charonville. (Voir *Polyptyque*, à la fin de ce volume.)

à son neveu Adam, fils d'Ives de Blandainville, suas domos quas de ecclesia habebat, et precariam suam de Tremismonte, et duos agripennos terre apud Haraiam que habebat de ecclesia, et vineas suas de Submonte cum torculari, et terram apud Blandenvillam quam ecclesie Beate-Marie acquisierat, *à la condition que ledit Adam, tant qu'il détiendra les vignes, paiera chaque année 40 sous pour l'anniversaire de sondit oncle Aymery. Si Adam meurt avant l'âge de vingt ans, son frère Eudes, clerc, lui succédera dans les biens dont il s'agit, sous la même condition.* »

(Bibl. Imp.; *Liv. des Priv. de l'égl. de Ch.,* cart. 28 bis, f° 86 v°.)

CXLVI.

« De pace inter Capitulum et dominum de Insula super territorio de Desconfectura. »
(1201, janv.)

« Ego Robertus, de Insula dominus, notum facio presentibus et futuris quod, cum super rebus quibusdam, ad territorium Desconfecture pertinentibus, inter me et Carnotense Capitulum controversia verteretur, comperiens quod ecclesiam vexarem indebite, presertim cum res illas super quibus litigium moveram per LX annos ecclesia possedisset, universa illa in integrum que in litigium vertebantur, una cum filiis meis Raginaldo et Goffredo, in Carnotensi capitulo abjuravi, et quod ab heredibus meis idipsum ratum haberi facerem juramento firmavi. Que et ut dilucidius pateant ex ordine enumeranda decrevi. Canonicus, qui precariam illam, nomine Capituli, possidebit, donationem ecclesie ejusdem ville, herberiagium, viridarium, nemus domui contiguum, pratum per se habet, in quibus michi cum eodem non aliquid est commune, nec in hiis que ad manum devenerint sacerdotis, in minutis scilicet pecudum decimis et oblationibus; nec ego aut heredes mei in villa possumus habere herberiagium aut in ea cum expensis hominum et detrimento jacere. Grangia vero ad communes recipiendos redditus de communi debet construi, in expensis canonici et meis aut meorum heredum. Canonicus in furno furnerium instituit, me irrequisito, sed institutus fidelitatem michi faciet de jure meo michi, per manum prepositi ejusdem ville, fideliter persolvendo. Similiter canonicus in molendino molendinarium instituit, qui michi vel heredibus meis de conservando jure meo, sicut predixi, fidelitatem parabit. De molendini autem proventibus tercia pars erit mea vel meorum heredum, tercia canonici, tercia prepositi, qui dirutum debet molendinum reficere in nemore et platea; et ego et canonicus communiter illi debemus ligna necessaria providere si in illis nemoribus meis in quibus homines ville suum habent usuarium inveniri non possint, qui debet etiam suis expensis dirutam stagni reficere calciatam. Prepositus etiam ville homo est ligius canonici et feodum suum ab eodem habet integre; de mea vero portione a me vel heredibus meis tres sextarios annone et totidem avene percipiet annuatim, per cujus manum universi ville recipiuntur redditus, preter illa que ad manum presbyteri deferuntur. De jure canonici est placita sine me vel meis heredibus tenere et omnes justicias majores et minores facere per se vel per prepositum; de forefactis et de emendatis injuriis, que tamen a canonico non fuerint condonata, ad me vel heredes meos debet medietas devenire, et omnia forefacta usque ad LX solidos potest canonicus condonare. Illa vero que fuerint LX solidorum et amplius sine me non potest remittere, immo mihi est vel meis heredibus exinde medietas persolvenda; nec potest ad recipiendos redditus vel placita tenenda, vel justicias faciendas, nisi solus institutus prepositus qui homo est solius canonici, et ab ipso solo de hiis que habet omnibus feodatus; et nihil nobis debet preter fidelitatem de nostris redditibus fideliter persolvendis. Canonicus item et omnes hospites territorii Desconfecture usuarium suum habent in omnibus nemoribus meis citra Ligerum, preterquam in defenso Insule et Morenesio, vivum videlicet nemus ad edificia construenda et mortuum ad ardendum, et pascua ad animalia omnia, et pecudes, et glandes, et fogeriam. Porci autem omnes de territorio Desconfecture ab submonitionem prepositi semel in anno possunt pasnaiari; et redditus pasnagii communes sunt per medium canonico et michi, vel meis heredibus. Si quis vero tantum tres porcos vel pautonzes *(sic)* habuerit, pasnagium eorum erit prepositi et servientis de pertico commune; et in recognitione usuarii habet serviens de pertico, in crastinum Natalis, unum panem aut unum denarium de hostisia unaquaque. Hospites autem tenentur communia blada, quamcumque in partem voluerimus, ducere tribus leugatis terre, et tenentur etiam adducere canonico nemus ad calefaciendum et ardendum et ad grangia, furnum et molendinum construenda. Si molere poterit molendinus Desconfecture, omnes hospites ibi molient per bannum; si autem non possit, ad molendina de

Fortunesio molere tenebuntur, et ibi per unum diem et unam noctem tantum expectabunt; et, si infra hunc terminum non possint molere, ex tunc quocumque voluerint libere poterunt se transferre. Si vero eos ego vel heredes mei in alio molendino inveniremus molentes, vel ab alio redeuntes, asinum possemus extra territorium Desconfecture capere cum farina, sed in corpore hominis manum mittere non possemus. In territorio vero Desconfecture nihil prorsus possemus capere ego, vel heredes mei, sed nec extra territorium quod ad Desconfecturam pertineat possemus capere nisi ad presens forifactione caperetur. Si redditus ville communes aut homines aut eorum res impedirentur alicubi, maxime cum libertates eorum, quas in vicinis castris easdem cum hominibus nostris habent, defendere teneamur, nos liberationi eorum pro juribus intendere tenemur, et canonicus justiciam sancte ecclesie querere, qui relaxari non potest quousque nobis et nostris fuisset hominibus plenarie satisfactum. Stagnum autem nobis et canonico est commune. Si homines Desconfecture blada nostra extra Desconfecturam duxerint, tenemur eis in pane et vino providere. Si homines Desconfecture michi vel heredibus meis in aliquo forifecerint, nisi ad presens forifactum et extra territorium Desconfecture capti fuerint, de eis per manum canonici vel prepositi justiciam habebimus. Census et vende michi vel heredibus meis et canonico communes sunt, qui etiam per manum prepositi recipiuntur. Quod ut ratum perseveret et firmum, ego et Raginaldus, filius meus, scribi fecimus et sigillorum nostrorum munimine roborari. Actum publice, in capitulo Carnotensi, presente domino Raginaldo, Carnotensi episcopo, et multis aliis tam clericis quam laicis. Anno gracie M°CC°, mense januario. »

(Bibl. Imp.; *Livre noir*, cart, 43, p. xv v°.)

CXLVII.

De quadam decima, assignata « anniversario Guidonis [1]. »
(août 1201.)

« Henricus, Carnotensis ecclesie archidiaconus, omnibus ad quos littere iste pervenerint, in Domino salutem. Notum esse volumus universis presen-

[1] Cet anniversaire était à la charge des prébendiers de Bennes (voir *Polyptyque*).

tem paginam inspecturis, quod Manerius, miles, decimam quam possidebat apud Gilenvillam, pro L libris carnotensis monete, magistro Guidoni, Carnotensi canonico, sub hac pignoris conventione obligavit quod ipse G[uido] canonicus, vel quicumque e mandato ipsius predicte decime fructus, frugum, leguminum, et, exceptis straminibus et farraginibus, universorum absque ulla exceptione, singulis annis integre percipiet; nullum autem servitium aliquis dominorum, a quibus dictus Manerius predictam decimam tenet, quamdiu sepedictus G[uido] vel quicumque e mandato ipsius predictam decimam tenuerit, exigere poterit. Si moneta carnotensis deterioraretur, XLVIII libras parisiensis monete sepedictus Manerius vel heres ejus solvere teneretur. Preterea Manerius vel heres ejus granicam ad conservandas segetes sufficienter preparabit. Illi qui decimam habebunt clavem et custodiam in autumpno sibi servabunt. Quandocumque predictus Manerius predictam pecuniam reddere voluerit redimere licebit. Hanc conventionem approbaverunt, et, data fide corporaliter, tenendam promiserunt Hersendis, uxor predicti Manerii, et filii ejus Hugo, Galerandus et Nicholaus, domini feodi Hugo et Willelmus et Hamericus de Loesvilla. Testes hujus pactionis sunt : Radulfus, decanus Curveville; Garnerius de Gaiis; Henricus, nepos capicerii; Nicholaus, tunc temporis episcopi chamerarius; Mauricius de Gondrevilla; Hugo de Loesvilla; Robertus de Nogento; Johannes, clericus Henrici de Corbollio; Willelmus et Dionisius de Bonavalle; et Robinus Chonie, tunc clericus Henrici archidiaconi; Domellus; Herveus, major de *Kaelennes;* Johannes Lardelerius; Stephanus, clericus magistri Guidonis; et Milo, clericus decani de Alneolo. Nos autem, ad petitionem ipsorum predictorum, litteras istas fecimus annotari et sigilli nostri impressione muniri. Actum Carnoti, in domo Henrici archidiaconi, anno Domini M°CC° primo, mense augusto. »

(Bibl. Imp.; *Livre des Priv. de l'égl. de Ch.*, cart. 28 bis, p. 88 v°.)

CXLVIII.

(1201, août.)

Sentence arbitrale rendue par Hugues d'Amilly et Robert de Bérou, devant qui le procès avait été renvoyé par les abbés de Saint-Germain, de Sainte-Geneviève et

de Saint-Victor, et du consentement de Renaud de Beauvoir, chanoine de
Chartres, et de Geoffroy de Gallardon, écuyer, parties entre lesquelles était la
contestation : laquelle sentence donne audit sieur de Beauvoir la possession du
fief de la mairie de Chartainvilliers [1], la moitié du champart dans chaque
champtier du terroir dudit lieu, et au maire l'autre moitié dudit champart avec
les étrains, à l'exclusion du sieur de Gallardon, déchu de ses prétentions.

(*Inv. du Chap.*, C. LXVI, JJ. 1.)

CXLIX.

« De prebenda hospitalis Rome. »
(1201, 10 novembre.)

« Innocentius, episcopus, servus servorum Dei, dilectis filiis decano et Capitulo Carnotensi, salutem et apostolicam benedictionem. In nostra presentia constitutus venerabilis frater noster episcopus Carnotensis, pro animabus tam sua quam predecessorum et successorum suorum, hospitali Sancte-Marie-in-Saxia [2], de voluntate nostra, prebendam in ecclesia Carnotensi, ad opus infirmorum et pauperum, pia liberalitate concessit, et nos concessionem ipsius, nomine hospitalis ejusdem, recepimus et auctoritate curavimus apostolica roborare; decernentes irritum et inane si quid de prebenda, vel nunc vacante, vel in proximo vacatura, contra hoc, quod non credimus, fuerit attemptatum. Ne autem ex hoc ecclesia vestra solito servitio defraudetur, pastorali volentes sollicitudine providere, volumus et presentium auctoritate concedimus ut, juxta dispositionem ipsius episcopi, aliquis statuatur qui pro ea deserviat et in ea ecclesie Carnotensi terciam partem proventuum ejusdem prebende in integrum percepturus, duabus reliquis hospitali supradicto, annis singulis, in integrum persolvendis [3]. Ideoque

---

[1] Le Chapitre céda au maréchal duc de Noailles, au mois de novembre 1753, tout ce qu'il possédait à Chartainvilliers.

[2] Cet hôpital, ainsi appelé de l'église Sainte-Marie-des-Saxons, près Saint-Pierre, à Rome, dont il était voisin, venait d'être fondé par Innocent III. Ce pape l'unit, en 1204, à celui du Saint-Esprit établi à Montpellier par Gui, fils de Guillaume VII, seigneur de cette ville, et en fit, par bulle de 1208, le chef d'ordre des Hospitaliers du Saint-Esprit.

[3] Renaud de Mouçon ne donna à l'hôpital de Sainte-Marie-des-Saxons, comme le dit la bulle, que les deux tiers de la prébende : l'autre tiers demeura à l'usage du Chapitre de Chartres et forma ce que l'on appelait la *prébende du Saint-Esprit*, dont le possesseur, jusqu'à la Révolution, ne jouit que d'un tiers du fruit des autres prébendes, bien que

discretioni vestre per apostolica scripta mandamus et precipimus quatinus quod ab eodem episcopo factum est intuitu pietatis et a nobis auctoritate apostolica confirmatum, gratum habeatis et ratum et inviolabiliter observetis, vestrumque consensum per patentes nobis curetis litteras intimare. Alioquin noveritis nos eidem, et venerabili fratri nostro Aurelianensi episcopo, et dilecto filio abbati Vindocinensi mandasse ut vos ad ea, monitione premissa, per censuram ecclesiasticam, appellatione remota, compellant. Datum Anagnie, iiii idus novembris, pontificatus nostri anno quarto. »

(*Orig. en parch. bullé;* Arch. d'Eure-et-Loir, fonds du Chap., C. I, T, 1. — Bibl. Imp.; *Livre des Priv. de l'égl. de Ch.*, cart. 28, p. 33 et 28 bis, f° 14 r°.)

CL.

Innocentius, papa III, collationem beneficiorum Reginaldo, episcopo Carnotensi, ablatam restituit.

(1201, 11 novembre.)

« Innocentius, episcopus, servus servorum Dei, dilectis filiis Capitulo Carnotensi, salutem et apostolicam benedictionem. Olim dilectus filius noster P[etrus][1], tituli sancti Marcelli presbiter cardinalis, tunc apostolice sedis legatus, venerabilem fratrem nostrum Carnotensem episcopum a beneficiorum collatione suspendit. Nos autem, providere volentes ne beneficia, que pertinebant ad donationem ipsius, diutius vacare contingeret, venerabili fratri nostro Parisiensi episcopo et dilecto filio abbati de *Sarnai* dedimus in mandatis ut, post recessum venerabilis fratris nostri O[ctaviani][2], Hostiensis episcopi, tunc apostolice sedis legati, prebendas et beneficia, que tam in ecclesia, quam in diocesi Carnotensi vacarent, dum tamen ad donationem episcopi pertinerent, omni contradictione et appellatione postposita, idoneis personis conferrent; et quia idem episcopus, postquam in eum fuit hujus-

---

les deux autres tiers eussent été rachetés par Renaud des Moulins, chambrier, qui les transporta au Chapitre. En 1598, Pierre le Guerre, pourvu de la prébende du Saint-Esprit, demanda que toutes les prébendes fussent égales en revenu et que le gros de la sienne fût pareil à celui des autres chanoines; mais il fut débouté de sa requête par arrêt du Parlement du 14 avril. (*Invent. du Chap.*, C. I, R, 2.)

[1] Pierre de Capoue, cardinal du titre de Saint-Marcel, légat en France de 1198 à 1200.

[2] Octavien, cardinal du titre de Saint-Serge et Saint-Bacche, puis évêque d'Ostie, légat en France en 1200 et 1201.

modi promulgata, dicebatur de facto quia de jure non poterat quedam beneficia contulisse, eisdem episcopo Parisiensi et abbati de *Sarnai* per scripta nostra mandavimus ut collationem hujusmodi ab eodem Carnotensi episcopo factam, auctoritate apostolica, sublato appellationis obstaculo, nuntiarent irritam et vanam, et, illis qui ea per collationem seu concessionem dicti episcopi detinerent ab illorum detentione prorsus amotis, ea idoneis personis conferrent. Postmodum etiam pro dilecto filio magistro P[etro] Tornodorensi, quem idem etiam Parisiensis episcopus de honestate ac litteratura per sua nobis litteras commendarat, ipsi meminimus nos scripsisse, ut ei prebendam, si qua in ecclesia Carnotensi vacaret, apostolica curaret auctoritate conferre, alioquin donationi nostre reservatam denuntiaret proximo vacaturam, persone idonee conferendam. Cum ergo nuper, ex obitu cujusdam canonici Carnotensis, qui predictum sequebatur episcopum ad sedem apostolicam venientem, prebenda quedam in ecclesia Carnotensi vacasset, nos illam magistro concedentes eidem, ipsum de ea, presente prefato Carnotensi episcopo, manu propria curavimus investire. Eundem autem episcopum, in nostra presentia constitutum, laboribus ejus pio compatientes affectu, de solita sedis apostolice mansuetudine benigne recepimus, et recepto ab eo publice juramento quod mandatis nostris, tam super offensa interdicti ab initio non servati quam causa suspensionis predicte, parebit, ei gratiam nostram restituimus et favorem, et eum post cautionem hujusmodi ab utraque sententia qua tenebatur duximus absolvendum; mandantes ei sub debito juramenti ut, quoniam in collatione beneficiorum duobus modis excedere diu publice dicebatur, quia videlicet minus digne et minus dignis beneficia conferebat, gratis beneficia conferat, sine pretio scilicet convento, pollicito vel recepto; et, ut dignis conferat, dilectos filios decanum et magistrum scolarum Aurelianensium ei ad consilium duximus deputandos, ut de utriusque vel alterius saltem consilio, quamdiu nobis placuerit, personas beneficiandas assumat; quibus damus per nostras litteras in mandatis ut ei sanum et honestum consilium studeant exhibere, nullam tamen difficultatem penitus adhibentes cum dignis ecclesiastica beneficia voluerit elargiri, cum, ex eo quod ipsos ejus consilio deputamus, potestatem ipsius ledi nolimus in aliquo, sed potius adjuvari. Predicto etiam Parisiensi episcopo per apostolica scripta mandamus ut, si qua beneficia, que ad donationem ejusdem Carnotensis episcopi pertinerent, cum prefato abbate de

Sarnai, ante susceptionem litterarum nostrarum, concessit, ea faciat ab hiis quibus concessa sunt pacifice possideri; contradictores, si qui fuerint, vel rebelles ecclesiastica censura compescens. De cetero vero cum idem sit episcopus restitutus, sepedictus episcopus Parisiensis et abbas nulla penitus in ejus ecclesia et diocesi Carnotensi concedant; sed si qua forsan, ante susceptionem litterarum nostrarum vacaverint, que per eos non fuerint assignata, ea donationi nostre volumus et precipimus reservari. Datum Anagnie, III idus novembris, pontificatus nostri anno quarto [1]. »

(*Orig. en parch.*; Arch. d'Eure-et-Loir, fonds du Chapitre, C. XI, 11 bis. — L. Merlet et A. Moutié, *Cart. des Vaux-de-Cernay*, I, p. 132.)

CLI.

Carta Ludovici, comitis Blesensis, de confirmatione unius cerei ante Sanctam-Capsam perpetuo arsuri.

(1201.)

« Ego Ludovicus, comes Blesensis et Clarimontis, omnibus, tam futuris quam presentibus, notum facio quod comes Theobaldus, Francie senescallus, dominus et karissimus pater meus digne memorie et felicis, pro remedio anime sue et antecessorum suorum, unum cereum, in Carnotensi ecclesia, ante sacrosanctam capsam beatissime Virginis Marie, perpetuo arsurum stabilivit; pro cujus cerei dispensatione et sumptibus faciendis matriculariis ejusdem ecclesie clericis contulit et in perpetuum habere concessit v modios frumenti et c solidos carnotenses, quos c solidos Capitulum Carnotense, ei et heredibus suis, pro bannia quam habebat in quibusdam villis Beate-Marie, debebat annuatim, in crastino Purificacionis beate Marie reddendos, ita quod, nisi ipso dicto die redderentur, liceret ei et heredibus suis de rebus Capituli eo usque capere quousque dicta summa cum emendatione reddita fuisset, quos etiam eodem termino, eadem integritate qua ipse solebat percipere capiendos matriculariis assignavit; quinque autem modios frumenti

---

[1] Cette suspension de Renaud de Mouçon, dont aucun historien chartrain n'a parlé, paraît avoir eu pour cause l'indignité de ses choix et sa simonie dans la collation des bénéfices. Son voyage en cour de Rome ne le dégagea de la suspension qu'en le livrant à une sorte de conseil judiciaire; mais la part qu'il prit en 1209 à la croisade contre les Albigeois le réhabilita, sans doute, complétement dans l'esprit d'Innocent III.

in molendino de Culeto, in octabis beati Remigii, recipiendos, eadem mensura et eodem modo a molendinariis ejusdem molendini in horrea matriculariorum vehendos quo residuum ejusdem molendini in horrea sua et antecessorum suorum solebat deferri. Quod si forte molendinum supradictum deterire vel omnino perire contingeret, quominus inde percipi possent quinque modii frumenti, sicut prenotatum est, voluit idem dominus pater et concessit ut in horreis suis, Carnoti, tantumdem frumenti, eodem termino, perciperent matricularii. Ego autem hanc donationem et donationis constitucionem a bono patre meo pie ac devote factam, pro remedio anime mee et anime sue remedio et antecessorum nostrorum, laudantibus et concedentibus Katherina[1], uxore mea, filiis meis, Theobaldo[2] et Radulfo[3], et filia mea Johanna[4], et Philippo[5] fratre meo, volui et concessi. Quod ut ratum firmumque permaneat, sigilli mei auctoritate firmavi. Actum Carnoti, anno gratie millesimo ducentesimo primo. »

(*Orig. en parch.*; Arch. d'Eure-et-Loir, fonds du Chap., C. IV, BB, 1 bis.)

CLII.

« De commutatione procurationum processionis Sancti-Petri[6]. »

(1202, mars.)

Guido[7], divina miseratione, Sancti-Petri Carnotensis abbas, et universitas fratrum ejusdem Capituli, universis presentibus pariter et futuris presentis pagine noticiam casu quolibet habituris, salutem in vero salutari. Ex pia antecessorum religione statutum fuit quod duas procurationes, alteram feria tercia Paschalis ebdomade, alteram in festo beatorum apostolorum Petri et Pauli, et potum in vigilia ejusdem festi processioni ecclesie Carnotensis,

---

[1] Catherine de Clermont, comtesse de Chartres, Blois et Clermont. Voir, au *Nécrologe*, l'obit du comte Louis, à la date du 17 des calendes de mai, et celui du comte Thibault VI, à la date du 10 des calendes du même mois.
[2] Thibault-VI, comte de Chartres-Blois (1205-1218).
[3] Raoul de Chartres-Blois, mort sans enfants.
[4] Jeanne de Chartres-Blois, morte jeune.
[5] Philippe de Chartres-Blois, quatrième fils de Thibault V, mort sans enfants.
[6] Cette pièce ne figure pas dans le *Cartulaire de Saint-Père*, édité par Guérard, mais la contre-partie, émanée du doyen Geoffroy, a été donnée par le *Gallia*, t. VIII, 348.
[7] Gui I*er*, abbé de Saint-Père (1198-1231).

quando ad nos veniret, annuatim exhiberemus, ut qui causa spiritualis refectionis in divinis laborassent officiis, non sine corporalis alimonie benedictione redirent. Verum, quia in dictarum procurationum exhibitione, ob turbarum instantiam, illis importune, nobis dampnose, utrisque inhoneste res fieri videbatur et verti utrobique pluries in querelam, ad fugam discordie et mutue affectionis custodiam, antiqua illa institutio, de assensu utriusque partis, retracta est commodius in hunc modum : ita, scilicet, quod processio illarum personarum, canonicorum, clericorum, matriculariorum a memoratis procurationibus et potu et missione pastillorum ad personas prefatis diebus de cetero abstineret et ab eisdem procurationibus quieti perpetuo existeremus et immunes. Nos vero in recompensationem dictarum procurationum, potus et pastillorum, quicquid in decimis apud villam que dicitur *Illeis*, in jure patronatus ecclesie ejusdem ville et in aliis, si qua sunt ibidem ad nos spectantia, habebamus, Capitulo Carnotensi concessimus perpetuo possidendum, etiam si ad nos alicujus interdicti occasione processionaliter non venirent. Si autem res memoratas qualibet occasione diminui aut aliquatenus contigerit adnullari, nichil tamen in supradictis procurationibus poterunt reclamare. Verum quia memorate res in manu nostra tunc temporis non erant, statutum fuit quod donec ipsas ipsis liberaremus, quas nos, quamcito possemus, bona fide juravimus liberaturos, quindecim libras carnotenses, septem tercia feria Paschalis ebdomade, octo libras in festo beatorum apostolorum Petri et Pauli, sepedicto Capitulo, pro predictis procurationibus, potu et pastillis, annuatim redderemus, et sex denarios in utroque festo pueris qui cereis et thuribulo deservirent [1]. Sed quia scriptum est *qui non laborat non manducet*, de assensu utriusque partis firmatum fuit et confirmatum quod si prefatis diebus ad monasterium nostrum, alicujus rei aut interdicti occasione, dicta processio non veniret, nullam eis denariorum summam de predictis procurationibus solvere teneremur. Quod ne possit processu temporis oblivione deleri aut aliquatenus a posteris in irritum revocari, sigillorum nostrorum appositione fecimus in memoriam presentem paginam confirmari. Actum anno Dominice incarnationis M°CC° primo, mense marcio. »

(Bibl. Imp.; *Liv. des Priv. de l'égl. de Ch.*, cart. 28, p. 63, et 28 bis, f° 29 r°.)

---

[1] Cet abandon ne put sans doute pas se réaliser, car les religieux de Saint-Père continuèrent à jouir de leurs possessions d'Illiers et à payer une redevance au Chapitre pour les processions.

CLIII.

« De anniversario Ludovici, Blesensis comitis, et matris et uxoris ejus. »
(1202, 4 mai.)

« Ego Ludovicus [1], Blesensis comes et Clarimontis, omnibus notum facio quod ego, pro remedio anime mee et Katarine [2] uxoris mee et bone memorie matris mee [3], dedi ecclesie Beate-Marie de Carnoto vii libras et x solidos carnotensis monete, annis singulis, in molendinis meis de Carnoto percipiendos. De istis vero predictis vii libris et x solidis, nunc recipiet ecclesia l solidos vigilia anniversarii matris mee. Post decessum vero meum, die anniversarii mei l solidi persolventur. Similiter post decessum uxoris mee, l solidi recipientur ipsa die anniversarii ejus [4]. Quod ut ratum sit et firmum, litteris meis commendo et sigillo meo confirmo. Actum Carnoti, anno gracie M°CC° secundo. Datum per manum cancellarii mei Theobaldi, quarta die maii. »

(Bibl. Imp.; *Livre des Priv. de l'égl. de Ch.*; cart. 28, p. 52, et 28 bis, f° 24 r°.)

CLIV.

« De novem sextariis annone que dedit Gaufridus *Mordant*. »
(1202, mai.)

« Raginaldus, Dei gracia, Carnotensis episcopus, omnibus ad quos littere iste pervenerint, salutem in Domino. Noverint universi presentis scripti paginam inspecturi quod Gaufridus Mordens [5], miles, recipiens de caritate

---

[1] Voir t. I, p. 206, note 3.
[2] Catherine, fille de Raoul Ier, comte de Clermont-en-Beauvaisis.
[3] Voir t. I, p. 206, note 1.
[4] Ces trois anniversaires ne sont pas indiqués dans le *Polyptique* de Notre-Dame.
[5] Voir t. I, p. 146, note 1. — Geoffroy Mordant figure, avec sa femme Hodeburge, dans un titre de Saint-Père de 1217. La terre de Groignault passa après lui entre les mains de Guillaume dit de Groignault, son petit-neveu. (*Titres de Saint-Jean*; Arch. départ.)

Carnotensis Capituli novem libras carnotensis monete, dedit in elemosinam eidem Capitulo in perpetuum et concessit sex annone et tres avene sextarios, ad mensuram carnotensem et ad valorem bladi de granica de Fontanis, in terra sua de Grungnellis annuatim percipiendos [1]. Ita quod, quotiens mutabitur in terra illa medietarius seu colonus, idem miles, seu quicumque in ejusdem terre dominio ipsi successerit, dicto Capitulo presentialiter exhibere tenebitur eum qui de novo terre illi adhibebitur medietarium seu colonum, juratoriam cautionem de reddendo fideliter predicto redditu prestiturum. Hanc autem donationem et quam prenotavimus pactionem observandam fideliter et tuendam juraverunt prefatus Gaufridus, miles, et fratres ejus Hubertus scilicet, miles, et Willelmus, concedente Hildeburge, dicti Gaufridi militis uxore, assensum quoque prebente et manucâpiente Huberto de Rupe, ad cujus feodum terra illa cognoscitur pertinere. Quod ut ratum inconcussumque permaneat, sigilli nostri munimine fecimus roborari. Actum anno gracie M°CC°II°, mense maio. »

(Bibl. Imp.; *Livre des Priv. de l'égl. de Ch.*, cart. 28, p. 73, et 28 bis, f° 33 v°.)

CLV.

« De anniversario Vicedomini Carnotensis. »
(1202, mai.)

« Guillelmus [2], vicedominus Carnotensis, omnibus ad quos littere iste pervenerint, in Domino salutem. Noverint universi presentis scripti paginam inspecturi, quod ego ecclesie Beate-Marie Carnotensis XL solidos carnotensis monete de redditu in perpetuum tribuo et concedo, et in spectante ad me viaria Carnotensi, annuatim, post decessum mee sororie Margarite, percipiendos assigno, pro anniversario meo, annuatim, in eadem ecclesia cele-

---

[1] En 1474, le Chapitre, en faveur de Jean de Gallot, maire de Groignault, réduisit à 5 setiers de blé les 9 setiers de grain qu'il avait droit de prendre chaque année dans la grange dudit Groignault. (*Inv. du Chap.*; C. CVIII, E, 1.)

[2] Guillaume III, de Ferrières, vidame de Chartres, avant de partir pour la Croisade avec son frère Robert, fit des libéralités au Chapitre de Notre-Dame, aux lépreux du Grand-Beaulieu et à l'abbaye de Saint-Père, sur le moulin du Vidame, sur les biens qu'il possédait à Tréon et sur ses cens de Chartres et de la foire du Châtelet. (*Cart. du Grand-Beaulieu*, titre de 1196, et *Cart. de Saint-Père*, p. 667.)

-brando, statuens nichilominus et assignans eidem ecclesie, si mors mea mortem illius prevenerit, unum modium annone loco illorum XL solidorum, interim, scilicet singulis annis, usque ad decessum dicte mee sororie percipiendum in molendino meo apud Carnotum sito, quod appellatur molendinum Vicedomini Carnotensis, ita quod, ex quo illa decesserit, memorata ecclesia XL solidos pretaxatos, ut dictum est, in predicta viaria possidebit atque percipiet, et prenotatus annone modius ad me et heredes meos quiete ac libere revertetur. Quod ut ratum permaneat, sigilli mei feci munimine roborari. Actum anno gracie M°CC° secundo, mense maio. »

(Bibl. Imp.; *Livre des Priv. de l'égl. de Ch.*, cart. 28, p. 103, et 28 bis, f° 84 v°.)

CLVI.

« De divisione nemorum de Torceio inter Capitulum et Gervasium Castri-Novi. »
(1202, mai.)

« Ego Gervasius[1], dominus Castri-Novi, presenti carta notum facio Christi fidelibus universis quod cum esset contentio inter me et Capitulum Carnotense super quadam portione nemorum de Torceio et eorumdem nemorum metis, tandem, pro bono pacis et scandalo sedando, cognoscens eciam quod portio nemorum que in contentionem devenerat ad jus dicti Capituli pertineat ab antiquo, portionem illam usque ad rivulum qui boscos Grenolle a nemoribus de Torceio dividebat et dividet in futurum memorato Capitulo libere et quiete possidenda concessi, contentioni renuncians absolute. Hoc etiam concessit presentialiter in capitulo Carnotensi Hugo, filius meus primogenitus, et quia dicebat se non habere sigillum voluit ut litteris meis ejus concessio firmaretur. Quod ut ratum permaneat et immotum, feci presentem paginam adnotari et sigilli mei munimine roborari. Actum anno gracie M°CC°II, mense maio. »

(*Orig. en parch.;* Arch. d'Eure-et-Loir, fonds du Chap., C. LV, A, 1. — Bibl. Imp.; *Livre des Priv. de l'égl. de Ch.*, cart. 28, p. 20, et 28 bis, f° 8 v°.)

[1] Gervais de Châteauneuf, gendre de Hervé IV baron de Donzi et comte de Nevers, était un des plus puissants seigneurs du pays chartrain. Il se croisa avec Louis, comte de Chartres-Blois, et fit don à Notre-Dame du chef de saint Mathieu, qu'il avait *conquis* au sac de Constantinople. Son obit est inscrit au *Nécrologe* sous la date du 2 des cal. de mars.

CLVII.

« De anniversario Gervasii de Castello-Novo. »
(1202, mai.)

« Gervasius, dominus Castelli-Novi, omnibus ad quos littere iste pervenerint, salutem. Noverint universi scriptum presens inspecturi quod ego, pro anniversario meo annuatim in Carnotensi ecclesia celebrando, ejusdem ecclesie Capitulo quadraginta solidos carnotensis monete de redditu, in perpetuum, tribuo et concedo, assignans eos in pedagio de Castello-Novo annuatim percipiendos et in die obitus mei Carnoti reddendos, laudantibus hoc et concedentibus Margarita, uxore mea, et filiis meis, Hugone scilicet et Herveo. Quod ut ratum et inconcussum permaneat, appositione sigilli mei feci presentem paginam roborari. Actum sollempniter in capitulo Carnotensi, anno incarnati Verbi millesimo ducentesimo secundo, mense maio. »

(*Orig. en parch.*; Arch. d'Eure-et-Loir, fonds du Chap., C. LXVII, B, 1. — Bibl. Imp.; *Liv. des Priv. de l'égl. de Ch.*, cart. 28, p. 103, et 28 bis, f° 47 v°.)

CLVIII.

« De dono Gaufridi de *Bullou* apud *Escurolles* et Charonvilla. »
(1202, mai.)

« Guillelmus de Folieto, miles [1]. *Il approuve et confirme, en qualité de seigneur du fief, du chef de sa femme Isabelle, la donation faite à l'église de Chartres par Geoffroy de Bullou* [2], *chevalier, avec l'assentiment de ses frères Bernard et Eudes, de tout ce qu'il possédait de revenu, en blé,*

[1] Voir tome I, p. 250, note 1.
[2] Erard et Bernard de Bullou, frères, grands vassaux de Geoffroy de Medène, seigneur d'Alluyes, qui vivaient dans la seconde moitié du XIe siècle, sont les plus anciens seigneurs de ce nom que les chartes nous fassent connaître. Ils étaient puissants, et un titre de Saint-Père, antérieur à 1102 (*Cartul.*, p. 243), qualifie Bernard, alors fort âgé et criblé de blessures, de *vir nobilis et in hac regione valde opimatissimus*. L'obit de ce Bernard, l'un des bienfaiteurs de l'église de Chartres, figure au *Nécrologe de Notre-Dame* sous la date du 18 des calendes de décembre.

avoine, deniers ou autres choses, à Ecurolles, en la paroisse de Cha- ronville. Datum anno gracie M°CC° secundo, mense maio. »

(Bibl. Imp.; *Livre des Priv. de l'égl. de Ch.*, cart. 28, p. 120, et 28 bis, f°s 56 r° et 100 r°.)

CLIX.

« De anniversariis Gaufridi, comitis Perticensis, et Matildis uxoris ejus. »
(1202, juin.)

« Ego Matildis, Perticensis comitissa [1], notum facio presentibus et futuris quod ego ecclesie Beate-Marie Carnotensis LX^a solidos andegavensis monete, pro anniversario meo, et LX^a solidos ejusdem monete, pro anniversario Gaufridi [2], olim mariti mei, venerabilis comitis Perticensis, annuatim in eadem ecclesia celebrandis, concedo et assigno in redditibus de Marchesvilla, ab eodem marito meo et a me communiter acquisitis, annuatim in festo Purificationis beate Marie percipiendos, Thoma filio nostro [3] hoc concedente et Stephano de Pertico [4], fratre predicti mariti mei, assensum prebente. Quod ut ratum permaneat, presens scriptum sigilli mei feci munimine roborari. Actum in capitulo Carnotensi, residente Raginaldo, Carnotensi episcopo, et multis aliis astantibus, anno gratie M°CC°II°, mense junio [5]. »

(*Orig. en parch.;* Arch. d'Eure-et-Loir, fonds du Chap., C. LXVII, B, 16. — Bibl. Imp.; *Livre des Priv. de l'égl. de Ch.*, cart. 28, p. 95.)

[1] Voir t. I, p. 255.
[2] Voir t. I, p. 254.
[3] Thomas, comte du Perche, tué à la bataille de Lincoln en 1217.
[4] Voir t. I, p. 255.
[5] Au mois de juillet 1236, Etienne de Sancerre, *de Sacro-Cesaris*, seigneur de Châtillon, Saint-Brisson, Marchéville et La Loupe, qui devint grand-bouteiller de France en 1248, assigna ces 60 sous tournois sur la prévôté de Marchéville, à la fête de la Purification.
Le 13 décembre 1252, le même Etienne donna au Chapitre 60 autres sous tournois sur la prévôté de Marchéville, dans l'octave de l'Ascension, pour son anniversaire et celui de ses trois fils, Etienne, Jean et Thibaut. (*Orig. en parch.;* C. LXVII, B, 21.)

CLX.

« De anniversario Stephani de Pertico, et Gaufridi comitis de Pertico, et Matildis uxoris ejus. »
(1202, juin.)

« Stephanus de Pertico, miles, omnibus ad quos littere iste pervenerint, salutem in Domino : Noverint universi presentis scripti paginam inspecturi quod Johannes de Friesia [1], miles, omnem viariam quam ipse in terra ecclesie Beate-Marie Carnotensis habebat eidem ecclesie, in perpetuam elemosinam, contulit et donavit, volente hoc et concedente fratre suo Guarino. Hanc autem donationem ego concessi et confirmavi. Preterea, pro anniversario meo in eadem ecclesia annuatim celebrando, quinquaginta solidos carnotensis monete assignavi, in redditu de Longuo-Villari, post decessum meum, percipiendos. Institutionem etiam anniversariorum karissimi fratris mei Gaufridi, comitis Perticensis, et Maltidis comitisse, uxoris ejusdem comitis, et redditum pro eisdem anniversariis celebrandis, sicut in litteris ejusdem comitisse continetur, assignatum ego concessi et approbavi. Ad quorum robur atque memoriam sigilli mei appositione presentem paginam communivi. Actum in capitulo Carnotensi, presente Raginaldo, ejusdem ecclesie episcopo, et multis aliis astantibus, anno gracie M°CC·II°, mense junio. »

(*Orig. en parch.;* Arch. d'Eure-et-Loir, fonds du Chap., C. LXVII, B, 3. — Bibl. Imp.; *Liv. des Priv. de l'égl. de Ch.*, cart. 28, p. 93.)

CLXI.

« Willelmi de *Memmilon*, de uno modio annone in territorio Sancti-Georgii, pro presbiteris de oratoriis Beate-Marie. »
(1202, juillet.)

« Ego Guillelmus de *Mesmilon*, universis, presentibus pariter et futuris, hujus rei noticiam casu quolibet habituris, notum facio Herveum de Nungento-super-Auduram, pro amore Dei et anime sue remedio, dedisse et in

---

[1] Voir t. I, p. 225.

perpetuum in elemosinam concessisse presbyteris de oratoriis ecclesie Beate-Marie Carnotensis unum modium annone, videlicet VIII^{to} sextaria hibernagii et IIII sextaria avene, in decima quadam quam idem Herveus in territorio Sancti-Georgii et Andrevillaris, jure patrimonii, possidebat annuatim possidendum. Dictus autem Herveus et quicumque ipsius successores extiterint, vel etiam illi qui ab eisdem prefatam decimam ad modiationem receperint, supranominatis presbiteris, singulis annis, in festo beati Petri-ad-Vincula, fidelitatem facient quod de dicta decima nichil penitus expendetur donec de eadem pretaxatum annone modium solutum fuerit, neque permittent annonam decime, ubicumque trahatur decima, in aliquo pejorari. Preterea Herveus et ipsius successores sepenominatum annone modium ad urbem Carnotum annuatim, cum propria expensa, ducere tenebuntur, ad mandatum presbiterorum, ibidem reponendum et cum mina in foro Carnotensi currente mensurandum. Hoc autem concesserunt et per fidei interpositionem tenere fideliter et garandire firmaverunt : Robertus et Gervasius, fratres Hervei, Philippa, uxor Roberti; heredes ipsorum : Garinus, Nicholaus, Legardis, Maria, Gileta, Sibilla, Philippa, Martha. Ego vero ne idem factum aliquatenus a posteris irritetur aut ex processu temporis oblivioni tradatur, ad majorem ipsius facti confirmationem et memoriam, presentem paginam, ad petitionem predicti Roberti, qui supranominatam decimam de me feodaliter tenet, notari feci et sigilli mei caractere roborari. Testibus hiis quorum nomina subscripta sunt · Guillelmo de Valeia, Gervasio, Raginaldo [1], canonicis Carnotensibus; Adam de Sancto-Aniano, Gisleberto *Monos*, Michaele de Basenvilla, presbiteris; Roberto de Bello-Loco, Stephano *Foale*, Carauno de Porta-Morardi, clericis; Hugone de Loevilla, milite; Gilone de *Baldimunt* et pluribus aliis. Actum Carnoti, in ecclesia Beate-Marie virginis, anno Verbi incarnati M°CC^{mo} secundo, mense julio. »

(*Orig. en parch.;* Arch. d'Eure-et-Loir, fonds du Chap., C. LIII, A, 1. — *Cart. capellarum,* f° 41 r°.)

[1] Gervais et Renaud la Reine, *Regine*, frères, figurent souvent comme témoins dans les chartes de cette époque.

CLXII.

« De compositione inter majorem de Fontanis et prepositum. »
(1202.)

« Guillermus subdecanus, Symon de *Berou*[1], Milo de Garneio, Rembaudus *Craton*, Robertus de *Berou*, canonici Carnotenses, omnibus ad quos littere iste pervenerint, in Domino salutem. Cum inter dilectum fratrem nostrum Hugonem, prepositum Amiliaci, et Guidonem, de Fontanis majorem, super quibusdam possessionibus quas idem G[uido], major, diu possederat controversia verteretur, videlicet super viridario de Fonte et super quodam agripenno qui dicitur agripennus de Fonte et super dimidio agripenno de Barba et tribus agripennis Spineto proximis et quodam agripenno de Buiseio, tandem, partibus in nostra presentia constitutis, controversia illa in hunc modum sopita est : Dictus siquidem G[uido], major, partem predicti viridarii que granice Beate-Marie contigua est et dictum agripennum de Fonte dixit ad jus suum feodaliter pertinere cum reliquo feodo quem tenet a Capitulo. Cetera vero supradicta omnia, absque reclamatione et contradictione aliqua, recognovit ad jus memorati prepositi specialiter pertinere. Actum anno gracie M°CC°II°. Quod ut ratum, etc...... »

(Bibl. Imp.; *Livre des Priv. de l'égl. de Ch.*, cart. 28, p. 116, et 28 bis, f° 53 v°.)

CLXIII.

(1202.)

Acquêt fait par Hugues, prévôt d'Amilly, sur Eudes de Villars, de sept septiers de terre en une pièce, attenante le Poirier de Villeron, mouvante en fief de Nivelon, seigneur de Meslay [2].

(*Inv. du Chap.*, C. LXIV, M, 4.)

---

[1] La maison de Bérou était illustre dans le pays chartrain. Simon, fils de Geoffroy II, seigneur de Bérou, entra dans le Chapitre sous les auspices de son oncle Geoffroy, alors doyen. Il légua à Notre-Dame 50 livres tournois. C'était un personnage accompli, si l'on en croit le *Nécrologe* (13 des calendes de mars). Robert de Bérou, neveu de Simon, devint chancelier du Chapitre et donna une verrière à Notre-Dame, après l'incendie de 1194.

[2] Le Chapitre fit de nouveaux acquêts à Villeron en 1295 : ces biens, avec ceux qu'il possédait à Fains et à Tortoir, constituèrent la seigneurie et mairie de Fains, Villeron et Tortoir, aliénée, le 30 décembre 1592, en faveur de Christophe de Baigneaux, seigneur de Beaufort.

CLXIV.

(v. 1202.)

Donation faite au Chapitre par Raoul de Beauvoir, chanoine, et par Guillaume, chapelain de la comtesse de Dunois, de la troisième portion du pré de Jouy [1].

(*Inv. du Chap.*, C. LXXXV, D, 1.)

CLXV.

(1203, juillet.)

Reconnaissance par Renaud, évêque de Chartres, qu'il n'a aucun droit de procuration sur les églises de Saint-Gilles, Saint-Pierre et Saint-Lubin de Châteaudun, à raison des visites qu'il fait dans ces églises.

(*Inv. du Chap.*, C. XIII, C, 5.)

CLXVI.

« Rex mandat Baronibus suis ut protegant et defendant res nostras tanquam suas proprias. »

(1203, décembre.)

« Philippus, Dei gracia, Francorum Rex, universis amicis et fidelibus suis Baronibus et aliis ad quos littere iste pervenerint, salutem et dilectionem. Mandamus vobis et vos requirimus quatinus terram et homines ecclesie Beate-Marie Carnotensis et res ad eam pertinentes, tanquam nostras proprias, protegatis et defendatis, et si malefactores ejusdem ecclesie in potestatibus vestris inventi fuerint eos capiatis et detineatis..... Actum Medonte, anno gracie M°CC° tercio, mense decembri [2]. »

(Bibl. Imp.; *Livre des Priv. de l'égl. de Ch.*, cart. 28, p. 162. — L. Delisle, *Catal. des actes de Phil.-Aug.*, p. 181, n° 800.)

---

[1] Le reste de ce pré fut acquis en 1248 et en 1293 par Girard Mordant et Garnier de Villeneuve, chanoines, sur Renaud Pocard et Guillaume de Lucé. Dans ces deux derniers actes, il est ainsi désigné : *le pré Farcy, sis devant la maladrerie de Jouy*. (*Inv. du Chap.*, C. LXXXV, D, 6 et 9.)

[2] Une autre lettre de Philippe-Auguste, datée de Paris au mois de *janvier* 1223 (1224, nouv. st.), prescrit à ses baillis et prévôts de rendre bonne et prompte justice au Doyen et au Chapitre de Chartres, et de protéger leurs terres et leurs hommes (Bibl. Imp.; *cart. 28*,

CLXVII.

« Donatio domus et vivarii de *Penchat* per abbatem et conventum de Josaphat. »
(1203, 23 décembre.)

« Gauterus, divina permissione, abbas, atque conventus Sancte-Marie de Josaphat Carnotensis, universis presentis scripti noticiam casu quolibet habituris, salutem in omnium Salvatore. Pro rei exigentia vobis duximus declarandum quod nos, concordi voluntate, dilecto nostro venerabili viro Radulfo de Bello-Videre, canonico Carnotensi, viverium de *Penchat*, cum pertinenciis suis universis, tam domorum quam aliarum quarumlibet rerum, quod nobis Nicolaus, quondam marescallus, contulerat, libere et absolute concessimus, plena proprietate ac dominio ejusdem loci perpetuo possidendum, ac, pro sue voluntatis arbitrio, tam in vita quam in morte, libere disponendum, ita quod exinde nobis nec censum nec aliud quidlibet solvere teneatur. Actum publice in capitulo nostro, anno Domini MCCIII, x kalendas januarii. »

(*Orig. en parch.*; Arch. d'Eure-et-Loir, fonds du Chap., C. LXXXV, N, 1.)

CLXVIII.

« De decima apud *Loulapes* quam acquisivit magister Berterus. »
(1204, 16 janvier.)

» Raginaldus, Dei gracia, Carnotensis episcopus, ... *Aymery de Louceles et Geoffroy son neveu, ainsi que la femme d'Aymery et ses enfants, font démission sur l'autel de Notre-Dame de toute la grande dîme qu'ils avaient à Loulapes, sur la terre de l'église, et de la sixième gerbe possédée à titre de dot par Marie du Plessis,* de Plaisseto, *pour en jouir après son décès. Cette donation est approuvée par Yves d'Érouville, seigneur du fief,*

p. 165). M. Delisle, en mentionnant cette pièce dans le *Catalogue des actes de Philippe-Auguste* (p. 489, n° 2218), fait observer, avec raison, qu'il faut sans doute substituer le mot *junio* au mot *januario*, à moins que la date de l'année ne soit fautive; en effet, Philippe-Auguste, mort le 14 juillet 1223, ne peut figurer dans un titre daté du mois de janvier 1224.

et par son frère Hugues Cholet[1], auxquels maître Bertrand, prévôt d'Ingré, donne 40 *livres de chartrains.* Huic facto testes sunt quorum nomina subscripta sunt : H[ugo], succentor; G[islebertus], presbyter; N[icolaus], presbyter; P[etrus] de Sancto-Maximino, canonici Carnotenses; Willelmus, prior domus Elemosinarie; M[anasserius] et alii fratres ejusdem domus. Quod ut firmum et stabile perseveret, sigilli nostri munimine confirmamus. Actum Carnoti, anno gracie M°CC°III°, mense januario, xvii kal. februarii [2]. »

(Bibl. Imp.; *Livre des Priv. de l'égl. de Ch.*, cart. 28 bis, f° 88 r°.)

CLXIX.

« De decima Piativillaris. »
(1204, février.)

« Hugo [3], decanus, et universitas Capituli Carnotensis, omnibus ad quos littere iste pervenerint, in Domino salutem. Notum fieri volumus universis, tam presentibus quam futuris, quod Amarricus de Levesvilla [4], miles, et Aales, uxor ejus, quartam partem majoris decime de Piativillari quam idem Amarricus tenebat a prefato decano in feodum, eidem decano, in pre-

[1] La famille Cholet, puissante en Beauce, avait ses principales possessions à Saint-Luperce, Saint-Germain-le-Gaillard, Theuvy et Néron. Hugues et Yves Cholet figurent dans une donation de Geoffroi d'Erouville à l'Hôtel-Dieu de Chartres, en 1190. (Arch. dép.) Le nom de Hugues se rencontre encore dans une autre donation qu'il fit à l'Hôtel-Dieu en décembre 1222. (Ibid.) Yves, qui avait épousé Alix, fille de Robert de Saint-Germain, est cité comme seigneur féodal à Saint-Germain-le-Gaillard, dans un titre de l'Hôtel-Dieu de février 1196. (Ibid.)

[2] Cette donation est reproduite textuellement dans une lettre de la même année donnée par Henri, archidiacre. (*Cart. 28*, f° 88 v°.)

[3] Hugues, doyen (1203-1206). L'obit de ce doyen, inscrit au *Nécrologe* sous la date du 4 des nones de mai, fait mention de cette donation.

[4] Les seigneurs de la maison de Levéville sont souvent cités dans les chartes du pays chartrain. Le plus ancien connu est Evrard Ier, qui vivait à la fin du XIe siècle (*Cart. de Saint-Père*) et qui eut pour fils Amaury Ier, témoin d'une donation faite en 1128 par le vicomte Hugues du Puiset à l'abbaye de Thiron (*Invent. de Thiron*, n° 59). Le fils de cet Amaury fut Evrard II, nommé, avec son frère Girard, dans une charte de Saint-Père (*Cart.*, p. 294) et dans un acte de Josaphat de 1170 environ (Arch. départ.). Evrard II eut pour fils Amaury II dont il est question dans cette charte. Germond, chanoine de Notre-Dame et frère d'Amaury II, figure comme témoin dans l'enquête de 1194 au sujet des avoués. (Voir vol. I, p. 238.)

sentia nostra, dederunt et concesserunt, ita quod ipsi decano licitum esset de cetero de predicta decima qualemcumque vellet dispositionem facere. In cujus donationis recompensationem, idem decanus lx^{ta} libras carnotensis monete supradictis Amarrico et uxori sue caritative contulit. Verum memoratus decanus hujus decime duas partes nobis largitus est, pro anniversario suo faciendo; terciam vero partem, de communi assensu omnium nostrum, monachis Sancte-Marie de Josaphat in elemosinam dedit, pro anniversario suo similiter faciendo. Ceterum supradicti Amarricus et uxor ejus tam donationem suam quam ipsius decani dispositionem ratam permanere volentes, ad altare sacrosancte Virginis accesserunt, et, per oblationem unius cultelli super idem altare positi, donationem quam prius in capitulo fecerant confirmaverunt, multis ad hoc videndum et audiendum convocatis, prestito etiam super idem sacrosanctum altare sacramento quod donationem istam quamdiu viverent garandirent et nunquam de cetero, per se vel per alios, immutare aut irritare presumerent. Hoc idem concessit et, fide interposita, se firmiter observaturum promisit Ebrardus, primogenitus eorum filius, et quatuor ejusdem Ebrardi sorores : Ysabelis, scilicet, Petronilla, Philippa et Margarita. Hoc idem concessit Germundus, concanonicus noster, sepedicti A[marrici] militis frater, et quatuor ejusdem G[ermundi] sorores : Ysabelis, Aelina, Eustachia et Beatrix. Hujus quoque rei testes et fidejussores, etiam fide interposita, sunt milites isti : Raginaldus *Cholet*, Robertus de Carnoto, Hugo de *Fai*. Dedit preterea sepedictus A[marricus], miles, in contraplegium, reliquam partem decime quam tenet a decano in feodum, ita tamen quod Germundo, fratri ejusdem A[marrici] militis, nihilominus liceat partem illam decime quam modo tenet, libere et pacifice, cum omni integritate fructuum, possidere. Actum in capitulo, anno gracie millesimo CC°III°, mense februario. Quod ut ratum permaneat et inviolabiliter observetur, presentem paginam sigilli Beate-Marie fecimus impressione muniri. »

(*Orig. en parch.;* Arch. d'Eure-et-Loir, fonds du Chap., C. LXVII, B, 4. — Bibl. Imp.; *Liv. des Priv. de l'égl. de Ch.*, cart. 28, p. 113, et 28 bis, f°s 52 et 58 r°.)

CLXX.

« De triginta solidis et dimidio modio avene ad anniversarium Richeri cantoris [1]. »
(1204, décembre.)

« Ego Robertus de Carnoto [2], miles, notum facio universis presentis scripti paginam inspecturis quod ego, devotus Carnotensis ecclesie filius, concessi et dedi in elemosinam canonicis ejusdem ecclesie redditus xx^{ti} solidorum, apud Vovas, et decem solidos, apud Domnam-Mariam, quos habebam pro viaria, per manum canonicorum annuatim percipiendos, et dimidium avene modium, apud Archivillare, quem habebam pro tensamento. Memorati vero canonici, in hujus recompensationem beneficii, quadraginta quinque libras carnotensis monete mihi contulerunt. Unde ad majorem hujus rei noticiam in posterum faciendam, ego, in ecclesia supradicta, ad altare beate virginis Marie humiliter accedens, donationem predictam, prius in capitulo factam, publice recognovi, et, cutello super idem altare manu propria posito et oblato, multis hoc videntibus et audientibus, confirmavi, laudantibus hoc ipsum et concedentibus uxore mea Odelina et liberis meis omnibus, scilicet : Willelmo, Gaufrido, Adelitia, Matilde, Heloysa, necnon et fratre meo, sepefate ecclesie canonico. Hanc etiam donationem perpetuo et inviolabiliter observare et bona fide garandire promisi et fidei mee interpositione firmavi : hujus quoque rei fidejussores constitui, scilicet : Gaufridum de *Berou* [3], Willelmum de Colemenvilla, Willelmum de Sancto-Mar-

---

[1] Cet anniversaire est compris dans le *Polyptique*, à la charge des prébendiers de Voves et de Dammarie.

[2] Robert de Chartres, seigneur de Ver, était un des principaux vassaux beaucerons du comte Thibault V. Il figure comme témoin dans trois chartes de ce prince; l'une concernant l'abbaye des Vaux-de-Cernay, en 1187 (*Cart.* de ce couvent, p. 98), l'autre l'affranchissement des hommes de Saint-Martin-du-Péan, en 1185, et la troisième l'affranchissement d'Etienne Roussel, en 1191 (*Cart. de Saint-Père*, p. 663). Nous le retrouvons encore, en février 1204, comme garant d'une donation d'Amaury de Levéville au Chapitre (voir ci-dessus, n° CLXIX), et, en mai 1210, comme seigneur du fief et approuvant à ce titre la vente d'une rente d'un muid d'avoine sur les greniers de l'Evêque, consentie par son parent Girard de Chartres à Robert de Bérou (voir ci-après, à cette date). Il mourut avant le mois de mai 1226, car sa veuve Edeline et ses fils, qui étaient alors Guillaume, Evrard, Renaud et Robert, amortirent à cette époque la terre de Panthoison, sur laquelle le couvent des dames de l'Eau venait d'être construit. (Arch. départ.; *Titres de l'Eau.*)

[3] Ce Geoffroy de Bérou était frère du chanoine chancelier Robert de Bérou, lequel,

tino, Albertum de Codreio. Quod ut ratum permaneat et de cetero nequeat oblivione deleri, presentis scripture testimonio declarare decrevi, sigilli mei munimine roborato. Actum anno gracie M°CC° quarto, mense decembri [1]. »

(Bibl. Imp.; *Livre des Priv. de l'égl. de Ch.*, cart. 28 bis, f° 85 r°.)

CLXXI.

« De compositione inter decanum et subdecanum et abbatem Sancti-Petri super servientibus abbatis. »

(1205, juin.)

« Hugo, decanus, et Gaufridus, archidiaconus Parisiensis, universis presentibus pariter et futuris, salutem in salutis auctore. Ad omnium noticiam volumus pervenire quod cum inter venerabiles viros Hugonem, decanum, et Willelmum, subdecanum Carnotensem, ex una parte, et Guidonem [2], abbatem, et monachos Sancti-Petri Carnotensis, ex altera, super jurisdictione servientum eorumdem abbatis et monachorum, querela verteretur, tandem idem decanus et subdecanus, de assensu Capituli, compromiserunt in nos, sub hac forma, de ipsa querela, pace sine judicio terminanda: *(Suit la teneur des lettres de compromis du Chapitre de Chartres et du couvent de Saint-Père, en date des nones de novembre 1203, par lesquelles les parties choisissent pour arbitres Hugues, doyen de Paris, Guillaume, abbé de Saint-Denis, et Geoffroy de la Lande, archidiacre de Paris.)* Nos igitur utriusque partis receptis testibus, publicatis attestationibus, allegationibus inspectis, habitoque cum viris prudentibus et juris peritis consilio, tandem, ad fugam discordie et mutue dilectionis custodiam, de consensu ambarum partium, sic amicabiliter composuimus: quod decanus et subdecanus Carnotenses, jure archidiaconatus, habeant plenam jurisdictionem in servientibus abbatis et monachorum Sancti-Petri Carnotensis infra banleugam morantibus, ita tamen quod si aliquis de servientibus abbatis vel

---

comme nous l'avons dit, était neveu de Simon de Bérou, et beau-frère, par sa femme Isabelle, de Robert et de Guillaume de Chartres. (*Titres de Beaulieu et de l'Hôtel-Dieu;* Archives départment.) — Voir ci-dessus, p. 29, note 2.

[1] Cette donation fut confirmée au mois de mars 1205, par Miles, comte de Bar, seigneur féodal. (Bibl. Imp.; *cart. 28 bis*, f° 84 r°.)

[2] Guy Ier, abbé (1198-1231).

monachorum trahatur in causam coram decano vel subdecano Carnotensibus, vel eorum officialibus, veniet coram eis, et ipsi tenebuntur dare inducias xv dierum ad componendum coram abbate vel officiali ejus, et interim non poterunt decanus vel subdecanus jurisdictionem suam exercere in illos qui remissi fuerint ad componendum propter hanc causam, hoc excepto quod, si fuerit canonicus Carnotensis, vel clericus de choro, vel eorumdem serviens, vel alius clericus, vel peregrinus, vel transiens, non tenebuntur dare inducias ad componendum, si autem composuerint infra predictos xv dies renuntiabunt illi a quo citati fuerint vel ejus officiali et non tenebuntur de emenda. Quod ne possit in irritum duci aut processu temporis oblivione deleri, presenti pagine mandari fecimus et sigillorum nostrorum munimine confirmari. Actum Parisius, in domo decani, anno gracie M°CC°V°, mense junio. »

(Bibl. Imp.; *Livre des Priv. de l'égl. de Ch.*, cart. 28, p. 116, et 28 bis, f° 53 r°.)

CLXXII.

De venditione majoriæ Jupaelli et Tievillæ.
(1206, 17 avril.)

« Raginaldus, Dei gracia, Carnotensis episcopus, et Robertus [1], abbas Sancti-Carauni, universis Christi fidelibus, tam futuris quam presentibus, ad quos presens scriptum pervenerit, salutem in eo qui est salus omnium. Universitati vestre notum fieri volumus quod Willelmus de Jupaello, miles, Teobaldus, Radulfus; Odo clericus, Garinus de Villa-Galli, fratres, Milo de *Chavernai*, Martha uxor ejus, Hugo frater ejusdem Marthe, Joscelinus major de Pesiaco, Alburgis uxor ejus, in capitulo Carnotensi, nobis presentibus constituti, majoriam Jupaelli et Tieville, cum omnibus ad eam pertinentibus, scilicet quicquid terre habebant apud Jupaellum et *Chambles*, et quicquid in pago Dunensi, ab ecclesia Carnotensi, ipsi vel antecessores sui tenuerant vel tenebant, sive in terra, sive in aqua, sive in molendinis, sive in pratis, sive in straminibus, sive forraginibus, vel aliis quibuscumque, excepto si quid ab eadem ecclesia censuale tenebant non pertinens ad pre-

---

[1] Robert, abbé (1192-1214).

dictam majoriam, scilicet terram circa tres sextarios seminis capientem, vendiderunt eidem Capitulo, precio sexcentarum librarum monete turonensis, et, corporaliter prestito juramento, in perpetuum quitaverunt; jurantes insuper quod ipsi contra omnes, si quos reclamare contingeret, juste ac fideliter, secundum patrie consuetudinem, venditionem hanc dicto Capitulo garandirent et ab omnibus qui a Teobaldo et Villano de Jupaello fratribus descenderant et etiam a suis nepotibus, neptibus et cognatis germanis idem concedi facerent et quitari; adicientes etiam juramento suo se manifestaturos dicto Capitulo vel mandato Capituli quicquid veritatis inde cognoscerint, et ituros, sumptibus ipsius Capituli, quocumque ire, intra fines provincie Senonensis, ab eodem Capitulo vel mandato Capituli, fuerint requisiti, causa perhibendi super hiis testimonium veritati, atque facturos quicquid pro hujusmodi testificatione fieri debuerit, excepto tamen duello. Huic rei testes interfuerunt : Hugo, decanus; Goslenus, cantor [1]; Willelmus, subdecanus; Hugo, succentor; Henricus, Dunensis archidiaconus; Philippus, Pissiacensis archidiaconus; Johannes, Vindocinensis archidiaconus; Milo de *Garne;* Robertus de Orrevilla; Willelmus de Valeia; Rembaudus *Craton* [2]; Germundus de Levesvilla; Johannes de Petra-Fontis; Henricus Capicerii; Petrus de Cuneo; Henricus de Corbolio; Gervasius Regine; Philippus *Moreher* [3]; Willelmus de Cantuaria; Guismundus; Gervasius de Castro-Novo [4]; Matheus de *Timer;* Raginaldus Regine; Nicholaus *Hoel;* Radulfus de Sauneriis, tunc camerarius episcopi [5]; Hubertus, cerarius; Garinus de Oseuvilla; magister Radulfus; Odo *Bechart,* castellanus Carnotensis [6]; Fulcherius Pulchra-Avis; Willelmus de Tuvilla; Hugo de *Vilais;* Petrus de Pateio; Gaufridus de Luco-Plantato, milites;

[1] Goslin d'Ouarville, chantre de Notre-Dame, était fils de Renaud-le-Vieux, seigneur d'Ouarville, et frère de Renaud-le-Jeune, croisé en 1199. (*Titres de Saint-Jean;* Arch. départ.) — Voir vol. Ier, p. 230, note 1.

[2] Le chanoine Raimbaud Craton figure dans un grand nombre de titres de cette époque. Il appartenait probablement à la famille de son homonyme, le fameux chevalier chartrain de la première croisade. (Voir vol. Ier, p. 107, note 3.)

[3] Le chanoine Philippe Morhier était neveu du chantre Crépin de Dreux et fils de N. Morhier, chevalier. Nous retrouverons son nom dans plusieurs titres du Chapitre.

[4] Gervais de Châteauneuf, fils de Gervais III, seigneur de Châteauneuf, chanoine de Chartres, puis évêque de Nevers en 1222.

[5] Raoul de Saulnières, d'une bonne famille chartraine, était doyen de Brou en 1224. (*Titre de Josaphat;* Arch. départ.)

[6] Eudes Béchart est le plus ancien châtelain de Chartres que nous connaissions.

Stephanus *Bretel*[1]; Hugo *Sauger*[2]; Gaufridus, cambitor; Radulfus Rembaudi; Savericus de *Muret;* Johannes Collum-Rubeum; Michael *Sauger;* Raginaldus Siccus; Willelmus, frater *Tiquet;* Philippus Isembardi; Sanson; Willelmus de Sancto-Martino; Robertus *Troellebout.* Quod ut in posterum firmum habeatur et ratum, appositione sigillorum nostrorum presentem paginam fecimus communiri. Actum anno gracie millesimo ducentesimo sexto, quinto decimo kalendas maii[3]. »

(*Orig. en parch.;* Arch. d'Eure-et-Loir, fonds du Chap., C. XCVI, R, 1. — Bibl. Imp.; *Livre des Priv. de l'égl. de Ch.,* cart. 28, p. 57, et 28 bis, f° 26 v°.)

CLXXIII.

« De terra apud *Vilais.* »
(1206, décembre.)

« Ego Nivelo[4], dominus Fractevallis, notum facio presentibus et futuris quod dilectus et fidelis meus Hugo de *Vilais,* miles, in presentia mea constitutus, confessus est se, assensu Eramburgis uxoris sue et filiorum suorum Jocelini, Symonis, et filiarum suarum Johanne, Agnetis, Eremburgis, et Aeline, et Odoini fratris sui, et Marie sororis sue, vendidisse Capitulo Carnotensi campum unum terre, quem habebat in territorio de *Vilais,* in loco qui vocatur *Versus Novum-Vicum,* qui fuit Hemmardi[5]; qui campus, ad perticam Capituli, continet decem et novem sextarios semeure terre; ita quod idem H[ugo], miles, quadraginta septem libras et decem solidos parisienses

---

[1] Les Britel ou Bretel comptaient au XIIe siècle parmi les familiers de l'abbaye de Saint-Père. L'un d'eux, nommé Robert, devint bailli de Chartres en 1323.

[2] Hugues Saugier fut châtelain de Chartres en 1215. Il succéda à Eudes Béchart.

[3] La même année, cette vente fut également confirmée par Gautier, abbé de l'Etoile, et tout le couvent dudit lieu. Cette seconde charte de confirmation relate l'approbation donnée par Jean, Mathieu, Geoffroy et Jeanne, enfants de Guillaume *de Jupeillo,* à la vente faite par leur père. (*Orig. en parch.;* Arch. d'Eure-et-Loir, C. XCVI, R, 1.)

[4] Nivelon IV, seigneur de Fréteval et de Meslay, fils de Nivelon III et frère de Foucher, chanoine de Chartres, eut d'Alix, sa femme, Ursion de Fréteval, vidame de Chartres en 1229. Voir à notre *Introduction* le tableau généalogique des anciens vidames de Chartres.

[5] En juillet 1250, le Chapitre de Chartres acquit sur Thibaut de Villars, un hébergement, verger et terres y attenantes, le tout assis à Villars ainsi que la mairie de ce lieu. (*Orig. en parch.;* Arch. d'Eure-et-Loir, C. XCIV, A, 2).

habuit a Capitulo nomine emptionis. Capitulum eidem H[ugoni] et ipsius heredibus pro prefato campo reddet annui census, in festo sancti Remigii, solummodo tres solidos parisienses sine omni alia obnoxietate et justicia. Ego vero, de cujus feodo dictus H[ugo] miles prefatum campum tenebat venditionem supradictam ratam habeo, volo, laudo, guarandire promitto et presenti scripto et sigilli mei munimine confirmo; ita quod si dictus H[ugo], miles, in aliquo mihi forefaceret, non campum dictum, sed illos tres solidos census solummodo possem saisire. Quod ut ratum firmumque permaneat, presentes litteras sigilli mei munimine feci roborari. Actum anno gracie millesimo CC° sexto, mense decembri. »

(*Orig. en parch.;* Arch. d'Eure-et-Loir, fonds du Chap., C. XCIV, A, 1.)

CLXXIV.

« Littere de quitatione majorie de *Baigniaus* et Basochiis. »
(1206, décembre.)

« Villelmus [1], decanus, et universitas Capituli Carnotensis, omnibus ad quos littere iste pervenerint, in Domino salutem. Ad universorum noticiam pervenire volumus quod nos, considerato et audito tenore litterarum venerabilis patris nostri R[aginaldi], episcopi Carnotensis, super quitatione majorie de *Baigneaus* [2], et de Basochiis, et aliis que Herbertus, quondam major dictorum locorum, ei et ejus successoribus episcopis Carnotensibus in perpetuum quitavit, et hiis etiam que dictus episcopus eidem Herberto et ipsius heredibus, in recompensatione dicte quitationis, dedit in perpetuum et concessit, sicut in litteris episcopi memorati plenius continetur, approbamus, et, quantum in nobis est, sigilli nostri karactere, facto cyrographo, eidem Herberto confirmamus. Datum anno ab incarnatione Domini M°CC° sexto, mense decembri. »

(Bibl. Imp.; *Liv. des Priv. de l'égl. de Ch.*, cart. 28 bis, f° 68 r°.)

[1] Guillaume, doyen (1206-1212).
[2] La mairie de Baigneaux fut réunie à celles de Fains et de Villeron, et aliénée, en même temps que celles-ci, le 30 décembre 1592, par le Chapitre de Chartres en faveur de Christophe de Baigneaux, seigneur de Beaufort.

CLXXV.

« De parochianis Seneville et Coletenville. »
(1206.)

« Henricus, Carnotensis archidiaconus..... (*Les habitants de Senainville s'étant plaints de la difficulté qu'ils éprouvaient, à cause de la distance* (fere duo miliaria), *pour se rendre aux offices à l'église de Coltainville, et ayant exposé les inconvénients graves qui en résultaient fréquemment, tels que morts sans baptêmes, sans confession ou sans viatique, obtinrent de l'évêque Renaud l'autorisation de faire construire une chapelle, dans laquelle le curé de Coltainville, ou son vicaire, serait tenu de dire la messe trois jours par semaine : le dimanche, le lundi et le mardi. La chapelle construite fut dotée, par quatre habitants du lieu, d'un revenu de 25 setiers de bon blé, payables chaque année au curé, le jour de la Saint-Lubin*). Datum Carnoti, anno gracie M°CC° sexto. »

(Bibl. Imp.; *Liv. des Priv. de l'égl. de Ch.*, cart. 28 bis, f° 107 r°.)

CLXXVI.

« De anniversario comitisse Montisfortis. »
(1206.)

« Amicia[1], comitissa Leicestrensis, domina Montisfortis, universis, tam presentibus quam futuris, ad quos littere iste pervenerint, salutem. Noverit universitas vestra quod nos ecclesie Beate-Marie Carnotensis centum solidos monete parisiensis de annuo redditu, in perpetuam elemosinam, concedimus et donamus, expendendos in opus ipsius fabrice, dum vivemus, post nostrum autem decessum, distribuendos canonicis ecclesie ejusdem qui nostro intererunt anniversario. Assignamus autem eosdem centum solidos in censu nostro apud Sanctum-Leodegarium, castrum nostrum, ab ejusdem castri preposito,

---

[1] Amicie, fille de Robert de Beaumont, comte de Leicester, et veuve de Simon III, dit le Chauve, comte d'Evreux et sire de Montfort. L'obit de cette princesse est inscrit dans le *Nécrologe*, sous la date du 4 des ides de septembre.

annuatim, in crastino festi sancti Remigii, dicte ecclesie persolvendos, hoc tenore quod idem prepositus, nisi eos ad terminum predictum reddiderit, per singulos dies quibus eos reddere differret quinque solidos parisienses tenebitur reddere dicte ecclesie pro emenda [1]. Quod ut ratum et stabile in perpetuum perseveret, presentem cartulam inde notari fecimus et sigilli nostri munimine roborari. Actum anno incarnati Verbi millesimo CC°VI°. »

(Bibl. Imp.; *Livre des Priv. de l'égl. de Ch.*, cart. 28, p. 94, et 28 bis, f° 43 r°.)

CLXXVII.

« De compositione inter Capitulum et Comitissam super pluribus querelis. »
(1207, mars.)

« Philippus, Dei gracia, Francorum rex, amicis et fidelibus suis Decano et Capitulo Carnotensi, salutem et dilectionem. Venientes ad nos nuncii vestri, ecclesie vestre negocium deferentes, post varias rationes, tam ab ipsis quam Comitissa Blesensi [2], super causas quas adversus eam habebatis propositas, tandem, de utriusque partis assensu, super variis querelis quas ad invicem habebatis, compositio et pacis reformatio coram nobis facta est in hunc modum : Prepositus Comitisse emendabit nobis hoc quod ipse noluit mulierem reddere, vel recredere, vel sufficientem rationem ostendere quare eam cepisset, et, si tale quid de cetero contingeret, forisfactum hinc inde monstraretur ubi deberet monstrari, et vos facietis ipsam mulierem tradi preposito Comitisse, et ille reddet eam vobis cum rebus suis ablatis vel equivalens. Item vos poteritis capere homines vestros de corpore per totam terram Comitisse, et ipsa similiter suos per totam terram vestram. Item, de contentione illa de homine cui auricula fuit abscisa, compromissum est hinc inde in eo quod Petrus de *Vilebeton*, et Willelmus Menerii, et Symon de *Berou* [3], concanonicus vester, legitime per sua sacramenta inquisierint, scilicet cujus est magna justicia de Tievilla ubi captus fuit homo ille, et quod ipsi

---

[1] Cette donation fut confirmée au mois d'avril 1215, par Simon IV de Montfort, fils de la donatrice. (Bibl. Imp., *cart. 28 bis*, f° 81 r°.)

[2] Voir p. 24, note 1.

[3] Simon de Bérou passait pour une des meilleures têtes du Chapitre. (Voir le *Nécrologe*, au 13 des calendes de mars.)

tres arbitri, vel eorum duo, per sua sacramenta fuerint arbitrati tenebitur ab utraque parte[1]. Si vero alter dictorum militum moreretur antequam esset eorum arbitrium promulgatum, nos alium loco illius legitimum arbitrum poneremus, et vos similiter unum alium de canonicis vestris, si predictum Symonem mori contingeret, poneretis. Dictum vero eorum promulgabitur infra festum instantem Pentecostes, et si Comitissa vel vos ab hac compositione resilieritis, nos aliud dictum teneri faciemus. De Michaele Medi ita est ordinatum : Comitissa reddet eum vobis, salvo jure vestro et salvo jure suo et heredum suorum. Hec autem omnia, sicut supra dicta sunt, tam ipsi nuntii vestri quam etiam Comitisse, coram baronibus nobis astantibus, tenenda bona fide et sine malo ingenio promiserunt, nos hinc inde requirentes ut predictorum arbitrorum dictum faceremus teneri. Actum Parisius, anno Domini M°CC° sexto, mense marcio. »

(Bibl. Imp.; *Livre des Priv. de l'égl. de Ch.*, cart. 28 bis, f° 21 r°. — L. Delisle, *Catal. des Actes de Phil.-Aug.*, 234, 1020. — Cop. sur pap.; Arch. d'Eure-et-Loir, fonds Roux.)

CLXXVIII.

« Littere Raginaldi episcopi, de decima Booleti-Duarum-Ecclesiarum. »
(1207, 6 septembre.)

« R[aginaldus], Dei gratia, Carnotensis episcopus, universis in Christo karissimis presentis pagine noticiam casu quolibet habituris, salutem in auctore salutis. Universitati vestre, pro facti exigentia, digne duximus declarandum quod Hugo *Boisson*, Dei timorem in oculis habens, decimam quandam juxta Booletum-Duarum-Ecclesiarum sitam, quam in anime sue periculum detinebat antecessorum suorum jure, spontaneus in manu nostra et libere resignavit. Nos vero, ad instantiam ejusdem Hugonis et Andree Divitis, auctoritate nostra, predicta decima in manu nostra, sicut verum est, resignata, Andream clericum, ejusdem Hugonis consanguineum, canonice curavimus investire, et ne surrepens oblivio, semper infida noverca memorie, posset, quod absit, in posterum exoriri, presentes litteras, in testimonium

---

[1] Par actes du mois de septembre 1207, Guillaume Mainier et Simon de Bérou déclarèrent qu'après avoir écouté les raisons produites par les parties, ils adjugeaient au Chapitre de Chartres la haute justice dans la seigneurie de Thiville. (Bibl. Imp., *cart. 28*, p. 47 et *28 bis*, f° 21 v°.)

veritatis, fecimus inde conscribi et sigilli nostri karactere roborari. Actum apud Colombas, anno Verbi incarnati millesimo ducentesimo septimo, octavo idus septembris. »

(*Orig. en parch.;* Arch. d'Eure-et-Loir, fonds du Chap., C. XI, 12.)

CLXXIX.

« Hee sunt littere de decima que est apud *Tovi*, quam adquisivit dominus Garinus Camerarii, ad anniversarium karissimi avunculi sui. »

(1207, septembre.)

« Willelmus, decanus, et universitas Capituli Carnotensis, omnibus presentis scripti noticiam habituris, salutem in eterne salutis auctore. Noveritis quod Garinus de *Tuivi*, clericus, remedio et saluti anime sue et antecessorum suorum providens in futurum, dedit in elemosina et concessit, cum assensu et unanimi voluntate parentum suorum, Capitulo Beate-Marie Carnotensis totam suam decimam quam apud *Toivi* habebat, cum decima terre illius quam dominus Guido de *Levees* ab ipso Garino emerat, que antea nunquam fuerat decimata, hanc donationem concedentibus et approbantibus domina Ysavia de *Neron*, et heredibus suis, et Andrea, filio suo primogenito, ad cujus feodum, jure hereditario, tota prefata decima pertinere dicitur. Qui etiam, coram omnibus, creantavit totam decimam garantizare, tali videlicet conditione quod ille qui prefatam decimam possidebit, singulis annis, pro decime garantizatione, duodecim denarios carnotensis monete persolvet domino de *Neron*, in festo sancti Remigii, et si contigerit xii illos denarios prefato festo non reddi, jamdictus Andreas Cholet, dominus de *Neron*[1], vel ejus successores licite poterunt prenominatam sessire decimam, donec illi duodecim nummi sibi reddantur a Capitulo duplicati; preter quos possessor decime nullum servitium vel emendationem de cetero tenebitur facere : et si idem dominus predictos

---

[1] Comme nous l'avons dit p. 27, note 1, la famille Cholet, une des plus puissantes de la Beauce aux XIIe et XIIIe siècles, dominait à Saint-Luperce, Theuvy, Achères et Néron. Les archives d'Eure-et-Loir (*fonds de Saint-Jean*) renferment une donation, faite en 1258 par Mathieu Cholet, chevalier, et Béatrix, sa femme, de droits de fief et rachats dans la paroisse d'Achères. A cette charte était appendu le sceau de Béatrix, de forme ovale, portant au centre une grande fleur-de-lis, accostée en chef de deux étoiles, avec la légende : + S. BÉATRIX..... DE CHOLET CHEVALER.

duodecim denarios habuisse negaverit, fide facta vel juramento a serviente Capituli, non licebit amplius eidem domino aliquid reclamare. Quod ut ratum et firmum in evum permaneat, presentem paginam sigilli nostri munimine partitoque cirographo corroboravimus. Actum in capitulo nostro, anno gratie M°CC°VII°, mense septembri [1]. »

(*Double chirogr. en parch. scellé;* Arch. d'Eure-et-Loir, fonds du Chap., C. LXVII, B, 7.)

CLXXX.

« De decima apud Carnotensevillare, pro anniversariis Philippi et Garnerii *Moreher* et Crispini Drocensis. »

(1207, octobre.)

« Philippus *Moreher*, canonicus Carnotensis, omnibus presentis scripti noticiam casu quolibet habituris, salutem in salutis auctore. Notum volo fieri universis quod ego quicquid decimarum bladi apud Carnotensevillare, tam in proprio territorio quam alieno, jure hereditario possidebam, pro remedio anime mee et patris mei, scilicet Garnerii *Moreheir*, et Crispini Drocensis [2], quondam cantoris Carnotensis, et aliorum antecessorum meorum [3], dedi in perpetuam elemosinam ecclesie Carnotensi, approbantibus et concedentibus hoc fratribus meis, scilicet Guillelmo *Moreher*, a quo feodaliter prefatas decimas tenebam, et Garnerio et Johanne. Quod ut ratum et stabile perseveret, presentem cartulam inde notari feci et sigilli mei munimine roborari. Actum sollempniter et publice in capitulo Carnotensi, anno incarnati Verbi M°CC°VII°, mense octobri [4]. »

(Bibl. Imp.; *Livre des Priv. de l'égl. de Ch.*, cart. 28, p. 99, et 28 bis, f° 45 v°.)

[1] Une charte semblable fut donnée à la même date par Thibault, archidiacre de Dreux.

[2] Voir au *Nécrologe*, l'obit de Crépin de Dreux, sous la date du 3 des ides de février. Ce grand chantre, ami particulier de l'évêque Renaud de Mouçon, était l'oncle du chanoine Philippe Morhier.

[3] Les anniversaires de Garnier Morhier, de Philippe Morhier et de Crépin de Dreux, réglés par le Chapitre dans l'acte d'octobre 1207, dont nous allons parler dans la note suivante, étaient à la charge des chanoines prébendiers de Bouglainval. (Voir ci-après le *Polyptique de Chartres.*) — La famille Morhier, considérable en Beauce, posséda la terre de Villiers-le-Morhier jusqu'à la fin du XVII° siècle.

[4] A la même date, Guillaume Morhier, frère de Philippe, confirme la donation faite par son frère (Arch. d'Eure-et-Loir; *orig. en parch.*, C. LXVII, B, 12. — Bibl. Imp.,

CLXXXI.

« De redditu quem prebendarii de Landellis reddunt ad anniversarium Milonis de Garneio super majoriam loci. »

(1207.)

« Willelmus, decanus, et universitas Capituli Carnotensis, universis Christi fidelibus presentis scripti paginam inspecturis, salutem in eo qui salus est omnium. Universitati vestre notum fieri volumus quod Ivo de Aqua, miles, coram nobis, in communi capitulo constitutus, vendidit nobis majoriam suam de Landellis, precio quinquaginta trium librarum. Ad hoc autem presens existens dilectus frater et concanonicus noster Milo de Garneio a nobis petiit hoc mercatum sibi concedi, ad anniversarium suum in nostra ecclesia faciendum [1]. Cujus petitioni acquiescentes, illud ei concessimus, tali modo quod canonici qui prefuerint dicto loco quinquaginta solidos, singulis annis, quoad vixerit, in festo Omnium-Sanctorum, ei solvent; post autem ejus decessum, reddent eos, annuatim canonicis hujus ecclesie qui ejus anniversario intererunt distribuendos. Quod ut ratum permaneat, presentem cartulam inde notari fecimus et sigilli nostri appositione muniri. Actum anno gratie M°CC°VII°. »

(*Orig. en parch.*; Arch. d'Eure-et-Loir, C. C, A, 1.)

CLXXXII.

« De dono decime nemorum de *Breessart* et *Cusse*. »

(1207.)

« Raginaldus, Dei gracia, Carnotensis episcopus, universis Christi fidelibus ad quos presens scriptum pervenerit, salutem in Domino. Noverit universitas

cart. 28 *bis*, f° 78 r°). A la même date aussi, Guillaume, doyen, et le Chapitre de Chartres baillent à vie la dîme donnée par Philippe Morhier au même Philippe Morhier, et à un seul héritier à son choix, pour en jouir leur vie durant, moyennant une redevance annuelle de cinq sols. (Arch. d'Eure-et-Loir; *orig. en parch.*, C. LXVII, B, 12. — Bibl. Imp., *cart.* 28, p. 29 et *cart.* 28 *bis*, f° 45 v°.)

[1] L'anniversaire de Miles de Garnay était à la charge des prébendiers de Landelles (Voir le *Polyptique*).

vestra quod nos Capitulo Carnotensi decimam de novalibus nemorum, quos faciunt extirpari apud *Breesart* et *Cusse*, que sita sunt in parrochiis de *Avundanz* et Misterolio, concedimus, perpetuo possidendam. Quod ut ratum, etc... Actum anno gracie M°CC°VII°. »

(Bibl. Imp.; *Livre des Priv. de l'égl. de Ch.*, cart. 28, p. 113, et 28 bis, f° 52 r°/v°.)

CLXXXIII.

« Hoc tenet Radulfus, camerarius, a Capitulo. »

(1208, janvier.)

« Ego Radulfus de Bellovidere, canonicus Carnotensis..... *Il donne au Chapitre, sous réserve d'usufruit pendant sa vie et celle de l'héritier qu'il désignera, quinze arpents de terre*, apud Calniacum, *qu'il a achetés de Raoul-le-Plombier et de Suzanne sa sœur, ainsi que tous les droits* teneure que fuerat de feodo Plumbature, *moyennant 66 livres et demie. Pendant la jouissance, il paiera au Chapitre deux sous par an, et, après lui, son héritier versera annuellement 40 sous, jusqu'à ce que, par le décès de ce dernier, ladite terre retourne quitte et libre entre les mains du Chapitre.* Actum in capitulo Carnotensi, anno Domini M°CC° septimo, mense januario. »

(Bibl. Imp.; *Livre des Priv. de l'égl. de Ch.*, cart. 28 bis, f° 127 r°.)

CLXXXIV.

Capituli Carnotensis, de excambio inter episcopum Carnotensem et Capitulum Sancti-Mauricii.

(1208, décembre.)

« Guillermus, Carnotensis ecclesie decanus, et universitas Capituli, omnibus ad quos littere iste pervenerint, salutem in Domino. Noverint universi nos venerabilis patris nostri R[aginaldi], Carnotensis episcopi, ex una parte, et ex alia Capituli Sancti-Mauricii Carnotensis litteras inspexisse, per quas nobis constitit quod idem episcopus census quos habebat in Carnotensi civitate et circa et qui in eisdem litteris sunt expressi [1], cum decima de Levesvilla ad episcopum pertinente, prefato Capitulo in excambium dederat pro his omnibus que dictum Capitulum apud Friesiam, apud Sanctum-Mauritium-in-Galloto, in nemore et plano, in hospitibus et aliis possidebat, et pro hospite etiam quod idem Capitulum apud Chuniam habebat. Quam utique commutationem, sicut in litteris episcopi et ipsius Capituli est expressa, ratam habemus et gratam, in hujus rei memoriam et perpetuam firmitatem presentes litteras sigilli nostri facientes munimine roborari. Actum anno Domini millesimo ducentesimo octavo, mense decembri. »

(*Orig. en parch.*; Arch. d'Eure-et-Loir, fonds de la fabr. Saint-Maurice, A.)

CLXXXV.

(1208.)

Bail par le Chapitre d'une maison et d'un arpent de terre y attenant, assis à Cognières, en faveur de Hubert Larcher, moyennant 10 sous parisis de cens, sans aucune autre charge, sinon le droit de justice haute, moyenne et basse que le Chapitre se réserve. Lesquels héritages avaient été donnés en franche aumône par Hubert Larcher, francs et quittes de tous droits, excepté le droit qu'avait sur la maison Renaud, fils de Gautier le Prévost [2].

(*Invent.*, t. III, f° 43 v°.)

CLXXXVI.

« De xiii solidis census in quadam vinea apud Vallem-Radulfi. »

(1209, février.)

« Guillelmus, decanus, et universitas Capituli Carnotensis, universis Christi fidelibus ad quos presens scriptum pervenerit, salutem in omnium

---

[1] Dans la charte fournie par Payen, chefcier de Saint-Maurice, nous voyons que ce cens consistait en 4 livres 10 sous chartrains perçus par Etienne *Tonsus*, Savary du Muret et Hoël, son serviteur, et en 55 sous chartrains reçus par Henri, portier de l'évêque, sur des vignes, terres et maisons sises dans la ville de Chartres. (*Orig. en parch.*; fonds du Chap.; C. XI, 13.)

[2] A la même date, le Chapitre bailla une autre maison assise au même lieu, à Guillaume, frère de Renaud, moyennant 4 sous de cens, se réservant également la justice haute, moyenne et basse.

Salvatore. Ad universorum noticiam volumus pervenire quod nos, voluntate et assensu communi, vineam quandam, in Valle-Radulfi sitam, quam plantavit dilectus frater et concanonicus noster Petrus de Cuneo, Calvello de Pressorio et Leodegario de Valle-Radulfi concessimus in perpetuum, hereditarie possidendam : ita videlicet quod eam poterunt, si voluerint, vendere, invadiare, seu quocumque modo transigere tanquam suam, tali interveniente pactionis tenore quod ipsi, seu quicumque eam tenuerint, dicto Petro, et post ipsum, canonicis in loco dicte prebende quem nunc habet ei successuris, reddent ex ea, singulis annis, tresdecim solidos censuales, in Nativitate beate Marie ; qui si non essent redditi die illo, postea redderentur cum recto. Si vero per defectum tenentium ipsam devastari contingeret, alie possessiones ipsorum, ubicumque essent site, ad satisfaciendum de predicto censu tenerentur obligare. Quod ut ratum et stabile permaneret, presentem inde paginam notari fecimus et sigilli nostri munimine roborari. Actum anno incarnati Verbi M°CC°VIII°, mense februario. »

(Bibl. Imp.; *Liv. des Priv. de l'égl. de Ch.*, cart. 28, p. 121, et 28 bis, f° 56 v°.)

CLXXXVII.

« De anniversario Comitis Nivernensis et Raginaldi de Monte-Mirabili. »

(1209, mai.)

« Herveus [1], comes Nivernensis, universis presentes litteras inspecturis, salutem. Universitati vestre notum facimus quod karissimus frater noster Raginaldus de Monte-Mirabili [2], ad sepulchri dominici visionem quondam Jerusolimam prefecturus, cum itineris esset in procinctu, pia motus animi consideratione, quinquaginta solidos reddituum ecclesie Beate-

---

[1] Hervé, fils de Hervé III, baron de Donzi, et de Mathilde, fille de Guillaume Goet, comte de Nevers, par son mariage avec Mathilde de Courtenay, et seigneur d'Alluyes par la mort de son frère Renaud, dit de Montmirail.

[2] Renaud de Montmirail, seigneur d'Alluyes, fils de Hervé III de Donzi et de Mathilde Goet. Le nom de ce seigneur ne figure pas dans la généalogie de la maison de Donzi donnée par les Bénédictins dans l'*Art de vérifier les dates*. Son obit, dans lequel la donation et la confirmation ci-dessus sont rappelées, est inscrit au *Nécrologe* de Notre-Dame sous la date du 14 des calendes de mai.

Marie Carnotensi, in perpetuum, contulit et concessit [1]. Nos autem hanc collationem ratam habentes et acceptam Domino considerantes, ampliori eam beneficio curavimus augmentare, videlicet centum et decem solidos, cum predictis quinquaginta, in pedagio nostro de Aluia, singulis annis, in Purificatione beate Marie, percipiet ecclesia memorata. Ad reddendum autem eos Capitulo dicte ecclesie obligabitur juramento quisquis erit pedagiarius ibi pro tempore, sub tali conditionis tenore quod si eos non reddiderit ad terminum supradictum, pro singulis septimanis quibus eos reddere differret quinque solidos dicto Capitulo, de pena et recto, persolvet. Insuper etiam homines, terras et villas dicte ecclesie, istas scilicet : Genervillam, Ronciam, *Colummers*, Prata et Husseium, ab omnimoda justicia et consuetudine, corveia et exactione qualibet quitamus, retentis tantummodo redditibus tensamenti quos pro terra tensanda singulis annis habebimus [2], et feodis illorum qui a nobis tenent, et tali pedagio cujusmodi ab hominibus predictarum villarum nobis debetur ; approbante et concedente tam donationem quam quitationem predictas karissima uxore nostra Matilde comitissa. Memoratum vero Capitulum, ad instantiam nostram, duo anniversaria, unum pro nobis, reliquum pro predicto fratre nostro, singulis annis, in eadem ecclesia misericorditer et benigne facienda concessit. Preterea, ad majorem cumulum karitatis, idem Capitulum nobis concedens, diebus singulis, missam unam de Sancto-Spiritu, quamdiu vixerimus, et post decessum nostrum, pro anime nostre et amicorum nostrorum remedio, in perpetuum celebrandam, in uno ecclesie oratorio, videlicet in oratorio Beati-Stephani, assignavit. Quod ut ratum, inconcussum et stabile permaneret, presentem paginam inde notari fecimus et sigilli nostri munimine roborari. Datum anno incarnati Verbi millesimo ducentesimo nono, mense maio. »

(*Orig. en parch.;* Arch. d'Eure-et-Loir, fonds du Chap., C. LXVII, B, 14. — Bibl. Imp.; *Livre des Priv. de l'égl. de Ch.;* cart. 28, p. 119, et 28 bis, f° 55 v°.)

[1] La donation de Renaud, seigneur d'Alluyes, est du mois de mai 1202. Outre cette donation de 50 sous de revenu, il affranchit les hommes du Chapitre de toute exaction et promet qu'à l'avenir *nullos eorumdem hominum ad torneamentum ulla coactione ducet.* (*Orig. en parch.;* Arch. d'Eure-et-Loir, fonds du Chap., C. LXVII, B, 2. — Bibl. Imp.; *cart. 28*, page 94.)

[2] Par le mot *tensamentum*, il faut entendre une certaine pension ou redevance, que les vassaux et censitaires étaient tenus de payer à leur seigneur, soit en grain, soit en argent, pour être protégés et défendus par lui contre ceux qui voudraient envahir et ravager leurs terres.

CLXXXVIII.

« De anniversario Bonelli. »
(1209, 15 juillet.)

« R[aginaldus], Dei gracia, Carnotensis episcopus..... *Robert le Noir fait remise à l'église de Chartres de six deniers*, quos, de recognitione et pro garantia decime de Busseto, site in parrochia de Ulmeto, percipere annuatim solebat..... Actum anno gracie M°CC° nono, idus julii. »

(Bibl. Imp.; *Livre des Priv. de l'égl. de Ch.*, cart. 28 bis, f° 86 r°.)

CLXXXIX.

« De decem et octo solidis quos acquisivit Garinus de *Boteri* apud *Cintre*. »
(1209, novembre.)

« Willelmus, decanus, et universitas Capituli Carnotensis, omnibus ad quos littere presentes pervenerint, salutem in Domino. Noverit universitas vestra quod nos concessimus Willermo de Puteo-Cintreii et heredibus suis terram quam Garinus de *Boteri*, quondam concanonicus noster, eisdem concessit, pro decem et octo solidis carnotensibus nobis, singulis annis, in festo beati Remigii, persolvendis, in perpetuum possidendam. Quod ut ratum permaneat, sigilli nostri munimine roboramus. Actum anno Domini millesimo ducentesimo nono, mense novembri. »

(Chirog. orig. en parch.; Arch. d'Eure-et-Loir, fonds du Chap., C. LXXXIV, E, 1.)

CXC.

« De avenis de *Briensac*. »
(1209, 23 déc.)

« Ego Robertus [1], comes Drocensis, omnibus ad quos littere presentes pervenerint, salutem. Noverit universitas vestra quod cum inter nos et

[1] Voir vol. I, p. 216, note 1.

dilectos nostros decanum et Capitulum Carnotense, super avena de *Briensac*, controversia verteretur, nos eisdem concedimus quod dictam avenam nec aliquid pro eadem de cetero capiemus, donec questio que inter nos et ipsos super hoc vertitur pace vel judicio terminetur. Actum anno Domini M°CC° nono, mense tali super vigilia Natalis Domini. »

(Bibl. Imp.; *Livre des Priv. de l'égl. de Ch.*, cart. 28, p. 127 et 28 bis, f° 58 v°.)

CXCI.

« De acquisitione Philippi *Morehier* apud *Menvoisin*, tribus anniversariis. »
(1209.)

« Willermus, decanus, et universitas Capituli Carnotensis, universis Christi fidelibus presentes litteras inspecturis, salutem in omnium Salvatore. Ad universorum noticiam scripto presenti volumus pervenire quod Johannes, major de *Menvesin*, duos trituratores et cetera omnia que habebat in granica de *Menvesin*, excepta una mina avene quam retinuit pro submonitione saccorum, et preterea custodiam pratorum de *Mentenon* et de *Boignevilla* que sunt ecclesie Carnotensis, et omnino quicquid in eisdem habebat, nobis in perpetuum vendidit et quitavit [1], pro viginti libris monete carnotensis, quas dilectus frater et concanonicus noster Philippus *Morehers* nobis donans ei solvit pro nobis. Dictus autem Philippus, de voluntate et assensu nostro communi, quandocumque apud *Menvesin* prebendam suam percipiet, acquisita illa tenebit, reddendo proinde nobis, singulis annis, decem solidos in die obitus patris sui Garnerii *Moreher*, ad opus anniversarii ejusdem, quod celebrare debemus, duplicatis eo die, dum idem Philippus vixerit, Matutinarum stipendiis. Quando autem prebendam suam in loco illo non percipiet, quicumque prebendas suas ibi habuerint, pro predictis acquisitis que tenebunt, triginta solidos, singulis annis, reddere tenebuntur, ex quibus decem solidi predicti, obitus die, ad usum predictum, reliqui autem viginti solidi, in festo sancti Remigii, annuatim, prefato Philippo, dum ipse vixerit, persolventur. Post deces-

[1] En 1292, Simon de Montlhéry, prévôt d'Auvers, acquit sur Jean d'Yvré la mairie de Mévoisins avec toutes ses appartenances et dépendances. — Le Chapitre céda tout ce qu'il possédait à Mévoisins au duc de Noailles, lors de l'échange qu'il fit avec lui en 1753.

sum autem ipsius, deinceps illi triginta solidi dividentur et cedent equaliter in augmentum perpetuum trium anniversariorum, ad ejusdem Philippi procurationem in nostra ecclesia statutorum : scilicet, anniversarii Crispini, nostri quondam cantoris ; ita quod unumquodque illorum decem exinde solidos, preter alia precollata, a predicto Philippo in sui crementum super adhibitos obtinebit. Notandum etiam quod idem major totum residuum feodi, quem tenet a nobis, in contraplegium hujus venditionis nobismetipsis obligavit. Quod ut ratum sit et firmum, sigilli nostri appositione roboravimus. Actum Carnoti publice in capitulo, anno ab incarnatione Domini millesimo ducentesimo nono. »

(*Double orig. en parch.;* Arch. d'Eure-et-Loir, fonds du Chap., C. LXVII, B, 15. — Bibl. Imp.; *Livre des Priv. de l'égl. de Ch.*, cart. 28 bis, f° 78 v°.)

CXCII.

« De venditionibus de Fromundivillari et de *Perverecort* in prepositura de *Auvers.* »
(c. 1209.)

« Ursio, dominus Méreville [1], domini Regis Francie camerarius, omnibus ad quos littere iste pervenerint, salutem. Noverint universi presentis scripti paginam inspecturi quod venditiones terre Beate-Marie Carnotensis que est apud Fromundivillare et *Perveirecort*, omnino proprie sunt ejusdem ecclesie Carnotensis. Quod ut ratum et inconcussum in posterum permaneat, sigilli mei impressione fecimus roborari. »

(Bibl. Imp.; *Livre des Priv. de l'égl. de Ch.;* cart. 28, p. 120, et 28 bis, f° 56 r°.)

CXCIII.

« Confirmatio archiepiscopi Senonensis super interdicto Carnotensi contra Comitissam. »
(1210, 4 février.)

« Petrus [2], Dei gracia, Senonensis archiepiscopus, omnibus ad quos presentes littere pervenerint, salutem in vero salutari. Ad omnium volu-

[1] Ursion de Méréville occupa la charge de grand-chambrier vers 1209 (Anselme, du Cange, Moréri).
[2] Pierre de Corbeil, archevêque de Sens (1200 à 1222).

mus noticiam pervenire quod cum, auctoritate apostolice indulgentie, ad nos et decanum Senonensem, pro Katerina, nobili comitissa Blesensi, directe ita quod nos exequeremur si decanus interesse non posset, inter dictam comitissam, ex una parte, et venerabilem fratrem nostrum episcopum et dilectos filios Capitulum Carnotense, ex altera, coram nobis controversia verteretur super quadam sentencia contra prepositum Carnotensem ipsius comitisse a judiciis ordinariis, scilicet decano et subdecano Carnotensibus, lata, de emendatione facienda, pro detentione Morelli, clerici chori Carnotensis, et cujusdam servientis Drocensis archidiaconi, et super sentencia interdicti propter hoc prius per dictos judices prolata in civitatem et banleugam Carnotensem, et postmodum per episcopum Carnotensem in archidiaconatibus Blesensi et Dunensi, nos, super hiis omnibus inquisita diligentius veritate, habito magnorum jurisperitorum consilio, decano Senonensi collega nostro per suas litteras legittime excusato, parte comitisse contumaciter absente, predictas sentencias judicavimus nullatenus irritandas, sed firmas manere et usque ad emendationem congruam inviolabiliter observandas. Datum Senonis, anno Domini M°CC°IX°, pridie nonas februarii. »

(Bibl. Imp.; *Livre des Priv. de l'égl. de Ch.*, cart. 28, p. 122, et 28 bis, f° 57 r°.)

CXCIV.

« De tensamento de *Gayeville*, quod vendidit Gaufridus de Galardone, ad anniversarium Roberti de Orrevilla et Petri cancellarii. »

(1210, 22 mars.)

« Ego Goherius de Laneriaco notum facio universis, presentibus pariter et futuris, quod venditionem tensamenti de Gaiavilla, quam Gaufridus de *Dionviler* [1], miles, fecit Capitulo Carnotensi, concessit et ratam habuit in

---

[1] Au mois de février 1212, le même Geoffroy de Dillonvilliers, appelé cette fois Geoffroy de Gallardon, Eremburge, sa femme, et Raoul, leur fils aîné, vendirent au Chapitre, pour 140 livres chartraines, tout ce qu'ils possédaient de cens et de surcens dans la Banlieue de Chartres. A la même date, cette vente fut ratifiée par Renaud de Mouçon, évêque de Chartres, et par Gohier de Lanneray et Légarde, sa femme. (*Orig. en parch.*; Arch. d'Eure-et-Loir, C. CV, E, 1.) Guillaume d'Ecuray (*de Escureio*), beau-frère de Geoffroy, ayant prétendu être propriétaire, du chef de sa femme, de 17 setiers d'avoine sur le tensement de Gasville, Geoffroy de Gallardon, par acte du 14 mars 1212, assigna

presentia mea Garinus de Nongento, a quo dictus Gaufridus tensamentum illud tenebat. Et ego, a quo dictus Garinus idem tenebat tensamentum, memoratam venditionem, assensu et voluntate uxoris mee, ratam et gratam habeo et concedo, et, in testimonium rei hujus ac majorem in posterum firmitatem, scripto presenti et sigilli mei impressione confirmo. Datum anno incarnati Verbi millesimo ducentesimo nono, xi kalendas aprilis. »

(*Orig. en parch.;* Arch. d'Eure-et-Loir, fonds du Chap., C. CV, E, 1.)

CXCVI.

« De hospite et xii denariis census in loco qui vocatur Post-Nemus. »
(1210, avril.)

« Ego Hugo, dominus Trembleii [1]..... *Il donne à l'église de Chartres xii deniers que lui devait chaque année Guérin de* Post-Nemus, *de tenetura sua, sita in loco qui vocatur* Post-Nemus..... Actum anno incarnati Verbi M°CC°X°, mense aprili [2]. »

(*Orig. en parch.;* Arch. d'Eure-et-Loir, fonds du Chap., C. LXXXVI, F, 1. — Bibl. Imp.; *Livre des Priv. de l'égl. de Ch.*, cart. 28 bis, fº 137 vº.)

CXCVII.

« Girardus de Carnoto, miles, quitavit ecclesie unum modium annone et unum avene quos capiebat in domo episcopi. »
(1210, mai.)

« Ego Girardus de Carnoto, miles [3], notum facio universis quod ego unum modium avene equivalentis Loenio et unum modium avene, quos

---

au Chapitre, en échange de ces 17 setiers, 17 autres setiers d'avoine sur la grange de sa mère à Gasville, échange ratifié le même jour par Renaud, évêque de Chartres. (*Orig. en parch.;* fonds du Chap., C. CV, E, 2.)

[1] Hugues du Tremblay fit à la même époque (mai 1210) une donation de terre aux religieux de Saint-Jean, résidant au prieuré du Tremblay. (Arch. d'Eure-et-Loir, *fonds de Saint-Jean*, inv. 2044.)

[2] On lit au dos cette note du même temps : *Philippus* Morreier *tenet hoc cum Fadevilla ad firmam decem solidorum.*

[3] Voir vol. Ier, p. 71, note 1.

in granariis episcopi Carnotensis, annuatim, infra festum Omnium-Sanctorum, jure percipiebam hereditario, quos etiam idem episcopus sumptu proprio, ubi vellem, intra Carnoti muros, deportari facere tenebatur, Roberto de *Bero*, Carnotensi canonico, xxx^e libris carnotensis monete vendidi, sub hac forma : quod predictus Robertus de *Bero* eundem redditum cuicumque placuerit vendere poterit, vel in elemosinam conferre perpetuam, vel modis quibuslibet obligare. Ego preterea Robertum de Carnoto, militem, ad cujus feodum dictus pertinebat redditus [1], instanter peciit ut venditionem istam manucaperet garantire, ita etiam quod, si a pretaxata venditionis forma recederem, vel aliquis alius dicte venditioni resisteret, vel aliquo modo turbaret eandem, ipse Robertus de Carnoto, miles, sine fidei transgressione, residuum feodi quod ab eodem teneo inde manu sua caperet, et prefatum redditum, cum dampnorum, si qua incidissent, restitutione, a predicto Roberto de *Bero*, vel ab alio ad quemcumque per ipsum idem redditus devenisset, pacifice faceret possideri. Venditionem autem istam concesserunt Enjossendis, mater mea, et *Elisabel*, uxor mea, eamque, fide interposita, garantire manucapientes, quicquid ratione dotalicii in predictis rebus habebant spontanee quitaverunt, concedentibus etiam venditionem istam fratribus meis Herberto, Philippo, et Jacobo, et sororibus meis Eremburgi et *Ysabel*, et filiis meis Judoino et Guillelmo. Ut autem venditio ista firma et stabilis perseveret, eam sigilli mei testimonio confirmavi. Actum anno gracie M°CC°X°, mense maio [2]. »

(*Orig. en parch.;* Arch. d'Eure-et-Loir, fonds du Chapitre, C. XI, 14. — Bibl. Imp.; *Liv. des Priv.*, cart. 28 bis, f° 79 v°).

[1] Comme on le sait, les fiefs, au Moyen-Age, ne consistaient pas seulement en terres et propriétés foncières, mais en droits, offices, revenus, rentes, pensions, etc. Dans ce cas particulier, l'évêque de Chartres avait depuis long-temps constitué en fief héréditaire le revenu des Greniers de l'évêché, et la famille de Chartres était en possession de ce fief, pour lequel elle devait foi et hommage à l'évêché. Nous ferons connaître dans la suite les charges et prérogatives des fiefs du Clos de l'Evêque, de la Porte épiscopale, etc.; mais nous n'avons pu retrouver la charte du Grainetier de l'évêque. — Il est probable que ce fief fut racheté, avec ceux dont nous venons de parler, vers 1670, par Mgr Ferdinand de Neufville.

[2] A la même date, Robert de Chartres, chevalier, et Renaud de Mouçon, évêque de Chartres, confirmèrent la vente faite par Gérard de Chartres. (*Orig. en parch.;* Arch. d'Eure-et-Loir, C. XI, 14. — Bibl. Imp., *cart. 28 bis*, f° 80 r° et v°).

CXCVIII.

« Quod major de Masengeio est homo Capituli. »
(1210, mai.)

« Ego Milo [1], Barri comes et Carnotensis vicecomes, omnibus notum facio quod cum essem in capitulo Carnotensi audivi Matheum, majorem de Masengeio, publice confitentem quod ipse et ejus heredes erant Capituli Carnotensis capitales servi, etiam ejus antecessores. Juravit etiam idem major quod de cetero ipse fidelis erit tam Capitulo quam preposito *Masengei*, tam de illa servitute quam de omni alia redevantia eis Capitulo et preposito ab illo debita. Testibus: Galcherio, filio meo [2], Garino de Guillonivilla, Hugone de Essea, Gilone de Barjovilla, et pluribus aliis. Actum anno gracie M°CC°X°, mense maio, regnante Philippo Francorum rege. »

(Bibl. Imp.; *Liv. des Priv.*, cart. 28 bis, f° 70 r°.)

CXCIX.

« De quitatione domini de *Illers* super emptione quam fecit Henricus, archidiaconus Dunensis, apud Marchesvillam. »
(1210, août.)

« Ego Gaufridus, dominus de Illeriis [3], notum facio omnibus presentibus et futuris quod totam emptionem quam vir venerabilis Henricus, Dunensis archidiaconus, fecit quondam a Huberto Viario, milite [4], apud Marchesvillam,

---

[1] Miles III, comte de Bar-sur-Seine et vicomte de Chartres, fils de Hugues du Puiset et de Pétronille de Bar, mort en Egypte le 17 août 1218. Le sceau de ce seigneur est figuré dans les *Mémoires de Guill. Laisné* (t. III, f° 109 r°). Nous avons donné une autre charte de ce seigneur, vol. Ier, p. 253.

[2] Gaucher de Bar-sur-Seine, fils de Miles III et d'Hélissende de Joigny, mourut le même jour que son père.

[3] Geoffroy d'Illiers, fils de Guillaume d'Illiers et d'Adeline, et petit-fils d'Yves II et de Légarde, fille de Gérard Boël, donna à l'église de Chartres deux belles verrières dans lesquelles on voit ses armes : *d'argent à la chausse de gueules*.

[4] Cet Hubert le Voyer, chevalier, nous paraît être le même que Hubert de Magny, qui, vers 1220, amortit un setier de tensement, acquis par le Chapitre à Marchéville, et qui, en 1235, fut encore témoin de l'acquêt fait par Simon de Saint-Denis, chanoine, au nom

et quicquid idem Henricus circa Marchesvillam emit quod de meo sit feodo, ego, tanquam dominus feodalis, laudavi et concessi, et garandizandam in perpetuum manucepi, et ab omni omnium hominum violentia defendendam, quamdiu ipse archidiaconus, aut ecclesia Carnotensis cujus nomine ea possidet, non negaverit de eisdem emptionibus ubi debuerit stare juri. Ad quod siquidem laudandum et concedendum, ea precipue ratio me induxit quod de testimonio bonorum virorum didici, quorum super hoc juramenta recepi, Willelmum de Ilerio, patrem meum, cujus anima in benedictione quiescat, predictas concessisse emptiones suo tempore, et easdem, de sua voluntate et assensu, fuisse Carnotensi ecclesie in perpetuam elemosinam assignatas. In cujus rei memoriam et perpetuam firmitatem, presens scriptum feci sigilli mei impressione signari. Actum anno Domini M°CC° decimo, mense augusto. »

(Bibl. Imp.; *Livre des Priv. de l'égl. de Ch.*, cart. 28 bis, f° 81 r°v°.)

CC.

« De duobus modiis, emptis ab Ivone de Sancto-Georgio, milite, annone, reddendis ab episcopo ad anniversarium Gaufridi Cardinalis [1]. »

(1210, août.)

« R[aginaldus], Dei gracia, Carnotensis episcopus... *Yves de Saint-Georges, chevalier, a donné à l'église de Chartres deux muids de blé, au fur de*

du Chapitre, de tous les droits et domaines que possédait Renaud le Loup, chevalier, dans la paroisse de Marchéville, dans le voisinage de Magny. (*Orig. en parch.*; fonds du Chap., C. CX, F 1 et 2.)

[1] L'anniversaire de Geoffroy Chardonnel ou Cardinal était à la charge des prébendiers de Voves. (*Polyptique*, vol. II de cet ouvrage.) — En 1217, le Chapitre acquit sur Guérin, maire de Puiseaux, trois batteurs qu'il avait dans la grange dudit Puiseaux, à la charge par les prébendés de ce lieu de payer annuellement 25 sous pour l'anniversaire de Geoffroy Chardonnel, père de Simon, ci-devant chanoine. (*Orig. en parch.*; fonds du Chap., C. CXIII, P, 1,) — En décembre 1220, Pierre Chardonnel, chanoine de Chartres, neveu de Geoffroy, archidiacre de Dunois, reconnaît tenir du Chapitre la précaire dont jouissait le chanoine Germond de Levéville, consistant en un cens au Boullay-Thierry et autres droits, moyennant une ferme annuelle de quatre livres applicables à l'anniversaire de Geoffroy de Saint-Benoît (Bibl. Imp.; *Liv. des Priv.*, cart. 28 bis, f° 135 r°.) D'après une note de l'Inventaire du Chapitre, Geoffroy, archidiacre de Dunois, serait le même que Geoffroy Chardonnel; suivant l'acte de 1217 que nous venons de citer, Geoffroy Chardonnel nous paraît avoir été un laïc et serait plutôt le même que Geoffroy de Saint-Benoît.

Loëns, qu'il avait droit de prendre chaque année dans les greniers de l'évêque, pour une terre du fief de l'évêché, aumônée par ses ancêtres au manoir épiscopal de Bussy (de Buxeio). *En conséquence l'évêque prend l'engagement de servir cette rente au Chapitre.* Quod ut perpetuam obtineret firmitatem, presentem paginam inde scribi fecimus et sigilli nostri caractere roborari. Datum anno gracie M°CC° decimo, mense augusto. »

(Bibl. Imp.; *Liv. des Priv.*, cart. 28 bis, f° 85 v°.)

CCI.

« Carta janitoris. »

(1210, août.)

« Raginaldus, Dei gratia, Carnotensis episcopus, omnibus presentibus et futuris, in Domino salutem. Elabuntur simul cum tempore que sunt in tempore, nisi jugi litterarum memoria teneantur. Proinde liberaliter petitioni Eremburgis vidue, janitricis nostre, facilem prebentes assensum, de pertinentibus ad ejusdem officium redibitionibus subnotari fecimus [1]. In primis, hec que nos et predecessores nostri tenuerunt et huc usque servaverunt, scilicet quod, in unaquaque ebdomada, debentur janitori, quicumque fuerit, sive janitrici, feodaliter panes XIIII, septem albi et VII nigri, sive presens fuerit episcopus sive absens ; pro coquina, quando non est presens, et pro vino unum denarium ; si vero presens sit, dimidium sextarium vini magne mensure et unum frustrum carnis, et loco carnis ad minus IIII^{or} alletia vel X ova; tunc etiam habet candelam ad cubandum. Ad festa beate Marie, Omnium-Sanctorum, Nativitatis Domini, Circumcisionis, Epiphanie, Pasche, Ascensionis et ad Carniprevium duplicantur hec omnia, quando presens est, alioquin simplicia dantur sicut fit in aliis diebus ipso presente. Si presens est episcopus in festo sancti Martini, duplicatur vinum,

---

[1] Le 19 mars 1448, une transaction intervint entre Pierre Bèchebien, évêque de Chartres, et Philippe des Courtils, seigneur du fief de la Porte épiscopale, transaction par laquelle il fut statué que le profit du fief serait abonné à un écu d'or, et que Philippe des Courtils présenterait des appariteurs capables qui seraient tenus d'ouvrir et de fermer la porte à la volonté de l'évêque et de ses officiers. (*Orig. en parch.;* fonds du Chap., C. XI, 35.) — En 1670, Mgr de Neufville racheta ce fief des sieurs de Soulaires, moyennant 4,000 livres.

si foris, datur dimidium sextarium ; sive sit presens sive absens nichil minuitur in Carniprevio. De militantibus exterinis qui prebendam recipiunt in curia, janitor habet unam avene haveatam. Mestivas etiam habet per terram episcopi, et unum sextarium de legumine in granchiis quando legumen recipitur. Preterea, pro pellibus quibus uti solent pro palliis xii solidos, et pro calciamentis, quando opus est, eidem, in foro Comitis de omnibus sutoribus qui vendunt ad detalium unam empeigniem corii, et ipse janitor tradit singulis eorum tres obolos de bursa episcopi, De unaquaque majoria, unam gallinam. Item, in nundinis beate Marie, de omnibus equis qui intrabunt per portam episcopi unum obolum, et de unoquoque in curia episcopi vendito unum denarium. Si militantes exterini supervenerint et procurati fuerint in domo nostra, tantum capit quantum si nos presentes essemus. Famulus janitoris semper panem et vinum recipit cum aliis curie retromanentibus. Hec etiam ut firma in posterum memoriam et stabilitatem obtineant, fecimus annotari et sigilli nostri munimine roborari. Actum anno gratie millesimo ducentesimo X°, mense augusto [1]. »

(Bibl. de la ville de Chartres, *Livre rouge* § 34, p. 20; et *Livre blanc* § 35, f° 10 r°. — Bibl. Imp., *Livre noir*, part. 43, f° 32. — Guérard, *Cart. de Saint-Père*, prolég., p. LXXXIX. — E. de Lépinois, *Hist. de Chartres*, t. I, p. 493).

CCII.

« Arbitrium inter Stephanum, prepositum de *Auvers*, et Adeliciam, relictam Arnulphi de *Auvers*, militis. »

(1210, octobre.)

« Robertus, divina permissione abbas Morigniacensis, et G[oslenus] [2], cantor Carnotensis, universis sancte matris ecclesie filiis presentes litteras inspecturis, salutem in Domino. Ad universorum noticiam presenti scripto volumus pervenire quod, cum inter ecclesie Carnotensis prepositum de *Au-*

---

[1] On lit en note dans le *Livre rouge* : *Anno Domini MCCCLXVIII*^{vo}, *mense februarii, in presencia magistri G. de Maignac, canonici Carnotensis, magistri N. de Chona, domini Mathei Rommeau, presbiteri, et plurium aliorum, Petrus Cordarius, civis Carnotensis, de hujusmodi feudo janitoris, homagium ligium fecit domino G[uillelmo], episcopo Carnotensi.*

[2] Goslin, chantre de Chartres, figure comme arbitre dans un règlement pour les religieux de Saint-Jean, de 1217.

vers, nomine Stephanum, ex una parte, et dominam Adeliciam, relictam Arnulphi de *Auvers*, militis, et liberos eorum, scilicet Philippum, Ansellum, et Hugonem, ex altera, contencio verteretur, super quibusdam decimis et campipartibus sitis in territorio de *Auvers*, tandem partes in nos duos compromiserunt, fide corporaliter utrinque prestita quod nostro super hoc arbitrio atque dicto quod, inquisitione premissa per testes ab utraque parte productos, pronunciaremus, parerent penitus atque starent. Nos igitur, secundum formam compromissionis modo et ordine debito procedentes, testes utriusque partis recepimus et examinavimus diligenter et in scriptis dicta redegimus eorumdem. Quibus, post factam ab utraque parte renunciationem productioni testium, consideratis attente et plenius intellectis, communicato cum prudentibus viris consilio, dictum nostrum arbitrando proferimus in hunc modum. De terra granicam Bartholomei de Gravella, canonici Carnotensis, in se sitam habente et prope circa eamdem granicam adjacente, tota decima est predictorum Adelicie et liberorum suorum. De terris vero que dicuntur *Defeis*[1], quas colunt coloni de Villa-Nova, scilicet Hugo Agnetis, Roscelinus filius Tecie, Robertus filius defuncti Johannis, Arnulphus filius majoris et Raginaldus Rosce, et de terra de *Berdiz*, que dicitur Hasta-Henrici, quam tenet predicta domina, et de terris sitis super Fossam-Luporum, si colantur, tota decima et campipars est prepositi supradicti. De magna vero cultura predicti Bartholomei, que protenditur usque ad fundum de *Boenval*, et de terra ejusdem Bartholomei sub nemore Sancti-Germani, et de terris que fuerunt Hamerici More, nunc autem sunt filiorum Roberti *Chevaler*, et de terris Petri *Turgault* de Cumbis, que protenduntur a vineis de *Auvers* usque ad *Châtelers*, quas ipse et heredes sui tenent, et universaliter de terris communibus, medietas decime est prepositi de *Auvers* et medietas domine Adelicie atque sue familie supradicte. Quod ut ratum et stabile permaneret, presentem cartulam inde fecimus annotari et sigillorum nostrorum impressione communiri. Datum anno incarnati Verbi M°CC°X°, mense octobris. »

(Bibl. Imp.; *Liv. des Priv. de l'égl. de Ch.*, cart. 28, p. 89, et cart. 28 bis, f° 66 v°.)

---

[1] Le *Défais* est un terme encore employé aujourd'hui en Normandie pour signifier des terres, bois, garennes ou étangs dont l'usage n'est permis qu'à ceux à qui l'accorde le propriétaire.

CCIII.

Noticia de violatione domus decani et claustri Beatæ-Mariæ.
(1210-1211.)

« Dirus antiqui hostis furor in ecclesia Dei, multiplici fraudis sue machinamento, non desinit laicorum semper in clericos odium incitare; conatur ut per hoc ecclesia quasi in se ipsam divisa desoletur, quia hii facilius a fidelium communione recedunt qui clericos, Christi caractere insignitos, gratis habere odio, et eo solo quod clerici sint vel verbo vel actione prosequi non verentur. Hac siquidem vetustissimi hostis invidia compellente, contigit in urbe Carnotensi, anno ab incarnatione Domini millesimo CCX°, mense octobri, die quadam dominica, post prandium, quod vulgi pars maxima in Willelmum decanum ejusque familiam violenter insurgere et domum ipsius, que in claustro Beate-Marie sita est, violare presumpserit, eo scilicet quod unus ex memorati decani servientibus ausus fuerat in eodem claustro, sicut dicebatur, cuidam rustico de villa, servo scilicet Comitisse, minis duntaxat et convitiis injuriam intulisse. Cumque ministri Comitisse qui civibus preerant universis, marescallus videlicet et prepositus, requisiti fuissent a Capitulo, etiam ex parte Regis, quatinus furiosam vulgi multitudinem a claustro repellerent, vel eorum furorem pro tradita sibi potestate comprimerent, noluerunt, sed impellere potius populum quam repellere, et augere furorem magis quam comprimere conati sunt, misso etiam per urbem precone qui per vicos et plateas clamabat quatinus universi cum armis ad domum decani diruendam irruerent. Unde factum est ut, irruente populo, alii fenestras ejusdem domus lapidibus obruere, alii postes, januas et stipites securibus excidere conarentur. Sane decanus, ut primum furentis populi rabiem vidit increscere, ad ecclesiam confugit; qui autem in domo ejus ausi fuerant remanere, clausis tandem januis et firmiter obseratis, se ibidem tueri et deffendere strenue et viriliter laboraverunt: nam alii ligna et lapides per fenestras deorsum mittebant, alii, supra tectum ejusdem domus ascendentes, jactu lapidum frequentissimo turbam irruentis populi proturbabant. Sicque multi ex eadem sacrilega multitudine vulnerati sunt, quorum nonnulli morte non immerita corruerunt. Unde populus, majori repletus insania, uno ex plaustris Beate-Marie accepto et ad prefate domus januas, cum clamore et strepitu, impetuose impulso, viam omnibus domum illam intrare parantibus patefecit; quidam etiam fenestras cellarii ferreas et ostia pariter avellentes, quicquid inde ferreum abstrahere poterant, asportabant : aulam tamen et thalamum, in quo jacebat decanus, et capellam, licet aggredi presumerent, ingredi nullatenus potuerunt; verum hii omnes, quia jam noctis non modicum transierat spatium, discesserunt. Depredatio enim illa noctis tempore, candellis accensis, facta est; et sic opus tenebrarum, quod tempore lucis inceperant, in nocte consummaverunt.

Qua de re turbatus est clerus et admodum desolatus : si qui etiam sana mente erant laici, si que religiose mulieres tanti sacrilegii facinus abhorrebant. Cessatum est igitur in ecclesia Beate-Marie penitus, et in ceteris similiter ecclesiis seu monasteriis in Carnotensi banleuga constitutis, excepto quod solis presbiteris parrochialibus permissum est missas aliquando, clausis januis, exclusis laicis, voce submissa et humili, et sine cantus modulatione, celebrare, ad conservandas scilicet hostias que in necessitatis articulo nullis sunt penitentibus denegande ; cetera vero sacramenta fuerunt penitus denegata, preter baptisma parvulorum, quod etiam non in ecclesiis, sed extra ecclesias, utpote in capitellis [1], fieri concessum est. Denudatum est etiam altare Beate-Marie, et sacrosanctum scrinium ab altari depositum [2], et inferius ante altare positum est, non equidem super pavimentum, sed sicut poni solet a die Cene passionis dominice; capse vero Sanctorum reliquias continentes similiter deposite, et inferius, ante sacrosanctum scrinium, super pavimentum collocate sunt; imago quoque Crucifixi ab alto deposita est [3], et ante capsas super pavimentum chori deposita. Statutum est etiam a Capitulo ut sacerdotes ecclesie ejusdem, singulis diebus, pulpitum ascendentes, in memoratos sacrilegos excommunicationis sententiam, et ejusdem horrende maledictionis, que *excommunicatio ma-*

---

[1] On entendait par *capitelli* des portiques extérieurs avec colonnes, comme il en existe aux flancs nord et sud de Notre-Dame.

[2] C'était la châsse contenant la chemise de la Sainte-Vierge; les autres châsses des Saints se trouvaient derrière le maître-autel, à droite et à gauche de l'autel dit *inférieur*.

[3] Ce crucifix était celui qui, suivant les décrets des conciles, était placé au-dessus de l'entrée du chœur. Plusieurs des cérémonies de l'office divin ne pouvaient s'accomplir que devant ce crucifix.

gna ¹ dicitur, verba proferrent, accensis candellis, et pulsatis eadem hora, non tam ejus ecclesie quam ceterarum ecclesiarum, campanis. Campanam vero, que singulis noctibus, etiam tempore interdicti, ad horam que vulgo *ignitegium* appellatur, pulsari solet, hujus interdicti tempore pulsari prohibitum est.

Verum sacrilegi non ideo compuncti sunt, sed illorum amplius indurata sunt corda. Quindena siquidem die a sacrilegio perpetrato, dum sacerdotum unus, sicut statutum fuerat, memorate maledictionis verba proferret, clamor vulgi astantis altus et irrisonus in eadem ecclesia subsecutus est. Unde Dominus, magis ad iracundiam provocatus, suam non distulit ultionem; qui, proxime noctis tempore, anathematis sententiam, quam ministri ejus verbo tenus tulerant sacerdotes, per angelum exterminatorem, ut credimus, executioni mandavit. Ignis enim succensus est in furore suo, qui, a vico quodam inferiore secus ripam Audure incipiens, in urbem ascendit et omnium fere sacrilegorum domos usque ad claustrum Beate-Marie, non tam mirabili quam miraculoso incendio, devastavit, nullis penitus de ejusdem claustri domibus igne succensis. Quod siquidem quibusdam sacrilegii compunctionis gemitum et timorem, aliis vero majorem confusionis iram et invidiam generavit.

Accessit autem sepedictis sacrilegii major confusio. Decanus etenim et universi fere cum eo canonici, ipsa hebdomada post commissum sacrilegium, Philippi, Francorum regis illustrissimi, cujus etiam aures ejusdem jam sacrilegii rumor attigerat, presentiam adierunt. Cumque de ipsis sacrilegorum principibus, marescallo scilicet et preposito, eorumque complicibus, ipsi regi, utpote patrono et defensori suo, nominatim et expresse, querimoniam detulissent, Rex, in hoc facto, non tam ecclesiastice libertatis quam regie majestatis lesionem attendens, quid super hoc facturus esset

---

¹ L'excommunication *mojeure*, *solennelle* ou *mortelle* était infligée aux pécheurs et criminels endurcis, ou aux hérétiques relaps, tandis que l'excommunication *médicinale* s'imposait aux pécheurs repentants qui subissaient volontairement les pénitences. L'excommunication solennelle s'appelait aussi *anathème*, à cause de la malédiction proférée par l'excommunicateur avec la mise en scène décrite dans le passage ci-dessus. Nous ajouterons que, dans quelques églises, à la fin de la lecture de la formule d'anathème, on soufflait les chandelles, on les jetait à terre et on les foulait aux pieds. (Baluze, *Capit.*, t. II, col. 663. — Martène, *Anecdot.*, t. IV, col. 1121. — Mabillon, *Schedæ*, anno 1210. — Voir aussi du Cange, éd. Henschel, verbis *candela* et *excommunicatio*, et du Rousseaud de la Combe, *Recueil de jurisprudence canonique*, verbo *censures*.)

cum aulicis suis consilium habuit, consilioque accepto, benigne respondit quod decano ceterisque canonicis fidem plurimam adhiberet, sed rei veritatem prius volebat, sicut et debebat, tanquam judex, inquirere, antequam eis se vindicem exhiberet; quod in proximo se facturum promisit. Et ita factum est. In sequenti namque hebdomada, peregrinationis causa, Carnotensem visitavit ecclesiam, et, cum signa desolationis in eadem perspexisset ecclesia, sub sacrosancto scrinio devote et humiliter transitum faciens, pannum sericum ad ornatum ecclesie decentissimum obtulit, et ducentas libras parisienses ad opus edificationis ejusdem ecclesie [1] contulit. Ad videndum quoque domum decani et notanda sepefati sacrilegii signa exire dignatus est: qui, ex gradibus ecclesie, frontem ejusdem domus, partim securibus violatam, partim lapidibus concassatam, prospiciens, domum illam, que sic violata fuerat, depredatam fuisse minime dubitavit; in eadem vero civitate morari diutius noluit, sed, tanquam cives sacrilegos devitaret, vix horę unius ibi morulam faciens, reditum maturavit; tribus tamen ex suis militibus, viris fidelibus et prudentissimis, imperavit quatinus, ibidem remanentes, rei veritatem per testes, tam ex parte Capituli quam ex parte adversa, producendos inquirerent; quibus diligentius examinatis, eorum attestationes scriptas et consignatas ad ipsum referrent: diem quoque certam utrique parti prefixit, in qua Parisius super iisdem attestationibus judicii sui proferret sententiam [2].

---

[1] M. de Lépinois a cité le premier, dans son *Hist. de Chartres*, vol. Ier, p. 120, note 2, ce témoignage, si concluant, à l'appui de l'incendie de la Cathédrale en 1194. Voir à ce sujet, tome Ier, p. 15, note 1.

[2] Cependant il résulte d'une lettre de Philippe-Auguste, adressée au Chapitre en octobre 1210, après son voyage á Chartres, qu'il avait arrangé l'affaire par un compromis pendant sa visite même. On lit en effet dans cette lettre, insérée dans un Recueil de formules de la Bibl. Imp., ms. lat., 8566, A, f° 120, et dans la collection Baluze, 128, f° 304, la phrase suivante : *Et nos ad vestram ecclesiam accedentes, in propria persona, fide prospeximus oculata super quibus et quantis vestra fuisset universitas vulnerata. Post compromissionem vero factam in nos, arbitrati sumus quod memorati pretor et cives tali die vestro capitulo se presentent, satisfactionem vobis secundum vestrum judicium prestituri.* Le roi termine en engageant le Chapitre à user de modération dans cette circonstance, pour ne pas être taxé de cruauté. La réponse du Chapitre, en date du même mois, insérée dans les mêmes recueils, assure Philippe-Auguste que la Compagnie tiendra d'autant plus compte de sa recommandation qu'attachés au service de la Mère des miséricordes, les chanoines sont portés par eux-mêmes à être cléments et à implorer la miséricorde de Dieu pour leurs propres fautes. M. Delisle a donné *in extenso* ces deux pièces dans son appendice au *Catalogue des actes de Philippe-Auguste*, p. 516.

Adveniente igitur die illo, qui etiam festivus ob solennitatem Sanctorum-Omnium habebatur, cum multi, Parisius, e diversis partibus regni, ad regalem curiam, proceres convenissent, et decanus, cum suis canonicis, regis expeteret et expectaret judicium, ipse Rex, ore proprio, judicii sententiam, publice et apertissime, protulit vel pronunciavit regaliter, imperans quatinus prenominati Comitisse ministri, marescallus videlicet et prepositus, in ecclesia Carnotensi, publice, coram omnibus tam clericis quam laicis, rectum facerent in manu decani super violatione claustri omnibusque injuriis; prepositus quidem pro se et universitate populi Carnotensis, marescallus vero pro se tantum. Precepit etiam quatinus ipsi consequenter ibidem decanum totumque Capitulum, per pecuniam numeratam aut vadimonia aurea vel argentea, securos facerent de restituendis omnibus que in domo decani dissipata fuerant vel ablata, ita tamen quod illi qui res suas ibi tunc amisisse dicebant, probationem juratoriam propriis manibus exhiberent. Precepit insuper quatinus ipsum decanum et quendam alium canonicum, cujus etiam domus per violationem supradictam aliquantulum fuerat violata, securos facerent de suis domibus reparandis ad eumdem valoris statum in quo prius fuisse videbantur [1]. Ad hec omnia facienda, idem Rex diem certum prefixit, et hiis omnibus exequendis eximios fidejussores accepit, utpote comitem Boloniensem [2] et quosdam alios, se ipsum vero decano et Capitulo fidejussorem constituit, et unum preterea de suis militibus, virum fidelem et prudentissimum, misit, qui, ex parte sua, exequendis hiis omnibus interesset.

Facta sunt igitur omnia sicut Rex imperaverat. Quibus peractis, clerus ad processionem se preparans, quedam primum solemnia, que ad sacrorum reconciliationem locorum liber ordinarius fieri indicat, celebravit. Hiis expletis solemniis, ad pulsandas ecclesie campanas quorumdam astantium laicorum multitudo cucurrit; responsorium *Gaude, Maria*, ante altare gloriose Virginis, altissimis vocibus decantatum est; altari vero interim decenter ornato, sacrosanctum scrinium super illud repositum est; capse

---

[1] On trouve dans le *Livre des Priviléges* une copie d'une lettre de Philippe-Auguste, du mois de novembre 1210, relative à l'amende due par le prévôt et les principaux fauteurs de la sédition. (Bibl. Imp., cart. *28*, p. 125, et *28 bis*, f° 58 v°. — L. Delisle, *Catal. des Actes de Phil.-Aug.*, p. 287, n° 1249).

[2] Renaud de Dammartin, comte de Boulogne, quatrième mari de Ide, fille aînée de Mathieu d'Alsace et de Marie de Boulogne.

Sanctorum reliquias continentes, a terra elevatę, ad loca propria cum gaudio et exultatione et canticis reportatę sunt; imago quoque Crucifixi in eminentiori loco, sicut solebat, reposita est. Et sic facta est letitia magna in clero, in populo autem gravi adhuc iniquitate et peccato confusio maxima.

Facta sunt autem hęc omnia supradicta, absente Rege, episcopo et multis aliis Christi fidelibus iter peregrinationis arripientibus ad debellandos quosdam hereticos[1], quos illustrissimus comes, Simon, Montisfortis dominus[2], amicus scilicet et parrochianus suus, strenue et fortiter impugnabat. Verum quia Rex, sicut supradictum est, rectum in manu decani fieri, domos reparari, ablata restitui jusserat, sed nondum fuerat expressum quantam satisfactionis penam prenominati malefactores, pro tanto reatu sacrilegii, pati deberent, memoratus episcopus, qui jam a prefata peregrinatione redierat, et decanus, cum quibusdam canonicis ab ipso Capitulo missis, ad Regem simul et unanimiter accesserunt, ipsius super hoc judicium postulantes. Decrevit itaque Rex eosdem malefactores, qui in manu decani rectum fecerant, qui etiam, ex facto suo, non solum Deum et ecclesiam offendisse, verum etiam majestatem regiam contempsisse videbantur, ter mille librarum parisiensis monete solutione mulctandos[3]; de qua scilicet summa quingentas libras episcopo dari precepit, Capitulo autem mille et quingentas libras, ita tamen quod, de eadem summa Capitulo assignata, decanus, pro injuria sibi specialiter irrogata, sexaginta libras haberet; tertiam vero partem pęnę pretaxatę fisco suo censuit inferendam. Decrevit preterea Rex quod sepedicti malefactores et eorum complices, de quibus Capitulum nominatim et expresse querimoniam fecerat, die quadam solenni, ad processionem ecclesie, in conspectu totius populi, nudi appa-

[1] Renaud de Mouçon, évêque de Chartres, et Philippe de Dreux, évêque de Beauvais, avaient conduit une troupe de croisés à Simon de Montfort, pendant les derniers mois de 1210.

[2] Simon IV, comte de Montfort, second fils de Simon-le-Chauve, comte d'Evreux, et d'Amicie de Beaumont, comtesse de Leicester. Le nom de ce prince illustre, qui fut tué au siége de Toulouse le 25 juin 1218, est écrit dans l'obit de sa mère, au *Nécrologe* de Notre-Dame, sous la date du 4 des ides de septembre. Il avait confirmé en février 1198 toutes les donations faites par ses prédécesseurs aux Lépreux de Beaulieu : parmi ces donations figurait la redevance annuelle d'un cerf et d'un sanglier gras. (Bibl. de la ville de Chartres, *cart. noir*, n° 44.)

[3] D'après les calculs de M. Guérard (*Cart. de Saint-Père*, prolég., 187, 188), les 3,000 livres d'amende imposées aux gens de Chartres représenteraient aujourd'hui plus de 30,000 fr.

rerent, virgas portantes in manibus, quibus, finita processione, ante altare beatissime Virginis Marię, flagellati, Deo et eidem gloriosę Virgini pene corporali satisfactionem exhiberent.

Hęc autem omnia, juxta Regis irrefragabilem sententiam et ipsius imperium, oportuit penitus adimpleri. Sic igitur Carnotensis ecclesia in tribulationibus suis roborari semper et crescere consuevit, meritis, ut credimus, et patrocinio gloriosę genitricis Dei et domini nostri Jesu-Christi, cui est honor et gloria in secula seculorum, amen. »

(Arch. d'Eure-et-Loir, fonds du Chap., *Reg. des Arrêts*, f° 101 r°.)

CCIII.

De uno cerco desuper altare beatæ Mariæ in perpetuum arsuro, ex dono Galteri Juvenis.

(1212, février.)

« R[aginaldus], Dei gracia, episcopus, et Adam, capicerius Carnotensis, omnibus presentibus et futuris, salutem in Domino. Ad universorum noticiam volumus pervenire quod nos, de voluntate et assensu sacristarum ecclesie Carnotensis[1], redditus eorumdem, ad donationem et institutionem nostram pertinentes, obligamus ad faciendum, per manus eorum, servitium unius cerei, quantitatis et ponderis aliorum desuper altare beate Marie constitutorum, in perpetuum arsuri de nocte et de die, cum aliis, ante capsam, in remedium et salutem anime viri nobilis domini Galteri Juvenis[2], regis

---

[1] Les marguilliers clercs et laïcs de l'église de Chartres vivaient en commun dans une maison nommée la *Marguillerie*, située près de la porte Saint-Jean. L'Evêque et le Chefcier étaient tenus de fournir à leur nourriture et entretien, et, de plus, ils avaient, comme on le verra tout-à-l'heure, certains droits sur les cires de l'église. De nombreuses transactions intervinrent entre ces officiers d'une part, l'Evêque et le Chefcier de l'autre; nous citerons entre autres celles de 1455, 1468, 1494, 1512, 1611, etc. (*Invent. du Chap.*, C. IV, BB, 11, 13, 15, 16, 23, 24, 25, 27.) Le 22 janvier 1770, le Chapitre consentit à accorder à chaque marguillier une somme de 24 livres, à condition qu'ils n'auraient plus les cierges dits *ténébraux*, ceux de la Présentation et de la Gésine, ni aucuns égouts, soit des cierges des acolytes, soit des torches; qu'ils ne pourraient répéter aucuns cierges aux services et enterrements des rois, reines, princes, évêques et autres, et enfin qu'ils ne percevraient plus la somme de 9 livres 7 sous qui leur était payée par le clerc de l'œuvre, pour allumer la Perche et le Tour du chœur. (*Invent. du Chap.*, C. IV, BB, 33.)

[2] Le nom de ce chambrier, ignoré des anciens auteurs, a été rencontré par D. Carpentier dans une charte du grand Pastoral de Paris du mois de juin 1190; il ne se trouve que

Francie chamerarii, et predecessorum suorum, qui ducentas libras parisienses propter hoc in elemosinam ecclesie Carnotensi contulit ad presentes sacristarum redditus ampliandos [1]. Quod ut firmum et stabile permaneat, patentium testimonio litterarum et nostrorum sigillorum munimine roboramus. Actum Carnoti, anno gracie M°CC°' undecimo, mense februario. »

(*Orig. en parch.;* Arch. d'Eure-et-Loir, fonds du Chap., C. IV, BB, 2. — Bibl. Imp.; *Liv. des Priv.*, cart. 28 bis, f° 94 v°.)

CCIV.

« De majoriis de *Champseru* et de Loenvilla, quas Gaufridus de Alneolo emit ad anniversarium Remensis archiepiscopi. »

(1212, mars.)

« Guillelmus, decanus, et universitas Capituli Carnotensis, omnibus presentes litteras inspecturis, in Domino salutem . . . . . *Le chanoine Geoffroy d'Auneau* [2], *achète d'Etienne, maire de Champseru, moyennant trente-cinq livres de monnaie chartraine, payées comptant, tout ce que ledit maire possède dans les mairies de Champgarnier et de Loinville* [3], *savoir*: jus mittendi in granicis messium excussores, viciacum, fabiacum, ordeacum, investitiones, submonitiones hominum, bonagia et districta. . . , . *Cette vente est consentie par Eremburge, femme d'Etienne, Mathieu, son fils, Guillaume de Poresac, Nicolas et Etienne de*

dans la dernière édition du Glossaire de Du Cange, par addition de l'éditeur. L'obit de ce personnage est inséré au *Nécrologe de Notre-Dame* (voir vol. III), à la date du 4 des ides d'août; il y est appelé *Galterius Junior, Philippi regis Francorum camerarius, Galterii Senioris filius*. Peut-être le Gautier de 1190 était-il le *senior*, c'est-à-dire le père de celui de 1212; c'est ce que l'on pourrait supposer d'après la distance qui sépare les dates des deux titres.

[1] Les marguilliers de l'église de Chartres continuèrent à être chargés de la fourniture de ce cierge, pour lequel ils recevaient du Chapitre 19 livres par an, jusqu'au 30 juillet 1768, où une transaction intervint à ce sujet entre eux et le Chapitre (*Invent. du Chap.*, C. IV, BB, 32).

[2] Ce personnage était fils de Joscelin, seigneur d'Auneau. Il figure dans un titre de 1168, émané de son père, et dans un autre titre, de 1207, donné par son frère Guy, seigneur d'Auneau. (*Cart. des Vaux-de-Cernay*, t. Ier, p. 49 et 159.)

[3] La mairie de Loinville n'était pas considérable; elle ne consistait qu'en quelques pièces de terre au champtier de la Chevalerie. Le Chapitre devait pour ces terres foi et hommage au sieur de Loinville et de la Bouteillerie, qui lui-même relevait de Gallardon. (Aveu de Miles Piguerre, seigneur de Loinville, en 1628; *Invent. du Chap.*, C. LXXXVI bis, D, 2.)

Brac, Hubert de Noa, ses neveux. Geoffroy d'Auneau fait donation à l'église de Chartres de tout ce qu'il vient d'acheter, à la condition que les chanoines prébendiers des mairies susdites seront tenus de payer chaque année une somme de cinquante sous, dont l'emploi dépendra de la volonté du donateur ou qu'il pourra percevoir à son profit, sa vie durant, s'il le juge convenable. Datum anno gracie M°CC°XI°, mense marcii [1]. »

(*Orig. en parch.*; Arch. d'Eure-et-Loir, fonds du Chap., C. LXXXVI bis, C, 1. — Bibl. Imp.; *Livre des Priv. de l'égl. de Ch.*, cart. 28 bis, f° 83 r°.)

CCV.

« De restitutione facienda prius quorumdam hominum Capituli apud Drocas, et post de proprietate pasturarum. »

(1212, 17 juin.)

« Magister Philippus, curie Senonensis officialis, omnibus presentes litteras inspecturis, in Domino salutem. Noverint universi quod cum controversia que vertebatur inter nobilem virum comitem Drocensem [2], ex una parte, et canonicos Carnotenses, ex altera, fuisset ad curiam Senonensem per appellationem delata, partibus in nostra presentia constitutis, ex parte comitis fuit propositum quod animalia quorumdam hominum dictorum canonicorum capta fuerant in pasturis ipsius Comitis ad presens forefactum, et ideo volebat ut ei emendarent, vel venirent in curia sua jus audituri; ex parte vero canonicorum fuit responsum quod spoliati litem ingredi non debebant, et quare comes eos usuario dictarum pasturarum, de quo longuo tempore in pacifica possessione fuerant [3], spoliarat, in foro ecclesiastico

---

[1] Cette pièce est accompagnée de deux lettres testimoniales, délivrées au mois d'avril 1212, à Geoffroy d'Auneau, en foi de son acquisition, par Nicolas, abbé de Saint-Jean-en-Vallée, et Goslein, abbé de Saint-Cheron.

[2] Voir vol. Ier, p. 216, note 1.

[3] Dès le XIIe siècle, le Chapitre de Chartres avait à Dreux des propriétés fort importantes, qui s'accrurent encore au XIVe siècle par l'acquêt qu'il fit sur Henri, comte de Vaudemont, le 4 mars 1362, de la *seigneurie de la Boucherie de Dreux*, du chef de laquelle les chanoines devinrent possesseurs, outre de fort beaux droits, d'une grande étendue de bois et pâtures. Le Chapitre eut de nombreuses contestations avec les comtes de Dreux pour ses propriétés de Dreux. Outre le fait relaté dans cette charte, nous mentionnerons un compromis conclu, au mois de décembre 1261, avec Marie de Bourbon, comtesse de Dreux, comme ayant la garde de ses fils mineurs Robert et Jean, au sujet du droit de

super dicta spoliatione litigare volebant, et per ecclesiasticum judicem restitutionem optinere, et, obtenta modo debito restitutione, super proprietate ubi deberent litigare. Unde, cum utraque pars super hoc vellet audire interlocutoriam, de prudentum virorum consilio, interloquendo diximus quod secundum consuetudinem tocius ecclesie gallicane, a longis retroactis temporibus approbatam et observatam, causa canonicorum super spoliatione facienda primo debet in foro ecclesiastico terminari, qua terminata, si super proprietate aliquid remanserit questionis, coram competenti judice quod residuum fuerit terminetur. Actum anno gracie M°CC° duodecimo, die veneris post festum sancti Barnabe apostoli. »

(Bibl. Imp.; *Liv. des Priv.*, cart. 28 bis, f° 66 r°.)

CCVI.

« Quitatio viarie de *Chanscru* facta a dominis de *Malle*. »

(1212, juillet.)

« Nos duo fratres, videlicet Burchardus, dominus Malliaci [1], et Maheus de Malliaco, et uxores nostre Matildis et Mabilia, per presentes litteras notum fieri volumus universis quod, cum inter nos fratres et uxores nostras sorores, ex una parte, et Capitulum Beate-Marie Carnotensis, ex altera, contentio haberetur super jure viarie quod in terra dicti Capituli nos duo dicebamus, ex parte predictarum Matildis et Mabilie uxorum nostrarum [2],

havage et autres que la comtesse prétendait sur les hommes du Chapitre, prétention que le Chapitre avait combattue par les armes de l'excommunication, dont la comtesse fut relevée le 12 décembre 1261 en payant une forte amende. En 1328, Robert V, comte de Dreux, fut forcé, par la sentence de deux arbitres, d'abandonner au Chapitre le droit de garenne dans les bois de Brissart et de Cussey. (*Orig. en parch.*; fonds du Chap., C. XXXII, A, 2 et B, 1.)

[1] Bouchard de Montmorency-Marly, l'un des principaux lieutenants de Simon de Montfort, s'était distingué au combat de Saint-Martin-lès-Bordes, contre les troupes du comte Raymond de Toulouse (1211).

[2] Cette phrase prouve que la moitié de la ferme de 15 livres provenait à Bouchard et à Mathieu, non comme le disent les *Mémoires de la Société archéologique d'Eure-et-Loir*, vol. II, p. 295, note 1re, du chef de leur mère Mathilde de Garlande, veuve en premières noces de Hugues de Gallardon, et femme en secondes noces de Bouchard Ier de Montmorency-Marly, leur père, mais du chef de leurs femmes Mathilde et Mabile de Châteaufort, héritières pour moitié de Hugues. — L'auteur de l'article cité par nous fait de Hervé III, co-

habere, asserente Capitulo quod defunctus Hugo, quondam dominus Galardonis, antecessor uxorum nostrarum, eidem Capitulo remiserat penitus et quitaverat in perpetuum totum jus illius viarie, sub firma quindecim librarum carnotensium, sibi et heredibus suis post eum, annuatim, certis ac statutis terminis, solvendarum : cujus firme medietas cum ad nos duos per uxores nostras ab eodem Hugone derivata esset, sicut Capitulum asserebat, nichil amplius poteramus nobis, in terra Capituli, pro eadem viaria vendicare, tandem, mediante domino Philippo rege, in hanc formam pacis convenimus quod quitationem perpetuam dicte viarie, quam sibi factam a jam dicto Hugone, antecessore uxorum nostrarum, memoratum Capitulum asserebat, nos et uxores nostre ratam habuimus, et concessimus absolute, ex parte nostra, quicquid predictus Hugo de predicta quitatione fecerit aut non fecerit eidem Capitulo Carnotensi, nos ipsi et uxores nostre concessimus et quitavimus viariam illam, in perpetuum ipsi Capitulo remansuram, in tota ipsius Capituli terra nichil prorsus viarie retinentes. Ego etiam Bucardus et Matildis, uxor mea, procuravimus quod Theobaldus, Petrus, Maheus et Buchardus, filii nostri, predicte concessioni nostre et quitationi suum expresse prebuerunt assensum et viariam illam totam similiter quitaverunt Capitulo Carnotensi. Et ut hec etiam quitatio nostra firmior haberetur, super ea fideliter observanda plegium assignavimus ipsi Capitulo dominum Philippum, regem, et heredes suos. Domino etiam regi Philippo et heredibus suis in contraplegium concessimus et obligavimus quicquid de feodo suo tunc temporis tenebamus. Qui ad peticionem nostram ipsi Capitulo premissam quitationem nostram se garandaturum promisit et manucepit, heredes suos statuens obligatos haberi dicto Capitulo super eadem garendia prestanda. Actum Meleduni, in palatio domini regis Philippi, coram ipso, anno Domini millesimo ducentesimo duodecimo, mense julio [1]. »

(*Orig. en parch.;* Arch. d'Eure-et-Loir, fonds du Chapitre, C. XXXII bis, A, 1. — Bibl. Imp.; *Liv. des Priv.*, cart. 28, p. 129, et 28 bis, f⁰ 59 r⁰. — A. Duchesne, *Hist. de la maison de Montmorency*, pr., 397. — L. Delisle, *Catal. des Actes de Phil.-Aug.*, n⁰ 1389.)

héritier de Mathilde et Mabile, un fils de Hugues de Gallardon; mais dans une charte de confirmation de 1213, Hervé, en rappelant les donations de Hugues, son prédécesseur, ne l'appelle nullement son père, de sorte qu'il est fort légitime de suspecter cette descendance.

[1] A la même date, Mathilde et Mabile de Châteaufort confirmèrent la cession de leurs maris. En même temps, Philippe-Auguste, par des lettres-patentes datées de Melun, la trente-troisième année de son règne, accepta la garantie de cet abandon; cette dernière pièce est ainsi souscrite : *Dapifero nullo. Signum Guidonis buticularii. Signum Bartholomei*

CCVII.

« De xii hostisiis apud Burgum-Novum. »
(1212, août.)

« Universitas Capituli Carnotensis, omnibus presentes litteras inspecturis, in Domino salutem. Noverint universi quod nos Radulfo *Tesson*, Herveo *Tesson*, Hugoni cognomine *Quatremins*, Guilloto *Quatremins*, Godescalo, Hugoni *Morel*, Hamerico de Fraxineto, Ricardo Normanno, Benedicto *Quatremins*, quandam terram apud Burgum-Novum constitutam concessimus ad duodecim hostisias [1], quarum unaqueque censum quinque solidorum, in festo sancti Remigii, nobis annuatim in perpetuum solvet, aut illi vel illis qui ex concessione nostra preerunt loco. Illi duodecim homines aut heredes eorum, seu illi quibus hostisias venderent supradictas, ad censum nominatum easdem tenebunt, ab omni prorsus exactione, quantum ad nos pertinet, liberas et immunes, nisi quod inde nobis aut aliis loco nostri vendas et gantos redderent si hostisie venderentur; et si forte forifacerent, se, prout deberent, justiciarent per nos, vel per illum, vel per illos qui in loco illo gererent vices nostras. Quod ut ratum perduret et stabile, presentibus litteris annotari fecimus et sigilli nostri caractere communiri. Actum, vacante decanatu, anno Domini M°CC°XII°, mense augusto. »

(Bibl. Imp.; *Liv. des Priv. de l'égl. de Ch.*, cart. 28 bis, f° 73 v°.)

camerarii. Signum Droconis constabularii. Data vacante (monogr.) *cancellaria.* Enfin, au mois de mars 1213, Hervé, seigneur de Gallardon, Alix, sa femme, et Waleran, son frère, confirmèrent également la cession de Bouchard et de Mathieu de Marly, et abandonnèrent en même temps au Chapitre de Chartres la moitié de la voirie de Champseru, qui leur appartenait du chef de Hugues, leur prédécesseur; cet acte fait du consentement d'Adam, Hervé, Waleran, Robert, Philippe, Jean, Marguerite, Idoine et Alix, enfants du seigneur Hervé. (*Orig. en parch.;* Arch. d'Eure-et-Loir, C. XXXII bis, A, 1. — Bibl. Imp., *cart. 28*, p. 130 et 132, et *cart. 28 bis*, f° 60 r° et v°.)

[1] A la même date, le Chapitre de Chartres céda aux chanoines Bonvallet et Guismond une terre et des vignes au Bourg-Neuf, sous une redevance annuelle de huit muids de vin pressés avec le pied. — Au mois de juillet 1218, le Chapitre donna à moitié à Robert Hervin deux arpents et demi de vigne au même lieu, avec le verger qui autrefois appartenait à Robert de Berou, chancelier de Chartres. (Bibliothèque Impériale; *cart. 28 bis*, f°s 71 r° et 74 r°).

CCVIII.

« Quod archidiaconus habet juridictionem ecclesiasticam apud *Gardees* et apud Tyronem, non jure archidiaconatus, sed jure Capituli. »

(1212, août.)

« Henricus, Carnotensis archidiaconus, omnibus Christi fidelibus presentes litteras inspecturis, in Domino salutem. Noverint universi, presentes pariter et futuri, quod jurisdictionem ecclesiasticam, quam tam in villa de Gardeis quam in burgo monachorum Tyronensium habemus, ad nos temporaliter, quamdiu in partibus illis prebendam nostram habebimus, non de jure archidiaconatus Carnotensis sed de jure Capituli Carnotensis pertinere. Quod ut memoriter habeatur, memorato Capitulo Carnotensi presentes dedimus litteras sigilli nostri munimine confirmatas. Datum anno gracie M° CC° XII°, mense augusto. »

(Bibl. Imp.; *Liv. des Priv.*, cart. 28 bis, f° 72 r°.)

CCIX.

« Donatio viarie de Berjovilla. »

(1213, 18 mars.)

« Ego Willelmus *Aguillon* [1], miles, notum facio universis, presentibus pariter et futuris, ad quos presens scriptum pervenerit quod ego, vite preterite et injuriarum quas intuli Carnotensi ecclesie recordatus, necnon excommunicationum quas propter hec multociens incurri, absque ulla quam inde solverim satisfactione emende, ductus penitencia et compunctus, in

---

[1] La famille Aiguillon, Aguillon, Aguilin (*Aculeus*) est très-souvent citée dans les titres des établissements religieux du diocèse de Chartres. Le plus ancien de ses membres connus paraît être Robert, qui vivait à la fin du XIe siècle et dont le nom se rencontre plusieurs fois dans le *Cartul. de Saint-Père* (p. 216, 275, 295, 314, 323). Guillaume Ier, son fils aîné, prit la croix, en 1147, avec le comte Henri-le-Libéral; il possédait des fiefs à Barjouville, Tachainville et Alluyes. (*Ib.*, p. 303, 347, 363, 425, 458.) — Guillaume II, dont il est ici question, figure, en 1211 et en 1215, avec sa sœur Alix, dans deux titres de l'abbaye de Saint-Jean et du Grand-Beaulieu.

horum recompensationem et in remissionem peccatorum meorum et antecessorum meorum, dicte ecclesie in perpetuam contuli elemosinam et donavi totam viariam quam habebam tam in parrochia Barjoville, quam in parrochia de Morenceis[1], concedente hoc uxore mea Margarita, fide interposita, et concedentibus hoc filiabus meis Helisende et *Isabel*, retentis et salvis michi aliis redditibus meis quos ad modum antecessorum meorum ibidem debeo possidere. Et donum istud obtuli super majus altare ejusdem ecclesie per litteras presentes super illud impositas et oblatas. Quod ut ratum habeatur atque permaneat inconcussum, presentem cartulam inde conscriptam sigilli mei feci munimine roborari. Actum anno gratie millesimo ducentesimo duodecimo, quinto decimo kalendas aprilis[2]. »

(*Orig. en parch.*; Arch. d'Eure-et-Loir, fonds du Chap., C. XXIX ter, A, 1. — Bibl. Imp.; *Livre des Priv. de l'égl. de Ch.*; cart. 28 bis, f° 99 r°.)

CCX.

« De prebenda devoluta ad donationem Capituli. »

(1212-1217.)

« P[etrus][3], Dei gracia, Senonensis archiepiscopus, viris venerabilibus et peritis et amicis in Christo karissimis B[artholomeo][4], decano, et Capitulo Carnotensi, salutem et spiritum consilii et fortitudinis assuete. Cum venerabilis frater noster Carnotensis episcopus[5] speciali vos semper amore dilexerit, presertim quos omnes et singulos fere promovit, et promotos

[1] Au mois de juillet 1216, le même Guillaume Aiguillon donna au Chapitre trois setiers d'avoine avec trois poules de redevance annuelle qu'il possédait sur un hébergement de l'église de Chartres et sur une terre contiguë, le tout sis à Barjouville. (*Orig. en parch.*; Arch. d'Eure-et-Loir, C. XXIX ter, A, 2. — Bibl. Imp.; *cart. 28 bis*, f° 100 r°.)

[2] D'après une note jointe à l'original, cette pièce fut produite, au XIV° siècle, par le Doyen et le Chapitre de Chartres dans un procès qu'ils eurent à soutenir contre Guillaume Lecomte, sous-doyen.

[3] Voir ci-dessus, p. 47, note 2.

[4] Barthélemy, doyen (1212-1221). — Ce doyen devint évêque de Paris après Guillaume de Seignelay (1224-1227). Son obit est inscrit avec les plus grands éloges au *Nécrologe de Notre-Dame*, sous la date du 13 des calendes de novembre (20 octobre), qui fut, en effet, le jour de sa mort.

[5] Renaud de Mouçon.

semper fovit et protexit tanquam opus suarum manuum, providere vobis debetis, tanquam devoti filii, ne forte, quod absit, de ingratitudine redargui merito debeatis, indebite contra ipsum in aliquo veniendo. Miramur etenim quod, sicut nuper audivimus, cum vacantem prebendam Carnotensis ecclesie nuper conferre vellet persone congrue, vos contra ipsum respondistis prebendam illam ad vestram donationem devolutam esse, quare ipsam non dederat tempore congruenti. Ad quod, cum jus vestrum fateretur, idem episcopus, utpote qui in justicia pariter et amore vobiscum consonare consuevit, diligenter vos peciit et rogavit quod jus vestrum atque vices eidem unanimiter velletis concedere, ne cederet ei ad pudorem si careret facultate quod promiserat exequendi. Quod cum ad ipsius patris et domini sui petitionem et rogatum, quidam vestrorum, fere omnes sicut audivimus, liberaliter vellent annuere (quorum benignitatem et amorem commendamus super hoc cum multiplici gratiarum actione), quidam vestrorum, pauci tamen didicimus, pietatis immemores et ingrati, penitus abnuerunt. Quamobrem, universis vobis et singulis bona fide consulimus, vos rogantes attentius et pro munere requirentes quatinus, dicti patris et domini vestri liberalitatis non immemores quam vobis semper exhibuit, non desinit exhibere, prebendam illam, de qua vos rogavit atque rogat, amore ipsius atque nostri, liberaliter concedatis persone ydonee quam vobis presentabit, scientes pro certo quod si ad nos prebende illius devoluta esset donatio, voluntatem dicti episcopi de ipsa libentius faceremus [1]. »

(Bibl. Imp.; *Liv. des Priv.*, cart. 28 bis, f° 97 r°.)

CCXI.

« De donatione decimarum novalium apud Bercherias-Maingoti. »
(1213, mai.)

« R[aginaldus]; Dei gratia, Carnotensis episcopus, omnibus ad quos presentes littere pervenerint, in Domino salutem. Noverit universitas vestra

---

[1] Nous avons dit, page 14, note 1, que Renaud de Mouçon ne paraissait pas avoir été à l'abri de tout reproche quant à la collation des prébendes. C'est ce qui peut expliquer l'opposition de quelques-uns des chanoines à la nomination que le prélat voulait faire.

quod nos decimas novalium apud Bercherias¹, in territorio Beate-Marie constitutas, que infra terminos parrochie Sancti-Petri continentur, Capitulo Carnotensi concedimus in perpetuum, cum omni integritate possidendas. De voluntate tamen nostra et assensu Capituli, venerabiles viri Robertus de *Berou*, cancellarius, et Henricus de Corbolio, canonicus Carnotensis, quoad vixerint, vel alter eorum qui supervixerit, predictas decimas, nomine precarie, possidebunt. Quod ut ratum et firmum a posteris haberetur, nos, in hujus rei confirmationem et memoriam, Capitulo litteras nostras dedimus sigilli nostri karactere roboratas. Datum anno gratie millesimo ducentesimo tercio decimo, mense maio. »

(*Copie sur pap.;* Arch. d'Eure-et-Loir, fonds Roux.)

CCXII.

« De furno sacristarum et ejus libertate et hospitum ibi morancium. »

(1213, mai.)

« R[aginaldus], Dei gracia, Carnotensis episcopus, omnibus presentes litteras inspecturis, salutem in salutis auctore. Ad universorum noticiam volumus pervenire quod nos furnum sacristarum Beate-Marie, cum pertinentiis, et habitatores ab ipsis sacristis ibidem receptos et recipiendos in posterum, ab omni consuetudine et exactione reputantes liberos et immunes, juxta largitionem bone memorie Adele, quondam comitisse Blesensis, que quicquid juris in eisdem habebat, pro servitio luminaris duorum cereorum, singulis sabbatis et diebus dominicis ante sacrum scrinium beate Virginis ardentium, dinoscitur ab antiquo contulisse sacristis memoratis, controversiam motam de teloneo panis, et si quid aliud juris in predictis habuimus aut habemus, salva tamen justicia christianitatis ad episcopalem dignitatem pertinentis, omnino remittimus et quitamus, ad preces Capituli Carnotensis et ipsorum sacristarum. Nolumus enim eos qui tanta libertate

---

¹ Au mois d'août 1226, une transaction intervint entre le Chapitre et Denis, curé de Berchères-la-Maingot, par laquelle ledit curé abandonna au Chapitre toutes les dîmes novales de la paroisse de Berchères, en compensation desquelles le Chapitre lui assigna sur sa terre de Berchères quatre setiers de blé et autant d'avoine, de revenu annuel, (*Cop. sur pap.;* Arch. d'Eure-et-Loir, fonds Roux.)

donati sunt ab antiquo super inductis consuetudinibus aliquando nostris temporibus molestari. Datum Carnoti, anno gracie M°CC° tercio decimo, mense maio. »

(Bibl. Imp.; *Livre des Priv. de l'égl. de Ch.*, cart. 28, p. 128 et 28 bis, f° 59 v°.)

CCXIII.

« De quitatione consuetudinum de Masengeio et de anniversario comitis Vindocinensis. »
(1213, septembre.)

« Ego Johannes [1], comes Vindocinensis, universis tam presentibus quam futuris notum facio quod, cum inter predecessores meos comites Vindocinenses, ex una parte, et Capitulum Carnotense et specialiter prepositos de Masengeio, ex alia, super majore justicia de Masengeio, videlicet : homicidio, furto, duello et raptu, diu habita fuisset contentio, ego tandem, mihi jure Capituli declarato, pro anime mee et antecessorum meorum remedio, si quid juris habebam in rebus predictis, aut aliis apud Masengeium, aut in territorio ei adjacente, de assensu Marie [2], uxoris mee, sororis comitis Sancti-Pauli, illud penitus bona fide in perpetuum quitavi Capitulo Carnotensi, et titulo elemosine illud super altare beate Marie optuli in ecclesia Carnotensi, ibidem astante et assensum prebente domino et patre meo Raginaldo, episcopo Carnotensi, et multis aliis ejusdem ecclesie canonicis et personis ; ita etiam quod eundem episcopum, cujus hominem me esse confiteor feodalem, plegium constitui erga Capitulum supradictum de illo facto meo inviolabiliter observando. Pro hujus siquidem quitationis remedio, dicti canonici Carnotenses anniversarium meum et patris mei in ecclesia Carnotensi annuatim tenentur celebrare. Ego autem in Masengeio et toto territorio appendente aut in hominibus, tantummodo hec retinui, scilicet : quod homines de Masengeio, pro necessitate mea, castro meo Vindocino reddent custodiam, et si tandem in expeditionem fecerim iter per villam de Masengeio personaliter, propriam personam meam sequentur, ita etiam quod eodem die quo moti fuerint poterunt ad propria remeare, et cos-

---

[1] Jean III, fils de Geoffroy de Lavardin, mort en 1218.
[2] Marie de Châtillon, fille de Guy II, seigneur de Châtillon, et sœur de Gauthier, comte de Saint-Paul.

tumam communem eorumdem hominum de Masengeio [reddent] quam antea semper pacifice reddere consueverunt. Hujus rei testes sunt : Philippus, celarius Sancti-Mauricii Turonensis; Odo, canonicus ejusdem ecclesie; Willelmus, capellanus episcopi Carnotensis et canonicus Carnotensis; Willelmus de Capella, canonicus Carnotensis; magister Stephanus, presbyter de *Vi*; magister Johannes Cerarii; Petrus de Saluce; Nicholaus Cardinalis; Radulfus, magister Leprosorum Vindocinensium; Gaufridus *Rousel;* Willelmus de *Corseraut;* Gaufridus de *Cremise,* milites; et magister Robinus viarius. Ut hoc autem factum meum perpetuam firmitatem obtineat, presentem paginam sigilli mei robore roboravi. Actum publice apud Vindocinum, anno dominice incarnationis M°CC° tercio decimo, mense septembri. »

(Bibl. Imp.; *Liv. des Priv.*, cart. 28, p. 136, et 28 bis, f° 62 v°. — Guérard, *Cart. de Saint-Père*, proleg., p. CXXXII.)

CCXIV.

« De donatione Tornesville. »
(1213-1228.)

« Licet moderne pateat, future tamen etati scripti demonstratione notificetur quod Germundus de *Herluat*, concessione filiorum suorum, scilicet Droconis et Adam, et uxoris sue *Isabel*, dedit Carnotensi ecclesie Beate-Marie et Amaurico, ejusdem ecclesie precentori, et ejus successori, novem agripennos terre apud Tornesvillam, omnis juris immunes, octo hospitationibus, nonum vero majori quem tenet ab omni consuetudine quietum. Si predictus tamen Germondus vel ejus heres captus fuerit et se redimat, vel filiam suam maritet, vel filium suum militem faciat, unusquisque hospitum predicte ville XII nummos ei dabit. Concessit etiam Germondus et ejus heres hospitibus quotquot essent agripennos in alia sua terra, de quibus reddent sua jura, duos videlicet sextarios avene et duas gallinas, et pro panibus tres denarios, quorum dimidia pars est predicti Germondi vel heredis ejus, altera autem pars Amaurici vel ejus successoris. Terram restantem de agripennis que est sub via que vadit ad Feulcheriolas usque ad aliam viam que vadit ad Roberti-Curiam hospitibus dedit colendam, de qua tamen reddent agripartem et decimam, hac sola conditione quod, terra ista inculta relicta, aliam non colerent. Si autem aliqua causa inter hospites et Germundum vel ejus heredem emergat de redditu terre, vel de alia re, ante majorem ville tractetur, cultu terre non cessante. Si ante majorem terminari non poterit, ante Amauricum vel ejus successorem procedat. Si autem inde lex exeat, xii nummi pro lege, majori autem sex, excepto de sanguine et de furto. Aliam vero terram que est desuper viam que vadit ad Feulcheriolas proprio aratro colendam retinuit, pactione tali quod si eam non coleret, hospitibus colenda remaneret cum predicte terre consuetudine. Si quis autem hospitacionem ville noluerit habere, tamen, pro defensione predicte ecclesie, dimidium agripennum habeat et dimidios redditus reddat. Ex utraque parte, testes affuerunt: Symon de Mairoliis, Rogerius major, Radulfus, Galterius Parvus, Durandus. »

(Bibl. Imp.; *Liv. des Priv.*, cart. 28, p. 138, et 28 bis, f° 63 v°.)

CCXV.

« De anniversario Bartholomei de Roia. »

(1214, janvier.)

« Raginaldus, Dei gracia, Carnotensis episcopus, omnibus ad quos littere iste pervenerint, salutem in Domino. Noverint universi Capitulum Carnotense karissimo amico nostro Bartholomeo de Roia [1], Francie camerario, pro beneficiis ab ipso ecclesie Carnotensi collatis, unam sollempnem missam de Sancto-Spiritu, quamdiu vixerit, concessisse, celebrandam pro dicto B[artholomeo] ad majus altare. Tandem vero, ipso B[artholomeo] sublato de medio, ipsius anniversarium sollempne annuatim celebrabunt, similiter ad altare majus, in perpetuum. Nos autem, pensata affectione quam habemus erga ipsum Bartholomeum, luminare sollempne eidem habendum in perpetuum concedimus annuatim. Actum anno Domini M°CC° tercio decimo, mense januario. »

(Bibl. Imp.; *Liv. des Priv.*, cart. 28 bis, f° 88 r°.)

[1] Barthélemy de Roye, fils de Rogues, seigneur de Roye, et d'Adeline de Guise, avait épousé Péronelle, fille de Simon-le-Chauve, comte d'Evreux et de Montfort. Il fut chambrier de France vers 1206, se distingua à Bouvines en 1214 et fonda en 1221 l'abbaye de Joyenval, près Saint-Germain, ancien diocèse de Chartres. Son obit est inscrit dans le *Necrologe* de cette abbaye à la date du 24 janvier 1237.

CCXVI.

« De villa de Chenneveriis et plesseio et quinque agripennis terre, quos dedit Robertus de Vadis, miles, ecclesie Carnotensi. »

(1214, avril.)

« Ego Robertus de Vadis [1], miles, ... *Du consentement de sa femme Mabile et de leurs enfants, il donne à l'église de Chartres,* totam villam de Cheneveriis [2], cum tota justicia, et totum plesseium quod est in eodem loco, *sauf un hébergement en ce lieu et la mouture que les habitants seront tenus d'effectuer à son moulin situé entre Dampierre et Blévy.* Facta fuit hec donatio publice in capitulo Carnotensi, anno Domini M°CC° quarto decimo, mense aprili. »

(Bibl. Imp.; *Liv. des Priv. de l'égl. de Ch.*, cart. 28 bis, f° 132 r°.)

CCXVII.

« Quod parentela Symonis de Burgo-Garini nil reclamaret in domo de Berjovilla. »

(1215, 29 juin.)

« Universis presentes litteras inspecturis, Odo, Beate-Marie-Magdalene dictus abbas [3], et G[uillelmus], domus elemosinarie minister Castridunensis, et Stephanus, Dunensis decanus, salutem : Universitati vestre volumus declarare quod Nicholaus, miles, de Burgo-Guarini, et Nivelo, filius ejus,

---

[1] Ce même personnage fit don à l'abbaye de Saint-Père, au mois de septembre 1215, de l'ermitage de Faigarmont ou du Plessis, paroisse de Dampierre-sur-Avre, et de toutes les dîmes grosses et petites de ce lieu et de Corbière, paroisse de la Béhardière. (*Cart. de Saint-Père*, p. 678.)

[2] En 1221, le Chapitre bailla à Gervais de Châteauneuf, chanoine, le village de Chennevières, pour le tenir, au nom du Chapitre, moyennant 5 sous de redevance annuelle. (*Inv. du Chap.*, C. LV, B, 2.)

[3] Cet acte est passé devant l'abbé et dans le chapitre de l'abbaye de la Madeleine de Châteaudun, parce que Nicolas de Bourg-Guérin était un des censitaires de cette abbaye. Le monastère de la Madeleine, un des plus anciens et des plus riches du diocèse de Chartres, avait de nombreuses possessions, non-seulement à Bourg-Guérin, mais à la Fontenelle, Ruan, Boisseleau, Bouffry et dans tous les environs.

Joia, Matildis et Maria, sorores ejus, Efforcei, maritus Matildis, et filii ejus Hugo et Gaufridus, et Nivelo, maritus Marie, protestati sunt coram nobis, Castriduni, in capitulo Beate-Marie-Magdalene, presentibus videlicet Phylippo, Dunensi archydiacono, Theobaldo et Henrico Capicerii, canonicis Carnotensibus, qui loco Capituli venerant, se convenisse Capitulum Carnotensis ecclesie super quibusdam teneturis sitis apud Berjovillam, a defuncto Symone, fratre suo, quondam Carnotensi canonico, diu possessis nomine Capituli, quas dicebant ad se jure hereditario possidere [1]. Sed cum postea inquisissent utrum de jure predictas teneturas possent reclamare, post inquisitionem diligenter factam, confessi sunt coram nobis quod nullum jus in predictis teneturis habebant, nec ad se nec ad aliquem de genere suo jure hereditario pertinebant, sed ab impetitione quam fecerant, Capitulum ecclesie Carnotensis penitus absolvebant; rogantes tam nos quam universos astantes quod si ipsi vel aliqui ex parte ipsorum contra concessionem suam predictam insurgerent, nos et circumastantes super predictis veritati testimonium perhiberemus. Huic facto affuere isti : Fulcherius, prior; Raginaldus, Bartholomeus, Willelmus, capellani; Martinus, cellerarius; Girardus, bursarius; Willelmus *Tuebouf*; Arnulphus; Petrus, cerarius, et Gervasius, Beate-Marie-Magdalene canonici ; magister Johannes de Bena. Actum Castriduni, in capitulo Beate-Marie-Magdalene, anno gratie millesimo ducentesimo quinto decimo, vicesimo nono die mensis junii. »

(*Orig. en parch.*; Arch. d'Eure-et-Loir, fonds du Chap., C. XXIX ter, A, 3. — Bibl. Imp.; *Liv. des Priv. de l'égl. de Ch.*, cart. 28 bis, f° 95 r°.)

---

[1] La prêtrière de Barjouville était une des plus importantes du Chapitre de Chartres. Nous avons déjà vu les donations faites en ce lieu par Guillaume d'Aiguillon au Chapitre (n° CCIX). En 1250, un compromis intervint entre Yves Chenard et le Chapitre, au sujet d'une maison bâtie sur le fond de l'église de Chartres et d'un droit de chauffage prétendu par Chenard dans le bois de Notre-Dame à Barjouville. En 1253, Arnoul de Barjouville, chanoine, acquit sur Guillaume du Chesnay, chevalier, les droits d'avenage, poules et justice qu'il avait à Barjouville, Voisins et Remenonville. En 1255, le même Arnoul fit un semblable acquêt sur Jean de Cortiel, chevalier, donataire de Hugues de la Ferté, seigneur de Vauvineux. Au mois de décembre 1258, Gérard de Luisant, écuyer, abandonna au même chanoine le bras de rivière qui descend des écluses de Voisins au pré Chotard, avec le droit de bordée et de pêche, pour demeurer quitte des amendes que lui et Guillaume, son frère, avait encourues pour injures, torts et dommages faits à Arnoul de Barjouville. Enfin, au commencement du XIVe siècle, Geoffroy des Foucheis, archidiacre de Blois, et Simon de Saint-Cloud, chanoine, firent également plusieurs acquêts, au nom du Chapitre, dans la paroisse de Barjouville. (*Orig en parch.*; fonds du Chap., C. XXIX ter, A, 4, 5, 6, 7, 8, 9 et 11.)

CCXVIII.

« ...itus et marescallus apportaverunt hominem suspensum a furcis usque in claustro. »

(1215, juillet.)

« P[etrus], Parisiensis, M[anasses], Aurelianensis, G[arinus], Silvanectensis, Dei gratia, episcopi, omnibus ad quos littere iste pervenerint, salutem in Domino. Notum vobis facimus quod, cum controversia verteretur inter Capitulum Carnotense, ex una parte, et nobilem virum Theobaldum, Blesensem et Claremontensem comitem, ex altera, super eo quod prepositus ejusdem comitis de Carnoto Laurentium, servientem Hugonis, canonici Carnotensis, ceperat[1], et captum detinebat, et, requisitus, ipsum nec reddere nec exhibere nec recredere voluit; item, super eo quod quosdam homines ejusdem ecclesie et equos ceperat, occasione cujusdam viarie, et captos detinebat, requisitus, nec reddere nec recredere voluit; tandem, super taxatione emende et dampnorum, et pro homine distracto et suspenso, in nos fuit a partibus compromissum, sub pena trecentarum marcharum, solvenda ab illa parte que stare nollet dicto nostro vel duorum ex nobis. Cum igitur, mandato predicti Comitis, prefatus prepositus de Carnoto super premissis in capitulo Carnotensi, pro ipso comite, fecerit eidem Capitulo emendam manualem, salvo jure hereditatis comitis, et ecclesie Carnotensis, nos in dicto nostro ita procedimus, volumus et dicimus quod, pro homine distracto et suspenso, qui, requisitus, nec redditus nec recreditus nec exhibitus fuit, ... prepositus, Hugo *Saugiers*, tunc marescallus, ... castellanus Carnotensis, servum aliquem comitis Blesensis personaliter ferent, in lecto, vivum, a loco furcarum usque ad majorem ecclesiam Carnotensem, in instanti festo beate Marie Magdalene, hora tercia, et dictus servus remaneat in perpetuum et sit ecclesie Carnotensis. Dicimus etiam quod comes faciat dari a preposito Carnotensi, pro dampno equorum captorum et detentorum, hominibus dampnificatis, viginti libras carnotensis monete et

---

[1] Nous avons déjà vu, et nous retrouverons, dans la suite de cet ouvrage, une foule de pièces relatives aux contestations entre le Chapitre et le comte de Chartres pour la juridiction temporelle.

decem libras ejusdem monete sorori Laurentii defuncti suspensi. Canonico vero cujus serviens erat predictus Laurentius faciet prefatus prepositus emendam manualem tantum. Hiis autem peractis, dicti comes et clerici et homines sui in pace remanebunt et de premissis nichil aliud facere vel solvere tenebuntur. In cujus rei memoriam, presentes litteras sigillis nostris fecimus sigillari. Actum Meleduni, anno Domini M° CC° XV, mense julio. »

(Bibl. Imp.; *Livre des Priv. de l'égl. de Ch.*, cart. 28 bis, f° 111 v°.)

CCXIX.

« Nullum prejuditium faciat Capitulo quod episcopus prebuit prebendam alibi quam in Capitulo. »

(1215, 5 août.)

« R[aginaldus], Dei gracia, Carnotensis episcopus, omnibus presentes litteras inspecturis, salutem in omnium Salvatore. Notum facimus universis quod, cum prebendam Carnotensem in manu nostra vacantem teneremus et eandem Jacobo, nepoti nostro, conferre volentes, locum consuetum capituli Carnotensis, in quo prebende conferri solent, intrare commode non possemus, rogavimus dilectos nostros B[artholomeum], decanum, et Capitulum Carnotense ut hanc nobis graciam facerent quod, ad donationem illius predicte prebende nepoti nostro faciendam, in alio loco quam in consueto convenirent et capitulum suum tenerent. Ipsi vero ad preces nostras liberaliter annuerunt. Nos autem eisdem concessimus et presentibus litteris testificamur quod, propter hanc gratiam nobis exhibitam, nullum prejudicium Capitulo vel alicui de Capitulo in posterum generetur [1]. Ad cujus rei confirmationem, has litteras sigilli nostri impressione roborari et eisdem tradi fecimus. Actum anno Domini M°CC° quinto decimo, nonas augusti. »

(Bibl. Imp.; *Livre des Priv. de l'égl. de Ch.*, cart. 28 bis, f° 70 v°.)

[1] Nous avons déjà dit (vol. Ier, p. 63) que la collation des prébendes fut une des principales sources des différends entre les évêques et le Chapitre. Les archives d'Eure-et-Loir (*Fonds du Chap.*, C. I, T) possèdent en original une série de transactions et d'arrêts relatifs à cet objet, depuis le XIIIe siècle jusqu'au XVIe.

CCXX.

« Hoc tenet Radulfus, chamerarius, a Capitulo. »
(1215, septembre.)

« Ego Radulfus de Bellovidere, chamerarius ecclesie Carnotensis, teneo a Capitulo ejusdem ecclesie : Apud Adeium, omnes hospites ejusdem ville, cum justicia et censu quatuor denariorum et unius sextarii avene de singulis hospitiis, exceptis tribus novis hospitiis que, tempore meo, facta sunt in terra mea propria de patrimonio meo; unusquisque hospes ecclesie, si habet equos et quadrigam, de illis debet mihi, ex parte ecclesie, corveiam unius diei per annum, ita quod eodem die possint reverti ad domum suam, et ego debeo eis, in reditu, dare ad comedendum panem et vinum tantum, nisi plus faciam eis de gracia; qui vero habet equum sine quadriga, debet mihi similiter equum, ita quod illum equum potero adjungere cum alio vel aliis, in una vel pluribus quadrigis, et qui non habet equum, debet corveiam corporis sui similiter. Ex hoc debeo annuatim II solidos Capitulo, in parvo compoto Purificationis. Item, apud Moncellum-Beate-Marie teneo sex hospites, qui fuerunt positi per Capitulum, tempore defuncti Mahei de *Rofin*, in sex quarteriis vinearum, et habeo in illis hospitibus totam justiciam, et, de unoquoque, pro quarterio et hebergamento suo ibi posito, censum trium solidorum et medietatem minute decime de nutrimentis eorumdem hospitiorum, et similiter medietatem decime de vineis illorum quarteriorum remanentibus post eadem hebergamenta. Et, apud *Mucecoart* [1], XIII hospites, positos similiter tempore Mahei predicti, in XIII quarteriis terre, pro censu XII denariorum de unoquoque quarterio cum hebergamento suo, et minutam decimam similiter dimidiam et justiciam totam;

---

[1] A la même date, le même Raoul de Beauvoir et Guillaume de la Chapelle, chanoine, reconnaissent tenir à cens du Chapitre, moyennant 34 sous, dix-sept quartiers de vigne à Miscouart, *apud Mucecoart*, autrefois tenus par Lambert Leprince. (Bibl. Imp.; *cart. 28 bis*, f° 126 v°.) — Au mois de mars 1236, Geoffroy d'Ouarville, chanoine, prit en prêtrière la maison du Pont-des-Arches avec un jardin, trois portions du moulin du Pré, sis à Landelles, une maison, pré et terres labourables à Barjouville, et la prêtrière du Monceau et de Miscouart, avec la vigne de Penchat. (*Orig. en parch.;* Arch. d'Eure-et-Loir, fonds du Chap., C. XXXVI, E, 1.)

et utrique predicti hospites sunt extra banleugam, et viaria nostra est non comitis vel alterius, et faciunt tabernas suas in temporibus bannorum sine banno, vicinis suis ex altera parte vie non valentibus hoc facere. Et insuper habeo apud Boarvillam omnes hospites, cum justicia tota et censu xii solidorum de unoquoque hospitum, etiam de hospitio heredum defuncti Garini de *Morviler* quem ego acquisivi cum censibus aliorum x hospitum; et apud *Valbrun*, juxta Nogentum-Eremberti, iii arpennos terre de dono Hugonis de *Fai*, militis, ad hospites ibi ponendos; et fuerunt ibi aliquando v, sub censu v solidorum, modo vero sunt duo tantum, sub censu duorum solidorum, quia miles gravat homines, sicut dicunt, et ideo nolunt ibi diu manere : in illis hospitibus habeo justiciam totam et garendiam. Ex hoc, in festo sancti Remigii, annuatim debeo ad Matutinas iii solidos, pro recognitione. Item, apud Boeletum-Terrici, teneo omnes hospites ville, cum tali justicia quod placita ibi tenentur, prius saltem semel coram majore nostro, et si ibi non terminantur, advocat major dominum Hugonem, militem, cujus antecessores dederunt nobis villam [1], pro garendia; tandem, si nec tunc ibi terminantur, possunt trahi ad me, petente altero litigantium, vel me ipso evocante ad me negocium, et a me ipso potest apellari ad Capitulum. Ubicumque vero negocium fuerit terminatum, non habeo de emenda nisi xii denarios tantum et major noster vi denarios, pro districtu, nisi fuerit emenda sanguinis, vel furti, vel raptus, in quibus emenda erit ibi qualis est alibi secundum communem consuetudinem, et habet in hiis tribus miles ville medietatem emende per manum majoris nostri; et si duellum emerserit, ibi tenebitur coram me et milite, et emenda erit communis mihi et illi. De minuta decima habeo terciam partem in omnibus; hospites

---

[1] L'acte de donation de la terre du Boullay-Thierry n'a pas été conservé : mais le 28 juin 1230, Raoul du Boullay-Thierry fit une transaction avec le Chapitre au sujet de la donation faite par son père Thierry. (*Inv. du Chap.*, C. LXII, C, 3.) Au mois de juillet 1221, Hugues du Boullay-Thierry acquit de Philippe de Champigny, de Dreux, son frère, et d'Etiennette, leur mère, une dîme entre le Boullay et Sécherville, qu'il engagea, le 26 juillet de la même année, au Chapitre, avec la dîme de Fresnel, du consentement d'Henri de Boutigny et d'Henri de Ponceaux, de qui relevait cette dernière. (Bibl. Imp.; *cart.* 28 *bis*, f°s 76 v° et 77 r°. — *Mém. de Guill. Laisné*, t. III, f° 139 r°.)

Le Chapitre ne jouit pas au reste long-temps de la terre du Boullay-Thierry, car il l'échangea, le 14 septembre 1386, avec Hugues du Boullay-Thierry et Marguerite de Trie, sa femme, contre la terre de Germonval, près Gallardon (*Orig. en parch.*; fonds du Chap., C. LXIV, S, 1); et, quelques années plus tard, en 1403, il céda Germonval à Pierre, comte d'Alençon, contre la seigneurie du Bois-de-Lèves. (*Inv. du Chap.*, C. XXXVI, C, 1.)

illius ville nobis tailliam non debent : hec ita sunt secundum litteras donationis ejusdem ville. Ex hoc debeo Matutinis, in festo sancti Remigii, x solidos annuatim. Item, decimam vini teneo in bannileuga Carnotensi et in villis extrincesis[1], ubi decima bladi est ecclesie Carnotensi, tali tenore quod si aliqua terra arabilis est et fiat ibi vinea, mea est decima, si vero vinea est et deveniat ad terram arabilem, de prebendis est decima. In hac decima sunt multi arpenni quorum numerus vix posset plene sciri; sed ubique talis est consuetudo decime, acquisita multo labore meo et sumptu, quod, si suspectus fuerit aliquis de decima sua minus plene soluta et convinci non possit, cogetur inde reddere quantum quesitor decime secundum conscientiam suam juraverit eum debere, vel, si debitor decime maluerit, quantum debitor ipse jurabit secundum conscientiam suam similiter. Quod si quesitor decime voluerit et valuerit debitorem convincere per testes, stabitur probationi testium. Procuravi etiam, multo labore meo et sumptu, quod, cum in tempus meum non redderent debitores decime, pro decima, vinum de pressoragio, modo reddent mihi tale vinum pro decima quale est illud quod ipsi retinent sibi et reponunt in doliis suis. Hanc decimam querit major Sancti-Mauritii feodaliter, cum clerico illius qui habet eam a Capitulo, et habet cotidie, quamdiu equitat pro querenda decima, III denarios, et obolum pro sua procuratione, et, ad equum suum ferrandum toto tempore vindemiarum, vi denarios tantum, et in Loeno dimidium modium avene et de decima unum modium vini. Ex hoc debeo annuatim Matutinis, in Nativitate beati Johannis, pro una medietate decime, xii libras, et, pro altera, xxxiii libras. Item, apud Fontanas, in precaria, xv herbergamenta; sed modo ibi non sunt nisi ix hospites, quorum non omnia sunt herbergata, sed omnia herbergabuntur quando illi qui tenent ea per me cogentur. In omnibus hospitibus et hebergamentis, habeo censum cum vendis et justiciam totam; nec debent illi hospites exercitum, nec calvacatam, nec talliam de teneuris precarie, nec de mobilibus suis, quamdiu habitant residentes in precaria. Habeo etiam in eisdem duas partes minute decime et oblationum suarum in majoribus festis per custodiam servientis mei, et ibidem habeo quatuor arpennos vinearum ad perticam sancti Martini, cum

---

[1] Outre ce droit de dîme appartenant au Chambrier, le Chapitre avait un droit de terceau sur la plupart des vignes sises dans la banlieue de Chartres.

hebergamento ibi posito juxta vineas; nec possunt hospites vindemiare vineas suas in clausura vinearum donec ego vindemiem meas, quia sue claudunt meas; et habeo censum de omnibus censivis ejusdem precarie, cum vendis et justicia. Ex hoc debeo Matutinis vii libras, v solidos minus, annuatim, in Purificatione beate Marie. Item, apud *Penchat*, teneo circa ii arpennos vinearum, cum justicia, de quibus debeo Capitulo, ad parvum compotum, x solidos, et in Valle-Radulfi vi quarteria vinearum quas Radulfus de Ibreio, clericus, vendicabat sibi, jure hereditario, per curiam Senonensem, eo quod duo vel tres de cognatione sua tenuerant eas unus post alium immediate; sed tandem quitavit eas ecclesie dictus Radulfus labore meo, et eidem satisfeci decem libras, per compositionem inde factam, de meo proprio, sine auxilio Capituli: ex hoc debeo Capitulo, ad parvum compotum, annuatim xii solidos. Item, teneo apud Chartenvillare [1] omnes hospites ville, cum justicia tota et censu de hospitiis suis, cum oblitis xi sextariorum avene, et fornamentis, v solidos v denarios minus, scilicet pro unoquoque sextario v denarios; et habeo ibi campipartem valentem mihi, ex donatione Capituli, circa ii modios, et, ex acquisitione mea, tantumdem inter annonam et avenam. Ex hoc debeo Capitulo annuatim, in anniversario defuncti Milonis archidiaconi, xl solidos. Item, apud Calniacum, de acquisitione mea, iiii modios bladi inter annonam et avenam, paulo plus et paulo minus, in teneura que fuit Radulfi Plombarii [2], et v solidos inter censum et campipartagium; et, apud *Joi*, Capitulo acquisivi, ad usus quos voluero, vi solidos in prato quod prius erat commune Capitulo pro tercia parte, et Valeie pro alia tercia, et majori de *Joi*, cum cognatis suis, pro alia tercia parte. Ego enim et defunctus Willelmus, decanus, et Willelmus Capellanus, qui tunc recipiebamus prebendas nostras apud *Joi*, acquisivimus partem illam que erat majoris et cognatorum ejus, et reliquimus duabus prebendis et dimidie que ibi sunt, approbante Capitulo, pro xv solidis, de quibus competunt

---

[1] Comme nous l'avons vu (n° CXLVIII), Raoul de Beauvoir, appelé improprement Renaud dans l'*Inventaire du Chapitre*, avait été maintenu en possession du fief de la mairie de Chartainvilliers par une sentence arbitrale du mois d'août 1201. La haute justice de Saint-Piat, Jouy et Chartainvilliers fut dans la suite abandonnée par le Chapitre aux chanoines de la chapelle de Saint-Piat et cédée par ceux-ci, le 30 mai 1687, à Thomas le Noir, seigneur de Jouy. (*Inv. du Chap.*, C. LXIV, V, 2, 3, 5, 6, 7.)

[2] Nous avons déjà publié l'acte par lequel Raoul de Beauvoir avait donné au Chapitre quinze arpents de terre et tous les droits qu'il avait achetés à Chaunay de Raoul le Plombier et de Suzanne, sa sœur. (Voir n° CLXXXIII.)

mihi vi solidi, et defuncto Willelmo, decano, vi solidi, et Willelmo Capellano, qui tunc tenebat ibi dimidiam prebendam, III solidi. Ex hoc debeo Capitulo annuatim, ad parvum compotum, ex donatione mea, II solidos, pro recognitione. Datum est hoc scriptum memoriale Capitulo, anno Domini M°CC° quinto decimo, mense septembri. »

(Bibl. Imp.; *Liv. des Priv. de l'égl. de Ch.*, cart. 28 bis, f° 128 r°.)

CCXXI.

« De compositione inter Capitulum Carnotense et presbyterum de Scronis super decima de Girodeto. »

(1215.)

« Raginaldus, Dei gracia, episcopus Carnotensis, ... *Jugement arbitral prononcé par l'abbé, le prieur et le sous-prieur de Sainte-Geneviève, entre le Chapitre de Chartres, le curé d'Ecrosnes et Hugues de Feuillet, chanoine, au sujet de la perception des dîmes des novales du Chapitre à Giroudet* [1]. *Cette transaction roule sur le mode à suivre pour le comptage de cette dîme, son engrangement, son battage et son partage entre les intéressés. Une moitié appartenait à Hugues de Feuillet, comme prébendier, et l'autre moitié au curé d'Ecrosnes.* Datum anno gracie M°CC° quinto decimo. »

(Bibl. Imp.; *Liv. des Priv.*, cart. 28 bis, f° 104 r°.)

[1] Au mois de juin 1225, Etienne, archidiacre, et Henri, chanoine, reconnurent tenir du Chapitre la prêtrière de Giroudet, moyennant une ferme de 20 muids de froment. (Bibl. Imp.; *Liv. des Priv.*, cart. 28 bis, f° 134 r°.) La même année, le Chapitre acquit une dîme que l'abbaye des Vaux-de-Cernay possédait à Giroudet, puis compléta ce premier acquêt par l'achat qu'il fit, au mois d'octobre 1238, sur Gervais de Gallardon et sa femme, de toute la dîme qu'ils possédaient en ce lieu. (*Inv. du Chap.*, C. LXIV, Q, 3.) En octobre 1226, les mêmes Etienne, archidiacre de Chartres, et Henri, son frère, archidiacre de Blois, reconnurent tenir à ferme du Chapitre la dîme acquise sur les religieux des Vaux-de-Cernay. Les mêmes chanoines reconnurent en outre tenir à ferme de Milon de Crocé, chanoine, la dîme, sise à Giroudet, qu'il avait achetée, au nom du Chapitre, d'Alix, de Gui, son fils, et de Mathilde, sa fille. (Bibl. Imp.; *cart. 28 bis*, f° 142 v°.)

La terre et seigneurie de Giroudet fut abandonnée, le 14 juillet 1508, par le Chapitre à l'abbaye de Saint-Père, en même temps que 25 livres dues au Chapitre pour les deux processions qui se faisaient annuellement à Saint-Père, et 20 sous pour les *pâtés* des dignités du Chapitre, afin d'obtenir des religieux leur désistement des six prébendes et collocations qu'ils possédaient en l'église de Chartres. (*Inv. du Chap.*, C. IX, A, 3.)

CCXXII.

« Feodus Leobini carpentarii. »
(v. 1215.)

« Ipse habet quinquaginta solidos census et ejus venditiones, et omnia penitus jura et placita, excepto sanguine et duello. Pro quo tenetur carpentare in propria persona, quociens opus fuerit, in domo episcopi [1], sive in torculari ejus. Et singulis diebus quibus ibidem operatur, debet habere micam et prandium sufficienter, et vinum de nona, et sero, ad hospicium suum, duos albos panes et dimidium sextarium vini; et similiter debet habere singulis dominicis et diebus festivis, preter micam et vinum de nona. Qui infra tempus operationis sue contingerint, scopellos omnes debet habere, qui non possunt mitti in opere; et etiam debet habere unam propriam cameram ad ponendum ferramenta sua sive scopellos suos. Et in vindemiis habet unum minotum plenum racemis et unum sextarium musti. Ferramenta autem sua qui in opere episcopi sive confracta fuerint sive pejorata, de proprio episcopi reformabuntur. Et cunctis diebus quibus episcopus Carnotensis Carnoto fuerit, in ejus curia praudebit, si voluerit, ad mensam sociorum. Tempore vindemiarum debet servare celarium de die et nocte, et debet habere expensam competentem, et de nocte duos denarios *por haste*; et singulis diebus quibus moram facit in celario, debet habere, ad mittendum in hospicio suo, duos panes albos et dimidium sextarium vini. In festis beate Marie, in Natali, in Pascha, in die jovis Rogationum, in Penthecoste et in festo Omnium-Sanctorum debet habere IIII^{or} panes albos et unum sextarium vini, ad mittendum in hospitium suum; in die martis carniprevii un^{or} panes albos, et unum sextarium vini, et unam gallinam, et unum frustrum carnis sallate. »

(Bibl. de la ville de Chartres, *Livre rouge*, p. 20, et *Livre blanc*, $^{v}_{c}$ 35, f° 9 v°. — Bibl. Imp.; *Livre noir*, cart. 43, f° 31. — Guérard, *Cart. de Saint-Père*, proleg., p. LIX. — E. de Lépinois, *Hist. de Chartres*, t. I, p. 493.)

[1] Les charpentiers ne fabriquaient pas seulement des charpentes de maisons, mais remplissaient en même temps le rôle de charrons, et étaient tenus de fournir des voitures, des cuves, des futailles, des portes, des fenêtres, en un mot toute sorte de meubles en bois.

CCXXIII.

« De consuetudinibus quitatis a domino de Montorio in terra ecclesie apud Masengeium. »
(1216, avril.)

« Jean, seigneur de Montoire [1], de Montorio, s'engage à ne plus troubler le Prévôt de Mézangey, le Chapitre ou ses hommes dans la jouissance de la terre de la Martelette qui est de son fief, et pour les indemniser et assurer la paix il leur donne 15 livres de vendômois, à prendre sur sa ferme de Mézangey [2]. Preterea sciendum est quod omnes exactiones quas mei servientes, me ignorante, faciebant hominibus Beate-Marie, in redditione avenarum suarum, videlicet in retentione avene que terre cadebat, et in ea que in sacis hominum remanebat post solutionem unius sextarii de unoquoque bove, bona fide pretermisi, et . . . . . districte prohibui ne servientes mei amplius hoc facerent. Immo, eisdem districtius precepi ut, de cetero, dictis hominibus legittime et cum recta mensura mensurarent, et, si quid terre cadere, vel in sacis remanere contingeret, liberaliter sinerent reportare . . . . . assensu et voluntate Eglentine, uxoris mee, Johannis filii mei et Agnetis filie mee. Nobilem autem virum dominum meum et avunculum karissimum Johannem, Comitem Vindocini, exoravi ut, ad majorem rei confirmationem, omnia, sicut sunt suprascripta, confirmaret [3] . . . Actum publice anno gracie M°CC° sexto decimo, mense aprili. »

(Bibl. Imp.; *Livre des Priv. de l'égl. de Ch.*, cart. 28 bis, f° 92 v°.)

---

[1] Jean de Montoire succéda, en 1218, à son oncle Jean III, dans le comté de Vendôme. Les généalogistes ne font pas mention de sa fille Agnès.

[2] Au mois d'août 1248, Jean d'Espaillard, prévôt de Mézangey, acquit sur Philippe, maire dudit lieu, la mairie de Mézangey, et en fit don, à la même époque, au Chapitre de Chartres. — Le fief de Mézangey demeura entre les mains du Chapitre jusqu'en 1717, que Robert, prévôt de Mézangey, céda ce fief et celui de Villebouzon à Nicolas le Jay, seigneur de Thoisy, moyennant 100 livres de rente. (*Inv. du Chap.*, C. XIX bis, A, 6 et 22.)

[3] Cet acte fut en effet confirmé à la même date par Jean, comte de Vendôme. (*Cart. 28 bis*, f° 93 r° et v°.) Déjà antérieurement, au mois de septembre 1213, le comte de Vendôme avait abandonné au Chapitre et au prévôt de Mézangey les droits de coutume qu'il avait à exercer sur la ferme de Mézangey. (Voir n° CCXIII.)

CCXXIV.

« De quitatione consuetudinum in terra domini Montis-Fortis. »
(1216, 2 mai.)

« Symon Montis-Fortis [1], Dei providentia, dux Narbone, comes Tholosensis et Leycestrensis, Biterrensis, Carcasonensis vicecomes, universis presentes litteras inspecturis, salutem in Domino. Universitati vestre notum facimus quod, cum orta esset contentio inter nos et ecclesiam Carnotensem, super consuetudine telonei seu pedagii quam, in terra nostra, de hominibus et hospitibus Capituli Carnotensis habere volebamus, de nutrituris suis et de rebus aliis quas propter usus suos emebant, vel vendebant, nos, pro anima nostra et animabus antecessorum nostrorum, predicte ecclesie Carnotensi dictam contentionem liberaliter dimisimus, et, si quid juris in ea consuetudine habebamus, omnino in perpetuum quitavimus, ut videlicet, sine reclamatione nostra et successorum nostrorum, homines et hospites Carnotensis ecclesie a predicte prestatione consuetudinis sint immunes. Quod ut ratum sit, presentem cartam sigilli nostri munimine duximus confirmandam. Actum apud Pontem-super-Yonam, anno Domini M°CC°XVI°, sexto nonas maii. »

(Bibl. Imp.; *Livre des Priv. de l'égl. de Ch.*, cart. 28 bis, f° 81 v°.)

CCXXV.

« Quod Radulfus *Harenc* fecit domos suas canonicales. »
(1216, novembre.)

« Universis Christi fidelibus ad quos presens scriptum pervenerit, Radulfus *Harenc*, clericus, salutem in Domino..... *Il donne à l'église les maisons de Beauvoir* [2] *qu'il a achetées de ses propres deniers*, ad consue-

[1] Voir ci-dessus, p. 61, note 2.

[2] C'était dans les rues du Grand et Petit-Beauvais, Serpente, aux Lisses, Sainte-Même et de la Moutonnerie, qu'étaient situées la plupart des maisons canoniales en dehors du cloître. La rue du Grand-Beauvais finit par appartenir presque exclusivement au Cha-

tudinem aliarum ejusdem ecclesie domorum, ita tamen quod eas, quamdiu vixero, possidebo, non mutaturus propter hoc habitum meum secularem, nec habitum dicte ecclesie, nisi voluero, assumpturus... Anno gracie M°CC°·sexto decimo, mense novembri. »

(Bibl. Imp.; *Livre des Priv. de l'égl. de Ch.*, cart. 28 bis, f° 137 r°.)

CCXXVI.

« De pressorio apud Cloiam. »

(1216, décembre.)

« Bartholomeus, decanus, et universitas Capituli Carnotensis, ... *Le Chapitre donne, à six deniers de cens, à Hugues Giroud et à ses successeurs, un pressoir à Cloyes*[1], *libre de toute taille, mais sous réserve de la justice, et à la charge par le preneur de tenir compte aux chanoines de la moitié du vin que rapportera le pressoir et de faire tous les frais nécessaires,* costamenta, *pour l'entretien de l'outillage. Hugues fera chaque année le serment de ne pas frauder le Chapitre qui, du reste, pourra placer un surveillant sur les lieux pendant le temps des vendanges.* Actum anno gracie M°CC° sexto decimo, mense decembri. »

(Bibl. Imp.; *Liv. des Priv. de l'égl. de Ch.*, cart. 28 bis, f° 94 v°.)

pitre. Les maisons dont elle se composait étaient, à partir de l'extrémité vers la porte Saint-Jean, la maison de *Sandarville*, ainsi nommée parce qu'elle fut abandonnée au Chapitre par le curé de Sandarville le 19 décembre 1628; celles de Guillaume Joudart, léguées en 1525; celle de Louis Chicoineau, donnée le 20 septembre 1627; celle de Hugues Denise, en 1547; celles de Raoul Harenc; celles de Pierre de Saint-Mesmin, achetées par lui d'André d'Espagne et léguées au Chapitre en décembre 1216; celle de Catherine du Mesnil, acquise par le Chapitre, le 10 janvier 1643; celle de Pierre Fougeu, chancelier, bâtie en 1656 et attenante à la mairie de Loëns, et enfin la maison de l'*Ecu*, formant le coin des rues du Cheval-Blanc et du Grand-Beauvais. (*Orig. en parch.*; fonds du Chap. C. LX, E, 4, 6, 7, 8, 12, 15 et 19).

[1] Le Chapitre avait déjà quelques possessions à Cloyes; de plus, nous le voyons, par acte du 3 juin 1253, acquérir sur Jacques, archidiacre de Dreux, Geoffroy d'Ouarville et Renaud de Blois, tous chanoines de Chartres, certaines maisons assises à Cloyes, en la censive de Saint-André de Châteaudun. La prêtrière de Cloyes fut aliénée, le 5 juillet 1569, en même temps que la mairie de Charray, au profit de Jacques de Thiville, seigneur de la Rochevert. (*Inv. du Chap.*, C. LXII, A, 2 et 6.)

CCXXVII.

« De donatione L solidorum pro anniversario Henrici de Corbolio. »
(1217, mars.)

« B[artholomeus], decanus, et universitas Capituli Carnotensis, omnibus presentis scripti noticiam habituris, salutem in Domino . . . . *Etienne, maire de Nogent-le-Phaye, déclare avoir vendu au chanoine Henri de Corbeil*[1]*, moyennant* 40 *livres de monnaie chartraine,* sex mestivarios quos habebat in granchia nostra de Nogento-Fisci et viginti solidos carnotenses, quos habebat de campipartagiis nostris annuatim [2]. . . . . *Dorénavant les chanoines qui exercent leurs droits de prébendiers sur cette grange, donneront, chaque année,* 50 *sous audit chanoine Henri, et ce dernier en fait dès à présent donation au Chapitre, après sa mort, pour être distribués à perpétuité aux frères qui assisteront à son anniversaire* [3]. Actum in capitulo Carnotensi, anno gracie millesimo ducentesimo sextodecimo, mense marcio. »

(Bibl. Imp.; *Livre des Priv. de l'égl. de Ch.;* cart. 28 bis, f° 84 r°.)

CCXXVIII.

« De decimis novalium in parochia de Maceriis-in-Drocensi. »
(1217, juillet.)

« Universis Christi fidelibus ad quos littere iste pervenerint, Guido, Sancti-Petri-de-Valle, Garnerius, Beate-Marie de Josaphat, abbates Carnotenses, salutem in Domino. Noverit universitas vestra quod, cum verteretur

---

[1] Le 1er janvier 1226, Thierry de Corbeil reconnaît tenir du Chapitre les vignes de Nogent et le pressoir que tenait jadis Germond de Levéville, moyennant une pension annuelle de neuf muids de vin. (Bibl. Imp.; *Liv. des Priv.* cart. 28 bis, f° 133 r°).

[2] En 1234, le même Etienne, vendit à Simon de Saint-Denis, chanoine, au nom du Chapitre, toutes les terres qu'il possédait à Nogent-le-Phaye, à raison de sa mairie, tenue en fief du Chapitre. La prébende de Nogent-le-Phaye s'accrut rapidement, pendant le XIIIe siècle, par les dons que firent au Chapitre les chanoines Miles de Châtillon, Hervé le Desrée, Richer de Blois et Guerric de Verdun. (*Invent. du Chap.* C. CIV, A, 1, 2, 4).

[3] Cet anniversaire est en effet compris à la charge des prébendiers de Nogent-le-Phaye dans le *Polyptique* du Chapitre.

contentio inter viros venerabiles Thomam de Sancto-Dionisio, archidiaconum Pissiacensem, et Guismundum, canonicum Carnotensem, ex una parte, et Jacobum, presbiterum de Maceriis, ex altera, super decima novalium de eadem parrochia, tandem, mediantibus bonis viris, intervenit talis pax et compositio : quod dictus presbyter in grangia canonicorum loci illius prebendariorum, ultra duos modios, ad mensuram Drocensem, quos ibi percipit ab antiquo, inter annonam, ordeum et avenam, percipiet amodo annuatim dimidium modium, medietatem annonam, et medietatem avenam, ad mensuram supradictam. Ipse autem omne jus, si quod habebat aut habere poterat in futurum in decimis novalium quorumcumque de parrochia illa, cujuscumque sint, temporis seu presentis, seu preteriti, seu futuri, cujuscumque sint, manerii, seu vinearum, seu agrorum arabilium, seu cultuum aliorum, omnino et in perpetuum cessit et quitavit dictis canonicis atque ecclesie Carnotensi. Ita etiam quod ipse, si opus fuerit, ad requisitionem predictorum canonicorum, vel eorum qui pro tempore erunt, et secundum consilium et instructionem eorum, quod juste poterit et honeste auxilium, absque sumptibus suis, eis impendet ad predicta novalia vendicanda [1]. In cujus rei memoriam et testimonium, nos, ad peticionem partium, presentes litteras sigillorum nostrorum fecimus impressionibus communiri. Actum in presentia nostra, anno Domini M°CC°XVII°, mense julio. »

(Bibl. Imp.; *Livre des Priv. de l'égl. de Ch.*; cart. 28 bis, f° 72 v°.)

CCXXIX.

« De precaria Bertonvillaris. »
(1217, juillet.)

« B[artholomeus], et universitas Capituli Carnotensis, salutem in Domino. Noverit universitas vestra quod nos viro venerabili J[ohanni], cantori

---

[1] Au mois de septembre suivant, devant les mêmes arbitres et Yves, prieur de l'abbaye de Saint-Père, Guillaume Cresté et Archidiacre, son frère, reconnurent qu'ils n'avaient aucun droit sur les dîmes des novales de la paroisse de Mézières, dont ils abandonnèrent la libre jouissance aux prébendiers Thomas, archidiacre de Pinserais, et Guismond, chanoine. (*Orig. en parch.*; fonds du Chap., C. LXXXV bis, F, 1. — Bibl. Imp.; *cart. 28 bis*, f° 72 r°). — Le 28 juin 1569, le Chapitre vendit à Hélène Bonne, veuve de Charles de Balzac, la justice haute, moyenne et basse de Mézières et de Marsauceux, mais se réserva le droit de dîme dans toute l'étendue de ce fief. (*Invent. du Chap.*, C. LXV, AA, 3).

Aurelianensi, precariam de Bertonvillare a nobis tenenti, concessimus, quoad vixerit, approbantibus et assensum prebentibus venerabilibus patribus et concanonicis nostris Gosleno cantore, Bartholomeo subdecano, et Willelmo de Capella, illius loci tunc prebendariis, omnem campipartem quam debebat nobis ex terra predicte precarie [1], pro annua modiatione sex modiorum, medietate de communi annona et medietate de avena, ad mensuram carnotensem, infra festum Omnium-Sanctorum annuatim solvendorum ; ita quod predictus cantor Aurelianensis adducet, Carnotum, in domo prebendariorum qui pro tempore fuerint, quatuor modios, hospites Beate-Marie de illo territorio residuum. Si autem hospites illi contra predictum cantorem Aurelianensem evincere poterunt quod totam campipartem debeat idem cantor Aurelianensis adducere Carnotum, ipse cantor Aurelianensis totos sex modios adducet Carnotum. Qui, si ad terminum eos non solveret, postea redderet cum emenda, et super hoc haberent prebendarii dicti loci regressum ad terram ipsam et ad ea que invenirent in terra, donec esset eisdem satisfactum. In cujus rei robur et testimonium, presentes litteras sigilli nostri fecimus muniri. Actum anno Domini M°CC° septimo decimo, mense julio. »

(Bibl. Imp.; *Livre des Priv. de l'égl. de Ch.*, cart. 28 bis, f° 98 v°.)

CCXXX.

(1218.)

Sentence arbitrale rendue entre le Chapitre de Chartres et Baudouin de Gazeran, par laquelle est adjugé au Chapitre un droit de pâture et quelques autres usages que le Chapitre prétendait, tant pour lui que pour ses hommes de corps de la vallée d'Emancé, sur la terre de Baudouin sise entre le Charmoy-d'Emancé et Epernon, consistant en terres tant labourables qu'incultes, vignes et bois appelés le Défaix [1].

(*Inv. du Chap.*, C. CXVI, K, 2.)

[1] Au mois de novembre 1223, le même Jean, chantre d'Orléans, donna au Chapitre, pour son anniversaire, *quicquid acquireret in terra Beate-Marie Carnotensis, vel in territorio de Bretonviller, vel in locis vicinis Bretonviller, sive in terris, sive in decimis, sive in redditibus seu aliis adquiramentis.* (*Orig. en parch.*; Arch. d'Eure-et-Loir, fonds du Chap., C. LXVII, B, 13. — Bibl. Imp.; cart. 28 bis, f° 87 v°.)

[2] En 1258, Guillaume, seigneur de Gazeran, affranchit le Chapitre de Chartres, tous ses membres et sujets, du droit de rouage et autres droits de coutume, qu'il était en possession de percevoir en sa terre de Gazeran. (*Inv. du Chap.*, C. CXVI, K, 4.)

CCXXXI.

« Quod habemus vii libras x solidos super perreriam Comitis per receptorem suum. »
(1218.)

« Ego Theobaldus, Blesensis et Clarimontis comes, omnibus notum facio quod ego dedi ecclesie Beate-Marie de Carnoto septem libras et decem solidos annui redditus capiendos, annis singulis, in perreria[1] mea de Carnoto; de quibus centum solidi distribuentur, die anniversarii mei, canonicis et clericis, ita quod canonici habebunt quatuor libras et clerici qui servicio intererunt viginti solidos; residuum vero, quinquaginta solidi, die obitus matris mee, cúm quinquaginta solidis quos pater meus eidem contulerat ecclesie, pro anniversario matris mee, distribuentur canonicis et clericis, sicut superius in anniversarii mei expressione est notatum. Predicta vero peccunia, annis singulis, in festo sancti Remigii, ab eo qui predictam tenebit perreriam capietur. Quod ut ratum permaneat in futurum, litteris commendavi et sigilli mei munimine roboravi. Actum anno gratie M°CC° octavo decimo. Datum per manum Therrici, cancellarii. »

(*Orig. en parch.;* Arch. d'Eure-et-Loir, fonds du Chap., C. LXVII, B, 11.)

---

[1] Par le mot *perreria*, il faut entendre un lieu où les marchands de Chartres s'assemblaient pour discuter entre eux de ce qui concernait leur état, et où l'on pesait les marchandises au poids du Comte de Chartres, à qui on payait pour cela un tribut. Suivant une note de l'*Inventaire du Chapitre*, on appelait ce lieu *perreria, perreia, preya*, parce qu'il était dans le pré du Comte; on l'appelait aussi *perteria, perreta*, parce qu'il se tenait auprès d'une porte de la ville. Ces explications ont été adoptées par du Cange, verbo *Perreia*. Mais D. Carpentier pense que le mot *perreria* et ses synonymes *perreia, perteria, porreta, preya*, etc., sont l'équivalent latin du vieux français *perroy* ou *perrail*, qui signifie quai, rive; et, en effet, la Perrée de Chartres était située sur le bord de la rivière. Le poids en usage dans les foires de Brie et de Champagne pour le pesage des laines s'appelait *Pierre*. Plusieurs titres cités dans l'*Extenta Comit. Campanie et Brie*, dans Pérard *in Burgundicis*, p. 562, et dans Bourquelot, *Hist. de Provins*, vol. Ier, p. 417 et 418, parlent des *pierres du poid* de Provins. D'un autre côté, un titre de Thibault VI, comte de Chartres, de l'année 1213, rapporté dans les *cédules de Lancelot*, dit qu'à Chartres chaque vendeur donnera un denier *de unaquaque perrata*, c'est-à-dire de chaque *pierrée*. Ne pourrait-on pas en conclure que le mot *perreia* et ses synonymes signifiaient le lieu renfermant les *pierres du poids* de Chartres? C'est l'interprétation que propose M. de Lépinois dans son *Histoire de Chartres* (vol. Ier, p. 330, note 4).

CCXXXII.

« De augmento ecclesiárum Capituli. »

(1219, mars.)

« Raginaldus succentor, Radulfus camerarius, Rembaldus *Craton* et Willelmus de Capella, canonici Carnotenses, omnibus presentis scripti casu quolibet noticiam habituris, salutem in omnium Salvatore..... *Sur la réclamation des curés des Châtelliers*, Chastelers, *de Landouville*, Landorvilla, *et des Corvées*, Corveis, *ces chanoines, délégués par leurs confrères, augmentent les revenus, notoirement insuffisants des cures susdites, de toutes les dîmes tant grosses que petites perçues dans leurs paroisses par le Chapitre. Ils ajoutent une rente d'un muid de blé pour le curé des Châtelliers, à prendre dans la grange de Marchéville, autant pour le curé de Landouville, à prendre dans la grange de Berchères, et, pour le curé des Corvées, du consentement du maître et des frères de l'Aumône de Chartres, toutes les dîmes grosses et petites et droits curiaux de Saint-Laurent-de-la-Troche, à la charge par lui de célébrer le service divin dans la chapelle de ce lieu une fois par semaine et le jour de saint Laurent. Pour indemniser l'Aumône, propriétaire de la Troche où des frères et des convers font leur demeure, le Chapitre lui donnera chaque année un muid de blé de Loëns dans l'octave de la Toussaint.* Datum anno gracie M°CC°XVIII°, mense marcii [1]. »

(*Copie sur pap.*; Arch. d'Eure-et-Loir, fonds Roux. — Bibl. Imp.; *Livre des Priv. de l'égl. de Ch.*, cart. 28 bis, f° 108 v°.)

[1] Une augmentation semblable fut accordée par le Chapitre au curé de Saint-Christophe-en-Dunois, au mois de mai 1219 (*Cart. 28 bis*, f° 109 r°). Au mois de novembre 1226 (*Ib.* f° 110 r°), le curé de Saint-Martin de Champseru reçut du Chapitre, à titre d'augmentation, une terre de trois muids et quatre setiers, à la charge de verser chaque année à Notre-Dame deux muids de froment au fur de Loëns, dans l'octave de la Toussaint, *ad usus panis capituli*. La même année, 1226, le curé de Berchères-la-Maingot obtint du Chapitre une rente de quatre setiers de blé et autant d'avoine. (*Inv. du Chop.*, C. LXXV, B, 1.) Au commencement du XVII° siècle, de 1620 à 1630, le gros de presque tous les curés vicaires-perpétuels, dépendants de l'église de Chartres, fut augmenté. Plus tard, en 1686, le Chapitre offrit aux curés une nouvelle augmentation de gros, à la condition de renoncer à la portion congrue de 300 livres dont ils devaient jouir suivant la Déclaration du Roi : la plupart accédèrent à cette offre.

CCXXXIII.

« De terra apud Mereletum, data ad censum canonicis Sancti-Evulcii Aurelianensis. »
(1219, avril.)

« Vulgrinus, Beati-Evurcii Aurelianensis abbas, et ejusdem ecclesie conventus..... *L'abbaye de Saint-Euverte avait acheté sept setiers de terre à Mesleray,* apud Mereletum, *dans la censive du Chapitre et sans son assentiment. Or, dans ce cas, d'après l'usage de l'église de Chartres, ladite abbaye était tenue de se défaire de cette terre dans le délai d'un an. Cependant le Chapitre, obtempérant aux prières des religieux, consentit à leur en laisser la possession, moyennant un cens annuel de 15 deniers parisis,* payable le jour de la Saint-Rémy, et un relief de 25 sous à la mort de chaque abbé [1]. Actum anno Domini M°CC° nono decimo, mense aprili. »

(Bibl. Imp.; *Liv. des Priv.*, cart. 28 bis, f° 107 r°.)

CCXXXIV.

« De cereo Willelmi, episcopi Cathalaunensis. »
(1219, mai.)

« Guillelmus [2], Dei gracia, Catalaunensis episcopus et comes Perticensis, universis Christi fidelibus ad quos presentes littere pervenerint, in Domino salutem. Noverit universitas vestra quod nos, pro salute anime nostre et animarum patris et matris et aliorum antecessorum nostrorum, dedimus et concessimus unum cereum super altare beatissime virginis Marie Carnotensis, ante capsam in qua reposita est gloriosissime Virginis camisia, semper arsurum; et ad hoc assignavimus redditum decem librarum monete carnotensis, a matriculariis ecclesie Carnotensis annuatim

---

[1] En 1257, les religieux de Saint-Euverte passèrent une nouvelle reconnaissance de cette redevance.
[2] Voir vol. Ier, p. 255, note 6.

percipiendarum, videlicet centum solidos in prepositura de *Molandon* et centum solidos in prepositura de Longovillari, quorum medietas in Natali Domini singulis annis persolvetur. Si vero prepositi vel aliquis eorum cessaverit a solutione prefati redditus in prelibatis terminis, is qui in mora fuerit ad solutionem quinque solidorum unaquaque septimana tenebitur pro emenda. Volumus etiam quod ille qui negligens fuerit in solvendo redditum memoratum excommunicetur usquedum predictis matriculariis super hoc fuerit satisfactum, non absolvendus nisi ad petitionem nostram, et propter hoc ad penam quinque solidorum predictorum nichilominus teneatur. Quod ut ratum permaneat et stabile, presentem paginam sigilli nostri impressione fecimus roborari. Actum anno gracie M°CC° nono decimo, mense maio [1]. »

(*Copie sur pap.*; Arch. d'Eure-et-Loir, fonds du Chap., C. V, J, 6. — Bibl. Imp.; *Liv. des Priv.*, cart. 28 bis, f° 64 v°.)

CCXXXV.

« De equo argenti oblato. »

(1219, août.)

« Ego, Galcherius de Barro-Super-Secanam [2], notum facio omnibus ab quos littere iste pervenerint quod ego, in extrema voluntate mea, pro remedio anime mee, precepi fieri, de meo proprio, de triginta marchis argenteis, quendam militem muntatum super equum suum, et illum tradi ecclesie Beate-Marie Carnotensi. Precepi etiam quod nisi dicta ecclesia dictum militem cum equo possit habere, quod terram meam *del Puisat* supponet interdicto donec super hoc voluntas mea esset adimpleta [3]. In cujus rei

[1] A la même date, le même Guillaume donna au Chapitre, pour son anniversaire, cent sols tournois de revenu, à prendre, chaque année, à la saint Denis, sur sa prévôté de Nogent-le-Rotrou (*Orig. en parch.*; fonds du Chap., C. LXVII, B, 17. — Bibl. Imp.; *cart. 28 bis*, f° 65 r°).

[2] Voir ci-dessus, p. 51, note 2.

[3] Dans une lettre écrite, à la même date, à sa mère Hélissende et à sa femme Isabelle, Gaucher rappelle ce don fait à l'église de Chartres et mentionne en outre la donation *decem librarum parisiensis monete, de quibus precepit fieri quandam capellaniam, apud Puisat, in honore beate Marie-Magdalene, et aliarum decem librarum, de quibus precepit fieri quandam capellaniam apud* Mirvil, *in honore beati Eustachii.* (Bibl. Imp.; *cart. 28 bis*, f° 141 v°).

testimonium, presentes litteras sigillo meo feci communiri. Actum in obsidione Damiete, anno Domini M°CC°XIX°, mense augusto [1]. »

(Bibl. Imp.; *Livre des Priv. de l'égl. de Ch.*; cart. 28 bis, f° 141 v°.)

CCXXXVI.

De garenna apud Amanciacum.
(1219, novembre.)

« Philippus, Dei gratia, Francorum rex, universis ad quos littere iste pervenerint, salutem. Noveritis quod nos volumus et concedimus dilectis nostris canonicis Beate-Marie Carnotensis ut apud Amanciacum habeant garennam in terra et nemore ipsorum, et precipimus ut ipsa garenna custodiatur, et inhibemus ne quis de cetero venari presumat in eadem, nisi, de voluntate ipsorum canonicorum, salvo nobis in omnibus jure nostro. Actum Nongenti, anno Domini millesimo ducentesimo nono decimo, mense novembri. »

(*Cop. sur pap.*; Arch. d'Eure-et-Loir, fonds du Chap., C. CXVI, K, 1. — Bibl. Imp.; *Liv. des Priv. de l'égl. de Ch.*, cart. 28, p. 155. — L. Delisle, *Catal. des Actes de Phil.-Aug.*, p. 426, n° 1931.)

CCXXXVII.

De jure cantoris super stalla ecclesie Carnotensis.
(1221, janvier.)

« B[artholomeus], decanus, et universitas Capituli Carnotensis, universis presentis scripti noticiam habituris, salutem in Domino. Noverit universitas vestra quod nos, in choro nostre ecclesie nova stalla forme insolite nova dispositione ponentes, jura cantoris nostri per cuncta volumus salva et integra permanere, ex quibus unum duximus presentibus litteris expri-

---

[1] Gaucher de Bar, fils aîné de Miles III, comte de Bar, ne mourut donc pas le 17 août 1218, comme le dit *l'Art de vérifier les dates*. Les chrétiens prirent Damiette au mois de novembre 1219. C'est sans doute 1219 qu'il faut lire au lieu de 1218; ce serait donc sur son lit de mort que Gaucher aurait fait cette donation à l'église de Chartres.

mendum, quod tale est : Cum tantum duos de ecclesia nostra habeat Capitulum installare, decanum scilicet et cantorem, cantor idem, de jure proprie dignitatis, omnes habet alios, tam personas quam simplices canonicos et omnes non canonicos installare, sive installare de novo, sive a stallo in stallum, vel ab una parte chori in alteram transferantur. Quociens igitur cantor in choro nostro, secundum ecclesie nostre consuetudinem, installat aliquem, sive de novo, sive, ut dictum est, transferendo a stallo in stallum, quando ei hoc licet de consuetudine, potest, si sit persona inter personas, si simplex canonicus inter simplices canonicos, si non canonicus inter non canonicos, primum vel ultimum vel quorumlibet duorum medium, pro sue voluntatis arbitrio, allocare, nonobstante situ vel forma stallorum seu aliquo quod ad situm vel formam pertineat eorumdem, salvo tamen jure quorumdam certa stalla in choro habencium, videlicet decani, subdecani, succentoris, cancellarii, majoris archidiaconi, capicerii et camerarii, quibus alia stalla cantor assignare non potest quam ea que ipsi obtinent de jure proprie dignitatis, videlicet quod subdecanus semper debet esse tercius a decano, qui primus est ex illa parte chori que est dextra ingredientibus; major archidiaconus semper eorum medius; camerarius semper in angulo ex eadem parte chori; succentor ex altera parte chori semper secundus vel tercius a cantore, ita quod potest cantor, si voluerit, unam ex aliis personis locare mediam inter se et succentorem; cancellario vero semper angulus ex eadem parte chori, et capicerio semper extremus in grandi statu locus debetur. Notandum etiam quod bene licet cantori personam aliquam, si non sit dyaconus, installare in statu alio quam in grandi, et tunc debet ei primum locum ante omnes canonicos assignare. Preterea notandum est quod non potest cantor inter duas personas immediate installatas aliquem qui non sit persona nostre ecclesie, nec inter duos canonicos aliquem non canonicum, nec inter duos non canonicos aliquem canonicum allocare : in hiis et in aliis omnibus jus ipsius cantoris et nostrum omnium volumus et concedimus penitus esse salvum. In cujus rei memoriam et testimonium, presentes litteras eidem cantori nostro dedimus sigilli nostri munimine roboratas. Datum anno gracie millesimo CC^{mo} vicesimo, mense januario. »

(*Vidim. orig. en parch. de 1472;* Arch. d'Eure-et-Loir, fonds du Chap., C. XI ter, A, 2.)

CCXXXVIII.

« De centum solidis quos contulit Gervasius de Castro clericis de choro qui intererunt horis quatuor festivitatum beate Marie. »

(1221, juin.)

« Ego Gervasius de Castro-Novo, canonicus Carnotensis [1], notum facio tam presentibus quam futuris quod, pro remedio anime mee et antecessorum meorum, dono et concedo in perpetuam elemosinam ecclesie Carnotensi centum solidos annui redditus, in redditibus meis pedagii de Braioto, annis singulis, in fine mensis novembris, percipiendos, laudantibus et concedentibus fratribus meis Hugone, domino Castri-Novi [2], et Herveo de Castro-Novo [3]; de quibus centum solidis, de voluntate et assensu Capituli Carnotensis, sic duxi commode statuendum : quod in quatuor festivitatibus beate Marie, videlicet in Purificatione, in Annuntiatione, in Assumptione, in Nativitate ejusdem virginis, quatuor libre illis solis non canonicis clericis de choro qui sex diurnis horis festivitatum illarum intererunt, in perpetuum distribuentur; ita tamen quod qui omnibus horis non intererit nichil se noverit percepturum. Volo similiter et statuo, de assensu predicti Capituli, quod, post obitum meum, in die anniversarii mei, decem solidi de eisdem centum solidis presbiteris omnibus de torno ecclesie Carnotensis et criptis veterum et novorum altarium communiter dividantur; residuum vero in Nativitate beate Marie cum viginti solidis distribuatur. Quod ut firmum et stabile perseveret, donum meum presentis

---

[1] Gervais de Châteauneuf, chanoine de Chartres, devint évêque de Nevers en 1222 et mourut le 4 décembre de la même année.

[2] L'acte de confirmation d'Hugues IV, seigneur de Châteauneuf, fils aîné de Gervais III, mort sans postérité, est du mois de février 1226 (*Orig. en parch.;* fonds du Chap., C. LXVII, B, 12. — Bibl. Imp.; *cart. 28 bis*, f° 76 r°).

[3] Au mois de décembre 1208, Hervé de Châteauneuf confirma cette donation de cent sols de revenu sur le péage de Brou faite par son frère Gervais. (*Orig. en parch.;* fonds du Chap., C. LXVII, B, 12.) — Cet acte de confirmation est par conséquent antérieur de treize ans à l'acte de donation; d'où l'on peut conclure que la charte de 1221 n'est que la notification d'une donation faite antérieurement au Chapitre. Suivant le *Cart. 28 bis*, la charte d'Hervé serait de l'année 1228 : mais nous pensons que c'est une erreur, l'écriture de la pièce originale nous paraît plutôt appartenir aux premières années du XIII° siècle.

pagine volui testimonio et sigilli mei [1] munimine confirmari. Actum anno Domini millesimo ducentesimo vicesimo. »

(*Orig. en parch.;* Arch. d'Eure-et-Loir, fonds du Chap., C. LXVII, B, 15. — Bibl. Imp.; *Livre des Priv. de l'égl. de Ch.*, cart. 28 bis, f° 76 r°.)

CCXXXIX.

« De quadam terra et nemore apud Ballolium-Pigni. »
(1221, juillet.)

« Henricus, archidiaconus Carnotensis, omnibus ad quos presentes littere pervenerint, salutem in Domino. Noverit universitas vestra quod cum inter Capitulum Carnotense, ex una parte, et Matheum, majorem de Perroto, Radulfum et Robertum fratres, et Milesendim et Richoldim et Mariam, sorores ipsius Mathei majoris, ex altera, super quadam terra et nemore, sitis apud Ballolium-Pinus, que Gaufridus de Ponceio, nomine ecclesie Carnotensis, diu et pacifice tenuit, et que idem Gaufridus servitio ejusdem ecclesie in perpetuam dedit elemosinam [2], coram nobis, in capitulo Carnotensi, contentio verteretur, tandem inter Capitulum et predictos Matheum, majorem, et fratres et sorores ipsius compositum est in hunc modum : quod Matheus et tam fratres quam sorores ipsius Mathei et eorum filii, videlicet Willotus et Amelota filii ipsius majoris, Willotus et Radulfus filii Richoldis, Robinus, filius Radulfi fratris majoris, in capitulo Carnotensi constituti, terram illam cum nemore penitus quitaverunt ecclesie Carnotensi [3], fide media se astringentes quod si in dicta terra vel in

---

[1] Le sceau de Gervais de Châteauneuf est très-curieux, surtout si l'on se rappelle la qualité de chanoine de ce personnage. Il représente un château parfaitement dessiné, avec ses tours, créneaux, murailles et ponts-levis, et porte pour légende : + Sigillum Gervasii de Castro.

[2] La donation de Geoffroy de Pouancé est datée du 1er novembre 1215. Elle fut confirmée le 1er juin 1216 par Foucher de Friaize, chevalier, et au mois de mars 1224 par Jean de Friaize (*Orig. en parch.;* fonds du Chap., C. LXVII, B, 9. — Bibl. Imp.; *cart. 28 bis*, f° 139 r°).

[3] Au mois de juillet 1220, Robert du Fresne avait déjà fait remise au Chapitre de 12 deniers de cens qu'il possédait à Bailleau-le-Pin sur la terre qui autrefois appartenait à Geoffroy de Pouancé (*Orig. en parch.;* fonds du Chap., C. LXXXIV bis, N, 1. — Bibl. Imp.; *cart. 28 bis*, f° 75 v°). — Le Chapitre acquit de nouvelles terres à Bailleau-le-Pin ou dans les environs, en 1233, sur Everard, maire de Bennes, et en 1274, sur Girard, dit Beaufils;

nemore aliquid juris habuerant vel habebant, nichil de cetero in eisdem reclamarent. Insuper dictus major in contraplegium dedit Capitulo quicquid de ecclesia Carnotensi tenebat quod dictam terram, cum nemore, ipse et fratres et sorores ipsius et eorum heredes, contra omnes, ecclesie Carnotensi fideliter et firmiter garandirent. In cujus rei testimonium, ad peticionem predictorum majoris et fratrum et sororum ipsius, presentes litteras notari fecimus et sigilli nostri karactere communiri. Datum anno Domini millesimo ducentesimo vicesimo primo, mense julio. »

(*Orig. en parch.*; Arch. d'Eure-et-Loir, fonds du Chap., C. LXVII, B, 9. — Bibl. Imp.; *Liv. des Priv. de l'égl. de Ch.*, cart. 28 bis, f° 75 r°.)

CCXL.

« De residentia personarum. »

(1222, septembre.)

« Decanus et Capitulum Carnotense, viris venerabilibus et amicis in Christo karissimis, omnibus personis ecclesie Carnotensis, salutem et sinceram in Domino karitatem. Prudentie vestre notum esse volumus quod..., habito in capitulo nostro tractatu, consensimus quod persone ecclesie nostre, per medietatem anni in propriis personis et per aliam medietatem per competentem familiam, in ecclesia nostra residentiam facere debent [1], salvis videlicet exceptionibus de absentia, causa studiorum et peregrinationis et itineris ad sedem apostolicam et servicii ecclesie..... Consensimus etiam quod omnes personas ecclesie nostre moneremus et per subtractionem beneficiorum, si opus esset, compelleremus quod in ecclesia nostra residentiam faciant sapradictam, nisi infra festum sancti Andree rationabilem causam probaverint quare in propriis personis residentiam facere non debeant..... Datum anno Domini M°CC° vicesimo secundo, mense septembri. »

(Bibl. Imp.; *Liv. des Priv. de l'égl. de Ch.*, cart. 28, p. 165.)

mais ce qui donna surtout de l'importance à la prêtrière de Bailleau-le-Pin, fut le don fait au Chapitre en 1441, par Miles de Dangeuil, doyen de Chartres, d'un hôtel et métairie sis à Bailleau-le-Pin, 60 arpents de terre, 17 vassaux et 32 sols de rente, le tout acquis par lui le 20 mars 1401. (*Orig. en parch.*; fonds du Chap., C. LXXXIV bis, N, 2, 3 et 5.)

[1] Voir pour la résidence des chanoines ce que nous avons dit tome I, p. 188, note 1.

CCXLI.

« De molendinis de Ferreriis, quos tenebat Johannes de *Frescoth*, archidiaconus Blesensis. »
(1222, septembre.)

« Johannes, Blesensis archidiaconus, omnibus presentes litteras inspecturis..... *Il reconnaît tenir du Chapitre les moulins de Ferrières*, de Ferreriis, *avec leurs dépenses et les coutumes de mouture y attachées, moyennant une pension annuelle de 28 muids de blé, mesure de Loëns*, de quibus tenemur, singulis annis, matutinariis satisfacere infra festum sancti Andree..... Actum anno gracie M°CC°XXII°, mense septembri [1]. »

(Bibl. Imp.; *Liv. des Priv.*, cart. 28 bis, f° 130 v°.)

CCXLII.

« Matheus *Haguenon* debet annis singulis reddere decem solidos pro quodam prato sito apud Torceium, ad anniversarium Symonis de Burgo-Garini. »
(1223, juin.)

« Jacobus, Drocensis archidiaconus, omnibus presentes litteras inspecturis, salutem in omnium Salvatore. Noveritis quod Matheus *Hagenon*, sacramento corporaliter prestito, juravit quod ipse, singulis annis, solvet Capitulo Carnotensi decem solidos, in octabis Pentecostes, pro quodam prato apud Torceium sito [2]; qui decem solidi assignati sunt ad anniversarium

[1] Au mois d'octobre 1226, après la mort de Jean de Frescot, Nicolas, son frère, chanoine de Chartres, reprit les moulins de Ferrières, moyennant 30 muids de pension annuelle et à la charge de contribuer jusqu'à la somme de 80 livres à la construction d'un moulin à foulon dans cet endroit. Le Chapitre lui accorda, en outre, la faculté de faire construire des moulins à vent ou à chevaux dans les lieux éloignés où les habitants sont banniers des moulins de Ferrières, et promit de substituer, après sa mort, son neveu Gauthier, chanoine, dans la jouissance desdits moulins. (*Cart. 28 bis*, f° 131 v°).

[2] En 1248, Nicolas de Cannes, archidiacre de Dunois, abandonna au Chapitre la terre de Torcey, qu'il avait remise en valeur à ses dépens, à la condition que les revenus en seraient appliqués à la fondation d'une messe de la Vierge qui devait être dite tous les jours à perpétuité, excepté le lundi. En 1374, le Chapitre consentit que Philippe de Talaru, doyen de Chartres, rétablît à ses frais le moulin banal de Torcey, détruit par les guerres, en affectant trois portions des profits dudit moulin à la fondation d'une messe de la Vierge qui devait être célébrée au maître-autel le vendredi de chaque semaine. (*Orig. en parch.*; fonds du Chap., C. LV, A, 3 et 4.)

bone memorie Simonis de Burgo-Garini, canonici Carnotensis, in ecclesia Carnotensi celebrandum..... Actum in capitulo Carnotensi, anno Domini millesimo ducentesimo vicesimo tercio, mense junio. »

(*Double orig. en parch.;* Arch. d'Eure-et-Loir, fonds du Chap., C. LV, A, 2. — Bibl. Imp.; *Livre des Priv. de l'égl. de Ch.*, cart. 28 bis, fº 87 rº.)

CCXLIII.

« Quod clerici nostri et clerici de choro sunt immunes a jurisdictione decani et subdecani. »

(1223, août.)

« Omnibus presentes litteras inspecturis, B[artholomeus], Carnotensis ecclesie dictus decanus, salutem in omnium Salvatore. Notum esse volumus universis quod cum decanus et subdecanus Carnotensis archidiaconatum habeant civitatis et banleuge Carnotensis, canonici tamen majoris ecclesie Carnotensis et clerici eorum et clerici chori immunes sunt a jurisdictione nostra, excepto hoc quod clerici de oratoriis sive ecclesiis suis, si quas habent infra banleugam Carnotensem, coram nobis juri starent. Servientes quoque predictorum scilicet canonicorum et clericorum chori, sicut sunt immunes a jurisdictione seculari comitis Carnotensis, ita quoque a nostra jurisdictione ecclesiastica sunt immunes. Illi autem qui justiciabiles sunt comitis de forisfactis vel contractibus suis, similiter de nostra sunt ecclesiastica jurisdictione. Datum anno Domini M°CC°XX°III°, mense augusto. »

(Bibl. Imp.; *Liv. des Priv.*, cart. 28 bis, fº 65 rº.)

CCXLIV.

« Compositio inter episcopum et archidiaconos. »

(1223, décembre.)

« Universis Christi fidelibus presentes litteras inspecturis, Stephanus, decanus Magdunensis, et magister Henricus, officialis Carnotensis, salutem in Domino. Noverit universitas vestra quod cum contentio esset inter venerabilem Carnotensem episcopum ex una parte et viros venerabiles Stephanum, archidiaconum Carnotensem, G[uillelmum] Dunensem, Thomam Pissiacensem, Johannem Blesensem, Jacobum Drocensem et Hugonem Vindocinensem archidiaconos ex altera, super eo quod dictus episcopus dicebat causas matrimonii et sacrilegii ad se pertinere, et super eo quod idem episcopus dicebat duas partes honorum eorum qui decedunt intestati ad suam, tertiam vero partem ad archidiaconorum distributionem pertinere, et super eo quod idem episcopus dicebat se habere duas partes in emendis archidiaconorum, dictus episcopus, in verbo veritatis, et dicti archidiaconi, fide corporaliter prestita, promiserunt quod dicto ordinationis nostre starent super controversiis memoratis. Nos autem, pro bono pacis, habito prudentium virorum consilio, ordinavimus in hunc modum: in primis dicimus quod si agitur ad divortium super matrimonio jam contracto, totalis causa ab initio ad episcopum pertinebit [1]: alie cause matrimonii et sacrilegii archidiaconis remanebunt. Due partes bonorum eorum qui decedent intestati ad episcopi, tertia pars ad archidiaconorum distributionem pertinebunt, in eo salvo jure et libertate quod archidiaconi et episcopus ipse in servientibus et sociis suis habent. In emendis autem archidiaconorum episcopus nihil habebit, nec archidiaconi in emendis episcopi aliquid habebunt. In cujus rei testimonium, presens scriptum sigillis nostris, ad petitionem partium, fecimus sigillari. Actum anno gratie M°CC°XX° tercio, mense decembri [1]. »

(*Copie sur pap.;* Arch. d'Eure-et-Loir, fonds du Chap., C. IX. — Bibl. Imp.; *Livre noir*, cart. 43, f° 16 v°.)

CCXLV.

« Littere domini Galteri, episcopi, super admortizatione census quem vendiderunt nobis monachi Cistercienses, apud *Mortfontaine.* »

(1223.)

« Galterus, divina miseratione, Carnotensis ecclesie minister humilis... *Nicolas Lisesnes, chanoine de Chartres, a racheté, au nom du Chapitre,*

---

[1] Dans la copie du *Livre noir*, une main plus moderne a ajouté en marge cette phrase : *Si de sacrilegio criminaliter procedatur, cognitio ac judicium ad episcopum pertinebit.*

[2] L'évêque Gautier approuva ce jugement par lettres conservées en copie aux Archives d'Eure-et-Loir et transcrites dans le *Livre noir*, f° 17 r°. Gautier, abbé de Pontigny, puis évêque de Chartres, gouverna le diocèse de 1219 à 1235.

moyennant cent livres de chartrains, des moines de l'Aumône (ordre de Citeaux), le cens que ces moines avaient acheté de Marie, veuve d'Odon le Saunier, et que celle-ci tenait de Hugues des Yys, ledit cens, de cinq livres en totalité, frappant sur des terres à Saint-Maurice, Mortefontaine et Seresville. Actum publice in capitulo Carnotensi, anno Domini M°CC°XX° tercio [1]. »

(Bibl. Imp.; *Liv. des Priv.*, cart. 28 bis, f° 122 r°.)

CCXLVI.

« Quod mercerii de capitellis sunt de justicia Capituli. »
(1224, 26 mai.)

« Consentimus nos universi et singuli, tam persone quam canonici Carnotenses, qui ad eligendum conveneramus decanum, quod stalla merceriorum que solent esse in capitellis, collocantur in claustro, a parte meridiana, inter gradus ecclesie et majorem turrim, ita quod omnis justicia stallorum et domus in qua collocata fuerunt et ipsorum merceriorum sit Capituli, nec ille qui electus fuerit in decanum valeat reclamare [2], sed in omni libertate possideantur a Capitulo in qua erant, in loco in quo sunt hodie collocata, in platea que fuit archidiaconi Milonis. Actum anno Domini M°CC°XXIIII°, mense maio, in octabas dominice Ascensionis. »

(Bibl. Imp.; *Liv. des Priv.*, cart. 28 bis, f° 65 v°.)

---

[1] Un autre acte, de Renaud de Mouçon, daté du jour des cal. de juillet 1207, fait connaître que le chevalier Hugues des Yys avait vendu le cens qu'il possédait sur la terre des chanoines, *pro negociis duorum filiorum suorum qui crucem assumpserant propter Deum.* (Bibl. Imp.; *cart. 28 bis*, f° 121 r°).

Le chanoine Nicolas Le Sesne acheta encore, pour le Chapitre, par acte d'octobre 1223, moyennant trente-cinq livres de chartrains, de Robert du Tertre, Agnès, sa femme, et Renaud, son fils, la huitième partie de la grosse dîme de Poisvilliers qu'ils possédaient à titre héréditaire. Cette vente fut ratifiée et garantie par Maurice *li Frans de Pratis*, seigneur du fief. (*Orig. en parch.*; Arch. d'Eure-et-Loir, fonds du Chap., C. XLVII, A, 1. — Bibl. Imp.; *cart. 28 bis*, f° 123 r°.)

[2] Il y eut en effet de nombreuses contestations entre le Chapitre et le Doyen pour la police du cloître Notre-Dame et pour les droits qu'on pouvait y percevoir. Dans la suite, le maire de Loens intervint également comme partie dans ces débats.

CCXLVII.

(1224.)

Echange entre Girard de Chartres et Isabelle, sa femme, d'une part, et le Chapitre, d'autre, par lequel Girard de Chartres et sa femme cèdent et transportent, en toute propriété, au Chapitre le droit de voierie qu'ils avaient à Fontenay, Sandarville, Bennes et Afflainville; et le Chapitre s'oblige de faire payer annuellement aux donateurs, par les mains du maire de Fontenay, la somme de cent sous tournois [1].

(*Inv. du Chap.*, C. XCVIII, A, 1.)

CCXLVIII.

« De vineis de Clauso » Beate-Marie, apud Sparras.

(1225, mars.)

« Hugo, decanus, et universitas Capituli Carnotensis, omnibus presentes litteras inspecturis, salutem in omnium Salvatore..... *Le Chapitre loue à trente-neuf individus, par portions de trois quartiers ou d'un demi-arpent, les vignes du clos Notre-Dame situé aux Epars, sous les conditions suivantes : 1° Le bail est fait à deux vies, celle du preneur et celle de sa femme, de son fils, ou de tel autre de ses héritiers qu'il désignera; 2° Chaque preneur fera les façons ordinaires aux vignes, sous les yeux du délégué du Chapitre; 3° Il paiera moitié du charroi des vendanges; 4° Les vignes seront gardées par le messier du Chapitre, mais chaque preneur payera trois deniers par quartier de vigne,* pro minotis et cuppis; *5° Les vendanges ne pourront se faire qu'avec la permission du Chapitre, et elles ne dureront que huit jours, à moins d'autorisation; 6° Le vin se partagera par moitié entre le Chapitre et le vigneron, et le terceau sera fourni en commun pour les vignes qui le subissent; 7° Les preneurs se-*

---

[1] A la même date, Girard de Chartres, père du donateur, s'engagea à observer cet échange, et de plus à le faire agréer par le seigneur féodal et par le comte et la comtesse de Chartres. En effet, Guillaume de Vieuxpont, seigneur de Courville, le ratifia en 1230; mais le comte de Chartres, ayant refusé de l'approuver, Girard, au mois d'octobre 1230, s'obligea à garantir et indemniser le Chapitre et ses gens de toutes poursuites qui pourraient être faites contre eux par le comte, en raison de cet échange.

ront tenus d'aller au pressoir que les chanoines feront construire, et, en attendant, au pressoir de Saint-Martin, à celui d'Albert Aalon, à celui de Geoffroy Pelet, ou à tout autre, suivant la volonté du délégué du Chapitre; 8° Les preneurs ne pourront entrer dans le clos qu'au vu du délégué du Chapitre; 9° Chaque preneur pourra vendre sa part avec la permission du Chapitre; l'acquéreur jurera fidélité au Chapitre et détiendra la vigne sa vie durant; ainsi feront les héritiers désignés pour successeurs par les preneurs actuels; 10° Ses gands et ventes seront payés au Chapitre; 11° Le Chapitre supportera les frais de la plus petite façon, lorsque, par misère ou infirmité, l'un des preneurs sera hors d'état d'accomplir sa tâche en totalité; 12° En cas de résiliation du bail par l'un des preneurs ou de mauvaise culture de sa part, sur la constatation du délégué du Chapitre, la vigne et ses fruits feront retour au Chapitre; 13° La réparation des murs du clos sera par moitié à la charge du Chapitre et du détenteur de la vigne limitrophe des endroits endommagés. Conditiones istas se fideliter observaturos, omnes, in capitulo nostro vel coram mandato nostro, tactis sacrosanctis, juraverunt. Quod ne possit oblivione deleri, presentem paginam sigilli nostri impressione partitoque cyrographo fecimus roborari. Actum anno Domini M°CC°XX° quarto, mense marcio [1]. »

(Bibl. Imp.; *Liv. des Priv.*, cart. 28 bis, f° 115 r°.)

CCXLIX.

« Littere Ludovici regis, » de protectione ecclesiæ Carnotensis.

(1225, juin.)

« Ludovicus, Dei gracia, Francorum rex, Theobaldo Monetario; salutem. Quoniam ecclesia Carnotensis sub nostra specialiter protectione con-

[1] Au mois de février précédent (*cart. 28 bis*, f° 115 v°), le Chapitre avait dégagé le clos Notre-Dame des droits de possession et de jouissance que le Doyen, le Chantre, le Sous-Doyen et le Sous-Chantre y exerçaient, en raison de leurs personnats, et il avait rendu l'équivalent à ces dignitaires dans les vignes de Reculet, de Pisseloup, des Graviers de Lèves.

Aux mois de juin et de juillet 1226 (*Ib.*, f° 116 r° à 118 r°), le Chapitre donna, à cens perpétuel de 25 sous par quartier, à plusieurs individus, son vignoble de la Barre de Poiffonds, sous la condition, par chacun d'eux, de construire une maison sur sa portion et d'être soumis à la justice du Chapitre, qui les considèrera comme ses hôtes et les défendra comme tels.

sistit, tibi precipientes mandamus ut universas res et homines ejus, in tua statutos ballivia, custodias ac defendas ab omni gravamine et injuria, neque sustineas ipsos aliquatenus indebite molestari..... Actum apud Sanctum-Germanum-in-Laia, anno Domini M°CC°XXV°, mense junio [1]. »

(Bibl. Imp.; *Livre des Priv. de l'égl. de Ch.*, cart. 28, p. 162.)

CCL.

« De pace facta inter abbatem et conventum Beati-Petri Carnotensis et Capitulum Carnotense. »

(1225, juillet.)

« Universis presentes litteras inspecturis, Willelmus, cancellarius, Stephanus, archidiaconus, et Johannes Blesensis, archidiaconus Carnotensis, salutem in Domino. Cum inter viros venerabiles decanum et Capitulum Carnotense, ex una parte, et viros religiosos Guidonem abbatem et conventum Beati-Petri Carnotensis, ex altera, super diversis articulis dissensio multiplex haberetur, placuit partibus quod in nos compromitterent et compromissum vallarent legitime sub hac forma...... *(Suivent les pouvoirs conférés aux arbitres par les parties, au mois de décembre* 1222 *et au mois de juin* 1225.) Nos itaque, de utriusque partis controversiis et querelis, pro bono pacis, bona fide et de consensu partium, taliter ordinamus : Medietas decime de Illeiis, cum jure patronatus ecclesie ejusdem ville eandem medietatem decime contingentis, et quicquid spectabat vel spectaverat ibidem ad monachos, cum omnibus pertinentiis et proventibus, quod petebat Capitulum Carnotense, abbati et monasterio Sancti-Petri Carnotensis jure perpetuo remanebit, nec in hiis, nec in fructibus preterito tempore perceptis, vel in posterum percipiendis, ex eis Capitulum Carnotense aliquid de cetero poterit reclamare. Duos vero presbyteratus ecclesie de Illeiis conferent alternatim monasterium Sancti-Petri et Capitulum Carnotense, quia idem Capitulum habet et tenet ad presens, ex concessione reverendi patris G[aufridi], Dei gracia, Carnotensis episcopi, alteram

---

[1] Louis VIII avait déjà placé les biens et les hommes de l'église de Chartres sous la protection spéciale de ses baillis et prévôts, par lettres datées de Paris au mois de février 1223 (1224, n. st.). (*Cart. 28*, p. 165.)

medietatem ejusdem decime, cum jure patronatus eandem medietatem contingentis et quicquid ibidem olim spectaverat ad episcopatum vel episcopum Carnotensem. Ordinamus etiam ut Capitulùm Carnotense remittat et quittet abbati et monachis Sancti-Petri omne personale et reale quod in dicta medietate decime de Illeiis, vel proventibus, vel pertinenciis ejusdem medietatis decime, et jure patronatus ecclesie ejusdem ville eandem medietatem contingentis, habebat vel habere poterat Capitulum Carnotense. Preter hec ordinamus ut Capitulum Carnotense remittat, quantum in se est, abbati et monachis Sancti-Petri juramentum quod dicebat dictos abbatem et monachos sibi, de liberanda predicta decima cum jure patronatus et pertinentiis, per suas litteras obligatos. Quarum litterarum tenorem presentibus litteris duximus inserendum :..... (*Suivent les lettres de l'abbé Guy, n° CLII*). Abbas vero et monasterium Sancti-Petri, pro procurationibus, pastillis et potu, quas procurationes idem abbas et monasterium canonicis Beate-Marie consueverant exhibere, annuatim solvent Capitulo viginti quinque libras carnotenses, videlicet xii libras tercia feria Paschalis ebdomade, tredecim libras in festo apostolorum Petri et Pauli et sex denarios in utraque processione, pueris quos cereis contigerit et thuribulo deservire; quas summas pecunie abbas et monachi tenebuntur suis terminis solvere Capitulo .... De querelis et controversiis quas abbas et monachi habebant contra decanum et Capitulum taliter ordinàmus : Prepositure antique de Nogento, de Fontaneto, de Amiliaco, de Belsia, cum omnibus prepositurarum proventibus et redditibus, qui olim fuerunt prepositis deputati, et omnes prepositurarum pertinencie, cum omni suo emolumento et honore, Carnotensi Capitulo, integre et pacifice, in perpetuum remanebunt. Prepositure nove de Normannia, de Masengiaco, de Auversio et de Uno-Gradu, que fuerant olim precarie, cum omni emolumento et honore, novis preposituris remanebunt; nec abbas nec monachi Sancti-Petri in preposituris antiquis, vel redditibus, seu proventibus et pertinentiis, quas Capitulum Carnotense modo habet, nec in preposituris novis que fuerunt precarie olim, vel in redditibus, seu proventibus et pertinenciis quas novi prepositi modo habent, nec in futuris preterito tempore perceptis vel percipiendis ex antiquis preposituris vel novis aliquid in posterum poterunt reclamare. Ordinamus etiam ut idem abbas et monachi remittant et quitent Capitulo et novis prepositis jus omne, si quid habebant vel habere poterant in antiquis preposituris, vel novis, vel in proventibus, vel redditibus, vel pertinentiis earumdem, vel in fructibus qui futuro tempore percipientur ex eisdem, vel qui ex eis preterito tempore sunt percepti [1]. Precipimus etiam partibus, in virtute prestiti sacramenti, quod ordinacioni nostre, quam pro bono pacis fecimus, assensum prebeant in presenti et eam observent inviolabiliter in futuro, et de hoc suas patentes litteras ad invicem sibi tradant. Precipimus etiam partibus quod jurent quod hanc ordinationem fideliter et firmiter observabunt, nec contra eam aliquo venire tempore per se vel per alium attemptabunt. In cujus rei memoriam et munimen, presentes litteras auctoritate sigillorum nostrorum fecimus communiri. Actum anno Domini M°CC°XX° quinto, mense julio. »

(Bibl. Imp.; *Liv. des Priv.*, cart. 28 bis, f° 147 r°.)

CCLI.

« De foraneitatibus. »
(1225, septembre.)

« Omnibus presentes litteras inspecturis, Philippus *Moreher* et magister Robertus de Cuneo, canonici Carnotenses, salutem in Domino ..... *Une contestation s'étant élevée au sein du Chapitre au sujet des fruits des prébendes des absents, l'affaire fut déléguée à l'examen desdits chanoines, qui prononcèrent comme il suit*: Nos attendentès pium esse mortuis subvenire et eisdem de beneficiis ecclesie largius impartiri, statuendo decrevimus ut quandocumque aliquis de canonicis Carnotensibus decesserit, vel prebendam suam quoquo modo demiserit, facta residentia sua secundum consuetudinem ejusdem ecclesie, foraneitates illius anni de cetero, pro rata sua, percipiat, sine aliquo detrimento. Si vero canonicum Carnoten-

[1] Les religieux de Saint-Père disaient qu'ils avaient droit de toucher chaque année du Chapitre 12 livres (autant que six chanoines ensemble), sur la ferme des anciennes précaires de Normandie, de Mézangey, d'Ingré et d'Auvers, et qu'ils ne recevaient rien depuis que ces précaires avaient été converties en prévôtés, pour l'utilité commune. En conséquence, ils réclamaient du Chapitre une somme de 300 livres pour vingt-six ans au moins d'arrérages, et pour l'avenir une somme annuelle de 15 livres, qui est au moins ce que six chanoines retiraient, pour leur part, des fruits desdites précaires. (Lettres de l'abbé Guy, du mois de décembre 1222. — *Cart. 28 bis*, f° 154 r°.)

sem decedere vel prebendam suám quoquo modo resignare contigerit, residentia sua non perfecta, foraneitatis illius anni porcio, que ipsum contingeret si suam residentiam complevisset, ad Capitulum Carnotense, tanquam ejusdem Capituli propria, libere revertatur. Quod ut ratum et stabile..... Actum anno Domini M°CC°XX°V°, mense septembri [1]. »

(Bibl. Imp.; *Liv. des Priv.*, cart. 28 bis, f° 143 r°.)

CCLII.

« Littere de decima de Sancto-Leodegario. »

(1225.)

« Omnibus presentes litteras inspecturis, officialis curie Carnotensis, salutem in Domino..... *Il résulte d'un accord passé entre le Chapitre de Chartres, d'une part, et noble dame Ragonde, Guillaume Galler, chevalier de Saint-Léger, son fils, et Geoffroy de Vieuxvicq, chevalier, son frère, d'autre part, que les dîmes de Saint-Léger appartiennent à ces derniers, à la charge de verser chaque année au Chapitre le jour de la Toussaint, à Chartres, dans le lieu qui sera assigné par les matiniers alors en exercice, sept muids de froment, trois muids d'avoine et trois muids d'orge, à la mine et valeur de Loens* [2]. Actum in presentia nostra, anno Domini M°CC°XX°V°. »

(*Orig. en parch.*; Arch. d'Eure-et-Loir, fonds du Chap., C. CV, J, 2. — Bibl. Imp.; *Livre des Priv. de l'égl. de Ch.*, cart. 28 bis, f° 140 v°.)

[1] Les mêmes chanoines, délégués par le Chapitre, complétèrent, au mois d'août 1227, leur première décision, en ajoutant que l'on agirait de même pour les fruits des prévôtés qui se partagent en commun, sauf 50 sous que l'on déduirait du compte du chanoine défunt pour les donner aux religieux de Saint-Jean-en-Vallée chargé de son annuel. (*Cart. 28 bis*, f° 144 r°.)
Les mêmes chanoines statuèrent, à la même époque, que la semaine des absents serait faite, de bonne volonté ou sur la désignation du Doyen, par un des prêtres de la partie du chœur où comptait l'absent, et fixèrent des amendes pour les récalcitrants et des distributions doubles pour les diligents chargés de ce surcroît de service. (*Ib.*, f° 144 v°.)

[2] En 1296, Guillaume de Péronville, *de Spesonvilla*, seigneur de Saint-Léger-des-Aubées, ratifia cette transaction. Le 23 novembre 1380, une sentence des Requêtes du Palais condamna Oudard de Cloyes à payer la rente convenue, et enfin, le 9 mars 1482, Jacques d'Estouteville, pour s'affranchir de cette servitude, céda au Chapitre toutes les dîmes qu'il possédait à Saint-Léger, avec la grange dîmeresse. (*Orig. en parch.*; fonds du Chap., C. CV, J, 3, 4 et 5.)

CCLIII.

(1225.)

Sentence arbitrale entre Amaury [1], comte de Toulouse et de Montfort, d'une part, et le Chapitre, d'autre, par laquelle il est réglé qu'Amaury, en qualité de seigneur d'Epernon, ne pourra rien prétendre sur les pailles et fourrages de la grange d'Emancé, si ce n'est cinq petites charretées d'étrain pour son lit, lorsqu'il sera résidant à Epernon.

(*Inv. du Chap.*, C. CXVI, K, 3.)

CCLIV.

« De procuratione de *Breval* et *Rouvres*. »

(1225-1226, avril.)

« Universis presentes litteras inspecturis, H[ugo], divina miseratione, Beccensis monasterii minister humilis, et ejusdem loci conventus, salutem in Domino... *Il a été convenu entre ledit couvent et Gauthier, évêque de Chartres, en présence de Richard* [2], *évêque d'Evreux, que, lorsque ledit évêque de Chartres visiterait Bréval, il toucherait, à titre de procure, 60 sous parisis, et que, lorsqu'il visiterait Rouvres, il recevrait, au même titre, quatre livres parisis; mais qu'il ne devait faire qu'une visite par an à l'un ou l'autre lieu, et que, s'il lui arrivait de visiter Bréval et Rouvres la même année, il n'aurait rien pour sa procure.* Actum anno gracie M°CC°XXV°, mense aprili. »

(Bibl. Imp.; *Livre des Priv. de l'égl. de Ch.*, cart. 28 bis, f° 112 v°.)

---

[1] Amaury VI, fils aîné de Simon IV de Montfort et d'Alix de Montmorency, mort en 1241. Depuis qu'il avait succédé à 'son père en 1218, Amaury VI avait successivement perdu toutes les conquêtes que Simon IV avait faites en Languedoc. Après la prise de Moissac par le jeune Raymond, comte de Toulouse, vers la fin de mars 1222, le cardinal Conrad, légat du pape, était inutilement venu en France supplier Philippe-Auguste de secourir le comte de Montfort. Dans cette extrémité, Amaury abandonna au roi Louis VIII, en février 1224, tous les droits qu'il tenait de son père sur le comté de Toulouse; mais on voit, par cet acte, que, malgré cette cession, il prenait encore le titre de comte de Toulouse en 1225.

[2] Richard de Beauvoir ou de Saint-Léger, évêque d'Evreux de 1223 à 1236.

CCLV.

De octo cereis ante sanctam capsam quos debet dominus de *Noers.* »
(1226, mars.)

« Ego Milo, dominus Noeriorum, notum facio omnibus presentes litteras inspecturis quod ego dedi et concessi Deo et ecclesie Beate-Marie Carnotensi, in perpetuam elemosinam, viginti solidos turonenses, annui redditur, percipiendos in censibus meis de Noeriis; ita videlicet quod de dictis viginti solidis fient octo cerei et expendentur super majus altare, ante sacrum scrinium beate Marie, per mandatum ebdomadarii presbyteri, in hunc modum, videlicet : in Annunciatione beate Virginis, duo cerei de quinque solidis, in Assumptione ejusdem, duo cerei de quinque solidis, in Nativitate ejusdem, duo cerei de quinque solidis. Et notandum quod, per singulos annos, in Annunciatione beate Marie, jamdictos viginti solidos, propriis sumptibus et expensis, ego vel successor meus dominus Noeriorum, quicumque sit ille, mittere tenemur apud Carnotum. Actum anno gracie M°CC°XX° quinto, mense marcio. »

(Bibl. Imp.; *Livre des Priv. de l'égl. de Ch.*, cart. 28 bis, f° 99 r°.)

CCLVI.

« Feodum majoris de Ungreio. »
(1226, mars.)

« Omnibus presentes litteras inspecturis, Hugo [1], decanus, et universitas Capituli Carnotensis, in Domino salutem...... *Hugues le Noir, maire d'Ingré, avait droit, à raison de son office, aux profits ci-après énumérés :* in granchia duos batatores, medietatem omnium palearum granchie, unum tractum ad unum equum, unam gerbam hybernagii, vel duas avene, pro potura equi, omnibus diebus quibus equus trahebat ad granchiam, medietatem omnium sedium post paleam reducendo, ultimam minam ad sedem

[1] Hugues de la Ferté, doyen de 1224 à 1234.

si de illa aliquid deficeret. *D'un commun accord ces droits sont convertis en soixante sous parisis de rente et huit muids de grain, mesure d'Orléans, soit quatre muids d'avoine, trois muids de seigle et un muid de froment,* ad tres ventatas. *Ledit maire possédait en fief* pro quatuor charreis duos solidos, pro gallinis, in Nativitate Domini percipiendis, sex denarios, et medietatem campipartagiarum in ballia sua, et in clamoribus de ballia sua viginti denarios, si tamen pro hiisdem facta fuisset emenda, et omnes jaleias venditionum in ballia sua, ita tamen quod nec de pejori nec de meliori vino, et omnes abonagios, scilicet de quolibet abonagio unum denarium, et medietatem omnium rastelagiorum pratorum, et quinquaginta arpenta terrarum ad arpentum aurelianense, tam in herbergagio quam in terris aliis et vineis, quita a tallia et corveis, salva justicia et decima numerata. *Le maire déclare qu'il tient toutes ces choses du Chapitre, qui le reçoit pour son homme et l'institue à nouveau maire d'Ingré.* Actum anno Domini M°CC°XX° quinto, mense marcio. »

(Bibl. Imp.; *Liv. des Priv. de l'égl. de Ch.*, cart. 28 bis, f° 119 r°.)

CCLVII.

« Feodum majoris de Grandi-Husso. »
(1226, mars.)

« Hugo, decanus, et universitas Capituli Carnotensis... *Le fief du maire de Grandhoux est ainsi composé : 1° un hébergement situé à Grandhoux-le-Vieux, libre de cens, sauf la justice des chanoines; 2° 40 arpents, tant en noues qu'en terres arables, libres de champarts, mais sujets à une demi-dîme au profit du Chapitre (chaque arpent devant contenir 150 perches, mesure de Notre-Dame),* et duos trituratores in granchia; *3° deux deniers, pour gands, de toutes les ventes faites dans sa mairie, et deux parties de la dîme du lin et du chanvre sur toutes les censives de sadite mairie,* pro servitio quod facit custodibus granchie de culcitra, de pannis lineis et de napa; *4° une mine d'avoine,* pro saccis submonendis ad mensurationes; *5° trois deniers chaque fois qu'il conduit ou fait conduire par son sergent un charroi à la maison des chanoines; 6°* stramina, forragia, pilonem bene extractum et paleas avene bene exquisitas, ad voluntatem canonicorum, tocius granchie de Grandi-Husso [1]; 7° et de metis ponendis de prima duos denarios et de aliis unum denarium; 8° duos sextarios vini, nec de meliore nec de pejore, pro districto suo, ita tamen quod prius sit emenda dominis gagiata. *Ledit maire est tenu de relever ce fief au Chapitre chaque fois que le prévôt de Mézangey cède ou décède,* cesserit vel decesserit. Actum anno Domini M°CC°XXV°, mense marcio. »

(Bibl. Imp.; *Livre des Priv. de l'égl. de Ch.*, cart. 28 bis, f° 112 v°.)

CCLVIII.

« De decima apud Joiacum quam domina Tecla obligavit Capitulo. »
(1226, 14 avril.)

« Ego Garnerius, miles, notum facio universis presentes litteras inspecturis..... *Thècle, épouse de Guillaume de Chartres, seigneur de Ver, et sœur de Garnier Morhier, chevalier, et de Philippe Morhier, chanoine, engage au Chapitre, pour 80 livres parisis, toute sa dîme de Jouy, sauf celle de deux muids appartenant aux religieuses de Port-Royal. Garnier Morhier approuve cette obligation et la garantit comme seigneur du fief.* Datum anno Domini M°CC°XX°V°, die martis proxima post Ramos Palmarum [2]. »

(Bibl. Imp.; *Liv. des Priv. de l'égl. de Ch.*, cart. 28 bis, f° 118 r°.)

---

[1] Au mois de décembre 1285, Jean, sous-chantre de l'église de Chartres, acquit, au nom du Chapitre, sur Jacques, maire de Grandhoux, tous les étrains, pailles, pilons, métiyiers, etc., que celui-ci avait droit de prendre sur la grange de Grandhoux. (*Inv. du Chap.*, C. LXXXVII, O, 3.)

[2] Trois titres qui suivent celui-ci, dans le *Livre des Priviléges* (f°s 118 r° et v°), nous apprennent que l'emprunt de 80 livres fait par Thècle au Chapitre avait pour but de rembourser les religieux de l'abbaye des Vaux-de-Cernay de pareille somme qu'elle leur devait.

Le Cartulaire des Vaux-de-Cernay donne plusieurs actes qui constatent les libéralités faites par les frères Morhier envers cette abbaye en 1209, 1211, 1215 et 1226 (p. 179, 183, 196, 258). Ces titres ne parlent pas de Thècle, quoique l'un d'eux mentionne deux autres sœurs des Morhier : Hélissende, femme de Simon de Pinçon, et Elisabeth, femme de Robert Mauvoisin.

CCLIX.

« Hec est carta clausarii. »
(1226, mai.)

« Omnibus presentes litteras inspecturis, Galterus, divina permissione, Carnotensis ecclesie minister humilis, salutem in Domino. Noverit universitas vestra quod clausarius noster [1], quicumque sit, habet precium duorum hominum, singulis diebus, quando operarii sunt in vineis clausi nostri; habet etiam, a festo sancti Bartholomei usque ad finem vindemiarum clausi, in unaquaque septimana, viginti et I panes, XIIII nigros et VII albos, et famulus ipsius clausarii habet convenientem traditionem de curia nostra, de pane et vino et coquina. Post finem vero vindemiarum clausi, habet idem clausarius quatuordecim panes, in qualibet septimana, usque ad festum sancti Bartholomei, videlicet VII albos et VII nigros: Quando vero episcopus in villa est, habet idem clausarius, sive operarii sint in vineis sive non, traditionem suam de vino et coquina. Preterea habet idem clausarius si episcopus sit in villa, in festis annualibus, videlicet in Nativitate Domini, in Pascha, in festo Penthecostes, in festo Omnium-Sanctorum, et in quatuor festis beate Marie, et in Dedicatione ecclesie Carnotensis, et in carniprevio, duplicem traditionem de curia, de vino et coquina, et duos panes albos, in quolibet dierum supradictorum, et unam gallinam, in carniprevio. Si vero episcopus diebus supradictis non sit in villa, habet idem clausarius solummodo simplicem traditionem de curia, de vino et coquina, et insuper duos panes albos et unam gallinam in carniprevio. Preterea habet idem clausarius, in vindemiis clausi, III modios vini, ubicumque eos capere voluerit; habet et mortuum nemus vinearum, exceptis charneriis et perticis et grossis lignis pressorii lacerati. Habet etiam idem clausarius in unoquoque anno, in tempore vindemiarum, de curia, unum sextarium pisorum et IIII^{or} minotos racemorum. Habet

---

[1] Au mois d'août 1322, Jean de Billy, dit Demoiseau, acquit, moyennant 200 livres livres tournois, sur Nicolas Buttin, le fief du Clos de l'Evêque, consistant en trente-trois setiers de blé, un setier de pois, deux muids de vin, le tout de rente, à prendre sur l'évêque de Chartres. (*Orig. en parch.*; Arch. d'Eure-et-Loir, fonds du Chap., C. XXI, 24.) En 1670, Mgr de Neufville racheta ce fief, moyennant 4,000 livres.

etiam dictus clausarius, in quolibet anno, in die Nativitatis beate Marie, xviii sextarios annone ad mensuram et valorem Loenii. Tenetur autem clausarius conducere operarios in quolibet tempore quo apparet, et a festo sancti Bartholomei usque ad vindemias clausi ponit clausarius unum hominem ad custodiendum vineas, qui habet simplicem traditionem de curia, de pane et vino et coquina. In cujus rei testimonium et munimen, presentes litteras fecimus conscribi et sigilli nostri munimine roborari. Actum anno Domini millesimo ducentesimo vicesimo VI°, mense maio. »

(Bibl. de la ville de Chartres, *Livre rouge*, § 34, p. 22, et *Livre blanc*, § 35, f° 11 r°. — Bibl. Imp.; *Livre noir*, cart. 43, f° 31 v°. — Guérard, *Cart. de Saint-Père*, proleg., p. LXXVII. — E. de Lépinois, *Hist. de Chartres*, t. I, p. 494.)

CCLX.

« De lampade Willelmi de Miliaco, militis. »

(1226, mai.)

« Ego dominus de Miliaco [1], miles, notum facio....... *Il donne à l'église de Chartres* 40 *livres de chartrains pour l'entretien d'une lampe à perpétuité*, super priorem januam introitus chori ejusdem ecclesie; *ledit argent payable en deux termes, le jour de la saint Rémi et le jour de la Purification*. Et de hoc insuper dedi plegios sua fide astrictos Goslenum de Leugis, Johannem de Leugis, fratres meos, et Symonem de Gaseranno, milites..... Actum anno Domini M°CC°XX°VI°, mense maio. »

(Bibl. Imp.; *Liv. des Priv. de l'égl. de Ch.*, cart. 28 bis, f° 114 r°.)

CCLXI.

« De L solidis redditus in claustro, ad anniversarium Odonis prepositi. »

(1226, août.)

« Omnibus presentes litteras inspecturis, Stephanus, archidiaconus, et magister Henricus, frater ejus, canonicus Carnotensis, salutem in Domino...

---

[1] Guillaume de Milly, sans doute beau-frère, et non frère de Goslin et Jean de Lèves, figure comme donateur dans une charte de l'abbaye de Saint-Père, datée de juin 1218. (*Cart. de Saint-Père*, p. 681.)

Ils reconnaissent devoir, sur leurs grandes maisons du cloître, 50 sous de rente, applicables chaque année à l'anniversaire du prévôt Odon, et dix livres de chartrains, à convertir en acquisitions, pour l'anniversaire de la mère de maître Guy. Actum anno Domini M°CC°XXVI°, mense augusto. »

(Bibl. Imp.; *Livre des Priv. de l'égl. de Ch.*, cart. 28 bis, f° 134 r°.)

CCLXII.

« De procuratione quam habet episcopus in prioratu de Mereleio. »
(1226, août.)

« Frater Raginaldus, Dei miseratione, abbas Sancti-Karileffi, totusque conventus ejusdem loci..... *Ils conviennent avec Gautier, évêque de Chartres, que le droit de procuration exigible par ledit évêque lorsqu'il visitera le prieuré de* Melereio, *près de Montmirail, sera de cent sous.* Actum anno Domini M°CC°XX° sexto, mense augusto. »

(*Orig. en parch.*; Arch. d'Eure-et-Loir, fonds du Chap., C. XI, 15. — Bibl. Imp.; *Livre des Priv. de l'égl. de Ch.*, cart. 28 bis, f° 126 v°.)

CCLXIII.

« De decima Symonis de Huxo, militis, ad anniversarium Ernaudi *Foalle*. »
(1226, novembre.)

« Magister Galterus, officialis curie Carnotensis.... *Simon* de Huxo, *chevalier, et Mathilde, sa femme, engagent au Chapitre, pour soixante livres parisis, toute la dîme qu'ils possèdent dans la paroisse de Bleury,* de Blure [1], *et Guérin* de Bosco, *chevalier, seigneur du fief, garantit la*

---

[1] En 1240, Pierre de Bordeaux, chanoine, acquit, sur Guillaume de Sainville et sa femme, toute la dîme qu'ils possédaient à Bleury, en la mouvance féodale de la dame veuve de Craon, vidamesse de Chartres, avec clause de réversion au Chapitre après la mort dudit de Bordeaux. En juin 1249, Mathilde, veuve de Simon de Houx, vendit au Chapitre toutes les dîmes de grain et de vin qu'elle possédait à Bleury, un demi-arpent de pré et cinq sous de cens sur un autre demi-arpent de pré, aussi assis à Bleury. En 1285, le Chapitre acquit de Gervais Champelin, écuyer, et de sa femme, toutes les dîmes qu'ils possédaient dans les paroisses de Bleury et de Saint-Symphorien ; le produit fut destiné à

dite dîme au Chapitre. Actum anno Domini M°CC°XXVI°, mense novembri. »

(Bibl. Imp.; *Liv. des Priv.*, cart. 28 bis, f° 90 r°.)

CCLXIV.

(1226.)

Transaction entre le Chapitre et Denis, curé de Berchères-la-Maingot, par laquelle le curé abandonne au Chapitre toutes les dîmes novales de la paroisse [1], en compensation desquelles le Chapitre lui assigne, sur sa grange de Berchères, 4 setiers de blé et autant d'avoine, de revenu annuel.

(*Copie sur pap.;* Arch. d'Eure-et-Loir, fonds Roux.)

CCLXV.

« Quod Philippus de Alneto, miles, obligavit Capitulo medietatem decime sue de Monasteriis. »

(1227, janvier.)

« Ego Johannes de Monasteriis, miles..... *Noble homme Philippe de Alneto, chevalier, a obligé au Chapitre, pour* 80 *livres tournois qu'il reconnaît avoir reçu, la moitié de toute la dîme qu'il possédait à Moutiers: ledit Philippe pourra racheter cette dîme à sa volonté, de mars en mars, moyennant le remboursement de l'argent prêté. Tant que le Chapitre conservera la moitié de ladite dîme, il se chargera d'amodier*

la fondation de l'anniversaire de Guillaume de Bray, cardinal. En 1291, ces dîmes furent amorties par le seigneur d'Eclimont. La possession des dîmes de Bleury fut la source de nombreux procès entre le Chapitre d'une part, l'abbaye de Saint-Jean et le curé de Bleury, d'autre; et, à la suite de ces discussions, intervint, le 19 mai 1530, une transaction, renouvelée en 1573, 1578 et 1666, aux termes de laquelle le Chapitre devait percevoir la moitié des dîmes, l'abbaye de Saint-Jean un quart et le curé un autre quart. (*Inv. du Chap.*, C. XXXII bis, C, 1, 2, 3, 4, 5 et 14.)

[1] En 1241, le Chapitre acquit sur Guérin, hôte dudit Chapitre à Berchères-la-Maingot, moyennant 60 livres, trois muids et demi de terre labourable qu'il possédait à Berchères. La même année, le Chapitre acquit d'Etienne de Poisvilliers trois muids de terre au même lieu. En janvier 1259, Geoffroy Aiguillon et sa femme vendirent au Chapitre, moyennant 400 livres, toute la dîme qu'ils possédaient à Berchères-la-Maingot, tenue en fief du comte de Chartres. Enfin, en 1317, Yvard de la Rue, au nom de Simon de Menou, chevalier, céda au Chapitre, toutes les avoines et gélines que ce seigneur percevait chaque année en la paroisse de Berchères. (*Inv. du Chap.*, C. LXXXV, A, 2, 3 et 5.)

la dîme tout entière, ita quod, si infra octo dies postquam eam tradiderit invenire poterit aliquem qui plus unum modium ex ea dare voluerit, ipse eam habebit. *Jean de Moutiers, seigneur du fief, approuve et garantit cet engagement.* Actum anno Domini M°CC°XX°VI°, mense januario [1]. »

(Bibl. Imp.; *Liv. des Priv.*, cart. 28 bis, f° 125 r°.)

CCLXVI.

« De quitacione furni de vico Vasellorum et processionibus apud Sanctum-Johannem. »
(1227, juin.)

« Universis presentes litteras inspecturis, Garinus, abbas, et conventus Beati-Johannis-de-Valleia Carnotensis, salutem in Domino. Cum, ex pia antecessorum nostrorum devotione, processio ecclesie Beate-Marie Carnotensis ad ecclesiam nostram accedens, procurationem, quarta feria Paschalis ebdomade, et potum cum chenetellis, in vigilia Decollationis beati Johannis-Baptiste, sine contradicione, perciperet, quia in dicte procurationis et potus et chenetellorum, ob turbarum instantiam, nobis importune pluries et dampnose, sibi etiam inhoneste res fieri videbatur, decanus et Capitulum ejusdem ecclesie, ad fugam discordie et mutue affectionis custodiam et evitanda prorsus incommoda, predictam procurationem, potum et chenetellos nobis in perpetuum quitaverunt, processione Beate-Marie Carnotensis ad ecclesiam nostram, more solito, prefatis diebus nichilominus accedente, salvis tamen in utraque processione sex denariis puerorum quos in missa contigerit cereis et thuribulo deservire. Preterea cum decanus et Capitulum Carnotense ad communitatem suam, ob ipsorum communem utilitatem, redegissent quarteria sua prebendalia, in

[1] Deux autres actes du même mois, l'un de Philippe d'Aunay, en personne, l'autre de l'official de Chartres, constatent le même engagement. Ce dernier renferme la phrase suivante : *Idem Philippus, et Ansellus, miles, frater ejus, fidei interpositione firmaverunt; accomodavit etiam idem Philippus granchiam suam de Monasteriis, ad reponendum in ea messes ipsius decime quamdiu Capitulum eam in manu sua tenebit.* (*Cart.* 28 bis, f° 125 v°.)

Quelques années après, le Chapitre engagea la dîme de Moutiers à Jean de Limignon, écuyer, avec faculté d'y rentrer, et, en 1269, Renaud, archidiacre de Beauce en l'église d'Orléans, l'acquit de ce seigneur, en même temps que celle de Prasville, produisant ensemble six muids de grain tant blé qu'avoine. Dans la suite, Renaud donna de nouveau cette dîme à l'église de Chartres. (*Inv. du Chap.*, C. CVI, C, 1 et F, 3.)

quibus jus habere videbamur, ratione annualium ex obitu canonicorum Carnotensium ad nos pertinentium, ipsi, indempnitati nostre necnon et honestati proprie consulentes, concesserunt nobis, in hujus rei recompensationem, quadraginta solidos annui redditus, annuatim, in crastino Purificationis beate Marie, de sua camera persolvendos. Nos autem dictis decano et Capitulo Carnotensi, super his et aliis pluribus beneficiis merito non ingrati, in recompensationem dictorum beneficiorum, furnum quem habebamus in vico Vassalorum, nobis non multum utilem, sibi vero plurimum necessarium, concessimus, dedimus et quitavimus, ab eisdem, in perpetuum, quiete et pacifice possidendum. In cujus rei robur, testimonium et munimen, ad peticionem ipsorum, presentes litteras fecimus conscribi et sigillorum nostrorum munimine roborari. Actum Carnoti, anno Domini millesimo ducentesimo vicesimo septimo, mense junio. »

(*Orig. en parch.;* Arch. d'Eure-et-Loir, fonds de l'abbaye de Saint-Jean, H, 1. — Bibl. Imp.; *Liv. des Priv.*, cart. 28 bis, f° 141 v°).

CCLXVII.

(1227.)

Acquêt fait par le Chapitre sur Yves de Magny et sa femme, de toute la dîme qu'ils possédaient dans la paroisse de Blandainville [1].

(*Inv. du Chap.*, C. LXXXVII, D, 1.)

CCLXVIII.

(1228.)

Sentence du bailli de Chartres, condamnant Hugues d'Ivry, chevalier, qui avait tué un homme de corps du Chapitre, à faire amende honorable et à payer quelques sommes d'argent pour l'expiation de son crime.

(*Inv. du Chap.*, C. X, F, 9.)

---

[1] En 1238, le Chapitre acquit de même, de Nicolas Pucelme et Escorfaud de Blandainville et leurs femmes, les portions de dîmes qu'ils possédaient audit lieu. De 1260 à 1263, Philippe de Porte-Morard, chanoine, compléta cette acquisition des dîmes de Blandainville par des achats faits sur différents particuliers. Ces dîmes furent contestées au Chapitre par le chapelain de la chapelle de Saint-Barthélemy d'Illiers : une transaction du 15 juillet 1625 régla que les deux parties adverses les partageraient par moitié. (*Inv. du Chap.*, C. LXXXVII, D, 1, 2 et 3.)

CCLXIX.

« De decima et terragio Juvenis-Fontinelle. »
(1229, 21 juin.)

« Omnibus presentes litteras inspecturis, magister Robertus, officialis curie Carnotensis, in Domino salutem. *Geoffroy de Drouy, de Droy, chevalier, et Nicolas de Frescot, chanoine de Chartres, étant en contestation pour les dîmes de la paroisse de la Nouvelle-Fontenelle,* Juvenis-Fontinelle, *un accord est intervenu entre eux, par lequel il a été réglé que la dîme et le terrage de cette paroisse seront à l'avenir communs audit Geoffroy de Drouy et au chanoine qui possèdera la précaire de la Fontenelle.* Actum anno Domini millesimo CC°XX° nono, die jovis ante Nativitatem beati Johannis-Baptiste. »

(*Copie sur pap.;* Arch. d'Eure-et-Loir, fonds Roux.)

CCLXX.

De eis quæ Ursio de Mellayo ab episcopo Carnotensi tenet.
(1229, 5 juillet.)

« Ego Ursio de Melleyo [1], dominus Fractivallis, omnibus notum facio quod cum reverendus pater et dominus meus ligius Galterus, Dei gratia, Carnotensis episcopus, post homagium a me sibi factum, per longum tempus et pluries requisisset ut feodum quod ab ipso tenebam, de casamento Carnotensis ecclesie, eidem aperte dicerem et expresse declararem, attendens in corde meo quod, salva fidelitate mea, illud ei non poteram denegare, immo de jure et consuetudine regni Francorum tenebar hoc facere requisitus, mecum sepius deliberavi et ab antiquis hominibus ballivis et fidelibus meis diligenter inquisivi, et scripta antecessorum meorum et mea revolvi et relegere feci, et secundum quod ex premissis omnibus elicere potui, feodum quod ab ipso teneo et antecessores mei ab episcopis Carno-

[1] Voir ci-dessus, p. 33, note 4.

tensibus predecessoribus suis tenuerunt, ita declaravi et declaro. In primis igitur dico me tenere ab episcopo Carnotensi, in civitate Carnotensi, quicquid teneo vel alii tenent a me in loco qui dicitur Turris-Nevelonis, ubi fuit domus propria antecessorum meorum, et Furnum-Nevelonis ibidem prope situm, et quicquid juris et justicie habeo in dictis locis et in feodis et censivis que teneo et alii tenent et tenere debent a me in civitate et banleuga Carnotensi. Item medietatem omnium reddituum, justiciarum, feodorum que teneo et a me tenentur in Cambio et cambitoribus, in Moneta et monetariis, in justicia falsariorum et quarumlibet aliarum rerum ad hec omnia pertinentium, hoc addito quod partem illam quam habeo de monetagio teneo totam ab episcopo Carnotensi. Item Mellaium castrum, cum omnibus pertinentiis suis, jure, justicia, feodis et aliis omnibus, excepto pedagio, ad dictum castrum pertinentibus. Item ab eodem episcopo teneo feoda que a me tenent et tenere debent nobiles viri domini de Galardone, de Mestenone, de Bello-Monte, de Lanereyo, de Monte-Lecardi. Item teneo ab eodem episcopo feoda que a me tenent et tenere debent Evrardus de Levevilla, Guillelmus de Carnoto, Guillelmus *Aguillon*, Odo de *Branderon*, Odo de *Brunel*, Pollinus de Mellayo, Henricus de Chaverneio, Guillelmus de *Berou*, Guillelmus de Theovilla, Nevelo de *la Guerche*, Johannes Ruffus, excepto eo quod a me tenet dictus Johannes apud Novum-Vicum et Lucum-Gaudrici. Teneo et ad eodem episcopo quicquid teneo et a me tenetur de feodo quod dicitur feodum Godechardi, de quo videlicet feodo vavassores habent justiciam suam, ubicumque sita sint. Et forsan plura alia teneo ab episcopo ipso, de quibus ad presens non recolo; que, si ad memoriam reduxero, quam citius commode potero, eidem vel successoribus suis declarabo. Ne vero, instinctu Dyaboli aut alicujus prava suggestione, jura beatissime Virginis et gloriose genitricis Dei Marie, domine Carnotensis et tocius orbis, possent in posterum, per me aut heredes et successores meos, in aliquo minui aut perverti, in testimonium hujus declarationis seu recognitionis a me, multa et magna deliberatione prehabita, facte, presentem cartam conscribi feci, et sigillo meo manu propria consignavi, rogans karissimum dominum meum, Dei gratia, illustrem Francorum regem, Ludovicum, de cujus regalibus sunt omnia supradicta, quatinus, ad majorem hujus declarationis seu recognitionis firmitatem, robur et munimen, litteras suas patentes hujus rei seriem continentes domino Carnotensi episcopo conferre dignetur, regie majestatis sigilli caractere consignatas [1]. Actum anno Domini M°CC° vicesimo nono, tercio nonas julii. »

(Bibl. de la ville de Chartres, *Livre rouge* § 34, p. 11. — Bibl. Imp., *Livre noir*, cart. 43, f° 9.)

CCLXXI.

(1230, mai.)

Sentence arbitrale de compromis par laquelle Amaury, seigneur de Maintenon, est condamné de détruire les chaussées qu'il avait fait construire au lieu dit Houdrepont et ailleurs, portant préjudice au Chapitre et à ses hôtes.

(*Inv. du Chap.*, C. LXXXVI, M, 2.)

CCLXXII.

« Quod nos commodamus fratribus Minoribus locum ad manendum, et ipsi tenentur servare interdicta. »

(1231, avril.)

« Nos fratres Minores supplicamus humiliter Capitulo Carnotensi ut, pietate Dei, nobis accomodet locum ad manendum in civitate Carnotensi et concedat nobis de gratia speciali licentiam celebrandi divina. Et ne ecclesia Carnotensis per moram nostram ledatur in aliquo, promittimus quod nichil proprietatis, nichil juris vendicabimus nobis in loco supradicto, immo tanquam hospites et peregrini ibi morantes, manebimus ibi quantum placuerit Capitulo supradicto, et quando dixerit nobis quod recedamus sine omni contraditione recedemus. Promittimus etiam quod licentia celebrandi divina, quam habemus a Capitulo, non utemur nisi quantum et quomodo placuerit ipsi Capitulo : inviolabiliter etiam servabimus interdicta Capituli sepedicti. Promittimus etiam quod nullo privilegio impetrato vel impetrando utemur contra ecclesiam Carnotensem, nec aliquid attemptabimus contra jura ipsius Promittimus et similiter quod nullas oblationes recipiemus ad altare, et si contingat aliquo casu aliquam oblationem recipi ad altare, illa

---

[1] Louis IX confirma en effet cette reconnaissance par lettres datées de Melun, au mois d'août 1229.

oblatio dabitur sacerdoti in cujus parrocia sumus ; et si contingat, quod Deus avertat, quod non observemus omnia supradicta, nisi resipiscamus, expellat nos Capitulum jamdictum de loco quem nobis accommodavit et auferat nobis licentiam observandi. Et ut hoc scriptum robur optineat firmitatis, ipsum communi sigillo fratrum Minorum de Francia roboravimus. Acta sunt hec anno Domini M°CC°XXXI°, mense aprili. »

(*Orig. en parch.*; Arch. d'Eure-et-Loir, fonds du Chap., C. IX, O, 1.)

CCLXXIII.

« Littere de cereo ante corpus Domini deputato. »

(1231, octobre.)

« Galterus, Dei gratia, Carnotensis episcopus, omnibus presentes litteras inspecturis, salutem in Domino. Cum dilectus filius Milo, Carnotensis ecclesie capicerius et sacerdos, ex devotione speciali, propter excellentiam tante rei, cereum continue, nocte dieque, ardentem deputasset ante sacrosanctam Eucaristiam in ecclesia Carnotensi, supplicavit humiliter et devote nobis et Capitulo Carnotensi quatinus statuere dignaremur quod quicumque pro tempore futurus esset Carnotensis capicerius de predicto cereo servire predicto modo in perpetuum teneretur. Nos igitur, attendentes capiceriam Carnotensem, que satis habundat, ex hoc nullatemus onerari, sed potius honorari, pro tanti reverentia sacramenti, pie peticioni prefati capicerii benigno concurrentes assensu, volente, approbante et expresse consenciente Capitulo Carnotensi, cum eodem publice statuimus ut quicumque de cetero fuerit capicerius ecclesie Carnotensis de prefato cereo ante corpus Domini servire predicto modo in perpetuum teneatur, et ad idem servitium fideliter toto suo tempore peragendum dictus Milo capicerius, coram nobis presens in ipso capitulo, Capitulo se astrinxit. Erit autem iste cereus ejusdem ponderis et valoris cum cereis qui super altare beate Virginis ante sacrum ipsius scrinium accenduntur, et semper renovabitur quociens eosdem cereos contigerit renovari. In cujus rei testimonium et firmitatem perpetuam, presentes litteras sigilli nostri munimine roboratas, ad petitionem dicti capicerii, dedimus Capitulo Carnotensi. Actum anno Domini millesimo ducentesimo tricesimo primo, mense octobri. »

(*Orig. en parch.;* Arch. d'Eure-et-Loir, fonds du Chap., C. V, J, 6 et LXVII, B, 14.)

CCLXXIV.

De augmento matutinalium officiorum.
(1232, 4 octobre.)

« Universis presentes litteras inspecturis, Hugo, decanus, et universitas Capituli Carnotensis, salutem in omnium Salvatore. Ad uniuscujusque noticiam scripto presenti volumus pervenire quod nos, die lune proxima post festum sancti Remigii, tractu habito diligenti, ad meliorationem servicii nostre ecclesie et profectum, ordinavimus solemniter in capitulo et concordi statuimus voluntate quod nummi de vino decime nostre, ad communes usus Capituli pertinentes, in usum cederent et augmentum matutinalium officiorum, hoc adjecto quod canonici qui interfuerint majoribus Matutinis et non permanserint ad matutinalia officia beate Marie, pariterque fidelium defunctorum, quandocumque contigerit illa vel eorum alterum post majores Matutinas in ecclesia celebrari, parte careant tercia partis sue de stipendiis ad matutinalia officia pro tempore deputatis. Quod ut ratum et stabile perseveret, presentes litteras inde notari fecimus et sigilli nostri caractere roborari. Actum die predicta, anno incarnati Verbi M°CC°XXX° secundo. »

(*Copie sur pap.;* Arch. d'Eure-et-Loir, fonds Roux.)

CCLXXV.

« Juramentum quod tenetur facere quilibet novus prior fratrum Predicatorum in sua prima receptione. »
(1232.)

« Universis presentes litteras inspecturis, frater Jordanus, ordinis Predicatorum servus inutilis, salutem in Domino. *Il déclare approuver et reconnaître comme règle la promesse faite envers le Chapitre de Chartres,*

par *l'assemblée provinciale de l'ordre tenue à Lille le jour de la Saint-Michel* 1231 *sous la présidence du frère Pierre, d'obliger chaque nouveau prieur de la maison de Chartres à prononcer, dans le lieu capitulaire de Notre-Dame, une main sur l'évangile et l'autre sur sa poitrine, le serment dont l'analyse suit* : quod interdicta eorum servabit et in domo sua servari faciet sicut servabuntur in banleuga, ita quod divina celebrabuntur voce submissa, campanis non pulsatis, januis clausis, excommunicatis et interdictis exclusis tam a divina quam a cimiterii sepultura ; quod nec per se, nec per alium, privilegium vel indulgentiam que sunt contra jura, libertates et consuetudines approbatas ecclesie Carnotensis impetrabit; quod non jam impetratis, vel postea impetrandis ab ordine, vel a quocumque alio sibi concessis, apud eos vel contra eos utetur, in hiis videlicet que consuetudinibus approbatis et libertatibus ecclesie obviabunt [1]......
Hanc promissionem, ut dictum est, ego frater Jordanus confirmo, insuper et ratam habens, gratam et firmam ac stabilem promissionem quam frater Nicholaus, prior domus nostre Carnotensis, et fratres ejusdem loci fecerunt sepedicto Capitulo Carnotensi, videlicet : quod, in censiva, seu vendis, aut terra, vel justicia eorum, seu aliorum locorum ad ecclesiam Carnotensem pertinentium, sine consensu ipsorum, et licencia petita prius et optenta circa non minus quindecim dierum termino a jamdicto Capitulo, ad tractandum de hoc specialiter assignato, nichil amplius preter mobilia poterunt acquirere vel habere. Nos igitur, pro conservanda amicicia eorumdem dominorum et amicorum nostrorum, venerabilis viri Hugonis [2], decani, et tocius sepedicti Capituli Carnotensis, hec omnia premissa concedimus, volumus et confirmamus. In quorum robur et testimonium, patentes has litteras dedimus, sigilli nostri munimine roboratas. Actum anno Domini M°CC°XXX° secundo. »

(Bibl. Imp.; *Liv. des Priv.*, cart. 28, p. 140.)

[1] En 1270, le Chapitre fit une monition, sous peine d'excommunication, aux frères Mineurs de Châteaudun, d'observer l'interdit et de ne point admettre aux sacrements ni à la sépulture, les gens du comte de Blois excommuniés par le Chapitre. — En 1274, les frères Prêcheurs de Blois firent serment de garder les interdits mis par le Chapitre à Blois. — En 1299, le général des Cordeliers s'engagea à faire observer par ses religieux les interdits du Chapitre, dans la ville et banlieue de Chartres, nonobstant les priviléges de leur ordre. (*Invent. du Chap.*, C. XXI, A, 7, 9 et 12.)

[2] Hugues de la Ferté fut un des principaux bienfaiteurs des Jacobins nouvellement établis à Chartres.

CCLXXVI.

« Quod Ebrardus, major de Benis, vendidit quicquid habebat in terra Tironii apud *Romigne*. »
(1232, janvier.)

« Omnibus presentes litteras inspecturis, Maheus, subdecanus Carnotensis, salutem in Domino. Noverit universitas vestra quod Ebrardus, major de Benis, quicquid juris in terra monachorum de Tyrone, sita apud *Rommingne*, occasione numerationis [1] vel alio jure, se habere dicebat si aliquid habebat, vendidit coram nobis Radulpho, decano de Braioto [2], pro sexaginta solidis carnotensibus. . . . . Actum anno Domini millesimo ducentesimo tricesimo secundo, mense januario »

(*Orig. en parch.;* Arch. d'Eure-et-Loir, fonds du Chap., C. LXXXIV bis, N, 2.)

CCLXXVII.

« De servis, » qui ecclesiæ Carnotensi debita servitia denegant exhibere.
(1233, 27 avril.)

« Gregorius episcopus, servus servorum Dei, dilecto filio magistro Willelmo, archidiacono Verzenensi, Bituricensis diocesis, salutem et apostolicam benedictionem. Dilectorum filiorum decani et Capituli ecclesie Carnotensis recepimus questionem quod, cum ipsi habeant plures servos, iidem, maliciose se ab eorum serviciis subtrahentes, debita eis servicia denegant exhibere, nisi per duellum convinci valeant ab eisdem. Cum igitur monomachia sit sacris canonibus interdicta, discretioni tue per apostolica scripta mandamus quatinus, si dicti decanus et Capitulum per testes

---

[1] Il faut entendre par *numeratio* le droit de champart, de *numerator*, qui signifie champarteur, parce que celui qui exerçait cet emploi comptait les gerbes qu'il avait à prendre sur les terres d'autrui.

[2] Au mois d'avril 1236, le même Raoul, doyen de Brou, au nom du chapitre de Saint-André de Châteaudun, fit un accord avec Pierre, maire de Gardais, *major de Guardees*, Ledgarde, sa femme, Guérin, Robin, Guillot et Marguerite, ses enfants, au sujet de deux parties d'une dîme sise à Bennes, *apud Benes;* accord par lequel cette dîme est adjugée à Raoul, sous la condition d'en laisser jouir pendant deux ans le maire de Gardais et de lui payer 25 livres tournois. (*Orig. en parch.;* fonds du Chap., C. LXXXIV bis, A, 2.)

vel alias probationes legitimas de jure suo docuerint in hac parte, servos ipsos ad debita eis servicia exhibenda, monitione premissa, per censuram ecclesiasticam, appellatione remota, compellas, contraria duelli consuetudine non obstante. Datum Laterani, v kalendas maii, pontificatus nostri anno septimo. »

(Bibl. Imp.; *Liv. des Priv. de l'égl. de Ch.*, cart. 28, p. 128.)

CCLXXVIII.

Testamentum Galterii, Carnotensis episcopi.

(1234, 5 décembre.)

« Omnibus presentes litteras inspecturis, Galterus, permissione divina, Carnotensis ecclesie minister humilis, salutem in Domino. Notum fieri volumus quod nos, considerata hujus vite incertitudine, volentes nobis in futurum precavere, dum adhuc essemus in bono statu, de mobilibus nostris taliter duximus ordinandum et disponendum. Volumus igitur et precipimus ut omnia mobilia nostra, ubicumque sint, tam in blado quam in vino, quam etiam in equis, vasis argenteis, anulis et rebus aliis quibuslibet, vendantur per manum executorum nostrorum qui inferius nominabuntur, et omnia debita nostra que debemus ante omnia persolvantur. Debita autem que debemus sunt hec : illustri domine Blanche, Francie regine, mille libre turonenses, quarum medietas ad instantem Purificationem beate Marie et alias medietas ad Ascensionem Domini proximo venturam est persolvenda; abbati de Strata sexcente libre parisienses ibi persolvende ubi ipse novit quia eas habueramus per manum ipsius; abbati Bonevallensi centum et quinquaginta libre turonenses; abbati Sancti-Launomari Blesensis ducente libre parisienses; abbati Sancti-Petri Carnotensis centum libre parisienses. Ducente libre parisienses quas habuimus a Johanne, burgensi de Medonta, distribuantur equaliter hiis piis locis, scilicet fratribus Predicatoribus Sancti-Jacobi, fratribus Minoribus, monialibus de Aqua, infirmis de Banleuga et mulieribus conversis que Filie-Dei nominantur Carnotenses. Item octoginta libre parisienses quas habuimus a dicto Johanne, burgensi de Medonta, altera vice, dentur monialibus de Aqua. Item ducente libre turonenses quas habuimus aliquando a domina Regina, cum essemus cum ipsa et cum domino Rege in Britannia [1], et multa expendissemus, persolvantur eidem, si eas habere voluerit, quod non credimus; aliqui tamen de executoribus nostris accedant ad ipsam et loquantur super hoc cum eadem. Item census quos acquisivimus et emimus a Vicedomino Carnotensi intra villam Carnotensem, damus et dimittimus ecclesie Carnotensi in perpetuum habendas, pro anniversario nostro singulis annis in perpetuum faciendo, ita quod quilibet clericus chori qui interfuerit eidem anniversario habeat sex denarios et matricularii simul quinque solidos ; totum residuum usque ad summam centum solidorum distribuetur canonicis qui anniversario nostro intererunt, ita quod medietas distribuatur illis qui vigiliis intererunt et medietas illis qui misse intererunt. Quos census si episcopus habere voluerit et dictos centum solidos in anniversario nostro persolvere modo supradicto, habeat eos cum vendis et omni alio jure; quod si eos episcopus habere noluerit, habeat eos Capitulum in totum cum vendis et omni alio jure, ita dumtaxat quod totum distribuatur in anniversario nostro modo supradicto [2]. Item relicte Stephani de *Nicochet* debemus LX libras carnotenses ; ecclesie Columbensi centum libras parisienses, quas habuimus per manum Odolrici, quondam cellarii ejusdem loci, cum adhuc esset cellarius ; et LXX libras eidem ecclesie ex alia parte quas habuimus per manum abbatis ejusdem loci ; item capicerio Carnotensi XXV libras turonenses ; et alia omnia minuta debita que frater Hugo novit ubi debemus persolvantur. Et volumus ut fratri Hugoni super hiis et omnibus aliis, quecumque spectant ad negotia nostra, credatur indubitanter tamquam nobis, utpote qui est vir religiosus et in omni veritate et fidelitate probatissimus. Item magistro Reginaldo Carum-Témpus, L libras turonenses. Item L libre turonenses, quas quondam habuimus de intestatis, volumus ut distribuantur pauperibus et piis locis nostre diocesis. Item volumus ut si de mobilibus nostris, post solutionem debitorum nostrorum, superfuerit, centum libre turonenses dentur in subsidium Terre-Sancte, et centum libre turonenses ecclesie Pontiniacensi ; totum vero residuum mobilium nostrorum quicquid

---

[1] Gautier, évêque de Chartres, fit partie, en 1230, de la cour d'Ancenis qui condamna par contumace Pierre Mauclerc, duc de Bretagne.

[2] Par un acte en date du 10 décembre de la même année, Gautier fit un don spécial, pour son anniversaire, de ce cens acquis par lui du Vidame de Chartres. (*Orig. en parch.*; fonds du Chap., C. LXVII, B, 15.)

remanserit distribuatur, per manus executorum nostrorum, piis locis et pauperibus ubi melius viderint faciendum. Quod si de mobilibus nostris omnia debita nostra non potuerint persolvi sufficienter, volumus et precipimus ut etiam capelle nostre vendantur et plena debitorum solutio fiat ; si vero absque earum venditione debita possint persolvi, capelle nostre dentur hiis locis : ecclesie Carnotensi detur capella nostra de baldequino antiquo, casula scilicet, dalmatica et tunica, insuper et mitra nostra et baculus sive crocia ; ecclesie Pruliacensi, in qua nobis elegimus sepulturam, dentur dalmatica et tunica de baldequino novo, et casula de melioribus casulis nostris ; deinde ecclesie Fontis-Johannis, Elemosine Cisterciensi, Pontiniacensi, Bonevallensi, detur unicuique earum capella una, I casula cum dalmatica et tunica. De gentibus et familia nostra qui nobis servierunt, dimittimus super fratrem Hugonem qui eos melius novit, ut ad ipsius arbitrium, quibus et quantum sit dandum, detur. Executores autem hujus testamenti et ordinationis nostre, per quorum manus et prudentiam hec omnia, sicut hic sunt expressa, diligenter et fideliter compleantur, esse volumus et constituimus viros venerabiles et amicos nostros Pruliacensem, Elemosine Cisterciensis et de Strata abbates, ordinis Cisterciensis, Stephanum [1], archidiaconum, vel Henricum [2], fratrem ejus, archidiaconum Blesensem, et Matheum, subdecanum Carnotensem, et fratrem Hugonem, conversum Vallium-Sarnaii, procuratorem domus et negotiorum. Ut autem hec firma habeantur et rata, conscribi fecimus diligenter et sigillo nostro [3] roborari. Actum anno Domini millesimo ducentesimo tricesimo quarto, in vigilia beati Nicholai episcopi et confessoris. »

(*Orig. en parch.;* Arch. d'Eure-et-Loir, fonds de la fabr. de Saint-Maurice, B, 9.)

[1] Etienne de Grez, d'abord grand archidiacre, puis doyen du Chapitre (1236-1245). Son obit est inscrit au Nécrologe de Notre-Dame à la date du 5 des calendes de mars.

[2] Henri de Grez, d'abord archidiacre de Blois, puis évêque de Chartres (1244-1247).

[3] Le sceau attaché primitivement à cette charte est en grande partie détruit. Nous en donnons la description d'après un autre exemplaire. Grand sceau ogival en cire jaune, représentant un prélat debout et bénissant. Légende : + SIGILLUM GALTERI DEI GRA. CARNOTENSIS EPISCOPI. Au contre-sceau, la Vierge tenant l'enfant Jésus. Légende : AVE MARIA GRATIA PLENA. Ce sceau a été gravé dans l'atlas du *Cartulaire des Vaux-de-Cernay,* planche XII, n° 3.

CCLXXIX.

(1237.)

Acquêt fait par le Chapitre sur Robert de Poisvilliers et sa femme de la huitième portion de toute la dîme, tant grosse que menue, de Jouy [1], dont le Chapitre possédait déjà la moitié.

(*Inv. du Chap.*, C. LXXXV, D, 2.)

CCLXXX.

« Gregorii, quod possit episcopus contra exequtores male exequentes voluntatem decedentium procedere. »

(1239, 11 octobre.)

« Gregorius, episcopus, servus servorum Dei, venerabili fratri episcopo Carnotensi, salutem et apostolicam benedictionem. Ex parte tua nobis extitit intimatum quod quamplures executores testamentorum decedentium tue diocesis, commodis propriis intendendo, ea minus fideliter exequentes, bona que isdem decedentes mandant per manus ipsorum piis usibus erogari, in usus proprios et illicitos convertere sepius non verentur, in sue salutis dispendium et scandalum plurimorum. Licet enim ex officio tuo possis procedere contra tales, quia tamen plus timeri solet quod specialiter indulgetur quam quod generali concluditur sponsione, presentium tibi auctoritate concedimus ut contra predictos, non obstante frivole appellationis objectu, officii tui debitum exequaris. Datum Anagnie, v idus octobris, pontificatus nostri anno duodecimo. »

(*Orig. en parch.*; Arch. d'Eure-et-Loir, fonds du Chap., C. XI, 16.)

[1] Garnier Morhier, écuyer, seigneur féodal, amortit cet acquêt en cette même année, ainsi qu'un autre acquêt, fait également en 1237 par le Chapitre, sur Geoffroy et Philippe de Challet, de toutes les dîmes grosses et menues, tant en blé qu'en vin, qu'ils possédaient en la paroisse de Jouy, avec les fourrages et chantelages. En 1248, Pierre de Bordeaux, archidiacre de Vendôme, acheta de Simon de Tiverval, chevalier, toute la part et portion qu'il possédait en la dîme de Jouy. Le même, en 1257, acquit de Guillaume, fils de Geoffroy du Breuil, quatre setiers de blé et six deniers de rente, qu'il avait à prendre à Jouy, ainsi que les fourrages, pailles, vesses, pois, fèves, qui lui appartenaient en ce lieu. Enfin, en décembre 1271, le Chapitre acheta de Robert Taupin, chevalier, toutes les dîmes, tant blé, avoine, que pois et fèves, qu'il avait à Jouy et autres lieux, relevant du fief de Thibault de Poisvilliers. (*Inv. du Chap.*; C. LXXXV, D, 2, 3, 5, 7 et 8.)

CCLXXXI.

(1240, juin.).

Acquêt fait, au nom de l'église de Chartres, par Mathieu, chanoine et sous-doyen de ladite église, sur Barthélemy de Dreux, bourgeois de Chartres, et sa femme, de toutes les dîmes qu'ils avaient à prendre à Hardessé et ès environs [1].

(*Inv. du Chap.*, C. LXXXIV bis, D, 1.)

CCLXXXII.

De iis quæ debet abbatia Sancti-Carauni Capitulo Carnotensi.

(1241, avril.)

« Universis presentes litteras inspecturis, Stephanus, decanus, et universitas Capituli Carnotensis, salutem in Domino..... *Les religieux de Saint-Cheron devaient fournir aux chanoines et aux clercs de chœur de Notre-Dame, savoir : à la procession de la cinquième férie après Pâques, des pains nommés vulgairement* eschaudés, *des viandes de porc et du vin de Chartres, ainsi que six deniers aux enfants porteurs de cierges et aux thuriféraires; le mardi des Rogations, la boisson appelée* bugelatre; *la veille de Saint-Cheron, à vespres, quelques pains artificiels nommés* canistrellos *et du vin de Chartres ; le jour de la fête, six deniers aux porteurs de cierges et aux thuriféraires. Pour éviter les inconvénients résultant de ces distributions en nature, le Chapitre et le Couvent convertissent ces prestations de vin, grains et viandes en une redevance annuelle de dix livres, payables savoir : à la cinquième férie après Pâques quatre livres et les six deniers ordinaires aux enfants de chœur et aux thuriféraires ; le mardi des Rogations 40 sous, autant la veille de Saint-Cheron, et autant le jour de la fête, ainsi que lesdits six deniers aux enfants et thuriféraires....* Actum anno Domini millesimo CC quadragesimo primo, mense aprili. »

(Bibl. Imp.; *Livre des Priv. de l'égl. de Ch.*, cart. 28, p. 218.)

[1] Ces dîmes s'appelaient *la dîme du livre rouge.*

CCLXXXIII.

« Carta de patronatu ecclesie de Perreio. »
(1242, 7 novembre.)

« Universis presentes litteras inspecturis, A[lbericus][1], divina miseratione, Carnotensis episcopus, salutem in Domino. Noverint universi presentes litteras inspecturi quod cum villa nostra nova de Perreio non esset sita infra fines alicujus parrochie, et de mandato nostro ibidem esset constituta ecclesia, nos statuimus eam parrochialem, et ad donationem nostram decernimus pertinere. Limites autem hujus nove parrochie in nomine Domini sic designamus. Volumus quod granchia illa que fuit monachorum Vallis-Sarnei, que vocatur Logia-Hodeberti, sit de parrochia memorata, et terre, et prata vicina, et pertinencia ad dictam granchiam, et omnes habitantes in ea sint de parrochia memorata, et ab illis locis usque ad granchiam illam que est canonicorum de Tosca, que dicitur *Feularde*, cum omnibus possessionibus que propinque sunt de parrochia sepedicta, et omnes habitantes infra terminos memoratos. Volumus insuper et statuimus ut omnes minute decime hujus parrochie sint presbytero cui dictam ecclesiam contulimus et successoribus suis qui per episcopum Carnotensem, qui pro tempore erit, in dicta ecclesia fuerint instituti. De majoribus autem decimis dictarum novalium sic incipimus ordinare. Voluimus et statuimus quod majores decime dicte granchie que nuncupatur Logia-Hodeberti sint canonicorum de GrandiCampo, ordinis Premonstracensis, scilicet duarum carrucatarum, id est ducentorum arpentorum, quando fuerint extirpata. Statuimus etiam quod in dicta decima novalium pauperes moniales Sancti-Remigii-de-Landis, per manum sacerdotis illius loci, duos modios bladi ibidem percipiant annuatim, ad mensuram Montifortis, medietatem scilicet frumenti, vel boni mistolii si frumentum purum ibi non creverit, et medietatem avene. Similiter ordinamus ut fratres de Molinellis, ordinis Grandismontis, unum modium eodem modo percipiant annuatim[2]. In cujus rei memoriam et testimonium,

[1] Aubry le Cornu, évêque de Chartres (1236-1244). L'obit de ce prélat est inséré au Nécrologe de Notre-Dame sous la date du 15 des calendes de novembre.

[2] La charte de donation d'Aubry le Cornu au prieuré des Moulineaux est datée du mois de septembre 1242. En voici les passages principaux : *Ordinavimus et statuimus quod fratres*

presentibus litteris sigillum nostrum fecimus apponi. Datum anno Domini M°CC°XL° secundo, die veneris post festum Omnium-Sanctorum [1]. »

(Bibl. Imp.; *Livre noir*, cart. 43, f° 18 r°.)

CCLXXXIV.

(1243.)

Acquêt fait par Mathieu, sous-doyen de l'église de Chartres, sur Jean, maire de Dollemont, des fourrages, pois, vesses, pailles, pillons et autres droits de mairie sur la grange de Dollemont, avec un des deux batteurs de ladite grange et une mine d'avoine, qu'il avait droit de prendre sur chaque sac sortant d'icelle grange [2].

(*Inv. du Chap.*, C. LXXXIV bis, L, 2.)

CCLXXXV.

(1244.)

Sentence arbitrale, rendue par les abbés de Saint-Denis-en-France et d'Hermière, entre le roi Louis IX d'une part, et Henri de Grez, évêque de Chartres, et le Chapitre dudit lieu d'autre; par laquelle sentence il est statué que, de trois prébendes vacantes en l'église de Chartres, depuis la vacance du siége épiscopal par la mort d'Aubry le Cornu, deux seront conférées par le Roi et la troisième par Henri de Grez, évêque successeur, et qu'à l'avenir, pareille vacance arrivant, la collation des dignités, personnats et prébendes de l'église appartiendra alternativement au Roi et à l'évêque successeur jusqu'à la clôture de la régale [3].

(*Inv. du Chap.*, C. XXIII, D, 1.)

de Molinellis, ordinis Grandimontensis, unum modium bladi, videlicet medietatem boni frumenti vel boni mistolii si frumentum ibi non creverit, et aliam medietatem avene, in dictis decimis majoribus, per manum presbiteri qui in ecclesia ville nove pro tempore fuerit institutus, percipiant annuatim. (Arch. du dom. de Rambouillet, fonds de la châtellenie de Poigny. — Cart. des Moulineaux, par M. A. Moutié, p. 23.)

[1] C'est donc par erreur que M. A. Moutié, dans le *Cart. des Moulineaux*, recule jusqu'en 1243 l'érection du Perray en paroisse.

[2] En 1248, le même Jean vendit à Pierre de Bordeaux, archidiacre de Vendôme, deux muids de grain à prendre annuellement sur la terre de la mairie. Vers 1265, Pierre, maire de Dollemont, vendit à Jean de la Grange, archidiacre de Blois, la mairie de Dollemont, avec ses appartenances et dépendances. (*Inv. du Chap.*, C. LXXXIV bis, L, 3 et 4.)

[3] En 1281, les évêques d'Evreux et d'Amiens, l'abbé de Saint-Denis-en-France et Henri de Verselay, trésorier de Laon, arbitres nommés, rendirent une sentence conforme à celle de 1244, au sujet de la vacance de l'archidiaconé de Pinserais et de la prévôté de Mézangey, survenue pendant la régale ouverte à la mort de Pierre de Mincy, évêque de Chartres. — En 1322, Pierre Rodier, chancelier de France, arbitre nommé entre le roi Charles-le-Bel et le Chapitre, confirma également ces dispositions. (*Invent. du Chap.*, C. XXIII, D, 2, 3, 4 et 5.)

CCLXXXVI.

(1245.)

Transaction entre le prêtrier du Gault-au-Perche, stipulant au nom du Chapitre, et Nicolas de la Bruyère, seigneur de Bois-Ruffin, au sujet de quelques droits prétendus respectivement; par laquelle, entre autres dispositions, il est statué, de concert entre les parties, que tous les bois ou enclos plantés d'arbres assis en la forêt du Gault-Saint-Etienne, et notamment les arbres du parc qui touchent à la maison du seigneur de Bois-Ruffin seront exploités et vendus pour le profit commun des parties, avec cette réserve néanmoins que dans la vente des bois ou parc on ne comprendra point ce qui pourrait environner le manoir de chaque hôte ou homme de corps du Chapitre à la distance de la longueur d'une lance de tous côtés, qui sera conservé sur pied pour la défense et sûreté de chaque manoir, si cette partie de bois n'est pas bonne pour faire clôture; et que si elle peut servir ou quelques arbres de ladite partie de bois, le prêtrier la pourra retenir pour l'usage des hôtes en indemnisant le seigneur de Bois-Ruffin pour la moitié du prix du bois ou arbres conservés.

(Inv. du Chap., C. XXXIII, A, 2.)

CCLXXXVII.

(1246, juin.)

Vente à Barthélemy, chambrier de l'église de Chartres, moyennant 45 livres chartraines, par Jacques et Jean, frères, fils de feu Geoffroy, maire de Dollemont, *de Daullomonte*, d'une pièce de pré sise à Athaye, *apud Ataie*.

(Orig. en parch.; Arch. d'Eure-et-Loir, fonds du Chap., C. LXXXIV bis, M, 1.)

CCLXXXVIII.

« De terris apud Guillonvillam, que sunt ad anniversarium Nicolai Haudrici, cantoris Parisiensis. »

(1246, juin.)

« Universis presentes litteras inspecturis, magister Milo de Castellione, canonicus Carnotensis, percipiens prebendam suam apud Rebolinum et Guillonvillam, salutem in Domino. Noverint universi quod Herbertus de Belsia et Ysabella, ejus uxor, Clemens de *Loche* et Agnes, ejus uxor, Girardus, major Barjoville, et Christiana, ejus uxor, Andreas de Belsia, et Laurencius et Bartholomeus, ipsius filii et Petronille, quasdam terras sitas apud Guillonvillam cum fructibus earum, circa viginti septem sextaria seminis continentes, cum quodam edificio sito Guillonville prout se comportat, et curia juxta edificium, et viridario et oschia sita retro dictum edificium, cum appendiciis eorum, in quibus terris ecclesia Beate-Marie Carnotensis habet campipartem cum debitis costumis, vendiderunt magistro Johanni Lamberti, canonico Carnotensi, pro precio quadraginta quinque librarum carnotensium [1] . . . . . Prenominatus autem magister Johannes emit res predictas nomine venerabilis viri Nicholai, cantoris Parisiensis [2]; qui magister Johannes, nomine ejusdem cantoris, concessit et dedit easdem res Capitulo Carnotensi, ad habendum post mortem cantoris supradicti, et ad percipiendum ab eodem Capitulo fructus dictarum rerum et proventus, annuatim, post mortem ipsius cantoris, et ad distribuendum illos fructus et proventus, annuatim, tempore quo fiet anniversarium ejusdem cantoris et parentum suorum, canonicis Carnotensibus quos dicto anniversario constiterit interesse. . . . . Actum anno Domini millesimo ducentesimo quadragesimo sexto, mense junio [3]. »

(*Orig. en parch.*; Arch. d'Eure-et-Loir, fonds du Chap., C. CVI, B, 1.)

CCLXXXIX.

« Littere compositionis de memore de *Riene*, inter homines de Villa-Nova. »

(1246, août.)

« Universis presentes litteras inspecturis, officialis curie archidiaconi Carnotensis, salutem in Domino. Noveritis quod cum inter homines de Villa-Nova, hospites Capituli Carnotensis, ex una parte, et Theophaniam de

---

[1] Au mois de novembre 1252, Guillaume d'Espaillart et Hugues de Chavernay, chanoines-matiniers de l'église de Chartres, baillèrent à ferme, moyennant 112 sous de rente, à Geoffroy de Guillonville, les terres achetées par Jean Lambert, *videlicet terras que dicuntur de Petraria et de Alta-Bonna et quasdam terras sitas ad crucem que est inter Boivillam et Guillonvillam*. (*Orig. en parch.*; fonds du Chap., C. CVI, B, 1.)

[2] L'obit de Nicolas Haudry, chantre de l'église de Paris, issu d'une famille chartraine, est inséré dans le Nécrologe de Notre-Dame sous la date du 10 des calendes d'octobre.

[3] Cette vente fut successivement confirmée : le 18 juillet 1246, par Gilot, Hubert et Pierre de Fains, frères; en août 1246, par Maurice d'Andeville et Odeline sa femme, par Julienne, veuve de Robin, frère du maire de Barjouville, et par Simon, son fils; en septembre 1246, par Ansold Piart et Houdouin, frères, d'Allonnes.

Regneio, Johannem, Guillelmum et Petrum, ejus filios, et Amelinam et Jaquelinam, filias dicte Theophanie, Stephanum de *Brimont* et Johannem dictum *Hardi*, maritos dictarum Ameline et Jaqueline, et Henricum de Barra, militem ex altera, coram nobis, in capitulo, contentio verteretur super nemore quod dicitur nemus de *Rienne*, in quo dicebant dicti homines de Villa-Nova se habere usagium ad pasturam animalium suorum, tandem, de bonorum virorum consilio, super dicto usagio fuit coram nobis compositum inter dictas partes in hunc modum, videlicet quod tota terra vacua, prope dictum nemus de *Rienne* sita, in perpetuum de cetero remanebit in usagio predictis hominibus ad pasturam animalium eorumdem, prout mete posite sunt inter dictum nemus et dictam terram, de communi assensu partium predictarum. Adjectum etiam fuit inter dictas partes, in dicta compositione, quod de predicto nemore quod divisum erat in tres partes, habebunt de cetero dicti homines de Villa-Nova duas partes in pastura animalium suorum, et terciam partem dicti nemoris servabunt dicti Theophania et ejus filii et filie et mariti earumdem filiarum et Henricus de Barra, miles, usque ad quatuor folia, videlicet usque ad quatuor annos, et ex tunc habebunt dicti homines de Villa-Nova dictam terciam partem ad pasturam animalium suorum cum aliis duabus partibus nemoris supradicti; ita quod dicti homines totam herbam existentem in dicta tercia parte et in aliis duabus partibus evellent et fougeriam secabunt. Dictum etiam fuit quod in primo anno quo secabitur dicta tercia pars nemoris, non ibunt porci neque equi dictorum hominum in dictam terciam partem; elapso vero illo primo anno, ibunt sine contradictione in dictam terciam partem nemoris porci et equi supradicti, ita tamen quod dicti Theophania et ceteri in dictis terra vacua et nemore aliqua animalia mittere non poterunt preterquam sua propria; immo tota terra predicta, cum dicto nemore, dictis hominibus, ut superius est expressum, in perpetuum remanebit. Si autem boves, que in illa tercia parte privabuntur a pastore, per servientem dicti nemoris in illa tercia parte potuerint inveniri, homines, quorum boves fuerint supradicte, dicto servienti et non alii, pro qualibet bove, duos denarios tantummodo persolvent; si vero contigerit aliquam bovem fortassis evadere in tercia parte supradicta et dictus serviens eam ibi potuerit [invenire], unum denarium tantummodo habebit, nisi dicta bos a tauro fugata fuerit vel a musca. Preterea serviens qui dictum nemus pro tempore servaverit, jurare debet coram presbitero de Frunceio quod ipse predicta animalia non capiet in illa tercia parte nisi in forefacto presenti. Insuper divisum fuit coram nobis et concessum quod pro predicta composicione, ut dictum est, facienda dicti homines capras habere non poterunt in nemore supradicto, immo eas a dicto nemore penitus removebunt..... Hanc composicionem laudavit, voluit et concessit et approbavit Paulinus de Frunceio, miles [1], de cujus feodo seu dominio dictum nemus movebat..... In quorum omnium premissorum testimonium et munimen, ad peticionem partium predictarum, sigillum curie archidiaconi Carnotensis presentibus litteris duximus apponendum. Datum anno Domini millesimo ducentesimo quadragesimo sexto, mense augusto. »

(*Orig. en parch.;* Arch. d'Eure-et-Loir, fonds du Chap., C. LXXXIV bis, F, 1.)

CCXC.

(1247, juin.)

Acquêt par les chapelains des Dix-Autels [2] sur Avesgaud de Saint-Prest [3] et Marguerite, sa femme, de quinze setiers et mine d'avoine de redevance sur la grange de la Chapelle du Thieulin, cinq sous deux deniers de rente pour le droit de fournement, cinq sous pour les noues et escoublages, et le quart de la dîme et des ventes dudit lieu du Thieulin [4].

(Arch. d'Eure-et-Loir, *cart. capellarum*, f° 24 r°.)

[1] Nous retrouverons plus loin le même Paulin de Fruncé confirmant une vente faite par Jean et Guillaume de Ragny. Voir n° CCCIX.

[2] Des chapelles des Dix-Autels, il y en avait cinq dans l'église supérieure et cinq autres dans l'église sous-terre. Les cinq de l'église supérieure étaient celles du Crucifix, de Saint-Laurent, des Apôtres, des Confesseurs et de Saint-Vincent; les cinq de l'église sous-terre étaient celles de Saint-Savinien et Saint-Potentien, de Saint-Jean-Baptiste (Saint-Léon, suivant le Pouillé du diocèse, ce qui est une erreur), de Saint-Denis, de Saint-Christophe et de Saint-Pierre-ès-liens.

[3] Voir sur Avesgaud de Saint-Prest le jeune, le Ier volume de cet ouvrage, page 215, notes 1 et 2.

[4] Dans la suite, les chapelains des Dix-Autels cédèrent cette redevance à l'évêque de Chartres, qui possédait la seigneurie du Thieulin. La vallée de Pierre-Sèche, dépendante de cette seigneurie très importante, fut la source de nombreux procès entre l'évêque et le Chapitre, propriétaire de la prêtrière du Bois-Auger. (*Orig. en parch.;* fonds du Chap., C. VII, O, 2, et C. XXXI, E, 5).

CCXCI.

(1247.)

Acquêt par Miles de Châtillon, chanoine, sur Isabelle, dite la Babaude, d'une maison avec un petit pré et autres dépendances assise, à Chartres, rue du Four-de-Thiron [1].

(*Orig. en parch.;* Arch. d'Eure-et-Loir, fonds du Chap., C. LXI, I, 1.)

CCXCII.

De feodo castri Montis-Duplelli.

(1248, juin.)

« Ludovicus, Dei gratia, Francorum rex, notum facimus quod cum jamdudum questio mota esset super feodum castri Montis-Duplelli et pertinentiarum ipsius, de quo dilectus et fidelis noster Gauffridus [2], vicecomes Castridunensis, fecerat, ut dicebatur, homagium clare memorie regi Philippo avo meo et postmodum inclite recordationis regi Ludovico genitori nostro ac demum nobis ; quod feodum Petrus, comes Vindocinensis, ad se de jure pertinere dicebat et se tenere illud a dilecto et fideli nostro episcopo Carnotensi, cum aliis que ab episcopo tenet in feodum, et idem comes Vindocinensis et etiam dilectus et fidelis noster episcopus Carnotensis instanter peterent a nobis quod dictum homagium et feodum eidem Comiti Vindocinensi redderemus, tandem, de assensu karissimi fratris et fidelis nostri Karoli, comitis Andegavensis, P[etri], comitis Vindocinensis, et episcopi et Capituli Carnotensis, super hiis compositum est in hunc modum : quod dictus vicecomes Castriduni et heredes sui castrum Montis-Duplelli, cum pertinentiis ejus, de cetero tenebunt in feodum a dicto fratre nostro comite Andegavie et heredibus ejus, ad cujus comitatum dictum

---

[1] En 1250, le même chanoine acquit sur Etienne, dit le Cuisinier, et sa femme, une maison, sise en la même rue, au-dessus de celle appelée la Roche-Boële, en la censive de Saint-André. (*Orig. en parch.;* fonds du Chapitre, C. LXI, I, 1.)

[2] Geoffroi V, vicomte de Châteaudun, avait épousé Clémence des Roches, veuve de Thibault VI, comte de Chartres. Ce puissant seigneur fit la guerre aux Albigeois en 1225 et 1229 et suivit saint Louis à la croisade en 1248.

feodum pertinere dicebatur. Idem autem frater noster comes Andegavie et heredes ipsius dictum feodum tenebunt a nobis et heredibus nostris regibus Francie, cum alio feodo quod de nobis tenet idem comes Andegavie, frater noster. Et nos in recompensationem juris, si quod habet comes Vindocinensis in predictis, eidem comiti Vindocinensi dedimus mille libras. Supradictus etiam comes Andegavensis, frater noster, in recompensationem juris episcopi et ecclesie Carnotensis, si quod habebant in dicto feodo Montis-Duplelli, de assensu et voluntate nostra, voluit et concessit quod villa que dicitur Ruppes-Episcopi, cum ejus pertinenciis, que dictus comes Vindocinensis tenebat in feodum a dicto comite Andegavensi, fratre nostro, cum aliis que tenet ab ipso, cedant in feodum episcopi Carnotensis im perpetuum; ita quod comes Vindocinensis et heredes sui semper de cetero teneant dictam villam de Ruppibus, cum pertinentiis ejus, ab illo quicumque pro tempore fuerit episcopus Carnotensis, cum aliis que ipse comes Vindocinensis tenet ab episcopo memorato. In cujus rei testimonium, sigillum nostrum presentibus litteris duximus apponendum. Actum Parisius, anno Domini M°CC° quadragesimo octavo, mense junio [1]. »

(Bibl. de la ville de Chartres, *Livre rouge*, $\frac{a}{c}$ 34, p. 59, et *Livre blanc*, $\frac{a}{c}$ 35, f° 31 v°. — Bibl. Imp.; *Livre noir*, cart. 43, f° 14.)

CCXCIII.

(1248.)

Acquêt par Jean d'Espaillard, prévôt de Mézangey, sur Mathieu, maire du Perray, de tout ce qu'il avait droit de percevoir dans la grange dudit lieu [2], et cession par

[1] A la même date, Charles, comte d'Anjou et de Provence, Pierre, comte de Vendôme, et Mathieu, évêque de Chartres, donnèrent des chartes confirmatives de cet accord (*Livre rouge*, p. 60 et suiv.) Dans le même cartulaire, se trouve un procès-verbal d'enquête fait, vers 1280, par un délégué de l'évêque de Chartres, sur la consistance du fief des Roches-l'Evêque, près des personnes de Geoffroy de Lavardin et de Guillaume de la Poulinière, *qui a esté touz jors dès enfance prévost et baillif des Roches*. De cette enquête il résulte que tous les vassaux du fief des Roches *sunt tenuz em pez et clerement et quitement de monseigneur l'évesque de Chartres, ne soferoient ne n'en leiroient plein pié perdre pour nulle ne seurprendre, pour la bonne seignourie de monseigneur l'évesque, car ce est et a esté tout le bon refuge à ces de Vendôme, et est à touz ceus dou païs contre la seignourie dou roy de Sedile, qui forment les a contraliez et feroit se il pouait par les bediaus et par ses genz, se il i eussent droiture ne puissance.* (*Livre rouge*, p. 56).

[2] Le 20 septembre 1631, Claude Lebel, chanoine, donna au Chapitre la mairie du Perray qu'il avait acquise d'Anne Sorel, moyennant 1500 livres. Florent Cornu, prêtre,

le prévôt aux prébendés de Sandarville de cet acquêt, à condition de payer annuellement à l'office des anniversaires 50 sous chartrains.

(*Inv. du Chap.*, C. CXI, N, 1.)

CCXCIV.

De compromisso inter Capitulum et Comitissam Carnotensem, super libertatibus dicti Capituli.

(1249, 1er septembre.)

« In nomine Patris et Filii et Spiritus-Sancti, amen. Nos Robertus [1], decanus Carnotensis, in quem compromissum est alte et basse a Capitulo Carnotensi, ex una parte, et nobili muliere Mathildi [2], comitissa Carnotensi, et ejus preposito Carnotensi, ex altera, super diversis articulis in forma compromissi, sic arbitramur et arbitrando pronunciamus : quod prepositus Carnotensis gagiet emendam Capitulo Carnotensi de hoc quod Leodegarius de Mandrevilla, quem idem Capitulum advocabat in hospitem suum, qui captus fuit per vim Comitisse, spretis monicionibus factis per officialem subdecani Carnotensis de dicto Leodegario reddendo vel recredendo, suspensus fuit per vim Comitisse Carnotensis. Item quod gagiet emendam de interdicto propter hoc posito in ecclesia et civitate et banleuga Carnotensi. Item quod juret idem prepositus quod, die mercurii proxima, hora prima, publice et aperte reportet vel reportari faciat corpus dicti Leodegarii suspensi, si posset inveniri, per illos quos ei nominabimus, et a loco et in locum que nos specificabimus, vel, si corpus non possit inveniri, in quo credetur ei per juramentum, illud signum, loco dicti suspensi, quod specificabimus et dicemus. Item quod Comitissa et prepositus predicti solvant Capitulo predicto centum et quinquaginta libras turonenses, pro emendis

---

retira sur le Chapitre ladite mairie par retrait lignager du 17 août 1632, et la revendit au Chapitre le 24 mars 1634. (*Orig. en parch.;* C. LXX, F, 22 et CXI, N, 3). La mairie du Perray consistait en l'emplacement des bâtiments de la mairie contenant 180 perches de terre; 16 à 17 setiers de terre en plusieurs pièces avec 220 perches de pré appelé le pré Pichot; 7 sous 6 deniers de cens à prendre annuellement sur divers héritages sis au Perray, et tous les droits de mairie en dépendants.

[1] Robert de Courtenay, doyen (1248-1258).

[2] Mathilde, fille unique d'Isabelle, veuve de Sulpice d'Amboise, qui fut comtesse de Chartres après son neveu Thibault VI, entra en possession du comté de Chartres en 1248, après la mort de sa mère; elle était alors veuve de Richard, vicomte de Beaumont. Cette princesse mourut sans postérité en 1256, et le comté de Chartres passa à Jean de Châtillon, comte de Blois, son cousin issu de germain.

et dampnis supradictis, termino a nobis assignando. Hec pronunciata sunt a nobis anno Domini M°CC°XL° nono, die lune, in crastino Decollationis beati Johannis-Baptiste. Et vero die mercurii proxima sequenti pronunciamus, declarando supra dicta que non erant declarata, quod prepositus Carnotensis publice et aperte reportet vel reportari faciat per viarios qui suspendio dicti Leodegarii interfuerunt, a porta Turris Comitis Carnotensis usque ad domum subdecani Carnotensis, figuram, seu formam, vel signum hominis suspensi per mandatum nostrum, et illud signum, seu formam, vel figuram reddat idem prepositus, mandato dicti Capituli, coram predicto officiali subdecani. Item pronunciamus quod Comitissa et prepositus predicti solvant Capitulo predicto centum et quinquaginta libras turonenses, pro emendis et dampnis supradictis, infra instans festum Omnium Sanctorum. Item pronunciamus quod idem prepositus faciat unam processionem in instanti festo beati Mauricii, Carnoti, discalciatus et nudus in bracis et camisia, tenens virgam in manibus suis, sequens processionem beate Marie, eundo et redeundo ad Sanctum-Mauricium, et in fine dicte processionis prosternat se dictus prepositus ad gradus Beate-Marie ante majus altare, et ibi, nudatus camisia, suscipiat disciplinam, genibus flexis, ab aliquo ejusdem ecclesie sacerdote. Item, super emenda gagiata a dicto preposito Capitulo Carnotensi, occasione Thome clerici, capti in ecclesia Carnotensi per vim Comitis et extracti ab eadem ecclesia et ducti et detenti in prisione dicte Comitisse, que emenda taxata fuit in mille quingentis libris parisiensibus in capitulo Carnotensi, arbitrando pronunciamus sic, videlicet: quod Comitissa et prepositus supradicti satisfaciant dicto Capitulo de dicta emenda hoc modo; videlicet, quod Comitissa et prepositus predicti solvent dicto Capitulo quadragintas libras turonenses, terminis inferius annotatis, videlicet ducentas libras infra octabas instantis Nativitatis Domini et alias ducentas libras infra octabas Pentecostes proximo subsequentis; et, in excambium sive permutacionem et recompensacionem emende predicte residui, dictus prepositus faciat in qualibet ecclesia cathedrali totius provincie Senonensis unam processionem secundum formam superius annotatam, videlicet unam in ecclesia Beate-Marie, sequendo processionem dicte ecclesie eundo et redeundo, ubicumque vadat processio; item aliam processionem in ecclesia Senonensi, in instanti festo beati Stephani; item aliam in ecclesia Carnotensi, in instanti festo Purificationis beate Marie; alias autem processiones in aliis cathedralibus dicte provincie faciat dictus prepositus prout sibi duxerimus injungendum. Retinemus tamen nobis potestatem relaxandi eidem, vel in toto vel in parte, processiones non expressas, si viderimus expedire, et de processionibus quas fecerit extra Carnotum tenebitur facere fidem nobis vel vices nostras gerenti in capitulo Carnotensi per litteras testimoniales alicujus autentice persone. Item pronunciamus quod dicti Comitissa et prepositus faciant hodie adduci coram nobis in capitulo Johannem *Le Traollier* et Johannem Anglicum, qui in ecclesia Carnotensi ceperunt dictum Thomam clericum, et ipsi jurabunt, tactis sacrosanctis, quod ipsi infra instantem diem dominicam exibunt de civitate Carnotensi et banleuga, nec interim post vesperas infra muros civitatis Carnotensis morabuntur, et quod, infra mensem a dicta die dominica computandum, exibunt de tota terra Comitis Carnotensis, ubicumque sit, et de tota dyocesi Carnotensi, et in hoc instanti passagio marcii transfrectabunt in Terram-Sanctam et ibidem morabuntur irregressibiliter nisi a nobis fuerint revocati. Si vero contingeret predictos Johannem et Johannem, spretis juramentis, de locis predictis non exire terminis prefixis, vel in Terram-Sanctam non transfrectare, vel postquam transfrectassent non revocatos a nobis redire, Comitissa predicta, si eosdem, vel eorumdem alterum, in terris suis, vel districtu suo invenire contingeret, ipsa utrumque, vel eorum alterum, bona fide caperet, seu capi faceret, et, sine dilacione, redderet Capitulo Carnotensi; nec super hoc dicto Capitulo aliud facere teneretur. Hec autem omnia supradicta in omnibus et singulis capitulis arbitrando dicimus, et precipimus firmiter et inviolabiliter observari et penitus adimpleri. Actum et pronunciatum, de consensu utriusque partis, anno Domini M°CC°XL° nono, die mercurii in festo beati Egidii. »

(Bibl. Imp.; *Livre des Priv. de l'égl. de Ch.*, cart. 28, p. 174.)

CCXCV.

« Littera de carnificibus. »
(1249, 3 septembre.)

Les bouchers de Chartres avaient fait une coalition entre eux, pour ne pas vendre leurs viandes à crédit aux chanoines. Poursuivis pour ce fait par l'official, ils se soumirent à l'arbitrage du doyen Robert de Courtenay, qui prononça en ces termes : « In nomine Patris et Filii et Spiritus-Sancti, amen. Nos Robertus de Curtiniaco, decanus Carnotensis, per arbitrium sive per dictum nostrum, arbitrando dicimus quod vos, Stephane, magister carnificum [1], Johannes Pelliparie et Petre Martini, pro vobis, et alii carnifices Carnotensis civitatis, pro quibus compromisistis in nos *haut et bas*, sub pena sexaginta librarum carnotensium, purgetis vos circa nobis in capitulo per sacramentum vestrum quod non fecistis sacramentum inter vos, vel colligacionem, pactum, vel convencionem, seu communiam, vel appositionem pene vel minarum, de carnibus vestris venalibus non vendendis ad credentiam Capitulo Carnotensi, vel si aliquid predictorum fecistis, revocetis et emendetis in manu nostra, nec de cetero hoc servetis; emendam vero taxamus hoc modo in scriptis, videlicet quod vos, carnifices, tres porcos, de precio triginta solidorum, quorum unus, presente mandato nostro, tradatur Elemosynarie Carnotensi, alius Leprosis Banleuge, tertius Filiabus-Dei de Carnoto, hac instanti die dominica. Actum anno Domini M°CC°XL nono, in capitulo Carnotensi, die veneris ante Nativitatem beate Marie Virginis. »

(Bibl. Imp.; *Liv. des Priv. de l'égl. de Ch.*, cart. 28, f° 174.)

CCXCVI.

Innocentii papæ, ne ullus delegatus excommunicationis sententiam ferat in Carnotensem ecclesiam.

(1249, 6 novembre.)

« Innocentius, episcopus [2], servus servorum Dei, dilectis filiis Capitulo Carnotensi, salutem et apostolicam benedictionem. Apostolice sedis benignitas sincere obsequencium vota fidelium benivolo assensu prosequi consuevit et personas illorum quas in sua devocione promptos invenerit et ferventes quibusdam titulis decencius decorare. Ut igitur, ex

---

[1] Les bouchers formaient, à Chartres, comme dans la plupart des villes de France, une des plus anciennes et des plus puissantes corporations. Le Chapitre avait sa boucherie spéciale, indépendante de celle du Comte, et appelée la *Boucherie de Porte-Neuve*.

[2] Innocent IV (voir l'itinéraire de ce pape dressé par M. L. Delisle; *Bibl. de l'Ecole des Chartes*, 4e section, tome IV, pages 63 et suivantes.)

speciali devocione quam ad nos et Romanam ecclesiam habere noscimini, senciatis vobis favorem apostolicum non modicum accrevisse, auctoritate vobis presentium indulgemus ut nullus delegatus, vel subdelegatus, executor aut eciam conservator, per litteras apostolicas vel legatorum apostolice sedis, in personas vestras excommunicationis, suspensionis, vel interdicti sentencias promulgare, aut interdicere vobis ingressum ecclesie, valeat, nisi littere apostolice plenam et expressam fecerint de hac indulgencia et Carnotensi ecclesia mencionem. Nulli ergo omnino liceat... Datum Lugduni, VIII idus novembris, pontificatus nostri anno septimo [1]. »

(*Orig. en parch.;* Arch. d'Eure-et-Loir, fonds du Chap., C. X, A, 4 bis. — Bibl. Imp.; *Liv. des Priv. de l'égl. de Ch.*, cart. 28, p. 180.)

CCXCVII.

(1249.)

Bulle d'Innocent IV, par laquelle est confirmée la cession et démission faite au Chapitre par Gilles, prévôt de Normandie, de la terre de Montaudouin [2], reconnue par ledit prévôt appartenir au Chapitre comme étant une de ses anciennes prêtrières.

(*Inv. du Chap.*, C. LIV, C, 1.)

---

[1] Le *Livre des Priv.* (cart. 28, p. 180) contient une autre bulle, absolument semblable, d'Urbain IV, datée de Viterbe, le 3 des calendes de juillet, l'an Ier de son pontificat (28 juin 1262). Cette bulle existe en original aux Archives d'Eure-et-Loir, fonds du Chap., C. X, A, 11 bis.

En 1281, l'abbé de Saint-Cheron, juge délégué par le doyen du Mans, conservateur des priviléges du Chapitre de Chartres, lança une sentence d'excommunication contre l'abbé de Saint-Illidius de Clermont, conservateur des priviléges de l'abbaye de Cluny, qui avait excommunié les chanoines de Chartres, au mépris de leur privilége de ne pouvoir l'être par aucun délégué ou conservateur. (*Inv. du Chap.*, C. X, A, 12.)

En 1287, Jean de Pontoise, official de Saint-Germain-des-Prés, ayant rendu une sentence d'excommunication contre le Chapitre, au nom des abbés de Saint-Denis et de Saint-Germain conservateurs des priviléges du Roi, fut condamné à une forte amende sur la plainte rendue contre lui par les chanoines de Chartres. (*Orig. en parch.;* fonds du Chap., C. X, A, 14.)

[2] Cette cession ne sortit pas son effet, et la terre et seigneurie de Montaudouin sont restées la propriété des prévôts de Normandie jusqu'en 1596, qu'elles furent aliénées par un des prévôts pour les subventions de l'État.

CCXCVIII.

(1249.)

Délivrance faite au Chapitre par Guillaume de Bussy, évêque d'Orléans, et Mathieu, évêque de Chartres, exécuteurs testamentaires d'Isabelle, comtesse dudit Chartres, de la somme de 500 livres, pour réparation des torts et dommages que ladite comtesse pouvait avoir fait à l'église de Chartres et aux serfs et hommes de corps du Chapitre.

(*Inv. du Chap.*, C. X, F, 10.)

CCXCIX.

(1250, avril.)

Vente au Chapitre de Chartres, pour le prix de 160 livres tournois, de quatre muids de froment rendus chaque année dans les greniers de Loens, par Etienne, maire d'Ouerray, *de Oreio*, chevalier, Michel, Miles et Geoffroy, ses fils, Ennorme, femme dudit Michel, Odeline, femme dudit Miles, Isabelle, femme de Denis de Jouy, Hélissende, femme de Thibault Bonne-Femme, Alix, femme de Thomas, maire de Sandarville, Jeanne et Adelote, toutes cinq filles dudit Etienne [1].

(*Orig. en parch. scellé*; Arch. d'Eure-et-Loir, fonds du Chapitre, C. LXXXIV, C, 1.)

CCC.

(1250.)

Acquêt, au nom du Chapitre, par les exécuteurs testamentaires de feu Barthélemy, chambrier de l'église de Chartres, sur Simon, maire de Nogent-le-Phaye, d'une

---

[1] Le même Etienne et ses enfants vendirent au Chapitre, au mois de février 1258, deux batteurs qu'ils avaient dans la granche du Chapitre à Ouerray, *apud Oyreium*, et neuf sols de rente sur le champart d'Ouerray, le tout moyennant 45 livres tournois.

Enfin, au mois de décembre 1258, le même Etienne et ses enfants vendirent, pour 30 livres chartraines, à Jean de Montlhéry, chanoine de Chartres, *forragia, paleas et minuta stramina que percipiebant in granchia Capituli sita apud Oreium, necnon majoriam seu serjanteriam de Oireio, cum omnibus et singulis rebus ad dictam majoriam seu serjanteriam pertinentibus*. A la même date, Jean de Montlhéry donna au Chapitre la mairie d'Ouerray, une maison et neuf muids de terre qu'il avait acquis dudit Etienne, à la charge de deux anniversaires. (*Orig. en parch*; fonds du Chap., C. LXXXIV, C, 1 et LXVII, B, 24).

pièce de vigne au terroir de la Boissière et de trois setiers de terre au terroir d'Archévilliers, en la censive du Chapitre [1].

(*Inv. du Chap.*, C. CIV, C, 1.)

CCCI.

(v. 1250.)

Bulle d'indulgences accordées par le pape Innocent IV à tous ceux qui assisteront aux processions qui se font trois fois la semaine dans l'église de Chartres pendant le Carême, et le dimanche des Rameaux à Saint-Cheron, aussi bien qu'au clergé qui fait lesdites processions.

(*Inv. du Chap.*, C. III, A, 1 bis.)

CCCII.

« De juridicione seculari in Clauso-Erardi. »
(1251, 9 février.)

« Omnibus presentes litteras inspecturis, magister Petrus de Taaris, cancellarius ecclesie Carnotensis, magister Guillelmus de Alneto, magister Petrus de Castra, Manaserius de Galendra, magister Hugo de Fonte-Betonis, Raginaldus de Bello-Monte, Hugo de Chaverneio, magister Petrus de Fontaneto, canonici Carnotenses, salutem in Domino. Noveritis quod cum venerabilis vir magister Raginaldus, dictus Carum-Tempus, concanonicus noster, peteret in jure, coram officiali Carnotensi, a preposito Carnotensi recredentiam sibi fieri Hodeardis, uxoris Pabuerii carpentarii, Guillelmi Anglici, Radulfi *Gramart,* Robini *Houdouin,* hospitum dicti magistri, commorancium in Clauso-Erardi, in quo loco idem magister habet omnimodam juridicionem secularem, ut dicitur; quos hospites dicti magistri idem prepositus ceperat seu capi fecerat vel per fidem suam astrinxerat de

[1] L'acquisition de la prêtrière d'Archévilliers fut complétée par divers acquêts que firent successivement : en 1255 et 1256, Richer de Blois, chanoine, de 21 setiers 3 minots demi-quartier de terre, au terroir d'Archévilliers et aux environs; en 1288, le Chapitre sur Guillaume Bilheux, de 9 setiers de terre, au terroir de Mulsent, entre la Banlieue de Chartres et Archévilliers; en 1293, Guerry de Verdun, chanoine, de 10 setiers de terre, à Archévilliers; en 1305, Guillaume de Chaumont, chanoine, sur Geoffroy des Poulies, d'un hébergement et de 27 setiers de terre à Archévilliers. (*Inv. du Chap.*, C. CIV, C, 2 et 3.)

redeundo in jussionem domine Comitisse Carnotensis, ad mandatum ipsius prepositi, occasione cujusdam latronisse quam dictus magister ceperat seu capi fecerat in Clauso-Erardi et detinebat, tamquam ejusdem loci justiciarius secularis, die jovis post purificationem beate Marie virginis, constitutis in jure coram officiali Carnotensi, nobis et aliis bonis presentibus, predicto magistro ex una parte et predicto preposito Carnotensi ex altera, idem prepositus dictos hospites a fide qua eidem preposito tenebantur, occasione captionis predictorum hospitum dicti magistri, coram officiali predicto et nobis, liberavit et quitavit et ab omni alia obligatione qua eidem preposito tenebantur, ratione captionis predicte femjne, per eumdem prepositum vel ejus mandatum, similiter absolvit penitus et quitavit [1]. Et hoc vidisse et audivisse testificamur. In cujus rei testimonium, presentes litteras sigillis nostris dignum duximus sigillandas. Datum anno Domini M°CC° quinquagesimo, die jovis predicta post Purificationem beate Marie virginis. »

(*Orig. en parch.;* Arch. d'Eure-et-Loir, fonds du Chap., C. V, F, 1.)

CCCIII.

(1251, avril.)

Donation faite au Chapitre par Hervé Desraé, chanoine, d'une maison et six muids un septier de terre en plusieurs pièces, assis à Berchères-la-Maingot [2], et ce pour la fondation d'un anniversaire pour le repos de son âme et de celles de Hugues Desraé, chevalier, son frère, et de Hersende, sa mère.

(*Orig. en parch. scellé;* Arch. d'Eure-et-Loir, fonds du Chap., C. LXVII, B, 20 et LXXXV, A, 4. — *Cart. des Vaux-de-Cernay,* par MM. Merlet et Moutié, t. I, p. 456.)

[1] Ce débat avec le prévôt de Chartres pour la justice du Clos-Evrard est la première pièce d'un long procès entre le Chapitre d'un côté, le Comte, ses officiers et les bourgeois de Chartres de l'autre. Pour l'histoire de ces curieux démêlés, voir *Hist. de Ch.* par M. de Lépinois, t. I, p. 138 et suiv., et plusieurs pièces publiées dans la suite de notre *Cartulaire.*

[2] Hervé Desraé avait acquis ces biens de divers particuliers, savoir : 1° la maison, sise en la censive de l'abbaye des Vaux-de-Cernay, de Jean de Houville, et sa femme, au mois de mars 1242/3; 2° cinq setiers de terre, au terroir de Pérusse, de Laurence, dite la Maillarde, fille de Simon Cordier, au mois de septembre 1242; 3° sept setiers de terre, au terroir de Grandchamps, de Jean, dit Ménage, au mois de mai 1247; 4° cinq setiers de terre, audit terroir, de Raoul, dit Quatrehommes, et Arnoul, dit Neymer, son frère, au mois de septembre 1247. (*Inv. du Chap.,* C. LXXXV, A, 4.)

Ce même chanoine avait reçu en 1238 de l'abbesse et du couvent de l'Eau-lès-Chartres, en considération des biens qu'il avait faits audit couvent, une vigne sise à Champhol, en la censive de Saint-Père. Il la donna également au Chapitre. (*Inv. du Chap.,* C. LXXXV, M, 4.)

CCCIV.

(1251, mai.)

Acquêt par les chapelains des Dix-Autels sur Mathieu de Neuvy, prêtre, curé d'Ymonville, moyennant 80 livres chartraines, de tout ce qu'il possédait, tant en fief que domaine, au terroir de Mondonville-la-Saint-Jean, ainsi que de plusieurs cens, seize raies d'avoine et la moitié des ventes des terres de Mondonville, que ledit Mathieu partageait avec les religieux de Saint-Jean, et en outre deux oies blanches qu'il avait coutume de percevoir sur l'abbaye de Saint-Jean, par les mains du prieur de Mondonville [1]. Ledit acquêt confirmé par Girard de Trancrainville, chevalier, par Mathieu du Chesnay, *de Chesneyo*, écuyer, et par Pétronille, fille de Guillaume de Thoré, *de Thoriaco*, chevalier, premier, second et troisième seigneurs féodaux.

(Arch. d'Eure-et-Loir; fonds du Chap.; *cart. capellarum*, f° 29 r°.)

CCCV.

« Littera episcopi Aurelianensis, » Comitissæ Carnotensi, de excommunicatione in eam lata.

(1252, janvier.)

« Guillelmus [2], divina miseratione, Aurelianensis episcopus, nobili domine M[athildi], Comitisse Carnotensi et domine Ambazie, spiritum consilii sanioris. Ex parte venerabilium virorum decani et Capituli Carnotensis nobis est supplicatum quod nos sentencias excommunicationis a predictis decano et Capitulo, auctoritate privilegiorum eisdem a sede apostolica indultorum, in personam vestram latas, pro notoriis et manifestis injuriis et offensis per vos eisdem illatis, in terris nostris Aurelianensis diocesis existentibus faciamus sollempniter publicare. Quia igitur nobilitati vestre sic favere et deffere nos convenerat quod honestati vestre et juri alieno nullatenus derogetur, nobilitatem vestram hortamur, bona fide consulentes, quatinus cum eisdem decano et Capitulo pacificare voletis et a sentenciis excommunica-

---

[1] La même année, au mois de juin, les chapelains des Dix-Autels acquirent d'Henri du Tronchay, *de Truncheio*, écuyer, et d'Isabelle, sa femme, moyennant 10 livres parisis, tout le fief qu'Odeline, veuve d'Henri du Tronchay, tenait dudit écuyer à Mondonville-la-Saint-Jean. (*Cart. capellarum*, f° 29 v°.)

[2] Guillaume de Bussy, évêque d'Orléans (1237-1258).

tionis ab eisdem in vos latis absolutionis beneficium impetrare. Alioquin, cum nos eisdem in suis justis petitionibus deesse non possumus, sentencias excommunicationis predictas, quas in personam vestram, auctoritate dictorum privilegiornm, promulgarunt, secundum quod jus requirit faciemus in nostra dyocesi, in locis de quibus requisiti fuimus, promulgare et sollempniter publicare, cum nos privilegia predicta diligenter inspeximus et credamus quod ipsi, auctoritate eorumdem privilegiorum, excommunicandi quoslibet injuriatores suos liberam habeant facultatem. Datum anno Domini M°CC°L° primo, mense januario. »

(Bibl. Imp.; *Livre des Priv. de l'égl. de Ch.*, cart. 28, p. 169.)

CCCVI.

De hominio-ligio erga Carnotensem episcopum per Vice-dominum Carnotensem.

(1252, avril.)

« Omnibus presentes litteras inspecturis, Matheus [1], vicedominus Carnotensis, miles, salutem in Domino. Noverint universi quod cum ego pluries requisissem reverendum patrem M[atheum], Dei gratia, episcopum Carnotensem, ut me de omni hereditate que ad me, ex morte mee karissime matris, devenerat et poterat devenisse, et movebat de feodo domini episcopi, seisiret et in hominem ligium reciperet, tandem idem dominus episcopus, habita super hoc diligenti deliberatione, me de tota dicta hereditate seisivit et de ea me in suum hominem ligium recepit, salvo omni jure ejus et ejus successorum, salvo etiam jure nobilis viri Guillelmi, fratris mei primogeniti, militis [2], si vivat, et salvo etiam omni alieno jure. Et ego, antequam

---

[1] Le nom du vidame Mathieu se rencontre dans plusieurs actes du temps, et entre autres dans plusieurs pièces relatives à des contestations avec le Chapitre pour la fermeture du cloître. Il fit élection de sépulture dans le couvent de Saint-Jean-en-Vallée, aux termes de son testament daté du jeudi après la Saint-Jean 1263 (Arch. d'Eure-et-Loir, *fonds de l'abbaye de Saint-Jean*).

[2] Guillaume et Mathieu, fils de Geoffroy de Meslay, étaient devenus vidames de Chartres du fait de leur mère Hélissende de Tachainville. Guillaume, l'aîné de ces deux frères, a acquis une certaine célébrité par ses *Saluts d'amour*, attribués faussement à Guillaume de Ferrières, par MM. P. Paris et L. Lacour. (*France littéraire*, t. XXIII. — *Chansons et Saluts d'amour de Guillaume de Ferrières*). Il ne périt point dans la croisade qu'il avait

dominus episcopus, me reciperet in hominem suum, tactis sacrosanctis euvangeliis, juravi coram ipso episcopo quod ego dicto fratri meo, si contingeret redire de partibus transmarinis, fructus et proventus quos contingerit me, medio tempore, percipere et levare de dicta hereditate pro parte dicti fratris mei, restituam dicto fratri meo, deductis tamen legitimis expensis pro dicta hereditate custodienda et debitis que contigerit me solvere pro dicto Guillelmo, que probare potero me solvisse. De quibus omnibus et singulis a me tenendis et observandis Adam, dominus de Galardone [1], Johannes de Leugis [2], Guillelmus de Foilleto [3], Guido de Ruppeforti [4], Philippus de Vova, Hemericus, dictus *Chenart* [5], Johannes de Bellovillari, Petrus dictus *Dyoviller*, Johannes de Augerivillari, Symon de Houvilla et Hemericus de Mesleio, milites, et Philippus, frater meus, armiger, se fide sua fidejussores, pro me, ad meam requisitionem, erga dominum episcopum constituerunt; ita scilicet quod si contigerit me venire seu attemptare venire per me vel per alium contra premissa vel aliquid de premissis, dicti fidejussores,

---

faite à la suite de saint Louis, mais il revint à Chartres, où il passa un accord avec son frère pour le partage du vidamé et où il composa sa jolie chanson :

> Combien que j'aie demouré,
> Et maint grant travail enduré
> En terre maleurée,
> Pour ce n'ai-je pas oublié
> Le doux mal qui si m'agrée,
> Dont jà n'en quier avoir santé,
> S'en France ne m'est trouvée.

Voir l'opuscule publié par nous sur ce sujet et intitulé : *Guillaume de Meslay, auteur des Chansons et Saluts d'amour, connus sous le nom du Vidame de Chartres.* Chartres, Garnier, 1858.

[1] Adam de Gallardon, fils d'Hervé IV et d'Alix de Châteaudun. Consulter, sur ce seigneur, l'étude de M. L. Merlet insérée dans le t. II des *Mémoires de la Société Archéologique d'Eure-et-Loir*, p. 297 et suiv.

[2] Jean de Lèves, fils aîné de Thomas de Bruyères, seigneur de Lèves. (Arch. d'Eure-et-Loir, *Titre de Josaphat de* 1248).

[3] Guillaume de Feuillet, chevalier, figure dans un titre de l'abbaye de Saint-Cheron, de 1226 (Arch. d'Eure-et-Loir).

[4] Le nom de ce chevalier se trouve dans deux titres de l'abbaye des Vaux-de-Cernay, l'un de mars 1260, l'autre d'août 1275 (*Cart. des Vaux-de-Cernay*, t. I, p. 560 et 729).

[5] Aimery Chenard ou Canard, de la famille des seigneurs de Louville, dont plusieurs portèrent le même prénom. Cette famille, puissante au XIIe siècle, fit de nombreuses libéralités aux abbayes de Saint-Père et de Saint-Jean. Eudes Chenard, frère d'Aimery, Ier du nom, fut abbé de Saint-Père, de 1130 à 1150.

per se vel per unum militem, unusquisque eorum tenebunt infra quindecim dies, postquam super hoc a domino episcopo vel ejus mandato seu ejus successore fuerint requisiti, prisionem Carnotensem donec contigerit me premissa adimplere, prout superius sunt expressa. Quos fidejussores ego per fidem meam promitto liberare a dicta fidejussione, et eos quantum ad hoc pertinet servare indempnes. In cujus rei testimonium et munimen, ego dedi dicto domino episcopo presentes litteras sigillo meo [1] sigillatas. Datum anno Domini millesimo ducentesimo quinquagesimo secundo, mense aprili. »

(Bibl. de la ville de Chartres; *Livre rouge*, $\frac{s}{c}$ 34, p. 13, et *Livre blanc*, $\frac{s}{c}$ 35, fo 8 ro.)

CCCVII.

De procuratione ecclesiæ Beati-Georgii Vindocinensis.

(1252, août.)

« Universis presentes litteras inspecturis, M[atheus], miseratione divina, Carnotensis episcopus, salutem in Domino. Noverit universitas vestra quod nos, paupertatem ecclesie et canonicorum Beati-Georgii de Vindocino et aliorum beneficiatorum in eadem ecclesia considerantes, volumus et concedimus quod canonici ejusdem ecclesie et alii beneficiati in eadem nobis vel successoribus nostris, semel in anno tantum, centum solidos turonenses pro procuratione reddere teneantur, cum ad dictam ecclesiam, causa visitandi, accedere nos continget [2], nec nos seu successores nostri ab eis amplius pro dicta procuratione petere valeamus. In cujus rei testimonium et munimen, dictis canonicis et aliis beneficiatis presentes litteras dedimus

---

[1] Le sceau de Mathieu de Meslay, tel qu'il existe aux Archives d'Eure-et-Loir joint à une charte de 1291, était : *de... à deux bandes de... à l'orle de huit merlettes*, et portait pour légende : + S. M............ NOTEN. MILITIS. Un des manuscrits anciens des *Chansons d'amour du vidame de Chartres* porte à son frontispice un écu *d'or, à la bordure de sable, à l'orle de huit merlettes de même*, qui sont certainement les armes de Guillaume de Meslay.

[2] Pareille exemption fut accordée, au mois de novembre 1255, à l'église de Saint-Lubin de Vendôme, par l'évêque Mathieu, qui réduisit le droit de procure à 4 livres tournois par an. (*Livre rouge*, p. 34.)

sigilli nostri munimine roboratas. Datum anno Domini millesimo ducentesimo quinquagesimo secundo, mense augusto [1]. »

(Bibl. de la ville de Chartres; *Livre rouge*, § 34, p. 35, et *Livre blanc*, § 35, f° 18 v°. — Arch. d'Eure-et-Loir; *Cop. en pap.*, C. I, A, 38.)

CCCVIII.

(1252, décembre.)

Transaction entre le Chapitre et les abbé et religieux de Thiron, par laquelle, pour terminer entre les parties quelques contestations au sujet de la justice, le Chapitre abandonne à l'abbaye ce droit sur une pièce de terre contenant le labour d'une charrue [2], et sur le bourg de Thiron, le Chapitre au surplus se réservant la justice sur ses censitaires et hommes de corps dans l'étendue de la paroisse de Gardais; et quant à la justice sur les habitants du Bouchage et d'Authon, le Chapitre consent qu'elle demeure commune, comme par le passé, entre lui et les religieux.

(*Inv. du Chap.*, C. LXXXVII, S, 2.)

CCCIX.

(1253, janvier.)

Vente aux clercs du chœur de l'église Notre-Dame par Jean et Guillaume de Ragny, *de Reigneio*, frères, de toute la grosse dîme qu'ils possédaient dans la paroisse de Fruncé, *de Fronceio*; vente confirmée au mois de février suivant par Poulain de Fruncé, *Poolinus de Fruncsio*, chevalier, et Pierre, son fils aîné, seigneurs féodaux de cette dîme [3].

(*Orig. en parch.*; Arch. d'Eure-et-Loir, fonds du Chap., C. LXXXIV bis, F, 2.)

---

[1] A la même date, le Chapitre de Chartres confirma l'exemption accordée par l'évêque Mathieu, *salva procuratione venerabilis viri archidiaconi Vindocinensis*. (*Livre rouge*, p. 36.)

[2] C'est la pièce de terre donnée en 1114 par le Chapitre pour la fondation et édification de l'abbaye de Thiron. Voir n° XXXI.

[3] L'acte original de vente est détruit en partie par l'humidité : il est probable qu'outre la vente de la dîme de Fruncé, il comprenait celle de la dîme de la Heuse; car on lit au dos : *Johannes et Guillelmus de Raigneio pro decima de Fruncaio et de Hosia*; et, au mois de mai 1253, Philippe d'Aiguillon, *Philippus de Aguilleio*, chevalier, et Pierre de Fruncé confirmèrent aux clercs du chœur la grosse dîme à eux vendue par Barthélemy de la Heuse, *de Heusa*, écuyer, et Alix, sa femme. (*Orig. en parch.*; fonds du Chapitre, C. LXXXIV bis, F, 2.)

CCCX.

(1253, janvier.)

Vente par Jean des Ormes et Alix, sa femme, à Girard Mordant, chanoine de Chartres et prébendier d'Amilly, moyennant sept livres chartraines, de trois mines de terre labourable aux Ormes d'Amilly, *apud Ulmos de Amiliaco*[1].

(*Orig. en parch.*; Arch. d'Eure-et-Loir, fonds du Chap., C. LXXXIV, A, 1.)

CCCXI.

(1253.)

Ratification par les héritiers de Pierre de Fontenay, chanoine, de la donation par lui faite au Chapitre de tous les biens qu'il possédait à Fontenay et à Sandarville, sur lesquels il avait assigné précédemment au profit du Chapitre 50 livres de rente annuelle, et ce pour le prix de l'affranchissement et manumission des personnes de ses frères et sœurs et autres ses parents, qui tous étaient serfs et hommes de corps du Chapitre.

(*Inv. du Chap.*, C. XCVIII, A, 2.)

CCCXII.

(1253.)

Compromis et nomination d'arbitres, par Jacques, seigneur de Château-Gontier et de Nogent-le-Rotrou, d'une part, et le Chapitre, d'autre, à l'effet d'être réglés sur une contestation élevée entre les parties, au sujet de deux muids d'avoine de redevance annuelle que Jacques de Château-Gontier prétendait avoir droit de percevoir sur les hommes et vassaux du Chapitre, à Grandhoux, sans condition, le Chapitre prétendant au contraire que ce droit ne pouvait s'exercer qu'autant que le seigneur laisserait aux hommes de Chapitre la liberté et faculté de mener leurs bestiaux paître dans ses bois.

(*Inv. du Chap.*; C. LXXXVII, O, 2.)

---

[1] Le manoir des Ormes, situé sur le chemin de Chartres à Pontgouin, appartenait au Chapitre de Chartres, qui, en 1305, le donna à bail moyennant 16 livres. (*Inv. du Chap.*; C. LXXXIV, A, 2.)
Le Chapitre possédait une prêtrière assez importante à Amilly, qui lui provenait de dons faits par Pierre de Fontenay, en 1254, Renaud de Villeneuve-Guyard, en 1297, Garnier *de Oquis*, en 1334, Gui des Fouchers, en 1348. A cette prêtrière était attaché le droit de manage, entassage et échauchage des foins sur les habitants d'Amilly, droit souvent contesté au Chapitre et reconnu par une sentence des Requêtes du Palais, du 6 mai 1393. (*Inv. du Chap.*, C. LXXXIV, A, 3 et 4.)

CCCXIII.

« Littere manumissionis Leodegarii, dicti *Parent*, de Bonavalle et Gilete ejus filie [1]. »
(1254, 12 mars.)

« Universis presentes litteras inspecturis, officialis Carnotensis, salutem in Domino. Noveritis quod, in nostra presentia constituti, Leodegarius, dictus *Parent*, de Bonavalle, et Gileta ejus filia confessi fuerunt quod, anno Domini M°CC°L^{mo} tercio, die jovis post dominicam qua cantatur Reminiscere, fuerunt presentes in capitulo Carnotensi, et quod, eadem, confessi fuerunt in capitulo se esse homines de corpore ecclesie Carnotensis. Con-

---

[1] Les archives d'Eure-et-Loir possèdent un certain nombre d'actes originaux de manumissions; nous allons les analyser rapidement, en indiquant seulement les passages les plus remarquables de chacun d'eux. Presque tous ces affranchissements d'ailleurs sont accordés pour l'admission des impétrants à la tonsure, *ad clericatum et tonsuram clericalem.*

1255, le samedi après la Saint-Denis (14 octobre 1255), Herbert, fils de Clément, de Vieil-Allonnes.

1256, le samedi après la Saint-Pierre et Saint-Paul (1er juillet), Gautier, fils du maire d'Amilly. *Item confessus fuit coram nobis dictus Galterus quod ipse, dictis die et anno, juraverat publice in capitulo Carnotensi quod si majoria Capituli Carnotensis ad ipsum Galterum contigerit devenire, ratione successionis vel caduci vel alia ratione, si vellet habere et retinere illam majoriam, dimitteret tonsuram, alioquin dictam majoriam non haberet; et si esset in tali statu quod clericatum vel tonsuram dimittere non posset, non haberet nec peteret majoriam, immo dicta majoria ad proximiores heredes deveniret absque dicti Galteri contradictione.* Cette condition se trouve renouvelée dans toutes les manumissions intéressant des individus qui pouvaient avoir quelques droits à des mairies du Chapitre.

1263, le vendredi après la Saint-Jean-Baptiste (27 juin), Pierre, maire des moines de Coulombs.

1263, le lundi avant la Madeleine (21 juillet), Geoffroy Testivan de Bonneval.

1264, le lundi après la Saint-Jacques et Saint-Philippe (6 mai), Robert Fouquaut de Bonneval et Jeanne, sa femme, fille de Bernard de Saint-Maur, et Alix, leur fille.

1269, le jeudi après la Chandeleur (9 février), Barthélemy Bichot de Voves, Jean, fils de Mathieu Aquariot, et Cheron, fils de Michel Baudry.

1278, le vendredi après la Saint-Pierre et Saint-Paul (1er juillet), Geoffroy Guimont, de Jouy; Raoul Epi-d'Avoine, de Jouy; Thibault, fils de Guillaume, maire de Champseru; Etienne de Mignières, fils d'Alix, veuve de Jean de Mignières, *écuyer*.

Nous nous arrêtons : chaque année les affranchissements deviennent plus nombreux, et nous ne sommes pas éloignés de l'époque où le Chapitre affranchira en masse tous les serfs de ses domaines. Nous ferons cependant remarquer que parmi ces nouveaux affranchis, plusieurs ne semblent pas d'une obscure extraction. Jean de Mignières était fils d'un écuyer, et Etienne Grenet, affranchi en 1317, appartenait à la maison des Grenet, qui depuis est devenue une des plus importantes de Chartres, et qui, dès le XIVe siècle, jouait déjà un certain rôle.

fessi etiam fuerunt coram nobis dicti Leodegarius et Gileta quod ipsi, dicta die jovis, petierunt in capitulo Carnotensi se manumitti ab eodem Capitulo, et quod, dicta die qua manumissi fuerunt a Capitulo Carnotensi et ante manumissionem suam, juraverunt publice in capitulo quod in negociis Capituli Carnotensis et. in eis que tangunt vel tangent Capitulum sive ecclesiam Carnotensem de cetero fideliter se habebunt, nec prestabunt patrocinium, consilium vel auxilium contra Capitulum vel ecclesiam Carnotensem in causis sive negociis que tangunt vel tangent Capitulum sive ecclesiam Carnotensem, vel etiam contra aliquem canonicum Carnotensem, quandiu erit canonicus Carnotensis, nec dolum vel fraudem committent contra Capitulum vel ecclesiam Carnotensem, et si scirent quod injuria atrox vel dampnum grave deberet inferri Capitulo Carnotensi vel eciam canonico Carnotensi, ipsi pro posse suo hoc impedirent, et si non valerent impedire significarent hoc vel significari facerent quam cito commode possent Capitulo et canonico Carnotensi cui injuria deberet inferri. Preterea confessi fuerunt, coram nobis et in jure, predicti Leodegarius et Gileta quod, dictis die et anno, juraverunt ipsi in capitulo quod si contingeret Capitulum Carnotense seu aliquem canonicum Carnotensem habere causam seu querelam contra aliquem hominem seu aliquam feminam sive contra plures super hoc, quod Capitulum sive aliquis canonicus Carnotensis dicat quod aliqui vel aliquis sint homines vel femine de corpore ecclesie Carnotensis, contra quos Capitulum seu canonicus Carnotensis habebunt querelam seu causam, ipsi Leodegarius et Gileta super hoc ferent sine compulsione aliqua legitimum testimonium, absque hoc quod faciant seu prestent gagium duelli, ad requisitionem Capituli Carnotensis seu canonici, de parentela sive genere alicujus sive aliquorum contra quos Capitulum seu canonicus Carnotensis habebunt querelam sive causam, etiam si aliquis vel aliqui contra quos habebunt querelam attingebant predictos Leodegarium et Giletam in proximiore gradu. Item confessi fuerunt dicti Leodegarius et Gileta, in jure coram nobis, quod ipsi, predictis die et anno, juraverunt in capitulo Carnotensi quod ipsi non facient nec procurabunt fieri communiam in civitate Carnotensi vel alibi, immo impedient pro posse suo ne fiat, et si facta fuerit non erunt de illa communia; et si contra hunc articulum venirent, ipso facto in pristinum jugum servitutis redirent. Juraverunt etiam quod ipsi contra ecclesiam Carnotensem seu contra aliquem canonicum Carnotensem aliquam conspirationem non facient seu colligationem, et si facta fuerit non erunt de conspiratione seu colligatione predicta. In cujus rei testimonium et munimen, presentes litteras sigillavimus sigillo curie Carnotensis. Datum anno Domini M°CC°L^mo tercio, die veneris post dominicam qua cantatur Reminiscere. »

(*Orig. en parch. scellé;* Arch. d'Eure-et-Loir, fonds du Chap., C. X, F, 14.)

CCCXIV.

(1254, juin.)

Pierre de Fontenay, chanoine de Chartres, s'étant engagé par serment à assigner au Chapitre avant la Nativité de saint Jean-Baptiste une rente de 11 livres, Etienne, maire d'Amilly [1], à la prière dudit chanoine, engage au Chapitre pour cette rente sa mairie d'Amilly, et ledit Pierre promet que dans un espace de trois ans il fera acquisition d'un héritage sur lequel seront assignées ces 11 livres de rente.

(*Orig. en parch.;* Arch. d'Eure-et-Loir, fonds du Chap., C. LXXXIV, A, 1.)

CCCXV.

« Quod Episcopus possit conferre prebendam Medonte, non obstante consuetudine et juramento per eum prestito. »

(1254, 11 septembre.)

« Innocentius, episcopus, servus servorum Dei, venerabili fratri episcopo Carnotensi, salutem et apostolicam benedictionem. Devocionis tue meretur sinceritas ut tuis supplicationibus in hiis que digne postulas favorabiliter annuamus. Sane lecta nobis ex parte tua peticio continebat quod, cum olim, sicut moris est, in tua promotione juravisti te antiquas et approbatas, scriptas et non scriptas, consuetudines Carnotensis ecclesie servaturum, in quibus inter alia continetur quod prebendas, personatus, dignitates et alia beneficia, que pro tempore vacare contingeret, personis ydoneis conferre deberes infra menia civitatis et in capitulo Carnotensi, tandem bone memorie

---

[1] En 1298, le 25 janvier, Etienne, maire de Reboulin et d'Amilly, fils du susdit Etienne et de Bourgine, sa femme, constitue, au profit de Renaud de Villeneuve-Guyard, chanoine, 10 livres de rente perpétuelle sur la mairie d'Amilly. En 1348, le samedi après la Saint-Rémy (4 octobre), Guillaume Volant, maire d'Amilly, et Alix, sa femme, vendirent à Gui des Fouchers, chanoine de Chartres, cent sous tournois de rente sur la mairie d'Amilly. (*Orig. en parch.;* fonds du Chap., C. LXXXIV, A, 1.) — Voir ci-dessus, n° CCCX.

G[ilo], archiepiscopus Senonensis, una cum suffraganeis suis, in detestacionem crudelitatis horrende, per excidium quondam R[aginaldi], cantoris Carnotensis, apud Carnotum, nequiter perpetrate [1], provinciali concilio convocato, de voluntate et assensu majoris et sanioris partis Capituli Carnotensis, duxit, deliberatione provida, ordinandum ut, cum Capitulum ipsum secure apud Carnotum morari non posset, infra certum tempus civitatem egredientes eamdem, ad castrum Medunte, ipsius diocesis, se tranferrent, ac residentes apud ecclesiam Beate-Marie loci ejusdem de omnibus negociis spiritualibus et temporalibus, ac etiam de electionibus, inibi libere tractarent et disponerent, sicut in ecclesia Capitulo Carnotensi infra muros civitatis ejusdem tractare et disponere licebat, donec super ipsis esset aliter ordinatum; prolata nichilominus in eodem concilio sentencia excommunicationis in omnes qui contra hujusmodi ordinacionem aliquid attemptarent. Quare nobis humiliter supplicasti ut, dicta ordinacione durante, prebendas et beneficia, necnon personatus et dignitates que in predicta ecclesia Carnotensi vacare contigerit in dicto castro libere valeas, prout ad te pertinet, ydoneis conferre personis, ac de eis ordinare et disponere, ac si in civitate et capitulo existeres memoratis, non obstante juramento predicto quod de consuetudinibus vel statutis memorate Carnotensis ecclesie observandis fecistis, etiam si eodem consuetudines vel statuta generaliter vel specialiter sint a sede apostolica confirmata, indulgere tibi de benignitate sedis apostolica curaremus. Nos itaque tuis supplicationibus inclinati, auctoritate presentium concedimus postulata. Nulli ergo omnino hominum liceat ... Datum Anagnie, III idus septembris, pontificatus nostri anno duodecimo. »

(Bibl. Imp.; *Livre des Priv. de l'égl. de Ch.*, cart. 28 bis, f° 158 r°.)

CCCXVI.

« Privilegium Innocentii IIII, quod Capitulum Carnotense possit morari Medunte. »
(1254, 30 septembre.)

« Innocentius, episcopus, servus servorum Dei, dilectis filiis decano et Capitulo Carnotensi, salutem et apostolicam benedictionem. Cum a nobis

---

[1] Voir ci-après, n° CCCXVI.

petitur quod justum est et honestum, tam vigor equitatis quam ordo exigit rationis ut id, per sollicitudinem officii nostri, ad debitum perducatur effectum. Sane petitio vestra nobis exhibita continebat quod olim inter burgenses Carnotenses ex una parte et servientes quorumdam canonicorum Carnotensium ex altera, in festo Pentecostes, contentione suborta, duobus ex parte ipsorum servientium in contentione hujusmodi a quibusdam civibus Carnotensibus interfectis, et quibusdam concanonicis vestris ne punirentur ex hoc in familiares suos recipientibus homicidas, quia quondam magister Reginaldus de Spina, cantor Carnotensis, quendam ex eisdem canonicis de receptione talium redarguit personarum, hujusmodi redargutionem idem canonicus moleste ferens, ei fuit graviter comminatus, et idem cantor, sequenti nocte, dum ad Matutinas accederet, extitit interfectus [1]; cumque vos postmodum id ad bone memorie Senonensem archiepiscopum, loci metropolitanum, et suffraganeorum suorum audientiam deferre in provinciali concilio curassetis, iidem archiepiscopus et suffraganei ad civitatem Carnotensem, ad inquirendum super hoc, prout ad eorum spectabat officium, accedentes ac excommunicantes omnes illos qui excessum hujusmodi, palliationibus quibuscumque seu fictionibus, occultarent, excommunicatis, prout erant primitus denuntiati, tam qui procuraverant quam illis quorum consilio seu auxilio vel favore fuerat scelus hujusmodi perpetratum, in detestationem hujus criminis, et pro eo quod non erat tutum, vobis volentibus super hoc honorem ecclesie Carnotensis prosequi, in civitate Carnotensi morari, de consensu majoris partis Capituli ejusdem ecclesie, deliberatione provida, ipsius auctoritate concilii, statuerunt ut in villa Medunte, Carnotensis diocesis, Capitulum resideant Carnotense [2], ac in ecclesia Beate-Marie ejusdem loci horas et officia, sicut in ecclesia Carno-

---

[1] Renaud de l'Épine avait été assassiné, dans la nuit du 22 août 1253, par Colin de Chavernay, frère du chanoine Hugues de Chavernay, et par deux clercs, nommés Gilbert le Queux et Jacques la Beloce. Hugues de Chavernay était le chanoine à qui le chantre Renaud de l'Épine avait reproché violemment l'*avouerie* des meurtriers des deux sergents du Chapitre. Voir, sur cette affaire et sur le démêlé qui en fut la cause, le numéro suivant et l'*Histoire de Chartres*, par M. de Lépinois, vol. Ier, p. 139 et suiv.

[2] Le décret du concile provincial de Sens, où siégeaient Gilles Cornut, archevêque de Sens; Renaud de Corbeil, évêque de Paris; Guillaume de Bussy, évêque d'Orléans; Gui de Mello, évêque d'Auxerre; Pierre de Cuisi, évêque de Meaux, et Nicolas, évêque de Troyes, est daté du mercredi après la Saint-Martin d'hiver 1253 (13 nov. 1253). (*Orig. en parch.;* Arch. d'Eure-et-Loir, C. X, A, 5 bis.)

tensi, celebrent, et faciant infra muros ejusdem ville ipsorum singuli residentias consuetas, distributionibus cotidianis et proventibus prebendarum eodem modo et ordine ibidem ac si essent Carnoti vel abessent ministrandis et etiam subtrahendis, nec alibi capitulum fiat, neque tractetur de electionibus vel aliquibus aliis negotiis tam spiritualibus quam temporalibus, pertinentibus ad ecclesiam Carnotensem, nec in ea prefati canonici celebrent antequam super hoc foret aliter ordinatum, nosque processum eundem quem firmiter observari precepimus duximus per nostras litteras approbandum. Porro cum vos, juramento prestito secundum consuetudinem ejusdem Carnotensis ecclesie, teneamini residentias infra muros civitatis facere Carnotensis, de quo in eisdem litteris mentio non habetur, ne juramentum hujusmodi in favorem ejusdem Carnotensis ecclesie introductum in enormem ipsius lesionem redundare ac hujusmodi occasione negotii predicti processus impediri contingat, nos vestris supplicationibus quas in hac parte prompto favore prosequimur inclinati, auctoritate vobis presentium indulgemus ut juramento et consuetudine antedictis seu quolibet statuto ipsius ecclesie contrario juramento, confirmatione sedis apostolice aut quacumque firmitate alia roboratis, nequaquam obstantibus, in nominata villa Medunte, absque nota vel reatu perjurii, primas et alias residentias facere valeatis, prout consuevistis hactenus in sepedicta ecclesia Carnotensi, donec super premissis ad honorem Dei et ecclesie memorate aliter ordinatum fuerit vel provisum. Nulli ergo hominum. . . . Datum Anagnie, II kalendas octobris, pontificatus nostri anno duodecimo [1]. »

(*Orig. en parch.;* Arch. d'Eure-et-Loir, fonds du Chap., C. X, A, 5 bis.)

[1] Innocent IV adressa à la même date des lettres semblables à l'archevêque de Sens. L'année suivante, le 2 des calendes d'octobre (30 septembre 1255), le pape Alexandre IV confirma la bulle de son prédécesseur. En 1256, le jour de la Conversion de Saint-Paul (25 janvier), Henri Cornut, nouvel archevêque de Sens, confirma de son côté le décret du concile provincial de Sens. La même année, le Chapitre revint dans la ville de Chartres, mais de nouvelles contestations s'étant élevées avec le comte et les bourgeois au sujet de la clôture du cloître, un nouveau concile provincial de Sens permit, le mardi après la Saint-Luc (24 oct. 1256), aux chanoines de Chartres de fixer leur résidence à Etampes. Ils demeurèrent au reste à peine quelques mois dans cette ville; nous voyons en effet, par une bulle du pape Alexandre IV en date du 28 février 1257, qu'à cette époque le Chapitre était de retour à Chartres. (*Orig. en parch.;* Arch. d'Eure-et-Loir, C. X, A, 5 bis et 5 ter. — Voir également ci-après, nos CCCXXIV et CCCXXVII.)

CCCXVII.

« Sententia contra quosdam infrascriptos qui Renaldum de Spina interfecerant. »
(1255, 19 juillet.)

« In nomine Patris et Filii et Spiritus Sancti, amen. Anno Domini M°CC° quinquagesimo quinto, die martis in festo beati Arnulphi continuata a die lune precedenti, nos Henricus, Dei gratia, Senonensis archiepiscopus, Renaudus, Parisiensis, Guillelmus, Aurelianensis, Guido, Altisiodorensis, Nicholaus, Trecensis, Dei gratia, episcopi, et Alermus, miseracione ejusdem, electus Meldensis confirmatus, in negocio inquisitionis, facte auctoritate concilii provincialis, super interfectione bone memorie R[aginaldi], quondam cantoris Carnotensis, auditis probacionibus et presumpcionibus habitis contra Hugonem de Chavergneio, canonicum Carnotensem, et Colinum, fratrem ejus, qui se voluntati et ordinacioni concilii submiserunt, prestito super hoc juramento et apposita pena, de bonorum consilio, dictum nostrum et ordinacionem nostram proferimus in hunc modum, videlicet quod dicti Hugo et Colinus frater ejus, per quinquennium continuum, apud Obsevefort, in Anglia, morentur, et, elapso dicto quinquennio, non revertentur citra mare, nisi prius nos, archiepiscopus Senonensis et suffraganei nostri, certificati fuerimus a diocesano loci illius et aliis personis autenticis per patentes litteras quod, per dictum continuum quinquennium, moram fecerint in loco supradicto, et precipimus ut iter arripiant, infra octabas Assumptionis beate Virginis continue profecturi. Et exnunc privamus perpetuo dictum Hugonem voce et loco in capitulo Carnotensi, ita quod in electionibus vel aliis tractatibus in Carnotensi capitulo se non ingerat de cetero nec aliquatenus admittatur. Item nos, iidem supradicti, eisdem anno et die, in negocio inquisitionis, facte auctoritate provincialis concilii, super interfectione cantoris predicti, auditis confessionibus Gileberti, dicti Coci, et Jacobi, dicti *la Beloce*, clericorum, et aliis pluribus habitis contra ipsos, de consilio bonorum, auctoritate ejusdem concilii, sententialiter diffinivimus dictos Gilebertum et Jacobum in carcere retrudendos, donec auctoritate concilii extrahantur, et si extrahuntur, auctoritate concilii exnunc diffini-

mus ipsos ultra mare in terra Jherosolimitana exilio perpetuo deportandos [1].
Actum Parisius, anno et die martis predictis. »

(*Orig. en parch.;* Arch. d'Eure-et-Loir, fonds du Chap., C. XI ter, A, 3.)

CCCXVIII.

« De annualibus canonicorum Carnotensium. »

(1255, octobre.)

« Universis presentes litteras inspecturis, magister Richerus Blesensis et magister Petrus de Fontaneto, canonici Carnotenses, salutem in Domino. Noveritis quod cum abbas et conventus Sancti-Johannis-in-Valleia Carnotensis peterent quinquaginta solidos carnotenses sibi reddi a venerabilibus viris decano et Capitulo Carnotensibus pro quolibet annuali canonicorum Carnotensium cedentium sive decedentium quando continget dictos religiosos habere annuale seu annualia in ecclesia Carnotensi, et dicti decanus et Capitulum Carnotense, recognoscentes dictos denarios deberi dictis abbati et conventui ratione annualium predictorum, dicerent non esse certum a quibus dicta summa peccunie dictis religiosis reddi deberet : tandem dicti decanus et Capitulum super hoc nostre inquisitioni et ordinationi se commiserunt. Nos igitur, habita deliberatione et diligenter super hoc inquisita veritate, ita ordinamus et pronunciando dicimus quod canonici Carnotenses qui profecti sunt et pro tempore proficientur a Capitulo Carnotensi ad preposituras recipiendas et equandas, reddent, vice et nomine Capituli Carnotensis, in compoto prepositurarum, quando canonici Carnotenses viventes de dictis prepositur is suam portionem percipient, dictis abbati et conventui [2] . . . . solidos

---

[1] En effet, par décret daté du lundi, veille de la Saint-Pierre-aux-Liens, 1256 (1er août), et adressé aux abbés de Saint-Père, de Saint-Jean-en-Vallée et de Saint-Cheron, le concile provincial de Sens, où siégeaient Henri Cornut, archevêque de Sens; Mathieu des Champs, évêque de Chartres; Renaud de Corbeil, évêque de Paris; Guillaume de Bussy, évêque d'Orléans; Gui de Mello, évêque d'Auxerre; Alerme de Cuisi, évêque de Meaux; Nicolas, évêque de Troyes, et Guillaume de Grandpuy, élu de Nevers, décida que Jacques la Beloce et Gilbert le Queux seraient tirés de prison, mais partiraient de suite pour la Terre-Sainte pour y demeurer jusqu'à leur mort, en fournissant chacun une caution de cinq cents livres tournois, pour garantie de la pleine exécution de ce décret. (*Orig. en parch. scellé;* Arch. d'Eure-et-Loir, C. XI ter, A, 3 bis.)

[2] Le parchemin est entièrement déchiré dans cet endroit.

pro quolibet annuali canonicorum cedentium sive decedentium in ecclesia Carnotensi, quando annuale sive annualia predicta evenient, una cum sexaginta solidis eisdem abbati et conventui debitis de dictis preposituris, pro prebenda dicti abbatis quam habet in ecclesia Carnotensi. In cujus rei testimonium, presentibus litteris sigilla nostra duximus apponenda. Datum anno Domini M°CC°L° quinto, mense octobri. »

(Bibl. Imp.; *Liv. des Priv.*, cart. 28, p. 196.)

CCCXIX.

« Quedam relacio episcopi Aurelianensis de pace inter Capitulum et J[ohannem] comitem Blesensem. »

(1256, 8 mars.)

« Viris venerabilibus et dilectis suis decano et Capitulo Carnotensis ecclesie, Guillelmus, divina miseratione, Aurelianensis ecclesie minister indignus, salutem et sinceram in Domino caritatem. Noveritis quod discordia que inter vos, ex una parte, et nobilem virum Johannem [1], comitem Blesensem, ex alia parte, vertebatur, nobis mediantibus est sopita, et, si in compromissione facta inter vos et dictum comitem aliquid durum vobis forsitan videatur, aut etiam minus dictum, hoc equanimiter sustinere velitis, et nobis potius quam venerabilibus viris archidiaconis Carnotensi et Blesensi et magistro Petro de Castra, concanonico vestro, imputetis. Hoc autem factum est pro bono pacis et pro affectione bona quam videtur habere dictus comes erga vos et ecclesiam Carnotensem. Formam autem compositionis predicte fratres Hugo et Galeranus, de ordine Fratrum Predicatorum, latores presentium, vobis exponent plenius viva voce, quibus, quantum de hoc, fidem adhibere velitis. Sciatis insuper quod dictus Comes precepit, in presentia nostra, castellano suo Carnotensi quod dictus castellanus, vel pre-

---

[1] Jean de Châtillon, déjà comte de Blois depuis 1241, hérita du comté de Chartres en 1256, à la mort de Mathilde, sa cousine-germaine. Il mourut en 1279. Voir l'obit de ce prince, inscrit au *Nécrologe*, à la date du jour des nones de mai. Cette charte et d'autres documents rapportés par M. de Lépinois (*Histoire de Chartres*, vol. Ier, p. 141 et suiv.), prouvent que la comtesse Mathilde mourut en 1256 et non en 1269, comme le dit à tort l'*Art de vérifier les dates.*

positus suus Carnotensis, emendam faciant de interdicto posito in ecclesia vestra, vel alius, loco dicti comitis, secundum quod de emenda interdicti per comitem Carnotensem vel ejus gentes consuetum est fieri in ecclesia Carnotensi. Prepositus vero Carnotensis, pro negligentia sua, factum per se specialiter nichilominus emendabit. In cujus rei memoriam et testimonium, presentes litteras sigilli nostri munimine fecimus roborari. Datum anno Domini M°CC°L° quinto, die mercurii post Brandones. »

(Bibl. Imp.; *Liv. des Priv.*, cart. 28 bis, f° 157 r°.)

CCCXX.

« Privilegium Alexandri pape, de decimis novalium. »

(1256, 22 mai.)

« Alexander, episcopus, servus servorum Dei, dilectis filiis decano et Capitulo Carnotensi, salutem et apostolicam benedictionem. Solet annuere sedes apostolica piis votis, et honestis petentium precibus favorem benivolum impartiri. Eapropter, dilecti in Domino filii, vestris justis postulationibus grato concurrentes assensu, ut, in parrociis illis in quibus veteres decimas percipitis, novalium quoque decimas, de quibus aliquis hactenus non percepit, pro ea portione qua veteres vos contingunt, percipere valeatis, auctoritate vobis presentium indulgemus, cum illi qui de laboribus terre parrochiarum decimas percipiunt de novalibus eas exigere satis possint. Nulli ergo omnino hominum liceat... Datum Laterani, xi kalendas junii, pontificatus nostri anno secundo. »

(Bibl. Imp.; *Livre des Priv. de l'égl. de Ch.*, cart. 28, p. 143.)

CCCXXI.

(1256, août.)

Acquêt par Renaud de Châteaudun et Richer de Blois, chanoines, exécuteurs testamentaires de Barthélemy de Moncy, chambrier de l'église de Chartres, sur Guillaume de Ferrières, clerc, de cinq pièces de terre arable à Villars [1], quarum una pecia, continens dimidium modium seminis, sita est juxta cheminum per quod itur de Villais ad Carnotum et vocatur Campus-ad-Divinum; altera pecia, continens quatuor sextaria seminis, vocatur Quarellum senterii de Noviacò ; alia pecia, continens duo sextaria seminis, sita est juxta terram Lorelli de Portis; alia pecia, continens unum sextarium seminis, sita est apud Perrerias de Noviaco; alia pecia, continens tres minas seminis, sita est apud dictas Perrerias..... »

(*Orig. en parch.*; Arch. d'Eure-et-Loir, fonds du Chap., C. XCIV, A, 3.)

CCCXXII.

« Quod justicia domorum prope Portam-Novam, que dicuntur de Sendarvilla, est Capituli. »
(1256, 23 octobre.)

« Universis presentes litteras inspecturis, magister Philippus de Milliaco, subdecanus Carnotensis .... *Un différend s'étant élevé entre le doyen et le Chapitre de Chartres, Jean, archidiacre de Chartres, et Guillaume de Pré-Grimaud, chanoine, tous deux prébendiers de Sandarville, et Hersende, hôtesse du Chapitre et desdits prébendiers, d'une part, et le prévôt de Chartres, d'autre part, sur ce que le prévôt et ses sergents étaient entrés de vive force pendant la nuit,* in quadam domo sita, Carnoti, in vico qui dicitur Porta-Nova, ante domum Petri, notarii domini episcopi Carnotensis, *maison habitée par Hersende, et avaient frappé ladite hôtesse, et lui avaient enlevé une partie de ses effets, en violation des priviléges du Chapitre, les parties élurent pour arbitres Philippe de Porte-Morard, de la part du Chapitre, et Geoffroy de Brou,*

---

[1] Au mois de juillet 1260, le Chapitre acquit, moyennant 80 livres chartraines, de Thibault de Villars, Lucie, femme du maire de Saint-Maurice, et Alix, femme de Geoffroy Frallavoine, sœurs dudit Thibault, *quoddam herbergamentum, cum virgulto et terra adjacentibus, et omnibus et singulis ejus pertinentiis, necnon et omnes et singulas terras ad majoriam de Villosio pertinentes, et omnes paleas, stramina, forragia, trituratores et omnes et singulas alias res quas, ratione dicte majorie, habebant vel habere poterant seu debebant in granchia de Villosio et apud Villosium et in territorio dicte ville.* (*Orig. en parch.*; fonds du Chap., C. XCIV, A, 2.)

clerc du comte de Chartres, de la part du prévôt[1]. Actum die lune ante festum beati Luce Evangeliste, anno Domini M°CC°L°° sexto. »

(*Orig. en parch.*; Arch. d'Eure-et-Loir, fonds du Chap., C. V, F, 2.)

CCCXXIII.

(1256.)

Bail par le Chapitre à Gui, maire de Dammarie[2], du four dudit lieu, avec une maison, verger et une pièce de terre contenant environ un setier, assis audit lieu, moyennant 100 sous de rente annuelle.

(*Inv. du Chap.*, C. XCII, A, 2.)

CCCXXIV.

Alexandri papæ quarti, de claustri vallatione et quibusdam statutis.

(1257, 28 février.)

« Alexander, episcopus, servus servorum Dei, dilectis filiis decano et Capitulo ecclesie Carnotensis, salutem et apostolicam benedictionem. Hiis que ab ecclesiarum prelatis pro ipsarum utilitatibus provide statuuntur libenter adicimus apostolici muniminis firmitatem, ut intemerata consistant cum nostro fuerint presidio communita. Significastis siquidem nobis quod cum, quondam cantore ecclesie vestre a quibusdam iniquitatis filiis interempto, non possetis secure in vestra ecclesia commorari, dilecti filii Johannes et Symon, archidiaconi, et quidam alii ecclesie vestre canonici, de communi assensu et de auctoritate vestra, provide statuerunt ac etiam ordi-

---

[1] On ne retrouve point la suite de cette affaire; mais il paraît certain que les arbitres se prononcèrent en faveur du Chapitre, car la justice des maisons de Sandarville ne lui fut jamais contestée dans la suite.

[2] En 1295, Philippe de Cornillon, chanoine et archidiacre de Dunois, acquit la mairie de Dammarie et. dépendances, sur Jean, curé et maire dudit lieu. Il augmenta cette acquisition, en 1298 et 1299, d'une maison et d'un setier de terre assis devant la léproserie. En 1301, il bailla à toujours la mairie et le four de Dammarie à Jean le Sueur de Morancez et à Agnès, sa femme, moyennant 36 livres chartraines de rente, qui, après la mort dudit Philippe, devaient appartenir au Chapitre. (*Inv. du Chap.*; C. XCII, A, 2.)

narunt ut claustrum ejusdem ecclesie certo ambitu vallaretur [1], et presentes canonici, domos infra hujusmodi ambitum aut per domos suas in claustrum ipsum introitum non habentes, cotidianas distributiones percipiant, ac si in ipsa ecclesia horis matutinalibus interessent, dummodo, infra muros civitatis Carnotensis pernoctantes, aliquibus duabus horis diei in divinis officiis presentes habeantur in ecclesia supradicta, alia nichilominus edentes pro ipsius ecclesie utilitate statuta salubria et honesta, prout in litteris inde confectis dicitur plenius contineri. Nos igitur vestris devotis supplicationibus inclinati, statuta hujusmodi, sicut provide ab archidiaconis et canonicis predictis sunt edita, rata habentes et grata, illa, non obstante qualibet consuetudine vel statuto ipsius ecclesie contrariis, vallatis juramento vel quavis firmitate alia, auctoritate apostolica confirmamus et presentis scripti patrocinio communimus. Nulli ergo omnino. . . . . Datum Laterani, II kalendas martii, pontificatus nostri anno tercio. »

(*Orig. en parch. bullé;* Arch. d'Eure-et-Loir, fonds du Chap., C. X, A, 16.)

CCCXXV.

(1257, août.)

Lettres de Mathieu, évêque de Chartres, par lesquelles, sur l'enquête préalablement faite de l'usage ancien du Chapitre touchant le nombre des chanoines-prêtres requis dans l'église de Chartres, il reconnaît que ce nombre doit être de treize, non compris le Doyen et l'abbé de Saint-Jean-en-Vallée, et qu'il ne peut disposer d'aucune prébende vacante en faveur d'aucun clerc, constitué en ordres inférieurs, et déterminé à y rester, jusqu'à ce que le nombre des chanoines-prêtres soit rempli, ou du moins jusqu'à ce que ceux qui doivent le compléter, quoique non prêtres actuellement, soient en état et volonté de recevoir l'ordre de prêtrise dans le cours de l'année, à compter du jour de leur réception.

(*Inv. du Chap.;* C. II, AA, 1.)

CCCXXVI.

(1257.)

Acquêt par le Chapitre sur Pierre du Marchais, chevalier, et sa femme, de tous les champarts, cens, poules, rentes, corvées et autres droits qu'ils avaient à prendre

---

[1] Voir ci-dessus, le n° CCCXVI et les notes qui l'accompagnent.

au village de Puiseaux, et de toutes les redevances dont étaient tenus envers eux les hôtes du Chapitre audit lieu; item de deux fiefs particuliers avec les droits féodaux en dépendants situés audit lieu de Puiseaux, et enfin de 17 setiers et mine de grain de redevance annuelle [1].

(*Inv. du Chap.*, C. CXIII, P, 2.)

CCCXXVII.

« Littera qualiter Vice-dominus non potest habere posternam seu introitum extra claustrum ad domum suam. »

(1258, avril.)

« Universis presentes litteras inspecturis, Matheus, Vice-dominus Carnotensis, miles, salutem in Domino. Cum venerabiles viri decanus et Capitulum Carnotense, de voluntate et assensu excellentissimi domini Ludovici, regis Francorum illustris, clauderent claustrum, muros cum quernellis, portas et posternas in eisdem muris faciendo, nos quia impedimentum et calumpniam poneremus in curia domini regis,... proponentes contra ipsos quod jus faciendi premissa non haberent, eo quod exitus et egressus ad domos nostras quas habemus in claustro predicto nobis libere non patebatur sicut ante dicti claustri clausuram;.... assereremus eciam portam seu posternam et viam sitas inter domum nostram et ecclesiam Sancti-Stephani esse de pertinenciis domus nostre.... *Pour vider ce différend, un arbitrage eut lieu, de l'assentiment des parties, et le sous-doyen, Renaud de Beaumont, et Renaud Léger, chanoines, arbitres choisis, décidèrent que le Chapitre avait le droit de clore le cloître; et que le Vidame ne pouvait pas ouvrir de portes donnant de sa maison hors du cloître, mais qu'il lui était permis d'ouvrir les fenêtres hautes*, ad beneficium luminis et prospectus.... *Le Vidame déclare accepter ce jugement et s'engage et*

---

[1] Pierre du Marchais avait acquis ces biens de Raoul Chevrel et sa femme en 1256; il eut même, au sujet de cet acquêt, avec le Chapitre, un différend qui fut réglé par l'archidiacre de Blois et Guillaume de Manlia, chanoine, au sujet d'une bovée de terre dont le Chapitre lui contestait la justice. (*Inv. du Chap.;* C. CXIII, P, 2.)

Les biens vendus par Pierre du Marchais constituèrent la prêtrière de Puiseaux, donnée en 1258 à Renaud de Beaumont, chanoine, et qui s'accrut successivement : d'un hébergement et 33 setiers de terre au terroir de Marolles, acquis, en 1257 et 1258, par Jean Groignet, chanoine, et de la mairie de Puiseaux, vendue en 1295 à Guillaume d'Essay, chanoine, par Jean de Puiseaux et ses enfants. (*Inv. du Chap.;* C. CXIII, P. 3, 4 et 5.)

engage ses successeurs à le respecter. Actum anno Domini M°CC°L° octavo, mense aprili.

(Bibl. Imp.; *Livre des Priv. de l'égl. de Ch.*, cart. 28, p. 192.)

CCCXXVIII.

« De duodecim solidis et octo denariis annui census in claustro. »
(1258, avril.)

« Universis presentes litteras inspecturis, Almarricus de Levesvilla [1], miles, salutem in Domino. *Il a vendu au Chapitre, pour 80 livres de chartrains, 12 sous 8 deniers de rente qu'il tenait en fief, à titre héréditaire, de Geoffroy d'Ouarville* [2], *chevalier, sur les maisons de feu Etienne Bretel, sises au cloître et hors du cloître, sur une autre maison contiguë aux premières qui appartint jadis à Guillaume, seigneur de Ver* [3], *et à Isabelle, sa femme, et sur une place sise au cloître, devant la maison de Guiot Breton.* Datum anno Domini M°CC°L° octavo, mense aprili. »

(Bibl. Imp.; *Liv. des Priv. de l'égl. de Ch.*, cart. 28, p. 153.)

CCCXXIX.

(1258.)

Prise par Roger Passemer du roi saint Louis, de 79 acres et 3 vergées de terre, assis en la paroisse de Cottevrard [4], avec le droit de corvée et toute justice, moyennant 38 livres 18 sous de rente annuelle et perpétuelle.

(*Inv. du Chap.*, C. LXIII, K, 1.)

---

[1] Amaury de Levesville, fils d'Evrard II de Levesville, tenait en fief, du doyen Hugues de la Ferté, des terres situées à Prasville, dont ce doyen fit présent à l'église de Chartres (*Nécrologe*, à la date du 4 des nones de mai).

[2] La puissante famille d'Ouarville fournit, aux XII⁰ et XIII⁰ siècles, plusieurs membres distingués au Chapitre de Notre-Dame. L'un d'eux, nommé Geoffroy, peut-être frère du chevalier du même nom, figure au *Nécrologe*, à la date du 5 des calendes de juin, année 1256.

[3] Guillaume III de Ver, de la maison de Chartres, était fils de Guillaume II, qui amortit, en 1226, avec sa mère Edeline et ses frères Evrard, Renaud et Robert, la terre de Panthoison sur laquelle l'abbaye de l'Eau venait d'être construite. (Arch. d'Eure-et-Loir, *fonds de l'abb. de l'Eau*).

[4] La terre et seigneurie de Cottevrard fut aliénée, en 1284, par le roi Philippe-le-Hardi, en faveur de Raymond Passemer et de Nicolas Marc-d'Argent, moyennant 117 livres 3 sous

CCCXXXI.

« Beati Ludovici de fundacione altarium Angelorum et Virginum et viginti libris pro certis anniversariis. »

(1259, août.)

« In nomine sancte et individue Trinitatis, amen. Ludovicus, Dei gracia, Francorum Rex. Notum facimus universis quod super procuracione seu gisto quod apud Carnotum, in domo episcopi, super episcopum habebamus et super alia procuratione seu gisto quod apud Fresneium [1] villam suam ab eodem episcopo petebamus, inter nos, pro nobis et nostris successoribus, et dilectum et fidelem nostrum Matheum, Carnotensem episcopum, pro se et successoribus suis, consenciente Capitulo Carnotensis ecclesie, talis compositio intercessit, quod nos omne jus gisti seu procuracionis hujusmodi quod ab ipso episcopo vel ejus successoribus exigere poteramus, omnino memorato episcopo suisque successoribus quittavimus im perpetuum et quitamus, ita quod nec nos nec successores nostri possimus, ab ipso episcopo vel ejus successoribus, ratione gisti vel procurationis, in predictis locis nec alibi, ullo unquam tempore aliquid exigere in futurum. Idem autem episcopus, pro hac quitatione et pace, promisit nobis et concessit dare quinquaginta libras turonenses annui redditus im perpetuum, de quibus taliter duximus ordinandum, videlicet quod nos, ob devocionem precipuam quam ad ipsam ecclesiam Beate-Marie Carnotensis habemus,

---

6 deniers de rente annuelle. A cette seigneurie était attaché un droit de garenne considérable, pour lequel les acquéreurs eurent, devant le bailli de Rouen, un long procès avec Robert du Bois-Rohard, écuyer. (*Inv. du Chap.*; C. LXIII, K, 1 et 2.) — En 1315, Louis X, et, en 1318, Philippe V assignèrent sur les terres de Cottevrard et du Pont-Saint-Pierre, en la vicomté de Rouen, 400 fr. de rente au profit de Martin des Essarts, bourgeois de Rouen, maître-d'hôtel du roi, pour décharger d'autant le trésor royal. Le 14 septembre 1372, le Chapitre acquit, moyennant 2,197 francs d'or, de Jacques des Essarts, écuyer, frère et héritier de Pépin des Essarts, les fiefs de Cottevrard et du Pont-Saint-Pierre, connus sous le nom de fief Pépin des Essarts, avec plusieurs maisons sises à Rouen, juxte la porte Beauvoisine, dépendant également de ce fief. — Le 14 janvier 1571, le Chapitre abandonna à Jacques Parmentier, écuyer, sieur de Caulmont, le fief et terre de Cottevrard et dépendances, et, en 1579, Jacques Parmentier le céda à Jean le Noble, seigneur de Grosmesnil, en échange de deux maisons, sises à Dieppe. (*Inv. du Chap* ; C. LXIII, K, 3, 3 bis, 7, 30 et 31.)

[1] Voir n° XLIX.

necnon divini amoris intuitu et ob remedium anime nostre et antecessorum nostrorum, de predicto redditu duas capellanias in eadem ecclesia institui volumus et fundari in duobus nominibus, quorum unum, a dextra parte prope introitum porte Crucis ejusdem ecclesie, in honore cunctorum sanctorum Angelorum Dei; aliud vero, a sinistra parte propre introitum porte Crucis ejusdem ecclesie, in honore omnium sacrarum Virginum construentur. Quorum uterque capellanus, de predicta summa, quindecim libras turonenses, ad talem terminum percipiet annuatim [1], videlicet centum solidos in crastino sancti Remigii, et alios centum in crastino Candelose, et alios centum solidos in crastino Ascensionis dominice. Tenebitur autem uterque ipsorum, diebus singulis, pro nobis quandiu vixerimus, per se vel per alium, si legitimum impedimentum haberent, missam celebrare secundum quod est in ecclesia consuetum. Et frequentius missam de Sancto-Spiritu et de beata Dei genitrice petimus celebrari, et in omnibus missis pro nobis collectam dici et orationem fieri specialem. Singulis autem diebus sabbati, ad altare de Sanctis Virginibus, missam de gloriosa Virgine regina Virginum, et in altari de Sanctis Angelis, qualibet secunda feria, missam de sanctis Angelis celebrabunt, nisi diebus ipsis aliqua sollempnis festivitas eveniret, de qua deberent facere potius officium proprium et sollempne. Post decessum vero nostrum, in predictis duobus altaribus, missam que dicitur pro defunctis fidelibus, singulis diebus, uterque celebrare tenebitur capellanus, excepto quod in diebus sabbati ad altare de Virginibus missa de beata Virgine et in secundis feriis ad altare de Angelis missa de Angelis celebrabitur, sicut superius est expressum. Diebus tamen sollempnibus in quibus non consuevit ecclesia celebrare pro Mortuis, poterunt officium celebrare quod sollempnitati competet aut diei. Collationem autem dictarum duarum capellaniarum nobis retinemus tantummodo prima vice, et postmodum ad Capitulum in perpetuum pertinebit. Volumus autem quod talibus conferantur qui alia ecclesiastica beneficia non habeant et qui jam ad sacerdotium sint promoti, vel qui promoveri debeant in proximis ordinibus successive, et qui personaliter et continue resideant in eisdem. Provideat ta-

---

[1] L'évêque Miles d'Illiers, ayant refusé d'acquitter cette fondation aux chapelains, fut condamné, par une sentence des Requêtes du Palais du 20 octobre 1481, à leur restituer ce qui pouvait leur être dû pour les années écoulées et à leur payer 15 livres chaque année, à l'avenir. (*Orig. en parch.;* fonds du Chap., C. VI, C, 1.)

men Capitulum quod interim, cotidie, pro nobis, sine defectu aliquo, celebretur ibidem, sicut superius est expressum. Donamus autem et concedimus de residuo dicti redditus, ad faciendum distributiones, secundum disposicionem Capituli, canonicis et clericis ejusdem ecclesie, in quinque anniversariis infra nominatis, viginti libras turonenses, videlicet in anniversario clare memorie genitoris nostri Ludovici quatuor libras turonenses; in anniversario pie recordationis genitricis nostre Blanche quatuor libras turonenses; in anniversario recolende memorie fratris nostri R[oberti][1], quondam comitis Attrebatensis, et eorum omnium qui in Egypto et alias in transmarinis partibus nobis ibidem existentibus decesserunt, quatuor libras turonenses; in nostro eciam, post decessum nostrum, similiter quatuor libras turonenses; et in anniversario karissime uxoris nostre Margarete[2], Regine, post decessum ejusdem, quatuor libras turonenses. Que quidem anniversaria sollempniter fieri petimus et ad majus altare diebus obitus nostri, et distributiones anniversariorum illis dumtaxat fiant canonicis et clericis qui interfuerint quolibet anniversario, tam in vigiliis quam in missa. Quandiu autem vixerimus nos et Regina predicta uxor nostra, pro nobis et ipsa, in duobus proximis diebus post octabas Penthecostes, in quibus nullum festum novem lectionum evenerit, una missa de Sancto-Spiritu et alia de beata Virgine debent in eadem ecclesia sollempniter celebrari, et in utraque die quatuor libras turonenses de predicta pecunia distribuentur canonicis et clericis qui affuerint celebrationi missarum. Tenetur autem episcopus Carnotensis et successores ejus, qui pro tempore fuerint Carnotenses episcopi, predictum redditum annuatim sine difficultate persolvere, videlicet triginta libras ad terminum prelibatum pro duabus capellaniis capellanis qui pro tempore deservient in eisdem, et dictas viginti libras Capitulo Carnotensi ad faciendas distributiones in anniversariis antedictis: ita quod si in solutione deficeret terminis prenotatis, nos et successores nostri prefatum episcopum et successores ejus, ad requisitionem Capituli, per captionem bonorum suorum possemus compellere ad solutionem de predicto plenarie faciendam. Quod ut perpetue stabilitatis robur obtineat, presentem paginam sigilli nostri auctoritate ac regii no-

[1] L'obit de Robert d'Artois est inséré au *Nécrologe,* sous la date du 6 des ides de février.
[2] Cette donation est rappelée dans l'obit de Marguerite de Provence, à la date du 5 des ides de novembre.

minis karactere inferius annotato fecimus communiri. Actum Carnoti, anno Domini millesimo ducentesimo quinquagesimo nono, mense augusto, regni vero nostri anno tricesimo tertio. Astantibus in palatio nostro quorum nomina supposita sunt et signa. Dapifero nullo. Signum Johannis [1] buticularii. Signum Affonsi [2], camerarii. Signum Egidii [3], constabularii [4]. »

(*Orig. en parch.*; Arch. d'Eure-et-Loir, fonds du Chap., C. VI, C, 1. — *Cart. capellarum*, f° 25 r°.)

CCCXXXI.

« Littera de domo domini Leugarum sita in claustro. »
(1259, novembre.)

« Universis presentes litteras inspecturis, Johannes de Brueriis, miles, et Eustachia, ejus uxor, salutem in Domino. *Ils déclarent abandonner les plaintes qu'ils avaient élevées contre le Chapitre au sujet de la clôture du cloître et ils reconnaissent avoir reçu dudit Chapitre, à titre de dédommagement, la somme de 55 livres.* Datum anno Domini M°CC°L° nono, mense novembri. »

(*Copie sur pap.*; Arch. d'Eure-et-Loir, fonds Roux. — Bibl. Imp.; *Livre des Priv. de l'égl. de Ch.*, cart. 28, p. 192.)

CCCXXXII.

« Ordinacio quod episcopus Carnotensis tenetur in cibo et potu operariis in argento et auro circa majus altare et Sacram-Capsam laborantibus. »
(1259, décembre.)

« Matheus, permissione divina, episcopus Carnotensis, necnon R[adulphus] [5], decanus, et universitas Capituli Carnotensis, universis presentes litteras inspecturis, salutem in Domino. Notum facimus universis quod cum inter

---

[1] Jean de Brienne, dit d'Acre, mort en 1296.
[2] Alphonse de Brienne, mort en 1270.
[3] Gilles de Trasegnies, dit le Brun, mort avant 1270.
[4] L'analyse de cette donation de saint Louis se trouve dans l'obit de l'évêque Mathieu, inséré au *Nécrologe* sous la date de la veille des calendes de janvier 1259.
[5] Raoul II d'Aubusson, doyen (1259-1272).

nos Matheum, episcopum Carnotensem, ex una parte, et viros venerabiles decanum et Capitulum Carnotense, ex altera, esset contentio super eo videlicet quod nos decanus et Capitulum Carnotense asserebamus quod reverendus pater Matheus episcopus et quilibet episcopus qui pro tempore esset et fuerit episcopus Carnotensis, de usu et consuetudine approbata ecclesie Carnotensis, solvere teneretur expensas omnibus operariis in auro et argento, qui pro tempore operantur seu operati fuerint et operabuntur in futurum in capsa seu circa capsam beate Marie, et in tabula seu circa tabulam que est ante majus altare ecclesie Carnotensis, et in retrotabula sive circa retrotabulam, seu tabellos majoris altaris, et circa ea que pertinent ad majus altare ecclesie Carnotensis, nobis, Matheo, episcopo Carnotensi, in contrarium asserentibus, necnon et super arreragiis seu expensis factis circa predicta, ratione preteriti temporis, contentio verteretur ; tandem nos episcopus et decanus et Capitulum memorati in viros venerabiles Johannem, archidiaconum Carnotensem, et Arnulphum de Berjouvilla, canonicum Carnotensem, compromisimus de omnibus et singulis supradictis [1], promittentes bona fide quod quicquid predictus archidiaconus et Arnulphus super premissis pronunciabunt et ordinabunt, nos Matheus, episcopus Carnotensis, et nos decanus et Capitulum Carnotense inviolabiliter observabimus et faciemus observari : super arreragiis vero commisimus prenominatis Johanni archidiacono et Arnulpho, ut ipsi, ratione preteriti temporis, pronunciarent et ordinarent pro sua voluntate. Nos autem Johannes, archidiaconus, et Arnulphus, canonicus Carnotensis, super premissis omnibus, inquisita diligenter a fide dignis veritate, promittimus et ordinamus quod reverendus pater Matheus, Dei gratia, episcopus Carnotensis, et quilibet episcopus, qui pro tempore fuerit episcopus Carnotensis, solvat de cetero et solvere teneatur omnes expensas, *in cibo et potu*, omnibus operariis in auro et argento, qui pro tempore operantur et operati fuerint et eciam operabuntur in futurum in capsa, sive in sacro scrinio beate Marie Carnotensis, et in tabula que est et erit ante majus altare ecclesie Carnotensis, et in retrotabula seu tabellis qui sunt et erunt super majus altare ecclesie Carnotensis ad dorsum ejusdem altaris. Super arreragiis autem ordinamus, ex causa probabili, quod reverendus pater Matheus, Carnotensis episco-

---

[1] Le compromis entre l'évêque Mathieu et le Chapitre est daté de l'année 1255.

pus, memoratus, super premissis, ratione preteriti temporis, nichil solvere teneatur. In cujus rei testimonium et firmitatem, nos, Matheus, Carnotensis episcopus, et nos, R[adulphus], decanus, et Capitulum Carnotense, necnon et nos, Johannes, archidiaconus Carnotensis, et Arnulphus, canonicus Carnotensis, presens factum et scriptum sigillavimus sigillis nostris. Actum anno Domini millesimo CC°L^{mo} nono, mense decembri. »

(*Orig. en parch.* [1]; Arch. d'Eure-et-Loir, fonds du Chap., C. III, D, 3.)

CCCXXXIII.

(1259.)

Sentence arbitrale sur compromis entre les abbé et religieux de Thiron d'une part et les habitants de la Troche et de la paroisse des Corvées, sujets du Chapitre et de l'Aumône de Chartres d'autre part, touchant les droits de pâturage dans les bois du prieuré de Lédo [2], appartenant auxdits abbé et religieux.

(*Inv. du Chap.*, C. LXII, J, 1.)

CCCXXXIV.

« Littera Regis, super licentia eligendi episcopum. »

(1260, 5 janvier.)

« Ludovicus, Dei gratia, Francorum rex, dilectis suis decano et Capitulo Carnotensi, salutem et dilectionem. Cum nobis obitum bone memorie

---

[1] Cette charte était en effet scellée de quatre sceaux sur double queue de parchemin. Ces sceaux sont aujourd'hui détruits, et il ne reste plus que les attaches de deux d'entre eux; mais ces attaches vont nous permettre de faire une observation assez importante, et qu'il serait facile de généraliser. Pour donner une plus grande authenticité à la pièce, et afin que, si la cire venait à se briser, les attaches servissent elles-mêmes à légaliser l'acte, on écrivait sur le parchemin quelques mots que l'on soulignait dans la charte même. C'est ainsi que dans le titre qui nous occupe, on a choisi les mots *in cibo et potu*, qui sont soulignés dans le texte et répétés sur chacune des queues. C'est ainsi que dans le compromis de 1255, dont nous parlons dans la note précédente, on a souligné trois mots *super eo videlicet*, qui sont également répétés sur les attaches de deux sceaux autrefois suspendus à cette pièce.

[2] Le prieuré de Lédo ou du Loir, autrefois abbaye et détruit au XVIIe siècle, était une des propriétés les plus importantes de l'abbaye de Thiron, à laquelle il avait été donné, vers 1130, par Geoffroy de Lèves, évêque de Chartres, et Goslin, son frère. C'était dans un vaste étang dépendant de ce prieuré que la rivière du Loir prenait autrefois sa source : cet étang, appelé l'étang des Abbés, fut desséché au commencement du XVIIe siècle, par les moines de Thiron, à la suite d'une contestation avec le duc de Sully, leur voisin. Voir *Mém. de la Soc. Arch. d'Eure-et-Loir*, t. Ier, p. 120 et suiv.

M[athei], quondam Carnotensis episcopi, nunciantes, licenciam petieritis a nobis eligendi pastorem, vobis eam benigne concedimus, vos rogantes et requirentes attente quatinus, solum Deum habentes pre oculis, talem vobis et ecclesie vestre eligatis pontificem, qui in spiritualibus et temporalibus valeat fructuosus haberi. Actum Parisius, anno Domini M°CC° quinquagesimo nono, in vigilia Epiphanie. »

(*Orig. en parch.;* Arch. d'Eure-et-Loir, fonds du Chap., C. XI, 20.)

CCCXXXV.

« De fondatione capelle de Frequoto. »

(1260, mai.)

« Universis presentes litteras inspecturis, magister Galterus de Frescoto, canonicus Carnotensis, salutem in Domino. Noverint universi tam presentes quam futuri quod ego, pro remedio anime mee, patris et matris meorum et aliorum antecessorum meorum, dedi, concessi et assignavi in perpetuum capelle quam ego, in honore beate Catharine, sanctorum Stephani et Vincentii et aliorum sanctorum, construxi apud Frescotum [1], in hereditate mea, totam medietariam de Syverio [2], cum herbergamento et omnibus terris arabilibus et inarabilibus et aliis pertinentiis ad eandem medietariam, prout possidentur, et decem et octo denarios annui census, cum gallinis et pertinentiis ad eundem censum, que habebam in dicta villa. Dedi etiam et concessi et assignavi dicte capelle totum locum in quo est sita dicta capella, qui vulgariter dicitur Chesneia, prout extenditur in longum et latum, usque ad viam per quam itur de Frescoto apud molendinum de Prato-Motoso et usque ad fundum fossati quod est inter dictam Chesneyam et plesseyum

---

[1] Le 5 juin 1637, Léonor d'Etampes, évêque de Chartres, réunit à l'archidiaconé de Dunois la chapelle de Frescot, sise en la paroisse de Trizay, à la condition que l'archidiacre célébrerait une messe chaque mois dans cette chapelle. (*Inv. du Chap.*, C. XIII, Y, 15).

[2] La métairie de Civry avait été amortie, en avril 1258, par Jean, seigneur de Montigny, sa femme, et Hugues, son frère; puis, en octobre 1259, par Marie de Frescot, dame de Chavernay, veuve de Geoffroy Gode, écuyer: elle le fut de nouveau en mars 1263 par Geoffroy de la Roche, écuyer. (*Orig. en parch.;* Arch. d'Eure-et-Loir, C. XIII, Y, 2).

Frescoti, et etiam usque ad fundum fossati quod est similiter inter dictam Chesneyam et nemus Frescoti. Dedi insuper et assignavi dicte capelle campum qui est inter dictam Chesneyam et Mileceyum, prout extenditur in longum et latum, a fundo dicti fossati quod est inter dictam Chesneyam et nemus Frescoti usque ad metam que est inter domum defuncti dicti *Troalle* et herbergamentum monachorum Bonevallis, et etiam prout continetur a dicta meta usque ad viam per quam itur de Prato-Motoso apud Frescotum. Dedi etiam et concessi et assignavi capelle predicte quemdam campum, prout continetur in longum et latum, quem habebam apud Terram-Albam, juxta vineas de Bonavalle; et omne jus, justiciam, jurisdictionem, possessionem, proprietatem et dominium que, in omnibus predictis rebus et earum pertinentiis, habebam vel habere poteram, ex quacumque causa, a presbiteris et personis qui pro tempore dictam capellam possidebant, quiete et pacifice tenenda et habenda et in perpetuum possidenda. Ita tamen quod presbiter seu persona qui pro tempore dictam capellam habebit, per se vel per alium, in dicta capella, singulis diebus, tenebitur pro Defunctis celebrare, exceptis diebus dominicis et festivis novem lectionum, et etiam horas canonicas decantare. Et quantum ad omnia permissa tenenda, me et heredes meos universales et singulos obligavi. In cujus rei testimonium et munimen, presentibus litteris sigillum meum apposui. Datum anno Domini millesimo ducentesimo sexagesimo, mense maio. »

(Arch. d'Eure-et-Loir; *cart. capellarum*, f° 26 v°.)

CCCXXXVI.

(1260.)

Accord entre Robin d'Illou et les habitants de Dampierre-sur-Avre, par lequel il paraît que les habitants ont droit d'usage dans les bois dudit Robin en la paroisse de Dampierre [1].

(*Inv. du Chap.*, C. LXIV, L, 1.)

---

[1] Le Chapitre possédait autrefois une prêtrière à Dampierre-sur-Avre; il l'aliéna, en 1687, en faveur d'Etienne Sallé, seigneur du Ménillet, qui céda en échange à l'église de Chartres, cinq quartiers de pré au terroir de Malicorne, en la même paroisse. (*Inv. du Chap.*, C. LXIV, L, 8.)

CCCXXXVII.

(1260.)

Transaction entre le Chapitre et les habitants d'Ingré, au sujet du droit de taille et jalage qu'il avait droit de percevoir à Ingré [1].

(Inv. du Chap., C. LXIV, T, 1.)

CCCXXXVIII.

(1261, 23 mars.)

Bulle du pape Alexandre IV, portant indulgences [2] en faveur de ceux qui visiteront l'église de Chartres le dimanche, veille de saint Luc, jour destiné pour sa dédicace.

(Inv. du Chap., C. III, A, 2.)

CCCXXXIX.

(1261.)

Acquêt fait par Raoul d'Aubusson, doyen de l'église de Chartres, sur Colin, maire de Berchères-sur-Vesgre, de deux batteurs qu'il avait en la grange de Berchères, à cause de sa mairie, et de 10 sous de revenu pour le champart qu'il avait à prendre sur la grange [3].

(Inv. du Chap., C. LXXXV bis, A, 1.)

---

[1] Ce droit de jalage ou jaugeage fut converti en 20 deniers parisis par arpent de vigne. En 1579, le Chapitre consentit à en affranchir les habitants d'Ingré moyennant 510 écus d'or. — Cette redevance féodale était très usitée dans les vignobles de l'Orléanais.
En 1315, Pierre Poliçon acquit, au nom du Chapitre, sur Guillaume le Bouteiller tous les droits de vinage et jalage que ce dernier avait à prendre dans l'étendue des paroisses de Saint-Loup d'Ingré, de la Chapelle-Saint-Maxime, des Ormes, de Saint-Jean-de-la-Ruelle et de Saran. En 1410, Jean Rondeau, et, en 1478, Marion de Sancerre passèrent des aveux et dénombrements au duc d'Orléans pour leur droit de jalage sur certains cantons de vignes à Ingré. (Inv. du Chap., C. LXIV, T, 2, 4, 7 et 12).

[2] En 1370, le pape Grégoire XI accorda une indulgence d'un an et quarante jours en faveur des bienfaiteurs de l'œuvre et fabrique de l'église de Chartres. En 1516, Léon X donna une bulle d'indulgences pour la confrérie de Notre-Dame, établie pour la reconstruction du clocher et du tour du chœur. Enfin, en 1638, un bref d'Urbain VIII accorda une indulgence plénière à tous ceux qui visiteraient l'église de Chartres le jour de l'Assomption. (Inv. du Chap. C. III, A, 3, 13 et 20).

[3] Les possessions du Chapitre à Berchères-sur-Vesgre provenaient, outre cette acquisition, de la donation faite, en 1283, par les exécuteurs testamentaires de Pierre de Villar-

CCCXL.

« Littera de gastis de *Pinçon*. »
(1262, mars.)

« Universis presentes litteras inspecturis, R[adulphus], decanus, et universitas Capituli Carnotensis, salutem in Domino. Noveritis, quod nos, de centum et sexaginta arpentis terre nostre, ad agriculturam redigende, de gastinis nemorum nostrorum de *Pinçon* [1], tradidimus et concessimus Arnulpho, dicto Pellipario, de Ponte-Goeni, centum et viginti arpenta, ad arpentum Beate-Marie, extirpanda et ad agriculturam redigenda, et jure hereditario possidenda ad eisdem Arnulpho et heredibus et successoribus ipsius in futurum, ac, et amplius, si ultra dicta centum et viginti arpenta, dictus Arnulphus et ejus heredes, seu successores, voluerint extirpare et extollere de eisdem; ita videlicet quod dicta centum et viginti arpenta et amplius, si amplius extirpare voluerint, conjuncta, continua ac adherencia existant, in parte illa in qua dictus Arnulphus eligere voluerit eadem, quodam tamen chemino interposito per quod itur de Curvavilla ad forestam. Que centum et viginti arpenta terre, et amplius, si de dictis gastinis amplius habere voluerit, cum omni jure proprietatis quod in eis habemus, quitamus et concedimus dicto Arnulpho et ejus heredibus et successoribus in futurum, tali [conditione] quod idem Arnulphus et ejus heredes et successores tenentur solvere nobis vɪ modios [frumenti], in loco ubi redditus prebendariorum dicti loci solvi consuevit, ad festum sancti Remigii anni Domini M°CC°LX° tercii, et extunc, quolibet anno, ad dictum festum, et in dicto loco decem denarios censuales pro quolibet arpento dicte terre tradito et concesso a nobis dicto Arnulpho, et quod idem Arnulphus infra festum sancti Remigii, quod erit anno Domini M°CC°LX° quarto, tenetur dictam terram, sic a nobis tradi-

---

ceau, chanoine de Chartres, de toutes les pailles et pillons, des blés et avoines, vesses et deniers, perçus en la grange de Berchères, acquise par ledit chanoine sur Jean, maire dudit lieu. (*Orig. en parch.*, fonds du Chap., C. LXVII, B, 34).

Outre ce qu'il possédait à Berchères-sur-Vesgre, Raoul d'Aubusson donna au Chapitre, pour son anniversaire, une maison manable, appartenances et dépendances, appelée la métairie de Brissard, que le Chapitre louait 70 livres tournois en 1280. (*Inv. du Chap.*, C. LXXXV bis, E, 2).

tam, totaliter marnasse ; et quod idem Arnulphus et ejus heredes et successores in futurum decimam et campipartem fructuum in dicta terra excrescencium, nobis, vel mandato nostro, quolibet anno, solvere tenebuntur et garbas dictorum decime et campipartis ducere seu portare apud Carnotum. Et conventum est inter nos et dictum Arnulphum quod dictus Arnulphus vel ejus heredes, racione dicte terre, aliquam talliam nobis solvere non tenebuntur. Verumtamen, si dicta terra ad alios quam ad heredes dicti Arnulphi devenerit, vel alii quam dictus Arnulphus et ejus heredes hostisias ibi fecerint, ipsi, racione dicte terre seu hostisiarum, tenebuntur nobis talliam solvere, quocienscumque terras ecclesie Carnotensis contigerit talliare. Nos enim promittimus bona fide..... In cujus rei testimonium et munimen, presentes litteras dedimus dicto Arnulpho, sigillo nostro sigillatas. Datum anno Domini M°CC°LX° primo, mense marcio. »

(Bibl. Imp.; *Livre des Priv. de l'égl. de Ch.*, cart. 28, p. 175.)

CCCXLI.

« Pacificatio inter episcopum et priorem Sancti-Martini-in-Valle super procuratione episcopi. »

(1264.)

« Universis presentes litteras inspecturis, Petrus, divina miseratione, Carnotensis episcopus, et prior Sancti-Martini-in-Valle Carnotensi, salutem in Domino. Noverint universi quod, cum inter nos verteretur contentio super eo videlicet quod nos prefatus episcopus dicebamus dictum priorem et conventum Sancti-Martini predicti, nomine dicti prioratus, teneri episcopis Carnotensibus qui pro tempore fuerint, in primo adventu suo, post consecrationem suam, ad prioratum Sancti-Martini predictum, in vigilia videlicet sue prime receptionis in ecclesia Carnotensi, una cum secum ibi venientibus canonicis, baronibus, et nobilibus qui sollempni deportationi Carnotensium episcoporum suum obsequium parare tenentur et aliis quibuslibet personis, occasione dictorum episcoporum, tunc ad dictum locum accedentibus, prestare procurationem et expensas, quam recipere prefati episcopi a tempore cujus memoria non extat, una cum predictis personis ad dictum locum secum accedentibus, consueverunt. Quare nos, predictus episcopus, petebamus a predictis priore et conventu plenam satisfactionem nobis fieri de expensis quas feceramus in dicto prioratu Sancti-Martini in vigilia scilicet nostre prime receptionis in ecclesia Carnotensi [1], cum iidem prior et conventus nos et nobiscum accedentes tunc procurare et expensas quas in eodem prioratu faceremus solvere recusassent nobis : predicto priore et conventu econtra multis rationibus asserentibus, et maxime dicentibus ultra quinquaginta libras turonenses ad dictam procurationem et expensas predictum prioratum et conventum minime teneri, taxatione tali ex indulgentia sedis apostolice nobis concessa : et nobis, predicto episcopo, dicentibus indulgentiam predictam, si qua fuit, ex ejusdem sedis provisione revocatam extitisse, et asserentibus dictam procurationem nobis aliisque episcopis Carnotensibus, qui fuerint pro tempore, prestari debere, cum iidem prior et conventus et prioratus eorum ab alia procuratione annua Carnotensibus episcopis exhibenda penitus sint immunes, quanquam priores prioratuum ejusdem ordinis, Carnotensis dyocesis, procurationem Carnotensi episcopo exhibeant annuatim; gravibus autem super predictis inter nos contentionibus subortis, tandem, de bonorum consilio, inter nos compromissum extitit de omnibus premissis, et ad ipsa pertinentibus, alte et basse, in Reverendum Patrem S[imonem], Dei gracia, episcopum Macloviensem [2], ratum et gratum habituri quicquid predictus episcopus super predictis contentionibus, alte et basse, pro bono pacis, duxerit ordinandum [3]. Et debet

---

[1] L'entrée solennelle de Pierre de Mincy eut lieu le dimanche de la Quasimodo, 11 avril 1260, et non 1265, comme nous l'avons dit p. 64 du premier volume. Voici les notes qu'on trouve à ce sujet, f° 36 r° du *Livre noir* (cart. 43 de la Bibl. Imp.) : *Anno Domini M°CC°LX°, die dominica ante festum Tyburcii et Valeriani martyrum, cum reverendus pater Petrus, Dei gracia, Carnotensis episcopus, esset apud Sanctum-Martinum-in-Valle Carnotensi, et deberet, sicut moris est, antequam reciperetur ad processionem in ecclesia Carnotensi, prestare juramentum Capitulo Carnotensi de consuetudinibus ejusdem ecclesie observandis, idem episcopus, in capitulo Sancti-Martini-in-Valle, publice, presentibus multis, juravit quod ipse consuetudines ecclesie Carnotensis antiquas, rationabiles, tam scriptas quam non scriptas, maxime privilegiatas, fideliter observaret.* Et ailleurs : *Sic se expedivit de juramento [Comiti Carnotensi] Petrus episcopus : Promitto bona fide quod non faciam rem per quam Comes vel heredes ipsius perdant civitatem Carnotensem.*

[2] Simon de Clisson, évêque de Saint-Malo (1263-1285).

[3] Le vendredi après la saint Nicolas (12 décembre) 1264, Simon de Clisson rendit son jugement, par lequel les religieux de Saint-Martin-au-Val étaient tenus de fournir aux dépenses de l'évêque et des personnes de sa suite jusqu'à concurrence de 160 livres chartraines, et de plus de les recevoir processionnellement, avec la révérence qui leur est due, *in domibus prioratus predicti ad recipiendos hospites consuetis, et stabulis et etiam in refectorio eorumdem*. Lesdits religieux devaient en outre prêter gratuitement *mensas, formas et vasa coquine, que in refectorio et coquina in dictis domibus ad recipiendos hospites consuetis*

proferre idem episcopus arbitrium suum sive ordinacionem infra Natalem Domini proximo venturum, nisi dictus terminus de consensu nostro fuerit prorogatus; si autem infra dictum terminum predictum arbitrium sive ordinationem a dicto episcopo non proferri contingat, predicte partes erùnt in eodem statu in quo erant tempore facti seu initi compromissi predicti, et omnia jura et privilegia sibi tunc competentia erunt. Dictum est etiam quod, antequam idem episcopus proferat arbitrium sive ordinationem super premissis, venerabiles viri decanus et Capitulum Carnotense et religiosi viri abbas et conventus Majoris-Monasterii Turonensis debent ratificare dictam compromissionem per suas patentes litteras [1]. In cujus rei testimonium, presentibus sigilla nostra duximus apponenda. Datum anno Domini M°CC°LX° quarto, mense septembri. »

(Bibl. Imp.; *Livre noir*, cart. 43, f° 19 r°.)

CCCXLII.

« Rescriptum apostolicum super compromisso facto pro injuria cuidam canonico et advocato ecclesie Carnotensis. »

(1265, 6 mai.)

« Clemens, episcopus, servus servorum Dei, venerabili patri archiepiscopo et dilectis filiis decano et priori secularis ecclesie Sancti-Ursini Bituricensis, salutem et apostolicam benedictionem. Lecta coram nobis dilectorum filiorum decani et Capituli ecclesie Carnotensis peticio continebat quod inter ipsos ex parte una et nobilem virum Johannem comitem, castellanum, prepositos, balivos, servientes et clericos ipsius comitis et mercerios Carnotenses, super fractione domus Reginaldi Colli-Rubei [2], civis Carnotensis, advocati quondam Reginaldi de Bello-Monte, canonici ejusdem ecclesie, necnon super modo advocationis burgensium Carnotensium,

invenirent. Ce droit de procure et de gîte une fois acquitté, le prieur et les religieux ne devaient rien autre à l'évêque, *nisi ex gracia*. (Bibl. Imp.; *Livre noir*, cart. 43, f° 19 v°.)

[1] La ratification de l'abbé et du couvent de Marmoutier est du mois de novembre 1264 (Bibl. Imp.; *Livre noir*, cart. 43, f° 19 r°).

[2] La famille Col-Rouge avait une certaine importance à Chartres à cette époque. Gui Col-Rouge, abbé de Saint-Père, mourut le 21 juin 1272.

quos canonici dicte ecclesie ad sua obsequia advocabant [1], captione matricularii dicte ecclesie, ac contentionibus et rebus aliis ex altera materia questionis exorta, fuit tandem super hoc in venerabiles fratres nostros Belvacensem, Autisiodorensem et Ebroicensem episcopos et dilectos filios fratrem Symonem, tunc priorem fratrum Predicatorum Parisiensium, et magistrum Henricum de Virziliaco, canonicum Autisiodorensem, a partibus, sub certa pena, concorditer compromissum. Adjecta quod si contingeret aliquem arbitrorum ipsorum abesse vel etiam impediri, magister Petrus, tunc decanus Cenomannensis, si presens esset, cum aliis procederet loco ejus. Promiserunt etiam partes ipse, sub pena hujusmodi, quod ratum et firmum haberent et observarent quicquid ab eisdem arbitris statutum fuit vel etiam ordinatum. Sane predicti arbitri non attendentes quod ad instar judiciorum arbitria sunt redacta, lite non contestata et juris ordine non servato, contra dictos decanum et Capitulum minus provide arbitrium protulerunt, quod redundat in grave dicte Carnotensis ecclesie prejudicium et non modicam lesionem; propter quod idem decanus et Capitulum, non valere dictum arbitrium asserentes, nobis humiliter supplicarunt ut ipsum arbitrium denunciari nullum et eos ad observationem ipsius aliquatenus non teneri per discretos aliquos mandaremus. Quia vero nobis

[1] Le grand procès entre le comte et le Chapitre au sujet de Renaud Col-Rouge commença au mois de mars 1260. Il était à la fois question de Renaud Col-Rouge et de Denisot son fils, de Gilot, fils de Gilbert Col-Rouge, frère dudit Renaud, et de Guillaume Floier. Les parties firent un premier compromis entre les mains de Jacques, trésorier de Beauvais, et de Guillaume de Limigni, archidiacre de Pinserais. Les arbitres durent rechercher *se cil Renaut Corroge iert telz ou en tel estat que il peust estre avoez de chanone de Chartres, et seur ce doit li quens de Chartres ses prueves amener à prover se il est usurier ou marcheant, et se li cuens puet prover que il soit marcheanz ou usurier, Chapistre ne chanone de Chartres ne le puent défendre par la reison de celui avoement.* Quant à Gilot Col-Rouge, maire du Chapitre, les arbitres *enquerront se li maires de Chapistre puet marchander franchement, et se il trovent que li meres puisse marcheander et estre frans de la marcheandise quant au conte, la briseure de sa meson et les injures seront amendées et les domages li seront renduz.* Les sentences d'excommunication et d'interdit prononcées contre le comte et ses officiers seront suspendues jusqu'à l'octave de la Madeleine.

Rien ne fut décidé à l'octave de la Madeleine, et, au mois de juillet, les parties firent un nouveau compromis entre les mains du doyen de Chartres, du trésorier de Beauvais et de Gui de Neaufle, doyen de Saint-Martin de Tours. La sentence de ces nouveaux arbitres devait être rendue avant l'octave de la Toussaint. La querelle ne put encore être terminée à cette époque, et de nouveaux arbitres furent nommés; ce sont ceux désignés dans la bulle que nous publions. Ils rendirent leur sentence en 1263, mais nous voyons que le Chapitre de Chartres en appela au pape de leur décision. (*Orig. en parch.*; fonds du Chap., C. X, E, 3).

non constitit de premissis, dilectioni vestre per apostolica scripta mandamus quatinus, partibus convocatis, audiatis causam, et, appellatione remota, fine debito terminetis, facientes quod decreveritis per censuram ecclesiasticam firmiter observari, proviso ne in terram dicti nobilis et universitatis Carnotensis excommunicationis vel interdicti sententiam proferatis nisi a nobis super hoc mandatum reciperitis speciale. Testes autem qui fuerint nominati, si se gratia, odio vel timore subtraxerint, censura simili, appellatione cessante, cogatis veritati testimonium perhibere. Quod si non omnes hiis exequendis potueritis interesse, tu, frater archiepiscope, cum eorum altero, ea nichilominus exequaris. Datum Perusii, II nonas maii, pontificatus nostri anno primo [1]. »

(*Orig. en parch.*; Arch. d'Eure-et-Loir, fonds du Chap., C. X, E, 3.)

CCCXLIII.

(1265, juin.)

Sentence arbitrale, rendue sur compromis, entre le Chapitre et ses vassaux et censitaires d'une part, et Etienne de Sept-Fonts, chevalier, d'autre part, au sujet de quelques contestations élevées entre les parties, à propos de la propriété des voieries de Gardais et d'Authou et de quelques prestations d'avenages, prétendus

---

[1] Clément IV adressa deux autres bulles, dans le même sens, à l'archevêque de Bourges et au doyen de Saint-Ursin, datées de Viterbe, le 10 juillet et le 24 novembre 1267. La querelle s'était d'ailleurs envenimée, pendant l'intervalle de ces deux années, par de nouvelles vexations de la part du comte. Une bulle de Clément IV, datée de Viterbe, le 24 novembre 1266, nous apprend que le comte *quosdam homines ipsius Capituli de corpore contra justiciam capi fecerat ac predictos decanum et Capitulum angariis et perangariis et aliis exactionibus indebitis aggravabat*. Une autre bulle du même pape, donnée à Viterbe, le 28 juillet 1267, rapporte que le comte *decanum et Capitulum perturbat multipliciter ac impedit quominus valeant uti jure advocandi ad sua servitia cives Carnotenses ac per hoc ipsos a jurisdictione seculari qualibet eximendi.* (*Orig. en parch. bullés;* fonds du Chap., C. X, E, 3.)

La sentence de l'archevêque de Bourges, du doyen et du prieur de Saint-Ursin fut rendue à la fin de l'année 1268, mais le Chapitre refusa de s'y soumettre. Le 30 janvier 1269, Guillaume Potier, clerc, Guillaume de Lèves, chanoine de Chartres, et Gervais le Plâtrier, *Plastrarius,* citoyen de Chartres, procureurs dudit Chapitre, déposèrent, devant Jean de Hauteville, notaire apostolique, une protestation contre ce jugement, se fondant sur ce qu'il ne leur avait pas été permis de faire entendre librement leurs témoins et sur ce que les dires de leur adversaire ne leur avaient pas été communiqués. (*Orig. en parch.*; fonds du Chap., C., X, E, 7).

Ce long procès ne fut terminé qu'en 1271 par la composition conclue sous la médiation de Philippe-le-Hardi. (Voir n° CCCL).

par ledit de Sept-Fouts sur les habitants desdits lieux, et de la justice pour raison desdits avenages; par laquelle sentence Etienne de Sept-Fonts est condamné de céder et abandonner au Chapitre tous droits de voieries et justice par lui prétendus, et de quitter et décharger les habitants de Gardais et d'Authou de toutes prestations d'avenages, moyennant une certaine somme [1].

(*Inv. du Chap.*; C. LXXXVII, S, 3.)

CCCXLIV.

Homagium episcopo Carnotensi pro terra de Alluya.

(1266, 1er décembre.)

« Ludovicus, Dei gratia, Francorum rex, universis presentes litteras inspecturis, salutem. Noveritis quod cum Johannes [1], filius noster, teneretur facere homagium episcopo Carnotensi, apud Carnotum, in domibus ipsius episcopi, ut dicebat idem episcopus, pro terra de Alluya et aliis terris, de quibus Odo [2], comes condam Nivernensis, erat in homagio episcopi Carnotensis; que quidem terre ad ipsum Johannem filium nostrum devenerunt, ratione Yolendis, filie dicti comitis, uxoris ejusdem Johannis filii nostri, idem episcopus volens nobis et predicto filio nostro facere gratiam hac vice, dictum homagium sibi debitum, ad preces nostras, a dicto filio nostro, Parisius recepit, ita tamen quod sibi per hoc vel ejus successoribus nullum in posterum prejuditium fiat. Dictus vero Johannes filius noster voluit et concessit coram nobis quod, propter homagium factum Parisius et receptum ab ipso episcopo extra Carnotum, nullum ipsi episcopo vel ejus successoribus, in dicta receptione homagii, prejuditium generetur. In cujus rei testimonium, presentibus litteris nostrum fecimus apponi sigillum.

---

[1] Par un acte du mois de novembre suivant, Etienne de Sept-Fonts déclara acquiescer à cette sentence.

En 1273, le même différend se renouvela entre le Chapitre et Jean-le-Roux, duc de Bretagne Les parties nommèrent pour arbitres Guillaume de la Rosière, chevalier, et Guillaume de Monceaux, archidiacre de Dreux, et ces arbitres prononcèrent un jugement conforme à celui de 1265. (*Inv. du Chap.*; C. LXXXVII, S, 4.)

[2] Jean Tristan de France, mort le 3 août 1270.

[3] Eudes de Bourgogne, comte de Nevers par son mariage avec Mahaut II, héritière de ce comté, mort en 1267 ou 1269, d'après l'*Art de vérifier les dates*. Le comté de Nevers était passé à sa fille Yolande, en 1265, lors de son mariage avec Jean Tristan de France.

Actum Parisius, anno Domini M° ducentesimo sexagesimo sexto, in crastino beati Andree apostoli. »

(Bibl. de la ville de Chartres; *Livre rouge*, § 34, p. 47, et *Livre blanc*, § 35, f° 25 r°. — Bibl. Imp ; *Livre noir*, cart. 43, f° 18)

CCCXLV.

(1266.)

Sentence arbitrale rendue entre le Chapitre d'une part et les héritiers de Gautier de Frescot, chanoine, d'autre, laquelle adjuge au Chapitre, en toute propriété, l'hébergement de Préez, les bois, vignes, vergers, garenne et autres dépendances, ainsi que le moulin à foulon dudit Préez, les eaux et droits d'icelles depuis le moulin jusqu'au Pont-Tranchefêtu, avec la pêche des anguilles depuis le Pont-Tranchefêtu jusqu'au moulin sous Thivars du côté de Tachainville [1], les ruisseaux et graviers depuis les bornes plantées entre le moulin de Spoir et le pont de Villaine jusqu'au moulin de Ville, les droits desdites eaux qu'avait l'évêque de Chartres èsdits moulins, le champart et la dîme de Mons et d'Oisemont [2], et les prés assis proche le Pont-Tranchefêtu; item la terre du Perray, la dîme d'Herville et les terres labourables sises devant le moulin de Villaine : tout ce que dessus ci-devant acquis par Nicolas de Frescot, archidiacre de Dunois, et par lui légué au Chapitre; item le biais de rivière de Villaine [3] et les terres sur Pohas, Basche et Barestiau, acquises par Gautier de Frescot, neveu de Nicolas, et par lui transportées au Chapitre, avec les biens donnés par son oncle, dont l'usufruit lui avait été réservé [4].

(*Inv. du Chap.*, C. XCVIII, F, 1.)

CCCXLVI.

« Rescriptum apostolicum pro Capitulo, in causa appellationis a subdecano vel ejus vicem gerentibus. »

(1268, 28 janvier.)

« Clemens, episcopus, servus servorum Dei, venerabili fratri archiepiscopo et dilectis filiis priori Sancti-Ursini ac decano Bituricensi, salutem

---

[1] En 1266, Geoffroy de Mascherainville et Gohier, son fils, amortirent, en faveur du Chapitre, les champarts de Mons et de Bassigny. (*Inv. du Chap.*, C. XCIX, L, 1.)

[2] En 1705, le Chapitre fit saisir les filets et poches de plusieurs particuliers qui avaient été trouvés pêchans vers le moulin de Villaine, et obtint contre eux une sentence du bailliage de Chartres. (*Inv. du Chap.*, C. XCVIII, T, 8.)

[3] La possession de ce bras de rivière fut la source, au XVIIe siècle, de plusieurs procès entre le Chapitre et Etienne de Colas, seigneur de la Moussaudière. (*Orig. en parch.*; fonds du Chap., C. XCVIII, F, 4 et XCIX, G, 7.)

[4] La cession de Gautier de Frescot est de l'année 1265. La sentence dont nous donnons l'analyse fut ratifiée en 1266 par Philippe de Frescot, sœur dudit Gautier.

et apostolicam benedictionem. Sua nobis dilecti filii decanus et Capitulum ac Arnulfus de Berivilla, canonicus Carnotensis, petitione monstrarunt quod cum ipsi nobilem virum Johannem, comitem Blesensem, Ysimbardum de Sancto-Deodato, ballivum, et Johannem de Molendinis, castellanum civitatis Carnotensis, laicos, super quibusdam equis, pecuniarum summis et rebus aliis, coram magistro Guidone de Torota et Johanne de Miliaco, canonicis Carnotensibus, quibus subdecanus Carnotensis, ad quem, de antiqua et approbata et hactenus pacifice observata consuetudine, hujusmodi causarum cognitio in civitate et banleuga Carnotensi ubi partes consistunt pertinet, hujusmodi causam commiserat, non ex delegatione apostolica communiter traxissent in causam iidem canonici, perperam in causa hujusmodi procedentes contra decanum, Capitulum et Arnulphum predictos diffinitivam sententiam promulgarunt iniquam, a qua ipsi ad nostram audientiam appellarunt. Quocirca discretioni vestre, per apostolica scripta, mandamus quatinus, legitime in appellationis causa procedentes, sententiam ipsam confirmare vel infirmare, appellatione remota, curetis, sicut de jure fuerit faciendum. Quod si non omnes hiis exequendis potueritis interesse, tu, frater archiepiscope, cum eorum altero, ea nichilominus exequaris. Datum Viterbii, v kalendas februarii, pontificatus nostri anno tercio. »

(*Orig. en parch. bullé*; Arch. d'Eure-et-Loir, fonds du Chapitre, C. V, E, 1.)

CCCXLVII.

« De subgondriis domorum canonicorum. »
(1268-1277.)

« Petrus, Dei gracia, Carnotensis ecclesie humilis minister. . . . . . . *Comme une contestation s'était élevée entre Geoffroy, doyen, et le Chapitre, représenté par Renaud de Mouçon, prévôt, au sujet des étaux des marchands au cloître pendant les jours de foire, le règlement suivant fut édicté d'un commun accord : 1° défense de vendre quoi que ce soit dans le cloître hormis les jours de foire; 2° tous les étaux des marchands doivent être dressés au plus tard pendant la nuit qui précède l'ouverture de la foire. — Le marchand qui donnera pendant cette nuit son étal à garder au sergent du doyen paiera à ce sergent une obole;* 3° *aucun marchand n'occupe de droit une place fixe au cloître, mais il peut en marquer une à l'avance et la donner à garder, moyennant le salaire d'une obole au sergent du Chapitre;* 4° *aucun marchand ne peut étaler sous les auvents,* subgondria, *de la maison d'un chanoine, sans son assentiment; si il l'obtient, il paiera une obole au sergent du chanoine pour la garde de son étal ou la marque de la place choisie.* »

(Bibl. Imp.; *Livre des Priv. de l'égl. de Ch.*, cart. 28, p. 199.)

CCCXLVIII.

Litteræ Ludovici regis, de suspensione interdicti.

(1269, 4 juillet.)

« Ludovicus, Dei gratia, Francorum rex, decano et Capitulo Carnotensi, salutem et dilectionem. Cum vos, ad requisitionem et preces nostras, die mercurii post festum beatorum Petri et Pauli apostolorum, in adventu nostro Carnoti, organa vestra resumpseritis, rogamus vos quatenus, amore nostri et precum nostrarum obtentu, interdicta in vestra ecclesia et in terra dilecti et fidelis nostri comitis Blesensis suspendatis ad tempus. Actum apud Tymarum, die jovis post festum beatorum Petri et Pauli apostolorum anno Domini M°CC°LX° nono. »

(*Copie sur pap.;* Arch. d'Eure-et-Loir, fonds Roux.)

CCCXLIX.

(1270, juillet.)

Accord passé devant Gaucher de Rochefort [1], sire du Puiset, par lequel Gohier et Guillot de Juifs, écuyers, cèdent et abandonnent au Chapitre toutes les menues rentes et deniers, poules, pain et autres choses qu'ils avaient à prendre sur les hommes ou hôtes de l'église de Chartres en la ville de Juifs, pour dédommager le Chapitre des pertes et injures soufffertes par le meurtre que lesdits écuyers

[1] Gaucher de Rochefort, seigneur du Puiset, était frère ou neveu de Guy de Rochefort, évêque de Langres, vicomte de Chartres.

ayaient fait de Jean Bonnefemme, homme de corps de l'église de Chartres. Par le même acte, lesdits écuyers cèdent aux fils et hoirs du défunt 12 mines de terre sise à Juifs, en la censive du Chapitre, et de plus s'engagent à s'embarquer pour la Terre-Sainte et à y demeurer six ans.

(*Inv. du Chap.*, C. CVI, F, 4.)

CCCL.

« De compositione advocatorum Ecclesie. »
(1271, 8 décembre.)

« Philippus, Dei gracia, Francorum rex, notum facimus universis, tam presentibus quam futuris, quod, cum contentio verteretur inter dilectum et fidelem nostrum Johannem de Castellione, Comitem Blesensem et Carnotensem, ex una parte, et dilectos nostros decanum et Capitulum Carnotense, ex altera, super advocatione burgensium Carnotensium [1] et condictionibus advocationis ejusdem et advocatorum, ab utraque parte, super dicta contentione, cum suis omnibus accessoriis, dampnis, injuriis, expensis excommunicationum, et interdictionum sentenciis ob hoc latis, et aliis discordie occasionibus, inter partes, ex hac contentione, provenientibus, in nos extitit compromissum alte et basse, sub pena duarum millium marcharum argenti hinc inde apposita; promittentes hinc inde, sub religione coram nobis prestiti juramenti et sub pena predicta a parte non parente nostre super hiis ordinationi, arbitrio seu dicto, parti obtemperanti persolvenda, quod ordinationem nostram, arbitrium seu dictum inviolabiliter observabunt et quod contra in aliquo non venient in futurum. Nos autem super premissis pronunciamus seu ordinamus in hunc modum : Primo, quod, ratione istius nostre ordinationis, arbitrii seu dicti, dicti decanus et Capitulum omnes interdicti et excommunicationis sentencias, occasione predictarum contentionum auctoritate sua latas, ubicumque et in quascumque personas amoveant, necnon et latas, ad instanciam eorumdem,

[1] Nous n'avons pas besoin de répéter ce que nous avons déjà dit sur les *avoués du Chapitre*. Le privilége, dont jouissait à cet égard l'Eglise de Chartres, privilége source de tant de procès avec le Comte de cette ville, fut définitivement réglé par ces lettres-patentes de Philippe-le-Hardi, qu'on peut appeler à bon droit la *charte aux avoués du Chapitre de Chartres*.

occasioue contentionum hujusmodi, quantum in se est, faciant amoveri.
Deinde, de numero advocatorum dictorum decani et Capituli Carnotensis,
ordinamus et dicimus quod ecclesia Carnotensis seu decanus et Capitulum
Carnotense communiter possint habere et advocare usque ad decem advocatos, et non plures, et quod nullus canonicus Carnotensis, habens vel non
habens dignitatem, personatum, aut officium in Carnotensi ecclesia quale-
cumque, valeat aliquem advocare. Item, de condictionibus advocatorum taliter ordinamus quod, in delictis aut quasi, exempti sint a juridictione omnimoda alta et bassa Comitis Carnotensis in omnibus casibus, ut canonicorum
persone, adeo ut si, in civitate Carnotensi seu in quacumque parte comitatus Carnotensis, deliquerint aut quasi deliquerint, non possint justiciari
per dictum Comitem aut per suos, nisi in presenti delicto fuerint depre-
hensi, in quo casu nichil aliud licebit dicto Comiti aut suis nisi eos capere,
et sic captos ipsis decano et Capitulo ad justiciandum, ad petitionem ipsorum decani et Capituli, dictus Comes et sui statim reddere tenebuntur; et
illud idem de ipsorum advocatorum familiis ordinamus, hoc excepto quod
de delicto aut quasi, ante advocationem commisso, poterit advocatus tunc
demum per Comitem justiciari, non aliter quam si ante advocationem ipsam fuerit coram dicto Comite aut suis justiciariis super hoc in judicium
evocatus et per citationem jam preventus; et hoc idem dicimus de familia
advocati. Appellatione autem familie volumus contineri advocatorum liberos
cum ipsis advocatis manentes, ad ipsorum advocatorum expensas, sint vel non
sint in eorum potestate, ac omnes illos qui cum advocatis ipsis morabuntur,
ad expensas advocatorum, et suum domesticum servitium facient et ad hoc
specialiter assumentur. De quibus advocatis et eorum familiis taliter ordinamus quod ad omnimodam jurisdictionem dictorum decani et Capituli pertineant, nisi in casibus in quibus justiciandi essent per alium quam per ecclesiam
aut per Comitem Carnotensem. Item de bonis mobilibus dictorum advocatorum taliter ordinamus quod, propter delictum aut quasi ipsius advocati, aut
propter quamcumque aliam occasionem seu causam, non debeant ipsi Comiti
confiscari, nec ad juridictionem seu justiciam ipsius Comitis aliquatenus
pertinere, dum tamen bona illa existencia sint in civitate et banleuga Carnotensi seu extra civitatem ipsam Carnotensem, in circuitu infra leucam:
de bonis vero eorum mobilibus alibi existentibus servetur illius patrie jus
commune. Item ordinamus quod de contractibus aut quasi, in dictis civitate

et banleuca et extra civitatem ipsam in circuitu infra leucam, ab advocatis ipsis seu ab aliis ipsorum advocatorum aut familie sue nomine, celebratis in quocumque tempore, exempti sint penitus a juridictione Comitis, et a prestatione thelonei, banagii seu alterius cujuscumque costume, et ab omni alia prestatione, quocumque nomine noscatur, liberi sint et immunes, et quod negociari valeant quocumque tempore, et alii pro ipsis, infra tamen loca predicta sub eadem libertate; hoc excepto, seu salvo, quod, si aliquis pro advocato, seu quocumque de ipsius advocati familia, ejus vel eorum nomine, negociari se asserat aut mercari, sufficere debet Comiti si hoc idem negociator vel mercator asserat per fidem suam solummodo, quam nec dare tenetur, nisi super hoc fuerit requisitus. De bonis vero eorum immobilibus, perinde ac si non essent advocati, nulla per hanc ordinationem nostram conceditur exemptio; quin, ubi debebunt super hiis respondere teneantur, excepta domo quam inhabitabit advocatus et familia ejusdem advocati, cum toto pourprisio, in qua vel pro qua, cum toto pourprisio, quamdiu inhabitabit, ibidem nullam dictus Comes aut sui possunt, quacumque occasione seu causa, juridictionem seu justiciam exercere, nisi pro censu Comiti debito, pro quo non soluto justiciare poterit dictus Comes, secundum quod, pro censu sibi debito, justiciare consuevit alias domos Carnotenses. Item ordinamus quod decanus et Capitulum Carnotense usurarium manifestum scienter non advocent, et, si forte advocaverant ignoranter, dimittant statim eum cum sciverint talem esse; et si, post advocationem, aliquis advocatus fuerit usurarius manifestus, statim demittetur ab ipsis decano et Capitulo, cum hoc scietur publice, nisi penitus isti tales demittant usuram. Item ordinamus quod decanus et Capitulum Carnotense advocatos suos familiam ultra quam eis sufficiat scienter habere non permittant. Et hec predicta omnia, videlicet de non advocando usurarium et de familia non ultra quam ipsis advocatis sufficiat assumenda, jurabit procurator decani et Capituli Carnotensis in capitulo Carnotensi, in animam ipsorum decani et Capituli, ad exclusionem omnis fraudis et doli, ipsos decanum et Capitulum fideliter servaturos et facturos; ad cujus sacramenti prestationem dicti decanus et Capitulum debent vocare Comitem Carnotensem, vel eum qui, pro ipso, Carnoti juridictionem exercebit; et, presente dicto Comite, vel eo qui, pro ipso, Carnoti juridictionem exercebit, si, ad hoc vocati, venire voluerint, fiet predictum sacramentum, cui sacramento idem Comes stare tenebitur et sine alia probatione debebit esse contentus, et hoc sacramentum semel duntaxat prestabitur. Quilibet vero de cetero recipiendus in canonicum in ecclesia Carnotensi, in sua institutione, simile, per omnia, quantum in se erit, prestabit in capitulo juramentum. Item, ordinamus quod decanus et Capitulum Carnotense advocatum suum, infra annum a tempore advocationis, mutare non valebunt, et si forte mutaverint, loco ejus infra annum alium non poterunt advocare, nisi ex certa causa ipsi decanus et Capitulum mutaverint a Capitulo seu a majore parte Capituli approbata, et tunc ipsis decano et Capitulo liceat sine difficultate qualibet, sub eadem libertate, loco ejus alium advocare: post annum vero, a tempore advocationis computandum, liceat dictis decano et Capitulo advocatum seu advocatos suos mutare et alium seu alios advocare. Preterea quociens dicti decanus et Capitulum aliquem seu aliquos advocabunt, debent tunc advocatorum nomina, in capitulo Carnotensi, preposito aut castellano Comitis Carnotensis, si ad hoc vocatus venire voluerit castellanus aut prepositus, nunciare, et tunc, altero eorum in capitulo presente, advocatus ipse seu advocati jurare debebunt in capitulo, ad exclusionem omnis fraudis, machinationis et doli, quod familiam ultra quam ei vel eis sufficiat non assument et quod, advocato ipso aut quocumque de sua familia negociante, pro alio non fraudabit advocatus nec fraudari scienter permittet in negociacione predicta dictum Comitem in costuma. Quo juramento, quantum ad negotiationem pertinet, idem Comes, sine alia probatione, debebit esse contentus. Ordinamus etiam quod quicumque fuerit Comes Carnotensis, semel in vita sua, in inicio comitatus, cum a Capitulo fuerit requisitus, ad exclusionem omnis doli, per se seu per procuratorem ad hoc sufficienter ordinatum, in animam ipsius Comitis et in capitulo Carnotensi, jurabit quod ipse Comes advocationem ecclesie per se, vel per alium, clam vel palam, principaliter vel occasionaliter, non impediet seu turbabit, nec faciet aut permittet a quocumque de suis scienter impediri aliquatenus, seu turbari aliquo ingenio, machinatione seu cautela; nec advocatos seu advocatum aliquo casu seu modo, ratione seu occasione dicte advocationis, in se vel in rebus suis, amicis seu parentibus, seu alio casu vel modo quibuscumque, molestabit, gravabit, dampnificabit, aut injuriam inferet, seu inferri faciet qualemcumque. Dicti vero decanus et Capitulum, occasione seu ratione istius juramenti, non poterunt ad forum ecclesiasticum trahere Comitem Carnotensem. Ordinamus etiam quod prepositus, castellanus et baillivus, seu quicumque alii in comitatu Carnotensi, ratione dicti Comitis, juridictionem exercentes, cum ad dicta officia instituti fuerint seu assumpti, moniti a dictis decano et Capitulo, de advocatione et advocatis semel, per omnia, tactis sacrosanctis evangeliis, faciant juramentum. Nec dicti decanus et Capitulum poterunt eos qui juraverint trahere ad forum ecclesiasticum, occasione seu ratione istius juramenti. Item ordinamus quod, in recompensatione advocatorum, quia plures habere consueverant, ut asserebant predicti decanus et Capitulum, quam per nostram suprascriptam ordinacionem concessimus ipsis decano et Capitulo, dictus Comes teneatur eis dare et assignare in comitatu Carnotensi centum et sexaginta libratas terre, cursualis seu usualis monete, in comitatu Carnotensi, tenendas et possidendas ab ipsis decano et Capitulo ad easdem libertates et jura cum quibus seu in quibus tenent et possident aliam terram suam, ad arbitrium bonorum virorum super hoc a nobis deputandorum, assidendas infra annum ab instanti festo Nativitatis Domini computandum; et, pro tempore interim, quousque fiat assisia predicta, currente, debet et tenetur Comes Carnotensis dictis decano et Capitulo solvere, infra festum sancti Michaelis proximum, centum et sexaginta libras monete currentis in civitate Carnotensi. Ordinamus etiam ut advocatorum familia in omnibus eadem libertate gaudeant qua per istam nostram ordinacionem, arbitrium seu dictum gaudere possunt advocati predicti. Item, super dampnis, expensis et injuriis hinc inde habitis seu factis, occasione dictarum contencionum, de quibus in nos compromissum est, ordinamus et volumus quod partes predicte mutuo se absolvant seu quitent. Item ordinamus quod dicti decanus et Capitulum statuta revocent que fecerunt ad usus illos qui contra ipsos decanum et Capitulum predicto Comiti aut suis prestarent consilium vel juvamen; et si qua fuerit super predictis declaratio, petita ab alterutra partium, de consensu earum, nobis retinemus usque Nativitatem Domini proximam et ab inde usque annum potestatem declarandi. Quod ut ratum et stabile permaneat in futurum, presentibus litteris nostrum fecimus apponi sigillum. Actum Parisius, die martis post festum beati Nicholai hyemalis, anno Domini millesimo ducentesimo septuagesimo primo. »

(Bibl. Imp.; *Livre des Priv. de l'égl. de Ch.*, cart. 28, p. 176.)

CCCLI.

(1272, 7 décembre.)

Vente au Chapitre de Chartres par Etienne, dit Beauventre, de Beauvilliers, et Jeanne, sa femme, de 18 setiers de terre arable, sis dans la paroisse de Boisville-la-Saint-Père, dans la prébende de Reboulin, au territoire de Guillonville, ladite vente faite moyennant cinquante-cinq livres chartraines [1].

(*Orig. en parch.;* Arch. d'Eure-et-Loir, fonds du Chap., C. CVI, B, 27.)

CCCLII.

(1272.)

Composition faite entre Pierre, évêque de Chartres, et le Chapitre, au sujet des processions que le Chapitre avait coutume de faire en l'église de Saint-André le vendredi d'après Pâques et la veille de la fête dudit Saint-André [2], par laquelle le

---

[1] En 1279, le mercredi après la saint Martin d'hiver (15 novembre), Guillaume de Sérignan, chanoine, et Jacques Alain, clerc, exécuteurs testamentaires de Cinchius de Saint-Eustache, chanoine de Chartres, acquirent, pour être appliqués à l'anniversaire dudit chanoine, d'Henri de la Porte-Morard, chanoine de Saint-Aignan d'Orléans, quatre muids de terre au territoire de Guillonville, moyennant 60 livres chartraines. Au mois de mars 1280, les mêmes acquirent, pour la même cause, de Geoffroy de Guillonville, sept boiselées de terre ou environ à Guillonville. (*Orig. en parch.*; fonds du Chap., C. CVI, B, 3.)

En 1294, le dimanche après l'Epiphanie (10 janvier), Robert de Frouville, doyen, et Guillaume de Sérignan, chanoine, exécuteurs testamentaires de Pierre de la Châtre, chancelier de l'église de Chartres, acquirent, pour être appliqués à l'anniversaire dudit Pierre, de Luc de Guillonville et de Mathilde, sa femme, moyennant 30 livres tournois, 18 setiers de terre au territoire de Guillonville, *juxta cheminum per quod itur de Carnoto Aurelianis, et juxta viam per quam itur de Guillonvilla ad perreriam de Valle-Ogis, in loco qui dicitur* le Grou. (*Orig. en parch.*; fonds de Chap., C. CVI, B, 4.)

En 1298, le 25 août, Hébert de Chasay, chanoine, et Jean de Chaumont, exécuteurs testamentaires de Guillaume de Chaumont, archidiacre de Chartres, firent l'acquisition pour l'anniversaire dudit Guillaume : 1° moyennant 10 livres tournois, de Guillot le Maçon, de Guillonville, et de Jeanne sa femme, d'un setier huit boiselées de terre labourable, audit Guillonville ; 2° moyennant 18 livres tournois, de Luc de Guillonville et Mathilde, sa femme, de 6 setiers et une mine de terre, à Guillonville, *prope viam per quam itur de Guillonvilla apud Rebolinum;* 3° moyennant 18 livres tournois, de Robin Lucas et Jeanne, sa femme, de la même quantité de terres, audit lieu, *in via per quam itur de Guillonvilla apud Pravillam, juxta marchesium de Guillonvilla.* (*Orig. en parch.*; fonds du Chap., C. CVI, B, 5.)

[2] Par le même acte, il fut stipulé que le droit de repas et procure dû au Chapitre par le chefcier de Saint-Maurice, lors des deux processions qui se font en cette église le samedi d'après Pâques et la veille de la fête de saint Maurice, serait également converti en une somme d'argent.

droit de procure et de repas dû au Chapitre à l'issue de ces processions est converti en une somme d'argent qui doit être taxée par quelques dignitaires et chanoines chargés des pouvoirs dudit évêque à cet effet [1].

(*Inv. du Chap.*, C. IX, D, 1.)

CCCLIII.

(1273, juillet.)

Donation par Pierre [2], élu archevêque de Reims, à Jean de la Brosse, chanoine de Chartres, des maisons canoniales qu'il possédait audit Chartres, rue des Vasseleurs, s'étendant jusque dans la rue qui est derrière le four de l'Evêque [3], en la censive de l'Aumône Notre-Dame.

(*Inv. du Chap.*, C. LXI, F, 23.)

CCCLIV.

Littere venditionis Hugonis Lamer, militis, de furno Boelli.

(1273, juillet.)

« Universis presentes litteras inspecturis, officialis curie Carnotensis, salutem in Domino. *Hugues, dit Lamer, chevalier, a vendu au Chapitre, moyennant* 310 *livres de chartrains*, quendam furnum qui dicitur furnus Boelli, Carnoti situm, liberum et immunem, cum fondo, domibus, plateis, juribus, libertatibus et omnibus ipsius furni pertinenciis. *Cette vente est faite du consentement et avec la garantie de Hugues, Girard, Clémence et Lucie, enfants dudit Lamer......* Datum anno Domini M°CC°LX° tercio, mense julio. »

(Bibl. Imp.; *Livre des Priv. de l'égl. de Ch.*, cart. 28, p. 170.)

---

[1] En effet, par un acte postérieur, le droit dû lors de la procession du vendredi d'après Pâques fut fixé à 50 sous, et celui dû la veille du jour de Saint-André à 30 sous, sommes que l'évêque dut payer au Chapitre comme donataire de l'église de Saint-André. (*Inv. du Chap.*, C. IX, D, 1.)

[2] Pierre Barbet, archevêque de Reims (1274-1298).

[3] En 1283, Jean de la Brosse, alors prévôt de Saint-Martin de Tours, vendit ces maisons à Hugues Sanglier, chanoine de Chartres. (*Inv. du Chap.*, C. LXI, F, 23.) — La rue derrière le four de l'Evêque est la rue actuelle des Trois-Flacons.

CCCLV.

(1273, août.)

Amortissement par Guillaume de Prasville, *de Proevilla*, écuyer, et Agnès, sa femme, de la vente faite à Renaud Cher-Temps, chanoine de Chartres, par Jean d'Elumignon, *Johanne de Limignons*, écuyer [1], des dîmes de Moinville-la-Bourreau et de Sermerolles, *de Mondonvilla-Gosleni* [2] *et de Sarmesoles*, qu'il tenait en fief de Guillaume, père dudit Guillaume [3].

(*Orig. en parch.*; Arch. d'Eure-et-Loir, fonds du Chap., C. CVI, E, 1.)

CCCLVI.

(1274, mai.)

Vente par Jean de Voise, chevalier, et Agnès, sa femme, au Chapitre de Chartres, moyennant 250 livres chartraines, de sept arpents et demi de pré, *in banleuca Carnotensi, scilicet ante Fontanam-Bullientem, in loco qui vulgariter appellatur Lonsaux, et juxta Fortem-Domum, scilicet inter ipsam Fortem-Domum, ex una parte, et prata Sancti-Johannis-in-Valleia Carnotensi, ex altera* [4], et en outre de trois muids de vin de revenu *in tercolliis, in torcullari Johannis Colli-Rubei de Cruce-Jumelini*:

---

[1] Déjà, en 1269, le même Renaud, alors qualifié archidiacre de Beauce en l'église d'Orléans, avait acquis sur le même Jean d'Elumignon toutes les dîmes de grain qu'il possédait dans les paroisses de Prasville et de Moutiers, produisant environ six muids de grain, tant blé qu'avoine, et en outre 20 sous de cens annuel à prendre, partie dans la paroisse de Prasville et partie dans celle du Puiset. (*Inv. du Chap.*, C. CVI, F, 3.)

[2] L'Inventaire du Chapitre traduit ce nom par Moinville-la-Jeulain, paroisse de Réclainville; il existe en effet dans la commune de Réclainville un hameau, appelé aujourd'hui Moinville-la-Bourreau, mais nommé souvent au XIII® siècle *Moenvilla-Josleni*. Si nous n'avions pas eu cette interprétation, nous aurions préféré traduire *Mondonvilla-Gosleni* par Mondonville-Sainte-Barbe, hameau de la commune de Prasville, qui prit aussi quelquefois le surnom de *la Jeulain*. — La seigneurie de Moinville-la-Bourreau et celle d'Ymonville relevaient en plein fief du Chapitre de Chartres, à cause de sa seigneurie du Muid-Herbault, sise paroisse de Réclainville, seigneurie jouissant de toute justice haute, moyenne et basse, mais dépendant elle-même de la châtellenie de Lèves. (*Orig. en parch.*; fonds du Chap., C. CVI, E, 2.)

[3] Gaucher de Rochefort, sire du Puiset, seigneur suzerain de Guillaume de Prasville, et Agnès, sa femme, ratifièrent à la même date l'amortissement fait par leur vassal. (*Orig. en parch.*; fonds du Chap., C. CVI, E, 1.)

[4] Ces prés sont ainsi désignés dans un amortissement du roi Philippe-le-Bel, donné à Saint-Germain-en-Laye, au mois de mars 1299 : *Septem arpenta pratorum existencium in duabus peciis, que vocantur* prata de Voisia, *sita prope Carnotum, in riparia Audure, inter abbatiam Beate Marie de Josaphat et domum Reginaldi* Barbou, *que vocatur Fortis-Domus*. (*Orig. en parch.*; fonds du Chap., C. LXXXV, N, 2.)

ladite vente confirmée par Renaud Cochelin d'Ouarville, chevalier, seigneur féodal, et Jeanne, sa femme.

(*Orig. en parch.* [1]; Arch. d'Eure-et-Loir, fonds du Chap., C. LXXXV, N, 2.)

CCCLVII.

De immunitate claustri. — Quod licet Episcopo ponere scalas suas in claustro.
(1274, 12 avril.)

« Universis presentes litteras inspecturis, G[uillelmus] [2], decanus, et universitas Capituli Carnotensis, salutem in Domino. Noveritis quod nos volumus et concedimus reverendo patri P[etro], Dei gracia, Carnotensi episcopo, et ejus successoribus, quod ipsi et eorum officiales, per se vel mandatum suum, possent ponere scalas suas extra portam suam in claustro, ad muros domus portarii sui, ad ecclesiam beati Nicholai et ad muros domus clausure sue, a revestiario nostro usque ad cuneum murorum clausure predicte, contigue posterne claustri, dum tamen non impediatur per hoc introitus ecclesie antedicte, et in dictis scalis ponere seu poni facere perjuros et alios prisionarios suos, per se vel mandatum suum, per claustrum ducere et reducere, libere et quiete, quocienscumque sibi viderint expedire. In cujus rei testimonium et munimen, presentes litteras dicto domino episcopo dedimus sigillo Capituli nostri sigillatas. Datum anno Domini M°CC°LXX°ᵐᵒ quarto, die jovis post Quasimodo. »

(Bibl. Imp.; *Livre noir*, cart. 43, f° XXIX r°.)

CCCLVIII.

(1275, 16 janvier.)

Vente au Chapitre de Chartres, moyennant 80 livres chartraines, par Girard Beau-Fils, *Girardus Pulchrus-Filius*, et Ennor, sa femme, de la dîme qu'ils possédaient

---

[1] A défaut du sceau qui souvent était brisé, les queues servaient à prouver l'authenticité des pièces. Les queues, attachées à la charte qui nous occupe, ayant été coupées par mégarde, l'official de Chartres, au mois d'août 1318, donna un certificat attestant que toute foi doit être accordée à ladite pièce, *non obstante cancellatione seu fractione caude, que facta fuit per errorem.*

[2] Guillaume de Grez, doyen du Chapitre de Chartres, de 1274 à 1279, puis évêque d'Auxerre, de juin 1280 à janvier 1295. L'obit de ce prélat est inscrit au *Nécrologe*, sous la date du 3 des calendes de février (1295).

dans le territoire de Bailleau-le-Pin, ladite dîme valant environ trois muids tant blé qu'avoine [1]. Cette vente est confirmée par Pierre Beau-Fils, *Petrus Bellus-Filius*, frère du vendeur, et amortie, au mois de mars suivant, par Renaud d'Ouarville, *Raginaldus de Orrevilla*, chevalier, Geoffroy de Meslay, *Gaufridus de Melleio*, écuyer, et Gilles, maire du Fresne, *Gilo, major de Fraxino*.

(*Orig. en parch.*; Arch. d'Eure-et-Loir, fonds du Chap., C. LXXXIV bis, N, 3.)

CCCLIX.

« De custodia capitis beate Anne. »

(1276, 23 mars.)

« Universis presentes inspecturis, Droco de Borbonio, capicerius Carnotensis, salutem in Domino..... *Jean Lambert, chanoine de Chartres, avait fondé dans l'église de Notre-Dame un autel en l'honneur de sainte Anne* [2], *à la condition qu'il serait tenu viagèrement par Simon, son clerc, et, après la mort dudit Simon, par le chapelain chargé par le Chapitre de la garde du chef de sainte Anne. Cette disposition était attaquée par Dreux de Bourbon, comme attentatoire aux droits du chefcier qui, prétendait-il, avait la collation de tous les autels hors du chœur, de fondation récente ou ancienne, à l'exception de l'autel Saint-Jean de la Crypte. Cependant, sur les instances du Chapitre, Dreux consent à se désister de ses prétentions et à reconnaître le Chapitre comme collateur de l'autel Sainte-Anne d'après l'ordre réglé par Jean Lambert.* Datum anno Domini M°CC° septuagesimo quinto, die lune ante festum Annonciacionis beate Marie virginis. »

(Bibl. Imp.; *Livre des Priv. de l'égl. de Ch.*, cart. 28, p. 198.)

[1] Le Chapitre possédait le quart de la dîme des grains et les deux tiers de la dîme des laines de la paroisse de Bailleau-le-Pin; le reste appartenait au curé. En 1470, un long procès intervint, à ce sujet, entre le Chapitre et les confrères du Grand-Beaulieu qui contestaient le dîmage à l'église de Chartres. (*Orig. en parch.*; fonds du Chap., C. LXXXIV bis, N, 7 et 14, et O, 15.)

[2] La chapelle Sainte-Anne, dite aussi chapelle des Trois-Maries, était placée sous le jubé. Au mois de juillet 1367, le roi Charles V fit une fondation particulière à cette chapelle, y instituant, pour la desservir, douze chapelains heuriers, auxquels il assigna 116 livres de rente. (*Orig. en parch.*; fonds du Chap., C. VII, S, 1.) Cette fondation au reste ne paraît pas avoir été suivie d'effet, car on n'en trouve plus de traces nulle part ailleurs que dans l'acte même de 1367.

CCCLX.

Attestationes de inventione corporis sancti Piati, integri et incorrupti.

(1276, 2 avril.)

« Anno Domini M°CC°LXX° quinto, die jovis Cene, secunda die intrante aprili, regnante Philippo rege Francorum, inventum fuit corpus beati Piati in capsa in qua antiquitus positum fuerat, adhuc conjunctum et indivisum [1]. Et ad hoc sunt testes qui sequuntur, in ecclesia Beate-Marie Carnotensis : Raginaldus *Barbou*, baillivus de Rothomago [2]; Raginaldus, ejus filius; Stephanus Carnotensis; Theobaldus *Chaillou* [3]; Radulphus *Perier*; Petrus de Drocis; Symon *Dagon*; Stephanus, filius Martini *Perier*; Dyonisius de Galloto; Philippus de Montibus, miles, Garinus, Gaufridus, armigeri magistri Guillelmi de Novavilla, archidiaconi Blesensis; Raginaldus, serviens magistri Guillelmi de Calvo-Monte, camerarii Carnotensis; Guillelmus de Monte-Duplici; Gaufridus *Pié-de-Lièvre*; item Guillelmus de Gresseio, decanus Carnotensis; Symon de Bello-Loco [4], archidiaconus Car-

---

[1] A cette attestation se trouve jointe cette notice : *Anno Domini millesimo CC° septuagesimo quinto, die secunda intrante aprili, regnante Philippo, rege Francorum, fuit deposita cassa in qua corpus beati Piati inventum est integrum et incorruptum, presentibus canonicis Beate-Marie Carnotensis, presbiteris, diaconis, subdiaconis, et quibusdam clericis chori et quibusdam laicis, ad hoc videndum specialiter rogatis ut dictum sanctum corpus viderent integrum, quorum nomina scripta sunt in quadam cedula in dicta cassa inclusa, et multorum sigilla canonicorum ibidem sunt appensa in memoriam futurorum.* En effet, une note de l'abbé Brillon nous apprend que la cédule dont nous venons de publier le texte, ainsi que celles de 1310, de 1352 et de 1356 dont nous allons parler, furent tirées en 1708 de la châsse de saint Piat lorsqu'on en fit l'ouverture, et qu'on oublia de les y remettre.

[2] Ce Renaud Barbou est le même qui, successeur d'Etienne Boileau dans la prévôté de Paris, donna en 1270 des statuts aux *oublieurs*. C'est encore lui qui établit à Chartres, en 1291, l'hôpital royal des Six-Vingts aveugles de Saint-Julien et de Saint-Gratien; il s'intitulait alors *familier du Roi et bourgeois de Chartres*. On voit, par le titre que nous publions, qu'il avait été pourvu du bailliage de Rouen; son fils lui succéda dans cette charge, et ainsi il y eut successivement deux baillis de Rouen du nom de Renaud Barbou. Voir *Hist. de Chartres*, par M. de Lépinois, vol. I, p. 154 et 343.

[3] La famille Chaillou, comme celle des Barbou, appartenait à la bonne bourgeoisie de la ville de Chartres. Un de ses membres, Nicolas Chaillou, avait été choisi, en 1252, par la comtesse de Chartres, pour lui servir de caution dans son compromis avec le Chapitre.

[4] Simon de Beaulieu, archidiacre de Chartres, devint archevêque de Bourges en 1281 et cardinal en 1294. Son obit est inscrit au *Nécrologe* sous la date du 4 des calendes de novembre.

notensis; Guillelmus de Novavilla, archidiaconus Blesensis; magister Guillelmus de Calvo-Monte [1], camerarius Carnotensis; Guillelmus de Chevriaco, prepositus de Auversio; Johannes de Sancto-Mederico, succentor Carnotensis; magister Henricus de Avennia; magister Stephanus de Sancto-Arnulfo; dominus Leobinus de Sanctolio; magister Guillelmus de Esseio; magister Odo de Moutonneria; dominus Petrus de Belua; Johannes de Plesseio; magister Guillelmus *Rigaut*; Guillelmus de Mintteio; Hugo de Plesseio; dominus Johannes de Albigniaco [2]; dominus Girardus de Limogiis; Johannes de Gallanda [3]; magister Robertus Cornutus; dominus Garinus de Villanova; Egidius *Paté* [4], prepositus de Normannia; Petrus de Gressio; magister Guillelmus *Horan*; magister Petrus de Minciaco [5]; Guillelmus de Aurelianis; item dominus Guillelmus de Noviaco; dominus Petrus de Trapis; dominus Johannes, matricularius; magister Stephanus, matricularius; Johannes de Savigniaco, presbyter de Virginibus [6]; Eustachius de Castris, clericus; Guillelmus *Rumont*, clericus; Stephanus dictus Matricularius, clericus; dominus Nicholaus de Minciaco [7]. »

(Orig. en parch. scellé; Arch. d'Eure-et-Loir, fonds du Chap., C. III, D, 9.)

[1] Guillaume de Chaumont devint ensuite archidiacre de Chartres. Son obit figure au *Nécrologe* sous la date du 5 des calendes de septembre.

[2] Jean d'Aubigny, depuis sous-doyen. Voir l'obit de ce personnage dans le *Nécrologe*, à la date du 2 des calendes de mai.

[3] Depuis évêque de Chartres, en 1298.

[4] Gilles Pasté, évêque d'Orléans en 1282. On trouve son obit dans le *Nécrologe* sous la date du 2 des nones de septembre (1289).

[5] Dans cette énumération des membres du Chapitre de Chartres en 1276, on reconnaît l'influence de l'esprit de népotisme, général au XIIIe siècle. Le doyen Guillaume de Grez et le chanoine Pierre de Grez appartenaient certainement à la famille d'Henri de Grez, évêque de 1243 à 1247; Robert Cornut devait être le neveu d'Aubry Cornut, prédécesseur d'Henri de Grez; enfin Pierre et Nicolas de Mincy étaient sans doute également parents de l'évêque alors siégeant, Pierre de Mincy.

[6] C'était le chapelain de l'autel des Anges et des Vierges, dont nous avons publié l'acte de fondation. (Voir n° CCCXXXI.)

[7] En 1310, le 1er octobre, on fit de nouveau l'ouverture de la châsse de saint Piat et on trouva le corps du saint martyr *integrum et incorruptum, a corpore tamen diviso capite*. Etaient présents: *Theobaldo de Alneto, decano Carnotensi; Egidio de Condeta, archidiacono Vindocinensi; Petro de Ruppeforti; Petro de Crisperiis; Raginaldo de Brocia; Gaufrido de Joigniaco; Guillelmo de Ordone; Radulpho de Medonta; Richardo de Hanesiis; Johanne de Reate; Radulpho de Capriaco; Corraldo de Mediolano; Landulpho de Columpna, canonicis Carnotensibus; Lamberto de Castello, legum professore, consiliario Capituli Carnotensis; Symone, carpentario:* (Orig. en parch. scellé; Arch. d'Eure-et-Loir, C. III, D, 9.)

Le 20 août 1352, on fit une nouvelle ouverture de la châsse, en présence de Louis de

CCCLXI.

« Pro xx libris percipiendis in prepositura Yenville, in Ascencione Domini, ad anniversarium Alphonsi, comitis Pictavensis. »

(1277, avril.)

« Philippus, Dei gratia, Francorum rex. Notum facimus universis, tam presentibus quam futuris, quod cum, juxta ordinationem felicis recordatio-

Vaucemain, évêque de Chartres, et de : *Bernardo de Cardaillaco, decano; Johanne de Monte-Mauri, camerario; Johanne de Montigniaco, Drocensi, Raginaldo Saiget, Vindocinensi archidiaconis; Girardo* Dechan; *Petro de Bosco; Petro Sageti; Helya* Grimouart; *Bertrando de Sancto-Crispino; Hugone de Pomeriis; Petro* Gueite; *Guidone* des Foucheiz; *Guidone de Mesnilio; Guillelmo Johannis; Petro* de Paluau; *Guillelmo de Cantumerulla; Luca de Urbe-Veteri; Eblone de Sancta-Maria; Ludovico Chauvelli; Girardo de Madico, canonicis; Johanne* Dynere, *magistro fabrice; Matheo* Aquari, *consiliario; Almarico de Brueriis, secretario; Petro de Lureyo, advocato, et Jacobo* Laysie, *cive Carnotensi.* (*Orig. en parch. scellé;* Arch. d'Eure-et-Loir, C. III, D, 9.)

Le 1er septembre 1356, *ad instantiam domini Johannis, regis Francorum*, le Chapitre fit l'ouverture de la châsse de saint Piat. Outre'le roi, étaient présents : R[aginaldo], *Cathalaunensi episcopo; comite Stamparum; Gaufrido* de Charni, *milite; Arnulpho* de Odenehan, *marescallo domini regis, et pluribus aliis nobilibus.* (*Orig. en parch.;* Arch. d'Eure-et-Loir, C. III, D, 9.)

Le 6 octobre 1591, à la demande du cardinal Charles de Bourbon, archevêque de Rouen, en sa présence et en celles de Charles de Bourbon, comte de Soissons, son frère; de Nicolas de Thou, évêque de Chartres; de Philippe du Bec, évêque de Nantes; d'Henri d'Escoubleau, évêque de Maillezais; de Renaud de Beaune, patriarche et archevêque de Bourges; de Nicolas Fumée, évêque et comte de Beauvais, pair de France; de Claude d'Angennes, évêque du Mans; de Charles Miron, évêque d'Angers; de Philippe Hurault, comte de Cheverny, chancelier de France, et de tous les membres du Chapitre de Chartres, on fit l'ouverture de la châsse de saint Piat, et on trouva le corps du martyr *incorruptum, cohærentibus singulis ejus membris ac partibus, excepto capite quod est a corpore divisum.* (*Expéd. sur pap.;* Arch. d'Eure-et-Loir, C. III, D, 9.)

La châsse fut de nouveau ouverte le 24 mars 1609 à la prière de la reine Marie de Médicis, et enfin, le 20 décembre 1708, Paul Godet des Marais opéra la translation des reliques dans une nouvelle châsse. Nous extrayons du procès-verbal dressé à cette occasion la description de l'état dans lequel on trouva le corps du saint martyr. *Evolutis pannis sericis et linteis quibus tegebantur, invenimus corpus humanum integrum, capite super humeros apposite reposito, cæteris ejus membris cohærentibus : faciem habebat manusque nudas, pelle, carnibus et nervis exsiccatis adhuc ornatas; pollice tamen utroque dissoluto, manu dextera super pectus, læva ad latus posita. Reliquæ corporis partes sindone vetusta circumvolutæ erant et quasi vestitæ. Et cum voluerimus sindonem illum tollere, imo et resecare, plurimas telas similiter dispositas firmissime adhærentes et conglutinatas reperimus, illis vero resecatis aliquibus in locis et ægre revulsis, maxime circa partes superiores pectoris et partem inferiorem lacerti dextri, ossa nondum pelle denudata vidimus. Deinde etiam pedem dextrum, telis et fascis quibus involvebatur resecatis, deteximus, illumque integrum pariter, pellibus, nervis, carnibus exsiccatis reperimus.* (*Expéd. sur pap.;* Arch. d'Eure-et-Loir, C. III, D, 9.)

nis carissimi patrui et fidelis nostri Alfonsi, comitis Pictaviensis et Tholosani, executores sui testamenti decreverint assignari ecclesie Beate-Marie Carnotensi viginti libras turonenses annui redditus, pro quadam capellania in dicta ecclesia instituenda [1], in qua capellanus ipsius, qui pro tempore fuerit, cotidie celebrabit pro anima dicti comitis, nisi legitimo fuerit impedimento detentus, nos, ipsius patrui nostri piam ordinacionem cupientes salubriter adimpleri, volumus et precipimus ut quicumque fuerit prepositus de Yenvilla dictas viginti libras turonenses annui redditus, medietatem scilicet in termino Ascensionis Domini, et aliam medietatem in termino Omnium-Sanctorum, capellano dicte capellanie, qui pro tempore fuerit, reddat et sine difficultate persolvat annuatim [2], nullo alio mandato super hoc expectato. Quod ut ratum et stabile permaneat in futurum, presentibus litteris nostrum fecimus apponi sigillum. Actum Parisiis, anno Domini millesimo ducentesimo septuagesimo septimo, mense aprili. »

(Arch. d'Eure-et-Loir; *cart. capellarum*, f° 21 r°. — *Cop. sur pap.*, C. VII, JJ, 1, et LXVII, B, 30.)

CCCLXII.

« Interdictum civitatis et banleuge Carnotensis, per Capitulum mandatum iterato observari, post recessum Regis. »

(1278, 19 novembre.)

« G[uillelmus], decanus, et universitas Capituli Carnotensis, universis abbatibus, prioribus, presbyteris, curatis et ceteris ecclesiarum rectoribus per civitatem et banleucam Carnotensem constitutis, salutem in Domino. Cum nos, ob reverenciam domini Regis et ad ipsius instanciam, interdictum a nobis positum in civitate et banleuca Carnotensi contra comitem Carnotensem [3] suspenderimus quamdiu idem dominus Rex in civitate

---

[1] C'est la chapelle de Saint-Thibaut, autrefois appuyée contre la troisième colonne en montant, du côté de la chaire.

[2] Il existe aux archives d'Eure-et-Loir plusieurs mandements des ducs d'Orléans (1396-1561), adressés aux prévôts de Janville, pour le paiement de la rente assignée par le comte de Poitiers. (*Orig. en parch.*; fonds du Chap., C. LXVII, B, 30.)

[3] Deux monitoires, en date des 23 avril et 12 mai 1278, adressés par le Chapitre au curé de Saint-Aignan, dans la paroisse duquel se trouvait le château du comte, nous apprennent la cause de cet interdit, lancé contre le comte et Guillaume de Saint-Mesmin,

et banleuca Carnotensi' moram faceret, et idem dominus Rex a civitate et banleuca Carnotensi recesserit, vobis, in virtute obedientie, districte precipiendo mandamus quatinus de cetero, organa vestra suspendentes, a celebratione divinorum, ut prius, omnino cessetis, et quod predictum interdictum, prout nobis in capitulo nostro a nobis injunctum fuit, custodiatis firmiter et servetis. Datum anno Domini M°CC°LXX° octavo, die sabbati post octabas beati Martini hyemalis. Reddite litteras sigillatas in signum presentis mandati nostri recepti [1]. »

(*Orig. en parch.;* Arch. d'Eure-et-Loir, fonds du Chap., C. X, E, 7.)

CCCLXIII.

Vente par Geoffroy de Pouancé à Guillaume de Berou de tout ce qu'il possédait au terroir de Berou, en la paroisse de Meslay-le-Grenet.

(1279, 16 mai.)

« A touz ceulx qui ces présentes lettres verront, l'official de Chartres, le siége vacant, salut en Nostre-Seigneur : Saichés que Geuffroy de Poancé, dit Brumant, escuier, affermant soy avoir, tenir et possider, pour reson de son héritaige, un habergement avecques ses appartenances, assis en la

son châtelain. *Cum sit notorium quod prepositus seu vis Comitis Carnotensis ad quoddam stallum situm Carnoti, in loco qui vulgariter appellatur Porta-Nova, in quo Johannes Rufus, carnifex, consuevit vendere carnes suas, qui quidem stallus est proprium domanium et predium ecclesie Carnotensis et nostrum, accedens, in grave dampnum et prejudicium nostrum et ecclesie nostre, necnon gravem injuriam, dictum stallum diruit, fregit et amovit et exinde asportavit........... Cum prepositus Stephanum Tonelarium, hospitem venerabilis viri decani et Capituli Carnotensis, levantem et cubantem in terra ipsorum, videlicet in furno de Porta Sparrarum, ceperat seu capi fecerat, detinebat seu detineri faciebat, violenter, injuste et sine causa rationabili....,* (*Orig. en parch.;* fonds du Chap., C. X, E, 7.)

L'interdit, lancé par le Chapitre, ne produisit pas grand effet : le comte et ses officiers commençaient à ne plus beaucoup se soucier de ces rigueurs ecclésiastiques. Une nouvelle lettre du Chapitre, en date du 23 décembre 1278, nous apprend que le prévôt de Chartres s'était transporté à la maison du boucher Jean Leroux, située dans la rue Châtelet, *in vico qui dicitur Casteletus*, et en avait brisé les portes, au mépris des priviléges et des droits du Chapitre.

Nous ne savons quelle fut l'issue de cette dispute entre le comte et le Chapitre ; mais quelques années plus tard nous voyons qu'un nouvel interdit fut lancé contre la comtesse Jeanne. (Voir n° CCCLXXVIII).

[1] Les lettres du Chapitre portent encore en effet les attaches de treize sceaux des abbés et curés qui reçurent ce monitoire.

paroisse de Mellé, ou terrouer de Berou, environ quatre muys de terre
arable, environ un muy de champt, une piesse de pré, environ vingt sols
d'annuel cens, environ dix septiers d'avene d'annuel rente, corvées et
vavasseurs, toutes lesquelles choses sont assises en ladicte paroisse de Mellé,
ou terrouer devant dit, et meuvent du fié Jehan de Saint-Brisson, chevalier, si comme il disoit, vendit et pour cause de vendition octroya ledit
Geuffroy à Guillaume de Berou, escuier, tout l'héritage devant dit, c'est
assavoir toutes les choses devant dictes et quicumques choses icelui Geuffroy avoit et possidoit de droit héritaige ou autre quicumque droit, en la
paroisse, territoire et fiez devant diz, sans aucune retenue illec fere, pour
le pris de neuf vins et dix livres de chartains. . . . .
En tesmoing et garnissement de laquelle chose, nous avons fait mettre nostre
seel en ces présentes. Donné l'an de Nostre-Seigneur mil deux cens LXXIX,
le mardi après l'Ascension Nostre-Seigneur, ou mois de may [1]. »

(*Orig. en parch.;* Arch. d'Eure-et-Loir, fonds du Chap., C. XXX bis, A, 1.)

CCCLXIV.

« Privilegium Nicolai pape, » de interdictis in Comitem et officiarios Regis.

(1279, 19 mars.)

« Nicolaus episcopus, servus servorum Dei, dilectis filiis decano et
Capitulo ecclesie Carnotensis, salutem et apostolicam benedictionem. *Il
s'élève contre les officiers du Roi et autres qui, non contents de leur
juridiction, empiètent sur celle de l'église, et il permet au Chapitre de
se servir contre eux des armes spirituelles,* nonobstantibus quibuscumque
privilegiis, litteris et indulgentiis carissimo in Christo filio nostro Philippo,
regi Francorum illustri, vel predecessoribus suis regibus, seu comitibus,
baronibus, aut nobilibus, ac laicis aliis quibuscumque concessis... Datum
Rome, apud Mariam-Majorem, xiiii kalendas aprilis, pontificatus nostri
anno secundo. »

(Bibl. Imp.; *Livre des Priv. de l'égl. de Ch.*, cart. 28, p. 144.)

[1] Le 16 juin 1635, le Chapitre acquit sur Claude de Moulins, seigneur de Spoir et de
Berou, et Marie de Rochechouart, sa femme, le fief de la Bremandière et la terre et seigneurie de Berou, relevant des seigneuries de Charray et du Boullay-Thierry. (*Orig. en
parch.;* fonds du Chap., C, XXX bis, A, 3, 7 et 8.)

CCCLXV.

(1279.)

Acquêt par le Chapitre sur Henri de Villereau et Guillaume, son frère, de la dîme qu'ils possédaient audit lieu de Villereau [1], s'étendant sur 34 muids de terre: ladite dîme amortie par Gaucher de Rochefort, sire du Puiset [2], seigneur féodal.

(*Inv. du Chap.*, C. CXIII, O, 1.)

CCCLXVI.

« Sermones episcopi. »

(v. 1280.)

« Hos sermones facit episcopus per annum in ecclesia Carnotensi : die synodi; die Adventus; dominica ante Nativitatem Domini; dominica Septuagesime; die mercurii Cinerum; dominica Brandonum; dominica medie Quadragesime; in Ramis palmarum, ad crucem; die Jovis in cena, tres sermones [3]; in crastino Pasche, apud Bellum-Locum [4]. »

(Bibl. Imp.; *Livre noir*, cart. 43, f° xxxvi r°.)

---

[1] En décembre 1550 et août 1659, le Chapitre obtint contre le curé de Beauvilliers et François de Godefroy, seigneur de Beauvilliers, des arrêts qui le maintinrent en possession de cette dîme que ceux-ci lui disputaient. (*Inv. du Chap.*, C. CXIII, O, 2 et 3.)

[2] Le sceau du sire du Puiset, qui était autrefois appendu à un grand nombre de chartes du Chapitre, n'existe plus aux Archives d'Eure-et-Loir; mais Laisné nous en a conservé l'empreinte dans le t. II de ses *Mémoires*. (*Mém. de la Soc. Arch. d'Eure-et-Loir*, t. III, p. 197).

[3] Renvoi en écriture un peu plus moderne : *Episcopus debet primum ad penitentes. Decanus debet sermonem in cena, episcopo non presente. Cancellarius unum die Parasceve.* Ces sermons du Jeudi-Saint donnèrent naissance en 1546 à un grand procès entre l'évêque et le Doyen d'une part et le Chapitre de l'autre. Voici à quelle occasion : il était de coutume, comme l'indique la note ajoutée après coup au *Livre Noir*, qu'il y eût trois sermons le Jeudi-Saint: le premier pour les pénitents, le second, le matin, en français, *ad populum*, et le troisième en latin. Quand l'Evêque était présent dans son diocèse, il était tenu de faire les deux premiers, c'est-à-dire qu'il en chargeait un *personnage docte et savant* qu'il payait pour cela, et lorsqu'il était absent, le Doyen devait remplir cet office. Or, en 1546, l'évêque Louis Guillard, se trouvant à Rambouillet, le Doyen refusa de s'acquitter de cette charge, et l'Evêque n'y ayant pas pourvu, il n'y eut pas de sermon le matin, au grand scandale et mécontentement du Chapitre et du peuple. Et de là le procès, qui se termina par la condamnation de l'Evêque. (*Orig. en pap.*; fonds du Chap., C. III, C, 10.)

[4] Outre ces sermons, à partir de l'année 1354, l'Evêque en prit à sa charge un autre qui se faisait en latin, le jour de Pâques, après dîner. Voici quelle fut l'origine de cette

CCCLXVII.

« Hii sunt redditus quos debent insimul episcopus et capicerius matriculariis[1]. »
(v. 1280.)

« Debent, quolibet mense, pro coquina, xxiiii solidos in denarios. Debent insuper omnia necessaria coquine, scilicet ligna et carbones, potos et patellas et omnia alia utensilia nova quando deficient, fracta reparare.

coutume : de toute ancienneté, le Chambrier de l'église était tenu de donner à chaque chanoine la somme de cinq sous le jour de Pâques, pour les aller jouer après dîner et se récréer dans la Chambre des Comptes. Cet abus fut enfin détruit en 1354, et il fut convenu que le Chambrier paierait à l'évêque une somme déterminée, et en revanche l'Evêque s'engageait à faire en latin un sermon en l'honneur de la Résurrection du fils de Dieu, incontinent après dîner sur la plate-forme du chœur, auquel chaque chanoine assistant recevrait cinq sous pour sa distribution. Il fut également convenu que les vingt sous qu'on donnait aux chantres et heuriers pour s'acheter du vin seraient distribués à ceux de cette condition qui assisteraient audit sermon. — Nous voyons en effet que, le jour de Pâques, 4 avril 1507, l'évêque Réné d'Illiers, après avoir célébré la grande messe pendant laquelle il ordonna prêtre, en vertu d'un *extra tempora*, Me Jehan de Paris, secrétaire du comte de Dunois, traita tout son Chapitre et ses officiers, et, après le dîner, ils allèrent tous entendre le discours latin qui fut prononcé par Me Guillaume Huet, bachelier en théologie, que le prélat entretenait aux études. (*Orig. en pap.*; fonds du Chap., C. III, C, 6, 7 et 10). — Le sermon latin du jour de Pâques fut supprimé en 1748.

[1] Un arrêt du Parlement, intervenu, le 22 février 1648, entre les marguilliers d'une part, et Jacques Lescot, évêque de Chartres et Mathurin Tulloue, chevecier, d'autre, régla ainsi les droits et devoirs respectifs des parties : L'Evêque et le Chevecier furent condamnés à « payer et délivrer la quantité de cinq muids cinq setiers de bled par chacun an, les
» deux tiers froment, et le tiers seigle, mesure de Chartres, aux Marguilliers et autres
» leurs Coofficiers, plus huit muids de vin faisant partie de quinze muids du Clos de
» l'Evêque situé prez la ville de Chartres au jour de saint Martin d'hyver, six poulles le
» jour de Carême prenant et trois septièmes portions de la troisième partie d'un demy-
» lard, le jour des Cendres quatre minots de pois à cuire mesure de Chartres, et aux
» festes de Pâques les trois septièmes portions d'une autre partie d'un demy-lard; plus
» deux grands minots de sel, et sept paires de gands, le tout par an; plus leur donner à
» dîner toutes les fois que ledit Evêque feroit office en ladite église, lequel leur seroit
» livré à l'évêché et porté à leur cuisine; entretenir le corps et bâtiment de leur cuisine
» ou maison qui est au cloître de ladite église en bonne réparation, et les fournir et en-
» tretenir de vaisselle d'estain, pots et de toute sorte d'ustencilles nécessaires à icelle;
» payer aux deux Marguilliers Laïcs chacun dix sols par chacun an le jour de saint
» Luc jour du Synode, soit qu'il tienne ou non; bailler et fournir auxdits demandeurs
» leurs pitances journellement selon les jours et la saison, et fournir leur cuisine de
» toutes viandes nécessaires pour leur vie et selon leur condition à l'exception de leur

Aquam vero ad coquinam debet subcoquus, ratione candelarum quas dent iidem subcoco ad legendum.

Coquus vero querit coquine piperem, allia et sal grossum coquine et sal album mense, ratione xxv denariorum quos habet coquus a matriculariis de supradictis xxiiii solidis iii denariis.

Debent et pro qualibet mundatione chori iiii denarios.

Et pro uncto ad campanas ungendas, quolibet mense, iiii denarios.

Pro pulsatione cujuslibet anniversarii simplicis i denarium, pro duplici ii denarios, et hos debent servienti qui pulsat campanas in turribus.

Debent matriculariis clericis pro circuitu sive pro *torche*, que fit in ecclesia quolibet sero, iiii^{xx} et vi estaneas candelarum et longitudinem estaneorum

> » pain et vin qui leur estoit baillé en gros; leur fournir de bois et de charbon, et payer
> » le blanchissage de leur linge; fournir aux deux Marguilliers Laïcs de chandelles à
> » *tortier* pour brûler à l'église; leur fournir deux ballais par semaine pour monder et
> » nettoyer le chœur, leur bailler le jour de la Circoncision le tiers de sept cierges appellez
> » *estourneaux* pesans une table de cire, et ladite table du poids d'onze livres; sept cierges
> » faisant partie de quinze, le jour de la Chandeleur, pareils à ceux qui estoient distribuez
> » à la procession; et pour les Ténèbres et pour Pâques le tiers de vingt-cinq livres de
> » cire; à Noël pour *estourneaux* et chandelles le tiers de quatorze livres de cire; et de
> » plus le tiers de quatre-vingt-six *estourneaux* de chandelle et *torties* de cire par semaine
> » de la longueur d'un fer pour ce ordonné revenant à trois livres de cire, chacune semaine,
> » pour faire la chasse et cherche dans ladite église tous les soirs; le lendemain de la feste
> » de l'Ascension de Notre-Seigneur que l'on oste le gros cierge béni, une table de cire
> » dudit cierge du poids de onze livres; deux tables de cire neuve au jour de la Pentecôte,
> » chacune table du poids de onze livres; dix-neuf couronnes de cire chacun an, chacune
> » couronne pesant trois livres, qui doivent estre mises ez jours des dix-neuf festes annuel-
> » les, doubles et solemnelles pour brûler durant le divin service devant les Corps Saints
> » et lieux pour ce ordonnez; au queux en particulier pour la garde du Grand Autel, à
> » chacun des deux comptes de l'année trente sols, qui estoient trois livres par chacun an,
> » et pour la garde du chœur chacun mois deux sols quatre deniers qui estoient vingt-huit sols
> » par an; pour feu à l'encensoir dix sols par an; pour verres et cuillers quinze sols; pour
> » paniers et pelles à servir à l'église six sols huit deniers; et au sous-queux pour aller
> » quérir le vin à l'Hôtel-Dieu pour célébrer en ladite église quatre sols; pour fourneau
> » quatre sols; pour vaisseaux à eau, courges, paniers et pelles à charbon cinq sols; au
> » portier et sonneur pour fermer et ouvrir les portes de ladite église, à raison de deux sols
> » quatre deniers par mois, qui est vingt-huit sols par an, une lanterne par chacun an et
> » sa fourniture de chandelle, lui fournir l'oing nécessaire pour graisser les cloches; payer
> » trois hommes qui portent les chappes et bannières ez processions, six sols; pour sonner
> » les Anniversaires Solemnels par an et pour sonner lesdites cloches aux heures du jour,
> » à raison de deux sols quatre deniers par mois, qui estoit vingt-huit sols par an, et outre
> » lui fournir les colombes blanches, fleurs, chapeaux et cordons pour la représentation à
> » la Pentecôte, et encore fournir chacun an les entretenements honnestes desdits deman-
> » deurs : savoir, deux habits complets à chacun afin de servir journellement à ladite
> » église avec plus de décence. » (*Impr.*; Arch. d'Eure-et-Loir, C. III, B, 13.)

ubi ponuntur candele ante vii candelabra, et computatur estanea pro duobus; et vii estaneas ad longitudinem ferri bone candele ad legendum, et has debent quolibet sabbato septimane.

Item, pro quolibet festo dupplici, xii candelas de obolo, et pro capis custodiendis unam candelam de longitudine ferri; in quolibet festo dupplici, duas candelas ad longitudinem ferri, pro turribulis.

Debent, ad Circoncisionem Domini, vii cereos qui vocantur *écorneaz*[1], ponderantes unam tabulam, quorum residuum est, matriculariis clericis scilicet due partes, iii matriculariis laicis.

Debent etiam, ad Tenebras, similiter vii cereos ad pondus unius tabule et lxxiii parvos cereos, omnes factos de una tabula cere, et tres torchas candelarum, qualibet torcha de ix candelis ad longitudinem ferri; residuum istorum cereorum et torcharum est matriculariis clericis et laicis, et dividuntur ut cerei de Circuncisione.

Item matriculariis clericis, quando removetur magnus cereus ad Ascensionem, unam tabulam cere dicti cerei, laicis unam per se tabulam.

Item, ad Penthecosten, matriculariis clericis xxiiii tabulas optime cere que nominatur *cera de Sancta-Flore*, matriculariis laicis duas.

Item, quocienscumque matricularii clerici seu laici faciunt sibi minui, debent cuilibet minuto seu minutis, pro qualibet minutione, tres torticeros de denariis.

Item, quolibet sabbato, xiiii cereos ad pondus cereorum qui ardent ante Sanctam-Capsam.

Pro quolibet duplici anniversario duos cereos ejusdem ponderis.

Pro quolibet duplici festo, quando ponitur candelabrum[2], v cereos, et ponitur candelabrum ad Pascha, ad Penthecosten, ad festum sancte Anne, ad Assumptionem, ad Nativitatem beate Marie, ad Dedicationem, ad festum Omnium-Sanctorum, ad Natale Domini, ad Purificationem, ad Annuntiationem.

Item, pro quolibet festo semi-duplici, debent ii cereos ad Ascensionem,

---

[1] Dans un très-long procès que l'évêque Hurault eut à soutenir contre le Chapitre, de 1609 à 1614, au sujet de la fourniture de la cire, il déclare qu'on ne sait plus ce qu'on doit entendre par ces *écorneaux*: cependant ils sont encore rappelés dans l'arrêt de 1648 sous le nom d'*estourneaux*; dans un compte de l'évêché de 1533, on les nomme *cornuaux*.

[2] Par ce mot *candelabrum*, il faut entendre, suivant l'abbé Brillon, la barre ou le retable de l'autel.

ad festum beati Johannis-Baptiste, ad festum beate Marie Magdalene, ad festum beati Leobini in septembri, ad festum sancti Piati, ad festum sancti Nicolai, ad Circoncisionem Domini, ad Epiphaniam.

De omnibus istis cereis qui tradentur matriculariis pro sabbatis, pro festis duplicibus, semi-duplicibus, pro candelabro, tenentur matricularii clerici reddere episcopo et capicerio torciones quolibet sabbato.

In vigilia sancti Piati, a primis vesperis usque post complectorium diei festi, tenentur ponere ante capsam sancti Piati unum cereum de processione vel unum alium magnum cereum; similiter in festis duobus sancti Leobini; similiter in festo sancti Caletrici; similiter in festo sancti Turiani; similiter in festo sancte Tecle; similiter in festo sancti Tugdualis: ad Annuntiationem vero, coram letrino, unum cereum quod ardet a primis vesperis usque ad crastinum post complectorium.

In Adventu Domini, quando legitur evangelium ad matutinas *Missus est*, ponitur ante letrinum cereus qui ardeat a principio matutinarum usque post complectorium.

In vigilia Natalis Domini, quando cantatur versiculus hymni *Presepe jam fulget*, ponuntur iiii^{or} cerei de pondere cereorum Sancte-Capse in letrino, et ardent usque in crastinum post complectorium. A dicto complectorio ponit decanus unum cereum ante presepe, ardentem continuo die noctuque ad diem Purificationis.

Die sancto Purificationis, ponuntur, cum cereo decani, ante presepe tres cerei parvi de cereis processionis diei Purificationis.

Item, die Purificationis, debentur matriculariis clericis et laicis et servientibus xv cerei de dicta processione, viii clericis, iiii^{or} laicis et iii servientibus [1].

In vigilia Ramorum Palmarum, quando asportatur capsa sancte Tecle super altare Trinitatis in sero, ponitur unus cereus in magno candelabro ante capsam, et ardet ibi usque in loco suo reponatur [2].

---

[1] En 1714, l'Evêque était tenu de donner, le jour de la Purification, aux ouvriers de la maîtrise et de l'œuvre 24 cierges de cire jaune de chacun deux onces, qui étaient ainsi distribués; 2 au clerc de l'œuvre et un à chacun des serviteurs suivants: les deux guetteurs, les deux ouvriers de l'œuvre, l'organiste, le souffleur, l'éteigneur, le fourreur, le menuisier, le charpentier, le serrurier, le cirier, le chirurgien, le maître d'écriture, le cordonnier, le cordier, le chaudronnier, le marchand de bonnets carrés, le bourrelier, le vitrier, le portier et le suisse. (*Note de l'abbé Brillon;* Arch. d'Eure-et-Loir, C. III, B, 13.)

[2] La cire était une des dépenses les plus considérables de l'église de Chartres. Outre ces nombreux cierges dûs par l'évêque et le chefcier, nous voyons que l'œuvre était

Omnium vero cereorum parvorum et magnorum et magni cerei et grimaudi qui ardent infra chorum, ubicumque barbe et feuture sive *les agonz*, sunt septimanarii matriculariorum clericorum.

Debent insuper episcopus et capicerius servienti qui pulsat campanas in turre majori, ad minus VIII candelas de obolo.

Item debent matricularis laicis, in omni festo duplici sive semi-duplici, quolibet festo, VIII cereos de corona, qui sunt sui.

Item, quolibet sabbato, VII torticios de denariis, cuilibet IIII^{or} [1].

Item, quandocumque vel quocienscumque paratur ecclesia tota sive dimidia, pro festo sive pro quocumque alio casu contingente, debent VIII denarios, IIII scilicet ad bibendum in letrino matriculariis clericis et IIII^{or} laicis et servientibus.

forcée de fournir : 54 cierges, d'une demi-livre chacun, lorsqu'on allumait le *tour du chœur*, c'est-à-dire 19 fois dans l'année, aux fêtes de saint Jean-Baptiste, de la Madeleine, de l'Assomption, de saint Roch, de saint Louis, de la Nativité, de la Dédicace, de la Toussaint, de la Conception, de la Présentation, de Noël, des Rois, de la Purification, de saint Joseph, de l'Annonciation, de Pâques, de l'Ascension, de la Pentecôte et du Saint-Sacrement ;

20 cierges, d'une demi-livre, chaque fois qu'on allumait la *perche*, c'est-à-dire 43 fois dans l'année, aux fêtes de la Circoncision, de sainte Geneviève, du Nom de Jésus, de saint Sébastien, de l'Octave de la Purification, de la Brèche, de sainte Gertrude, de saint Pierre, de la Visitation, de saint Bonaventure, de sainte Anne, de la Transfiguration, de l'Octave de l'Assomption, de l'Octave de la Nativité, du Nom de Marie, de saint Michel, de saint Piat, des Anges gardiens, de saint François, de saint Denis, des Morts, de saint Charles, de l'Octave de la Toussaint, de saint Martin, de l'octave de saint Martin, de l'Octave de la Présentation, de saint Nicolas, de l'Octave de la Conception, aux deux Trinités, au dimanche dans l'Octave du Saint-Sacrement, aux O de Noël et aux cinq messes de Vendôme ;

33 cierges, d'une demi-livre, chaque fois qu'on allumait le jubé, c'est-à-dire à toutes les fêtes où le tour du chœur ou la perche étaient allumés ;

10 cierges aux enfants de chœur, aux fêtes de la Purification, de l'Annonciation, de l'Ascension, de la Madeleine, de l'Assomption, de l'Octave de la Nativité, de la Toussaint, de Noël et pendant les saluts de l'Avent ;

De plus, les processionaux pour les dimanches et jours de fête à la grand'messe ; les bourdons pour les obits, les cierges pour les angelots, et enfin tout le luminaire des chapelles de Saint-Jérôme, Saint-Gilles et Saint-Vincent. (*Comptes de l'œuvre*, passim).

[1] D'après un compte de l'évêché de 1533, voici quelle fut pour cette année la recette et la dépense en cire de l'évêque. Recette : du seigneur d'Alluyes, 72 livres ; du Vidame de Chartres, 60 livres ; du seigneur de Longny, 30 livres ; du seigneur du Chêne-Doré, 19 livres ; du seigneur de Tréon, 11 livres ; des quatre Prévôts et du Doyen, de chacun, 11 livres ; du seigneur de la Loupe, 2 livres ; du seigneur de Gallardon, 1 livre ; des Célestins d'Eclimont, 3 livres ; du sieur de Villeneuve, 3 livres ; des tronçons des assiettes faites pendant l'année, 270 livres : en tout, 526 livres. Et la dépense fut : de 852 livres, à cinq sous 6 deniers la livre. (*Cop. sur pap.;* Arch. d'Eure-et-Loir, C. III, B, 13.)

Si vero contigerit parare ecclesiam pro legato, episcopo, rege vel alia persona, vel alio casu superveniente, debentur pro tentura xii denarios.

Item ad primum compotum post Pascha computantur hec que sequentur, scilicet tenture. Pro tentura seu paratura Omnium-Sanctorum vi denarios, ad Natale vi denarios, ad Pascha, xii denarios. — Item pro *plomers* sive gamalionibus ii solidos, pro lampadibus ii solidos, pro botis v solidos.

Summa predictorum xi solidos vi denarios. In istis denariis matricularii laici habent terciam partem, clerici vero duas partes.

Item ad predictum compotum matriculariis clericis, pro festagiis, ad festum Omnium-Sanctorum iiii solidos, ad Natale iiii solidos, ad Purificacionem iiii solidos, ad Annunciacionem iiii solidos, ad Pascha iiii solidos.

Ad istum compotum habet qui defert *draconem* v solidos, ultra quinque solidos quos habet pro stramina seu futena.

Item ad primum compotum post Dedicationem, pro tentura Ascensionis vi solidos, pro tentura Pentecostis xii denarios, pro tentura sancti Johannis vi denarios, ad Magdalenam, ad festum beate Anne xii denarios, ad Assumptionem xii denarios, ad Natale beate Marie xii denarios, ad festum sancti Leobini vi denarios, ad festum sancti Piati vi denarios, ad Dedicationem xii denarios. — Item pro pullis ii solidos et pro perdicibus ii solidos.

Summa istorum x solidos vi denarios; habent matricularii laici terciam partem, clerici duas partes.

Item ad secundum compotum, subcoco, pro vinagerio iii solidos ii denarios obolum.

Item matriculariis clericis, pro festagiis, ad Penthecosten iiii solidos, ad festum Sancte Anne iiii solidos, ad Assumptionem iiii solidos, ad Natale beate Marie iiii solidos, ad Dedicationem iiii solidos. — Deferenti draconem ad istum compotum quinque solidos [1]. »

(Bibl. de la ville de Chartres, *Livre rouge*, ⅜ 34, p. 313, et *Livre blanc*, ⅜ 35, f° 166 v°. — Bibl. Imp.; *Livre noir*, cart. 43, f°s 46 v° et 47 r°.)

---

[1] Complément en écriture un peu plus moderne :
Item Dominus Episcopus et Capicerius debent anno quolibet, in festo Penthecostes, in ecclesia Carnotensi, XLIII tabulas, videlicet decano sex tabulas, cantori sex, succentori tres, subdecano tres, sacristis viginti quatuor, matriculariis laicis duas. Summa quadraginta quatuor tabule cere.
Pars Domini Episcopi XXIX tabule III libre cum dimidia et due partes quarteroni. Pars autem Capicerii est XIIII tabule VII libre cum uno quarterono et tercia parte quarteroni. De quibus dictus capicerius debet tribus matriculariis clericis XII tabulas et duobus matriculariis

CCCLXVIII.

Hæ sunt minutæ costumæ ad episcopum Carnotensem pertinentes [1].
(v. 1280.)

« In primis dominus episcopus Carnotensis habet et habere debet de quolibet miliare sepiarum venditarum Carnoti, II denarios, tam a civibus quam ab extraneis.

Item a mercatoribus extra venientibus, causa emendi eas, similiter duos denarios pro quolibet miliare.

Item a quolibet miliare transeunti per villam, duos denarios, de pedagio.

Item a quolibet centum moruarum salsatarum, II denarios, dum tamen adducatur in quadriga, de costuma.

Item a quolibet centum congrorum, II denarios, de costuma.

---

laicis II tabulas; et domino episcopo debet reddere VII tabulas cum quarterono et terciam partem quarteroni.

[1] Il est curieux de comparer à ces droits de menues coutumes de l'évêque, ceux appartenant au doyen, tels qu'ils sont établis dans une transaction passée, vers 1370, entre le Chapitre et Philippe de Talaru, doyen, et renouvelée au mois de septembre 1406, par Miles de Dangeul, successeur de Philippe de Talaru :

« Pour chaque cheval chargé, 1 den.; — pour une charrette chargée, 4 den.; — pour un chariot, 8 den.; — pour un âne chargé, ob.; — pour place à étau, 1 den.; — pour chaque drap vendu pour revendre, 1 den.; — pour couste à coussin, 1 den.; — pour un oreiller, ob.; — pour un tonneau de vinaigre, 6 den.; — pour un tonneau de verjus, 6 den.; — pour chandelle de suif ou d'oint, ob.; — d'un vendeur de fruits, ob.; — d'un vendeur de bouteilles et godets, ob.; — d'un potier, 1 den.; — d'un vendeur de verres, 1 den.; — d'un vendeur de cuir, 1 den.; — d'un vendeur de souliers et de housseaux neufs, 1 den.; — d'un vendeur de sel, 1 den.; — d'un vendeur de lard, 1 den.; — d'un vendeur de porcs, 1 den., ob. par le vendeur, ob. par l'acheteur; — d'un vendeur de laines, par cent, 4 den.; — d'un vendeur de pelleteries, 1 den.; — d'un vannier, 1 den.; — par pièce de toile, ob.; — d'un vendeur de seaux, 1 den.; — d'un vendeur de faux et faucilles, 1 den.; — d'un vendeur de tapis, 1 den.; — d'un fripier, 1 den.; — d'un chaussier, 1 den.; — d'un vendeur de fromages et œufs, 1 den.; — d'un vendeur d'écuelles d'étain ou de bois, 1 den.; — d'un vendeur de lanternes et soufflets, ob.; — d'un vendeur de ferraille, 1 den.; — d'un mercier, 1 den.; — d'un épicier, 1 den.; — pour grosses bestes, pour chacune, 1 den., vendeur et acheteur, chacun ob.; — pour menues bestes, les quatre, 1 den.; — d'un vendeur de lin et chanvre, ob.; — d'un vendeur d'oignons, 1 den.; — d'un vendeur de harengs, 1 den.; — de tous autres vendant autres denrées, 1 den. ou ob., selon l'estimation des choses ci-dessus, sans rien exiger de plus, sauf la coutume des chapeaux. Et pareil droit pourra prendre chacun chanoine és subgrondes et autres lieux réservés. » (*Orig. en parch.*; Arch. d'Eure-et-Loir, fonds du Chap., C, I, R, 10.)

Item a quolibet centum arumucellorum, ii denarios, de costuma.

Item a quolibet salmone frisco et salsato, per pecias vendito, i denarium, et ii denarios, si integre vendatur.

Item a quolibet sommario piscium aque dulcis, unum denarium.

Item a quolibet celerino asportandi pisces aque dulcis, pictam.

Item a quolibet summario asportatarum piscium maris, i denarium.

Item a quolibet miliare alectium salsatorum, venditorum Carnoti, iii pictas.

Item ab emptore revendente alectia, iii pictas de miliare.

Item a quolibet veniente ad villam pro piscibus emendis et ducendis Bonevalle, Castriduno, Aurelianis, seu quocumque alio loco, i denarium de summa.

Item a quolibet miliare de maquerellis friscis, i denarium.

Item a quolibet miliare alectium friscorum, i denarium.

Item a quolibet miliare maquerellorum salsatorum, i denarium.

Item pro transitu maquerellorum friscorum et salsatorum, i denarium pro quolibet miliare.

Item pro qualibet summa alosarum et salmonum, ii denarios, pro transitu.

Item pro quolibet centum de *graspoiz*, ii denarios.

Quelibet uxor vel carnifex vendens allectia die sabbati, i pictam.

Quilibet carnifex vendens Carnoti carnes die dominica, i pictam.

Pro quolibet centum ferri, i denarium a venditore, et a quolibet emente portanda extra villam, i denarium.

Pro quolibet centum cepi venditi Carnoti, i denarium nisi carnifex vendiderit, et ab emptore similiter, i denarium nisi carnifex fuerit.

Pro quolibet centum uncti venditi, i denarium.

Pro quolibet centum cere, ii denarios a venditoribus.

Item ab emptoribus, dum tamen dictam ceram revendaverint, ii denarios.

A quolibet centum de pice, iii pictas.

A mercatore eam ducente, pro transitu, iii pictas pro quolibet centum.

De quolibet centum canabi, i denarium.

De quolibet quarterio lane vendite in mercato, obolum, nisi habeat defensorem.

De quolibet emptore agniculorum, dum tamen emerit ultra xii denarios, obolum pro qualibet emptione.

A quolibet cordario et a quolibet chanpvaterio venientibus ad vendendum ad mercatum, 1 pictam, qualibet vice.

A quolibet vendente culcitram et pulvinar, pro qualibet culcitra et pulvinari, unum denarium.

Ab emptore similiter, unum denarium, nisi habeat defensorem.

A quolibet mercatore extraneo, asportante pellicias ad vendendum, pro quolibet garnamento vendito, 1 obolum.

A quolibet mercatore extraneo, asportante telas ad vendendum, pro qualibet pecia vendita, pictam.

A quolibet burgensi, asportante telas suas ad vendendum, tam in mercato quam in nundina, pro qualibet pecia vendita, pictam.

A qualibet venditrice telarum, in mercato vel in nundinis, qualibet die mercati vel nundinarum, pictam.

A quolibet panno lamo vendito super lapides, tam in mercato quam in nundinis, 1 obolum, nisi habeat defensorem.

A quolibet mercatore emptore, 1 obolum, nisi defensorem habeat, pro quolibet panno et pro qualibet pecia, a quacumque patria sit et ubicumque emerit.

Item similiter, a quolibet vendente pannos, nisi habeat defensorem, obolum.

Item a quolibet mercatore, emente per villam, et a burgensibus, in domo ipsorum, obolum, de qualibet pecia panni.

Item, a quolibet panno intemerato, tam in mercato quam in nundinis, obolum, si non habet mercator defensorem.

A quolibet vestimento de pellibus salvasine, duos denarios.

A quolibet bacone vendito, vel uncto vendito, pictam, nisi habeat defensorem.

A qualibet venditrice pomorum, pirarum et aliorum fructuum quorumcumque, pictam, qualibet die sabbati inter Assumptionem beate Marie et festum sancti Andree.

Pro qualibet quadrigata panis, veniente ad mercatum vel ad nundinas, 1 denarium, qualibet die qua venerit.

Pro qualibet summa panis, qualibet vice qua venerit, obolum, a quocumque loco adducetur.

A qualibet quadrigata de egruno, 1 denarium, in mercato et nundina.

A qualibet venditrice super terram, pictam.

A quolibet corvoiserio, vendente in mercato et nundina, qualibet vice, pictam.

A quolibet summario de porellis et oleribus, pictam.

A quolibet talliatore corei, pictam, qualibet vice talliaverit, die sabbati vel die nundinarum.

A quolibet mercerio, pro tribus diebus sabbati, pictam.

A quolibet venditore falcium, seu falces vendente, valorem medietatis cujusdam falcis, quolibet anno.

Pro qualibet platea cucufaris, in mercato, in crastino beati Andree, obolum census; item, in crastino Nativitatis [beati Johannis], obolum census.

Item, pro qualibet archa seu stallo pellipariorum, in crastino beati Andree, obolum census, et, in crastino Nativitatis beati Johannis, obolum similiter census.

Pro qualibet lapide seu stallo de magnis halis, et pro quolibet stallo vel lapide, ubicumque sit, in crastino beati Andree, I denarium census, et, in crastino Nativitatis beati Johannis, I denarium similiter census.

Quilibet burgensis vendens debet medietatem havagii, et quilibet alius similiter, nisi habeat defensorem, bladi, avene, fabarum, pisorum et aliorum fructuum.

Quilibet clericus, quilibet miles aut religiosus, quartam partem havagii.

Omnes homines Capituli, vendentes in mercato, in potestate Comitis, quartam partem havagii.

Omnes operatores unctarum et hucheri, quilibet II denarios, pro fenestragio, in festo beati Remigii.

Doliatores similiter quilibet II denarios, in eodem festo, pro fenestragio.

Quicumque sit cordubernarius, vendens vel emens, I denarium, in vigilia Ramorum Palmarum.

Quicumque sit corvoiserius, vendens calciamenta vacce, quilibet I denarium, in eadem vigilia.

A quolibet porco vel sue, transeuntibus apud Morenceias, vel in banleuga Carnoti, I pictam, in quolibet loco ubi Comes aliquid percipit, et a quolibet bove, I obolum, si non sit escornatus, et si escornatus fuerit, pictam.

Item, pro duabus bidentibus, aliis vel animalibus, obolum, pro transitu, a quacumque persona.

Quilibet caligarius, veniens ad vendendum in mercato, in vigilia Ramorum Palmarum, unam caligam.

Quicumque adducens sal, de tribus summis dimidium rasellum.

A quolibet revendente sal, de novem summis dimidium rasellum, qui salnerius sit.

Salnerius quilibet qui vocatur *vanerii*, de III summis dimidium rasellum.

A quolibet summario qui vocatur *bales*, transeunte, III obolos.

A quolibet summario corde et mallie, obolum.

De qualibet giba cordee et malliee, v denarios, pro transitu.

De quolibet panno qui vocatur *plet* et *aplet*, obolum.

Draperii Castriduni, ducentes pannos suos intra villam, dimidiam costumam, scilicet VII denarios et obolum.

De qualibet summa olei transeuntis, I denarium.

De qualibet summa olei venditi in villa, II denarios.

Quilibet veniens pro oleo emendo ad revendendum extra, I denarium.

Pro qualibet quadrigata bladi, avene, pisorum, fabarum, I denarium, nisi honerata sit in loco privilegiato.

Pro quolibet leto corei transeuntis per villam, IIII denarios.

Tanatores XIIII solidos, in Nativitate beati Johannis, item XIIII, in festo beati Andree.

Quilibet fenestrarius vendens *poiz*, II denarios in anno.

De quolibet centum cere vendite ad quemlibet stallum, II denarios quicumque sit venditor.

Quilibet talemelarius habens panem, nisi sit de loco privilegiato, pictam, qualibet die martis, et si non habet panem die martis et habet die jovis sequenti debet pictam.

Quilibet talemelarius, si habet panem qualibet die sabbati, obolum, et si non solverit die sabbati, tenetur solvere die dominica sequenti.

Quilibet fenestrarius seu soldarius, III pictas in quindena.

Pro quolibet centum custellorum venientium ad villam, I denarium.

Pro quolibet porco vendito in mercato, venditor et emptor quilibet, pictam, nisi sint privilegiati.

Pro quolibet porco vendito per villam, pictam, ab emptore et venditore.

De quatuor albis annualibus bidens, obolum.

De qualibet capra, pictam.

De qualibet vacca vendita, venditor et emptor quilibet, pictam, nisi privilegiati.

De quolibet bove cornuto vendito, obolum, et si non est cornutus, pictam, quilibet tam venditor quam emptor.

De quolibet torello cum mentula, venditor et emptor quilibet, pictam, nisi privilegiati.

De quolibet equo vendito, tam in mercato quam in villa, emptor et venditor quilibet, i denarium, nisi privilegiati.

De equo ad arma, ii denarios, a venditore et ab emptore totidem.

De quolibet mercatore ducente equos ad arma, de quolibet ii denarios, pro transitu.

De palefredo, i denarium.

Item, dominus episcopus Carnotensis habet medietatem vendarum et cerothecarum archarum pellipariorum.

Item, de stallis et lapidibus de mercato, iiii denarios, de vendis et cerothecis.

Item, similiter medietatem vendarum platearum cucufaris.

Item, medietatem omnium rerum sitarum in circuitu rote mercati.

Item, de quolibet stallo in Burgo sito, i denarium, die dominica ante festum beati Andree, vel die dominica post.

Item, eadem die, de qualibet platea tripariarum, i denarium.

Item, de quolibet dictorum stallorum et platearum, i denarium, in crastino Nativitatis beati Johannis.

De qualibet quadrigata pomorum, pirarum et aliorum quorumcumque fructuum, ubicumque inveniatur in civitate, i denarium, et etiam amigdalarum, festis beate Marie.

Quilibet vanerius, commorans in villa, medietatem cujusdam vanni, in festo sancti Bartholomei.

Item, quilibet vanerius mercator extraneus, veniens ad villam, medietatem vanni, eodem festo, vel post, si inveniatur.

Quilibet vitrarius mercator, ii vitra de quadrigata.

Item, medietatem havagii mine currentis ad portam Guillelmi; item, ad portam Drocensem; item, ad portam Sparrarum; item, in Valleya.

Item, nemo novus volens vendere cinerem clavelatam ad fenestram, hoc habet facere nec potest sine mandato toneleatoris episcopi.

Quicumque adducens *balez* Carnotum, debet, de qualibet quadrigata, II *balez*.

Quilibet adducens potos vel cruchas Carnotum, de qualibet quadrigata, unum potum vel unam cruchiam.

Item, de quolibet pondere de abano vel de pipere, qui sit mercator, que vocatur *fes*, III denarios et obolum.

Item, in furno Sancti-Johannis juxta Sanctum-Mauricium, quilibet talemelarius, III pictas in septimana; in quo furno nichil percipit Comes.

Item, in furno Belli-Loci monachorum, in Burgo, quilibet talemelarius, III pictas in septimana; in quo nichil percipit Comes.

Item, ab emptore et venditore de melle, pro qualibet summa, II denarios; a transeunte cum melle, I denarium de summa.

Item, de qualibet quadrigata guesdorum adductorum Carnotum a mercatore, I denarium.

Item, a qualibet quadrigata molarum, I pictam.

Item, a qualibet quadrigata cardonum, I denarium.

Item, de quolibet pondere cineris clavelate, I denarium.

In Valle-Sancti-Petri, medietatem boisselagii et totius costume, ubi nichil percipit Comes.

Item cum Comite medietatem boisselagii de porta Morardi, et de quacumque persona medietatem totius costume.

Omnes costume Vallee Sancti-Petri, XXXVI libras.

Minagium mercati, XXV libras.

Rasellum salis, XL libras.

Minutum tonleium animalium, ferri, panis, fructuum, et piscium aque dulcis, cepe, alliorum, et omnium fructuum, LX libras.

Mina porte Drocensis, X libras.

Coustuma dossagii et pannorum desuper petras, VII libras X solidos.

Mina porte Guillelmi, LX solidos.

Costuma culcitrarum, XX solidos.

Minuta costuma allectium, VIII libras.

Domus Roberti de *Perrin*, xl solidos.

Costuma telarum, lx solidos.

Pedagium portarum, lx libras, aliquando iiii^{xx} libras.

Coustuma lini, canabi, agniculorum, iiii libras x solidos [1]. »

(Bibl. de la ville de Chartres; *Livre rouge*, $\frac{y}{c}$ 34, p. 317, et *Livre blanc*, $\frac{y}{c}$ 35, f° 169 r°. — Bibl. Imp.; *Livre noir*, cart. 43, f°s 6 et 7. — E. de Lépinois, *Hist. de Chartres*, t. I, p. 497.)

[1] Chaque seigneur avait ainsi sa *pancarte* des menues coutumes qui lui étaient dues. La Société Archéologique doit publier dans ses *mémoires*, d'après un ancien placard imprimé, la pancarte du comté de Dunois en 1733; les archives d'Eure-et-Loir en possèdent plusieurs manuscrites: nous citerons comme la plus ancienne celle de la seigneurie de Jouy en 1688 (série B, 405), et nous publierons celle du marquisat de Maintenon, datée de 1727, comme complètement inédite.

« Pour chaque charretée de bled, 12 den. — Pour chaque charretée de vin, 12 den. — Pour chaque cheval de marchand, 2 den. — Pour chaque charretée de bois à bâtir, 18 den. — Pour chaque charretée de bois à brûler, 12 den. — Pour chaque charretée de merrain, 2 sols 6 den. — Pour chaque charretée de meubles, 12 den. — Pour chaque charretée de sabots, 12 den. — Pour chaque coffre, cabinet, buffet ou dressoir qui ont serrure fermant à clef, 5 sols. — Pour chaque matelas, 2 sols 6 den. — Pour chaque cheval, bœuf ou vache, 2 den. — Pour chaque porc, 1 den. — Pour chaque chèvre ou bique, 5 sols (*sic*). — Pour chaque cent de brebis ou moutons, 5 sols 8 den. — Pour chaque cent de laine, 1 sol 8 den. — Pour chaque charretée de foin, 6 den. — Pour chaque charretée de morue ou de hareng, 2 sols 6 den. — Pour chaque charretée de bois de charron, 2 sols 6 den. — Pour chaque charretée de barils d'huile, 2 sols 6 den. — Pour chaque charretée d'eau-de-vie, 18 den. — Pour chaque charretée de fromages, 12 den. — Pour chaque charretée de veaux, 2 sols 6 den. — Pour chaque veau, 1 den. — Pour chaque charretée de beurre, 18 den. — Pour chaque somme de beurre, 2 den. — Pour chaque charretée d'œufs, 20 den. — Pour chaque charretée de fruits, 18 den. — Pour chaque somme de fruits, œufs et fromages, 2 den. — Pour chaque charretée de pruneaux, 18 den. — Pour chaque somme de pruneaux, 2 den. — Pour chaque charretée de tuiles ou briques, 20 den. — Pour chaque cheval de somme, 2 den. — Pour chaque beste asine, 2 den. — Pour chaque millier de plomb, 10 den. — Pour chaque charretée de plâtre, 1 sol 6 den. — Pour chaque charretée de toille ou linge, 1 sol. — Pour chaque charretée de fer, 2 sols 6 den. — Pour chaque charretée de pots et chaudrons, 2 sols 6 den. — Pour chaque cuir de bœuf ou vache, 2 den. — Pour chacun estail de chacun jour de marché, 12 den. — Pour l'estallage de chaque personne vendant sur la place et sous les halles chaque jour de marché, 6 den. — Pour chaque personne ayant un panier d'œufs ou beurre ou autres choses, 3 den. — Pour chaque marchand vendant à l'aune, sera tenu de prendre une aune marquée, aux deux bouts, aux armes de mon seigneur de ce marquisat, pour chacune aune, 15 den. — Pour chaque personne ayant estallage ou boutique à la foire de Saint-Mamert, le lundy de Pasques, 2 sols. — Pour chaque cabaretier vendant vin ou cidre ledit jour, 5 sols. — Pour ce qui sera passé à la balance dans la ville de Maintenon, pour cent, 8 sols 4 den. » (*Archiv. d'Eure-et-Loir*, série B, 338).

CCCLXIX.

« Juramentum quod debent facere manumittendi ad tonsuram clericalem. »
(v. 1280.)

« Vous qui estes home de cors dou Chapitre et de l'iglise de Chartres, lequel le Chapitre de Chartres vielt franchir à cleir et à corone avoir, jurez sur sainz que pour la franchise que vous atendez à avoir n'en avez donné au Chapitre de Chartres n'à autre, ne presté, ne promis. ne fet donner ne preter, ne fet promestre, ne autre que vous sachez n'a donc he promis pour vous ne preté, ne fet preter ne promettre deniers ne chouse qui puisse estre achetée pour deniers ou prisiée. Et s'il a esté promis, vous non soudrez pas ne ne ferez soudre, neis s'il avoit esté promis par seirement ou par fiance ; ainçois le direz au Chapitre ou ferez dire, et lors en face ou commant li Chapitres sa volenté. Et se aultre l'a promis par vos, vous porchacerez an bone foi qu'il ne sera pas solu ou preté ou poié, et si jurez que dès ore en avant, és afferes dou Chapitre et de l'iglise de Chartres et en ceus qui touchent ou toucheront le Chapitre et l'iglise de Chartres, vous vous aurez et contendrez bien et leaument ne ne donrez deffense ne conseil ne aide à aucun contre le Chapitre ou contre l'iglise de Chartres ou contre aucun' chanoine de Chartres tant com il sera chenoines, és causes ou és quereles ou és afferes qui touchent ou toucheront l'iglise ou le Chapitre de Chartres ou aucun chenoine de Chartres, ne ne ferez tricherie ne boidie contre le Chapitre de Chartres ou contre aucun chenoine de Chartres tant com il sera chenoines. Et si jurez que se vous saviez ou aperceviez que l'en deust ou vousist fere honte ou désenneur ou doumage au Chapitre de Chartres ou à aucun chenoine de Chartres, vous le destorriez et destorberiez à vottre pooir, et se vous non poviez destorber vous le feriez à savoir au plus toust que vous porriez au Chapitre de Chartres et au chenoine à qui l'en voudroit fere la honte ou la désenneur ou le doumage. Et si jurez que dès ore en avant vous ne pleiderez ne ne ferez semondre en plet, nais pour vostre querelle propre, le Chapitre de Chartres ou aucun chanoine de Chartres ou aucun home ou fame de cors ou hoste de l'église de Chartres, jusque vous l'aiez monstré en Chapitre et requis de soi amender vers vous de la querelle dom vous le voudrez treire en plet et que Chapitre vous en soit défaillant. Et si jurez que dès ore en avant vous porterez enneur et révérence au Chapitre de Chartres et à chascun chanoine de Chartres tant com il sera chanoines de Chartres. Et si jurez que se dès ore en avant avenant que vous vous mariessiez, vous dès lors en avant ne porteriez point de corone, ainz recorriez arrières en servitude et seriez dès lors home de cors de Chapitre come devant. Et se vous ne vous mariiez pas et vous ne portiez corone, ausint de lors en avant seriez homme de cors dou Chapitre comme devant. Et jurez que s'il avenoit que li Chapitres de Chartres ou aucun chanoine de Chartres eust querelle ou cause contre aucun home ou aucune fame ou contre plusieurs, sur ce que cil ou celles fussent home de cors ou fames de cors de l'iglise de Chartres, contre qui li Chapitres ou li chanoine auront la querelle, vous porterez loial tesmoing sanz fere ou sanz doner en gage de bataille, à la requette dou Chapitre de Chartres ou dou chanoine dou parenté ou dou lignage, à ceus et à celles contre qui li Chapitres ou chanoine de Chartres auront la querelle, neis se cil ou celles contre qui il auroient querelle vous apartenoient de bien près. Derechief vous jurez sur sainz que vous ne ferez ne ne ferez fere coumune en la cité de Chartres ne aillors contre le Chapitre ne contre l'iglise de Chartres, ainçois destorberez à vostre povoir qu'el ne soit feite. Et s'elle ert fete, vous ne serez pas de celle coumune. Et si voulez et otroiez que se vous venez contre aucune des chouses devant dites que dès lors en avant saiez home de cors dou Chapitre comme vous souliez estre. Et si jurez que contre le Chapitre de Chartres ne contre l'iglise ne contre aucun chanoine de Chartres ne ferez aliance, et s'elle est fecte vous n'en seriez pas, et se vous le saviez vous le feriez à savoir au Chapitre ou au chanoine contre qui l'aliance seroit fete. Derechief vous jurez que se la merie dou Chapitre vous avient par raison d'eschaaite ou de descendue ou par autre reison, se vous la voulez avoir et retenir, vous leirez la corone et serez home de cors comme devant, ou se ce non vous n'aurez pas la merie, ainz vendroit celle merie au plus prochains éritiers sanz contredit qui vous i meissiez. Ces chouses, si comme eles sunt devisées, vous jurez à tenir et garder, bien et leaument, en toutes et en chacunes chouses dessus dites. Et si jurez que de toutes ces choses vos donriez lettres seelées dou seel de la court à l'official de Chartres ou de autre seel auttentique. S'insit, vous ait Dex et tuit saint et toutes saintes. —

Et il respondera : S'insi que vous l'avez dit, et leu le jurge à tenir et garder; se Dex m'aist et tuit saint. »

(Bibl. Imp.; *cart. 50*, f° 31 r°).

CCCLXX.

« Hii sunt redditus quos episcopus debet per se matriculariis clericis et laicis [1]. »

(v. 1280.)

» Episcopus debet, in qualibet septimana, cc et xx panes, c de sextario de tali pane qualis comeditur communiter ad mensam suam; de quibus panibus matricularii laici habent quilibet xxv, tres servientes quilibet xxv, vi matricularii clerici quilibet xvi, et septimanarius xx.

Item, de quolibet anno, xv modios vini de Clauso-Episcopi; de quibus habent matricularii laici v modios, et matricularii clerici x barillos, et hoc est quando redduntur insimul tempore vindemiarum; quando vero redditur per particulas, tunc habent matricularii tria sextaria vini, de tali scilicet vino quod bibitur ad mensam episcopi, et debent afferri cotidie hora prandii in letrino; de quo habent matricularii laici quilibet dimidium sextarium et clerici duo sextaria. Et quando redditur vinum per particulas, incipiunt die festi sancti Remigii [2].

Item debet dictus episcopus, quolibet anno, ad carniprevium, terciam partem baconi, ad valorem xxx^a solidorum, qui dividitur in vii partes, quarum iiii^{or} partes habent matricularii clerici, duo matricularii laici duas, cocus septimam.

Eodem die debet vi gallinas, iiii^{or} clericis, duas matriculariis laicis, quas consueverunt portare laici in domos suas.

Matricularii vero clerici debent matriculariis laicis duas pecias carnis freschie ad portandum in domos suas, et coco unam peciam, quia comedunt matricularii laici, die lune et die martis carniprevii, in domos suas, et dant tribus servientibus ad comedendum duobus prefatis diebus.

[1] Voir l'arrêt du Parlement de février 1648, publié par nous p. 205, note 1.
[2] Par une transaction du 17 janvier 1456, il fut convenu, qu'à cause des guerres et mortalité, l'Evêque paierait, au lieu de ces quinze muids de vin, une redevance de 25 livres. (*Note de l'abbé Etienne*; Arch. d'Eure-et-Loir, C. III, B, 14).

Die mercurii Cinerum, debet episcopus matriculariis tres minas bonorum pisorum ad comedendum in letrino.

Item debet episcopus, die jovis ante Resurrectionem Domini, tria sextaria boni vini, quando consecratur sanctum crisma, ad communicandum presbiteris.

Item, die veneris, III sextaria, ad lavanda altaria.

Item, die sabbati ante Pascha, III sextaria vini pro Sancta-Capsa lavanda.

Item, quando Sancta-Capsa lavatur in vigilia Pasche dominus episcopus debet domino Tacheinville XII michias et II sextaria vini de Clauso-Episcopus. Et capicerius debet domino Tacheinville unum manutergium de quo Sancta-Capsa predicta mondatur seu tergitur [1].

Item, die dominica, III sextaria vini, pro communicandis canonicis et clericis.

Si vero dominus episcopus vel alius archidiaconus celebraverit pro episcopo hiis IIII[or] diebus vel aliquo illorum, debet episcopus, pro quolibet die, pro procuratione, matriculariis. XII panes, III sextaria vini et tria fercula carnium si comedantur carnes, piscium si pisces comedantur, et de quolibet ferculo tres scutellas.

[1] Par une transaction du 28 avril 1252, Guillaume de Chartres, écuyer, avait reconnu être obligé, à cause du fief de Tachainville qu'il tenait du chef de sa femme, Isabelle, à fournir des ouvriers pour les réparations de la Sainte-Châsse et du rétable d'or du grand autel, et en retour le doyen et le Chapitre s'étaient engagés *facere et procurare quod, quamdiu durabit fabrica dicti operis, idem Guillelmus seu alius tenens feodum erit, si voluerit, et morabitur, se tercio, in domibus episcopi cum operariis, cum tribus equis, ad sumptus episcopi, ita quod ipse, se tercio, et operarii debent habere tam in prandio quam cena tria genera ferculorum et vinum tantum bonum quantum bonum administratur ad lavacrum Sancte-Capse; item quod ipsi debent procurare quod episcopus Carnotensis, durante fabrica dicti operis, administret operariis ignem et carbones, et quod quicquid de auro et argento et lapidibus preciosis caderet seu diminueretur quando ponerentur in Sancta-Capsa seu tabula, seu quando Sancta-Capsa lavaretur, totum debet cedere dicto Guillelmo, et similiter residuum auri et argenti remanentis post manum operarii seu operariorum, quod residuum vocatur vulgariter cendres et najeures; item quod ipsi debent facere et procurare quod dictus Guillelmus, in die lavacri Sancte-Capse, videlicet in vigilia Resurrectionis dominice, singulis annis, habeat, per episcopum Carnotensem, duo genera ferculorum piscium et sex panes et quatuor ollas vini de illo de quo Sancta-Capsa fuerat lavata, et quod idem Guillelmus debet habere manutergium per quod post lavacrum tergitur Sancta-Capsa; item quod ipsi debent facere et procurare quod dictus Guillelmus, in die Resurrectionis dominice, habeat, per episcopum Carnotensem, tria genera ferculorum carnium et duodecim panes et sex ollas vini.* (Orig. en parch.; Arch. d'Eure-et-Loir, fonds du Chap., C. III, D, 2.)

Item debet, die Pasche, terciam partem dimidii baconi, III boissellos fabarum frassitarum, que remanent septimanario [1].

Remanent etiam septimanario ova que offerentur, die veneris et vigilia Pasche, ad altare vel ad crucem.

Similiter ebdomadarius matricularius debet habere in septimana quicquid quod comedi potest, quandocumque offertur ad altare.

Item debet episcopus, in festo sancti Petri-ad-Vincula, duos bonos anseres septimanario, quacumque die festum beati Petri evenerit, quia, si die veneris vel die sabbati evenerit dictum festum, reddantur septimanario die jovis precedenti.

Item quocienscumque episcopus Carnotensis est infra banleugam Carnotensem vel in civitate hora prime, vel ante primam, dum tamen moratur usque ad prime pulsationem, ut sit tempus comedendi carnes, sit dominica vel festum IX lectionum vel octabarum, debet episcopus septimanario clerico V denarios.

Item quocienscumque episcopus Carnotensis vel alius archidiaconus vel episcopus celebrat ad majus altare solemniter, debetur matriculariis procuratio sua talis ut supradictum est.

Si vero episcopus, archidiaconus vel etiam legatus celebrat sollemniter ad majus altare, et sic ad expensas episcopi vel Capituli vel ad instantiam alicujus, ille qui facit expensas, debet matriculariis procurationem talem ut supradictum est.

Item quocienscumque camera episcopi paratur pannis ecclesie pro episcopo vel alia quacumque personna, debet episcopus septimanario et aliis de letrino V solidos.

Item debet episcopus pro anniversario Gaufredi episcopi V solidos;

Pro anniversario Gelani, V solidos VI denarios;

Pro anniversario Roberti episcopi, V solidos VI denarios.

In istis tribus anniversariis capiunt matricularii laici, in quolibet anniversario, quilibet VI denarios; tres servientes, in quolibet anniversario, quilibet duos denarios; residuum est matriculariis clericis.

---

[1] Outre ces redevances, nous voyons, dans une *Déclaration des charges de l'Evêché* rendue à la Chambres des Comptes en 1441, que l'Evêque « doit aux maregliers clercs et lays et à celuy qui porte le dragon aux processions de Pasques fleuries, saint Marc et Rouvoisons, chacun an, à départir entre eulz, quinze paires de gants. » (*Orig. en pap.*; Arch. d'Eure-et-Loir, C. III, B, 5.)

Item debet episcopus vel rex, si regalia sint, a prima die qua incipitur clausum vinearum episcopi vindemiari, qualibet die qua vindemiatur, plenum ciphum *à comble* racemorum ad ciphum matriculariorum magnum argento ligatum; et matricularii mittunt de candela que offertur ad altare plenam manum ix escaneis vel x servientibus pressorii qui sunt ibi ex parte episcopi vel regis, et incipiunt mittere ii^a die qua vindemiatur et iii^a et vi^a feria, et sic per intervalla quousque totum clausum vindemiatur [1]. »

(Bibl. de la ville de Chartres, *Livre rouge*, $\frac{a}{c}$ 34, p. 310, et *Livre blanc*, $\frac{a}{c}$ 35, f° 165 v°. — Bibl. Imp.; *Livre noir*, cart. 43, f° 46.)

CCCLXXI.

(1281, juin.)

Fondation et dotation par Guillaume de Sandreville, chevalier, d'une chapelle audit Sandreville [2], à laquelle il donne sa dîme grosse et menue dudit lieu; sur laquelle dîme l'hôpital de Chantfour prend une année sept setiers et pleine mine, moitié blé et moitié avoine, et l'autre année quinze septiers de pareil blé et avoine, et l'église de Villeconin 2 sols parisis de rente : icelle dîme, ce que dessus acquitté, peut rapporter quatre muids de grain, moitié blé moitié avoine, par chacun an. Item donne encore sa dîme grosse et menue du Val-Saint-Germain, qui peut valoir 4 livres parisis par chacun an; item le quart de toutes dîmes grosses et menues, en deux ans une fois à prendre, proche la paroisse dudit Villeconin; lequel quart de dîme ledit de Sandreville tient en fief de Jean d'Angervilliers, chevalier; pour raison duquel quart le chapelain prendra deux muids de grain, moitié blé moitié avoine, en la grange dudit fondateur, jusqu'à ce que cette portion de dîme soit amortie; et enfin le logement dudit chapelain. Le tout à la charge d'un service journellement et de trois anniversaires dans le cours de l'année, pour son père, sa mère, et lui fondateur et ses femmes.

(*Inv. du Chap.*, C. XII ter, U, 8.)

---

[1] Une transaction du 7 septembre 1657, confirmée par un arrêt du Parlement du 25 avril 1658, fixa à 600 livres la somme que devait payer l'Évêque aux marguilliers pour toute redevance. (*Cop. sur pap.*; Arch. d'Eure-et-Loir, C. III, B, 13.)

[2] La chapelle de Sandreville était située dans la paroisse de Villeconin, laquelle, dans le principe, appartenait au Chapitre de Chartres. Celui-ci céda en 1185 l'église de ce lieu aux religieux Hospitaliers de Saint-Jean-de-Jérusalem à la condition qu'ils renonceraient à conserver dans la banlieue de Chartres, l'église, oratoire et cimetière qu'ils y possédaient déjà; mais il se réserva la collation à la cure qu'il n'abandonna qu'en 1738. (Voir n° CIII.)

CCCLXXII.

Carta Symonis episcopi, de hiis que debet episcopus Carnotensis fratribus suis [1].

(v. 1282.)

« Ad Natale Domini, fratres domini episcopi, sive sit presens sive absens, habent duo fercula vel unum frustrum carnis integrum, vel II denarios pro coquina, si caro non sit in lardario, et duos panes albos et dimidium, sextarium vini. Et totidem habent in die festi Circoncisionis Domini, et in festo Epiphanie, et in festo Purificationis, et in die martis carniprevii, et in festo Annuntiationis beate Marie, vel octo allecia, vel duos denarios pro coquina, et in Ramis palmarum; habent totidem feria v^a in Cena Domini; habent totidem feria vi^a in Parasceve; si dominus episcopus sit absens, habent tantum unum panem album; si vero est presens, habent duo allecia unusquisque et vini solitam mensuram. Excellentissimo die dominice Resurrectionis, habent sicut in Nativitate Domini, et in die Ascensionis similiter, et in die Penthecostes, et die Nativitatis beati Johannis-Baptiste, et in festo Assumptionis beate Marie, et in Nativitate beate Marie, et in festo Dedicationis ecclesie Beate-Marie, et in festo Omnium-Sanctorum, et in festo Mortuorum. In hyemali, in festo sancti Martini, habet unusquisque dimidium sextarium vini et duos albos panes sine coquina, nisi dominus episcopus sit presens. Item accipiunt fratres domini episcopi, in festo apostolorum Domini, unum album panem, scilicet ad festum apostolorum Symonis et Jude, duos albos panes, et ad festum apostolorum Petri et Pauli, duos albos panes, et ad festum apostolorum Philippi et Jacobi, duos albos panes. Preter hoc habent unum album panem a die dominica qua cantatur *de Trinitate* ante festum sancti Andree usque ad festum Purificationis. Item a die dominica qua sacerdotes accipiunt carniprevium usque ad diem Rogationum, unaquaque die dominica, unum album panem, preter hoc, ad IIII^{or} Tempora anni, unusquisque XII albos panes propter XII dies jejuniorum que in eis Quatuor-Temporibus celebrant; preter hoc,

---

[1] Suivant une note de l'abbé Brillon (C. III, B, 13), il faut entendre par ces mots *fratribus suis* les marguilliers clercs et laïcs, et nous voyons en effet (n° CXVI) qu'en parlant d'eux l'évêque Regnault de Mouçon se sert de l'expression *fraternitas clericorum chori*.

in festo sancti Stephani prothomartyris, quod est post Nativitatem Domini, unum panem; et in festo sancti Johannis apostoli, unum panem; et in festo Innocentium, unum panem; et in Nigris Rogationibus, unum panem; et in tribus diebus jejuniorum ante Ascensionem Domini, III panes; preter hoc, in octavo die Epyphanie, unusquisque unum panem; in octavo die Pasche, unum panem; in octavo die Ascensionis, unum panem; in octavo die Penthecostes, unum panem; in octavo die Assumptionis beate Marie, unum panem; in octavo die Dedicationis, unum panem; in octavo sancti Martini, unum panem; in festo sancti Leobini in septembri, unum panem; in festo sancti Piati, preter hoc quisque habet unam minam pisorum per annum, vel in Adventu Domini dimidiam minam, et in XL^a dimidiam minam. Et quisque habet tres solidos pro pannis ad festum Nativitatis beate Marie, et in singulis diebus dominicis I denarium, absente episcopo, et in festo sancti Laurentii, unum panem. Preter hoc, si contigit quod aliquis fratrum infirmitate prematur, dominus episcopus ei subvenire debet in necessariis et in sepultura, si frater non habeat unde fieri possit. Item fratres domini episcopi accipiunt bladum pro pane, videlicet illi qui fuerunt de VII panibus X sextaria bladi, et qui de IX panibus XIII sextaria bladi per annum recipiunt. »

(Bibl. de la ville de Chartres; *Livre rouge*, § 34, p. 18, et *Livre blanc*, § 35, f° 8 v°. — Bibl. Imp.; *Livre noir*, cart. 43, f° 31.)

CCCLXXIII.

« Quod injuriatores notorios et manifestos possit Capitulum libere excommunicare, exceptis Regibus, et Regum filiis, archiepiscopis et episcopis. »

(1283, 1er novembre.)

« Martinus, episcopus, servus servorum Dei, dilectis filiis decano [1] et Capitulo ecclesie Carnotensis, salutem et apostolicam benedictionem. Inter universas ecclesias in regno Francie constitutas, venerabilem ecclesiam Carnotensem, in qua, laudande sollicitudinis studio, devotum et sedulum

---

[1] Ce doyen était Guillaume Durand, dit le *Spéculateur*, auteur du *Rationale divinorum officiorum*, évêque de Mende en 1286. Guillaume, chapelain du pape Martin IV et son vicaire au spirituel en Romagne, rendit de grands services à l'église romaine (Theiner, *Codex diplomaticus*, t. I, p. 251.)

exhibetis Altissimo famulatum, specialis dilectionis prosequentes affectu et favoris exhibitione precipui confaventes, ad ea faciles reddimus et benigni per que vobis et eidem ecclesie gaudia pacis proveniant et quietis commoda perducantur. Dudum siquidem, ante nostre promocionis auspicia, legationis fungentes officio in partibus gallicanis, frequenter audivimus quod nonnulli qui, proprie salutis immemores, in sua malitia gloriantur ut in operibus delectantur iniquis, vos et predictam ecclesiam, in personis et bonis vestris, abjecta reverentia Salvatoris et gloriose Virginis matris sue, in cujus honore prefata ecclesia fundata dinoscitur, interdum gravibus injuriis afficere ac dispendiosis jacturis opprimere indebite non verentur. Nos autem paterne sollicitudinis studio intendentes, vobis et eidem ecclesie contra nepharios et nequicias talium detestandas opportuni et efficacis remedii presidio subvenire de hujusmodi vestre indigencie apostolici favoris auxilio utiliter providere volentes, vobis, ut in vestros et ipsius ecclesie injuriatores notarios et manifestos, competenti monicione premissa possitis libere auctoritate vestra censuram ecclesiasticam exercere, non obstante si aliquibus a sede apostolica sit indultum quod interdici, suspendi vel excommunicari non valeant, per litteras dicte sedis non facientes plenam, certam, determinatam et expressam de indulto hujusmodi mencionem, auctoritate presentium indulgemus. Nolumus autem quod hujusmodi indulgencia ad Reges et Regum filios ac archiepiscopos quomodolibet extendatur. Nulli ergo omnino hominum liceat, etc..... Actum apud Urbem-Veterem, kalendas novembris, pontificatus nostri anno tercio. »

(Bibl. Imp.; *Liv. des Priv. de l'égl. de Ch.*, cart. 28 bis, f° 157 r°.)

CCCLXXIV.

(1283.)

Echange entre le roi de France Philippe et Gautier de Nemours, par lequel icelui Gautier cède au Roi 98 liv. 6 s. 8 d. de revenu annuel qu'il avait dans la ville de Nemours, ensemble la justice dudit lieu; et le Roi abandonne en contr'échange 50 muids et 10 mines et demie d'avoine et 22 muids de blé d'hivernage [1] de rente

---

[1] Par le mot hivernage on doit entendre l'espèce de grain qui se sème avant l'hiver. Ducange, dans son glossaire, paraît insinuer que c'est du blé méteil; mais, d'après les titres du Chapitre, on voit qu'il s'agit ici de blé froment.

annuelle, mesure de Chartres, à prendre dans la grange de Janville, appelée la Grange-le-Roy [1].

(*Inv. du Chap.*, C. XXXIII bis, A, 1.)

CCCLXXV.

(1284, février.)

Vente par Guillaume de Montdoubleau, clerc, et Marie la Charbonnière, sa femme, Denis de Gallou, maître des bouchers de Chartres, et Jeanne, sa femme, à Guillaume de Neuville, archidiacre de Blois, de diverses pièces de terre à Athaye [2], moyennant 48 livres chartraines.

(*Orig. en parch* ; Arch. d'Eure-et-Loir, fonds du Chap., C. LXXXIV bis, M, 2.)

[1] De ces redevances, le Chapitre acquit cinq muids trois setiers de blé et treize muids d'avoine sur Godmart de Linières et Oudard de Blézy, seigneur de la Bergerie, par actes de l'année 1379. Ces acquêts furent amortis le 26 août 1382, par le roi Charles VI. (*Inv. du Chap.*; C. XXXIII bis, A, 2, 4 et 5.) Le reste appartenait aux religieux Célestins de Sens, d'après la donation qui leur en fut faite, le 28 novembre 1397, par Pierre, fils de Charles-le-Mauvais, roi de Navarre. Le Chapitre et les Célestins de Sens eurent de nombreux procès, à cause de ces redevances, avec les seigneurs engagistes de Janville; enfin un arrêt du Parlement du 28 mai 1696 ordonna que l'engagement de la terre de Janville ne pourrait avoir lieu qu'à la charge desdites rentes. (*Orig. en parch.*; fonds du Chap., C. XXXIII bis, A, 9.)

[2] La contenance et la situation de ces pièces de terre est décrite dans les divers actes d'acquêt faits par Guillaume et Denis, et dont les originaux existent encore aux Archives d'Eure-et-Loir. Nous allons les analyser rapidement :

1274, sept. Acquêt, moyennant 45 sous chartrains, sur Jean Burel de Berou, de cinq mines de terre, *apud foveas de Ataya*.

1275, mars. Acquêt, moyennant 40 sous chartrains, sur Jean Guiton et Laurence, sa femme, d'un setier de terre, *retro Atayam, juxta viam de Chiencul*.

1275, mars. Acquêt, moyennant 30 sous chartrains, sur Renaud Lobe, d'un setier de terre, *apud Montem-Banier*.

1275, juillet. Acquêt, moyennant 20 sous chartrains, sur Jacqueline, veuve de Thomas Holier, d'une mine de terre, *apud Atayam*.

1275, juillet. Acquêt, moyennant 36 sous chartrains, sur Renaud Boulart, et Julienne, sa femme, de trois mines de terre, *apud Monbalain*.

1275, août. Acquêt, moyennant 15 sous chartrains, sur Etienne Foucher, et Guiburge, sa femme, d'une mine de terre, *in territorio de Ataya*.

1275, sept. Echange de la terre achetée sur Jean Guiton au mois de mars 1275, contre deux setiers de terre, *apud foveas de Athaya*; que possédaient Jacquet le Prévost et Marguerite, sa femme.

1276, janv. Acquêt, moyennant deux muids de blé, sur Herbelot de Moncal, *de Moncallo*, et Amelote, sa femme, de quatre setiers de terre, *juxta viam per quam itur de Ataia apud Oyreium*.

1276, fév. Acquêt, moyennant 6 livres chartraines, sur Guillaume Michel et Michel Pignart, son frère, de quatre setiers de terre, *apud Montem-Banaen*.

1276, sept. Acquêt, moyennant 100 sous chartrains, sur Réné, drapier de Pontgouin,

CCCLXXVI.

« Littera quitationis » advocati a Capitulo deputati apud curiam Senonensem.

(1285, 18 avril.)

« Omnibus presentes litteras inspecturis, officialis Senonensis, in Domino salutem. Notum facimus quod, in nostra presentia constitutus, magister Jacobus de Vallibus, clericus, advocatus in curia Senonensi, asserens venerabiles viros ac dominos suos decanum et Capitulum ecclesie Carnotensis decem libras turonenses annue pensionis, pro ipsorum causis et negociis in curia Senonensi ab ipso magistro Jacobo promovendis et sustinendis [1], eidem magistro Jacobo promisisse, prout in litteris eorumdem decani et Capituli plenius asseruit contineri. Recognovit idem magister Jacobus se recepisse ab iisdem decano et Capitulo decem libras turonenses sibi debitas, ut dicebat, anno nuper preterito, videlicet anno Domini M°CC° octogesimo quarto, ab eisdem decano et Capitulo, ex causa predicta. Datum die veneris ante festum sancti Marci Evangeliste, anno Domini M°CC°. octogesimo quinto. »

(*Orig. en parch.*; Arch. d'Eure-et-Loir, fonds du Chap., C. I, P, 1.)

CCCLXXVII..

(1285, septembre.)

Acquêt fait par les clercs du chœur de l'église de Chartres sur Jean de Serez, direc-

et Jeanne, sa femme, Gervais Chaperon et Amelote, sa femme, de quatre setiers de terre, *juxta cheminum de Vid-Furcarum.*

1277, janv. Acquêt, moyennant 16 sous chartrains, sur Jean Thibault, d'une mine de terre, *in territorio de Ataia.*

1277, juillet. Acquêt, moyennant 50 sous chartrains, sur Perrin Leroy, charpentier, et Saincette, sa femme, d'un setier de terre, *in territorio de Ataia.* (*Orig. en parch.*; fonds du Chap., C. LXXXIV bis, M, 2.)

[1] Le Chapitre de Chartres entretint un solliciteur à la cour de Sens jusqu'à l'érection de Paris en métropole, en 1622. La pièce dont nous donnons le texte fut produite par le Chapitre lors de son grand procès avec l'évêque Paul Godet des Marais au sujet de la juridiction spirituelle; mais le chanoine Etienne écrivit au dos : *Plus nocet Capitulo quam prodest.*

teur des écoles de Chartres, d'une partie de la dîme de Saint-Luperce, *de Nanto*, et des environs, moyennant 26 livres chartraines [1].

(*Inv. du Chap.*; C. VI, M, 1.)

CCCLXXVIII.

« Monitio et excommunicatio contra Comitem pro Odone doliario. »

(1286, 1er août.)

« R[obertus] [2], decanus Carnotensis, presbitero Sancti-Aniani Carnotensis, salutem in Domino. Cum Johannes Colli-Rubei, prepositus, et Raginaldus de *Mondidier*, alias cognominatus de *Novion*, ballivus Carnotensis, sententias excommunicationis a nobis incurrissent, ad instantiam venerabilium virorum Capituli Carnotensis, pro eo quod ipsi prepositus et ballivus seu vis comitisse Carnotensis Odonem doliarium, hominem de corpore dictorum Capituli et ecclesie Carnotensis, et qui publice in hominem ipsorum Capituli et ecclesie Carnotensis se advocabat, notorie et manifeste ceperunt seu capi fecerunt, et post inhibicionem et monicionem sibi factas, ex parte nostra, sub pena excommunicationis, ne ipsi predictum hominem de corpore justiciarent, suspenderent vel ad mortem traderent seu in corpus vel membra ipsius quoquomodo sevirent, et quod ipsum hominem dictis Capitulo redderent et adducerent in capitulo Carnotensi, ipsi prepositus et ballivus predictum hominem de corpore, in cujus corpus vel membra nullam justiciam habebant, injuste et sine causa rationabili, in injuriam ipsorum Capituli et ecclesie Carnotensis, necnon grave prejudicium, publice et notorie justiciaverunt, suspenderunt et morti turpissime tradiderunt..... Item pro eo quod in Robertum de Sancto-Mauro, capellanum nostrum, qui ipsis preposito et ballivo, ex parte nostra, ad instantiam dictorum Capituli, super predictis faciebat inhibitiones et monitiones, suadente Diabolo, manus temere violentas injecerunt, ipsum cum gladiis et fustibus ac lapididus atrociter verberantes, et ipsum capellanum qui, propter justum

---

[1] Les clercs du chœur complétèrent cet acquêt par celui qu'ils firent, en 1331, sur Gilbert de Marcouville, écuyer, et sa femme, de toute la partie de la dîme de Saint-Luperce étant en la censive de la dame de Chavannes. (*Orig. en parch.*; fonds du Chap., C. VI, N, 7.)

[2] Robert de Frouville, doyen (1286-1293).

timorem ab ipsis preposito et ballivo sibi illatum, a facie ipsorum et loco fulcarum ubi predictum hominem suspendebant fugiebat, per suos complices insequi fecerunt, et cum ipsum assecuti fuissent ipsum capellanum de equo suo ad terram prostraverunt violenter, et invitum peditem, in opprobrium tocius ordinis clericalis, ad gibetum sive fulcas ubi faciebant dictum hominem suspendi reduxerunt violenter . . . . . Vobis mandamus quatinus ad Turrim nobilis mulieris Johanne [1], comitisse Carnotensis, Carnoti sitam, accedentes, ipsam Comitissam, dominam principalem et superiorem predictis preposito et ballivo, ad predictam Turrim, ut consuetum est, testibus ad hoc vocatis, publice moneatis competenter ut ipsa, infra diem dominicam post festum beati Petri-ad-Vincula, delicta et forefacta predicta et injurias supradictas eisdem Capitulo et ecclesie Carnotensi competenter faciat emendari. Que si monita competenter ad dictam Turrim, ut dictum est, premissa non fecerit et monitioni vestre non paruerit, ipsam Comitissam, quam ex nunc in hiis scriptis excommunicamus, excommunicatam, elapso termino supradicto, publice nuncietis, intimantes nichilominus eidem Comitisse ad dictam Turrim, secundum consuetudinem ecclesie supradicte approbatam et notoriam, quod si predictam excommunicationis sententiam incurrerit, nichilominus contra eamdem alias et terram suam quam habet et tenet in civitate et diocesi Carnotensi, tam in domanio quam in feodis et retrofeodis etiam, ecclesiastico interdicto procedetur, quantum de jure et consuetudine procedi poterit et debebit. Redde litteras sigillatas pro monitione facta in prima cauda vacua, pro excommunicatione si eam incurrerit in secunda, pro intimatione facta in tercia [2]. Datum anno Domini millesimo ducentesimo octogesimo sexto, die jovis ante festum Inventionis sancti Stephani. »

(*Orig. en parch.;* Arch. d'Eure-et-Loir, fonds du Chap., C. X, E, 7.)

[1] Jeanne, comtesse de Chartres, fille du comte Jean de Châtillon, épouse de Pierre de France (1279-1286).

[2] Cette charte est en effet terminée par trois queues de parchemin, sur chacune desquelles le curé de Saint-Aignan devait apposer son sceau. Le sceau de l'église de Saint-Aignan n'existe plus aux Archives d'Eure-et-Loir, mais on en trouve un parfaitement conservé, de l'année 1352, appendu à une charte de cette église provenant de la collection Joursanvault et aujourd'hui appartenant à notre confrère, M. Jarry, d'Orléans.

CCCLXXIX.

(1288, février.)

Vente au Chapitre de Chartres, moyennant 290 livres chartraines, par Jean, maire de Monceaux, *major de Moncellis-super-Auduram*, de toute la mairie dudit lieu et ses appartenances, pour les revenus être employés à la fondation de l'anniversaire de Guillaume de Monceaux, archidiacre de Dreux.

(*Orig. en parch. scellé;* Arch. d'Eure-et-Loir, fonds du Chap., C. LXXXIV bis, H, 1.)

CCCLXXX.

(1290, octobre.)

Acquêt par Jean de Capriaco, sous-chantre de l'église de Chartres, sur les exécuteurs testamentaires de Jean de Seconne, sous-doyen de ladite église, de quelques maisons appartenantes à la succession dudit sous-doyen, assises au cloître Notre-Dame, juxte d'un côté la ruelle par où l'on va à la Poissonnerie de Chartres.

(*Inv. du Chap.*, C. LXIII, J, 1.)

CCCLXXXI.

(1294.)

Acquêt par le Chapitre sur Simon Guyet et Ameline, sa femme, de 100 sous de rente à prendre sur un four, hébergement et un arpent de vigne, sis aux Bordes d'Ymeray, en la mairie et paroisse dudit lieu [1], pour servir à la fondation de l'anniversaire de Girard de Limoges, chanoine de Chartres.

(*Inv. du Chap.*, C. CXV, A, 1 bis.)

---

[1] Le Chapitre de Chartres ne posséda jamais la mairie d'Ymeray qui, jusqu'à la Révolution, fut la propriété de divers particuliers, mais il ne fit pas moins de nombreuses acquisitions dans la paroisse d'Ymeray.

1296. Acquêt par Jean Séquence, chanoine, sur Simon Guyet, d'un arpent de vigne.

1305. Acquêt par le même, sur Jean Trochu, d'un quartier de vigne.

1325. Acquêt par Jean d'Auxerre, chanoine, sur Jean de Réate, aussi chanoine, d'un arpent de vigne, au terroir de Monfrable.

1351. Acquêts par le cardinal Gillard de la Motte, de diverses petites rentes en argent sur plusieurs particuliers d'Ymeray.

1386. Acquêt par Anceau de Chantemesle, chanoine, sur Etienne Hubé, de 60 s. de rente sur un hébergement et aulnaie au clos de Mauvoisine.

CCCLXXXII.

(1294.)

Sentence arbitrale rendue entre le Chapitre, d'une part, et les abbé et religieux de Bonneval, d'autre part, par laquelle, sur les contestations élevées entre les parties, tant au sujet de la justice prétendue respectivement sur les hommes de corps du Chapitre demeurant dans la ville et banlieue de Bonneval et en tous autres lieux où s'étend la juridiction des religieux, qu'au sujet du droit de taille et autres servitudes que les abbé et religieux voulaient exiger desdits hommes de corps, il est statué, du consentement des parties, que la justice sur lesdits hommes de corps appartiendrait aux abbé et religieux dans les matières purement civiles, et que la justice dans les matières criminelles serait réservée au Chapitre; que lesdits hommes de corps seraient assujettis à la garde des villes et aux droits de bannage, chantelage, taille et autres droits seigneuriaux appartenant aux abbé et religieux, tant qu'ils demeureraient dans l'étendue de leur justice [1].

(*Inv. du Chap.*, C. CXVI, R, 3.)

CCCLXXXIII.

(1296, septembre.)

Fondation par Laurent Voisin, chefcier de l'église de Chartres [2], d'une chapelle en l'honneur de Saint-Julien, pour la dotation de laquelle il assigne 20 livres chartraines sur la mairie de Fontenay-sur-Eure, ajoutant que si les revenus de ladite mairie sont insuffisants pour payer cette somme et une autre de 10 livres assignée par lui pour son anniversaire, il y sera suppléé au moyen du revenu qu'il possède à Berchères-la-Maingot.

(*Orig. en parch.*; Arch. d'Eure-et-Loir, fonds du Chap., C. LXVII, B, 38. — *Cart. capellarum*, f° 2 r°.)

CCCLXXXIV.

« Ordinacio servicii ecclesie Carnotensis, facta anno Domini MCC nonagesimo sexto. »

(1297, février.)

« Ordinatum est per capitulum generale Purificationis beate Marie vir-

---

[1] Cette sentence fut confirmée par une transaction de 1333.
[2] Par son testament du mois de septembre 1314, Laurent Voisin donne et lègue au Chapitre deux maisons sises au cloître Notre-Dame, pour la fondation de deux anniversaires, plus à l'œuvre cent livres chartraines et à l'Hôtel-Dieu sa maison de Répentigny, et élit sa sépulture en l'église de Saint-Cheron-lès-Chartres. (*Inv. du Chap.*, C. LXVII, C, 7.)

ginis anno domini M°CC° nonagesimo sexto quod si sit defectus ebdomadarius presbiter, diaconus vel subdiaconus, requiretur primus presbiter qui presens fuerit, diaconus vel subdiaconus post illum qui defecerit, in ordine suo, de parte sua; et si non sit aliquis post eum, in ordine suo, qui hujusmodi velit supplere defectum, primus ex parte decani vel cantoris, in ordine deficientis, requiretur per personam majorem de Capitulo presentem, alias per ebdomadarium precedentem, ut suppleat illum defectum in ordine suo; quod si facere noluerit, requiretur alius proximior in illo ordine, et sic de singulis; et si non inveniatur aliquis qui velit supplere illum defectum, primus requisitus tenebitur hoc supplere, alioquin solvet totum defectum, et sic de aliis in illo ordine est statutum, hoc salvo quod primus deficiens propter hoc non relevabitur de defectu [1]. Et est ordinatum quod ille qui supplebit defectum presbiteri ebdomadarii, quia magis est oneratus, percipiat a Capitulo viginti solidos parisienses pro supplendo toto defectu. Subdiaconus vero, pro eo quod tenetur totam ebdomadam in propria persona facere, percipiat decem solidos parisienses. Diaconus vero, pro qualibet die qua oportebit per canonicum supplere defectum in missa et in matutinis, percipiat duos solidos parisienses; et in aliis diebus simplex clericus chori qui supplebit defectum euvangelii percipiat quatuor denarios a Capitulo.

» Item ordinatum est quod ille qui subrogabitur in locum deficientis, si faciat defectum, amittet totum lucrum predictum, et alio, loco ipsius, subrogando accrescet. Et si contingat quod canonicus presens faciat defectum et ipse velit supplere quod superest ad faciendum de ebdomada, admittatur, prout dictum est, ante omnes, salvo prius defectu.

» Item ordinatum est quod omnes isti defectus per matutinarium canonicum, nomine Capituli, sine remissione aliqua, levabuntur; et de eis ordinabit Capitulum prout viderit ordinandum. Et exnunc jurare tenebitur ille qui modo est matutinarius canonicus et successor ipsius canonici in officio,

---

[1] Cette question de la défaillance des *semainiers* avait déjà plus d'une fois occupé le Chapitre. Au mois d'août 1227, trois chanoines, commis et députés par le Chapitre, firent un réglement pour déterminer la manière de pourvoir à ce que la semaine des chanoines prêtres, forains et absents, qui sont *in turno*, fût faite et acquittée par d'autres chanoines prêtres et présents du même côté du chœur que ceux qui sont remplacés, réglement fait afin de prévenir le scandale qu'occasionnerait le refus universel de se charger de cette vacance. (*Inv. du Chap.*, C. I, A, 4.)

in institucione eorum, quod dictos defectus sine remissione levabunt de eis, alicui non parcendo, et de eis mandato Capituli computabunt.

» Item ordinatum est de minoribus defectibus canonicorum quod per eundem matutinarium canonicum sine remissione, modo consimili, levabuntur, et si inveniatur aliquis canonicus qui velit supplere defectum, legendo vel cantando, habebit sex denarios pro defectu.

» Item ordinatum est quod nullus beneficiarius extra ecclesiam Carnotensem distribuciones quascumque in ea percipiat, nisi sit de propria familia canonici et continue morans cum eo et sine fraude, vel totaliter residens in aliquo beneficio vel officio in ecclesia Carnotensi.

Item ordinatum est quod clericus non existens de familia canonici alicujus chori istius civitatis extra chorum ecclesie Carnotensis nichil in ecclesia Carnotensi percipiat, nisi totaliter renunciet alteri choro, cum utrique ecclesie non possit commode deservire.

Item ordinatum est quod, sicut clerici chori qui intererant Matutinis de nocte tenebantur continue antiquitus interesse in Laudibus servicii Defunctorum, quando dicebantur post Matutinas, predictas nec exire poterant usque ad finem, ita omnes clerici qui intererunt anniversariis teneantur Laudibus interesse, alioquin anniversarium suum perdant, nisi existens de familia canonici exeat cum eodem vel de mandato ipsius speciali.

Item ordinatum est quod clerici chori, quando percipient in anniversario celebrando, teneantur ad Complectorium remanere in tempore Quadragesime et in Vesperis in Adventu, sub pena amissionis anniversarii.

Item ordinatum est quod instituetur aliquis clericus chori a Capitulo, qui levabit defectus clericorum chori et habebit propter hoc competens salarium de defectibus predictis, jurabitque quod dictos defectus fideliter levabit, nulli parcendo, et de eis mandato Capituli computabit.

Item ordinatum est quod ille qui supplebit defectum tempestive et ydonee ante scandalum, habebit unum denarium de defectu.

Item ordinatum est quod canonici qui fundaverunt vel fundaverint perpetuos matutinarios querant, quam cicius commode et bona fide poterunt, duodecim libras annui redditus, quas pro illo vicario et Capitulo assignent, et donec sic assignaverint dictum redditum, tradere teneantur matutinario canonico pro toto anno duodecim libras, vel saltem pecuniam pro mense quolibet, in inicio mensis per ipsum matutinarium distribuendam.

Item ordinatum est quod, in institutione eorumdem matutinariorum, ipsi examinentur ex parte Capituli, et si aliqui minus ydonei inveniantur, per Capitulum expellantur. Item quod ad omnia teneantur ad que tenentur antiqui ex ordinatione ecclesie Carnotensis, et quod in sua institucione tenebuntur hoc jurare.

Item ordinatum est quod nullus curam habens animarum, ad officium Matutinarum vel aliud officium chori assumatur, quamdiu alius ydoneus valeat inveniri.

Item ordinatum est quod si aliquis matutinarius vel horarius, impeditus justo impedimento, velit pro se substituere alium, teneatur pro se presentare ebdomadarium aliquem ydoneum de hiis qui non veniunt ad Matutinas, alioquin matutinarium amittat : idem de diurnis officiis.

Item ordinatum est quod quando aliquis de matutinariis Capituli seu aliorum qui fundati sunt de novo habebit se absentare ex causa rationabili et ydonea, teneatur substituere loco sui aliquem clericum ydoneum qui non consuevit surgere ad Matutinas, qui percipiat totum salarium et emolumentum quod ipse absens fuerat percepturus. Si autem habeat impedimentum corporale, poterit sibi partem salarii retinere; super quibus omnibus jurabit se fraudem non facere quoquomodo.

Item ordinatum est quod beneficiati capellani in ecclesia Carnotensi presentes in villa teneantur interesse in festis dupplicibus et semidupplicibus ad Missam in die, intrando antequam incipietur *Kyrie eleison*, et ad Vesperas, tam in vigilia quam in die, hora consueta; et qui defecerit, pro quolibet defectu, duos denarios solvat pro pena, levandos per illum qui alios defectus clericorum levabit.

Item ordinatum est quod, quando aliquis canonicus pecierit aliquem clericum poni in choro, dictus canonicus asserat bona fide et sub fidelitate qua tenetur ecclesie quod non petit hoc, favore clerici vel alterius persone, sed quia eo indiget, ad ipsum associandum dum venerit ad ecclesiam et redierit, et quod ipsum existimat satis esse ydoneum et habilem ad lecturam et cantum, quodque ipsum habet vel habere intendit de propria familia sine fraude, et juxta hoc procurator cantoris ipsum non poterit recusare.

Item ad clericorum chori effranatam multitudinem reprimendam, procurator cantoris non poterit quemque extraneum, scilicet qui non requiretur a canonico, in choro ponere absque Capituli licencia speciali.

Item ordinatum est quod due majores persone vel duo presbiteri canonici inquirant de vita et moribus et conversacione clericorum chori et de ydoneitate eorum, et quod, prout invenerint ipsos, possint corrigere et punire, interdicendo sibi ingressum chori ad tempus, vel si meruerint totaliter expellendo.

Item quia matricularii ecclesie Carnotensis tenentur ad multa, propter que industria personarum ipsorum specialiter est electa, ordinatum est quod nullus matricularius clericus vel laicus possit se absentare ultra spacium octo dierum, sub licencia Capituli petita et obtenta.

Item quia inhonestum est et contra jura quod laici tractent, palpent vel custodiant ornamenta ecclesiastica, specialiter vestimenta ad usum divini officii deputata, ordinatum est quod matricularii clerici teneantur custodire vestimenta et alia sacra ministerio seu divino officio dedicata, ministrare et induere sacerdotem, diaconum et subdiaconum; et quod dicta vestimenta et eciam cape de choro custodiantur per ipsos in revestiario, ita quod tam diebus feriatis quam non feriatis clerici qui debent chorum tenere, exeant cum capis de revestiario cum sacerdote, diacono et subdiacono, et in fine misse similiter redeant una cum ipsis; alioquin dicti clerici perdant salarium misse sicut si defecissent in introitu misse.

Item ordinatum est quod matricularii laici teneantur pulsare campanas, sicut clerici matricularii antea tenebantur, quia ipsi relevati sunt ab onere custodiendi vestimenta et ebdomadarium induendi, hoc excepto quod matricularii clerici tenebuntur querere tercium pulsatorem cum duobus matriculariis laicis in decenti habitu et honesto.

Item ordinatum est quod matricularii clerici diligenter inspiciant Brevem et quod administrent librum Lectionum ubi administrari consuevit et Collectas secundum usum ecclesie Carnotensis, et si defecerint in premissis teneantur solvere sex denarios pro pena, qualibet vice qua defecerint.

Item ordinatum est quod magnus magister scolarum Carnotensium teneatur, diebus festivis et dominicis et festis Novem Lectionum, venire ad Matutinas ad auscultandum legentes et signandum Lectiones, prout consuetum est ab antiquo.

Item ordinatum est quod matricularii laici teneantur pulsare campanas hora debita et cum debita melodia seu concordia, modo et spacio consueto, et similiter illi qui debent pulsare in Turre; et si fuerit defectus in premissis, illi ad quorum officium spectat pulsacio solvent duos denarios, nomine pene, qualibet vice qua defecerint.

Item ordinatum est quod matricularius laicus de cetero ad Processionem non induet albam pro portando aquam benedictam, sed unus clericus chori quem elegerit ebdomadarius portabit aquam benedictam, et habebit duos denarios extra claustrum. Matricularius autem qui solebat aquam portare tenebitur custodire et refrenare processionem cum virga, una cum socio suo, ante et retro, ab impetu populi et tumultu.

— Item ordinatum est quod calix, missale et ornamenta magni altaris nunquam administrentur ad altare posterius nisi quando canonicus celebrabit in eo.

Item ordinatum est quod ornamenta altaris sepe mundentur et nova querantur ad sufficienciam ut possint sepe mundari, et determinetur per quem querantur.

Item ordinatum est quod matricularii caveant diligenter ne aliquis accedat prope altare magnum dum missa celebratur in eo.

Item ordinatum est quod truanni, viles persone et suspecte non intrent nec remaneant inter duo altaria dum missa in eis celebratur.

Item studeant matricularii laici, virgarii et custodes ecclesie quod aliquis nisi de choro ascendat pulpitum quamdiu celebratur missa.

Item ordinatum est quod aliquis de sacristis assistat presbitero cantanti missam in missa pro hiis que fuerint facienda, et habeat oculum ad librum ne aliquid de necessariis a sacerdote obmittatur, et quod faciant teneri silencium circa altare dum presbiter cantat missam et precipue postquam incipit Secretum misse, et quod non permittant levari cortinas retro altare dum presbiter cantat *Pater noster*.

Item ordinatum est quod pueri chori in festis Novem Lectionum dicant duo ex eis versiculis et *Benedicamus Domino*, et quod cantent in medio chori ea que cantabant extra januas ferreas ante altare.

Item leventur omnes predicti defectus ab anno citra qui poterint inveniri.

Item ordinatum est quod queratur vinum recens qualibet die ad missas et tantum quod non effundetur usque ad feces.

Item ordinatum est quod si decanus, cantor vel succentor defecerint in hiis que habent facere ratione sui officii, leventur defectus sicut ab aliis.

Item ordinatum est quod si aliquis horarius defecerit, cum amissione salarii quod exinde habere debebat, unum denarium de proprio suo solvat.

Item ordinatum est quod, in octabis Nativitatis Domini et festorum sequentium, consuete enormitates cessent omnino, videlicet quod, non mutato cantu, non diversitato habitu, sollempniter servicium celebretur.

Item ordinatum est quod quilibet clericus ponendus in choro juret istam ordinacionem fideliter servare et quod in ea fraudem aliquam non committet, et si aliquem socium, clericum de choro, fraudem vel maliciam facientem, viderit vel sciverit, ebdomadario nunciabit. »

(*Orig. en parch.;* Arch. d'Eure-et-Loir, fonds du Chap., C. I, A, 5 bis.)

CCCLXXXV.

« Hii sunt redditus episcopatus Carnotensis. »

(c. 1300.)

« *Apud Carnotum.*

Clausum vinearum xxxvi arpenta valent xl lib.; — Magna prata inter villam et *Josaphat* valent xl lib.; — Prata Reculeti ad siccandum telas valent viii lib.; — Piscatorie a Magno-Ponte usque ad molendinum de *Bretigni*, cum sabulo tocius riparie, valent xv lib.; — Piscatoria Fontaneti, que precaria Capituli est, l sol.; — Item denarii cere Penthecostes circa cc et l lib.; — Item sigillum et emende curie circa v^e lib.; — Item teloneum circa vi^{xx} lib.; — Bannagium circa iiii^{xx} lib.; — Item decima Sancti-Karauni, circa xl lib.; — Item in eodem loco decima terre arabilis circa i mod.; — Item in ecclesia Beate-Marie duas partes cere et oblationum sine capsa..:...; — Ad Natale Domini, census Cortillie x sol. iii den. obol; — Census Vice-Domini liiii sol. et obol. minus; — Census platee de Subulmis xxvi sol.; — In festo sancti Remigii, census Sancti-Karauni vii lib. viii sol.; — In festo sancti Martini, census Vice-Domini ix sol. iiii den.; — Ad Natale, census furni Domini x lib. xxi den., et totidem ad festum sancti Johannis Baptiste; — Ad Annonciationem beate Marie, census Vice-Domini vi sol.; — Item xx sol. pro prato magistri Ade de Vovis; — Ad festum sancti Johannis, census Oris-Pratorum iiii lib.; —

Census Vice-Domini ad portam Aquariam xv sol.; — Census Cortillie xx sol,; — Ad Natale Domini, a Stephano *Epievent,* de plancha retro domum Karauni olearii, ii sol.; — Apud Luceium et apud *Valle-Perrou* census xxxv lib. viii sol.

Apud Luceium.

Tallia xii lib.; — Item ab abbate Sancti-Johannis-in-Valle iv lib.; — Item homines de Luceio debent c saccos carbonum ad faciendum ignem in aula episcopi in vigilia Natalis Domini; — Item census Ansoldi xxxv sol.; — Item census Ysambardi de Galardone lxv sol.; — Item census *Tritan* ii sol. vi den.

Apud Luisant.

Quartam partem v arpentorum et dimidium.

Item molendinum Vice-Domini ix lib.

Item molendinum de *Somont* xii lib.

Item census Levesville xliii sol. viii den.

Item census Boelli xxvi sol. vi den. obol.

Item census molendini de *Tachenville* v sol.

Apud Tachenvillam.

xvi arpenta pratorum; — Item v. sol. de censu molendini de *Remast.*

Apud Gaienvillam.

Ad festum sancti Remigii, terra, porprisium, vinea et census : omnia predicta tradantur ad firmam pro quatuor libris.

Apud Mondonvillam.

Decima Thaceice xxxv mod.; — Item porprisium et vinea valent xx sol.; — In Assumptione beate Marie, census xii sol.; — In festo sancti Remigii, census xiiii lib. xiiii sol., tallia x lib.; — In festo sancti Andree, frescennagium xx sol.; — Ad Natale Domini, charreium viii sol. et xxx panes; de oblitis viii mod. iii sext.; galline vi^{xx}; — In festo sancti Karauni, moutonnagium x sol.

Apud Ballolium.

Nemora valent annuatim cc lib.; — Item, ix mod. semeure terre; — Granchia valet iiii^{xx} mod.; — In festo sancti Remigii, census vi lib. xii sol.; — Item vi sol. viii den. a Colino *Auboin;* — Tallia xv lib. cum *Hanarmont;* — In festo sancti Andree, frescennagium xxv sol. iiii den.; — Ad Natale Domini, de avenis oblitarum viii mod. viii sextar; de denariis oblitarum sol.; galline IIII^{xx} et vi; — Ecclesia v sol., ad Pascha; — In festo sancti Karauni, moutonnagium xiii sol. vi den.; — Census vinee de clauso xi sol. pro decima.

Apud Henarmont.

Census lii sol. et ii den. sine censu de Colle; — In festo sancti Remigii, frescennagium iiii sol. ii den.; avene oblitarum xv sext.; denarii oblitarum ii sol. i den.; galline xv; — In festo sancti Karauni, moutonnagium xxv den. obol.

Apud Basochias.

Agricultura xx mod.; — Decima cum terragiis lx mod.; — In festo sancti Remigii, de admodiatione de terra Poinvillerii i mod. bladi et vi sextarios avene.; — Item, ibidem decimam vini ii dolia; — In festo Assumptionis, census xvi sol. de escoblagiis; — In festo Nativitatis, census capitalis xliii sol.; — Avene oblitarum xv sext. i rasa minus; — Denarii oblitarum xxvi sol. cum xvi panibus; — Galline xxv, valet quelibet iiii parisienses. — Item, due partes decime lane cum aliis minutis decimis.

Apud Baigneaus.

De censu arpentorum xii lib. xii sol. parisienses.

Apud Fraxinetum.

Agricultura, terragia, decima, cc mod; — Pro terra Philippi Majoris i mod. bladi et totidem avene; — In festo Nativitatis, census capitalis et arpentorum et bovate vii libr. x sol.; — Tallia lx lib. par.; — In festo sancti Andree, frescennagium vi lib. x sol. par.; — In festo sancti Thome, census arpentorum xliii sol. vi den. obol.; — Avene oblitarum xix mod. vi sext.; — Galline xi^{xx}, valet quelibet vi par.; — Due partes decime lane; — Apud Pascha, ecclesia l sol. par.

Apud Sanctolium.

Agricultura, terragia, decima iiii^{xx} mod.; — In festo Assumptionis, vinagium xii sol.; — Census vinearum x lib. ii sol. vi den.; — Census terrarum iiii lib.; — In festo sancti Remigii, a presbytero de Moenvilla x sol.; tallia xvi lib. x sol.; — Avene oblitarum vii sext.; — Galline xvii; — Ad Natale, dominus de Leugis, pro terra, x sol.; furnum xlv sol.; — In festo Resurrectionis, ecclesia xxx sol.

Apud Manthein.

Ad Assumptionem, numeragium xii sol. iii ob. minus; — In festo sancti

Remigii, census terrarum LVI sol. x den., cadunt super episcopum III sol. v den. pro omnibus costumis; — Ad Natale, avene oblitarum v mod. III sext.; denarii oblitarum XI sol.; furnum xx sol.; — Galline LXIII; — In festo sancti Karauni, tallia XII lib. x sol.

Apud Mongervillam.

Census LVII sol.; — In festo Omnium-Sanctorum, tallia XI libr.

Apud Pontem-Evradi.

Decimam XVIII sext.; — Avene oblitarum x sext. et una mina; — Oblite III sol. II den.; — In festo Omnium-Sanctorum, census XXXVIII sol.; — Tercia pars lane et minutarum decimarum et campipartem.

Apud Pontem-Goeni.

Stagna et nemora, granchia ville de nemore et agricultura valet III^{xx} mod.; — Duo molendina ad farinam XL mod., redduntur v mod. III sext.; — Duo molendina ad pannos valent II^{xx} XIII lib.; — Duo molendina ad *tan* valent L lib.; — Item, in molendino de Faverillo, xxx sext.; — Item, molendina Leprosorum I mod.; — Bannagium XXVIII lib.; — Majoria xx lib.; — Escoublagia XVIII sol.; — In festo Assumptionis, fenagia xx sol.; — Census XLIII sol. VII den. obol.; — Tallia Pontisgoeni cum haia LXX lib.; — In festo sancti Andree, census XII lib.; — Avene oblitarum v mod. VII sext.; — Ad Natale, denarii oblitarum IIII sol. IIII den.; fenagia IIII mod. VI sext.; lignagium XIIII sol.; — Robinus de Fovilla II sol. de oblitis.; — Galline LXVII sol.; — Due partes decime lane; — In festo sancti Johannis, census pratorum LXV sol.; — Item, decima de campis VII mod.

Apud Chuinam et Friesiam.

XIIII sol.

Apud Montem-Tirelli.

In festo sancti Bartholomei, de censu XXIII sol.

Apud Friesiam.

Decima IIII mod.; — In festo sancti Remigii, census XVI sol. VIII den. obol.; tallia XL sol.; avene oblitarum II mod.; — Oblite III sol.; — Galline XXIIII.

Apud Sanctum-Mauricium-de-Gallo.

In festo sancti Remigii, II sol. de censu.

Apud Capellam-de-Tielin.

In festo sancti Remigii, decima xx mod.; census LXVI sol. III den. obol.;

tallia c sol.; — In festo sancti Dyonisii, census puteorum ix sol. ii den. minus; — Avene oblitarum xviii sext. v panes; — Denarii oblitarum ii sol. iii den. cum xx panibus; — Galline xv.

Apud Castellarium-Guerrici.

Census xiiii sol.; — In festo sancti Remigii, tallia xl sol.; avene oblitarum vii sextar.; denarii oblitarum xiiii den.; — Galline vii.

Apud Laudun.

Tallia c sol.; — In festo Omnium-Sanctorum, census iiii lib. ii sol. viii den.

Apud Ermenonvillam.

Granchia et decima iiii^{xx} mod.; — In festo Assumptionis, numeragium xxiiii sol.; — In festo sancti Remigii, census terre Ludovici xxv sol.; — Pro nemore de *Luzon* xxx sol.; — Tallia c sol.; cadunt xii sol. super episcopum pro conquestibus; — Item, census xxxii sol. ii den. minus, termino Emani, cadunt ii sol. pro domino episcopo; — In festo sancti Andree, frescennagium xxxii sol.; — Avene oblitarum iii mod. una mina minus; — Denarii oblitarum x sol. iiii den.; — Ad Natale, carretum viii sol.; — Galline xlvii; — Item census Ludovici xxv sol., ad Purificationem; — Ecclesia xx sol., ad Pascha; — In festo sancti Johannis, moutonnagium xvi sol.; cadunt xxviii den.; pro quolibet equo iii den.; — In festo sancti Remigii, de novo censu arpentorum x sol. et duas gallinas; — Ab J[ohanne] *Godier* et *Radulph Quitart* v sol.

Apud Busseium.

Agricultura valens iiii^{xx} mod.; — Parva decima ii mod. viii sext [1].

Apud Bercherias.

Agricultura, terragia, decima iiii^{xx} mod.; — In festo sancti Remigii, census lvxxi sol.; tallia l libr.; — In festo sancti Andree, frescennagium iiii libr. xii sol.; — Ad Natale Domini, avene oblitarum xxi mod. iiii sext.; denarii oblitarum xxii sol.; lignagium xvii sol. viii den.; forestagium lapidum xl sol.; furnum *de Chambli* vi libr.; garencia xl sol.; furnum Bercheriarum iii libr. x sol.; galline xvi^{xx} et ii; — Ad Pascha, de ecclesia xxx sol.; — In festo sancti Karauni, moutonnagium xlvi sol.; — In festo sancti Johannis, forestagium lapidum xl sol.; furnum iiii lib.;

---

[1] Ajouté d'une écriture un peu plus moderne : *Census terrarum et hostisiarum xx libr.; — Oblite xx sextar.*

garencia xl sol.; lignagium xxv sol.; — Due partes decime lane xv libr.; — Furnum sine garencia *Chambli* vi libr.; — Ad Assumptionem, escoublagium l sol.

Apud Vallem-Garengis.

In festo Omnium-Sanctorum, avene oblitarum iiii sext.; — Census xxviii sol. iiii den. obol.

Apud Desconfecturam.

Terragia et decima xiii mod.; — In festo sancti Remigii, census xxv sol.; — Ad Natale, avene oblitarum; denarii oblitarum xxii den. et obol. cum xxii panibus; et dimidium cum totidem gallinis; furnum xx sol.; forragia l sol.; vende xl sol.; panagium circa x sol.; stagnum, nemus, granchia; galline xxii et dimidia; — Ecclesia xl sol., ad Pascha; — In festo sancti Johannis, census xiii sol.; ecclesia xx sol.; furnum xx sol.; fenum xxx sol.

Apud Burgum-Roberti.

Decima ii mod.; — Census iiii libr. par. et x sol.; — In festo sancti Remigii, tallia x lib. par.; avene oblitarum vii mod. iii sext.; denarii oblitarum xxxi sol. par.

Apud Collem-Goderani.

Agricultura et decima xi mod.; — In festo sancti Remigii, census iiii lib. vii sol.; — Tallia c sol.; — Avene oblitarum iii mod. iii sext. unam minam; — Denarii oblitarum ix sol. x den. et obol.; — De terragiis Espinciarum i mod.; — In festo sancti Remigii, census xiii sol. vi den.; tallia c sol.; avene oblitarum vi sext.; denarii oblitarum ii sol. vi den.

Apud Marcheset.

xv sext., medietatem bladi et medietatem avene; — Census xxxviii sol. par.; — In festo sancti Remigii, pro terra viii sol. par.; — Tallia c sol. par.

Apud Pontem-Evrardi.

xi sol de oblitis; — Item, iii sol. et ii den. de fornamentis; — Item, decimam.; — Item, xxxviii sol. census.

Denarii synodales.

A decano Pissiacensi iiii libr. v sol. paris.; — a decano Medontensi iiii lib. v sol. paris.; — a decano Drocensi xx sol. tur. et xxi sol. paris.; — a decano Castridunensi iiii lib. iiii sol. tur.; — a decano Dunensi-in-Pertico iiii libr. iiii sol. tur.; — a decano de Bruroliis iiii lib.; — a decano

Vindocinensi c sol.; — a decano de Braioto pro archidiaconatu magno xvi lib. x sol.; — a decano Blesensi vi lib.; — de *Torailles*, unum bizancium et denarios cere; — de campaniis duo bizancia de xiiii sol.; — a presbyteris Vindocinensibus l sol.

Circate in processionibus.

Item circate in processionibus Penthecostes.

A decano Pissiacensi xv sol. paris.; — a decano Medontensi xv sol. paris.; — a decano Castridunensi xii sol. xi den.; — a decano Perticensi-in-Dunensi xii sol. vi den.; — a decano Braiocensi pro se v sol. et pro decanis magni archidiaconatus xlvii sol. ix den.; — a decano de Bruroliis xx sol.; — a decano Drocensi xvii sol. v den.; — a decano Vindocinensi xx sol.; — a decano Blesensi xvii sol. v den.

Item Nemora Pontis-Goeni, videlicet magna foresta, glandes; — Nemora Valle-Augis; — Nemora Haiarum; — Nemora Friesie.

Piscature stagnorum et garenne cuniculorum.

(Bibl. Imp.; *Livre noir*, cart. 43, f° 47 v° et suiv.)

CCCLXXXVI.

« Majorie terre episcopatus Carnotensis. »
(c. 1300.)

« Majorissa Fresnei recipitur per sacramentum, rachetat de sexaginta lib.
Prepositus Sanctolii recipitur ad homagium, rachetat de quadraginta lib.
Major Manthenville rachetat de xl sol. preposito Sanctolii.
Major Mongerville rachetat de xl sol. preposito Sanctolii.
Major Ballolii recipitur per sacramentum, rachetat de xxx lib.
Prepositus de *Henarmont* recipitur per sacramentum, rachetat de xvi lib.
Major Mondonville rachetat de xxv lib.
Major Espenteriarum recipitur ad homagium, rachetat de xl sol.
Major Collis-Goderani recipitur ad homagium, rachetat de xl sol.
Prepositus Desconfecture rachetat de valore terre, circa lx sol.
Major Lauduni rachetat de valore terre.

Major Capelle-de-*Tielin* rachetat de valore terre.

Major Friesie rachetat de valore terre.

Major Castelli-Guerri recepitur ad homagium, rachetat de valore terre.

Major Vallis-Garengis communis Capitulo et episcopo.

Janitor rachetat de xvi lib.

Clausarius rachetat de xvi lib.

Carpentarius rachetat de lx sol.

Major Sancti-Carauni-prope-Carnotum rachetat de xxii lib.

Et in libro rubeo continentur : Majoria Pontis-Goeni; majoria Bercheriarum; prepositura Burgi-Roberti; prepositura Marcheseti; majoria Pontis-Evrardi.

Omnes predicti majores et prepositi debent rachetum in mutatione episcoporum Carnotensium.

Omnes predicti majores et prepositi tenentur domino Episcopo vel suo camerario per sacramentum in primo adventu, quamvis ipsorum aliqui faciant homagium. »

(Bibl. Imp.; *Livre noir,* cart. 43, fº 57 rº.)

CCCLXXXVII.

« Littera regia de victoria Flandrensi. »
(1304, septembre.)

« Philippus, Dei gracia, Francorum rex, ad perpetuam rei geste memoriam. Si regnum Francorum, quod a priscis temporibus divina stabilivit potentia, multisque ditavit beneficiis et honoribus decoravit, novissimis temporibus doli Sathan inventor, persecutor pacis et tocius malicie seminator, invidens quod regnum ipsum virtus divina sic vallasset, per circuitum in Flandrie partibus, Domino permittente, tetigerit, subditosque nostros parcium earumdem in superbia et abusione contra nos fecerit nequiter rebellare, ipsosque tocius incentor nequicie sic in sua rebellione firmasset ut cogitantes iniquitates pessimas in corde tota die nobis constituerent prelia ; ita ut ecclesiis et aliis sacris locis, villis et aliis regnicolarum habitacionibus circumpositis, summe vastacionis jacture deditis, per eosdem plures nobiles et alias personas regni ejusdem, quod gravius est, hujusmodi causa rebellionis, mors amara rapuerit, nec in hiis adversus esset furor eorum, sed pocius semper eorum superbia ascendisset. Tandem immensa Christi pietas, sue gloriose matris Marie virginis piis provocata precibus, ad regnum ipsum, cujus regimem nobis miseratione divina commisit, cor paternum reflectens, videns inimicorum nequiciam multam nimis et cor eorum impenitens, Nos, cum fideli exercitu gallicano, ad faciendam vindictam in natione illa Flandrensi contra rebelles ipsos, sub fortis manus sue tegumento, direxit, nobisque mensis augusti die decima octava [1] die martis post festum Assumptionis ejusdem virginis, in loco qui Mons-in-Pabula nominatur, contra ipsos ad nos in contumaci multitudine venientes, ad pugnam conscensis, placuit Altissimo, post longam cum inimicis predictis dimicacionem, eos in ventum superbie alcius elevatos ad ima deiciendo potenter elidere, eisque, cum pluribus ipsorum ductoribus et capitaneis, in mortis laqueum per nostrum et ejusdem nostri exercitus ministerium sub potenti Domini manu deducere et gloriosum de ipsis nobis prebere triumphum; sicque mirabilis Deus mirabiliter pro nobis voluit operari ut merito dici possit illam a Domino et non ab homine victoriam factam esse. Quapropter nos, in humilitatis spiritu confitentes Domino, eique et sacratissime genitrici illius devote laudis sacrificium offerentes, regraciamur ei qui, sedens super thronum, judicavit causam justicie regni sui : et ut Dominus qui tanquam vir pugnator delevit impios aute faciem nostram in suis laudetur operibus, ejusdem non obliviscantur mirabilia, et beatissima virgo mater ejus Maria, de prestato nobis per ejus suffragia filii sui auxilio, honoretur, Nos, ad laudem et gloriam ejusdem domini nostri et beate Marie virginis genitricis ejus ecclesie Carnotensi in ipsius virginis honore fundate, centum libras parisienses annui et perpetui redditus, ob nostram et carissime consortis nostre Johanne, Francie regine, et liberorum nostrorum salutem, pacem et tranquillitatem regni nostri nostrorumque fidelium subjectorum, concedimus ab ipsius ecclesie decano et Capitulo, nomine dicte ecclesie, habendas, tenendas et possidendas, libere et pacifice, in perpetuum, absque coactione vendendi vel extra manum suam ponendi, et absque prestacione

---

[1] L'office de la Victoire qui, d'après cette fondation, aurait dû se célébrer le 18 août, comme cela avait lieu dans l'église de Paris, se célébrait à Chartres le 17 août.

financie cujuscumque, capiendasque in Thesauro nostro Parisiensi, singulis annis, in festo dominice Ascensionis, donec eas in locis et rebus competentibus duximus assidendas ; volentes et statuentes quod dicte centum libre parisienses canonicis, vicariis, capellanis, dyaconibus, subdiaconis, clericis et aliis quibuscumque personis de choro ipsius ecclesie existentibus qui in primis vesperis, in matutinis et solenpni missa diei martis predicte intererunt, integre pro equalibus porcionibus distribuantur, itemque in dictis vesperis tercia, in matutinis alia tercia, et missa predictis alia ultima tercia pars dictarum centum librarum per modum supradictum distribuantur de cetero in futurum. Quod ut ratum permaneat, presentibus litteris nostrum fecimus apponi sigillum. Actum in castris prope Insulam, anno Domini millesimo trecentesimo quarto, mense septembri [1]. »

(Bibl. Imp.; *Livre des Priv. de l'égl. de Ch.*, cart. 28, p. 194 et 195.)

CCCLXXXVIII.

Composition entre le Comte et le Chapitre.
(1306, mars.)

« Philippus, Dei gratia, Francorum Rex, notum facimus universis, tam presentibus quam futuris, nos infrascriptas vidisse litteras, formam que sequitur continentes :

A tous ceux qui verront et orront ces présentes lettres, Charles, fils de Roy de France, Conte de Valoys, de Alençon, de Chartres et de Anjou, et nous Katherine, sa compaigne, par la grace de Dieu, Emperière de Constantinoble, et Contesse des devant diz lieus, et Dame de Courtenay, Salut. Sachent tuit que, comme contenz et descors eussent esté et fussent encores entre nous, pour raison de nostre conté de Chartres, d'une part, le dean et le Chapitre de Chartres en non de leur Eglise, d'autre, sus une composition qui jadis avoit esté faicte entre nous, Margueritte, nostre première compaigne, jadis Contesse des devants diz lieus, et le dean et le

---

[1] Cette fondation fut confirmée par le roi Charles-le-Bel, suivant lettres datées de Paris, au palais de Saint-Paul, l'année 1367. (*Cop. sur pap.*, Arch. d'Eure-et-Loir, fonds **Roux**.)

Chapitre devant diz, sur plusieurs et divers articles contencieux, laquelle composition ledit dean et Chapitre requièrent que nous leur gardisseins et foisseins garder par nos'genz tout enterinement, sanz faire mutation ou addition de ci en avant : Nous, maintenanz que à ladite composition devoient estre adjoutez aucuns articles ordenez par Révérend Père Jehan de Chivri, jadis Evesques de Carcassone : A la parfin, du conseil de bonnes genz, pour bien de pez, des contenz et des descorz devant diz fu accordé et appaisié en la fourme qui s'ensuit :

« Il est acordé, se homme de cors de Chapitres, hoste le Conte, couchant et levant souz le Conte en son propre demainne ou sa propre justice, fet aucun meffet qui emporte paine de sanc, la cognoissance, le jugement et l'exécution dudit meffet appartendront au Chapitre, exceptez les cas qui sont ci-dessouz escripz qui demouront au Conte, quant à la cognoissance et au jugement. Et pourront les Justices de Chapitre prendre ou faire prendre lesdiz hommes de cors en la terre le Conte ès cas qui s'ensuient :

C'est à sçavoir, quant le crime ou meffet sera ou aura esté notoires par évidance de faict, ou quant il auront esté condempnez par les Justices de Chapitre, ou convaincu d'aucun crime, ou quant il auront confessié le crime par devant lesdiz justiciers, ou quant il auront esté forbaniz par lesdiz justiciers et il s'en seront foïs apres le forban, ou quant il auront pris le fet sur eus defuïant, sur lequel fet il auront esté appelez souffisamment par les Justiciers du Chapitre, selon la coustume du païs. Et quant la prise aura esté faite, se les genz le Conte s'en deulent, le Chapitre sera tenuz à les enformer par son Justicier, et par deus hommes dignes de foy, que la prise aura esté faite pour aucune des causes dessus dites : et sera faite l'information à Sainct-Jehan-en-Vallée, ou aus frères de Sainct-Jacques : Laquelle information Chapitre sera tenuz à faire dedans huict jours après ce que il aura esté requis. Et se Chapitre faut de ladite information faire, il sera tenuz à remettre l'omme au lieu là où il aura esté pris, sanz ce que point d'amande en soit faite. Et se les Justiciers le Conte prenoient ou avoient pris, pour cas de crime qui emporte paine de sanc, aucuns des hommes dessus diz, pris à présent forfaict ou non présent, il seroient tenuz, à la requeste ou à la monicion de Chapitre, de les rendre sanz contredit au Chapitre ou à son commandement, o touz les biens qui auroient esté pris avec eus pour l'occasion du forfait : Et se lesdiz Justiciers du Conte avoient saisi ou emporté, pour occasion dudit meffait, autres biens que lesdiz meffaiteurs tenissent ou pourseissent en la terre ou en la justice le Conte, lesdiz Justiciers les recroiront ausditz hommes, en donnant caution suffisant, jusques à tant que il seront jugez par la justice de Chapitre : Et endemantes, l'en leur livrera souffisamment de leurs biens pour leur vivre, et pour défendre leur cause, selonc la fervé de leurs biens, en quelque lieu que il soient, soient souz le Conte, soient souz le Chapitre, soient ailleurs, selonc la qualité dou forfait, et la condition des hommes. Et se aucun desdiz hommes estoit pris o tout biens emblez ou ravis, et mis en la prison le Conte, les gens le Conte pourroient faire rendre les choses emblées ou ravies à iceluy, ou à ceus qui les pourroient faire pour leur, avant que ledit homme soit requis de Chapitre ; et se il est requis de Chapitre avant que les genz le Conte aient rendu ou fait rendre lesdites choses, il leur sera rendu avec lesdites choses. Et se ainsy estoit que il eust reconneu le larrecin ou meffait devant les genz le Conte, ou il fust si notoire que il ne peust estre celé, et il s'avouoit à homme de Chapitre avant que il fust requis de Chapitre, les genz le Conte ne le pourroient punir sans jugement fait en appert et sollennement, ne ne hasteront le jugement, ne ne le pourront jugier sanz l'assentement du Baillif en ce cas, ne ne feront fraude, ne barat, ne tricherie, par quoy le Chapitre ne puisse avoir temps souffisant de le requerre, de quoy le Prévost sera creu par son serement; Et se il le requièrent, il leur sera rendu des genz le Conte, tantost comme il le requerront, à jugier, ou à punir, selonc le meffait, ne confession que il ait faite devant les genz le Conte, ne le fet, se il n'est notoire, ne autre manière de preuve, ne la rendu des biens dessus diz, ne nuira au Chapitre, ne ne leur pourra faire préjudice, puisque il aura esté requis, que le Chapitre n'en ait cognoissance et le jugement.

Vezci les cas exceptez qui demeurent au Conte.

Se un homme de cors de Chapitre appelle aucun en la court le Conte par gaige de bataille, sur cas qui, par coustume de païs, doient estre menez et traitiez par gaige de bataille.

Item, se il estoit appelez en ladite court du Conte, et respoigne de sa bonne volenté, avant que il soit requis, de par Chapitre, ou il y vouloit demourer emprès la requeste de Chapitre, sanz nul contraignement.

Item, se il venoit de sa propre volenté, sanz contraignement, pour tesmoignier en la cour le Conte, en aulcune cause, et il estoit levé comme parjure; en ces cas devant diz, la court le Conte, pourroit mener et traitier ledit homme de cors en cognoissant et en jugeant ainsy comme ses autres justiciables, sauf ce que l'exécution dudit homme demourra au Chapitre : et n'est mie à entendre que semonse soit contraignement. Et se il advenoit que ledit homme fust appellé en la court du Conte par gaige de bataille, et il estoit requis de par Chapitre, ains que il respondist de son bon gré, ou se il ne vouloit demorer illecques, ou se il estoit contraint de venir à la court le Conte pour tesmoigner, jà soit ce que il y eust receu le gaige, ou tesmoignié efforciez, et contre son gré, les genz le Conte seroient tenuz de le rendre audit Chapitre : Et ès autres cas qui n'emportent pas paine de sanc, la cognoissance, le jugement et l'exécution, quant ausdiz hommes et leurs biens estanz souz le Conte, demourront par devers les Justiciers le Conte; exceptez se il estoit tenuz ou obligiez au Chapitre, aus Chanoines, ou à autres personnes de l'église, ésquiex cas la cause seroit traitiée, menée et déterminée en Chapitre, par devant l'ordinaire du lieu ou devant autre Juge de l'Eglise souffisant. Et pourront lesdiz hommes obligier leur cors, pour leurs debtes, par les lettres le Conte, et tenir prison en la prison le Conte. Et se aucun de eus étoit condempné en cas de crime, ses biens meubles et non meubles qui seroient souz le Conte li demourroient comme forfaiz, se ce estoit cas en quoi ils deussent estre forfaiz selonc la coustume du païs. Et se il avenoit que les Justiciers le Conte preissent aucun des hommes dessus diz és cas qui leur appartiennent, il seroient tenuz à le retroire, et à le mener par droit aussy comme les autres Bourgois de la Ville. Et autel droit aura Chapitre du tout en tout és hommes du cors le Conte, demouranz en la terre de Chapitre. Et toutes ces choses dessus dites ont lieu, et sont à entendre ès hommes de cors de Chapitre, couchanz et levanz ou propre domaine du Conte, ou en sa justice, non pas en ses fiez, ne en ses refiez où il n'a justice que par ressort, et aussy des hommes de cors le Conte, couchanz et levanz ou propre domaine ou en la propre justice de Chapitre.

Item, il est accordé des hommes de cors de Chapitre, qui ne sont couchanz ne levanz ou domainne le Conte, ne en sa justice, que se les Justiciers le Conte les prenoient pour forfait quel que il soit (exceptez les cas qui s'ensuivent), neis se il les prenoient en présent forfait, ou pour autre cause quelle que elle soit, lidiz Justiciers seroient tenuz, à la requeste ou à la monicion de Chapitre, de les rendre sanz contredit audit Chapitre, ou à leur commandement. Sauf ce que se ils estoient condempnez en cas de crime, leurs meubles et non meubles qui seroient souz le Conte li demouroient comme forfaiz, se le cas estoit tel que il deussent estre forfaiz par la coustume dou pays.

Vezci les ças qui demeurent par devers les genz le Conte, les hommes de Chapitre qui ne sont couchanz ne levanz souz le Conte.

Premièrement, les trois cas qui sont dessus exceptez ou premier article. C'est à sçavoir, quant il appelle et est appelez et il porte tesmoignaige, si comme il est dessus dit, et yceus demouront aus genz le Conte quant à la cognoissance et au jugement; mais l'exécution des hommes demoura à Chapitre.

Item, se aucuns desdiz hommes font injures aus Justiciers le Conte, ou aus sergens jurez, en metant main en eus, ou en les vilenant autrement, notoirement et publiquement en la court le Conte, la court séant ou non séant, ou se il faisoient injure hors de la court le Conte, au Baillif ou au Prévost le Conte, en mettant main en eus en la terre le Conte, en ce cas, la justice demouroit au Conte, ne ne seront pas lidiz hommes renduz au Chapitre pour justicier; et se il avoient biens souffisanz en la juridiction le Conte pour amander l'injure et le meffait, secont loy et coustume du païs, les justiciers le Conte justiceront lesdiz biens pour l'amande: Et se il n'avoient biens à ce souffisanz souz le Conte, il les tendroient jusques à tant que il eussent donné seurté de faire satisfaction de l'injure et du forfait: Et se il n'avoient nuz biens, lesdits Justiciers le Conte les tendroient en leur prison tant comme il seroient à tenir, secont la qualité du forfait et de l'injure, par le serement des Justiciers le Conte. Et tel droit sera tenuz et gardez en ce cas és hommes de cors le Conte, qui ne sont couchanz et levanz souz Chapitre, envers le Chapitre et envers ses Justiciers et ses Sergenz jurez, se il leur font injure en leur court ou en leur terre: Et se il avenoit que aucun homme de cors le Conte qui ne fust ne couchant ne levant sous Chapitre, feist injure à aucun Chanoine, ou à aucun estant en sa mesnie, en metant main en eus en la terre le Conte, ledit Chanoine ou Chapitre le pouroient prendre et faire prendre à présent, et en demouroit la justice au Chapitre : Et aussy, li Justicier le Conte en la terre de Chapitre, se les hommes de cors de Chapitre, qui ne fussent ne couchanz ne levant souz le Conte, leur faisoient injure en mettant main en eus, ou en leur compaignie, qui fust de leur mesnie, il les pourroient prendre à present et justicier.

Item, il est acordé que se homme de cors de Chapitre non couchant ne levant ou demainne, ne en la propre justice le Conte, si comme il est dessus dit, obligoit son cors à tenir prison en la prison du Conte, les genz du Conte seroient tenuz de le rendre à Chapitre tantost comme il en seroient requis ; et le Chapitre tendroit ledit homme en sa prison, secont la forme de l'obligation, jusques à tant que satisfaction fut faite de ce dont il seroit obligiez : Et tout aussy sera-il gardé des hommes de cors le Conte, qui ne sont couchanz ne levanz ou demaine ne en la justice de Chapitre, se il se obligent par les lettres de Chapitre.

Item, il est acordé que se les gens le Conte tiennent ung homme de cors de Chapitre, où que il soit couchant ne levant, pour cas de crime, et il soient amonestez par le Chapitre, ou par l'ordinaire du lieu, que il le rendent, il sera mis en la monicion que lesdiz Justiciers le rendent, ou que il veignent en Chapitre à certain jour à proposer aucunes des causes exceptées dessus dites, par quoy il ne le doivent mie rendre ; et se il en veulent aucune proposer, il seront tenuz à amener avecques eus en Chapitre ledit homme, et proposeront leur cause en sa présence ; Et se il cognoist leur cause, il leur sera laissié à justicier secont la fórme de la composition dessus ditte : Et se li homme la nie, le Baillif tout seul, le Prévost non fermier avecques ung autre digne de foy, et le Prévost fermier avec deus autres dignes de foy, seront cruz par leur serement, juranz et affermanz, sur les sains touchiez, tout en appert, en Chapitre, sollennement, que la cause que il proposent est vraie.

Item, il est acordé que se le Prévost ou la force le Conte prennent ou saisissent hoste de Chapitre, ou les biens de l'oste, ou les biens de l'omme de cors où que il soit demourant, ilz seront tenuz, à la requeste ou à la monicion de Chapitre, de les rendre, ou retroire, ou de dire cause pour quoi il n'i soient tenuz, à jour certain à ce assigné en Chapitre : Et se la cause de la prise ou de la saisine despent dou fet du Baillif ou dou Prévost, pour ce qu'il aient pris ou saisi, ou commandé à prendre ou à saisir les choses dessus dites o cause resonnable, si comme pour la taille, ou pour l'eschauguete, ou pour autre cause souffisant et raisonnable, ilz feront foy de la cause ou de la prise au jour assigné, si comme il est contenu en l'autre article dessus dit. Adecertes, se la prise ou la saisine ne despent pas de leur fet, quar il n'avoient pas faite la prise, ne la saisine, ne commandée à faire, il auront délibéracion de sis jours, et entre deus feront la récréance, se récréance y affiert, et au chief des sis jours, il seront tenuz de prouver la cause de la prise, ou de la saisine raisonnable, en la forme qui s'ensuit :

C'est à sçavoir, le Baillif par son serement o ung autre digne de foy, le Prévost fermier ou non fermier, chacun de eus o deus autres dignes de foy, affermanz, en appert, par leur seremenz, que il tiennent pour la cause proposée sanz fraude et sanz malice, et que il, souffisamment enformez, croient que elle soit vraie ; et se il ne la preuvent, il seront tenuz à rendre quitte et delivre et amander : Et se lesdiz Justiciers le Conte allégaient que il eussent pris l'oste de Chapitre en présent forfait en leur terre, il seroient tenuz à le mener en Chapitre : Et se il nie le présent forfait, il seront tenuz à le retroire en Chapitre, jusques à tant que il aient prouvé, par leur seremanz, la cause, sy comme il est dit tantost devant.

Item, il est acordé que si li Justiciers le Conte prennent hommes de cors de Chapitre, où qu'il soit couchant ne levant, et eus amonestez de le rendre ou de dire une des causes contenues en la composition dessus dite, ou se il prennent les biens dudit homme de cors, ou prennent l'oste et ses biens, et amonestez de rendre ou de retroire, ou de dire cause souffisant par quoi il ne soient pas tenuz, ne rendent ne ne retroient, ne au jour assigné en Chapitre il ne allégaient cause souffisant, ou se il l'alégaient et ne la poursuioient pas, ou il ne vellent respondre ou jurer, et il soient escomeniez pour ce, il ne seront pas absouls se il ne rendent quitement et délivrement et amendement, ou se il ne viennent au jour assigné, et se pour ce il estoient escommeniez, il ne seroient pas absouls sans faire satisfaction, si comme devant, se il ne pevent souffisamment escuser leur défaut, par leurs seremenz; et se il le pevent escuser, il ne seront escommeniez que pour contumace.

Item, il est acordé se les Justiciers du Conte emprisonnent homme de cors où que il soit demourant, ou hoste de Chapitre, ou autre justiciable de Chapitre sanz cause et sanz raison, il ne payeront point de geolaige ; et se le Geolier l'a pris de eus, il le rendra : Et se il emprisonnent aucun d'iceus dessus diz ou cas où il le peuvent prendre tenir, et justicier, ne que il ne soient tenuz de le rendre, il seront tenuz au geolaige : Et se il le prennent en cas où il puissent prendre et non mie cognoistre de la cause, et il esconveigne que il le rendent, il seront tenuz au geolaige de l'entrée et non mie de l'issue.

Item, il est acordé que se homme de cors de Chapitre, où que il soit couchant ne levant, est pris en la justice le Conte pour cas de crime qui emporte paine de sanc, et il est doute se il veult avoer à homme de cors de Chapitre, les Justiciers le Conte amonestez de le rendre seront tenuz de l'amener en Chapitre : Et se il s'avoue à homme de cors du Chapitre, il leur demourra, se les Justiciers le Conte ne proposent aucunes des causes exceptées, ésquiex la cognoissance et le jugement demeurent par devers le Conte, si comme il est dessus dit : Et se il la proposent, l'en yra avant, si comme il est contenu és articles dessoubz mis : et se il ne proposent aucunes des causes dessus dites, ains veulent suivre ledit homme comme homme de cors le Conte, ou proposer autre chose semblable, il poursuiront leur droict en Chapitre : Et se il se désavouoit de Chapitre, et se advouoit à homme de cors le Conte, la saisine en demourroit au Conte, jusques à tant que Chapitre l'eust prouvé à son homme de cors, là où il déniroit.

Item, il est acordé que se aucun homme de cors de Chapitre se tenoit pour franc bourgois le Conte, le Chapitre, avant que il li meuvent question de son estat, sera tenuz de enformer les justiciers le Conte par deus personnes dignes de foy, appellé à ce l'omme, de cui estat il veulent mouvoir question, lesquiex jureront et affirmeront que il croient que ledit homme soit homme de cors de Chapitre, pour ce que l'en tenoit ses parenz à hommes de corps de Chapitre, ou pour autres souffisanz conjectures ; et jurera le Procureur de Chapitre, que il cuide avoir bonne raison de mouvoir la question dessus dite, ne ne le faict par fraude, ne par malice, ṇe en dommage dou Conte, ne pour diffamer ledit homme. Et ceste informacion faite en la manière dessus dite, le Chapitre pourra movoir audit homme question de son estat, et sera la cause traitiée audit homme, et sauf ce que ladite informacion ne li face préjudice : Et sera faite ceste informacion à Sainct-Jehan-en-Vallée ou aus freres de Sainct-Jacques :

Et en faisant cet accord dessus dit, fist le Conte devant dit retenue du droit que il a et a acoustumé à avoir quant ses hommes sont joinz par mariaige aus hommes ou aus fames de cors de Chapitre, et le Chapitre fist retenue du droit que il a acoustumé à avoir quant à ce cas,

Item, il est déclaré que la Justice du cloistre de l'Eglise de Chartres et des maisons et des habitants oudict cloistre appartiennent du tout à l'Eglise, et sont frans et hors de toute la justice le Conte.

Item, il est acordé que le Chapitre aura vint et six maisons canoniaus, en la ville de Chartres, hors du cloistre, franches et délivres de toute justice du Conte; et au nombre de ses vint et sis maisons seront contenues les maisons canoniaus que les Chanoines ont à présent hors du cloistre, avecques toutes leurs adjonctions, lesquelles seront veues et bonnées : outre lesquelles ledit Chapitre pourra acquerre en la terre le Conte maisons souffisanz pour habitations des Chanoines, tant que le nombre dessus dit soit accompliz. Et les Chanoines qui demourront en ses maisons, y auront toute justice des privez et des estranges, ainsy comme il ont és maisons du cloistre ; mais se il advenoit que aucun maufeteur se serroit en aucunes de ces maisons à garantye, en préjudice dou Conte, le Maire de Chapitre ou son lieutenant, lequel y sera tenuz touzjours à avoir en la ville de Chartres, seroit tenu, à la requeste des genz le Conte, de le mettre hors et delivrer aus genz le Conte ; ne ne pouront les genz le Conte entrer ésdites maisons pour justicier en ce cas, ne en aultre. Et se il advenoit que bourgoys ou autre homme lay demourast en aulcune desdites maisons comme principal chief de hostel, la justice desdites maisons demourroit au Conte, ou au seigneur temporel à cui elle appartendroit, tant comme il y demourroit. Et par cest accort ne demoura pas que li chanoine qui tendront les maisons dessus dites ne soient tenuz à rendre les rentes que lesdites maisons doivent ainsy comme devant. Et jurront les Chanoines qui ores tiennent ou tendront les maisons dessus dites, que nul malfeteur ne recevront à garantie malicieusement, ne en fraude, ne en préjudice du Conte, et sera fait ce serement en Chapitre toutes les fois que Chanoine se muera, appelée à ce la justice le Conte se elle y vieust venir. Et se il avenoit que le devant dit Maire ou son lieutenant, ou le Chanoine demourant en aucunes desdites maisons, feissent aucune chose en fraude ou en préjudice du Conte, quant à destourner le malfeteur qui se furoit ès dites maisons à garantie, le Chapitre, à la requeste des genz le Conte, seroit tenu à faire hative raison du chanoine devant dit, ou du Maire, ou de son lieutenant, et à faire satisfacion secont raison. Et à ce fermement tenir se est obligiez le Chapitre.

Item, se il avenoit que Chanoine demourast en aucune autre maison hors du cloistre que des maisons dessus dites en la justice le Conte, tant comme le Chanoine la tendra pour son demourer, il aura toute la justice de sa mesnie et de ses hostes tant seulement.

Item, il est acordé que la coustume de Chapitre soit gardée, qui est telle, que se aucun justicier le Conte ou autre est semons ou amonestez devant un des Juges ordinaires de Chapitre en Chapitre, et le juge est absent, le Chapitre pourra mettre un Chanoine pour luy.

Item, il est acordé que le Chapitre et les personnes de l'Eglise, secont ce que à chascun appartient, auront en tous cas la justice des clercs de cœur et de leur mesnie, des Maregliers et de leur mesnie, des Sergens de l'Eglise et de leur mesnies, en quelque lieu que il demeurent en la justice du Conte de Chartres : et est assavoir que les advoez de l'Eglise ne sont pas contenuz au nombre des Sergens dessus diz.

Item, il est acordé que la composition faite sus les advoez entre le dean et le Chapitre d'une part et le Conte Jehan de Chartres et de Blois de autre, par le Roy Philippe sera gardée [1].

Item, il est acordé que le Chapitre puisse prendre les biens meubles de ses clercs justiciables en la terre le Conte, c'est assavoir les meubles clers, sanz faire violance, sauf ce que par tele prise il ne réclaiment pas ne contendent à avoir juridicion temporelle en ce lieu où il les prendront.

Item, il est acordé que les Huissiers, les Geoliers et le Maire et les

---

[1] Plusieurs mentions des Registres capitulaires font connaître que le Comte s'engagea, par un article secret de la transaction, à payer au Chapitre une somme de 160 livres, pour l'indemniser de la réduction du nombre des avoués, résultant de la convention de 1271.

autres genz de Chapitre qui seront députez à ce qui s'ensuit, jurront en Chapitre, à la requeste du Prévost, au Conte de Chartres, en la manière qui s'ensuit.

Je, tel, jure que je ne demanderay, ne demander feray aus Justiciers du Conte de Chartres, aucun pour homme de cors dudit Chapitre, pour aucune fausse ou fainte advoerie, fors que je croiré estre homme de cors de l'Eglise.

Item, je jure que l'omme de cors de Chapitre qui me sera rendu des Justiciers le Conte, tantost comme je pouray, en bonne manière mèneray jugement, et si comme il aura déservi loialement le jugeray, toute fraude, malice, dilacions faintes et coulourées du tout lessiées, fors que celles qui appartiennent de droict et de coustume : et que je ne délivreré ledit homme par don, ne par prière, ne par profict que je en aie, ne que je en atende à avoir, ne que je ne li donray, ne ne procureré à donner ne à souffrir audit homme, faculté ne matière de eschaper, ne ne ferai autre chose par quoy le Conte de Chartres puisse estre deffraudez, par aucune voie, de son droit ès biens dudit homme qui seront en la terre et en la justice dudit Conte, et que je garderay loialement et sanz rompre la composicion dessusdite.

Item, il est acordé que le Baillif et le Prévost et tuit li autre qui tendront justice et exécution de justice pour le Conte de Chartres, pour raison de ladite Contée de Chartres, qui sont et seront à ces offices establiz, tantost comme il seront requis, de par Chapitre, jurront en Chapitre que il ne prendront, ne prendre feront, ne ne soufferont à prendre les hommes de cors de Chapitre, et que il ne prendront, ne prendre feront, ne ne souffreront à prendre les biens desdiz hommes, ne les hostes de Chapitre, ne leurs biens, se il n'ont, ou se il ne croient en bonne foy avoir juste cause et loial de prendre et de tenir, c'est assavoir pour la taille le Conte ou pour son autre droict léalment et justement, sanz fraude et sanz malice garder, ou pour justice faire à autres gens és cas ésquiex il leur laira loialement et bien, si comme il est contenu en la composicion dessus dite, et que les hommes de cors de Chapitre pris en présent forfet ou autrement, exceptez les cas ésquiex il les peuvent tenir, secont l'ordinacion dessus dite et leurs biens et les hostes de Chapitre et leurs biens rendront au Chapitre devant dit ou à leur commandement, sans dilacion nulle et sans difficulté, tantost comme il en seront requis, se il n'ont juste cause et loial de les tenir, de laquelle l'en cognoistra si comme il est contenu en la composition dessus dite.

Item, il jureront que ès choses dessus dites, ne en aucunes d'icelles, ne adjouteront, ne adjouter feront, ne ne souffreront à adjouter, ne fere, ne en répont ne en appert, malice ne fraude principaument ne occasionnaumant, ne ne la troubleront, ne ne feront troubler par aucune machination, ne par engin, ne par cautelle, ains la garderont loialment et sanz rompre.

Item, il est acordé que le Conte qui ores est, et ses successeurs en la Contée, comme il seront requis de par Chapitre, seront tenuz à jurer en Chapitre, une fois en leur vie, par eus ou Procureur souffisamment à ce establiz, en leur ames, que ceste dite composition garderont et feront garder, sans rompre, tant comme à eux appartendra, et que par eus ne par autres ne feront empeschier ne ne empescheront ladite composition, ne ne troubleront ne en réponst ne en appert, ne ne feront ne ne soufferont à estre empeschée ne troublée de leurs genz, en quelque manière que ce soit, pour quoi il le saichent, Et autel serement fera le Procureur du Chapitre en l'ame de eus, et les Chanoines qui ores sont et cil qui sont à venir, en la première réception de chanoine, feront semblable serement, à ce appellé le Prévost de Chartres, se il est en estat, èt, se il n'est en estat, l'Argentier le Conte, ou le Chapellain de la chapelle de la Tour le Conte.

Laquelle pes et lequel acort, si comme il sont dessus devisez, nous voulons, accordons et octroions en bonne foy, pour nous et pour nos hoirs, et pour noz successeurs qui pour temps seront Contes de Chartres, et promettons en bonne foy que encontre ne vendrons, ne ne ferons venir par nous ne par autres, ainçois les garderons et tendrons perpétuelement, léalement et fermement, sans rompre, et ferons tenir et garder nous et noz hoirs en ladite Contée de touz et contre touz. Et quant à ce, nous obligons nous et noz hoirs et noz successeurs au dean et Chapitre et à l'Eglise de Chartres dessus diz. En tesmoing de laquelle chose, Nous avons scellées ces présentes lettres nos sceaulx.

Donné à Pontoise, l'an de grace mil trois cens et sis, le jour de lundi après la feste de sainct Mathieu l'apostre.

Et ceste composition nous faisons en nom dessus dit et en nom de noz enfanz, enfanz de ladite Marguerite nostre première compaigne, pour tant comme il leur peut appartenir pour raison de leur mère et de eus en la Contée de Chartres dessus dite. Donné en l'an et ou jour dessus dit.

Nos vero, ad requisitionem partium predictarum, premissa omnia et singula, prout superius sunt expressa, laudamus, approbamus, et, ex certa scientia, authoritate regia, confirmanus. Verum, quia, vivente Margareta, quondam consorte predicti Karoli germani nostri, predicta compositio extitit consummata, que, certis ex causis, post mortem ipsius Margarete, fuit renovata, liberis ex dicto Karolo et dicta Margareta natis, adhuc in minori etate constitutis, Nos, defectum etatis dictorum liberorum supplentes, ipsos, quantum ad omnia premissa et singula pro majoribus in etate completa constitutis et consentientibus, haberi volumus, ac omnia et singula in presenti compositione contenta, ejusdem esse roboris ac etiam firmitatis, cujus essent si predicti liberi per cursum temporis et nature ad etatem legitimam pervenissent, et expresse in premissis omnibus et singulis specialiter consensissent, quacumque consuetudine contraria nonobstante; salvo in aliis jure nostro ac quolibet alieno. Quod ut ratum et stabile in posterum perseveret, presentes litteras sigilli nostri munimine fecimus roborari. Datum Parisius, anno Domini millesimo trecentesimo sexto, mense marcii. »

(*Vid. orig. en parch.*, du XVIIe siècle; Arch. d'Eure-et-Loir, fonds du Chap., C. X, F, 4. — E. de Lépinois, *Histoire de Chartres*, t. I, p. 529.)

CCCLXXXIX.

(1312, 9 avril.)

« Challes, fils de roi de France, conte de Valays, d'Alençon, de Chartres. . . . . *Il amortit une rente de cent sous et d'un muid de blé sur la grange des religieux de Coulombs à Sours, leguée au Chapitre par Pierre de Rochefort, chanoine de Chartres, archidiacre de Langres et seigneur du Puiset* . . . . . Donné à Chartres le noviesme jour d'avril l'an de grâce mil trois cens et douze. »

(Bibl. Imp.; *Livre des Priv. de l'égl. de Ch.*, cart. 28, p. 201.)

CCCXC.

Littera Philippi, regis Francorum, de gruagio nemorum apud Unum-Gradum.
(1319, mars.)

» Philippus, Dei gracia, Francorum et Navarre rex, universis presentes litteras inspecturis salutem. Noveritis nos litteras infrascriptas, sub sigillo nostro, in cera viridi sigillatas, vidisse, formam que sequitur continentes :

Philippus, Dei gracia, Francorum et Navarre rex, notum facimus universis tam presentibus quam futuris quod, cum dudum inter decanum et Capitulum ecclesie Carnotensis, ex una parte, et gentes predecessorum nostrorum regum Francie, nomine regio, ex altera, certum fuisset debatum, super eo quod gentes ipse, nomine regio, dicebant quod in nemoribus eorumdem decani et Capituli, sitis prope Unum-Gradum, in ballivia Aurelianensi, gruagium et, racione dicti gruagii, dangerium habebant, dictis decano et Capitulo contrario dicentibus, et asserentibus quod in predictis nemoribus suis nichil juris, proprietatis, vel dominii, seu dangerii, racione gruagii, aut alia racione quacumque, habebant, vel habere debebant aliqualiter in eisdem, quod ex donacione et concessione inclite recordationis Hugonis, quondam Francie ducis et marchionis[1], qui dicta nemora, cum quibusdam possessionibus aliis prefate Carnotensis ecclesie in puram et perpetuam contulit elemosinam, eadem nemora, a tempore concessionis predicte, ipsi et eorum predecessores sine aliquo dangerio, aut gruagio, aut dominio, vel redibencia quacumque, usque ad tempus orti debati pacifice tenuerant et quiete ; Nobisque debato hujusmodi seu causa propter hoc mota ad nos, tamque ad regem Francie devoluta, predicti decanus et Capitulum supplicarunt humiliter ut eosdem de dictis nemoribus gaudere libere et pacifice et absque gruagio, vel dangerio, et redibencia ac dominio quibuscumque, reclamandis a nobis in eisdem, sicut ante dictum ortum debatum antecessores ipsorum decani et Capituli, nomine dicte Carnotensis ecclesie, fecerant, permitteremus, impedimentumque per gentes predecessorum nostrorum in eisdem apportatum nemoribus totaliter amo-

[1] Voir vol. Ier, p. 74.

vere vellemus. Nos igitur per genitorum nostrorum qui, ob eximie devociocionis habundanciam quam ad sacrosanctas Dei ecclesias et ministros earum jugiter habuisse noscuntur, dona pergrandia et largas elemosinas ecclesiis ipsis tam liberaliter tamque magnifice sunt largiti, exemplis edocti, predictis decano et Capitulo ac eorumdem predicte ecclesie Carnotensi, que honore gloriosissime virginis Marie, domini nostri Ihesu Christi matris, est fundata, quicquid juris, proprietatis, dominii, gruagii, vel dangerii, aut alia racione quacumque, predecessores nostri, tempore orti debati, habebant vel habere poterant et debebant, et quod nos habemus et habere possumus, in nemoribus supradictis, de jure, aut de consuetudine, vel de facto, seu alias quoquo modo, ob nostre et pro genitorum nostrorum animarum remedium et salutem, una cum alta et bassa justicia, donamus, remittimus et in perpetuum quitamus, nichil in eisdem nemoribus, in toto vel in parte eorumdem, pro nobis, heredibus aut successoribus nostris, aliqualiter retinentes, impedimentum predictum totaliter amovendo. Quod ut firmum et stabile permaneat in futurum, presentibus litteris fecimus apponi sigillum. Actum Parisius, anno Domini M°CCC° decimo octavo, mense marcii.

In cujus visionis testimonium, sigillum nostrum litteris presentibus duximus apponendum. Datum Parisius, die prima aprilis, anno Domini M°CCC°XVIIJ°. »

(Bibl. Imp.; *Livre des Priv. de l'égl. de Ch.*, cart. 28, p. 200.)

CCCXCI.

« Inventaire des biens, reliques et chappelle d'ung certain évesque de céans (Robert de Joigny), estant pour lors de son décès au revestiaire. »

(1327, décembre.)

« Anno Domini M°CCC° vicesimo septimo, die sabbati ante Nativitatem Domini, presentibus domina comitissa de Aloconne [1], domino Guillelmo de Leovilla, baillivo Andegavensi, et venerabilibus viris domino R[adulpho], subdecano ; G[aufrido], archidiacono Vindocinensi ; G[uillelmo]

---

[1] Mahaut, fille de Gui de Châtillon, comte de Saint-Paul, troisième femme de Charles de Valois, morte en 1358.

Trunci; R[adulphus] de Brocia, archidiacono Vindocinensi; A[rnaldo] de Cava; E[gidio] de Cheseyo; G[uillelmo] Rogeri; Karolo Marguarite, et pluribus aliis, inventarium factum fuit de bonis defuncti domini R[oberti], quondam episcopi Carnotensis, in revestuario ecclesie Carnotensis, hora misse beate Marie Carnotensis.

*Primo casulla, tunica et dalmatica, alba, amictum, cappa, colereta, *poignez*, stolla et manipullum, deaurata, forrata de cendello viridi.

Item casulla facta ad acutam, colereta et manipulum, stolla, de eadem armatura.

Item una magna cappa deaurata ad ymagines, forrata de *saing*, inde *brodée*.

Item casula, tunica et cetera, rubei, sine cappa.

Item casula, tunica et dalmatica, *jaunes*, de cendallo forrata, rubei coloris.

Item casula, tunica, dalmatica, alba, collereta, *poignez*, stolla et manipullum et cappa, dealbata, forrata de cendallo rubeo.

Item due cappe albe.

Item tunica et dalmatica, de tartaro, inde forrata de cendallo rubeo.

Item tunica, dalmatica dealbata, forrata de cendallo nigro.

Item due cappe operate ad moletas rubeas.

Item una casulla alba, et una alba et amictus pares.

Item II lintheamina circa altare, deaurata et *diaprez*.

Item I lintheamen circa altare et capetellum, dealbata, bordata de *échequetez*.

Item unum lintheamem circa altare et capitellum, ad ymaginem de beata Maria.

Item II lintheamina circa altare et unum capitellum, ad arbores et aves.

Item una magna manutergia circa altare, de serico, ad unum magnum *orfrays*.

Item una parva, ad unum parvum *orfroys*.

Item VI *touailles* de altari.

Item *unes paires de chauces* et de sotularibus, *vermaux, à fleur-de-lis d'or*.

Item *une autres paire diaprez*.

Item principium de quadam almucia de Lingonis.

Item una manutergia ad aves.
Item alba, rochetum et zona.
Item vii manutergie ad manus.
Item ii *touailles sarazinaizes*.
Item ii calices.
Item una alba, amictum, *diaprez*.
Item iii *seurpeliz* et unum rochetum *déliez*.
Item una coopertura Jude pro uno vessello de argento.
Item unum parvum librum pro *revetir* episcopum.
Item una casulla alba, forrata de tela Jude.
Item unum parvum *corporaillier*, in quo sunt plura corporalia.
Item vi *paires* de cirotecis, de quibus sunt *uns amalliez*.
Item unum altare benedictum, et una manutergia et unum *peingne* ad peingnendum episcopum.
Item una coopertura ad cruces.
Item unum rochetum pro capellanis, et iiii *seurpeliz* pro capellanis.
Item una careta argentea pro *le bame*, et una manutergia, de serico, operta de auro.
Item una parva crocea, *le crocon* de argento et baculi de *brésil*.
Item unum gradalle, et unum auriculare *losengié* de Francia et Anglia, *à boutonz* de argento circa auriculare.
Item ii pulvinaria *de saing diaprez*, et unum *émoucheau* de serico.
Item ii candellabra de cupreo, et ii corporalia *broudez*, et plura corporalia intus.
Itèm una pax de argento *amaillié*.
Item ii *paremenz* de albis, deaurata nova.
Item una coopertura pro letrino, et unum scuvetum de argento, plenum sanctuariis.
Item unum *fermail* pro una cappa, de argento deaurato, ad petras et *perlles*.
Item ii *camahuz pontificaus* et i *autre camahu blanc, en l'empreinte d'un cheval*.
Item iii *éméraudes*, et ii *saphis*, et i *rubi, une estoupade, lesquielx* sunt *en agniaus d'or*.
Item una crux de argento, deaurata, cum pede.

Item una mitra alba ad ymagines, operata ad *perlles*.

Item unum pannum *diapré et la bordeure losangiées*.

Item unum parvum pannum de altare *armayé*.

Item ii *buretes* de argento, pro capella.

Item unum magnum vessellum de argento *amaillié* et deaurato, plenum de reliquiis.

Item unum parvum vecellum de argento in uno scrinio, pleno de reliquiis.

Item unum parvum vecellum de argento, in quo sunt de capillis beate Marie.

Item una naviculla de argento, et i *encensier* de argento.

Item ymago beate Marie de argento deaurato.

Item i magnum vessellum de argento deaurato, *à* ii *angelotz et* iiii *clès*, in quo sunt *saintures*.

Item una campana ad corpus Domini.

Item due palme de ultra marina.

Item unum ciphum murrenum, ad pedes de argento.

Item una paria de scutellis.

Item ii manutergia de serico, pro cooperando sanctuaria.

Item ii zone de serico, et una penna de serico, in qua est reliquia [1]. »

(*Orig. en parch. scellé;* Arch. d'Eure-et-Loir, fonds du Chap., C. XI, 25.)

---

[1] Il est curieux de rapprocher de cet Inventaire, celui fait au moment de la prise de possession de Jean de Frétigny, le 10 mars 1422 :

« Une mittre semée de menues perles de semence, garnie et bordée d'argent doré, et quatre grans fermaulx devant et derrière, et six aultres petits de chascun costé, garniz ladicte bordeure et fermaulx de plusieurs saphirs, émeraudes, grenaz et perles; et sont les pendans de derrière garniz de menues perles et de quatre esmaulz de plitre, dont les deux d'em bas sont plus grans que ceulx d'en hault, bordés aux bous d'em bas de petites esmeraudes, grenaz et perles, doublée par dessus de vermoil veluau, semée de estoiles de broderie d'or.

Item deux grans pontificaulx bordés de broderie d'or à *Agnus Dei*, sur chacun desquieulx a ung fermail d'argent doré, garni au millieu d'un petit émail de plitre, quatre grenaz environ, et quatre crochets chacun de quatre petites perles.

Item ung anel pontifical d'argent doré, garni au millieu d'un doublet en façon de balay, quatre petiz verres bleus et menuz grenaz et perles environ.

Item une croce d'argent doré en quatre pièces, et y a ou millieu du croceron ung Couronnement de Nostre-Dame et ung évêque à genoulz devant, esmaillée en plusieurs lieux.

Item une mittre de satin blanc, broudée à ymages de broudeure d'or, eslevés à demy, c'est assavoir ung Couronnement Nostre-Dàme par devant et une Annunciation Nostre-Dame par derrière, à ymages d'Apostres environ en la bordeure d'em bas, semée et guer-

CCCXCII.

Compositio facta de hominibus ecclesie inter dominum comitem Blesensem et decanum et Capitulum Carnotense.

(1330, 5 juillet.)

« Nous Guy de Chasteillon, cuens de Bloys, sires d'Avesnes et de Guyse, et nous doyan et Chapistre de l'église de Chartres, fesons savoir à tous que, comme débat ou descort feust ou peust estre entre nous conte de Bloys, d'une part, et nous deen et Chapistre devant diz, d'autre, sus ce que nous conte de Bloys disons et maintenons nous et nos devants contes de Bloys avoir esté et estre en possession et en seisine d'avoir la

nie en plusieurs lieux de menues perles, à deux fretelles par en hault et deux verres bleus.

Item troiz mittres blanches, l'une de bogran, l'autre de fustaine et l'autre de satin blanc.
Item deux gans bordés d'orfrais d'or trait.
Item une père de sandalles, c'est assavoir chausses et soulers de drap de soye blanc, doublées de sandal vermoil.
Item une tunique et damatique de taffetas blanc, garniz de rubens d'or.
Item tunique et damatique de deux taffetas, l'un vermoil et l'autre sur le brun, garniz de rubens d'or d'un costé et d'aultre.
Item deux sandales de chausses et soulers de drap de soye vermoil, semez de soulaux et de trèfles de broudeure de soye vert.
Item ung pontifical commencent ou premier foillet en la Ve ligne *Jacentem mundum*.
Item ung petit livre couvert de rouge pour faire le saint Cresme, commencent en la VIIe ligne *Omnia que necessaria sunt*.
Item quatre quayers pour faire le cresme.
Item une mittre de drap de damas blanc, broudée de petiz orffrais d'or trait.
Item sandalles de chausses et soulers de velloux vermoil, broudée à tiges, où il a plusieurs fleurs blanches et asurées, et sont les soulers garniz de fermouers d'argent doré.
Item ung repositoire d'argent, en trois pièces rondes entretenans, avecques le fourreau ou estui de cuir garni d'argent pour mettre le saint cresme et aultres sainctes unctions.
Item une père de gans bordés de perles, à deux fermaulx de perles, aux armes de feu Pierre d'Orgemont.
Item un drap d'or vermeil pour parer une chaire de prélat, bordé tout autour de velours blanc et frange.
Item deux sandales vermoilles de chausses et soulers, broudées de vignettes et de violetes.
Item ung livre où sont au commencement les bénédictions pontificales de toute l'année, ouquel est le canon, plusieurs préfaces, la réconciliation des pénitenciers, la messe du Jeudi-absolu et l'office du cresme et du Vendredi-saint, et plusieurs aultres choses ensemble; commencent ledit livre en la Ve ligne du second foillet *Dignetur civis regni*.
Item ung petit livret rouge pour les pénitentiers le mercredi de la Cendre et le Jeudi-absolu. » (*Orig. en parch*; fonds du Chap.; C. XI, 33.)

court, la cognoissance et la joustice en tous cas des hommes desdiz doyen, et Chapistre estaigiers en nostre contée, et laditte justice à nous appartenir de droit commun ; lesdiz doyen et Chapistre disanz au contraire : à la parfin, pour bien de pez, nous parties dessus dittes, sceue et enquise la verité sus les débaz et descors dessus diz, eue plaine délibéracion sus ce, avons fez les acorz et convenances qui ensigvent, c'est assavoir : que nous deen et Chapistre dessus diz voulons et accordons que Monseigneur le conte de Bloys devant dit, ses heirs, et ses successeurs, et ceuls qui de luy auront cause, aient héritablement à touzjours, come leur bon droit et leur chose, la court, la connoissance et la justice des hommes estagiers en la terre doudit conte, en toutes causes civiles et pécunières, tant en actions personelles come réelles, et toutes les choses qui en poient dépendre par usaige et coustume de pais ; aussi de nos diz hommes qui ne seront estagiers en la terre doudit conte, qui se sousmettront à la juridicion doudit conte et de ses successeurs ès causes civiles et peccunières dessus dittes. Et nous, conte de Bloys dessus dit voulons et acordons que lesdiz doyen et Chapistre aient héritablement à touzjours la juridicion et exécucion en touz cas criminels de leurs hommes dessus diz, soient estagiers en nostre dite terre ou non estagiers, laquelle juridicion et exécution lesdiz doyen et Chapistre exerciteront, feront et acompliront en leur terre et non en la nostre. Et nous doyen et Chapistre dessus diz volons et accordons que la prise de nos diz hommes en tous cas criminels, en présent meffet ou non, appartendra audit conte en sa terre, sauve que à nous doyen et Chapistre sera faite la délivrance de nos diz hommes pris pour le cas dessus dit par ledit conte de Bloys ou par ses genz pour en avoir la cognoissance, la pugnicion et l'exécution si comme dessus est dit ; et de nos diz hommes meffeteurs leurs biens meubles et héritaiges estans en la terre doudit conte de Bloys demourront et appartendront audit conte en cas de fourfaiture. Prometans nous parties dessus dites, en bonne foy, sus l'obligacion de nous et de nos biens, tenir et garder toutes les chouses dessus dictes et chascunes d'icelles sanz venir encontre. En tesmoing de laquelle chose, nous conte de Bloys, nous doyen et Chapistre dessus diz avons fet sceller ces présentes lettres de nos seaus, données l'an de grace mil trois cenz et trante, le jeudi après la saint Martin d'esté. »

(Bibl. Imp.; *Livre des Priv. de l'égl. de Ch.*, cart. 28, p. 232.)

CCCXCIII.

« Quedam consuetudines Ecclesie Carnotensis. »
(v. 1330.)

« *Primo quantum ad Episcopum:*

Episcopus non potest excomunicare canonicos clericos chori, familiares eorum seu commensales canonicorum, advocatos nec eorum familiam, nec homines ecclesie nec morantes in Claustro.

Item vero de decano et subdecano; item archidiaconis.

Item Episcopus confert dignitates et prebendas ecclesie, decanatu excepto, et debet prebendas conferre presens in capitulo [1] et presertim, nisi sit extra diocesim pro negotiis ecclesie aut infirmitate sui corporis impeditus; tenetur tamen Episcopus canonizandum die precedenti presentare seu nominare quatuor personis et in villa pernoctare; et si propter infirmitatem vel aliam causam legitimam non venerit, committat aliquibus canonicis et non aliis nisi canonicis qui canonizandum presentent quatuor personis die precedenti in domibus suis vel in Ecclesia. Capitulum vero potest dispensare super hoc et gratiam facere ubi et quando voluerit.

Item de collatione dignitatum facienda in capitulo per Episcopum semper fuit observata ista consuetudo usque ad tempora domini R[oberti] de Joigniaco [2].

Item Episcopus potest habere sex canonicos qui suis insistendo obsequiis possunt lucrari fructus . . . .

Memoria de obtinentibus dignitates.

Item Episcopus potest dispensare de duobus mensibus.

Item Episcopus non potest nec debet dare prebendas in ecclesia donec numerus xiii^{cim} canonicorum sacerdotum compleatur..... et abbate Sancti-Johannis minime computatis.

---

[1] Voir vol. Ier, p. 63, note 2.
[2] *Ibid.*, p. 26, note 2.

Item Episcopus non potest nec debet denegare licentiam de non residendo in ecclesia alicui beneficiato in sua diocesi residenti obsequiis Capituli vel singulorum canonicorum ; et idem est de canonico in prebenda alterius canonici de familiari suo obtinenti beneficium.

Memoria de pluribus aliis consuetudinibus tangentibus Episcopum, scriptis et allegatis in curia Romana, ratione litis inter dominum R[obertum] Episcopum et decanum et Capitulum.

Item decanus et subdecanus non possunt aliquid saisire seu justiciare in domibus advoatorum, vel in ipsos advoatos aliquam jurisdictionem exercere [1].

Item canonicus, facta prima residentia, potest lucrari fructus suos, morando in curia Romana, in peregrinatione vel in scolis, et etiam in villa ubi sunt Predicatores vel aliter Minores et alii Mandicantes studium tenentes, licet non sit civitas vel studium generale.

Item nullus canonicus potest facere stagium suum ubi benefitiatus existit licet sit studium generale, et etiam supposito quod ad ecclesiam illa.....

Item canonicus, facta prima residentia, si post aliqua tempora fuèrit foraneus, oportet quod iterato redeat ad Ecclesiam facturus residentiam personalem antequam grossos fructus recipiat.

Item canonicus, facta prima residentia, licet non percipiat grossos fructus, capit in emolumento jurisdictionis et in foranitatibus et inter canonicos distributiones, et etiam habet vocem in collatione Ecclesiarum.

Item canonicus reputatur foraneus qui procuratorem in Capitulo non habet.

Item nullus canonicus percipit Lampredam [2] nisi sit presens in capitulo Purificationis et suum primum perfecerit stagium.

Item nullus canonicus tenet juridictionem nisi sit presens.

Item foranei et existentes extra regnum, licet percipiant grossos fructus, non percipiunt in jurisdictione, nec habent vocem in collatione beneficiorum.

Item pertinet ad Capitulum omnimoda jurisdictio advoatorum, clericorum chori et familiarium eorum et commorantium in Claustro.

[1] Voir vol. I, p. 189, note 1.
[2] *Ibid.*, p. 258, note 3.

Item quilibet canonicus habet jurisdictionem familie sue, cujuscumque status sit, et commensalium suorum sine fraude.

Item capicerius habet jurisdictionem omnimodam matriculariorum tam clericorum quam laicorum, excepto quod si delinquant in ecclesia ratione officii sui Capitulum punit eos.

Item capicerius habet jurisdictionem seu custodiam Ecclesie.

Item decanus jurisdictionem et custodiam Claustri a pulsatione prime misse usque post pulsationem ignitegii; Capitulum vero ab illa hora usque ad aliam.

Item capicerius presentat subdecano ad omnia altaria ecclesie, exceptis altaribus Sancte Anne, Sanctorum Egidii et Luppi ante tabulam, Sancti Juliani et Sancti Gatiani, quorum collatio ad Capitulum pertinet, et excepto altari Sancti Johannis ante fontes, cujus collatio pertinet ad decanum [1].

Memoria de questione seu discordia inter Capitulum et capicerium super collatione altarium scilicet Virginum et Angelorum.

Item subdecanus confert altaria ad presentationem capicerii, et tanquam archidiaconus dispensat de non residendo ubi et quando expedit faciendum, exceptis altaribus Capitulo pertinentibus.

Item capicerius confert sex clericis deservientibus ad altare matricularias, et tenentur illi ad dyaconatus ordinem promoveri.

Item confert quatuor matricularias pro duobus laicis in revestuario, et pro duobus aliis qui servare tenentur et ecclesiam custodire, excomunitos foras ejicere et malefactores capere et truannos expellere sicut decet.

Item notandum est quod ad Capitulum pertinet dispensare de non residendo matriculariis clericis, et non capicerio.

Item ad universitatem Capituli solummodo pertinet extra ecclesiam collationes duarum capellaniarum Sancti Nicolai et Sancti Saturnini, verum prebendarii presentant in capitulo ad ecclesias vacantes in prebendis suis, et Capitulum confert per inclinationem ante et retro, ut est hactenus....

Item, sede vacante Episcopatus dignitatis, dignitates et prebende vacantes debent conferri alternatim, una per Regem, et alia debet futuro

---

[1] Voir n° XCVII, vol. Ier, p. 205.

Episcopo reservari : istud vero fuit declaratum, de dignitatibus per regem Ludovicum in persona Radulphi de Medonta, capicerii, et de prebendis per regem Philippum in persona Ludovici de Meleduno.

Item de consuetudine Ecclesie debet dari copia processuum et expensarum illius qui..... prebendam vel dignitatem in Ecclesia Carnotensi.

Item nullus adversarius ecclesie debet recipi in canonicum hujus ecclesie et in fratrem . . . . ,

Item consuetudo est quod homines ecclesie non possunt excommunicari per officiales archidiaconorum, sed quilibet debet remitti in capitulo coram archidiacono in sua jurisdictione morantium vel coram ejus vicario vel coram alio a capitulo deputato, verumptamen emolumentum tam sigilli quam emendarum ad archidiaconum pertinebit.

Item si aliquis sive laicus sive clericus citetur coram aliqua archidiacono in capitulo de consuetudine... potest delegare unum canonicum loco illius si sit absens archidiaconus qui causam decidet in capitulo. Ista vero consuetudo per Capitulum . . . . ,

Item de consuetudine canonicus substitui ab alio potest. » ·

(*Orig. en parch.;* Arch. d'Eure-et-Loir, fonds du Chap., C. III, C, 1.)

CCCXCIV.

« Littera empcionis terre de Drocis, facte per Capitulum a domino Henrico, comite Vaudemontis, et a domina Maria de *Lusambourc*, ejus uxore, precio V^m et C florenorum, que terra movet de hereditate dicte domine et valet circa III^c libras parisienses redditus, admortizati per Regem, et pertinet ad anniversarium Cardinalis de Mota et quedam alia. De qua empcione fuit facta littera dupplicata, sub sigillo Castelleti Parisiensis. »

(1362, 4 mars.)

« A tous ceuls qui ces lettres verront, Jehan Bernier, chevalier le Roy nostre sire et garde de la Prévosté de Paris, salut : Savoir faisons que, en la présence de Pierre le Bègue et de Jehan le Bègue, clers, notaires jurez du Roy nostre sire, establis de par ycelluy seigneur ou Chastellet de Paris, furent personnelment establis hault, noble et puissant homme Monseigneur Henry, conte de Vaudemont, seigneur de Joinville et de Houdam, noble homme Monseigneur Jehan de Joinville, chevalier, seigneur de Doulevans, et messire Rogier de Loncjumel, prestre, procureurs lesdiz messire Jehan et messire Rogier de haulte, noble et puissante dame Madame Marie de Lucembourc, conteesse de Vaudemont, dame de Joinville et de Houdam, femme dudit Monsieur le conte, establis lesdiz procureurs par lectres de procuration seellées, si comme il apparoit, des seaulx desdis conte et conteesse, approuvées souz le seel de la prévosté d'Andelo [1], affermèrent en bonne vérité lesdis conte et procureurs de ladicte conteesse, par devant lesdits notaires jurez, comme en nostre présence, que yceuls conte et conteesse avoient, tenoient et possédoient, paisiblement et sans aucun empeschement, du propre héritaige de ladicte conteesse, les héritaiges, possessions, rentes et revenues cy-dessouz déclairiez, estans et assis en la ville de Dreux, ou terrouer, finage et parties d'environ : c'est assavoir en ladicte ville de Dreux une Boucherie; et est assavoir que nul ne peut vendre chair en ladicte ville et banlieue de Dreux, si ce n'est en ladicte boucherie, qui ne soit acquise ausdis conte et conteesse [2]. Item les menues coustumes tant de buefs, pors, moutons, veaulx, lars, suif, chandelle de suif; et est assavoir que se aucun chandelier va criant, vendant chandelle de suif parmi la ville, et les gens desdits conte et conteesse le treuvent vendant, s'il n'a congié ou est assensé accoustumé, il pert toute la chandelle qu'il porte et est acquise ausdis conte et conteesse. Item

[1] Par ces lettres de procuration, datées de Joinville-sur-Marne le 18 janvier 1361/2, Henri, comte de Vaudemont, et Marie de Luxembourg, sa femme, *estant tenuz et obligiez en certaines et grosses sommes de deniers envers plusieurs personnes, desquelles sommes paier ad présent ne sont pas bien aisiez ne pourveuz pour cause de la prinse de la ville et forteresse de Joinville qu'il a convenu raençonner après ce que les ennemis du roiaume de France eurent ladicte ville et forteresse pillée et robée et tout le pays d'environ*, donnent pouvoir spécial à Jean de Joinville, seigneur de Doulevans, leur cousin, et à Roger de Lonjumeau, leur chapelain, *de engaigier jusques à certain temps le chastel et chastellenie de Houdam, mouvant en fié du conte de Montfort, et aussi tout ce qu'ils peuvent avoir à Dreux et ou finage, tenu en flé du Roy nostre sire à cause de son chastel et chastellenie de Gisors, avecques toutes les terres, prez, bois, forez, cens, rentes, justice, seigneurie, nobleesse, fiez, arrière-fiez, et généralment tout ce qu'ils ont et peuvent avoir ésdiz lieux et és appartenances d'iceulx*.

[2] Le Chapitre obtint de nombreux arrêts confirmatifs de ce droit. Nous citerons, entre autres, des lettres royaux du 3 mai 1473, adressantes au bailli de Chartres, pour informer contre Robin Foubert qui avait été saisi vendant chair dans la ville de Dreux hors la Boucherie par les officiers de la justice de ladite Boucherie, — et une sentence des Requêtes du palais du 19 décembre 1549 contre un nommé Jean Charon et autres, demeurants à Dreux, par laquelle la chair qu'ils ont vendue, depuis trois ans depuis que le procès a commencé, dans la ville et banlieue de Dreux hors de la Boucherie, est acquise et confisquée au profit du Chapitre, ou sa juste valeur, avec défense de récidiver sur pareille peine et amende arbitraire.

chascun an, au jour de la Chandeleur, sur la prévosté de Dreux, vint et deux livres quatorze souls. Item hors des murs de ladicte ville trois places où il avoit moulins foulerez où les ouvriers du mestier et autres estoient banniers. Item en ladicte ville une autre maison appelée la maison de Flandre. Item ou vignon de Dreux, c'est assavoir à la Faloise, à Saint-Liénard, au chemin Chartrain et à Verneuiel trois arpents et un quartier de vigne. Item en ladicte ville environ douze souls de menus cens portans los et ventes. Item entre Cherizi et Dreux vint et deux arpents de prez ou environ. Item au bois du Garson et de Corvées environ trois cens arpens de bois. Item en tous yceuls boys et en plusieurs autres lieux environ, et mesmement en quarante deux arpens de boys du Chappitre de Dreux, la garenne de toutes bestes à pié pelu et à pié fourchié. Item en ladicte ville ban deux mois l'an, c'est assavoir le ban du mois de Noël et le ban du mois de Pasques, de tous les vins vendus en taverne en ladicte ville et banlieue [1], et doit le doublier quatre souls parisis et le quaïer huit souls parisis : sur lequel ban le seigneur de Moronval et la dame de Lainville prennent chascun an quarante quatre livres de rente, se tant est vendu, et se plus estoit vendu il est ausdis conte et conteesse, et en sont leurs hommes de foy et doivent chascun an uns esperons dorez le jeudi benoit, et se ledit ban n'estoit vendu quarante quatre livres, il ne peuvent demander que au pris de ce qu'il sera vendu ou que il vaudra. Et toute la justice et seignourie haulte, moyenne et basse que lesdis conte et conteesse ont en toute la terre dessus dicte [2] et ésdis quarante et deux arpens de bois du

---

[1] Parmi les nombreux arrêts dont les copies existent aux Archives d'Eure-et-Loir et qui confirmèrent ce droit de ban au Chapitre, nous citerons seulement une Sentence du bailli de Chartres, du 6 juillet 1480, contre les Maire, pairs et commune de Dreux, condamnés à payer au Chapitre 3 sols tournois par queue de vin vendue en détail en la ville et banlieue, pour droit de ban qu'ils reconnaissent appartenir audit Chapitre de Chartres. (*Orig. en parch.*; Arch. d'Eure-et-Loir, C. XXXII, A, 15.)

[2] Il existe de nombreux actes qui prouvent la haute-justice du Chapitre en la Boucherie de Dreux. Nous citerons les suivants :

Lettres du roi Charles V du 15 décembre 1378, en forme de maintenue, obtenues par le Chapitre contre le bailli de Dreux, qui avait fait emprisonner un sergent dudit Chapitre faisant cri public en sa Boucherie de Dreux, auquel bailli il est enjoint de faire jouir ledit Chapitre du droit de faire cri public en sadite Boucherie, où, comme seigneur en partie de la ville de Dreux, il a toute justice haute, moyenne et basse.

Lettres-royaux du 23 juillet 1517, obtenues par le Chapitre contre Guillaume Delamare, sergent ordinaire du bailliage de Dreux, qui avait enfoncé les portes de la prison et lieu

Chappitre de Dreux. Toutes lesquelles choses furent mouvans et tenues du Roy notre sire, en fié, à une seule foy et un seul hommage, à cause du chastel et chastellenie de Gisors ; et estoient de nouvel amorties du Roy nostre sire, par ses lettres scellées de cire vert, si comme lesdits conte et procureurs de ladicte conteesse disoient apparoir par lesdictes lettres du Roy nostre sire dudit amortissement. Affermèrent encores, en bonne vérité, et recognurent les dessus nommez conte et procureurs de ladicte conteesse, de leurs bonnes volontez, sans aucune contrainte, que pour le prouffit d'iceuls conte et conteesse faire et leur grand dommage eschever, mesmement pour eux acquittier de plusieurs sommes de deniers qu'ils povoient devoir, avoient vendu, conjoinctement ensemble et chascun pour le tout és noms dessus dis, quittié, cessé, transporté et délessé, et encores, par devant lesdis notaires jurez comme par devant nous, vendirent, octroièrent, quictèrent, cessèrent, transportèrent et délessèrent, en nom de pure et perpétuel vente à tousjours, sans espérance de jamais rapeler et aler encontre, tous les héritages, cens, rentes, prez, boys, vignes, maisons, ban, justice, seigneurie, arrière-fié, avec les senefais desdis boys et autres prouffits, yssues, émolumens et revenues quelconques, appartenans ausdis conte et conteesse, pour raison et à cause des héritages, possessions, rentes et revenues et les appartenances, ainsi amorties comme dict est, à honorables et discrètes personnes les Doyen et Chappitre de l'église Notre-Dame de Chartres, pour euls et leurs successeurs, avecques tous les droits de saisine, propriété, possession et seigneurie, foy, hommages et toutes actions réelles, personnelles, mixtes, directes, teues, expresses et toutes autres que yceuls conte et conteesse avoient et peussent avoir, demander et réclamer, comment que ce fust, ésdis héritaiges, possessions, revenues et autres choses vendues, comme dit est, et envers quelconques personnes et

seigneurial de la Boucherie de Dreux et avait mis dehors Jean Barbereau qui y était détenu prisonnier.

Ordonnance de police du bailli de la Boucherie de Dreux, du 18 janvier 1681, par laquelle, pour empêcher les rôdeurs de nuit et vagabonds qui se retirent dans ladite Boucherie et y attaquent les passants, il est statué que les portes en seront fermées depuis la Saint-Remy jusqu'à Pâques à six heures du soir et ouvertes à six heures du matin, et depuis Pâques jusqu'à la Saint-Rémy fermées à neuf heures du soir et ouvertes à cinq heures du matin.

Plantation d'un poteau de justice, aux armes du Chapitre, devant la grande porte de la Boucherie de Dreux, le 21 mai 1728. (Arch. d'Eure-et-Loir; C. XXXII, A, 11, 18, 23 et 35.)

biens, pour cause de ce, sans aucune chose retenir ne excepter en. Ceste vente faite parmi le pris et somme de cinq mil et cent florins d'or de Florence, de bon or et de bon pois, que lesdis Monseigneur le conte et procureurs de ladicte conteesse en avoient eu et receu desdiz Doyen et Chappitre, bien comptez, nombrez et pesez, si comme ils le confessèrent, dont ils se tindrent pour bien païez. . . . .
En tesmoing de ce, nous, à la relacion desdis notaires jurez, ausquels nous adjoustons foy plenière en ce cas et en greigneurs, avons mis à ces lettres, doublées de l'accord desdis vendeurs, le seel de la Prévosté de Paris, qui furent faites, passées et accordées le vendredi quart jour du mois de mars l'an de grâce mil trois cens soixante et un [1]. »

(*Orig. en parch. scellé en cire brune sur double cordon de soie verte;* C. XXXII, A, 8.)

CCCXCV.

« Testamentum domini Johannis Fabri, quondam episcopi Carnotensis. »
(1391, 10 janvier.)

« In nomine Domini, amen. Noverint universi et singuli, presentes pariter et futuri, quod, anno a Nativitate Domini millesimo trecentesimo nonagesimo, indictione tercia decima, et die lune decima mensis januarii,... reverendus in Christo pater et dominus dominus Johannes Faber, permissione divina, Carnotensis episcopus, suam ultimam voluntatem fecit, condidit et ordinavit in hunc modum :

In nomine Domini, amen. Quoniam propter delictum primi parentis humani generis successio est mortalis et transitoria ad heredes plerumque non cogitantes diem extremum sibi necessario venturum morte temporali, mundanali prosperitate falluntur qui dum plus credunt vivere in hujusmodi

---

[1] A cette charte en sont jointes plusieurs autres:
Du 12 mars 1361 (1362, n. st.), Lettres de mandements du roi Jean, données au Bois de Vincennes, pour mettre le Chapitre en possession de tout ce que lui avait vendu Henri, comte de Vaudemont, à Dreux et aux environs.
Du 18 mars 1361 (1362, n. st.), Ratification de la vente par Marie de Luxembourg.
Du 25 février 1362 (1363, n. st.), Amortissement du roi Jean, donné à Saint-Denis-en-France, de tout ce que le Chapitre avait acquis à Dreux sur Henri, comte de Vaudemont.

fallacibus deliciis repentino mortis eventu de medio subtrahuntur. Quod cogitantes videntesque et sapientes,..... ego Johannes Fabri, quondam monachus professus monasterii Sancti-Vedasti Attrebatensis, ordinis Sancti Benedicti, nunc, divina permittente gratia, Carnotensis episcopus,..... de bonis meis mobilibus sic volo et ordino. Primo quod omnes libri qui pro tempore obitus mei penes me quocumque loco reperientur monasterio predicto Sancti-Vedasti tradantur, de quorum proprietate est pars major et alteram partem eis dono ; a qua donatione excipio missale, breviaria et pontificalia que sunt ad usus Carnotenses, quos libros volo fore successoris mei episcopi Carnotensis. Mitram gemmatam, per Regem Ludovicum, tunc ducem Andegavensem, michi donatam ; mitram brodatam, titulo reparacionum per Johannem de Podio, michi traditam ; baculum pastoralem, gallice dictum *croce*, per me emptum, do et lego episcopatui Carnotensi, ut successor meus, quicumque fuerit, suo tempore pociatur illis, suis successoribus relicturus [1]. Idem volo fieri de tunicis et dalmaticis, sirotecis et sandaliis. Anulum meum pontificalem cum lapide saphiro, quem fieri feci, do et lego monasterio Sancti-Vedasti predicto, ad opus abbatis qui pro tempore fuerit et suorum successorum, una cum anulo rubino sive *balay* qui reperietur inter alios anulos meos........... Acta fuerunt hec Avinione, in hostellaria Cervelherie, in carreria dicta *de la Bouquerie*...... [2]. »

(*Orig. en parch.*; Arch. d'Eure-et-Loir, fonds du Chap., C. XI, 54.)

[1] Le 28 août 1393, Jean de Montaigu, successeur de Jean Lefèvre, fit estimer ces trois objets légués par son prédécesseur, afin d'en bailler bonne et suffisante caution : l'estimation monta à quatre cent quatorze francs d'or. (*Orig. sur pap.*; fonds du Chap.; C. XI, 54.)

[2] Outre les trois objets précieux relatés dans le testament de Jean Lefèvre, Jean de Montaigu, par un acte du 21 mai 1393, reconnut avoir reçu des exécuteurs testamentaires de son prédécesseur :

« Premièrement, *en la chapelle de l'ostel de Paris*, I autel, prisé LX s. par.

A Chartres, en la chambre nommée le Trésor, I tunicle et I domaticle de taffetas noir d'une part et d'autre part de taffetas vermeil, prisées XVI liv. tourn.

Ou pressoir de Chartres, une cheville de fer et une dolouere, prisées ensemble X s. tourn.; — une grande cuve contenant VI muys ou environ; — I pressoir et la couverture.

En la sale de la Potence, I grant banc à dossier et à marches de IIII toises de long; — une table de ladicte longueur; — I dressoir à II estaiges.

En la chambre du Trésorier, I petit buffet et une petite fourme.

En la chambre maistre Mahieu à Saint-Estienne, I grant pontifical de grosse lettre, couvert de cuir blanc, commencent en la IIIIe ligre après la rubrice *Jacentem mundum*.

En la chambre nommée le Trésor dessus dicte, I drap barré de menu ouvrage pour mectre en chaiere de prélat, prisé XXX s.

En la Trésorerie, II huches ferrées et ung coffre non couvert; — en I coffre estant oudit Trésor, I volume de bréviaire commencent en la II⁰ ligne après la rubrice *Venite, adoremus;* — I autre bréviaire notté; — I livre notté où est contenu le service pour faire le cresme; — III quayers ausquelx en chacun est contenu le service pour faire le cresme; — I autre livre couvert de parchemin contenant ledit service; — I autre livre couvert de cuir blanc intitulé *Martyrologium;* — I autre livre couvert de blanc contenant les rentes et revenues appartenant à l'ostel Saint-Ladre de Mante; — item I fardel de quayers faisant mencion des réparacions des maisons de l'éveschié; — I fermail d'argent esmaillé aux armes dudit feu; — plusieurs lettres, chartes, instrumens, privilléges, pappiers, mémoires et autres escriptures touchant le fait dudit éveschié.

A Dreux, en la cave nouvellement achatée, I grande cuve contenant VIII queues, prisée VIII liv. tourn.

A Pontgouing, en la sale haulte de l'ostel épiscopal, I dressoir, prisé X s. tourn.

En la sale basse, VI vieilles arbalestes et VI vieux baudriers; — deux petis canons et VI garros; — une lance ferrée et I chapel de Montauben.

A Dreux, en l'ostel, en la basse sale, I banc de IX piés de lonc ou environ, prisé LX s.; — I dressoir en estaige, prisé L s.; — une table d'une pièce, de IX piés de lonc, prisée VIII s.; — une autre table moindre, prisée VI s.; — deux tréteaux pour la grant table, prisés IIII s.; — III fourmes chacune de X piés de lonc, prisées XV s.

On cellier, V tréteaux, prisés IIII s.

En la chambre haulte, I banc de VII piés de lonc et II tréteaux, prisés VIII s.; — une petite fourme de VI piés de lonc, IIII s.; — une vielle table de X piés de lonc, II s.

En la salle haulte, I banc vieux de X piés de lonc, V s.

En la cuisine, II dressoirs, VI s. » (*Orig. sur pap.;* fonds du Chap.; C. XI, 54.)

POLYPTICON

ECCLESIÆ

BEATÆ MARIÆ CARNUTENSIS

(1300)

In nomine Domini, amen.

Anno Domini M⁰ Trecentesimo, ad instruendum et informandum posteros de prebendis, possessionibus, redditibus, redibentiis et aliis rebus ecclesie Carnotensis factum fuit et compositum hoc registrum.

De numero prebendarum et dignitatum ecclesie Carnotensis.

In ecclesia Carnotensi sunt iiii^{xx} et ix prebende integre et vi dimidie; de quibus Sanctus-Petrus Carnotensis habet vi integras; Sanctus-Martinus-in-Valle unam integram; Sanctus-Johannes-in-Valleya unam integram; Bellus-Locus Leprosorum unam dimidiam; magister operis ecclesie unam integram; et totum Capitulum Carnotense unam integram que vocatur prebenda de Sandarvilla; solebat eam habere, sed modo pertinet ad usum matutinarum. Et ita remanent sexaginta decem et octo prebende integre et iiii^{or} dimidie [1] pro sexaginta decem et vii personis, de quibus personis sunt quin-

---

[1] Le Polyptique a oublié dans la phrase qui précède une prébende entière attribuée à l'abbaye de Cluny et une demi-prébende affectée à l'Aumône de Notre-Dame (Voy. vol. Ier, p. 94 et 127). Au moyen de cette rectification, il reste, en effet, 78 prébendes entières et 4 demi-prébendes à partager.

que, videlicet decanus, subdecanus, cantor, succentor et camerarius, quorum quilibet habet duas integras. Et sunt sexaginta alie persone quarum quelibet habet unam integram, et quatuor alie persone quatuor dimidias.

Item in dicta ecclesia sunt xvii dignitates : decanatus, subdecanatus, cantoria, succentoria, cameraria, cancellaria, sex archidiaconatus, quatuor prepositure et capiceratus. Archidiaconatus sunt hii, videlicet : archidiaconatus major qui in majori parte Pertici et Belsie consistit; item archidiaconatus Dunensis; archidiaconatus Pissiacensis; archidiaconatus Blesensis; archidiaconatus Drocensis; archidiaconatus Vindocinensis [1].

Prepositure sunt hee, videlicet prepositura Unius-Gradus vel Ingreii que in Belsia consistit; prepositura Normannie que apud Nogentum-Fisci cum pertinentiis consistit; prepositura Mansengii que apud Fontanetum-super-Auduram consistit, et prepositura Auversii que apud Amilliacum consistit.

De collatione prebendarum, dignitatum, sacristinarum et aliarum ecclesie Carnotensis.

Omnium vero prebendarum et dignitatum ecclesie Carnotensis spectat collatio seu presentacio ad reverendum patrem episcopum Carnotensem, excepto decanato cujus electio pertinet ad Capitulum, et prebenda de Sandervilla que est Capituli, ac prebenda magistri operis que est perpetua pro quolibet magistro. Item omnium sacristiniarum, matercularium, virgarum et altarium dicte ecclesie spectat collatio ad capicerium, exceptis altaribus Beate-Anne et Beati-Juliani, quorum collatio pertinet Capitulo, et altari Beati-Johannis-de-Scripta, cujus collatio pertinet ad decanum.

De jurejurando canonicorum.

Omnes vero canonici ante investituram prebende tenentur facere duplex juramentum, videlicet primo ad capud beate Anne et postea in capitulo. Juramentum factum ad capud beate Anne tale est : Cantor seu locum ejus tenens dicit canonizando : « Vos juratis super istas sacras reliquias quod vos

---

[1] Le Pouillé complet de l'église de Chartres au XIIIe siècle se trouve dans le Cartulaire 43 de la Bibl. Impér. et dans le *Livre blanc* de la Bibl. de Chartres. Cet intéressant document a été publié par M. Guérard, en tête du *Cartulaire de Saint-Père*, vol. Ier, p. ccxcvij. (Collection des *Documents inédits*, Paris, Crapelet, 1840.)

» estis de legitimo matrimonio procreatus; item quod estis libere condicio-
» nis, nec estis colibertus nec filius coliberti; item quod ista prebenda cujus
». investituram expectatis non dedistis nec promisistis, nec alius pro vobis
» dedit nec promisit, vobis scientibus, aurum vel argentum vel peccuniam
» aliquam vel aliud quod per peccuniam aliquam debeat aut valeat compa-
» rari, et si promissum fuerit per vos non solvetur; item juratis quod in
» percipiendis cotidianis distribucionibus fraudem aliquam non faciatis.
» Sic vos Deus adjuvet et hec sancta.

Quod juramentum vel simile facit non canonicus, antequam installetur.

Juramentum factum in capitulo tale est : « Ego talis N., canonizandus
» in ecclesia Carnotensi, juro super istas sanctas reliquias quod pro ista
» prebenda cujus investituram expecto non dedi nec promisi, nec alius
» pro me dedit aut promisit, me sciente, aurum vel argentum vel peccu-
» niam aliquam vel aliud quod per peccuniam aliquam debeat aut valeat
» comparari; et si promissum fuerit per me non solvetur. Preterea juro
» me observaturum, bona fide, cum auxilio Capituli, consuetudinem
» foraneitatum hujus ecclesie. Et quod ego, quamdiu vixero, nichil de
» corpore prebende mee ultra XL solidos per annum percipiam, nisi prius
» in propria persona mansionem fecero in civitate Carnotensi per dimidium
» annum infra spacium quod est ab una Nativitate beati Johannis ad
» alteram, salvis excepcionibus a Capitulo receptis et approbatis. Et quod
» ab aliquo nullam indulgenciam de plus percipiendo impetrabo, et si
» alius mihi impetraverit vel quocumque modo mihi concessa fuerit nun-
» quam ea utar. Item eciam bona fide me observaturum, cum auxilio Ca-
» pituli, consuetudinem hujus ecclesie, que est de non recipiendis in
» canonicos seu clericos de choro manumissis seu manumissorum filiis,
» exceptis quos ecclesia Carnotensis scienter recipere consuevit, et de non
» recipiendis in canonicos seu clericos de choro filiis concubinarum. Pre-
» terea juro bona fide me fideliter observaturum, pro posse meo et propriis
» expensis si necesse fuerit, quidquid alii de Capitulo faciant, eciam si
» omnes, quod absit, ab hoc recesserint, consuetudinem factam a reverendo
» patre R[aginaldo] bone memorie, quondam Carnotensi episcopo, cum
» consilio et approbatione magistri Melioris, sedis apostolice tunc legati,

» de III^{or} prepositnris antiquis, scilicet de Nogento-Fisci, de Fontaneto,
» de Amiliaco, de Belcia, quas idem pater dedit canonicis deservientibus
» in ecclesia Carnotensi, et de III^{or} precariis, scilicet de Normannia, de
» Auversio, de Masengeyo et de Uno-Gradu que prenominato patri Capi-
» tulum dedit ad constituendum III^{er} preposituras ne Carnotensis ecclesia
» debito dignitatum numero fraudaretur. Item juro quod ubicumque pre-
» bendam meam percipiam, non permittam scienter alienari ab ista ecclesia
» terras nec redditus nec quascumque possessiones alias, nec servos nec
» ancillas, nec eorum filios ad clericatum promoveri sine conscientia
» Capituli; et si aliquot horum contingeret forte fieri, quod per me revo-
» care non potero, hoc Capitulo fideliter nunciabo. Et summam denariorum
» et avenarum, tam ratione leguminum quam ratione prepositure impositam
» prebende mee, ubicumque eam percipiam, cui Capitulum jusserit, sol-
» vam, in termino vel infra a Capitulo constituto. Et quod non committam
» fraudem in cotidianis distribucionibus percipiendis. Item juro quod non
» revelabo facto vel verbo, nutu vel signo, occasionaliter vel fraudulenter,
» alicui, nisi sit canonicus Carnotensis, qui simile sacramentum prestiterit
» sicut ego, consilia et facta et secreta Capituli, vel verba vel consilia
» que aliquis canonicus dixerit in capitulo in negociis Capituli, et dixerit
» quod vult ea habere secreta. Item juro quod ego deffendam bona fide,
» eciam contribuendo in expensis si opus fuerit, cum consilio Capituli,
» libertates ecclesie, statuta, consuetudines legitimas approbatas ac maxime
» previlegia quibus non est derogatum et quibus ecclesia in suis negotiis
» utitur et causis. Item juro quod in negociis que habemus et habebimus
» contra comitem Carnotensem et Blesensem et suos baillivos, ministros
» et servientes et contra alias quascumque personas prestabo fidele consi-
» lium et auxilium bona fide, secundum conscientiam meam, pro ecclesia
» Carnotensi, et nunquam scienter contra ecclesiam, consuetudines,
» statuta, previlegia et libertates ipsius, et hoc si presens fuero in capitulo
» vel absens cum fuero requisitus. Item juro quod si aliquis canonicus vel
» persona Carnotensis dampnum aut injuriam sine evidenti culpa ipsius
» per comitem aut suos faciat, occasione litis mote inter eum, suos et
» nos, consilium et auxilium prestabo et in predictis contribuam si necesse
» fuerit. Item juro quod ego per me, amicos meos, tam de bursa communi
» quam de propria, si necesse fuerit, Carnotense Capitulum contra abbatem

» et conventum Cluniacensis ordinis et priorem de Caritate et eisdem
» adherentes deffendam et sustinebo pro facto captionis et detentionis prioris
» Parvi-Belli-Loci monachorum, quod factum Capitulum provocat et attra-
» hit ad se, sive agatur contra universitatem Capituli vel contra singularem
» canonicum, vel aliquem vel aliquos de familia eorumdem. Item juro quod
» ego faciam unam capam de serico vel aliud ornamentum, officio hujus
» ecclesie deputandum, de primis fructibus prebende mee usque ad valorem
» xx librarum turonensium, sive cedam sive decedam. Item juro sacra-
» mentum ei simile quod fecit Capitulum Carnotense pro procuratione super
» advocatione burgencium et pace reformata super advocatis inter Capi-
» tulum...... Sic me Deus adjuvet et hec sancta. »

De jurejurando quod facit canonicus comiti Carnotensi.

Item sciendum est quod Capitulum tenetur significare baillivo seu preposito Carnotensi ut veniant in capitulo, si velint, visuri et audituri juramentum cujuslibet canonici super clausulam que sequitur, cujus tenor talis
est : « Item juro in animam meam quod non permittam quantum in me
» erit quod decanus et Capitulum advocent usurarium manifestum scienter;
» et si forte advocaverint ignoranter, statim cum scivero eum talem esse,
» procurabo pro posse meo quod dimittent eum nisi dimittat usuram. Et
» si post advocationem aliquis factus fuerit usurarius manifestus, procurabo
» pro posse statim cum hoc scietur publice quod dimittetur ab ipsis decano
» et Capitulo nisi dimittat usuram, nec permittam quantum in me erit quod
» advocatus habeat familiam ultra quam sibi sufficiat. »

De partitione prebendarum.

Consuetum est in ecclesia Carnotensi de ix annis in ix vel de xii in duodecim partiri equalius quam potest prebendas ecclesie Carnotensis ; que
partitio debet fieri in principio mensis aprilis per canonicos juratos et a Capitulo electos; et tenetur quilibet canonicus referre in scriptis eisdem partitoribus valorem prebende sue de tribus annis immediate precedentibus, in
quibuscumque rebus existat, ut quibusdam prebendis augeatur et aliis dis-
trahatur, si partitoribus visum fuerit expedire; ita quod equaliores quam

poterunt fieri sint prebende. Consuetum est autem in partitionibus prebendarum onerare pinguiores prebendas de certis pecunie summis et addere minoribus prebendis secundum discretionem partitorum pro prebendis adequandis : que pecunie summe debent reddi et accipi in camera post compotum Purificationis beate Marie. Quibus prebendis partitis, partitores debent partitiones in capitulo refferre, et tunc quilibet canonicus capit et eligit prebendam suam ubi sibi videtur expedire; sed tamen persone habentes dignitates primo capiunt secundum dignitates suas, deinde presbiteri, deinde dyaconi et portea subdyaconi. Et est ordo in capiendo talis : decanus primus capit duas prebendas si velit, cantor secundus duas, subdecanus tertius duas, succentor quartus duas, camerarius quintus duas si velit, et cancellarius sextus unam. Postea capiunt archidiaconi, videlicet major archidiaconus primus, archidiaconus Dunensis secundus, archidiaconus Pissiacensis tertius, archidiaconus Blesensis quartus, archidiaconus Drocensis quintus, archidiaconus Vindocinensis ultimus. Deinde capiunt prepositi, videlicet prepositus Unius-Gradus primus, prepositus Normannie secundus, prepositus Mesangii tertius, prepositus Auversii quartus et ultimus. Et postea capit capicerius. Deinde capiunt presbiteri prout installantur, incipiendo a parte decani ab illo qui propinquior est decano, scilicet installatus primo et priori tempore, sive tunc presbiter fuerit, sive postea ad presbiteratum promotus extiterit, sicut fuerit installatus prior in tempore erit etiam posterior jure aliis quibuscumque postea installatis in optione seu electione prebende in ordine suo etiam in collatione beneficiorum facienda, videlicet unus ab ipsa parte decani et alius a parte cantoris, et alii postea vicissim ab utraque parte. Post presbiteros capiunt dyaconi et postea subdiaconi, eo ordine quo presbiteri, sed tamen subdiaconi quinti stalli capiunt ultimi prout installantur. Dimidii vero canonici capiunt per se ordine predicto, antequam integri capiunt vel post, prout capitulo placet.

De brevi partitionum.

Partitis autem prebendis et a canonicis captis, loca prebendarum et nomina prebendariorum, et qui solent fieri et constitui a Capitulo in partitionibus in scriptis rediguntur, et super hec fit breve quod vocatur breve partitionum, quod sic incipit : « In nomine Patris et Filii et Spiritus Sancti,

» amen. Anno tali, mense aprili, facta est hec partitio prebendarum Car-
» notensium, duratura per ix vel per xii annos, communi assensu Capituli
» Carnotensis, » et cetera; in quo brevi solent contineri que secuntur et
que a Capitulo diu est fuerunt instituta, hoc modo : « Vende de omnibus
» villis et de omnibus possessionibus ad prebendas pertinentibus sunt Capi-
» tuli, de quibus fiunt expense communes pro negociis Capituli, et resi-
» duum spectat ad magnum compotum Purificationis, et consuete sunt
» recipi in camera et reddi per majores, et ementes, scientibus canonicis
» prebendarum infra xv dies post venditiones rerum emptarum, receptis
» juramentis ab ementibus de fraude in preciis et de tempore emptionis non
» facta : qui prebendarii tenentur facere breve, secum afferentes illud in
» die magni compoti camere; quod si non fecerint, quilibet hoc non
» faciens pena xx solidorum debet puniri. »

Consuetum est quod Capitulum habet relevationes omnium majoriarum de prebendis, exceptis feodis prepositurarum, et leta hominum de corpore ; que relevationes et leta pertinent ad parvum compotum Purificationis, et debent majores venire relevaturi ad cameram per dominos suos canonicos prebendarios, sicut solebant venire per prepositos. Relevamina vero majorum que solebant habere prepositi, ratione feodorum prepositurarum, [sunt pr]ebendariorum, prout majores sunt eis subjecti. Et debent relevare omnes majores qui sunt in prepositura Belchie feoda prepositurarum a canonicis ad quorum juridicionem pertinent, quocienscumque prepositus Unius-Gradus cesserit vel decesserit. Similiter facient majores preposture Nogenti-Fisci, cedente vel decedente preposito Normanhie. Et hoc modo majores prepositurarum Fontaneti, cedente vel decedente preposito Auversii. Et antequam majores relevent, domini sui canonici tenentur legere in capitulo illud breve in quo contineri debent ea que ab eis majores debent relevare, cedente vel decedente preposito Ingreii. Similiter vero debent majores preposture Amilliaci.

Item consuetum est quod ubi qui percipit prebendam de Sandarvilla prebendam suam percipit, ibi percipiet camera census et lanas pro dicta prebenda de Sandarvilla, que pertinet ad parvum compotum.

Item consuetum est quod canonici jus habentes percipiendi fructus prebendarum possent si velint inter se commutare prebendarum loca, nec possunt partiri justiciam locorum sine prebenda. Et illi qui secum fuerint possunt dividere prebendas prout voluerint. Itaque si unus solus partitionem fieri requisierit, alii non possunt recusare quam partitio fiat communibus expensis et quam sortes jaciantur. Et quod factum fuerit Capitulo nunciabunt. Capitulum tamen non potest nec debet impedire partitionem locorum vel divisionem prebendarum.

Item consuetum est quod canonici qui habent fena ceterosque redditus prepositurarum eandem justiciam et potestatem habent quam solebant habere prepositi super majores et super homines in eisdem redditibus colligendis, licet forte ad jurisdicionem suam in aliis non pertineant.

Item consuetum est quod majores et presbiteri, cujuscumque juridicionis sint, debent fidelitatem facere hiis quorum redditus habent perquirere de illis fideliter perquirendis, reddendis et justiciam faciendis.

Item consuetum est quod omnes avene oblitarum quas solebant percipere prepositi debent reddi in Loenio apud Carnotum, et ad minam Loenii a canonicis in quorum prebendis debentur; et eas debent dicti canonici proprio juramento reddere infra Nativitatem Domini, sicut tenentur reddere alios redditus prepositurarum infra Purificationem beate Marie.

Item consuetum est quod ubicumque majores habent custodiam pratorum tenentur de dampnis factis in pratis ostensis eisdem a canonicis quorum sunt prata : et sic tenentur majores qui habent custodiam nemorum Capituli.

Item consuetum est quod omnia que possunt canonici retrahere a majoribus vel aliis, usurpata in prebendis suis, sint ipsorum canonicorum durante partitione.

Item consuetum est quod canonici qui in prebendis suis ecclesias vel parrochias habent, si ad ea semel in anno causa visitationis personaliter vel per procuratores canonicos accesserint, a presbiteris locorum, secundum facultatem ecclesiarum suarum, procurationes ipsis; tanquam archidiaconis suis, ratione impensi officii, debent persolvi ; ita tamen quod si ecclesie sue triginta libras annui redditus habeant quindecim solidos loco procurationis; si vero plus minusne valuerint pro rata, celebrata prius visitatione ecclesiarum, presbiteri reddere tenentur eisdem. Et si plures fuerint prebendarii, et quidam illorum habuerint justiciam, alii non habentes justiciam, hoc servato quod de procuratoribus superius est ordinatum, procurationes presbiterorum habere debent et majorum. Hoc ipsum intelligitur de canonicis ad custodiam terre, non habentibus justiciam pro prebendis, assignante Capitulo, procuratoribus deputatis et de terminato in terminum mutandis.

Item anno Domini M° CC° nonagesimo tercio, mense aprili, in partitionibus tunc factis; statutum fuit in capitulo quod si aliqui canonici velint edificare de novo granchias vel reparare edificatas in prebendis suis, Capitulum ponet medietatem sumptuum in edificatione et reparatione, que constiterit XL° libris vel plus. Et si major pars prebendariorum velit edificare vel reparare granchias, minor pars contradicere non poterit, ymo tenebitur contribuere. Item statutum fuit anno predicto quod in fine partitionum prebendarii debent dimittere granchias suas in bono statu. Item statutum fuit quod illi qui tenent precaria a Capitulo habeant justiciam et juriditionem in domibus et possessionibus domorum precariarum et in commorantibus et familiis dictarum domorum, salvo jure prebendariorum in omnibus redibenciis eisdem prebendariis debitis, pro quarum redibentiarum defectu et pro querelis dictorum prebendariorum possunt ipsi prebendarii justiciare commorantes in predictis domibus, sicut prius. De omnibus hiis premissis dicto brevi contentis et teneri assuetis possunt partitores in qualibet partitione aliquid distrahere vel aliquid novum addere, si sue discretioni visum fuerit expedire.

De preposituris ubi prebende consistunt.

Prebende Carnotenses consistunt in IIII°ʳ preposituris, videlicet in prepositura Belchie, Nogenti-Fisci, Fontaneti-super-Auduram et Amilliaci; sed non est intelligendum quod canonici aut homines seu hospites sint in aliquo subjecti prepositis nisi tantummodo majores ratione feodorum prepositurarum.

In prepositura Belchie sunt prebende de Vovis, de Dampna-Maria, Rebolino et de precaria Dunensi.

In prepositura Nogenti-Fisci sunt prebende de ipso Nogento, de Campo-Seruco, de Ymeriaco, de Joyaco, de Bercheriis-Maingoti, de Buglainvalle et de Bercheriis-super-Vulgram :

In prepositura Fontaneti sunt prebende de Fontaneto predicto, Maigneriis, de Sandarvilla, de Charonvilla et de Benis.

In prepositura Amilliaci sunt prebende de Amilliaco, de Sancto-Albino, de Clusovillari, de Cathenis et de Landellis.

Quot prebende consuetum est esse, in quolibet loco et de omnibus prebendariis.

In majoria Vovarum, Roesselli, Ceoignole, Folie-Herbaudi, Amoinville, cum terra de Viabono, cum majoria de Putheolis et Malo-Lupo, Veteri-Alumpnia, Meroliis, decima plantarum Veteris-Alumpne, Bellovillari, *Luz*, Maconvillari, et decima de *Vouldron* et aliis pertinenciis dictarum majoriarum, consuetum est esse vii prebende : reddunt pro legumine et vecia vi lib. xvii sol. i den., et pro prepositura xx lib. vi sol. ii den. Item reddunt ad parvum compotum pro majoria de Vovis que dicitur prepositura xix lib. x sol., et matutinariis xix sol., et anniversario Gauffridi *Chardonnel* laici xxv sol.; et propter hoc habent dictam majoriam cum pertinentiis. Item reddunt matutinariis xx sol. pro pastibus Veteris-Alumpne. Item ad anniversarium Richerii cantoris x sol. pro viaria Bellivillaris, et x sol. pro viaria de Vovis. Item ad anniversarium Roberti *Chapelet* cancellarii ix sext. annone; et propter hoc habent tertiam garbam campipartis de Charonvilla.

Item in majoria Domne-Marie, Consenciarum, cum decima de *Torton* et de Chenonvilla, cum dimidio modio bladi, et de Andevilla cum terra de Bercheriis-Episcopi, de Chemeriaco, Theuvilla, Nicorbini et Bevilla, et terra que debet campipartem, cum hospite de Roseyo qui debet v den. census, et aliis redditibus harum majoriarum; consuetum est esse ii prebende, et reddunt pro legumine et vecia lxvi sol. viii den., et pro prepositura xvii lib. vi den. Item reddunt matutinariis pro decima vini xx sol., et ad anniversarium Richerii cantoris x sol. pro viaria Domne-Marie.

In majoria de Rebolino, de Bretonvillari, de Ulmevilla, cum Hymonvilla et cum Ermonvilla et Aintervilla, cum alodiis de Belsia et precaria Guidonis, consuetum est esse tres prebende : accipiunt pro deffectibus granchiarum xl sol., et pro decima adducenda lx sol.; reddunt pro prepositura lx sol. et pro legumine et vecia lxi sol. viii den. Item reddunt ad anniversarium Philippi de *Leveis*, archidiaconi Pissiacensis, xvi sext. bladi secundum precium Loenii et viii sext. avene; et ad anniversarium Gilonis archidiaconi lx sol. Item reddunt in Loenio sex modios v sext. iii rasas avene de oblitis.

Item precaria Dunensis, excepta precaria de *Jupael* cum appendiciis, Villasio, Bullainvilla, Menonvilla, Lugaudreio, Bromevilla et Planchevilla, cum omnibus redditibus harum majoriarum, consuetum est esse sex prebende et dimidia : reddunt pro prepositura LXVII sol. x den., et pro legumine et vecia LXVI sol.; accipiunt pro deffectibus granchiarum XL sol. et pro remotione c sol. Item reddunt matutinariis, pro gisto de Mellayo, XL sol. et VI sext. bladi ad valorem primi fori Loenii pro quibusdam terris quas habent; item matutinariis XX sol. de LXX sol. quos habent a prebendariis de Bercheriis-Maingoti. Item reddunt anniversario Gaucherii de Boncie, capicerii, unum modium bladi ad valorem secundi Loenii et VI sext. avene ad valorem avene granchie de Nogento-Fisci; et propter hoc habent decimam de Sancto-Laurentio. Item ad anniversarium Roberti *Chapelet*, cancellarii, VII sol. pro pastibus de Villarsio. Item reddunt ad panem Loenii XX sol. pro nemore Sancti-Christofori, quos homines illius ville reddunt eis; item ad dictum panem VI sext. bladi ad valorem primi fori Loenii pro acquiramentis emptis a majore de Putheo-Sancti-Euvrouldi. Item reddunt in Loenio XVI sext. II rasas avene pro oblitis.

In majoria Nogenti-Fisci, cum Gaivilla et Senevilla et Quinque-Ulmis, cum pastibus, lanis et censibus, consuetum est esse quatuor prebende et dimidia. Reddunt pro legumine et vecia XII lib. II sol. VI den., et pro prepositura XVII lib. XVI sol. VIII den. Item reddunt ad missas beate Marie celebratas, qualibet die sabbati ab octabis Penthecostes usque ad Adventum Domini, x lib.; et propter hoc habent in granchia Nogenti quinque trituratores et minutas paleas fabarum, pisorum, veciarum, et tres partes minoris furni de Nogento. Item reddunt ad anniversarium Johannis episcopi XVI sext. annone et VIII sext. avene pro decima allodiorum de Senevilla; item ad anniversarium Henrici de Corbolio IIII lib. XII sol.; et propter hoc habent sex trituratores in granchia de Nogento et XX sol. pro parte majoris de campipartagiis. Item reddunt ad anniversarium Milonis archidiaconi LXX sol., pro quodam furno quem idem Milo apud Nogentum acquisivit : item ad anniversarium Johannis et Roberti de Cuneo-Muri VII sol. VI den., pro quolibet, super furnis. Item reddunt ad anniversarium Richerii cantoris VI sext. avene pro tensamento de Archevillari. Item reddunt ad parvum compotum c sol.; et propter hoc habent duo torcularia apud Nogentum. Item reddunt in Loenio IX sext. avene pro oblitis. Item reddunt matutinariis pro decima vini xxx lib. Item reddunt ad anniversarium Hugonis de Bretonvillari xxv sol. pro uno loco et pro forragiis campipartagiorum de Gaivilla.

In majoria Campi-Seruci, cum Uno-Pillo et Brayaco, cum decima, lana et pastibus, cum tribus solidis quos debet presbiter Campi-Seruci et cum omni censu harum majoriarum, consuetum est esse tres prebende : reddunt pro legumine et vecia vi lib. xvii sol. vi den., et pro prepositura xvii lib. vi sol. ii den. Item reddunt matutinariis pro decima vini x lib., et xl sol. pro campipartagiis Campi-Seruci pro parte majoris, et xv sol. de censu arpentorum de Uno-Pilo. Item reddunt ad anniversarium Symonis Chardonnel iiii lib. x sol. : et ad anniversarium Guillelmi Cantuariensis xx sol.; et ad anniversarium Guillelmi Ad-Albas-Manus, reverendi archiepiscopi, iiii lib. viii sol.; et ad anniversarium Guillelmi capellani, xxxiii sol ; et propter hoc habent trituratores emptos a majore et ordeacium, fabacium, pisacium, lenticiliacum stramina minuta et paleas de granchia Campi-Seruci. Item reddunt ad anniversarium Milonis de Garneyo xxv sol., quos habent de censu cujusdam prati quod fuit Unius-Pili. Item reddunt in magno Loenio viii mod. viii sext. avene pro oblitis Unius-Pili. Item reddi faciunt ad anniversarium Hemerici *Fouaille* i mod. avene et vi sext. avene quos debent heredes Chenardi militis. Item reddunt ad anniversarium Johannis et Roberti de Cuneo-Muri xi sol. viii den. pro quolibet.

In majoria Ymeriaci et Amencei cum Bonvilla, Televicini, Pontibus et aliis villis harum majoriarum, lanis, pastibus et aliis redditibus harum majoriarum, consuetum est esse quatuor prebende. Reddunt pro legumine et vecia lxix sol. v den., et pro prepositura xxi lib. xii den. Item reddunt matutinarii pro decima vini xx lib.; item pro anniversario Milonis archidiaconi xiii sol., de campipartagio Ymeriaci et Bonville pro parte majoris.

In majoria Joyaci cum parte Televille, cum majoria Sancti-Prisci, Moncello-Leugarum et aliis redditibus harum majoriarum, consuetum est esse due prebende et dimidia : reddunt pro prepositura xii lib. ii sol. ii den. Item reddunt matutinariis pro decima vini xi lib. Item reddunt ad anniversarium Guillelmi decani vi sol.; item ad anniversarium Radulfi camerarii vi sol.; et ad panem Loenii iii sol. : et propter hoc habent terciam partem cujusdam prati quod vocatur pratum Scabiosum et restallagia aliorum pratorum de Joyaco. Item reddunt ad anniversarium Thome decani xv sol. super dictum restallagium.

In majoria Buglainvallis, de Medio-Vicini, cum Husso, Buglainvilla, Hermenonvilla, Castellione, cum lana et censibus ac pastibus harum majoriarum et aliis redditibus, consuetum est esse III^{or} prebende : reddunt pro legumine et vecia LII sol. IX den., et pro prepositura et feno xv lib. v sol., et accipiunt pro decima de Husso adducenda xx sol., et reddunt matutinariis pro decima vini xv lib. Item reddunt ad anniversaria Galterii *Morhier*, Crispini de Drocis, cantoris, et Philippi *Morhier* c sol., equaliter distribuendos tribus anniversariis predictis : et propter hoc habent duos trituratores in granchia de Medio-Vicini, et omnes palleas et minuta stramina que dicuntur *besteron,* et ordeacium, fabacium, pisiacium, veciacium, lenticulacium, octo solidos de censibus pratorum de Boignevilla, et restallagia et andena pratorum de Meintenone. Item reddunt ad anniversarium Johannis *Laisne,* militis, x sol.; et propter hoc habent ea que empta fuerunt a Roberto de Bochigniaco. Et notandum est quod dominus de Meintenone debet annuatim dictis prebendariis in Assumptione beate Marie virginis unum esperverium bene volantem, bene capientem et bene ad manum redeuntem; quod nisi fecerit non debet recipi sine emenda. Tenetur etiam idem dominus facere dictis prebendariis pontem competentem quadrigio deferentibus fenum pratorum Beate-Marie, et si per deffectum ejus dampnum incurrerint tenetur de dampno. Item illi qui habent precariam majori Buglainvallis debent reddere ad panem Loenii vi lib.

In majoria Bercheriarum-Maingoti, cum Landorvilla, cum XL sol. pro justicia Banleuge, cum Berjouvilla et Cerevilla preter censum harum majoriarum que est de camera, cum decima de *Mainvillier* et de *Poiffont,* et de Carauno, cum lana de Manuvillari et de Moncello, cum decima et censu de Casis, cum censu et vendis precarie Hugonis de Sancto-Leobino que est in Rachineto, cum archidiaconatu et donatione ecclesie Sancti-Leodegarii-de-Albatis, et cum archidiaconatu capelle Sancti-Sergii de Curia-Episcopi, cujus collatio pertinet ad Capitulum, consuetum est esse III^{or} prebende. Reddunt pro prepositura CXII sol., et pro legumine et vecia IX lib., et presbitero de Landorvilla unum modium bladi; et propter hoc habent XL....... in camera. Item reddunt ad anniversarium Guillelmi decani XVIII sol.; et propter hoc habent pastus, et quicquid major habebat in granchia de Cerevilla. Item reddunt ad anniversarium Jacobi, archidiaconi Drocensis, XII lib. x sol.; et ad anniversarium patris et matris Johannis Lamberti vi lib. vi sol.; et ad pulsationem campane que dicitur..... vi lib. v sol., quod recipit matutinarius : et propter hoc anniversarium et pulsationem predictam habent decimam sitam apud Bercherias que vocatur decima Martelli. Item reddunt in Loenio pro pane xviii lib. x sol. pro majoria loci, et tenentur servare nemora et facere officia majoris. Item reddunt prebendariis precarie Dunensis lxx sol. pro excambio burgi Feritatis-Villeuolii, de quibus ipsi prebendarii Dunenses reddunt matutinariis xx sol.

In majoria Bercheriarum-super-Vulgram, Pampolii, Dampni-Curie, Maceriarum-in-Drocensi, Buriaci, Cussiaci et Bussardi, cum appendiciis harum majoriarum, consuetum est esse iiii^{or} prebende et una dimidia : reddunt pro prepositura iiii lib. Item reddunt ad parvum compotum in camera viii mod. annone ad valorem secundi Loenii; et propter hoc habent molendinum de Ulmellis. Item reddunt ad anniversarium Edualdi xii sol. de pastibus Dampni-Curie, et xii den. pro trituratoribus granchie Dampni-Curie; item ad anniversarium Thome decani et Guimondi *Foaille* xii sol. super pressorium Dampni-Curie, videlicet ad quodlibet anniversarium vi sol. Item reddunt in Loenio vi mod. avene ad mensuram Carnotensem.

Summa prebendarum prepositure Nogenti-Fisci xxviii integre et tres dimidie.

In majoria Fontaneti-super-Auduram, cum Chauveto et Nogento-super-Auduram et aliis pertinentiis, consuetum est esse tres prebende et i dimidia : reddunt pro legumine et vecia xv sol.; pro prepositura et feno xxvi lib. xi sol. Item reddunt matutinariis pro decima vini l sol.; de pastibus pro parte majoris loci xx sol. Item reddunt ad anniversarium Johannis de Ruperforti xii den.; et ad anniversarium Galteri de Vico-Vasseloris xii den., pro quodam prato; item ad anniversarium Symonis de Beroto v sol. vi den. de pastibus, et viii sext. annone et iiii sext. avene ad mensuram Loenii et in Loenio sumptibus eorumdem : et propter hoc habent campipartem et vendas quarumdam terrarum quas idem Symon ibi acquisivit. Item in Loenio xvii mod. avene pro oblitis. Item reddunt presbitero de Nogento ii mod. bladi de granchia Nogenti; pro augmentatione ecclesie sue accipiunt iiii sext. bladi et ii sext. avene.

In majoria de Maigneriis, cum Chenonvilla, Monconvilla, Capella-Sancti-Lupi, Thevasio et Luco-Plantato, cum acquiramentis Hugonis de Sancto-

Leobino, consuetum est esse tres prebende et 1 dimidia : reddunt pro legumine et vecia xv sol., et pro prepositura xvi lib. xvi sol. vii den. Item reddunt matutinariis lx sol. pro censu Capelle, et census et vende sunt canonicis prebendarum. Item reddunt matutinariis pro decima vini xx sol.; item ad anniversarium Theobaldi, comitis Campanie, lx sol.; et ad anniversarium Gaufridi *Houel* xx sol. : et propter anniversaria predicta habent majoriam de Chenovilla. Item ad anniversarium Bobonis cantoris xi lib.; et propter hoc habent..... Item reddunt ad panem Loenii vii lib. pro majoria Sancti-Lupi. Item reddunt in Loenio xiii mod. ii sext. cum mina avene pro oblitis. Item reddunt presbitero de Maigneriis unum modium et vi sext. avene de granchia Magneriarum pro augmentatione ecclesie sue; item presbitero de Luco-Plantato ii mod. bladi de granchia. Item reddunt presbitero Capelle xx sext. bladi et viii sext. avene de granchia Capelle. Item reddunt majori Capelle ii sext. bladi et i sext. avene de dicta granchia. Accipiunt in precaria de Maigneriis i mod. bladi et vi sext. avene pro decima et campiparte aliquarum terrarum dicte precarie.

In majoria de Benis, de Dalmonte, de Frometi-Coco, de Allainvilla, de Cerees, de Moncellis-super-Auduram cum *Lolapes,* de Chamayo, de Manu-Roberti et aliis redditibus harum majoriarum, consuetum est esse iiii^{or} prebende : reddunt pro prepositura et feno xv lib.; item reddunt ad anniversarium magistri Guidonis xxvi sol. pro majoria de Afflavilla; item ad anniversarium Hernaudi quadrigarii iii sol. de pastibus Afflainville; item ad anniversarium Johannis de Rupeforti ii sol. x den. de censu Dalmontis; item ad anniversarium Odonis quadrigarii xi sol. de pastibus Dalmontis. Item reddunt ad anniversarium Johannis episcopi unum modium annone ad minam et valorem mercati Carnotensis pro decima de Cogneyo, et ad mandatum, die jovis in cena, xiii sext. bladi et viii sext..... ad valorem secundi Loenii; et propter hoc habent decimam de *Loulapes.* Item reddunt xx mod. ii sext. avene de oblitis.

In majoria Sandarville, cum decima Baillolii-Pini et *Brandelou,* Melleyo, Pomereyo, Campo-Clauso, Moncellis, Marchevilla, Serneyo, Perreyo et Castellariis, consuetum est esse quinque prebende : reddunt pro prepositura, legumine et vecia ix lib. ii sol. vii den. obolum : accipiunt pro deffectibus granchiarum xl sol. Item reddunt matutinariis pro decima lane iiii sol. Item reddunt super majoriam Sandarville quam habent x lib.; item ad anniversarium Constantini xx lib. Item reddunt ad anniversarium Ernaudi quadrigarii xvi sext. bladi et viii sext. avene de granchia Marcheville ad mensuram Loenii. Item reddunt pro forragiis de Serneyo, ad anniversarium Mathei de Belvaco, xxxv sol.; et ad anniversarium Johannis *Espaillard* l sol.; item ad anniversarium. de Barbeto viii lib. pro forragiis de Marchevilla. Item reddunt in Loenio xxv mod. v sext. avene pro oblitis. Item reddunt presbitero Sandarville i mod. bladi in granchia Sandarville pro augmentatione ecclesie sue.

In majoria de Charonvilla, de Maceriis-in-Perthico, de Ermenonvilla, Blandainvilla, *Hodoer*, Fontaneto-in-Perthico, Grandi-Husso, Corveis, Gardeis, Autoyo et Caudis, consuetum est esse iiii^{or} prebende : reddunt pro prepositura lxix sol. viii den.; accipiunt pro deffectibus granchie xl sol. Item reddunt matutinariis pro decima vini Sancti-Sergii vi sol. Item ad horas ecclesie Carnotensis iiii mod. bladi quos recipiunt; item ad parvum compotum lxx sol. : et propter hoc habent decimam seu campipartagia territorii quod dicitur feodum de Bulloto situm in parrochia Charonville. Item reddunt ad anniversarium Hemerici de Landorvilla iii sol.; et propter hoc habent tria arpenta terre aput Casam-Pictam. Item reddunt ad anniversarium Odonis quadrigarii xi sol. pro campipartagio seu escoblagiis de Grandi-Husso; item ad anniversarium Guillelmi de Noviaco xx sol. super granchiam de Gardeis; item ad anniversarium Ernaudi quadrigarii iii sol. vii den. de pastibus Corvearum; item ad anniversarium Maltildis et Amicie comitisse Perthicensis xl sol. pro pasnagio nemorum de Autoyo, videlicet ad quodlibet anniversarium xx sol.; item ad anniversarium Johannis de Cuneo-Muri lvii sol. vi den. pro quodam prato sito apud Macerias-in-Perthico; item ad anniversarium Mathei de Belvaco xv sol. pro decima quam Goellenus cantor acquisivit apud *Hodoer;* item ad anniversarium Anetis, matris magistri Guidonis de Afflainvilla, xxi sol. vi den. super gisto de Grandi-Husso; item ad anniversarium Aucheri dyaconi iii mod. bladi de granchia Fontaneti-in-Perthico; item ad anniversarium Philippi et Carauni de Porta-Morardi et Bartholomei, prepositi Andagavensis, v mod. bladi, pro decima de Blandainvilla, videlicet ad anniversarium Philippi ii mod. et ad anniversarium dicti Bartholomei iii mod.; item ad anniversarium Guimondi, archidiaconi Drocensis, xl sol., pro gisto de Grandi-Husso. Item reddunt in Loenio xiiii mod. avene pro oblitis.

Summa prebendarum prepositure Fontaneti xix integre et due dimidie.

In majoria Amilliaci et Oreii, cum Cintreyo, consuetum est esse III^{or} prebende : reddunt pro prepositura et feno xIII lib. x sol. III den. Item reddunt matutinariis xxII sol. de pastibus pro parte majoris, et II sol. pro censu allodiorum quos habent apud Cintreyum; item de eodem censu, ad anniversarium Johannis de Rupeforti II sol.; item ad anniversarium Guerini de Boteri xvIII sol. cum vendis ejusdem census. Item reddunt in Loenio xix mod. x sext. cum mina avene. Item reddunt presbitero de Cintreyo x sext. annone, v sext. avene de granchia Amilliaci.

In majoria Sancti-Albini cum Triseyo-Pini, Adeyo, Berovilla, dimidia campiparte de Groignellis, et in majoria Fontis-Guyonii cum pertinenciis, consuetum est esse septem prebende : reddunt pro prepositura, legumine et vecia Sancti-Albini x lib. xxI den.; et pro prepositura, legumine et vecia de Fonte-Guionii xIII lib. IX sol. II den. Reddunt matutinariis pro decima vini de Sancto-Albino c sol. Item reddunt ad panem Loenii XL lib. pro majoria Sancti-Albini quam habent. Item reddunt in Loenio xvIII mod. III sext. avene pro oblitis.

In majoria Clausivillaris, cum Luaco, decima Bulloti et aliis pertinenciis, consuetum est esse tres prebende : reddunt pro prepositura et legumine et vecia vII lib. xIII sol. Item reddunt ad anniversarium Roberti de Blevia xvI sext. bladi et vIII sext. avene, et ad anniversarium Petri episcopi xvI sext. bladi et vIII sext. avene, ad valorem secundi Loenii; et ad quodlibet anniversarium predictum xx sol. : et propter hoc habent terciam partem decime de Boleto-Achesiarum. Item reddunt in Loenio xxI mod. avene.

In majoria de Cathenis, cum Affluvilla, Torceyo, Berouvilla, decima *des Routis*, et in majoria de Escubleyo cum Dangeriis, Gastellis, Bursa, et medium campipartis de Groignellis, consuetum est esse sex prebende : reddunt pro prepositura, legumine et vecia cII sol. Et reddunt anniversario Raginaldi de Villabeonis xxvIII sol.; et ad anniversarium Roberti de Lorreto xxII sol. : et propter hoc habent decimam que vocatur *le Quarteron*; item ad anniversarium Guillelmi decani xv sol. : et propter hoc habent medietatem pastuum de Dangeriis et quicquid major habebat in granchia de Dangeriis. Item reddunt in Loenio IIII mod. vI sext. avene ad mensuram Loenii pro oblitis. Item reddunt presbitero de Cathenis xvI sext. bladi et vIII sext. avene de granchia de Cathenis pro augmentatione ecclesie sue.

In majoria de Landellis, *Bettincourt*, Bellomonte, de Mandris cum aqua quam habebant prepositi et aliis pertinenciis, consuetum est esse quatuor prebende : reddunt pro legumine viii sol. vii den., et pro prepositura et feno xiiii lib. xviii sol. x den. Item reddunt ad anniversarium Godefridi de Perthico ix....., avene pro tensamento de Landellis ad mensuram Carnotensem; item ad anniversarium Milonis de Garneyo l sol. pro majoria de Landellis; item ad anniversarium Petri episcopi vi sol. pro pastibus de Campis; item ad anniversarium Mathei de Belvaco x sol. de pastibus Bellimontis. Item reddunt ad panem Loenii xii sol.; et propter hoc habent andena et restallagia pratorum de Landellis. Item reddunt ad anniversarium Symonis de Thoriaco xxv sol. Item reddunt in Loenio iiii mod. v sext. iii rasas avene, pro oblitis Bellimontis. Item reddunt presbitero de Landellis i mod. bladi et i mod. avene pro augmentatione ecclesie sue.

Summa prebendarum prepositure Amilliaci xxiiii.

Totalis summa denariorum pro preposituris, leguminibus et veciis iii^{c}xlvi lib. xi sol. iiii den. obolum.

Totalis summa denariorum accipiendorum in camera pro deffectibus granchiarum, remocionibus locorum et bladis adducendis xxiii lib., que accipiuntur de denariis adequationum.

Totalis summa avene oblitarum reddendarum in Loenio ix^{ix}xviii mod. rasam.

Qualiter percipiuntur fructus ab habentibus prebendas.

Dicto de situ prebendarum et pertinenciis earumdem, dicendum est de fructibus et proventibus earum et distributionibus cotidianis, qualiter percipiantur ab habentibus prebendas.

Canonicorum Carnotensium quidam sunt omnino residentes, alii stagium dimidii anni facientes, alii gratiam aut privilegium habentes, et alii forennei.

Residentes et stagium facientes ac gratiam aut privilegium habentes percipiunt quilibet pro rata sua omnes fructus et proventus prebendarum suarum, in quibuscumque rebus et locis existant. Forennei vero nichil percipiunt de dictis fructibus nisi xl sol. per annum, quos habent per manum Capituli pro omnibus racione prebende : fructus autem prebendarum forennearum pertinent Capitulo, et recipiuntur et reponuntur in orreo magni Loenii, et portionantur et distribuuntur communi canonicorum non forenneorum post compotum Purificationis, nisi vendantur pro necessitate Capituli. Et simili modo fit de oblitis Loenii et de denariis prepositurarum, quos tenentur canonici debentes eosdem afferre, infra octo dies post dictum compotum per juramentum suum, illi qui deputatur a Capitulo ad ipsos denarios recipiendos et portionandos. In quibus denariis abbas Sancti-Johannis percipit LX sol. ratione prebende sue proprie, et pro qualibet prebenda obituum quos ipse abbas habet L sol., tam pro integra quam pro dimidia; et prebendarii Bercheriarum-Maingoti XXX sol. pro justicia Banleuge quam non habent. Et sciendum est quod forennei et monachi, prebenda Sandarville, Elemosina et magister operis percipiunt solummodo, ratione prebendarum, blada, avenas, ordeum, census terrarum et lanas et adequationes, nichil in aliis redditibus seu proventibus capientes. Sunt tamen alique terre et decime, census et alii redditus prebendis annexi, pro quibus prebendarii reddunt administracionibus Capituli certas peccunie summas, in quibus forennei et monachi et ceteri predicti nichil capiunt neque reddunt : tenentur tamen contribuere in edificationibus et reparationibus granchiarum. Dimidii vero canonici percipiunt solummodo dimidios fructus, in quibuscumque rebus existant. Est autem una prebenda integra que vocatur prebenda Sancti-Spiritus, pro eo quod monasterium seu domus Sancti-Spiritus de Romana civitate habet duas partes grossorum fructuum dicte prebende, videlicet bladi, avene, ordei, censuum terrarum, lanarum et adequacionum ; et prebendarii ejusdem prebende tertiam partem et omnia alia emolumenta dicte prebende, tanquam integer. Et sciendum est quod omnis canonicus Carnotensis, qualemcumque gratiam habeat, nisi sit a sede apostolica, debet esse et est foraneus, quousque semel fecerit stagium prout moris est. Et si canonicus cedat vel decedat a Nativitate beati Johannis-Baptiste infra Nativitatem Domini, fructus erunt abbatie Beati-Johannis, et si post Nativitatem Domini fructus erunt Capituli, dum tamen non fecerit stagium ante dictam Nativitatem, qui tunc reputatur foraneus, pro eo quod potuit facere stagium et non fecit, et alio anno venturo fructus erunt Sancti-Johannis [1].

---

[1] Une lettre adressée par le Chapitre de Chartres à celui de Verdun, le 19 décembre 1725, expose très-nettement les formalités à remplir par les chanoines avant de toucher les revenus affectés à leur dignité :

Qualiter distributiones percipiuntur.

Personarum habentium dignitates alie percipiunt duplices prebendas et duplices distributiones et alie singulas prebendas et singulas distributiones. Decanus, subdecanus, cantor, succentor et camerarius percipiunt duplices prebendas et duplices distributiones, preter in panibus majoris misse. Omnes alie persone percipiunt singulas prebendas et singulas distributiones, tanquam simplices canonici. Dimidii vero canonici percipiunt integras distributiones in omnibus tanquam integri. Item canonici de novo adepti prebendas, ex quo sunt installati, licet non percipiant fructus grossos, possunt percipere distributiones cotidianas, et etiam foranei quocienscumque ad ecclesiam accedunt : monachi autem et ceteri canonici prebendas habentes nichil percipiunt de distributionibus, preter abbas Sancti-Johannis qui percipit distributiones tanquam canonicus, in quatuor festis beate Marie, videlicet Annunciatione, Nativitate, Purificatione et Assumptione, et in ebdomada sua, quando est ebdomadarius in officio sacerdotis. Item cano-

« Nous Doyen, chanoines et Chapitre de Chartres, dument assemblés en notre lieu capitulaire, certifions à tous qu'il appartiendra que les chanoines de notre église paient à leur réception la somme de 270 liv., d'où il y a celle de 150 liv. pour l'œuvre et fabrique de notre église, au lieu d'une chappe qu'on payait autrefois en nature ; le reste est distribué à différents officiers de l'église et au bureau général des pauvres de la ville. Le stage dure six mois et ne peut se commencer que depuis la saint Jean jusqu'à Noël, lequel Noël doit se trouver dans lesdits six mois.

» Un chanoine a entrée et voix au Chapitre dès qu'il est reçu, pourvu qu'il soit sous-diacre. Celui qui réside et n'a pas fait son stage perçoit seulement les distributions de bled ou *pain de matines* dé 30 septiers et *celui de communauté* qui est de 21 septiers de grain.

» Celui qui est en stage ne gagne que les distributions, le susdit bled de matines et de communauté et son gros qui est de trois muids de grain, mais il ne profite pas du gros qu'il gagne cette première année parce qu'il le paie à l'abbaye de Saint-Jean. Il ne gagne point ce que nous appelons *forennités* et *collocations vacantes* qui sont de 15 septiers de grain, ni ce qu'on appelle chez nous la *lamproie*, qui est un revenu casuel de rachapts et profits de fief, lods et ventes. Ce dernier droit de lamproie ne se distribue qu'aux capitulans qui assistent au Chapitre général *des mœurs* et qui ont gagné leur second gros.

» Avant de pouvoir gagner le bled ou pain de matines, un chanoine est tenu de payer encore une somme de 30 liv. outre celle qu'il a payée à sa réception.

» Celui qui n'est pas dans les ordres sacrés ne gagne que les distributions et le bled de matines, en nature ; il ne gagne pas les forennités ; il gagne cependant le bled de communauté et son gros de trois muids, mais on ne les lui paie pas en nature, mais à un prix qu'on fixe lorsqu'on renouvelle tous les six ans les partages des prébendes.

» Il faut être dans les ordres sacrés pour gagner les forennités, le bled de communauté en nature et la lamproie. Celui qui n'est pas sous-diacre en est privé, comme nous venons de le dire. »

(Archives d'Eure-et-Loir. — *Reg. Capitul. de 1725.*)

nici infirmi, durante infirmitate, minuti sanguine per tres dies et potionati per quatuor, percipiunt distributiones, licet non sint presentes infra chorum, preter ad processiones que fiunt extra claustrum, et preter panem majoris misse et peccuniam in capitulo distributam. Item canonici ultra sexaginta annos habentes possunt percipere distributiones matutinarum licet non surgant, dum tamen habeant pro se ad matutinas unum clericum quem tenentur presentare pro se in capitulo, sollempnitate tamen prius ex parte ipsorum de etate sua in capitulo, prout moris est. Item ex quacumque hora canonicus recedat de Carnoto, pulsato tamen prius ad matutinas, et ad quamcumque horam accedat apud Carnotum, ipse percipit in Loenio duos panes et vi den., si tunc peccunia in Loenio distribuatur. Item statutum est a Capitulo quod si canonici instituerint aut instituent vicarios perpetuos in ecclesia Carnotensi, et assignaverint vel assignabunt cuilibet vicario suo xii lib. annui et perpetui redditus in terra Capituli vel extra, percipiant distributiones matutinarum in quacumque etate existant, dum tamen vicarius seu vicarii intersint matutinis; et post decessum instituencium vicarios, collatio cum redditibus in perpetuum Capitulo remanebit.

De hiis que reddit episcopus Capitulo.

Domnus episcopus reddit, singulis annis, Capitulo pro clericis matutinarum xxxvi lib., que recipiuntur per matutinarium canonicum. Item reddit anniversario Hugonis de Feritate quondam episcopi lx sol.; item anniversario Roberti episcopi, cuilibet canonico xii den., cuilibet non canonico vi den.; item ad anniversarium Alberici episcopi iiii lib.; item ad anniversarium Gaufridi *Chardonnel* ii mod. bladi capiendos in orreis ipsius episcopi apud Carnotum; item ad anniversarium Ludovici regis iiii lib. pro gisto de Fresneyo; item ad anniversarium Albe regine iii lib.; item ad anniversarium Galteri episcopi c sol.; item ad anniversarium Mathei episcopi xxx lib.; item ad anniversarium Gaufridi episcopi, cuilibet canonico existenti eidem anniversario xix den., et cuilibet chori clerico vi den., et matriculariis v sol. vi den.; item ad anniversarium Goelleni episcopi, cuilibet canonico xviii den., et cuilibet non canonico vi den., et matriculariis v sol. vi den.; item ad anniversarium Roberti, comitis Attrabatensis, iiii lib.; item ad anniversarium Gaufridi de Beroto i mod. bladi et i mod. avene de orreis Carnotensibus, et debent reddi in Loenio; item ad anniversarium Petri de Minciaco episcopi xv lib. [1]..

De hiis que reddit decanus.

Decanus tenetur ministrare, in festo beati Piati, ad matutinas retro altare, canonicis et non canonicis ac aliis ministris ecclesie tunc existentibus ad matutinas, potum matutinum, videlicet panem, vinum et pastillos; ita quod quilibet habeat unum pastillum; et sero cremare thura in ecclesia, prout moris est in festo predicto. Item decanus tenetur facere pigmentum in vigilia Ascensionis ad bibendum in pulpito, regressu processionis, pro presbiteris et dyaconis canonicis et non canonicis; et post hoc quilibet canonicus et non canonicus qui interfuit dicte processioni habet unum potum dicti pigmenti. Item decanus reddit Capitulo II mod. bladi pro quadam decima sita prope Piatumvillare, pro anniversario Hugonis decani. Item reddit matutinariis pro baneriis xxx sol.; item reddit parvo compoto xxv sol., pro domo comitis Drocensis de Firmacuria.

De hiis que reddit subdecanus.

Subdecanus tenetur simili modo sicut decanus facere pigmentum in vigilia Ascensionis, in tanta cantitate quod sufficiat canonicis et non canonicis, subdiaconis et inferioribus ad bibendum in capitulo, regressu processionis, et quod quilibet canonicus et non canonicus predictus habeat unum potum, videlicet illi qui fuerunt dicte processioni. Item subdecanus reddit Capitulo IX sol. de censu suo de Oreyo, ad anniversarium Raginaldi de Blesis. Item reddit ad parvum compotum xv sol. super majoriam de Manuvillari. Item reddit matutinariis pro. . . . . et ad anniversarium Bartholomei de Roia, militis, L sol. pro Maria de Berjouvilla.

De hiis que reddit cancellarius.

Cancellarius reddit ad anniversarium Roberti cancellarii IX sol. IIII den.

De hiis que reddit prepositus de Ingreyo.

Prepositus de Ingreyo reddit matutinariis pro prepositura sua L sol.

---

[1] Tous ces anniversaires, et quelques-uns en plus à la charge de l'évêque, sont mentionnés dans le compte de la régale de Miles d'Illiers (1493). (*Mém. de Laisné*, t. II, p. 215).

De hiis que reddit prepositus Normannie.

Prepositus Normannie reddit ad anniversarium Eustachie, matris Almarici precentoris, L sol.; item ad anniversarium Egidii *Paste*, quondam prepositi Normannie et postea episcopi Aurelianensis, III lib.; item ad anniversarium Droconis archidiaconi LX sol.; item ad anniversarium Auberti de Galardone L sol.; item ad anniversarium Gauffridi decani L sol.; item ad anniversarium Godescalli Goaldi, patris Almaurici precentoris LX sol.

De hiis que reddit prepositus de Masengeyo.

Prepositus de Masengeyo reddit matutinariis, pro prepositura sua, XL sol. et II mod. bladi; et pro quibusdam plateis vel pasturis eidem prepositure annexis XL sol.; item ad anniversarium Johannis de Sarcosa, prepositi de Masengeyo, II mod. bladi super molendinum de Masengeyo, et medietatem cujusdam prati siti prope dictum molendinum, quod bladum cum feno medietatis dicti prati debent reddi apud Masengeyum. Item reddit ad anniversarium Alberici episcopi XLV sol.; item ad anniversarium Gauffridi dyaconi, prepositi de Masengeyo, XL sol.; item ad anniversarium Gauffridi episcopi LXX sol., pro precaria de Vindocino eidem prepositure annexa; item ad anniversarium Johannis *Espaillart*, prepositi de Masengeyo, LV sol.

De hiis que reddit prepositus de Auversio.

Prepositus de Auversio reddit matutinariis pro prepositura sua LXX sol. Archidiaconi et capicerius nichil reddunt preter ad luminare.

Primo de hiis que sunt in prepositura Belsie.

Apud Vovas in Belsia, que est principalis villa prepositure Belsie et in aliis locis et villis in prebenda de Vovis existentibus sunt redditus et possessiones Capitulo pertinentes que sequuntur :

Apud Vovas habet Capitulum XXII sol. perpetui redditus super ecclesiam, per presbiterum, pro altalagio ipsius ecclesie, qui pertinent matutinariis. Item in villa de Vovis est quoddam magnum atrium cum magnis sepibus retro, quod fuit quondam illorum de Varennis, in quo edificantur duo hebergamenta, videlicet unum retro domum presbiteratus de Vovis; Theobaldus

Bruillart et ejus heredes reddunt annuatim Capitulo pro anniversario Roberti de Versiaco, archidiaconi Dunensis, xxx sol. perpetui supercensus; et aliud situm est super chiminum qui ducit de Vovis apud Carnotum in parte anteriori dicti atrii; de quo Clemens de Bouvilla et ejus heredes reddunt annuatim Capitulo pro anniversario Johannis Lamberti canonici l sol. supercensus.

Item in villa de Vovis est quedam domus cooperta de scindula, sita inter domum mulieris dicte Rosete de Chambleyo et domum dicti Guillelmi Belli-Chartonni, in vico qui dicitur.....; ad quam domum pertinent plures pecie terre site circa Vovas, videlicet octo sext. apud Ulmetellum, juxta viam de Bussello et tres mine ad caput eorumdem; item ad caput oschiarum de Cersayo circa sex sext. in alia pecia juxta terram Luce cordarii; item ibi prope sex sext juxta terram dicte *la Bechine* et Perroti fabri; item versus Cersaium tres mine juxta terram Guillelmi *Chauvel;* item ibi prope quinque min. juxta terram Roberti Anglici; item ibidem quatuor sext. juxta terram Stephani pellliparii de Vicino; item ibi prope juxta terram Luce cordarii; item ibi prope I sext. juxta terram dicte *la Bechine;* item versus Cersayum III min. que abotant de chemino Aurelianensi; item super limitem de Bussayo v min.; item versus leprosariam, inter viam de Cersayo et viam de Vicino, v min.; item ibi prope III min. juxta terram Guillelmi Chauvelli; item super viam de Rouvrayo III min. Summa dicte terre circa III mod. VI sext., sed tamen estimantur ad quatuor mod. Que terra est tota ad duas garbas; et reddunt prebendarii VI sol. de coustumis et mesnagium de II mod. et VIII sext. Que terra cum predicta domo valet ad presens VII lib., et pertinet anniversario Petri de Castra cancellarii.

Item apud Vovas sunt alie terre contigue eidem ville, videlicet XXVIII sext. in duabus peciis, retro hayas de Vovis juxta cheminum qui ducit de Vovis apud Fauvillam; item VIII sext. juxta cheminum qui ducit de Vovis apud Vovellas, videlicet a parte dextra eundo apud Vovellas. Summa dicte terre circa III mod.; de qua terra sunt circa sexdecim sext. ad II garbas et residuum ad unam garbam; que valet ad presens x lib. x sol., et pertinet ad anniversarium Roberti de Versiaco, archidiaconi Dunensis.

Item apud Vovas et *les Muttons* et Montem-Chauvelli, in majoria de Vovis, habet Capitulum alias terras sine hebergamento, videlicet in territorio de Vovis IIII sext. juxta terram Guillelmi Boni-hominis, et II sext. juxta terram Stephani *Bruillart;* item apud *les Muttons* una platea ubi fuit olim hebergamentum, cum uno min. terre dicte platee tenente; item ibidem unum modium terre in pluribus peciis simul tenentibus, juxta terram Johannis *Botereau* et juxta terras heredum deffuncti Rogerii de *Murtons* et juxta terram Guillelmi Boni-hominis; item in territorio Montis-Chauvelli circa xxx sext. simul tenentia, et abotant terris de Vovellis et super perreriam de Monte-Chauvelli. Summa dicte terre circa IIII mod. absque dicta platea; que terra tota est ad duas garbas, et debet omnes coustumas, et valet circa LX sol., et pertinet anniversario Gauffridi de Putheolis canonici.

Item apud Villarcellos, in parrochia de Vovis, est quedam precaria, ad quam pertinet una granchia sita apud Villarcellos, cooperta de scindula, in qua reponitur quedam decima pertinens dicte precarie, sita super aliquibus terris, sitis prout itur de Villarcellis apud Hamblerias, Hospitalem et Vovas; que decima valet communibus annis circa VII mod. grani. Item dicte precarie pertinent XXVIII sext. avene de oblitis et IIII den. pro fornamentis de quolibet sext. super oscisiis dicte ville. Item dicte precarie pertinent due partes decime lanarum, agniculorum et panum ejusdem ville, videlicet de quolibet mesnagio III panes; et presbiter de Vovis habet terciam partem, super quam tenens dictam precariam habet tres solidos; que due partes valent circa LX sol. Hec precaria valet ad presens xxv lib., et pertinet matutinis.

Item apud Cersayum, in majoria et in parrochia de Vovis, est quoddam hebergamentum juxta hebergamentum Guilloti *Belon* et hebergamentum Johanne *la Coychesse*, ad quod pertinent tria sext. terre, videlicet unum sext. adjacens dicto hebergamento et duo sextaria in Parruchiis in duabus peciis; super quo hebergamento cum dicta terra Arnulphus Militis et ejus heredes reddunt Capitulo annuatim XII sol. perpetui supercensus vel redditus, qui pertinent anniversario Johannis de Albigniaco, canonici et presbiteri, et debent reddi in festo beati Remigii.

Apud Busseellum, in prebenda de Vovis, est quedam precaria, ad quam pertinet hebergamentum situm apud Busseellum juxta hebergamentum dicti Prestati armigeri, clausum de muris, in quo sunt due granchie, cum bercheriis de calmo, una domus de scindula et una camera de scindula juxta portam, et virgultum absque arboribus. Item dicte precarie pertinent plures pecie terre, videlicet I mod. terre juxta dictum hebergamentum qui vocatur oschia, et ad caput ejusdem oschie circa IIII sext.; item juxta viam de *Tellau* et terram deffuncti Ade *Harenc* militis circa IIII sext.; item ex altera parte dicte vie, videlicet a parte dextra eundo de Bussello apud *Telleau*, circa I mod.; item versus Villaellis x sext. in tribus peciis, juxta terras Guillelmi de Chalnayo, militis; item apud viam que ducit de Bussello apud Cersayum I mod, juxta terram Guillelmi predicti, et ad capud illius modii II sext, juxta terram Petri *Dalement;* item versus Cersayum II sext. cum mina juxta terram que vocatur terra Cancellarii; item versus Hospitale IIII sext. juxta terram *de la Beschine;* item versus leprosariam de Vovis III sext. cum mina juxta terram fabri de Cersayo; item versus Fauvillam II sext. juxta terram Clementis Bernardi; item prope Vovas I min. juxta terram Robini Anglici, fabri; item apud *les Murtons* IIII sext. juxta terram Guillelmi pelliparii de Vicino; item versus Ulmetellum de Vovis v min. ad longum *chimin* juxta terram Theobaldi *Bruillart;* item ibidem IIII sext. que abutant chimino quod ducit de Bussello apud Vovas juxta terram *à la Beschine;* item ibi prope IIII sext. juxta terram Gilloti Vendosmeli; item ibi prope III min. juxta terram Tenoti *Escate;* item ibi prope II sext. que abotant chimino de Aurelianis juxta terram Yenoti *Bodoanne;* item apud fossam Francicordis VIII sext. in quibus est dicta fossa; item inter Bussellum et Cersayum VIII sext. juxta terram Raginaldi Rousselli; item in territorio *des Fornees* IIII sext.; item ibidem I sext. super quo abotant predicta IIII sext.; item ibi prope IX sext. juxta terram domini Guillelmi de Chaverneyo; item prope Bussellum II sext. juxta carrellum domine de Loynvilla; item prope Bussellum II sext. juxta terram Raginaldi de Monciaco, archidiaconi Blesensis; item ibi prope I min. juxta terram domini Guillelmi de Chaverneyo, que abotant chimino Aurelianensi; item in territorio de Hervilla III sext. juxta terram dicte *la Pelée*, item apud Bussellum IIII sext. juxta terram Bartholomei *Pescant*, armigeri; item ibidem I sext. quod abotat super eisdem IIII sext.; item ibi prope VII sext. que abotant oschie dicti *Pescant;* item III min. que abotant ville de Buccello juxta terram Tenoti *Escate.* Summa dicte terre XII mod. v min., de quibus sunt quatuor modii liberi absque decima, et quatuor modii vel circa sunt ad unam garbam, et residuum est ad duas garbas. Item dicte precarie pertinent xv sol. perpetui redditus super uno hebergamento sito apud Busseellum, quod est domini Guillelmi de Dometi, militis. Item dicte precarie pertinet decima terrarum et ortorum de Busseello, que valet circa..... Hec precaria valet ad presens xlv lib., de quibus pertinent anniversario Petri de Limigniaco lv sol.; item ad anniversarium Odonis de Castro-Landonis vii lib.; item ad anniversarium magistri Angeli c sol.; item ad anniversarium Petri de Turnoinno lx sol.; item ad anniversarium patris et matris Dyonisii, cancellarii iiii lib.; item ad anniversarium Dyonisii, cancellarii iiii lib.; item ad anniversarium Philippi de Brena xl sol.; et residuum ad vesperas paschalis temporis, quod valet ad presens x lib.

Item apud Busseellum est quoddam hebergamentum, inter hebergamentum mulieris dicte *la Pelée* et hebergamentum dicti *Bodan*, cum quadam oschia que fuerunt forestam, de quibus Venotus *Bodeanne* et ejus heredes reddunt Capitulo annuatim vi sol. perpetui supercensus vel redditus, qui pertinent parvo compoto.

Apud Foliam-Herbaudi, in prebenda de Vovis, est quedam domus sita juxta domum Tenoti *le Bordier* et vii min. terre, cujus domus quedam pars cum dicta terra fuit forestam : cujus terre i sext. situm est juxta terram Giloti *Micheau;* item iiii boiselli in alia pecia, et iii boiselli in alia, juxta terras dicti Giloti; item ii boiselli juxta terram Tenoti *le Prestre*. De qua parte dicte domus cum dicta terra Tenotus *Bordier* et ejus heredes reddunt Capitulo vi sol. annui et perpetui supercensus vel redditus, qui pertinent ad parvum compotum.

Apud Hervillam, in parrochia de Vovis, est quedam precaria ad quam pertinent liii sol. census cum vendis et justicia ville, qui census situs est super ostisiis et arpentis dicte ville; item circa xii sol. census capitalis; item decima lanarum et agniculorum dicte ville que valet circa l sol. Hec precaria consueta est tradi pro vi lib., qui pertinent matutinariis.

Apud Fainvillam, in majoria de Vovis, est quoddam hebergamentum juxta hebergamentum Guillelmi de *Vovais* et hebergamentum Petri *Bourgigue*, ad quod pertinent plures pecie terre, videlicet ii sextaria retro dictum hebergamentum, et ibi prope iiii sext. que vocantur Quarrellum; item in Valle-Rote v sext., et ibi prope circa iiii sext. juxta terras de Vovellis; item apud Platam-Scutellam v min.; item in oschiis de Fainvilla iii min.; item apud viam Belli-Villaris i sext. Summa dicte terre xviii sext., que est tota ad duas garbas, exceptis iii min., de quibus, cum dicto hebergamento, Petrus de *Genez* et ejus heredes reddunt

Capitulo annuatim LXX sol. perpetui supercensus vel redditus, qui pertinent anniversario Stephani de Sancto-Arnulpho, canonici.

Apud Putheolos, in prebenda de Vovis, est majoria, que est modo precaria Capituli, ad quam pertinet unum hebergamentum bonum, situm apud Putheolum, clausum de muris, quod vocatur hebergamentum majoris, infra quod sunt circa tria arpenta bone vinee; una domus de tegula pro hospite in qua sunt bona horrea; una granchia de scindula et due borde pro stabulis equorum et pecudum. Item eidem precarie pertinent plures pecie terre, videlicet XL sext. ad longum cheminum Aurelianensem, ex una parte, et cheminum de Villerallo, ex altera, in una pecia; item juxta dictam viam de Villeralo XI sext. que vocantur Custura-Limitis; item supra vicum de Putheolis circa unum modium; item juxta viam de Bussello IX sext. cum mina; item supra viam de Boyvilla VI sext.; item juxta viam Amelote *la Caille* circa I sext. Summa dicte terre circa VI modios IIII sext. cum mina; que precaria valet ad presens XII lib.; de quibus....... Item apud Putheolos habet Capitulum fourragia, palleas et pillones granchie loci, qui pertinent anniversario Stephani de Sacro-Cesare et valent circa C sol.

Apud Veterem-Alumpnam, in prebenda de Vovis, est unum hebergamentum quod vocatur hebergamentum Clementis majoris, in quo est quedam domus de scindula et una borda et granchia de calmo, ad quod pertinent terre que secuntur, videlicet III sext. que abotant vie de Perreria; item ibidem III min. que abotant terre Clementis de Villerallo; item III min. juxta terram Philippi *Letart;* item ibi prope I sext. cum mina juxta terram Tenoti *Coste;* item versus Bellum-Villare V min. juxta terram Guilloti de Cruce; item prope Veterem-Alumpnam V min. que abotant vie per quam itur de Veteri-Alumpna ad monasterium Belli-Villaris; item ibi prope III min. que abotant dicte vie ex alio latere; item versus Masengium II sext. juxta terram Macoti Beatrix. Item juxta dictum hebergamentum est quedam oschia continens III min.; item in territorio de Meroliis III min. juxta terram Jaqueti textoris. Summa dicte terre circa XIII sext. cum mina, sed tamen estimatur ad XV sext.; et est tota ad duas garbas, et debet II sol. de coustumis, et mesnagium VI sext. grani. Que terra valet ad presens LX sol., et pertinet anniversario Johannis de Divione.

Apud Merolias, in majoria Veteris-Alumpne, habet Capitulum terras sine hebergamento, videlicet x sext. que vocantur terre de Gayvilla juxta terram Roberti *Lietart;* item ibi propre III min. juxta terras Roberti de Pravilla et unam minam juxta terram Garnerii *Fromont;* item quinque min, juxta terram dicti Garnerii; item tria min. juxta terram Gaufridi *Baudri;* item unam minam juxta terram Clementis *Letart;* item ibidem v minas in duabus peciis; item versus Furcas circa II sext. juxta terram Garnerii *Fromont.*

Item in Valle Mali-Lupi circa I modium juxta terram Perrini *Bouton* et unum sext. juxta terram Perrini *le Vigneron;* item ibidem circa III min. juxta terram Thenoti *Lietart* et unam minam juxta terram Dyonisii; item ibi prope unam minam juxta terram Guillelmi textoris, et unum sext. juxta terram Fami de *Mesengon* et I min. juxta terram Johannis Gaufangii; item in Frechiis v min.; item inter Merolias et Vallem Mali-Lupi VII min. juxta terram Stephani Probi-Hominis; item prope Merolias v min. juxta terram Arnulphi *Aucheis;* item apud Spinam v min. juxta terram Guerini *Couillart.* Summa dicte terre II modii IX sext. vel circa, qui sunt ad duas garbas et debent v sol. IIII den. de coustumis, et mesnagium debet xv sext. grani. Hec terra valet ad presens IIII lib.; super qua terra debentur ad anniversarium Theodori episcopi III sol.; residuum est ad anniversarium Johannis de Gometo.

Item apud Merolias habet Capitulum alias terras cum medietate cujusdam borde site in capite ejusdem ville a parte Vovarum, que vocatur borda deffuncti Guiardi; de qua terra sunt versus Vallem Mali-Lupi circa III min. juxta terram Thome *Late,* et unum min. juxta terram Clementis textoris de Guignonvilla; item ibi prope unum min. juxta terram Symonis Noel; item min. ad longum Dyonisii de Merulis; item unam minam ad longum terre Herbeloti Gastellarii et III min. ad longum terre Jodini Gile; item x boissellos juxta terram Roberti *Lietart;* item versus Merolias circa II sext. juxta aliam terram dicti Roberti; item v min. que abotant vico de Meroliis juxta terram Herbeloti Gastelarii; item quinque min. que abotant vie Veteris-Alumpne juxta terram Clementis *Lietart;* item in oschia in qua est dicta borda circa I sext. absque borda; item in territorio de Guignonvilla II sext. prave terre. Summa dicte terre circa I modium, que est tota ad duas garbas, et debet II sol. de coustumis et VI sext. mesnagii. Valet ad presens XL sol., et pertinent ad anniversarium Roberti de Valle-Sancti-Germani.

Item apud Merolias et Malum-Lupum habet Capitulum alias terras sine

hebergamento, videlicet III sext. juxta viam Alumpne ; item tria min. juxta
terram Guillelmi *Garenne;* item III boissellos juxta terram Jaqueti textoris
et II boissellos juxta terram Garini *Fromont;* item in Celle III boissellos;
item I minam juxta terram Luce *Tyoin;* item tria min. juxta viam Vallis ;
item versus Male-Lupum II boissellos juxta terram Fami de *Mesengeon;*
item V boissellos juxta viam Vallis.; item VIII boissellos que abotant dicte
vie; item ibi prope I min. juxta terram Theobaldi textoris; item apud
Marchereaux circa I minot.; item V min. juxta terram Philippi *Potier;* item
circa V min. juxta terram Gaufridi *Meschine* ; item x boissellos juxta terram *Bodain;* item in Chaloello III boissellos juxta terram Guilloti *Bruillart.* Summa dicte terre circa I modium, qui est ad duas garbas; et debet
II sol. de coustumis et VI sext. de mesnagio : valet ad presens L sol. et pertinet anniversario Petri de Castris, canonici et presbiteri.

Item apud Putheolos, Merolias et Veterem-Alumpnam habet Capitulum
alias terras, videlicet apud Putheolos tria min. ad longum terre Johannis
Doublet; item apud Veterem-Alumpnam VI sext. super viam que ducit de
Veteri-Alumpna apud Villerallum; item apud Merolias quinque min., ubi
est quedam borda pertinens dictis terris que vocatur oschia.; item III boissellos juxta terram Stephani Probi-Hominis; item V min. juxta terram
Agnetis Gastellarie. Summa dicte terre circa XI sext.; sed tamen estimatur
ad unum modium; que terra est tota ad II garbas et debet II sol. de coustumis et VI sext. de mesnagio, et pertinet ad anniversarium Stephani de
Sancto-Arnulpho, et valet ad presens L sol.

Apud Ceongnolias, in prebenda de Vovis, est majoria, que est modo precaria Capituli, ad quam pertinet I hebergamentum situm apud dictum
locum, clausum muris lapideis; in quo est quedam domus de calmo et
una granchia de scindula cum parvo orto ad terram arabilem; item quidam
furnus cum domo supra de calmo existens apud Ceongnolias, qui est dicte
majorie et valet circa x sol. Item dicte majorie pertinent plures pecie terre,
videlicet VI sext. per viam per quam itur ad Pravillam ; item juxta dictam viam
et juxta terram Johannis *Coillart* II sext.; item versus Judeos II sext.; item in
oschia retro dictum hebergamentum V min.; item juxta terram domini de
Puisiaco I mod. qui vocatur Coustura-majoris; item inter eandem cousturam
et villam de Ceongnoliis III min.; item versus *Vovelles* II sext. juxta terram
feodorum de Vovellis; item apud Montem-Acutum II sext.; item juxta viam

de Vovis v min. que vocantur Cuspis-majoris; item ad longum limitis de Monte-Chauvelli IIII sext.; item ad longum vie de Guignonvilla v sext.; item ad caput ville de Ceonolliis II sext.; item prope dictum hebergamentum majoris III min. Summa dicte terre circa III mod. VIII sext. cum mina, sed tamen estimatur ad quatuor mod.; que terra est ad decimam numeratam et debet I mod. de mesnagio. Item dicte majorie pertinent pilloni granchie de Ceognoliis. Hec majoria valet ad presens XIII lib.; de qua medietas pertinet ad anniversarium Chinchii, et alia medietas ad anniversarium Petri de Sanctolio, thesaurarii Pictavensis.

Item granchia prebendariorum de Ceognoliis est sita in dicto hebergamento majoris de Ceognoliis; de qua granchia omnia forragia et palee sunt Capituli, que solebant esse majorie, et modo pertinent matutinariis, et valent circa LXX sol.

Item apud Bellum-Villare, in prebenda de Vovis, habet Capitulum VII sol. annui et perpetui redditus super ecclesiam loci, per presbiterum, pro altalagio ipsius ecclesie, qui pertinent matutinis.

Item apud Villerallum, in parrochia de Bello-Villari prope Vovas, habet Capitulum quamdam decimam relictam in campis, que vocatur decima de Villerallo, et durat a chemino qui ducit per Pravillam usque ad Villam-Novam-Episcopi, et de Bussayo usque ad viam poteriam que durat usque ad cheminum Alonne euntem apud Aurelianum, et inde usque ad garennam Guillelmini de Villerallo, et ab illa garenna usque ad caput ville de Villerallo, et ab illo capite usque ad metas que separant territorium Villeralli Praville, et de *Sermerolles;* que decima habet circa IIII mod. grani et pertinet anniversario Johannis Ascelini.

Apud Amainvillam, in prebenda de Vovis et in parrochia de Fenis, est quedam precaria ad quam pertinet unum hebergamentum situm apud Amainvillam, clausum de muris terreis, in qua est quedam magna borda et quedam granchia cum appentitio de tegula, in qua sunt bona orrea et quidam ortus cum cerasis. Item dicte precarie pertinent plures pecie terre, videlicet XX sext. juxta dictum hebergamentum; item VIII sext. juxta limitem de *Villarichai;* item apud Fossam-Lucie IIII sext.; item versus Fena IIII sext.; item apud *Telleau,* in loco qui dicitur Quarrellum, III sext.; item apud viam de Mulceiis XIII sext.; item in campo de Herbleyo I sext. Summa dicte terre circa V mod. y que debet decimam relictam in campis. Item dicte precarie pertinent circa v sol. super terris sitis apud Amainvillam, cum medietate vendarum earumdem terrarum; item vi den. super unum hebergamentum dicte ville cum vendis; item tria min. avene ad mensuram Carnotensem pro oblitis. Item precarie pertinent menagia quatuor modiorum grani, que valent circa xx sol. Hec precaria valet ad presens xiii lib. et pertinet matutinis.

Apud Fains prope Vovas, cum tribus aliis villis, videlicet *Tortoers*, *Villeron* et *Baigneaus*, est precaria sine hebergamento : in quibus villis sunt redditus pertinentes dicte precarie qui secuntur: Apud *Fains* sunt lxii sol. census vel circa super oscisiis dicte ville, qui redduntur in Circoncisione Domini, et circa iiii sol. census capitalis, cum vendis et justicia dicte ville, exceptis aliquibus ostisiis que sunt sub militibus. Apud *Tortoers* sunt xxx sol. viii den. census, cum medietate vendarum et tota justicia dicte ville, et circa x sol. census capitalis. Item apud *Villeron*, in parrochia Sancheville, sunt xl sol. i den. census super oscisiis et dicte ville, cum vendis et justicia; item circa... solidos census capitalis. Item apud *Baigneaus* sunt circa... solidos census cum vendis et justicia ville; item circa xiiii sext. bladi et vii sext. avene.

De precariis et aliis redditibus Capituli qui sunt in prebenda Dunensi.

Apud Villasium, que est principalis villa prebende Dunensis, reddit presbiter loci viii sol., pro altalagio ecclesie sue, qui pertinent matutinariis.

Item apud Villasium est majoria que est precaria Capituli; ad quam pertinet unum pulcrum hebergamentum, situm prope monasterium loci, clausum de muris, cum magna curia et magno virgulto, ubi sunt plures ulmi et plures arbores fructifere; in quo hebergamento est una domus de tegula pro medietario, et due bone horde. Item in dicto hebergamento est granchia prebendariorum; cujus quarta pars posterior pertinet dicte precarie, ad reponendum fructus dicte precarie, que granchia est pulcra et cooperta de tegula. Cujus granchie omnia forragia, palee et pilloni pertinent dicte precarie, ratione dicte majorie, et unus locus in ipsa granchia: que omnia valent circa vi lib. Item dicte precarie pertinent plures pecie terre, videlicet apud *Mulcens* circa xxviii sext. juxta cheminum qui ducit de Villasio apud *Mulcens*; item ibidem ii sext. cum mina ex altera parte dicti chemini; item retro virgultum dicte precarie xxvi sext.;

item versus Noviacum xxvii sext. juxta terras canonicorum de Campellis-in-Bria; item ibi prope i sext. juxta terram *le Corroden;* item ibidem iii sext. juxta terras pertinentes anniversario Bartholomei de Monciaco; item ibi prope iii min. juxta terras Michaelis Sanctii; item v sext. in campo qui dicitur campus *Beauchaucié* juxta cheminum de Noviaco; item v min. prope dictum campum *Beauchaucié;* item prope Villasium iii sext. cum mina que dicuntur *Chavennes;* item apud Frigidam-Boliam iii sext. juxta terram Gauffridi Picardi; item ibidem v sext. ex alio latere dicte terre dicti Gaufridi; item ibi prope, apud Campum-Floridum, iiii sext. cum mina; item ibi prope i min. juxta terram ecclesie de Villasio; item apud Vallem-Putredam iiii sext. cum mina in duabus peciis contiguis; item in Quarello ii sext. juxta terram Marie *la Bichete;* item apud Fossam-Albam vii sext. in una pecia, et ibidem xi sext. in alia pecia; item una mina prope Fossam-Albam; item v min. juxta cheminum de *Meroles;* item ibidem iii min.; item retro virgultum dicte precarie ii sext.; item una mina que aboutat cousture que est versus *Mulcens;* item iii sext. cum mina que aboutant limiti de Chenonvilla. Summa dicte ville circa xii mod. vii sext.; sed tamen estimantur ad xiii mod.; de qua terra xxvi sext. vel circa debent decimam illatam, et x sext. decimam relictam in campis, residuum est ad duas garbas. Pro dictis decimis illatis et pro relictis in campis et pro campipartagiis tenens precariam tenetur solvere tria modia bladi ad precium Loenii festi Ascensionis Domini, ad anniversarium magistri Egidii de Cheseyo quod fit circa festum sancti Andree. Et ultra contenta in dicta scriptura debentur tenenti dictam precariam duo capones super quadam hostisia dicte ville. Et sciendum est quod iiii^{or} modii dicte terre vel circa, quos Guerinus de Villanova-Comitis, camerarius Carnotensis, ibi acquisivit, in ista summa continentur. Hec precaria reddit prebendario Dunensi xv sol. viii den. obol. census et ix mod. de mesnagio, et valet ad presens....., de quibus pertinent ad anniversarium Raginaldi Ligeri vi lib., ad anniversarium Galteri de Chevriaco ix lib.; item ad missas beate Marie que fiunt die lune in ecclesia Carnotensi xii den., qualibet die predicta: residuum spectat........

Item apud Villasium sunt alie terre pertinentes Capitulo, videlicet juxta viam que ducit de Villasio apud Carnotum vi sext. juxta terram precarie de Villasio et terram Gauffridi Picardi; item versus Noviacum iiii sext. juxta terram canonicorum de Campellis-in-Bria ; et ibidem III min. in alia pecia juxta terram precarie de Villasio. Summa dicte terre circa XI sext. cum mina; que terra tota est ad duas garbas, et debet I mod. de menagio, et valet ad presens XLI sol., et pertinet anniversario Bartholomei de Monciaco.

Apud Menonvillam, in prebenda et in parrochia de Villasio, est majoria que est precaria Capituli, ad quam pertinet unum hebergamentum, situm apud Menonvillam, clausum de muris lapideis, quod vocatur hebergamentum majorie; in quo sunt due terrate et una alia non terrata. Ad quam precariam pertinent plures terre, videlicet XXII sext. que vocantur Gastina; item apud Vallem-Putredam VIII sext. juxta terram presbiteri de Villasio; item in campo qui dicitur Fossa *à la Galete* x sext.; item in campo dicto *le Seuiz* x sext.; item prope dictum hebergamentum x sext. que vocantur oschia; item apud Hayam VI sext.; item in Campo-Roncioso XIII sext.; item apud Montem-Guerini IIII sext. in una pecia juxta terram Johannis Guioti; et ibidem VI sext. in alia pecia juxta terram Johannis Yspani. Summa dicte terre VII mod. VI sext.; de qua terra duo modii sunt ad duas gerbas et residuum ad unam gerbam, et debet II mod. de menagio. Item forragia, palee et piloni campipartagiorum et decimarum de Menonvilla pertinent dicte precarie, sed tenens dictam precariam tenetur querere granchiam ad dicta campipartagia et decimas reponendas. Item dicte precarie pertinet medietas cujusdam decime site apud Bromevillam, que valet circa II mod. ad mensuram carnotensem. Super hanc precariam solent reddi in Loenio VI mod. frumenti pro pane Capituli; item ad anniversarium Stephani *Jourdain*, canonici Carnotensis, XL sol., et I sol. ad mandatum.

Apud Boscum-Sancti-Martini prope Montisvillam, in metis prebendariorum Dampne-Marie, habet Capitulum medietatem cujusdam decime relicte in campis, et clerici chori aliam medietatem que est sita super terris sitis juxta villam Bosci-Sancti-Martini et Villam-Novam ; et capit finem fossis de *Taresses* ex una parte et terris domini Gauffridi de Danonvilla, militis, ex altera, et territorio Fournellorum; et valet quelibet medietas circa III mod.; et super medietatem Capituli quidam vavasor habet VI sext. bladi; residuum pertinet anniversario Roberti, cancellarii.

Apud Angonvillam versus Bonamvallem, in parrochia....., cum pluribus aliis villis, videlicet Housseyo in parrochia Sancti-Germani-prope-Alloyam, Feleinvillam versus Feritatem-Villenolii, Vovetis in parrochia de Theuvilla, Brehainvilla prope Sanctum-Germanum versus Illesias, Carrogiis, Robore, Bosco-Tibodi, Casa-Picta, Fravilliaco in parrochia de Blandainvilla, cum Varenna in parrochia de Melleyo, cum Sancto-Carauno Carnotensi, Sandarvilla, Charmayo-Gonteri in parrochia de Digniaco, et Ulmayo versus Nogentum-Regis, est precaria que vocatur precaria de Angovilla, est principalis villa dicte precarie. Cui precarie pertinent redditus qui secuntur: apud Angovillam sunt XLV sol. census, super hostisiis dicte ville, cum vendis et justicia, et debent reddi die dominica post Nativitatem beate Marie. Apud Houssayum sunt circa XLV sol. census cum vendis et justicia, super ostisiis dicte ville, et debent reddi die dominica post Nativitatem beate'Marie. Apud Flainvillam IIII mod. grani, videlicet II mod. bladi et II mod. avene ad mensuram Duneusem, qui valent ad mensuram Carnotensem circa XVIII sext. bladi et XI sext. avene; quod granum reddunt Templarii Capitulo, singulis annis, super quandam granchiam quam habent apud dictum locum. Apud Breheinvillam sunt III sol. census super hostisiis cum vendis et justicia. Apud Carrogias sunt VI sext. cum mina avene de oblitis ad mensuram Carnotensem et IIII den. pro quolibet sext. de fournamentis, item III^{or} galine et VIII den. censuales; que omnia debentur super ostisiis, cum vendis et justicia dicte ville. Apud Bellum-Robur, Boscum-Tiboudi, Casam-Pictam et Fayrilliacum sunt XII sol. V den. census, cum vendis et justicia dictarum villarum. Apud Saindarvillam sunt XXV sol. perpetui redditus, sunt V sext. terre site supra, de *Montencon* juxta terram Guillelmi *Vaassart*. Apud Vovetas sunt XV.... fournamentorum, et XXVI galline, que pertinent dicte precarie super ostisiis dicte ville, cum vendis et justicia ville. Apud Varennam, sunt circa V sol. census, tam pro ostisiis quam pro hominibus de corpore; item tercia pars decime ortorum et agnellorum et lanarum, que valent circa VI....., et panes qui valent circa III sol., cum vendis et justicia dicte ville. Apud Sanctum-Carannum Carnotensem est quedam censiva, in qua dicta precaria habet XX sol. per manum domini censive in festo beati Remigii, et nichil de vendis nec de justicia. Apud Charmayum-Gonteri XI sol. V den. census, cum vendis et justicia dicte ville. Item duas partes decime lane et agnellorum ejusdem ville et decimam granorum crescencium in ortis et in arpentis dicte ville; que decime valent circa XXX sol.

Apud Ulmaium est quedam decima grani relicta in campis super terris sitis apud Ulmaium, videlicet in territorio de Bussiaco, que incipit a capite terrarum de Ulmaio et durat usque ad terras de *Gambes*, et ab illis terris usque ad terram monachorum et usque ad caput bosci de Ulmaio, excepta quadam pecia terre : super qua decima de Ulmaio presbiter loci habet vii mod. bladi et vi sext. avene ad mensuram Nogenti-Regis; residuum est Capituli, quod valet circa ii mod. grani. De hac precaria de Angonvilla, cum pertinenciis suis predictis, tenens ipsam precariam reddit matutinis xv sol. super hiis de Vovetis; item ad anniversarium Raginaldi *Boel* viii lib. super decima de Ulmaio; item ad anniversarium Gaufridi decani xii lib.; et ad anniversarium Roberti *Ragahu* vi lib., super aliis redditibus dicte precarie.

Apud Cantumpice, in parrochia de Andevilla, versus Sanctum-Stephanum-de-Gaudo, in prebenda Dunensi, sunt in Circumcisione Domini xix sol. census, qui pertinent precarie de Chaleto.

Apud Auvillare prope Cantumpice, in parrochia Sancti-Dionisii-de-Cernellis, in prebenda Dunensi, sunt in Circumcisione Domini xxix sol. census. Item ibi est quedam haya, cujus quedam pars pertinet Capitulo; qui census cum haya pertinent precarie de Chaleto.

Apud Sanchevillam prope Villasium habet Capitulum, ex forefacto Loriete, uxoris Jodoini *Testu*, que se submisit, unum sext. terre in duabus peciis, videlicet unam minam juxta terram Johannis Barberii et terram Guerini Bonnerii, et unam minam juxta aliam terram dicti Barberii; que terra debet obol. census prebendario de Villasio : que terra debet ad presens v. min. bladi quando bladum crescit in terra et v min. avene quando avena crescit ibi, et quando nichil crescit nichil redditur. Hec terra pertinet parvo compoto.

Apud Castridunum habet Capitulum xx lib. monete currentis apud Carnotum super preposituram loci per prepositum, et debent reddi apud Castridunum prima ebdomada mensis aprilis; que pertinent anniversario Johannis de Castellione, comitis Blesensis.

Apud Cloiam est precaria ad quam pertinet quedam domus de tegula, sita apud Cloyam, prope ecclesiam Sancti-Georgii, que valet circa xl sol. locagii; in qua domo Capitulum habet omnem juridicionem. Idem dicte precarie pertinet omnis juridicio cujusdam vici de Cloya, qui vocatur vicus Cartensis. Item precarie predicte pertinent lxv sol. census, in dominica

Ramorum Palmarum, super terris et vineis territorii de Jupaello; item in festo beati Aviti vii sol. census super vineis dicti territorii; item in augusto circa vi sext. grani de campipartagio terrarum sitarum ante Molendina-Nova prope Bucam-de-Agre; item in Nativitate beate Marie xxv lib. census super terris et vineis territorii de Jupaello et *de la Froisse-Potière*. Item dicte precarie pertinet medietas cujusdam pressorii siti in dicto vico Cartensi, que valet circa lx sol.; quod pressorium est Philippi de Cruce et ejus heredum, nec tenetur Capitulum contribuere in reparatione dicti pressorii. Item dicte precarie pertinent omnia forragia, palee et pilloni granchie de Tyvilla et duo loca vel unus; item in granchia de Conia i locus et piscaria cujusdam partis riparie de Conia; item circa lxxiiii sol. census super terris sitis apud Valainvillam prope Coniam, cum vendis et justicia dictarum terrarum. Que omnia de Tyvilla, de Conia et de Valainvilla valent circa xxxiii lib.; matutinis vii lib. et anniversario Guillelmi de Sarcellis lx sol.

Apud Coniam, in prebenda Dunensi, habet Capitulum xii den. perpetui supercensus, super quandam domum sitam apud Coniam, per Ysabellim de Viaco et ejus heredes, qui debent reddi ad festum Omnium-Sanctorum: que domus devenit Capitulo de morte Guillelmi Cronerii qui fuit suspensus; quam domum Capitulum tradidit dicte Ysabelli supercensu et ejus heredibus in futurum: qui supercensus pertinet parvo compoto.

Apud Vallem-Greneti in Dunensi prope Espesonvillam, est precaria ad quam pertinent decime relicte in campis de terris sitis circa Vallem-Greneti, que sunt domini Vallis-Greneti; quas terras dictus dominus, cum manerio suo de Valle-Greneti, tenet ad fidem a Capitulo, et mortuo domino heres sequens facit homagium Capitulo seu tenenti precariam. Quod valet circa....... Que precaria pertinet matutinis.

Apud Bullainvillam, in prebenda Dunensi, habet Capitulum v sol. annui et perpetui redditus, super ecclesiam loci, per presbiterum, pro altalagio ipsius ecclesie; qui pertinent matutinis.

De precariis et aliis redditibus Capituli, que sunt in prebenda Domne-Marie.

Presbiter Donne-Marie reddit annuatim Capitulo xxxv sol. pro altalagio ecclesie sue, qui pertinent matutinis. Major Donne-Marie reddit annuatim

Capitulo c sol. perpetui redditus super furnum de Domna-Maria, annexum majorie loci. De quibus pertinent anniversario Symonis de Sancto-Dyonisio L sol., et anniversario Milonis, archidiaconi, L sol.

Apud Donnam-Mariam habet Capitulum in granchia loci v loca, que valent circa ix lib.; de quibus locis tercia pars pertinet anniversario Milonis, capicerii, tertia pars anniversario Symonis de Sancto-Dionisio, medietas tercie partis anniversario Henrici de Cannis, et alia medietas ejusdem tercie partis pertinet anniversario Galteri de Cannis.

Apud Consenceas, in prebenda Donne-Marie, habet Capitulum vi sol. annui et perpetui redditus, super ecclesiam loci, per presbiterum, pro altalagio ipsius ecclesie ; qui pertinent matutinis. Item, apud Consenceas, in prebenda Donne-Marie, est quedam precaria, cum pulcro hebergamento sito apud Consenceas, clauso de muris, in quo sunt aula cum celario et granchia de tegula, una domus de scindula et una borda. Item in dicto hebergamento sunt circa duo arpenta vinee, collumbarium et virgultum, in quo sunt arbores fructifere. Item dicte precarie pertinent plures pecie terre que secuntur, videlicet apud pontem deffuncti Hugonis et Petras-Duras circa vi mod. in pluribus peciis; item in territorio quod dicitur Clarus-Mons circa xvi sext. cum mina, que sunt juxta oschias de Consenceis; item juxta Groam-Nigram circa i mod. in duabus peciis tenentibus vie Carnotensi ; item inter Calvum-Villare et viam Carnotensem xi sext. in vi peciis; item apud *Chauchat* i mod. juxta terram ecclesie de Consenceis; item in territorio dicto Retro-Furnum vii sext.; item retro monasterium de Consenceis circa unum modium in vii peciis; item retro domum Laurentii majoris iii min.; item retro domum deffuncte Heloysis circa unum modium in quatuor peciis ; item apud Marasum, i sext.; item versus ulmos de Donna-Maria v sext. in tribus peciis, et ibi prope iii min. in una pecia; item prope viam Donne-Marie circa iii sext. in duabus peciis ; item prope villam de Consenceis, ante domum deffuncti Martini, circa iii sext.; item versus perreriam de Villaribus circa ii sext.; item apud Petram-Coopertam circa vi sext. in duabus peciis; item apud Mousnas circa iii sext. in duabus peciis ; item apud Petram-Valle circa ii sext. in duabus peciis; item in oschiis de Meseyo circa unam minam. Summa dicte terre circa xv mod. iii sext., sed tamen estimatur ad xvi mod. Que terra debet decimam relictam in campis, excepta aliqua parte non magna que est ad duabus gerbis, et debet comiti Carnotensi x sol. vm den.; Matheo de Loenvilla, presbitero, xl den. census ; domino Raginaldo de Donna-Maria, presbitero, vi den, census; prebendariis Donne-Marie vm sext. de mesnagio, et comiti Carnotensi circa v sol. de mesnagio ; monachis Sancti-Martini-in-Valle vi den. census. Item dicte precarie pertinent xxvm sext. avene, et mi sext. ordei, et quatuor galline, et duo den. cum qualibet gallina, vel x den. pro qualibet gallina, computatis n den. predictis ad Nativitatem Domini super arpentis ville de Consenceis. Que precaria valet ad presens xxvi lib., solutis redibenciis predictis, de quibus pertinent ad anniversarium Guillelmi, capellani Carnotensis et presbiteri, x lib.; ad anniversarium Gervasii, camerarii, lx sol.; ad anniversarium Milonis de Croceyo x lib., et ad anniversarium Raginaldi Colli-Rubei, civis Carnotensis, lx sol.

Presbiter de Theuvilla, in prebenda Donne-Marie, reddit matutinario x sol., pro altalagio ecclesie sue. Item apud Theuvillam est quedam decima grani relicta in campis, cum quadam granchia de calmo sita apud Theuvillam; que decima est super terris sitis circa Theuvillam; de qua decima medietas pertinet prebendariis Donne-Marie et alia medietas Capitulo, videlicet mi^a pars usui matitunarum, et quarta pars anniversario Galteri de Fontanis, preposili de Ingreyo: in qua decima sunt mi^{or} tractus, de quibus prebendarii predicti habent n et Capitulum n ; et valet quilibet tractus circa..... Et valet quelibet pars circa mi mod. sine tractu.

Apud Vovetas, in parrochia de Theuvilla, habet Capitulum xxvi sext. avene super ostisiis dicte ville, que pertinent matutinariis, et redduntur per majorem loci; item ibidem xv sol. fourramentorum et xxv galine que pertinent precarie de Angonvilla, cum vendis et justicia dicte ville, prout superius continentur in dicta precaria.

Apud Peseium, in metis prebende Donne-Marie, est precaria ad quam pertinet quedam granchia de calmo, cum parvo orto adjacenti eidem granchie; in qua granchia reponuntur decime et campipartagia terrarum sitarum circa Peseyum, que pertinent dicte precarie; super quibus presbiter de Peseyo habet unum modium bladi et unum modium avene ; residuum valet circa v mod. Item dicte precarie pertinent circa xi sext. avene de oblitis et xxxv sol. census super ostisiis, cum justicia et vendis dicte ville. Item dicte precarie pertinent due partes decime lanarum et agnellorum dicte parrochie. Item dicte precarie pertinet collatio ecclesie de

Peseyo et xx sol. pro procuratione super ecclesia predicta. Item dicte precarie pertinent circa...... census super ostisiis ville de Colomeriis versus Bonamvallem, in parrochia Sancti-Germani-juxta-Aloiam, cum vendis et justicia dicte ville de Colomeriis. Que precaria valet ad presens xxiii lib., de quibus pertinent matutinis ix lib. et ministrationi de Loenio xiiii lib.

Item apud Peseium habet Capitulum quasdam terras pertinentes precarie de Pratis prope Fontanetum-super-Auduram, videlicet xxvi sext. vel circa, de quibus particule continentur in prebenda predicta.

Apud Chavernayum-Magnum, in parrochia de Montenvilla, circa prebendas Donne-Marie, est precaria sine hebergamento, ad quam pertinent iiii mod. ii sext. avene et iiii de fourramentis pro quolibet sext. super ostisiis dicte ville, cum vendis et justicia, de qua avena prebendarii Donne-Marie habent ii mod. Item dicte precarie pertinet tota justicia terrarum sitarum circa Chavernayum : que precaria consueta est tradi pro lx sol. et usui panis de Loenio.

Apud Geseinvillam, circa prebendas Donne-Marie et in parrochia Pruneti-Giloni, est quedam decima grani cum uno tractu, relicta in campis super terris sitis circa Geseinvillam, et durat ab una parte usque ad terras ecclesie de Theuvilla et ex alia parte usque ad ulmos de Freinvilla : de qua decima habet Capitulum quartam partem, et de quatuor annis in quatuor annos dictum tractum, qui valet circa ii sext. Que quarta pars valet circa unum modium, sed Capitulum nichil capit in forragiis, et pertinet anniversario Odonis levite.

Apud Frainvillam prope Geseinvillam, in parrochia de Pruneto-Giloni, habet Capitulum vii sol. iii den. obol. census, receptos apud Carnotum penes distributorem anniversariorum in festo beati Remigii : qui pertinent anniversario Raimbaudi *Craton* cum vendis. Qui census percipitur super terris sitis prope Frainvillam.

De precariis et aliis redditibus Capituli, que sunt in prebenda de Guillonvilla.

Apud Guillonvillam, in prebenda et in majoria de Rebolino, habet Capitulum xxv sol. perpetui redditus, per Lucam de Guillonvilla et ejus heredes, super vii sext. terre, videlicet v sext. in duabus peciis sitis inter Rebolinum et Guillonvillam, juxta terram dicti *Foatier* et terram Johannis *Volant*, et II sext. in Campo-Prorerie. Et propter hec obligavit dictus Lucas Capitulo quemdam campum terre qui vocatur Campus *à la Tartarine*.

Item apud Guillonvillam, habet Capitulum xxv sol. perpetui redditus per Robinum dictum *Lucas* et ejus heredes super VI sext. cum mina terre, videlicet II sext. ad longum vie de Rebolino et abotant marchesio de Guillonvilla; item in oschià sita retro hebergamentum dicti Robini I sext. Item in costura *Foatier* III min.; item in via Praville I sext. juxta terram Johannis *Volant*; item una mina que abotat vie perrerie de Vologis; item unum min. quod abotat vie que ducit de Guillonvilla ad monasterium de Boivilla. Et propter hoc dictus Lucas de Guillonvilla obligavit Capitulo dictum campum *à la Tartarine* pro dicto Robino filio suo.

Item apud Guillonvillam habet Capitulum· xx sol. perpetui redditus per Guiotum lathomum et ejus heredes, super III min. cum duobus boissellis terre, videlicet unum sext. situm retro hebergamentum dicti Guioti ad longum hebergamenti et terre Guilloti *Perdriau*; item retro ruellam VIII boissellos. Et propter hoc dictus Guiotus obligavit Capitulo unum hebergamentum situm apud Guillonvillam, quod vocatur hebergamentum deffuncti Hericie, et est contiguum dicte terre. Summa redditus predicti quem habet Capitulum apud Guillonvillam LXX sol., qui pertinent anniversario Guillelmi de Calvo-Monte, quondam archidiaconi Carnotensis.

Item apud Guillonvillam habet Capitulum quasdam terras sine hebergamento; de quibus VIII sext. cum minoto sunt apud perreriam de Vologis; item ad longum vie de Chanavilla III sext. cum min.; item ibi prope XIII sext. cum min. juxta terram de Letorvilla; item prope viam de Chananvilla II sext. juxta terram deffuncti *Beauventre;* item ibi prope III min. juxta terram Stephani *Loison*; item juxta terras de Letorvilla X sext. que abotant predictis III minotis; item versus magnum cheminum de Aurelianis unam minam juxta terram Johannis *Volant;* item in campis arpentorum de Guillonvilla III min. Summa dicte terre III mod. VIII sext. Que terra debet xxv sext. cum mina de menagio, et circa V sol. III den. obol. de coustumis : valet ad presens C sol. et pertinet anniversario magistri Chinchii de Sancto-Eustachio.

Item apud Guillonvillam habet Capitulum alias terras sine hebergamento, videlicet IIII sext. que abotant medio ville de Guillonvilla; item I sext. quod abotat chemino de Aurelianis juxta quamdam minam terre pertinentis anniversario magistri Chinchii; item III min. que vocantur Campus de Colle; item unum sextarium quod abotat vie de Chenainvilla juxta terram Luce de Guillonvilla; item v min. in duabus peciis, in territorio de Chenainvilla, que abotant cuidam alii, et sunt sita juxta terram Luce de Guillonvilla et terram Guillelmini de Ymonvilla; item versus Letorvillam in Quarellis I sext. juxta quasdam terras pertinentes anniversario Guillelmi de Prato-Grimaudi; item I sext. quod abotat dictis Quarellis; item prope viam de Boivilla v min. juxta Robinum *Lucas*; item apud Spinam I sext. quod abotat vie de Boyvilla; item in via que ducit de Guillonvilla apud Rebolinum I sext.; item versus Rebolinum in eadem via v min.; item versus garennam de Rebolino III min. juxta terram Johannis Lanerii. Summa dicte terre XVIII sext. que sunt ad duas garbas, exceptis IIII^{or} boissellis, et debent xvi sext. de menagio et III sol. x den. vel circa de coustumis. Que terra valet ad presens IIII lib., et pertinet anniversario Ludovici regis Francie.

Item apud Guillonvillam habet Capitulum alias terras, videlicet IIII sext. que abotant magno chemino de Aurelianis juxta terras deffuncti Gauffridi de Guillonvilla; item in Groa juxta viam perrerie de Valogis III min.; item III sext. que abotant vie de Pravilla et vie dicte perrerie; item ad longum terre Guillemini de Ymonvilla I sext. quod abotat vie de Pravilla; item apud Collem III min. juxta terram que fuit dicti *Beauventre* et modo est Capituli; item juxta terram Girardi monachi de Villeralo I sext. quod abotat magno chemino de Aurelianis. Summa dicte terre XL sext.; de qua Lucas de Guillonvilla et ejus heredes reddunt Capitulo annuatim XL sol. perpetui redditus, qui pertinent anniversario Petri de Castra, cancellarii.

Item apud Guillonvillam habet Capitulum alias terras, videlicet v sext. que abotant magno chemino de Aurelianis, juxta terras Johannis *Volant*, et quasdam terras pertinentes anniversario magistri Chinchii; item in Valleya, ad caput *dou Grou*, III min. juxta terram Thome Borelli; item ibidem II sext. que abotant eisdem tribus min.; item versus Villeralium II sext. juxta terras de Villerallo; item ibidem unum sextarium juxta terram Johannis *Volant* ab utraque parte; item ibi prope II sext. juxta terram Gaufridi de Guillonvilla que abotant terris de Villerallo; item juxta Collem et terras pertinentes anniversario magistri Chinchii v min.; item juxta terras Collis II sext. que abotant terris Guillelmini de Ymonvilla; item versus Letorvillam II sext. in duabus peciis, quarum una est juxta terram Sancti-

Ludovici et alia abotat terre Guillemini de Letorvilla ; item retro puteum de Guillonvilla I min. juxta terram Gaufridi *Cheron ;* item ad caput arpentorum de Guillonvilla II sext.; item una mina que abotat ville de Guillonvilla ; item ad longum terre Johannis *Foatier* I sext.; item super vico de Guillonvilla I min. juxta terram Luce de Guillonvilla; item ad longum vie de Pravilla I min. quod abotat vico de Guillonvilla ; item juxta terram Gaufridi *Cheron* IIII sext. que abotant vie de Rebolino; item in valle de Rebolino I min. juxta terram Agnetis *la Marotte.* Summa dicte terre circa XXVII sext. cum mina, que sunt ad duas garbas, et debent XIII sext. de menagio et circa V sol. de coustumis : valet ad presens IIII lib. et pertinet anniversario Guillelmi de Prato-Grimaudi.

Item apud Guillonvillam habet Capitulum alias terras, videlicet XIII sext. inter vias de Pravilla et de perreria de Valogis et abotant terre domine de Rebolino ; item versus garennam de Rebolino VIII sext. que abotant terre Johannis hostiarii ; item prope Guillonvillam III sext. juxta terram dicte *la Senarde,* et abotant terre Guillemini de Ymonvilla; item in via de Boivilla III sext. cum mina juxta terram Clementis tonnelarii; item in valle de Rebolino I sext. juxta terram Quadrigarii ; item una mina juxta hochiam Dyonisii de Guillonvilla. Summa dicte terre circa XXIX sext., que sunt ad duas gerbas, et debent XIII sext. de menagio, et circa V sol. de coustumis. Que terra valet ad presens IIII lib. ad anniversarium Michaelis *Haudri.*

Apud Judeos, in prebenda et in majoria de Rebolino, habet Capitulum plures pecias terre cum una platea ad hebergamentum, sita apud Judeos, que continet unum minotum terre, de qua terra VIII sext. sunt in oschia juxta viam de Pravilla ; item in coustura in qua via est que ducit de *Tellay* apud Pravillam circa XIII sext., tam supra dictam viam quam subtus ; item apud Crucem V min., que tornant super viam que ducit de Judeis apud Pravillam ; item V min. que tornant seu abotant supra viam de Moinvilla ; item versus Pravillam VI sext. juxta terram Odonis *Chauchefain* ; item VIII sext. in quibus est via que ducit de Judeis apud Moinvillam ; item prope Judeos in campo qui dicitur *Chambefray* V sext. in duabus peciis, videlicet una pecia juxta terram Tenoti religatoris, et alia juxta terram Bourgine domicelle ; item versus *Ceongnoles* III min. juxta terram Ynardi de Letorvilla; item juxta Chetellum V min.; item retro terram que dicitur Vinea V min. Summa dicte terre circa IIII mod. III sext., que est ad duas garbas, excepto I sext., et debet decimam relictam in campis et xII den. pastus in festo beati Remigii. Valet ad presens III mod. III min. grani ad mensuram Carnotensem, et pertinet anniversario *d'Espaillart*.

Item in predicto territorio de Judeis, de Tellayo-*le-Bavout* et de Tellayo-Parvo, est decima grani relicta in campis, cujus medietas pertinet Capitulo, videlicet ad usum matutinarum, et valet circa II mod.

Apud Balneum-Capre, in parrochia de Louvilla-Chenardi, in metis prepositure Belchie et in prebenda de Rebolino, est precaria cum pulcro hebergamento, clauso de muris terreis, in quo sunt aula, granchia, domus pro medietario et alia domus pro stabulis et aliis pecudibus, cooperte de tegula, cum una borda et columbario non recto. Infra quod hebergamentum sunt duo arpenta vinee et pulcrum virgultum cum multis arboribus fructiferis. Item dicte precarie pertinent plures pecie terre, videlicet retro dictum hebergamentum III^{or} modii et ante dictum hebergamentum circa VI mod.; item versus Loinvillam circa II mod. VI sext.; item juxta viam que ducit de Balneo-Capre apud Loinvillam circa III mod.; item in custura que est versus Abonvillam circa v mod.; item juxta viam per quam itur de Balneo-Capre apud Hervillam circa I mod. Summa dicte terre circa XXI mod., que omnia libera ab omni campipartagio et decima et aliis redibenciis. Item dicte precarie pertinent circa VI lib. X sol. census, in festo beati Dionisii, super hostisiis dicte terre et super aliquibus terris sitis apud Balneum-Capre, et circa XVIII sext. campipartagii super eisdem terris, cum vendis et justicia dicte ville. Hec precaria valet ad presens LV lib., de quibus pertinent anniversario Stephani de Brueriis LX sol., residuum pertinet ad panem Loenii.

Apud Hemorvillam, in prebenda et in majoria de Rebolino, habet Capitulum, de forefacto Henrici Martini et Lorini ejus fratris, quasdam terras sine hebergamento; quarum una pecià, continens circa unum sextarium, sita est juxta terram Guillelmi Britonis et terram Hugonis *Hautevre;* item III min. juxta terram Jaqueti *Huart* et II boissellos juxta terram Odeline *la Martine.* Summa dicte terre II sext. mina I boissellum. Item dictis terris pertinet unum hebergamentum cum duabus bordis sitis juxta hebergamentum Perrini *Huart* et hebergamentum dicti *Leduc* de Carnoto.

Item apud Hemorvillam habet Capitulum, de forefacto Perrini Carpentarii qui fuit suspensus, alias terras, videlicet III min. juxta terram Johannis

Jordani, et abotant vie Carnotensi ; item v min. juxta terram Mauricii *Triten,* et v min. juxta terram Amelotte *la Coillelle* et terram Guillelmi *Breton.* Summa dicte terre IIII sext.

Item apud Hemorvillam, de forefacto Johannis *Jorge,* habet Capitulum alias terras, videlicet, apud Fossam-Beren, juxta terram Colete et Tenoti ejus fratris, VIII boissellos, et III boissellos juxta terram Garnerii et Hugonis *Hautevre.* Summa dicte terre I sext.

Totalis summa dicte terre forefacte, quam Capitulum habet apud Hemorvillam, circa VII sext., que est ad duas garbas, et debet II boissellos et dimidiam boissiam bladi et totidem avene : que terra valet ad presens IIII sext. bladi reddita in Loenio, et pertinet parvo compoto.

Apud *Sermesoles* prope Rebolinum, in parrochia de Monasteriis-in-Belsia, habet Capitulum quandam decimam grani relictam in campis, super terris sitis inter *Sermesoles* et Mondonvillam ex uno latere et versus Pravillam ex alio. Que decima valet circa III mod. et pertinet anniversario Reginaldi Cari-Temporis, canonici Carnotensis.

Apud Bretonvillare, in prebenda de Rebolino, est pulcra precaria, ad quam pertinet quoddam pulcrum hebergamentum, clausum muris lapideis ; in quo sunt IIII[or.] domus de scindula, quarum infra unam est rocha ad reponendum vinum ; item quedam granchia et caule pro peccudibus de calmo ; item quedam camera cum orreis et quedam coquina de tegula ; item quoddam columbarium et circa duo arpenta vinee. Item dicte precarie pertinet aliud hebergamentum situm apud Bretonvillare juxta hebergamentum Guerini Folis, clausum muris lapideis, in quo sunt due domus, videlicet quedam de scindula et alia de tegula : quod hebergamentum valet circa XL.[a] sol. de locagio, et consuetum est illud locari prebendariis loci ad reponendum campipartagia sua. Item dicte precarie pertinet quedam garenna, clausa de fossatis cum spinis, sita retro hebergamentum primodictum ; item plures pecie terre que secuntur, videlicet supra limitem qui ducit de Bretonvillari apud Merouvillam xx sext. in una pecia et III sext. in alia pecia ; item ad caput arpentorum de Bretonvillari x sext.; item in limite qui ducit apud Sonvillare VIII sext. in duabus peciis ; item in custura de Murgerio v mod. VI sext.; item in custura que est supra viam que ducit apud Fresneyum IIII mod. VI sext. bone terre et circa II mod. prave terre, de qua parum aut nichil colitur ; item ad caput dicte garenne II mod.

vi sext.; item in campo qui dicitur campus deffuncti Raginaldi iiii sext., et in territorio de Muleriis vii sext. Summa dicte terre tam bone quam prave circa xviii mod. x sext., que terra est ad duas garbas, et debet menagium ibi assuetum et pro quolibet modio terre i den. parisiensem. Item dicte precarie pertinent circa.... l solidos supercensus, pro terris pertinentibus dicte precarie, que tradite fuerunt ad supercensum. Hec precaria valet ad presens u lib.; de quibus pertinent anniversario Philippi de Nulliaco, subdecani et presbiteri, xxx sol.; item ad anniversarium Johannis, precentoris, lxxi sol. iii den.; item ad anniversarium Arraudi, episcopi, c sol.; ad anniversarium Johannis *le Hongre* xx sol.; ad anniversarium Bartholomei, cancellarii, xl sol.; residuum pertinet ad panem Capituli et ad matutinas equaliter distribuendum.

Apud Ulmevillam, in prebenda de Rebolino, est quedam decima grani relicta in campis super terras sitas apud Ulmevillam, cujus medietas pertinet Capitulo, et valet circa iii mod. et pertinet matutinis.

Item major Ulmeville reddit Capitulo annuatim vii lib. x sol. super majoriam suam, pro libertate predecessorum suorum, qui pertinent matutinis.

Apud Intervillam, in prebenda de Rebolino, habet Capitulum xx sol, perpetui redditus super ecclesiam loci, per presbiterum, de altalagio ejusdem ecclesie, qui pertinent matutinis.

Apud Hyenvillam, Aurelianensis dyocesis, in metis prepositure Belsie et prebende de Rebolino, habet Capitulum c sol. annui et perpetui redditus super preposituram loci, per prepositum, et debent reddi ad Assumptionem beate Marie apud Hyenvillam, et pertinent anniversario Alfunsi, comitis Pictavensis.

De precariis et aliis redditibus Capituli, qui sunt in prepositura Nogenti-Fisci.

Apud Nogentum-Fisci habet Capitulum lii sol. annui et perpetui redditus super ecclesiam loci, per presbiterum, pro altalagio ipsius ecclesie; qui pertinent matutinis.

Item apud Nogentum-Fisci est quoddam clausum vinee situm prope monasterium, juxta cheminum qui ducit de Nogento apud Stagnum, quod vocatur clausum Capituli; pro quo Guillelmus *Chemart* et ejus heredes reddunt Capitulo annuatim c sol. perpetui redditus, qui pertinent ad panem Loenii.

Item apud Nogentum-Fisci est precaria sine hebergamento, ad quam pertinent v quarteria vinee site apud Buxerias juxta vineas Britonum; item tria quarteria prati siti juxta vineam *Beron;* item ibi prope unum quarterium juxta vineas Pasqueri de Gayvilla, et unum arpentum prati situm juxta prata monachorum Sancti-Caranni, quod arpentum vocatur pratum Guillelmi armigeri; item dimidium quarterium situm apud Vadum-*d'Oisème*, juxta pratum monachorum et terras arabiles. Summa pratorum que pertinent dicte precarie circa II arpenta et dimidium, sed tamen estimantur ad III arpenta; que precaria valet ad presens LX sol. et pertinet ad anniversarium Dulcardi, patris Millonis de Castellione, videlicet cuilibet ipsorum medietas.

Item apud Nogentum-Fisci est alia precaria sine hebergamento, ad quam pertinent XI quarteria vinee, sita apud Buxeriam infra freschia et abotant pratis; item ibi prope circa dimidium quarterium, inter vineas de Nogento et vineas de *Ferreton;* item circa III sext. terre cum min. site apud vineas Huardi ad longum vie Boscheresce. Que precaria valet hactenus XVIII sol., et pertinet anniversario Bartholomei de Monciaco, camerarii.

Item apud Nogentum-Fisci est alia precaria sine hebergamento, ad quam pertinet unum arpentum prati in duabus peciis prope Fontem-Haudri. Item dicte precarie pertinent v sext. terre ad unam gerbam in duabus peciis; videlicet in territorio de *Botrimont* v min. et juxta Harchevillare v min. juxta terram Silvestri *Chartain*. Que precaria solita est tradi pro XXXII sol. IX den., sed valet bene XL sol. et pertinet anniversario Roberti de Borreto.

Apud Harchevillare, in parrochia et in majoria Nogenti-Fisci, est quedam precaria cum hebergamento, sito apud Harchevillare juxta domum Thome Plumbarii, clauso muris terreis; in quo sunt due borde, una domus de scindula et columbarium lapideum, situm in virgulto in quo sunt arbores optime fructifere et quedam trailla vinee. Item dicte precarie pertinent plures pecie terre que secuntur, videlicet I mod. situm retro dictum hebergamentum et in alia pecia I sext.; item ante dictum hebergamentum v min. in duabus peciis; item versus Banleugam, in territorio quod dicitur Mulcens, III.... cum min. in duabus peciis; item apud Vadum-d'*Oisème*, in campo de Riperia, ad longum pratorum, XIII sext.; item ibidem in alio campo, ad longum pratorum, VII sext.; item XIII sext. que junguntur eisdem vii sext.; item ibidem, ex alia parte chemini, ii sext.; item in limite Banleuge in min.; item juxta Ruellam-Pratorum iii sext. cum mina; item apud crucem prout itur de Harchevillari ad monasterium de Nogento ix sext.; item apud *Champleniau* i sext.; item iii sext. juxta terram Thome Plumbarii, item apud *Botrimont* vi sext. cum min., juxta terram Giloti *Harier*; item supra Marneriam viii sext. in duabus peciis; item apud Spinam de Valle-Richardi v sext.; item ibidem ii sext. juxta terram Robini *Branche*; item apud Ruellos prope Archevillare iii sext.; item in Valleis ii sext.; item apud frechia de Harchevillari ii sext.; item apud Petram-Carnificis viii sext. cum mina in quatuor peciis; item inter Nogentum et Villare-Bosci viii sext. in territorio *Leveiz*; item ibi prope, videlicet apud *Tuechien*, iii sext. cum mina; item retro leprosariam de Nogento iii sext. cum mina; item apud...... iii sext. cum mina; item apud Ulmum de Crucibus vii sext. cum mina. Summa tocius terre pertinentis dicte precarie circa xi mod., que est ad duas gerbas, exceptis... ii, et debet de coustumis..... Item dicte precarie pertinet arpentum et dimidium pratorum sitorum apud Vadum-d'*Oisème* in duabus peciis, videlicet ab una parte chemini Parisiensis unum arpentum et ab alia parte ipsius chemini dimidium arpentum prope terras supradictas, item una pecia prati siti subtus Nogentum-Fisci juxta pratum Hemerici Gaivile. Hec precaria valet ad presens xvii lib., de quibus pertinent ad anniversarium Richeri de Blesis vi lib., et ad anniversarium patris et matris ejusdem lx sol., et ad anniversarium Johannis de Minciaco xx sol., et ad anniversarium Guerini de Landorvilla, archidiaconi Vindocinensis, c sol., et ad anniversarium Mathei de Thimayo xl sol.

Item apud Harchevillare est alia precaria cum hebergamento, clauso muris terreis, sito apud Harchevillare ex parte Nogenti; in quo sunt due borde et una domus de scindula, cum orreis et virgulto in quo sunt arbores fructifere. Item dicte precarie pertinent plures pecie terre, videlicet quedam custura sita prope Nogentum, continens xxxii sext. que sunt ad unam gerbam; item prope garennam xiii sext. in una pecia et iiii sext. in alia pecia. Et dicta garenna continet circa v sext. terre gaste, nec est ibi garenna sed olim fuit; item supra viam Carnotensem xviii sext. juxta terram Hemerici Gayville; item apud domum de Harchevillari xiii sext.; item prope cheminum Parisiensem vi sext. in quatuor peciis; item super cheminum de *Gres* III sext.; item apud cheminum *Laonnays* prope Crucem-Viridam III sext. cum mina; item ad Ulmum-Planentem x sext.; item apud fossam deffuncti Laurentii......; item retro dictum hebergamentum IIII min. Summa dicte terre x modii IIII sext.; sed dicta precaria estimatur ad x mod. VI sext. : de qua terra sex sext. sunt ad duas gerbas, residuum est ad unam gerbam. Hec precaria valet ad presens x lib.; de quibus pertinent anniversario Adelicie de Cuneo-muri xxx sol.; ad anniversarium Guillelmi de Cuneo-muri xxx sol.; residuum pertinet. . . . .

Apud Villare-Bosci, in majoria et in parrochia Nogenti-Fisci, est quedam precaria, ad quam pertinet nemus de Bosco-Villari, continens circa quindecim arpenta, clausum de fossatis; in quo est quedam bretechia de tegula, clausa muris lapideis, et quedam borda terrea cum quodam furno. Que precaria valet ad presens xx sol. et pertinet ad panem Loenii.

Item apud Villare-Bosci est alia precaria, ad quam pertinet I mod. terre site in territorio quod dicitur Brevilla in duabus peciis, videlicet VIII sext, que abotant chemino de Alneolo juxta terram Johannis Prepositi, et IIII sext, retro boscum dicti loci, in fundo Valleye, juxta terram R[adulphi] de Monciaco, quondam archidiaconi Blesensis, que terra est ad duas gerbas, et debet VII sol. de coustumis et menagium grani usque ad VII sext. Item dicte precarie pertinent II sext. cum mina terre site prope foveam de Cubitis et unum arpentum et dimidium prati siti ibidem; que precaria valet ad presens L sol.

Ad Quinque-Ulmos, in majoria Nogenti-Fisci, habet Capitulum III minas terre in duabus peciis, videlicet III min. juxta terram Guilloti *Mesot* et III min. juxta terram *Berengier* de Quinque-Ulmis. Quam terram forefecit Stephanus *Cournet* qui se maritavit cum quadam femina de corpore comitis Carnotensis. Que terra pertinet parvo compoto.

Apud Gayvillam, que est villa cancellarii, infra prebendam de Nogento-Fisci, habet Capitulum xxv sol. perpetui redditus super forragia et leca campipartagii de Gayvilla de prebenda de Nogento, prout in brevi partitionum continetur; que pertinet anniversario Hugonis de Bretonvillari.

Item apud Gayvillam habet Capitulum circa xxvi sext. avene perpetui redditus, qui vocatur tensamentum, super hebergamentis et terris dicte ville, cum duabus gallinis, et debent reddi apud dictum locum; de quo tensamento medietas pertinet anniversario Theobaldi de Nantolio, due partes alie medietatis pertinent anniversario Gilleberti Levice, et tercia pars ejusdem medietatis pertinet anniversario Guerini de *Bouteri*.

Apud Cubitus, in parrochia de Gayvilla, habet Capitulum decimam vini quarumdam vinearum sitarum prope Cubitus a parte Carnotensi; que decima consueta est reddi in peccunia, secundum quantitates vinorum crescentium in eisdem vineis, et pertinet matutinis, et valet circa xxx sol.

De precariis et aliis redditibus Capituli, qui sunt in prebenda Campi-Seruci.

Apud Campum-Serucum, que est principalis villa prebende Campi-Seruci, in prepositura Nogenti-Fisci, habet Capitulum xxv sol. annui et perpetui redditus super ecclesiam loci, per presbiterum, qui pertinet ad matutinas. Item apud dictam ecclesiam Campi-Seruci habet Capitulum ii mod. frumenti annui et perpetui redditus, ad valorem melioris frumenti de mercato comitis Carnotensis, minus iiii den., per presbiterum dicte ecclesie, pro libertate pensionis dicte ecclesie, et debet reddi dictum frumentum qualicumque die dictus presbiter fuerit requisitus, elapso festo beati Remigii, quod frumentum pertinet ad panem Loenii.

Item ad Campum-Serucum habet Capitulum annuatim vi lib. perpetui redditus super majorem loci, pro aliquibus terris eidem majorie annexis; qui pertinent anniversario Johannis de Soliaco, archiepiscopi Bituricensis.

Item apud Campum-Serucum habet Capitulum cx sol. perpetui redditus pro redditu qui vocatur bennerie, videlicet apud Campum-Serucum xxxvi sol., apud Campum-Guarnerii xiiii sol., apud Pampolium iiii sol., apud Senevillam xxx sol. et apud Loinvillam xxvi sol.; qui pertinent matutinis et redduntur per majorem Campi-Seruci.

Item apud Campum-Serucum habet Capitulum quolibet anno v mod. iiii sext. bladi perpetui redditus qui vocatur molta; quod bladum debent ville que secuntur, videlicet Campus-Serucus....., Campus-Garnerii vii sext., Pampolium v min., Brayacum v sext., Loinvilla....., Senevilla xv sext. Item Campus-Garnerii reddit xviii den. de coustumis dicte molte. Quam moltam cum coustumis predictis major Campi-Seruci tenetur facere reddi a debentibus illam in parvo Loenio, et pertinet matutinis.

Apud Pampolium, in majoria Campi-Seruci, est quedam terra que vocatur Campus-Succentoris, sita juxta cheminum qui ducit de Carnoto apud Parisius et juxta terras leprosarie Belli-Loci; pro qua terra Vincentius de

Sancto-Caranno et ejus heredes reddunt Capitulo xv sol. perpetui census vel supercensus, reddendos apud Carnotum in festo beati Remigii, videlicet xii sol. pro pane Loenii et iii sol. qui pertinent anniversario Gillonis, archidiaconi Blesensis.

Apud Senevillam, in majoria Campi-Seruci, habet Capitulum de forefacto Johanne, filie Auberti *Milote*, i sext. et ii boissellos juxta terram Georgii *Milote* et terram Auberti Alexandri, et abotat vie *de l'Estan*, et iii boissellos juxta terram Johannis *Gilote*. Que terra debet campipartagium et decimam relictam in campo, et pertinet parvo compoto.

Apud Unum-Pilum, in prebenda Campi-Seruci, habet Capitulum xiiii sol. annui et perpetui redditus super ecclesiam loci, per presbiterum, pro altalagio ipsius ecclesie, qui pertinent matutinis; item super dictam ecclesiam vi sext. bladi et iiii sext. avene ad valorem tercii precii Loenii, reddendum quolibet anno per presbiterum loci ad Decollationem beati Johannis Baptiste; et pertinent anniversario Guillelmi de *Espaillart*, quondam canonici Carnotensis.

Item apud Unum-Pilum habet Capitulum unum pratum continens circa unum arpentum, situm juxta vineas Unius-Pili; qui valet ad preseps xxv sol., et pertinet anniversario Raginaldi, episcopi.

Item apud Unum-Pilum habet Capitulum vii mod. x sext. avene pro oblitis super terris dicte ville, qui debent reddi in parvo Loenio, et tenetur major loci facere reddi; que avena pertinet matutinis.

Item apud Unum-Pilum habet Capitulum, de forefacto uxoris Laurentii Guimondi, iii min. terre in duabus peciis, videlicet i min. juxta terram..., et unum sext. juxta terram..., Dicta mina debet decimam et campipartagium et obolum parisiensem census, et dictum sext. debet decimam numeratam; que terra pertinet ad parvum compotum.

Apud Sanctum-Carannum-de-Chemino, in majoria Unius-Pili, de forefacto Johannis carpentarii qui fuit suspensus, habet Capitulum medietatem xiii sext. terre : alia medietas est uxoris dicti Johannis, que terra est in quinque peciis et debet iii sext. cum mina avene, iii galinas et dimidiam prebendam, et circa xxi den. census, et pertinet parvo compoto.

Apud Brayacum, in majoria Campi-Seruci, est quoddam hebergamentum pulcrum, cum pluribus terris bonis quas acquisivit Hugo *Senglier*, canonicus Carnotensis, que pertinent altari Beati-Gratiani in ecclesia Carnotensi, quod fundavit dictus Hugo. Super quibus hebergamento et terris Capitulum habet xxii lib. annui et perpetui redditus, per personam dicti altaris, videlicet x lib. pro anniversario dicti Hugonis, et pro quodam clerico matutinario perpetuo in ecclesia Carnotensi xii lib. Item Capitulum habet super dictis terris x sext. bladi et ii sext. avene annui et perpetui redditus ad valorem secundi Loenii, qui pertinent anniversario Hemerici *Fouaille*.

Item apud Braiacum habet Capitulum ii sext. avene annui et perpetui redditus super hebergamento Guillelmi dicti Monachi de Brayo, militis, qui pertinent anniversario Hemerici *Fouaille*.

Item apud Brayacum habet Capitulum quamdam decimam grani relictam in campis super xxx sext. terre site apud Brayacum, a parte Luati, Moncellorum et Unius-Pili; que decima valet circa vi sext., sed tamen consueta est tradi pro denariis, videlicet pro xxx sol. ad minus, et pertinet anniversario regis Philippi.

Item apud Brayacum habet Capitulum ii mod. terre, videlicet xviii sext. in una pecia juxta viam que ducit de Brayo apud Unum-Pilum, et vi sext. in territorio Noarum, ad longum terre domini Guillelmi de Brayo, militis: que terra debet nullas redibencias preter decimam numeratam. Que terra valet ad presens c sol. et pertinet anniversario Helye de Clota, canonici.

Apud Brayacum est quoddam hebergamentum, in quo sunt due borde site juxta hebergamentum deffuncti *Roignard*; item iii modii terre site apud Brayacum, x sext. apud *les Cornières* et viii sext. ibidem que abotant predictis x sext.; item xviii sext. ad longum territorii de Luato. Que terra debet tantummodo decimam numeratam, sed est honerata de ii sext. bladi ad valorem tercii Loenii et de ii sext. avene, qui pertinent anniversario Hemerici *Fouaille;* que terra cum dicto hebergamento pertinet anniversario Petri Helye, sed tamen Guillelmus et Petrus de Clota, nepotes dicti Helye, habent usumfructum quamdiu vixerint, et post decessum ipsorum revertetur ad anniversarium dicti Helye.

Item apud Brayacum habet Capitulum alias terras sine hebergamento, videlicet apud Fossam-Majorum vi sext.; item apud Motam iiii sext. que abotant terre de *Champhay;* item apud Noas ix min. ad longum terrarum de Blesis; item supra limitem clausi v sext.; item apud Crucem-*dou-Pierge* v sext. juxta cheminum de Alneolo; item apud *Arras* vi sext.; item supra viam de Moncellis i sext. Summa dicte terre xxix sext., que debet tantummodo decimam numeratam et valet ad presens viii lib. Hec terra pertinet ad anniversarium Adelicie et Guillelmi de Cuneo-Muri et Roberti de Genevria, videlicet cuilibet tercia pars

Item apud Brayacum habet Capitulum alias terras absque hebergamento, videlicet apud locum qui dicitur Moncellum-Rubeum i mod. in una pecia ad longum terrarum *Chauffay*; item retro hayas de Brayaco viii sext. ad longum terrarum Odoline *la Large*. Item supra viam de Quinque-Ulmis vi sext. ad longum terrarum domini Guillelmi de Brayaco, militis; item ex altera parte dicte vie iii min. juxta terram Robini *Blonde*. Summa dicte terre circa iii mod. iii sext. cum mina; que terra debet decimam et campipartagium et de menagio iiii mod. vel circa : valet ad presens viii lib., et pertinet anniversario Johannis de Seconno, quondam subdecani.

Apud Sanctum-Leodegarium-de-Albatis, prope metas prebende Campi-Seruci, habet Capitulum xii mod. grani annui et perpetui redditus super decimis dicte parrochie, per dominum Sancti-Leodegarii et ejus heredes, ad mensuram et valorem Loenii ubi dictum granum debet reddi ad expensas dicti domini, videlicet vii modios bladi, iii modios avene et ii modios ordei et iiii lib. in pecunia per rectorem ecclesie Sancti-Leodegarii, pro decima lane, ex annuo et perpetuo redditu; que omnia pertinent anniversario Henrici, episcopi Guincestrensis. Item collatio et archidiaconatus dicte ecclesie pertinent prebendario de Bercheriis-Maingoti.

Apud Mongervillam, in parrochia de Sanctolio, in metis prepositure Nogenti-Fisci et prebende Campi-Seruci, habet Capitulum xx sext. avene de oblitis ad mensuram carnotensem et xx galinas et xxx sol. census super..... dicte ville : que omnia debent reddi apud Carnotum et pertinent anniversario Johannis, episcopi.

De precariis et aliis redditibus Capituli, qui sunt in prebenda Ymeriaci et circa.

Apud Ymeriacum, in prepositura Nogenti-Fisci, habet Capitulum octo sol. perpetui redditus super ecclesiam loci, per presbiterum, pro altalagio ejusdem ecclesie, qui pertinent matutinis.

Item apud Ymeriacum habet Capitulum, in granchia loci, duo leca que valent circa c sol., et pertinent anniversario Bobonis, cantoris.

Item apud Ymeriacum habet Capitulum decimas lini et canabi parrochie dicti loci, que valent circa..... libras, et pertinent ad augmentationem matutinarum beati Michaelis et beate Katherine, videlicet cuilibet medietas.

Apud Bordas, prope Ymeriacum et in majoria Ymeriaci, est quidam furnus, qui vocatur furnus *Grenet,* et ejus heredes reddunt annuatim Capitulo c sol.; et propter hoc habet Capitulum in contraplegium unum arpentum vinee situm juxta ruellam de Bordis et juxta vineam Johannis *Surge*; qui c sol. pertinent anniversario Girardi de Lymogiis, canonici et presbiteri.

Apud Galardonem, in vico qui dicitur Pons, in majoria Ymeriaci, habet Capitulum vii census per R[aginaldum] de Villa-Dei et ejus heredes, super duas domus, cum uno virgulto sito inter hebergamentum Robini *le Peurier* et hebergamentum Richardi *Milon* ; qui pertinent anniversario Girardi de Limogiis.

Apud Vadum-Longi-Regis, in majoria Ymeriaci, habet Capitulum xii sol. supercensus perpetui super quadam domo sita juxta domum Guilloti *Havart*; qui pertinent ad parvum compotum.

Apud Aconvillam, in majoria Ymeriaci, habet Capitulum plures terras que vocantur terre Dyaboli, videlicet x sext. que vocantur terre *Estampais*; item in Arpentis circa vi sext. in duabus peciis; item apud *Malleau* iiii sext.; item apud Fontenellam i sext.; item supra Marasios circa xviii sext. in duabus peciis; item in Valle-Guimondi circa v min.; item in territorio de Pratellis circa vi sext. in tribus peciis. Summa dicte terre circa iiii mod. v sext. cum mina; que terra debet campipartagium prebendario Ymeriaci et decimam relictam in campis et de menagio circa xl sext. Valet ad presens c sol. et pertinet matutinis.

Apud Angulos, in majoria Ymeriaci, habet Capitulum v sext. bladi perpetui redditus ad valorem primi et tercii Loenii super molendinum de Angulis, et debent reddi ad Nativitatem Domini et ad Nativitatem beati Johannis Baptiste, et pertinent anniversario Garneri *Morhier,* canonici Carnotensis.

Apud Albam-Terram, in majoria Ymeriaci, habet Capitulum iii sext. bladi perpetui redditus ad valorem primi et tercii precii Loenii; et debent reddi ad Nativitatem Domini et ad Nativitatem beati Johannis Baptiste, et pertinent anniversario Garnerii *Morhier,* canonici Carnotensis.

Apud Bouvillam, in parrochia et majoria Ymeriaci, est quedam decima vini et grani super terras et vineas sitas circa Bouvillam, ubi Capitulum habet tres partes, et super terras et vineas sitas in territorio Montis-Foulleti, ubi Capitulum habet tres partes medietatis cujusdam prati pro indiviso, siti in parrochia de Bluriaco, apud Petram de pratis, et v sol. in censibus de Bluriaco. Hec decima consueta est tradi ad denarios; valet circa x lib.; cujus decime due partes pertinent anniversario Symonis Dyonisii, et tercia pars anniversario Petri de Blesis.

Apud Bluriacum, in metis majorie de Ymeriaco, est quedam decima grani et vini super terris et vineis sitis apud Bluriacum et Vadum-de-Longo-Rege, ubi Capitulum habet terciam partem, et apud Levainvillam in dicta parrochia ubi Capitulum habet sextam partem. Hec decima consueta est tradi ad granum, et valet pro porcione Capituli circa III mod., qui pertinent anniversario Petri de Burdegalis.

Apud Sanctum-Symphorianum, prope prebendam de Ymeriaco, habet Capitulum quandam decimam, dictam *la disme Julianne.*

Apud Garenceyas-in-Belsia, in metis prepositure Nogenti-Fisci et prebende de Ymeriaco, est quedam decima grani super aliquas terras sitas circa Garenceyas; cujus decime tres partes sunt Capituli Carnotensis : que decima consueta est tradi ad denarios, et valet circa xx lib.; de quibus pertinent anniversario Johannis de Granchia, archidiaconi Drocensis, LX sol. per matutinarios; residuum spectat ad matutinas.

Apud Girodetum prope Galardonem, in metis de Ymeriaco, est precaria cum pulcro hebergamento, clauso muris et fossatis, in quo sunt plures domus, videlicet aula, granchia et domus medietarii et gallinarium de tegula et plures bercherie de calmo, et extra portam est quedam borda pro peccudibus. Item in dicto hebergamento est nemus magnum et altum, continens circa VI arpenta, infra quod nemus est rocha ad reponendum vinum, cooperta de calmo. Item dicte precarie pertinet quidam furnus situs in villa de Girodeto, coopertus de tegula, qui valet circa xx sol. annui redditus. Item dicte precarie pertinent circa tria arpenta vinee site prope Girodetum. Item dicte precarie pertinent terre que secuntur, videlicet ante dictum hebergamentum, sub Ulmo Veteris-Putei v min.; item juxta nemus de Nemore XL sext. in una pecia, et ibidem XXII sext. in alia pecia ; item apud Portam-Ribaldam v sext.; item in noa versus boscum VI sext.; item juxta dictas noas v sext.; item ibi IIII sext. juxta terram Johannis *Sailembien*; item supra plantas deffuncti Roberti granchiarii IIII sext. cum min. ; item apud dinnum qui vocatur dinnus Domini vii sext.; item *Poinconnet* iiii sext.; item apud cheminum de Vado-Bleuriaci iiii sext., et versus Salices iii min.; item versus boscum de Bosco iii min. juxta terram Oudini de Clauso. Summa dicte terre circa ix mod. Item eidem precarie pertinent in festo beati Remigii lxxvi sol. census; item in Nativitate beati Johannis v sol. videlicet de charreto, et in Nativitate Domini v sol. vi den. Item taillia integra villo de Girodeto valet lx sol. Item campipartagium et decima terrarum de Girodeto, cum decima terrarum Nevelonis de Basta, armigeri, relicta in campis, et cum decima plurium arpentorum sitorum juxta Girodetum, relicta in campis, valent circa xxx mod., de quibus prioratus de Molinellis habet i mod. bladi et i mod. avene, presbiter de Vicinis i mod. bladi et i mod. avene, presbiter de Escronis vi sext. bladi et vi sext. avene; item ad anniversarium Henrici de Kannis viii sext. bladi et vi sext. avene, et totidem ad anniversarium Galteri de Kannis; et pro missa beate Marie que cantatur in choro ad octabas Penthecostes usque ad Adventum Domini xx sext. grani, videlicet x sext. bladi et x sext. avene. Item super dictam precariam habet dominus de Grimondi-Valle xx sol. annui et perpetui redditus pro viaria, quam idem dominus solebat habere super villam de Girodeto. Residuum dicte precarie valet ad presens Capitulo xx mod. frumenti pro pane Capituli, et xx lib. in peccunia, de quibus pertinent anniversario Symonis de Burgo-Guerini v sol., anniversario Odonis de Pratis l sol.

Apud Amenseyum, in prebenda de Ymeriaco, habet Capitulum vii sol. annui et perpetui redditus super ecclesiam loci, per presbiterum, pro altalagio ipsius ecclesie, qui pertinent matutinis.

Item apud Amenceyum habet Capitulum in granchia loci...... leca, que valent circa vii lib., et pertinent anniversario Roberti de Genevria.

Item prope Amenseyum et in majoria Amenseii est quoddam molendinum, quod vocatur molendinum *Louvet*, super quo Capitulum habet c sol. annui et perpetui redditus per Symonem Morelli, armigerum, et ejus heredes; qui pertinent anniversario Petri Vigerii, canonici Carnotensis, et debent reddi ad Pascha apud Carnotum.

Apud *Chalaines*, in majoria Emenseii, est precaria cum hebergamento sita apud *Chalaines*, prope granchiam prebendarii loci; in quo est quedam magna domus, columbarium et gallinarium de tegula; quod hebergamentum oneratur de tribus minis avene. Cui precarie pertinent terre que se—

cuntur, videlicet II modii tenentes dicto hebergamento vel circa; item subtus illos duos mod. VI sext. vel circa; item juxta granchiam prebendarii XVIII sext.; item subtus domum majoris de Amenceyo tria min. ubi fuit quondam vinea; item in Magnis-Campis circa XXVI sext. inter se tenentia; item ibi prope circa XX sext. inter se tenentia; item apud Tuscham XVI sext.; item apud viam de Heudrevilla VII sext.; item apud Brueriam III min.; item apud dinnum Majoris circa II sext.; item in Valleis X sext; item prope Amenseyum III sext. juxta terram Guiardi *Guerin*. Summa dicte terre circa XI mod. VI sext., que est ad duas gerbas, exceptis III mod. Item debet XIII den. et viarium et mesnagium assuetum, et de escoblagiis pro quolibet mod. terre III den. Item dicte precarie pertinet unum molendinum quod vocatur molendinum de *Chalaines* cum IIII arpentis et dimidio prati siti juxta dictum molendinum, quod molendinum valet circa IIII mod. bladi; item retro dictum molendinum circa quarterium et dimidium prati; item apud Droam circa dimidium arpentum prati; que omnia prata valent circa VII lib. X sol. annui redditus. Item dicte precarie pertinent XVI sol. de escoblagiis granchie prebendariorum. Item eidem precarie pertinet IIII^a pars molendini de Droa, que valet circa IX sext. Hec precaria valet ad presens. . . . . ; de quibus pertinent anniversario patris et matris Reginaldi Pilli-Cervi VIII lib.; item ad anniversarium Reginaldi de Villa-Leonis, archidiaconi Drocensis et presbiteri, X sol.; item ad anniversarium Reginaldi Colli-Rubei, civis Carnotensis, LX sol.; item ad anniversarium Nicholai de Kannis X sol.; item ad anniversarium Dyonisii, cancellarii, LX sol.

Item apud Sauvagias, in majoria de Amenseyo, est precaria cum pulcro hebergamento, in quo sunt due domus cum capella et galleriis et arpenticiis de tegula, et due granchie cum bercheria de calmo, et cava ad reponendum vinum cooperta de calmo; item virgultum in quo sunt arbores, vinea et vivarium; item ante dictum hebergamentum circa arpentum et dimidium vinee; quod hebergamentum debet circa IIII sext. cum mina et minoto avene. Item dicte precarie pertinent terre que secuntur, videlicet II modios subtus ulmos de *Chalaines* inter se tenentia; item in Tuscha I sext.; item subtus *Bourgoignon* circa XVIII sext. inter se tenentia; item in Magnis-Campis V min.; item apud *Sauvages*, prope Dyonisium Presbiteri, circa I mod ; item ibidem super dictum dinnum circa V sext. cum mina juxta cheminum de Galardone; item apud *le Petit-faut* circa I min.; item apud Crucem deffuncti Guerini ɪ min.; item versus *Porrays* v min.; item subtus Coudrayum circa xvɪ sext. cum mina in pluribus peciis, absque garenna, que continet circa xvɪ sext. Summa dicte terre absque garenna vɪ modii ɪx sext. mina, que est ad duas gerbas, excepto ɪ modio vel circa, et debet coustumas assuetas. Et eidem precarie pertinent circa ɪɪɪɪ^{or} arpenta prati siti apud *Sauvages* in pluribus peciis; item apud *le Boissier* circa ɪ arpentum prati cum areolo; item apud Morellum-Vicini circa dimidium arpentum; item apud Vallem-Martini circa dimidium arpentum; item apud molendinum de *Chaallaines* circa ɪɪɪ arpenta et dimidium; item apud Fontem de *Chaallaines* ɪ arpentum. Summa dictorum pratorum circa ɪx arpenta. Item dicte precarie pertinet quoddam molendinum situm apud Droam, quod valet circa ɪɪɪ mod., de quo quarta pars pertinet precarie de *Chaallaines*, prout in eadem precaria continetur. Hec precaria valet ad presens xxv lib.; de quibus medietas pertinet anniversario Reginaldi Pilli-Cervi, succentoris, xɪɪ lib. x sol.; ad anniversarium Guillelmi Ad-Albas-Manus, archiepiscopi Remensis, c sol.; ad anniversarium Johannis de Sarcosa, prepositi de Masengeyo, xxx sol.; ad anniversarium Hugonis de Foilleto c sol.; ad anniversarium Guillelmi *Espaillart* xx sol.

Apud Malam-Domum, in majoria de Amanceyo, est precaria cum pulcherrimo hebergamento, clauso muris lapideis, in quo est pulcrum portallum, columbarium, due aule et alia domus cum capella et celario et orreis et pulcherrima granchia, et stabula, et pulcrum virgultum cum arboribus fructiferis, et circa ɪɪɪ arpenta bone vinee, et duo stangna extra dictum hebergamentum. Item dicte precarie pertinent plures pecie terre que sequntur, videlicet prope *le Taillats* ex parte Sparnonis circa xv sext. in duabus peciis; item apud Charmayum circa vɪɪɪ sext. in una pecia, et ɪɪɪ min. in alia pecia; item retro murum dicte precarie circa vɪɪ sext.; item super stagnum superius ɪ modius; item in Essarto-Amiardi circa ɪɪ mod. terre tam bone quam prave; item in loco qui dicitur *Colomel* ɪ mod.; item super Rocheia de Amanceyo vɪɪɪ sext.; item in Campo-Richardi ɪɪɪ sext. Summa dicte terre circa vɪɪ mod. vɪ sext. cum mina omnino libere. Item dicte precarie pertinet dimidium arpentum prati siti inter *Chaallaines* et Morellum-Vicini; item ibi prope dimidium arpentum juxta prata Michaellis de Chartenvillari; item juxta illud circa ɪ quarterium quod vocatur *la Chaintre*; item apud Morellum-Vicini circa ɪ quarterium. Item apud Malam-Domum sunt vɪɪɪ^e arpenta bosci in quo est semper vendicio, et valet quelibet vendicio circa c lib. Item dicte precarie pertinent IIII sol. census super duo hebergamenta, vinea et terra site prope hebergamentum Male-Domus. Item dicte precarie pertinet quedam garenna, que durat a quadam villa que dicitur *Beboute* usque ad Ulmum-*de-Poyer*, videlicet circa spacium unius leuge. Item eidem precarie pertinent duo plesseya sita super predicta stagna, que continent circa xxvII arpenta bosci. Hec precaria valet ad presens LXX lib., de quibus pertinent in Loenio pro pane Capituli XLV lib., et residuum matutinis.

Apud capellam Beate-Marie-Magdalene de Sparnone, in majoria de Amenseio, habet Capitulum decimam lini et canabi, de omnibus terris sitis circa dictam capellam, que decima fuit majoris de Amenseio, et valet circa L sol. et pertinet anniversario Guillelmi de Prato-Grimaudi.

Item apud capellam Beate-Marie-Magdalene de Sparnone, habet Capitulum annuatim XII sol. perpetui redditus super ecclesiam loci, per presbiterum, pro altalagio ipsius ecclesie, qui pertinent matutinis.

Apud Droam, in prebenda Ymeriaci et in majoria de Amenseyo, habet Capitulum x sol. perpetui redditus super ecclesiam loci, per presbiterum, pro altalagio ipsius ecclesie, qui pertinent matutinis.

De precariis et aliis redditibus Capituli qui sunt in prebenda de Joyaco.

Apud Joyacum, in prepositura Nogenti-Fisci, habet Capitulum annuatim super ecclesiam loci XVIII sol., per presbiterum, pro altalagio ejusdem ecclesie, qui pertinent matutinis.

Apud Joyacum, habet Capitulum annuatim x sol. perpetui redditus super majoriam loci, per majorem, pro banneriis, que pertinent matutinis.

Item apud Joyacum habet Capitulum decimas omnium granorum, exceptis novalibus; sed super eisdem decimis habent ecclesie que secuntur certas summas grani per manum Capituli, videlicet presbiter de Joyaco VI sext. bladi et VI sext. avene pro ecclesia loci, abbatissa monialium de *Porrais* I modium bladi et I modium avene, et presbiter de Rufino pro ecclesia sua XVI sext. bladi. Residuum dicte decime est Capituli, quod valet circa II mod., qui pertinent anniversario Manasserii de Galanda, et si istud residuum dicte decime valeat ultra II mod., superfluum cedit anniversario Petri de Burdegalis, archidiaconi Vindocinensis.

Item apud Joyacum habet Capitulum dua leca que valent circa c sol., et pertinent ad anniversarium Symonis de Sancto-Dyonisio, canonici Carnotensis.

Item apud Joyacum habet Capitulum quartam partem decime vini territorii de Joyaco, que decima sumpta est in cupis de uno pede presso; item sextam partem decime lanarum et agnellorum parrochie de Joiaco; item terciam partem lini et canabi dicte parrochie, exceptis novalibus. Que pars Capituli de omnibus premissis valet ad presens XIII lib.; de quibus consuetum est solvi ad anniversarium Alberie, matris Symonis de Sancto-Dyonisio, XL sol.; ad anniversarium Ernaudi *Fouaille*, VIII sol.; ad anniversarium Galteri, camerarii, XL sol.; ad anniversarium Guillelmi Cantuaria, IIII lib. XVI sol.; ad anniversarium Symonis de Sancto-Dyonisio, XL sol.; ad anniversarium Theobaldi *Oscourt*, XL sol.; ad anniversarium Hugonis *Fouaille*, VIII sol.

Item apud Joyacum habet Capitulum quoddam pratum continens circa I arpentum, situm juxta bordellum leprosarie de Joyaco, quod valet circa XL sol. annui redditus, et pertinet ad anniversarium Girardi *Mordant*, canonici Carnotensis.

Item in majoria Joyaci habet Capitulum VII sext. terre cum min. in una pecia, que vocatur *les Renz*, sita inter Joyacum et Chartainvillare, videlicet infra cheminum per quod itur de Joyaco apud Nogentum-Regis; que terra est ad duas gerbas, et valet circa XXXV sol. redditus, et pertinet anniversario Petri de Castris, canonici et presbiteri.

Item in majoria de Joyaco habet Capitulum quamdam censivam sitam in territorio quod est inter Joyacum et Bercherias-Maingoti, cujus census valet LXXIX sol. V den., et recipitur apud Joyacum in festo beati Dyonisii, et pertinet anniversario Henrici, episcopi Carnotensis, cum vendis.

Item apud Joyacum est quoddam molendinum quod vocatur molendinum de Joyaco, super quod Capitulum habet VI mod. bladi annui et perpetui redditus per abbatem de Josaphat, qui debent reddi ad tria precia Loenii, videlicet ad quodlibet precium II modii; quod bladum pertinet matutinis.

Apud Ferrerias, inter Joyacum et Sanctum-Priscum, videlicet in majoria Sancti-Prisci, habet Capitulum unum molendinum cum tribus rotis, quod molendinum vocatur de Ferreriis; ad quod pertinet una pecia prati continens circa unum arpentum et magis, adjacens dicto molendino. Et sunt de molta hujus molendini homines de Nogento-Fisci, Sancti-Prisci,

Joyaci, Bercheriarum-Maingoti et Villaris-Bosci, videlicet illi qui sunt in terra Capituli, et est ibi molta non quesita[1]. Quod molendinum valet per annum xviii mod., qui pertinent matutinis.

Item apud Ferrerias habet Capitulum iii sol. census, in festo sancti Remigii, super.....; qui census recipitur apud Carnotum, in domo matutinarum, et pertinet matutinis cum vendis.

Apud Sanctum-Priscum, in prebenda de Joyaco, habet Capitulum ii sol. perpetui redditus pro banneriis super majoriam loci, per majorem loci, qui pertinent matutinis.

Item apud Sanctum-Priscum, habet Capitulum quoddam molendinum situm retro monasterium ejusdem ville, quod vocatur molendinum de Condeyo, ubi est molta quesita; quod molendinum traditur ad presens in precaria pro uno modio bladi, sed valet circa iii mod., et pertinet matutinis.

Versus Fortem-Domum, subtus Josaphat, habet Capitulum circa...... arpenta pratorum sita in riparia Audure, a parte..... dicte riparie, que vocantur prata de Vosia; que valent circa xviii lib. redditus, et pertinent matutinis.

Apud *Gorget*, subtus Josaphat, in prebenda de Joyaco, habet Capitulum unum molendinum cum duabus rotis, quod vocatur molendinum de Bretigniaco, cum quadam noa adjacenti; quod molendinum debet domino de Galardone iii sol. censuales, reddendos hiis terminis, sub emenda lx sol. i den., videlicet in die natali Domini xii den., in die Resurrectionis xii den., et in die festi beatorum apostolorum Petri et Pauli xii den. Quod molendinum valet circa x mod., qui pertinent matutinis, et est ibi molta quesita. Cujus molendini molendinarius reddit annuatim matutinis vii sol. pro banneriis.

De precaris et aliis redditibus Capituli, qui sunt in prebenda Bercheriarum-Maingoti.

Apud Bercherias-Maingoti, in prepositura Nogenti-Fisci, habet Capitulum l sol. annui et perpetui redditus super majoriam loci, per majorem, pro banneriis, qui pertinent matutinis.

---

[1] *Non quesita, alias sicca,* c'est-à-dire acquise au meunier sans qu'il ait la charge d'aller quérir les blés, parce que le moulin de Ferrières est un moulin banal. Dans les moulins non banaux, le droit de mouture est appelé *quæsita*, parce que le fermier a la charge d'aller chercher la marchandise.

Item apud Bercherias-Maingoti, est precaria cum hebergamento, sito apud Bercherias, clauso muris terreis, in quo sunt v domus et portallum de calmo, cum parvo virgulto et magna curia; item ante portam dicti hebergamenti est quedam platea ad herbam pro peccudibus precarie, continens circa tria sextaria, que vocatur vinea deffuncti Huberti. Item in villa de Bercheriis sunt duo hebergamenta pertinentia dicte precarie, sita ante furnum dicte ville, pro uno quorum Colinus *Poulin* reddit tenenti precariam x sol. et Johannes Furnerii xv sol. pro alio. Item apud Bercherias est quedam oschia cum domo, que vocatur hebergamentum Blondelli, super quod tenens precariam habet vii sol. vi den. census et duas gallinas. Item dicte precarie pertinent plures pecie terre que secuntur, videlicet apud cheminum de Villa-Modio xxii sext.; item in Custura vii sext.; item apud *Lancourt* circa viii sext.; item apud Bruerias circa x sext.; item in Vallibus-*de-Perreuses* iiii sext.; item apud Crucem de Chaleto iii sext.; item juxta Bercherias, in territorio Magni-Campi, xiii sext.; item apud Clausum-Rungie, in via de Rucheyo, iii sext.; item ibidem sext. juxta terram monachorum de Sernayo; item in Truncheyo circa iiii sext.; item juxta Bercherias, retro domum dicte *la Blonde* sext.; item apud Fossam-Alesis iiii sext.; item apud Pratellos v sext.; item in Vallibus Prati-Villaris circa x sext.; item in territorio de Puisato un sext.; item apud Hattenvillam vii sext.; item apud Ulmos de Chartainvillari v min.; item apud Haias-Prepositi iiii sext.; item apud *Grinierge* iiii sext. terre culte et circa vi sext. in gastis; item apud cheminum de Nogento circa tria sext.; item apud nemora de Auvillari maximam peciam terre que est gasta semper; item retro granchiam Capituli vi sext. Summa dicte terre circa xii mod. iii minas, absque magna pecia predicta que gasta est. Et precaria valet ad presens xxv lib., de quibus pertinent anniversario Henrici *Volet* iiii lib.; item anniversario Gilonis de Nemore, prepositi Normannie, lx sol.; item ad anniversarium patris et matris Hervei presbiteri iiii lib., et anniversario Nicholai de Kannis xl sol.

Apud Chaletum, prope metas prebende Bercheriarum-Maingoti, cum aliis octo villis, est precaria que vocatur precaria de Chaleto, vel precaria de Novem-Villis. Et sunt hec nomina dictarum villarum : primo Chaletum, *Trememont*, Tornainvilla, Canigaudium, Aquilecuria, Boscum-Richeudis, Cantuspice, Auvillare et Fraxinum. Ad quam precariam pertinent redditus qui secuntur: apud Chaletum, in Nativitate Domini, sunt v modii IIII^{or} sext. avene ad mensuram carnotensem et IIII den. de fornamentis cujuslibet sextarii; item ibidem, in festo Ascensionis, XXII sol. census, et in festo beati Remigii circa XVIII sol., cum vendis et justicia dicte ville. Apud *Tremeмont*, in parrochia Roberti-Curie, est charretum, videlicet quod quilibet equus harnasii debet, in Nativitate beati Johannis, IIII den.; quod charretum valet circa VI sol.; item, in festo beati Remigii, circa VI sol. census super ostisiis dicte ville; item, in Nativitate Domini, XXXVIII sext. avene ad mensuram carnotensem super terris dicti loci et III den. fornamentorum cujuslibet sextarii et XXXVIII galline, cum vendis et justicia dicte ville et dictarum terrarum. Apud Tornevillam, in parrochia de Nerone, versus Nogentum-Regis, sunt, in festo beati Remigii, XI sext. avene ad mensuram Nogenti-Regis, que valet ad mensuram carnotensem circa VII sext. III rasas, et III ob. fornamentorum pro quolibet sext.; item, in festo beati Remigii, circa VII sol. VI den. census, cum vendis et justicia; et sunt ibi tres vel quatuor homines de corpore, quorum quilibet debet IIII den. pro censu Capituli. Apud Canisgaudium, in parrochia de *Huymes*, sunt circa VII sol. et VI den. census, in festo beati Remigii, super ostisiis dicte ville, et VII sext. avene ad mensuram Nogenti, que valent ad mensuram carnotensem circa V sext. rasam, et I den. fornamenti cujuslibet sextarii, et VII galine super terras, cum vendis et justicia. Apud Aquilecuriam, in parrochia Sancti-Martini-de-Nigellis versus Sparnonem, sunt IIII sol. IIII den. ob. census super ostisiis dicte ville; item quarta pars omnium decimarum minutarum ejusdem ville. Apud Boscum-Richeudis, in parrochia de Nerone vel de Petris, sunt, in festo beati Remigii, XXX sol. census super ostisiis dicte ville; item XXIII sext. avene ad mensuram Nogenti-Regis, que valent ad mensuram carnotensem circa XVII sext. III rasas super terris, cum vendis et justicia; item ibidem due partes decimarum lane et agnellorum. Apud Cantumpice, in parrochia de Andevilla versus Stephanum-de-Gaudo, sunt, in Circoncisione Domini, XIX sol. census super..... Apud Auvillare, prope Cantumpice, in parrochia Sancti-Dyonisii-de-Cernellis, sunt, in Circoncisione Domini, XXIX sol. census super.....; item ibi prope est quedam haya, cujus quedam pars pertinet Capitulo, videlicet..... Item apud Fraxinum, versus Illesias-in-Pertico, in parrochia de Blandainvilla, sunt circa VII sol. IX den. ob. censuales super..... Summa omnium censuum dictarum villarum, pertinentium precarie de Chaleto predicte, circa vii lib. xii sol. Summa avenarum ejusdem precarie ad mensuram carnotensem xi modii. Summa fornamentorum circa xl sol. Hec precaria valet ad presens xxxvii lib., et pertinet matutinis. Summa galinarum xlv.

Item apud Challetum habet Capitulum campipartagium quarumdam terrarum sitarum circa Challetum; de quo pertinent matutinis iiii modii, residuum spectat ad anniversarium Hugonis de Sancto-Paulo[1], comitis Blesensis, quod valet circa ii mod.; et tenetur major loci ministrare expensas et hospicium nuncio Capituli dictum campipartagium in augusto et trituram facienti; item ibidem circa xix sol. x den. ob. census, cum vendis et justicia dictarum terrarum. Item ibidem habet Capitulum duo mod. terre, de forefacto Robini et Guiloti *Moriseau* fratrum; de qua terra xi sextaria sunt ad Ulmum-de-Cruce deffuncti Almaurici; item ad Fossata-de-Ortis vi sext.; item in territorio Grossi-Veretri v sext., et apud viam de Custuris ii sext.; que terra debet iii sol. census. Que omnia predicta, excepto grano matutinarum, pertinent anniversario Hugonis de Sancto-Paulo predicti.

Apud Piatum-Villare, prope Bercherias-Maingoti, est quedam decima grani super terris sitis inter Piatum-Villare et Levesvillam, videlicet a chemino de Drocis usque ad cheminum de Fresneyo, et abotat leprosarie de Piato-Villari et furchiis *Bataille* ex una et territorio de Fresneyo ex altera: cujus decime Capitulum habet octavam partem, et pertinet anniversario Nicholai *Leseine*.

Apud Thelevillam, inter Bercherias et Bouglainvallem, habet Capitulum circa...... arpenta nemoris, quod valet quando venditur circa iiii^c lib., et pertinet matutinis.

De precariis et aliis redditibus Capituli, que sunt in prebenda Bouglainvallis et circa.

Apud Bouglainvallem habet Capitulum xx sol. annui et perpetui redditus super ecclesiam loci, per presbiterum loci, pro altalagio ejusdem ecclesie, qui pertinent matutinis.

---

[1] Hugues de Châtillon, comte de Blois, fils de Gui III, comte de Saint-Paul. Il succéda en 1292 à la comtesse Jeanne, sa cousine-germaine, et mourut vers 1307, suivant l'*Art de vérifier les dates*. Si cette dernière date est exacte, la mention d'anniversaire dont il s'agit a été faite du vivant du prince lui-même, car le Polyptique que nous publions est de l'an 1300.

Item apud Bouglainvallem est majoria, que est modo precaria Capituli, cum hebergamento, sito apud Bouglainvallem prope monasterium, clauso muris lapideis, in quo est portallum, granchia, pressorium et caule pro pecudibus cooperte de calmo, et quedam domus de scindula cum quadam camera de tegula; quod pressorium predictum valet xx sol. redditus. Item in dicto hebergamento est parvus ortus, in quo est columbarium terratum et coopertum de calmo, quod valet circa XL sol. Item infra dictum hebergamentum est granchia prebendarii loci, cujus omnia forragia, pillonia, palee excusse cum una mina avene pro citando charragio, que valet circa x lib., et tria loca in eadem granchia que valent circa IX lib., pertinent dicte majorie, et etiam medietas escoblagiorum dicte majorie, que valet circa xvi sol. Item dicte precarie seu majorie pertinet quidam furnus situs apud Bouglainvallem, ad quem tenentur coquere subditi Capitulo de dicta villa, et major habet a quolibet ibi coquente unum panem quociens coquit, sed major tenetur calefacere furnum de bosco coquentium. Item dicte majorie pertinent plures pecie vinee que secuntur, videlicet tria arpenta in una pecia ante leprosariam dicte ville juxta vineam presbiteri loci; item unum arpentum vel circa in Mediis-Campis quod vocatur *la Plante* et I arpentum vel circa situm inter Bouglainvallem et Auvillam quod vocatur Vinea-Alba. Summa dictarum vinearum v arpenta vel circa. Item dicte majorie pertinent terre que secuntur, videlicet apud *Valantru* circa VIII sext.; item in Custura circa v mod., de quibus tres modii coluntur, residuum non colitur; item retro vineas de Basta circa IIII sext.; item in territorio de *Rableaue* circa IIII sext.; item apud *la Aieste* circa VI sext.; item juxta viam de Sancto-Piato III sext. Summa dicte terre circa VII mod. tam bone quam prave, que est ad duas gerbas. Hec precaria valet ad presens xxx lib., de quibus pertinent ad panem Loenii VII lib., prout continetur in brevi particionum, et residuum matutinis.

Item apud Bouglainvallem, videlicet in territorio de Custha, sunt quedam campipartagia, quorum medietas est Capituli et domini de Maintenone, et XVII sol. census vel circa qui sunt Capituli et predicti domini, cum vendis ejusdem census; et tenetur major illius censive habergare dictam medietatem dictorum campipartagiorum et facere triturari, et propter hec habet forragia et novem sext., et tenetur reddere Carnoti ad expensas suas portionem Capituli de dictis campipartagiis, videlicet medietatem dicto medietatis et medietatem dicti census, cum portione vendarum; qui census recipitur per dictum majorem in festo Mortuorum, et die dominica sequenti tenetur major afferre Carnoti portionem Capituli, et omnibus premissis creditur fidelitate dicti majoris. Porcio Capituli de dictis campipartagiis valet circa xviii sext., et pertinet cum dicto censu et vendis anniversario Raginaldi prepositi.

Apud Medium-Vicini, in prebenda de Bouglainvalle, habet Capitulum vii sol. perpetui redditus super ecclesiam loci, per presbiterum loci, pro altalagio ejusdem ecclesie, qui pertinent matutinis.

Item apud Medium-Vicini habet Capitulum xxx sol. annui et perpetui redditus, super majoriam loci, per majorem, pro banneriis, qui pertinent matutinis, prout superius in dicta majoria continetur.

Item apud Medium-Vicini est majoria que est modo precaria Capituli, cum pulcro hebergamento, sito apud Medium-Vicini, clauso de muris lapideis, in quo est quedam domus de scindula cum quodam apenticio de tegula, quedam pulcra granchia de calmo et quedam alia borda pro peccudibus; item pressorium et cava cum domibus de calmo et parvus ortus. Item dicte majorie pertinent circa tria arpenta vinee, videlicet duo arpenta que sunt retro dictum hebergamentum, et unum arpentum in Valle-Ruelle, prout itur ad Crucem. Item dicte majorie pertinent terre que secuntur, videlicet circa ix sext. que sunt juxta dictam vineam de Valle-Ruelle; item apud *les Gaudières* circa x sext. juxta cheminum de Galardone; item juxta dictum cheminum et juxta terram deffuncti Gauffridi *Roussel* vii sext.; item apud marneriam deffuncti Gervasii circa iii minas; item apud *les Terrières* circa iii sext.; item juxta viam de *Baigneville* circa vi sext.; item juxta viam de Galardone ante Vovas iii sext.; item in Vallibus *des Traere* v sext. Summa dicte terre circa iii mod. ix sext.; que terra est ad...... gerbas. Item dicte majorie pertinent circa xv lib. census cum vendis, in crastino beati Remigii, item unum molendinum ad unam rotam, situm sub Medio-Vicini, quod vocatur molendinum de Ulmo-Halani, quod valet circa iii mod.; et est ibi molta quesita. Item dicte majorie pertinent circa iii minas campipartagii super terris sitis in territorio de Fratourmeria, de Campania et juxta viam de Ermenonvilla. Item dicte majorie pertinet una mina avene in granchia prebendariorum pro citando charragio, et de qualibet emenda x den. Item tota villa de Medio-Vicini est de majoria loci, exceptis vi ostisiis vel circa; et medietas ostisiarum de Boignevilla et de Ermenonvilla vel circa; et quinque ostisie de Marasio juxta Sanctum-Piatum, et una ostisia apud Sanctum-Piatum. Hec majoria reddit quolibet anno prebendariis loci xix sol. vi den. census, et matutinis pro banneriis xxx sol., et valet circa lx lib. annui redditus; de quibus cedunt anniversario Henrici *la Pie* c sol.; ad anniversarium Symonis de Monte-Letherico, prepositi de Auversio, qui eam acquisivit, x lib., et pro luminari suo, in die anniversarii sui, x sol., et matriculariis v sol.; item ad anniversarium patris et matris ejusdem Symonis c sol.; item pro quodam clerico matutinario xii lib.; item in Adventu, a die qua incipitur usque ad vigiliam Nativitatis Domini exclusive, cuilibet canonico qui interfuerit vesperis iii den.; item a die Cinerum inclusive usque ad Passionem Domini intrantem iii sol., et a Passione usque ad diem mercurii post Ramos palmarum vi den. Residuum pertinet matutinis, quia matutinarius recipit pensionem seu firmam predictam.

Apud Hussum, in prebenda Bouglainvallis, habet Capitulum iiii sol. annui et perpetui redditus, super ecclesiam loci, per presbiterum, pro altalagio ipsius ecclesie, qui pertinent matutinis.

Apud Hermenonvillam, in prebenda Bouglainvallis, habet Capitulum iiii sol. annui et perpetui redditus, super ecclesiam loci, per presbiterum, pro altalagio ipsius ecclesie, qui pertinent matutinis; item xxiiii sol. annui et perpetui redditus pro minutis decimis ejusdem ecclesie, qui pertinent ad panem Capituli. Item super ecclesiam Hermenonville habet Capitulum v sol. annui et perpetui redditus, qui pertinent anniversario Raginaldi de Bello-Videre, camerarii.

Apud Balliolium-subtus-Galardonem, prope metas prebende Bouglainvallis, habet Capitulum decimam majoris partis vinearum sitarum in parrochia loci, que valet circa xxx lib., de qua decima pertinet ad anniversarium Guillelmi de *Goullons* iiii lib. xii sol.; item ad anniversarium Mathei de Tymaro xxx sol.; item ad anniversarium Stephani de Sancto-Arnulpho xxii sol.; residuum pertinet matutinis.

Apud Hervillam, in parrochia predicti Baillolii, habet Capitulum decimam plurium terrarum circa Halarvillam sitarum; que decima valet circa vi mod. et pertinet matutinis.

Apud Chartainvillare, in metis seu finibus prebende Bouglainvallis, est precaria absque hebergamento, ad quam pertinent circa vi lib. viii sol. ix den. census, quod presbiter Sancti-Piati debet in festo beati Remigii, cum vendis super hostisiis dicte ville, terris et vineis; item circa v mod. grani de campipartagiis et decimis relictis in campo; item decima vini aliquarum vinearum de Chartainvillari, de Pomereto, de Medio-Vicini et de Groynello; item circa ix sext. avene de oblitis super terras sitas circa Vastinam, et pro quolibet sext. v den. fornamentorum; item medietas lane et agnellorum et hostisiarum de Chartainvillari; item tota decima lane et agnellorum de hostisiis ejusdem vici de Chartainvillari que dicitur Maignonvilla. Hec precaria valet ad presens xxv lib.; de quibus pertinent ad panem Capituli, ad anniversarium Garneri *Mohier*, lx sol., ad anniversarium Milonis archidiaconi vi lib., ad anniversarium Philippi *Mohier* ix sol. Residuum pertinet matutinis.

De precariis et aliis redditibus Capituli, qui sunt in prebenda Bercheriarum-super-Vulgram et circa.

Apud Bercherias-super-Vulgram in Drocensi, habet Capitulum omnia forragia, palleas et pilones, que valent circa vi lib., et duo leca que valent circa xl sol.; que forragia pertinent anniversario Petri de Villarcellis, et leca pertinent anniversario Raginaldi de Albritone, decani.

Apud Junciam, in prebenda Bercheriarum-super-Vulgram, habet Capitulum l sol. annui et perpetui redditus super majoriam loci, per majorem, reddendos ad Pascha, qui pertinent anniversario Raginaldi de Albritone, decani.

Apud Grossum-Joncum, in prebenda Bercheriarum-super-Vulgram et in majoria Pampolii-in-Drocensi, habet Capitulum precariam sine hebergamento, ad quam pertinet una noa continens circa duo arpenta et plures pecie terre que secuntur, videlicet tria arpenta juxta dictam noam et juxta areolas de Grosso-Jonco; item xii arpenta inter Junciam et Grossum-Joncum, juxta viam per quam itur de Grosso-Junco apud Junciam; item unum arpentum juxta boscum quod dicitur *le Defais*; item apud Haudrevillam tria arpenta juxta terram domini Johannis de *Bordenay*, militis; item ibidem vi arpenta juxta terram domine Petronille; item ibidem arpentum et dimidium juxta terram majoris Belli-Quocus; item apud Hemorvillam ii arpenta juxta terram Dyonisii cordarii; item in territorio de *Platier* iiii arpenta juxta terram Luce *Tullot*. Summa dicte terre xxxiiii arpenta, que debent tantummodo decimam relictam in campis. Hec precaria valet ad presens x lib. x sol., et pertinet ad panem Capituli.

Apud Cussiacum-in-Drocensi, in finibus seu metis prebende Bercheriarum-super-Vulgram, habet Capitulum unum pratum continens circa..... arpenta, quod valet circa L sol. redditus, et pertinet anniversario Silvestri canonici.

Apud *Brissart*-in-Drocensi, in terra decani et in metis prebende Bercheriarum-super-Vulgram, est quoddam hebergamentum dictum *Renoul* et hebergamentum Johannis *Privet*; cui hebergamento pertinent xi arpenta terre site prope *Brissart*. Super quibus hebergamento et terris Capitulum habet LXX sol. census vel redditus perpetui per Guillelmum *Clainchart* et ejus heredes; qui pertinent anniversario Raginaldi de Albritone, decani, et debent reddi ad Pascha.

Item apud *Brissart* habet Capitulum quoddam boscum continens circa xvi arpenta; quod valet quando scinditur circa.....; et pertinet matutinis.

Item in Drocensi habet Capitulum quedam precaria, in metis seu finibus prebende Bercheriarum-super-Vulgram, que vocatur precaria de Bolleto-Terrici, cum pluribus aliis villis, videlicet villa de Lacu-Salicioso, Puteolis, Sancti-Laudi, Borvilla, Fadainvilla, Troncheyo et Latronie; ad quas villas pertinent redditus qui secuntur : apud Boletum-Terrici sunt LIIII sol. census super ostisiis dicte ville, cum vendis et justicia. Apud Lacum-Saliciosum, in parrochia de Maceriis-in-Drocensi, sunt xii sol. parisienses census, in festo beati Remigii, super ostisiis dicte ville; item, in Nativitate Domini, ix sext. avene ad mensuram drocensem, que valent ad mensuram carnotensem circa vii sext., et unum denarium fornamenti pro quolibet sext.; item ix galine et ix panes super terris; item super aliis terris ii sext. grani ad mensuram drocensem; item tercia pars vendarum terrarum de campis; item ibi sunt duo majores qui debent rachetum. Apud Troncheyum, in parrochia de Lauduno, versus Villam-Dei-in-Drogessino, sunt XL sol. census super ostisiis dicte ville, in festo Mortuorum, cum vendis et justicia. Apud Latronie, in parrochia de Luriaco-in-Drocensi, sunt iii sol. parisienses census, et vii..... avene ad mensuram drocensem super ostisiis, cum vendis et justicia. Apud Sanctum-Laudum, in parrochia de Marrevilla-in-Drocensi, sunt iiii lib. ii sol. vi den. census, in festo beati Remigii, super ostisiis et terris, cum justicia dicte ville. Apud Putheolos sunt, in festo beati Remigii, xvi sol. vi den. census; item, die dominica post festum beati Remigii, xxxiii sext. avene ad mensuram Nogenti-Regis, cum cumulo et cartulo, et pro quolibet sext. iii den. fornamentorum et xxxiii galine, et debent reddi apud Carnotum; et sunt hec omnia super ostisiis dicte ville; item, in Nativitate Domini, xi sext. avene ad dictam mensuram, et pro quolibet sext. i den. de fornamentis super territorio Putheolorum; item, in Nativitate Domini, xxii panes; item campipartagia earumdem terrarum, que valent circa iiii mod., qui pertinent dicte precarie, cum omni justicia earumdem terrarum et cum duabus partibus medietatis vendarum; item justicia et vende ville de Putheolis predicte pertinent dicte precarie et due partes medietatis corvearum de carrucis, que valent circa x sol. Apud Borvillam, in parrochia de Ulmeis prope Bouletum-Terrici, sunt xxv census super ostisiis, cum omni justicia et medietate vendarum sex mod. terre site juxta Borvillam; item majoria loci reddit pro racheto quando contingit xl sol.; item apud Vallem-Fuscam, in ipsa majoria, sunt iii sol. super iii ostisiis, cum vendis. Item apud Fadainvillam, versus Bouletum-Terrici, sunt xi sol. census super ostisiis ejusdem ville et super una ostisia de Roberti-Curie et super ostisiis iii sitis retro boscum de Trembleyo; item xiiii sext. avene ad mensuram Loenii reddenda apud Carnotum, et pro quolibet sext. ii den. fornamentorum, et xiiii galine et justicia xviii bovearum terre site circa Fadainvillam; item major reddit pro racheto xl sol. quotienscumque contingit rachetum. Summa denariorum pertinentium precarie de Bouleto-Terrici, de omnibus villis predictis, absque vendis et rachetis, circa xi lib. ii sol. Summa grani pertinentis eidem precarie circa l mod. ad mensuram carnotensem. Summa gallinarum circa lvi gallinas. Summa panum circa xxxi. Super hanc precariam redduntur in Loenio pro pane Capituli vi lib., ad anniversarium Henrici, Senonensis archiepiscopi, c sol., et ad anniversarium Menesserii de Probato-Monte lx sol., et pro luminari Assumptionis beate Marie x lib. Residuum pertinet matutinis.

Item apud Boulletum-Terrici habet Capitulum vi census super quamdam domum que est Clareti de Luato, cum pertinentiis, et est sita juxta domum domini Guillelmi *Menton*, militis; qui pertinent anniversario Gofridi de Perthico.

Item apud Boulletum-Terrici habet Capitulum quamdam decimam grani relictam in campis super terras sitas inter Boulletum et Villa-Modium et versus Sechervillam; que decima valet circa xviii sext., et pertinet anniversario patris et matris Ade de Stampis.

Apud Boulletum de Media-Via prope Boulletum-Terrici, prope metas seu fines prebendarii Bercheriarum-Maingoti, habet Capitulum plures terras quas idem Capitulum acquisivit a Johanne de Levevilla, armigero, videlicet xxxv arpenta inter dictum Boulletum et Puteolos, juxta terram Philippi *Mohier,* militis; item in territorio quod dicitur Alainvilla circa x arpenta juxta terram Johannis majoris dictarum terrarum; item juxta freschium de Jumellis vi arpenta; item apud locum qui dicitur *le Perrier* vi arpenta juxta terram Philippi *Mohier,* militis; item apud *les Chalonges* ii arpenta juxta territorium de Puteolis. Summa dicte terre lix arpenta. Item eisdem terris pertinent ii sol. census super duo arpenta terre site prope Bouletum et abotant chemino Castri-Novi per Guillelmum, dictum *Challes,* et ejus heredes. Que terra valet ad presens xviii lib. absque predictis ii sol. censualibus. De qua terra cum predicto censu medietas pertinet anniversario Symonis de Bello-loco, cardinalis, et alia medietas pertinet anniversario Petri et Symonis de Castris, canonicorum Carnotensium, equaliter distribuenda.

Apud Ulmayum versus Bouletum-Terrici, circa prebendam Bercheriarum-Maingoti, habet Capitulum quamdam decimam grani relictam in campis super terras sitas in territorio de Boissiaco, que incipit a capite terrarum presbiteri de Ulmayo usque ad terras de *Gambes,* et ab illis terris usque ad terras monachorum de Brolio et usque ad caput bosci de Ulmayo, excepta quadam pecia terre continenti circa vii arpenta, que est de decima prioris de Villa-Modio, super quam decimam presbiter de Ulmayo habet annuatim i mod. bladi et sex sext. avene : residuum est Capituli, quod valet circa ii mod. et pertinet anniversario Raginaldi *Boel,* et est modo annexa precarie de Angouvilla, prout in eadem precaria continetur.

Apud Villam-Modii, prope metas prebende Bercheriarum-super-Vulgram, habet Capitulum lx sol. parisienses annui et perpetui redditus super preposituram loci, et debent reddi per manum prepositi apud Villam-Modii, hiis terminis, videlicet, in festo beati Remigii xl sol., in festo Mortuorum xx sol., et pertinent anniversario Hugonis de Feritate, episcopi Carnotensis.

Apud Vallem-Garengiis, in parrochia de Mittainvilla prope Sanctum-Lucianum, prope metas prebende Bercheriarum-super-Vulgram, habet Capitulum tria sext. avene ad mensuram de Sparnone, que valet ad mensuram carnotensem circa II sext. et circa xxv sol. census super ostisiis et arreolis dicte ville, cum medietate vendarum absque justicia; que avena et qui census debent reddi apud Valem-*Garengis* per majorem, et pertinent matutinis.

Apud Sanctum-Leodegarium-in-Acquilina, prope metas prepositure Nogenti-Fisci et prebende de Bercheriis-super-Veugram, habet Capitulum c sol. parisienses annui et perpetui redditus super preposituram loci, per prepositum, qui debent reddi apud dictum locum, in festo beati Remigii, et pertinent anniversario Amicie, comitisse Guicestrie.

Apud Noalpham-in-Pissiacensi, prope metas prepositure Nogenti-Fisci et prebende Bercheriarum-super-Vulgram, habet Capitulum vii den. ob. annui et perpetui redditus super ecclesiam loci, per presbiterum, qui debent apud Carnotum solvi in die synodi et pertinent matutinis.

Apud Gambesium-in-Pissiacensi, prope metas prepositure Nogenti-Fisci et prebende Bercheriarum-super-Vulgram, habet Capitulum xxv sol. annui et perpetui redditus, super ecclesiam loci, per presbiterum, pro quodam prato dicte ecclesie annexo, et debent reddi ad Penthecosten et pertinent anniversario Guillelmi, decani Carnotensis.

Apud Meduntam, prope metas prepositure Nogenti-Fisci et prebende Bercheriarum-super-Vulgram, habet Capitulum lx sol. parisienses annui et perpetui redditus super majoriam dicte ville, per majorem Medonte, et pertinent anniversario Manasserii Mali-Vicini.

Apud Hyllerias, Ebroicensis dyocesis, prope metas prepositure Nogenti-Fisci et prebende Bercheriarum-super-Vulgram, habet Capitulum quamdam precariam, ad quam pertinet medietas omnium decimarum grani et vini parrochie ejusdem loci, exceptis novalibus; item quarta pars omnium candellarum que offeruntur in ecclesia dicti loci, in Purificatione beate Marie, et quarta pars omnium lanarum tocius parrochie; sed tamen presbiteri dicte ecclesie accipiunt pro participibus premissorum xxv cereos seu tortillia vel candellas, et xxv vellera que sciunt melius eligere. Item collatio unius personancium dicte ecclesie pertinet dicte precarie. Hec precaria valet ad presens xiii lib.; de quibus pertinent ad anniversarium Richerii, archidiaconi Dunensis, c sol., et residuum matutinis.

De precariis et altiis redditibus qui sunt in prepositura Fontaneti-super-Auduram.

Apud Fontanetum-super-Auduram, que est principalis villa prepositure de Masengeyo, habet Capitulum xxx sol. annui et perpetui redditus super ecclesiam loci, per presbiterum, pro altalagio ipsius ecclesie, qui pertinent matutinis.

Item apud Fontanetum-super-Auduram est majoria, que erit, post decessum magistri Laurencii Vicini, capicerii Carnotensis, precaria Capituli ; ad quam majoriam pertinet unum hebergamentum situm apud Fontanetum, quod vocatur hebergamentum majorie, et est clausum de muris ex una parte et de riparia ex altera parte ; in quo habergamento est pulcher portallum de tegula, et una borda terrata, et due alie borde, et virgultum in quo est columbarium, et vinea parva. Item ultra dictam ripariam, prope dictum habergamentum, est platea veteris habergamenti in qua fiunt cortilegia, et sunt ibi pulchra fossata apta piscibus. Item dicte majorie pertinent plures pecie terre sequentes, videlicet versus Chaunetum xi sext. sita in Hantis; item apud Murgerias, ibi prope, vi sext. ; item in Valle-Grossi-Pedis vi sext.; item apud Crucem-Garini vi sext. juxta viam per quam itur de Fontaneto apud Carnotum ; item ibidem ex alia parte ejusdem vie v sext.; item apud Dinnum-Hemardi iiii sext.; item in Campo-Guerini viii sext.; item in Haiis-Majoris iii sext.; item juxta muros antique precarie de Fontaneto iii min. Item dicte majorie pertinent vesiacum, pessacium, fabacium et minuta stramina collecta cum rastro, et pallea cum pillonibus granchie de Fontaneto ; item una estapeya forragii avene dicte granchie quod mavult major; item i mina avene pro citando charragio : que omnia dicte granchie valent circa vi lib. Summa dicte terre est circa v mod vi sext., que est ad unam gerbam. De hac precaria pertinent altari Sancti-Juliani xv lib., cujus altaris persona erit matutinarius perpetuus in ecclesia Carnotensi cum aliis matutinariis clericis ; residuum erit pro anniversario dicti Laurentii.

Item apud Fontanetum predictum est alia precaria antiqua, ad quam pertinet unum hebergamentum, clausum de muris, situm in villa de Fontaneto juxta hebergamentum Sancti-Severini, in quo est portallum de tegula, una domus de scindula et due borde de calmo ; item in dicto hebergamento est circa unum arpentum vinee et unum parvum virgultum cum arboribus fructiferis. Item dicte precarie pertinent plures pecie terre sequentes, videlicet juxta Chaunetum III sext.; item ibidem XI sext. juxta terram precarie de Chauneto; item ibidem III min. juxta terram Perrini *Heraut;* item ibi prope V sext. juxta viam que ducit de Chauneto apud Fontanetum; item, in ipso territorio, juxta terram Egidii Sequardi, unum sext.; item ibidem III min. juxta terram Carauni *Tyercelin*; item ibidem II sext. juxta terram majorie de Fontaneto; item ibidem II sext. juxta terram Perrini *Heraut;* item in territorio quod dicitur *Moriers* IIII sext. juxta viam que ducit de Gondervilla apud Chaunetum; item ibidem II sext. juxta terram Johannis *Poulin;* item ibidem I sext. juxta terram Arnulphi senescali; item in ipso territorio II sext. juxta terram Macoti Guioti; item apud Fossam-*Foudre* II sext.; item apud cheminum de Villannio III sext.; item in territorio quod vocatur *Prauz* VIII sext. juxta terram Jaqueti *Roglin;* item ibidem VII sext. juxta terram Goheri de Barjovilla; item in Valle-Grossi-Pedis III sext. juxta terram Symonis *Lorin;* item ibidem III sext. que vocantur Arpentum-*Baisse;* item juxta terram Johannis de Fontaneto clerici III min.; item super dictam Vallem-Grossi-Pedis IIII sext. juxta terram Perroti *Hadebourt;* item ibidem I sext. juxta terram Symonis *Lorin;* item juxta Hayas-Majorie III sext.; item apud Portam-*Gombert* III sext.; item in censiva Elemosine Carnotensis I sext.; item ante molendinum de *Mouvet* I sext.; item apud Perruchiam III sext.; item apud cheminum *Bouschier* IIII sext. que vocantur *Foussez;* item ibidem III sext. in duabus peciis. Summa dicte terre VII modii II sext. mina; de qua terra sunt VIII sext. ad decimam relictam in campo, et XVII sext. ad unam gerbam, et residuum ad duas gerbas. Item dicte precarie pertinent due cortille site apud Fontanetum, videlicet una apud Grossum-Pedem et alia apud quemdam fontem que dicitur *Grassote;* que cortille valent circa X sol. Hec precaria reddit in Loenio annuatim unam rasam cum duobus boissellis avene; item reddit prebendariis de Fontaneto XVIII den. pro pratis ipsorum fenandis. Item dicte precarie pertinent plures pecie terre site apud Sandarvillam, videlicet IIII sext. juxta terram Johannis in Valleyo, que quatuor sext. vocantur *Baruesse;* item ibidem unum sext. quod abotat chemino de Triseyo; item circa III min. ex alia parte dicti chemini; item versus Triseyum una mina; item juxta Campum-Fabiani III sext.; item versus Baillolium I sext. quod vocatur Longua-Raia; item ibi prope I sext. quod vocatur *la Rabou-*

tière; item ibi prope IIII sext. que vocantur Orneinville ; item in Cuspide v min.; item apud Crucem-Sandarville II sext.; item apud Ulmum deffuncti Hugonis et in Hauta I sext.; item juxta terram Macoti *Tyerri* I min. ; item juxta baias de Sandarvilla III min.; item versus Fontem-Sandarville I sext. et in Valle-Fontis III min. in duabus peciis. Summa dicte terre circa II mod., que est ad duas gerbas, exceptis v min., et debet II sext. oblitarum in Loenio et xx sext. menagii. Totalis summa terre pertinentis dicte precarie circa IX mod. III sext. Hec precaria valet ad presens XVIII lib., et pertinet matutinis.

Item apud Fontanetum-super-Auduram habet Capitulum quasdam terras forefactas, sitas locis sequentibus, videlicet III sext. ante molendinum de *Mouvet* juxta terram Macoti furnerii; item apud Petram-Goberti III min. juxta terram Philippi *Mesnagier;* item in arpentis de Fontaneto III sext. juxta vineas; item unam minam juxta precariam de Fontaneto. Summa dicte terre VIII sext., que est ad unam gerbam, excepta una mina que est ad duas gerbas. Que terra devenit ad Capitulum de forefacto Nicholai de Chaverneyo qui fuit suspensus, et pertinet parvo compoto.

Item apud Fontanetum-super-Auduram habet Capitulum alias terras forefactas, videlicet III sext. juxta magnum cheminum qui ducit de Ponte-*de-Trenchefestu* apud Baillolium-Pini et terram Symonis sutoris ; item III min. juxta Johannem Guilloti et terram Georgii de Calido-Furno. Summa dicte terre IIII sext. cum mina, que debet omnes custumas. Que terra devenit ad Capitulum de forefacto uxoris Robini *Menart* que se suspendit : valet ad presens III sext. bladi ad secundum forum Loenii et pertinet parvo compoto.

Item apud Pontem-*de-Trenchefestu,* in majoria Fontaneti, habet Capitulum circa..... arpenta prati, sita inter Pontem-*Trenchefestu* et Andrevillare juxta prata domine de Melleyo; que prata vocantur prata de Mota de *Montmoucon,* et valet ad presens VIII lib.; de quibus pertinent anniversario Milonis, capicerii, VI lib., et ad anniversarium Johannis Lamberti L sol.

Inter Fontanetum et Colles de *Mons,* in parrochia de Fontaneto, est quoddam molendinum situm in riparia Audure, quod vocatur molendinum de Boculeto, et non est de juridicione Capituli. Super quod molendinum Capitulum habet L sol. perpetui redditus per dominum de Boroto, in Nativitate

Domini; nec tenetur Capitulum contribuere in reparatione dicti molendini. Qui L sol. pertinent anniversario Guillelmi de Beroto, militis.

Item apud Fontanetum-super-Auduram habet Capitulum unum molendinum situm subtus Pontem-*de-Trenchefestu*, quod vocatur *Monet ;* quod valet per annum circa VI mod. VI sext., et pertinet matutinis.

Item apud Fontanetum-super-Auduram est unum molendinum situm subtus molendinum de *Monet,* quod vocatur *Martreau ;* super quod molendinum habet Capitulum duos mod. bladi ad tria pecia Loenii; quod molendinum non est in terra Capituli. Qui II mod. bladi pertinent matutinis, nec tenetur Capitulum contribuere in reparatione vel edificatione dicti molendini.

Item apud Fontanetum-super-Auduram habet Capitulum quoddam molendinum situm in villa de Fontaneto, quod vocatur molendinum de Villa, et valet per annum circa VI mod., et est ibi molta quesita, et pertinet matutinis.

Apud Nogentum-super-Auduram, in majoria de Fontaneto-super-Auduram, habet Capitulum XIIII sol. annui et perpetui redditus super ecclesiam loci, per presbiterum, pro altalagio ejusdem ecclesie, et pertinet matutinis.

Item apud Fontanetum-super-Auduram, apud locum qui dicitur *Prés*, est precaria que vocatur precaria de Pratis, cum uno hebergamento sito apud Prata, clauso de muris terreis, in quo est portallum et aula de tegula, due borde, una domus de scindula et magnum virgultum cum pluribus arboribus fructiferis. Item infra dictum hebergamentum est nemus et unum arpentum prati et garenna ad cuniculos et columbarium. Item extra dictum hebergamentum, sed tamen prope, est quoddam alnetum quod vocatur *la Motaie*, quod pertinet dicte precarie. Item dicte precarie pertinet quoddam nemus continens xv arpenta vel circa, situm juxta molendinum de *Villainnes*, quod vocatur boscum de Pratis. Item dicte precarie pertinet quedam decima grani super terras sitas apud *Mons* prope Pontem-*de-Tranchefestu*, que valet circa I mod., et tenentes debent eandem decimam ducere apud *Mons* vel dictum Pontem ubi tenens eam malvult. Item dicte precarie pertinent duo molendina cum III^{or} rotis ad blada molenda, et vocatur unum molendinum de Pratis et aliud molendinum de *Villaine*, que valent circa..... Item unum molendinum ad pannos fullendos, quod valet circa xx lib. Item census aque de riparia Audure, ab archa Pontis-*de-Tranchefestu* usque subtus molendinum de Vaucellis, cum omni piscatura et piscibus ibi existentibus, pertinet dicte precarie ; que piscatura valet per annum circa xxx lib. Item dicte precarie pertinent quedam terre site prope dictam precariam , videlicet : tria sext. juxta Fontem-Rotundum; item prope muros dicte precarie III sext.; item super nemus dicte precarie circa x sext.; item versus molendinum de *Villaine* III min.; item apud Planchiam-Ebullandi III sext.; in territorio de Cepyo II sext. in duabus peciis. Summa dicte terre circa xxI sext. et mina, que valet circa unum mod. grani annui redditus: que terra est ad duas gerbas, exceptis IIII^{or} sext. de Fonte-Rotondo. Item dicte precarie pertinent xIIII sext. terre site in majoria de Perreyo, in prebenda de Marchevilla, videlicet prope Perreyum IIII sext. juxta viam que ducit de Perreyo apud Jorram, et apud Mesium xI sext. juxta Crucem deffuncti Georgii ; que terra valet ad presens Lx sol. redditus. Item dicte precarie pertinent quedam terre site apud Peséyum-in-Belchia, ad longum vie que ducit de Peseyo apud Theuvillam; item vIII sext. juxta terram majoris de Peseyo; item III min. juxta terram Johannis de Poliis; item v *mines* juxta terram dicti *Compaing* de Loenvilla ex una parte ejusdem terre et I sext. ex altera parte ; item III min. ad longum terre magistri paratorum carnotensium ; item prope Peseyum v min. in alia pecia. Summa dicte terre circa xL sol. redditus per annum. Totalis summa terre pertinentis dicte precarie de Pratis circa v mod. Hec precaria valet ad presens xx mod. bladi, qui pertinent ad matutinas, et..... libras in pecunia ; de quibus pertinent ad anniversarium Nicholai de Frescoto Lx sol.; ad anniversarium Johannis de Aubigniaco xvIII den.; item ad anniversarium Guidonis de Torota IIII lib.; item ad anniversarium Marie de Frescoto Lx sol.; item ad anniversarium Galteri de Frescoto vI lib.; item ad anniversarium Almarici, precentoris, Lx sol.; item ad anniversarium alius Galteri de Frescoto Lx sol.; item clericis horariis xL sol. : residuum pertinet matutinis.

Apud Berotum, prope Fontanetum-super-Auduram , est quedam decima grani relicta in campis, cujus quedam pars est Capituli, tota videlicet de terris que sunt a Beroto usque ad ripariam Audure, videlicet inter Cepayum et Villanam ; et valet ista pars circa I mod. grani. De terris vero que sunt inter Berotum, Melleyum et *Monz* descendendo versus Cepaium habet Capitulum medietatem decime, que valet circa II mod.; et ita potest valere tota decima pro parte Capituli circa ɪɪɪ mod. : de qua decima pertinet ad missam beate Marie que fit in ecclesia Carnotensi diebus lune ʟ sol., ad anniversarium Roberti de Loreto xxv sol. : residuum spectat ad anniversarium Hugonis de Chavernayo.

Apud Chaunetum, in parrochia et majoria de Fontaneto-super-Auduram, est precaria cum hebergamento sito apud Chaunetum ante putheum, clauso de muris, in quo est portallum et tres borde, cum una domò de scindula; de quibus bordis due sunt terrate. Item in dicto hebergamento est columbarium et virgultum in quo sunt plures arbores fructifere et magna pecia terre culte, videlicet circa ɪɪ sext. tam in virgulto quam in terra. Item dicte precarie pertinent plures pecie terre que secuntur, videlicet, inter Mandrevillam et Chaunetum, xɪɪɪɪ sext. que vocantur *la Chainotre à Langlois;* item ibi prope ɪɪɪ sext. juxta viam Carnotensem; item ad longum chemini de *Villaine* ɪɪɪ min.; item retro dictum hebergamentum, in vico Salneriorum, ɪɪɪ sext.; item ibi prope ɪɪ sext. que vocantur oschia *Besangin;* item apud Marneriam in Perrucheya ɪɪɪɪ sext.; item apud Longam-Lunam v sext.; item ibi prope ɪɪ sext. juxta terram que vocatur *le Raon* deffuncti carnificis ; item in territorio Panis predicti vɪɪɪ sext.; item juxta predicta illa vɪɪɪ sext. ɪɪ modii vɪ sext., que dicuntur Campus-Goheri; item ibi prope, in Valleis de *Bardon*, ɪɪɪɪ sext.; item apud fossas de *Bardon* vɪ sext.; item ibi prope, ad longum terrarum Johannis Jordani, ɪɪɪ min ; item apud cheminum *Bouscher* ɪɪɪ min. juxta terram Sancti-Johannis-in-Valleya; item ad Fossam-Mortui x sext.; item apud Fossam-Monachorum xvɪ sext. que vocantur Magnus-Campus. Summa dicte terre circa ɪx mod. ɪ sext. cum mina ; de qua terra sunt ɪɪ sext. que debent decimam numeratam, et ɪɪɪ modii ɪx sext. decimam relictam in campis; residuum nichil debet. Item dicte precarie pertinent circa ɪɪɪ sol. vɪ den. minuti census super terris de Chauneto cum vendis, et circa vɪ sext. decime et campipartagia aliquarum dicte ville ; item ʟ sol. grossi census super terris que secuntur, videlicet Guillotus Normanus xɪɪɪɪ sol. pro ɪɪ sext. sitis in hanta Bodardi ; Girardus *Tineau* vɪ sol. pro uno sext. sito ibidem ; Jordanus de Goindrevilla x sol. pro uno sext. sito apud *Bardon;* Gaufridus *Vivien* pro duobus sext. sitis in Clausello, ubi debet facere ostisiam, xx sol. Hec precaria valet vɪɪ mod. bladi, de quibus pertinent ad anniversarium Roberti *Ragahu* ɪɪɪ modii, et ad anniversarium Radulphi de Bello-Videre ɪɪɪɪ modii. Item valet adhuc x lib., que pertinent matutinis, et ɪɪ sol. pertinent parvo compoto : item onerata est de v sol. pro hebergamento, qui sunt clericis chori.

Apud Berjouvillam, in metis prebende de Fontaneto et in terra subdecani Carnotensis, habet Capitulum unum molendinum situm inter Berjouvillam et Remenonvillam, quod vocatur molendinum *de Lambert;* quod molendinum est ad unam rotam et valet circa ɪɪɪɪ mod. et pertinet matutinis.

Item apud Berjouvillam est precaria cum uno hebergamento, sito apud Berjouvillam, clauso de muris, in quo sunt portallium, aula, granchia, stabula et gallinarium, ad materias lapideas, et una borda ; item pulcrum virgultum cum quodam viviario et multis arboribus fructiferis, et aliud virgultum ubi sunt arbores fructifere. Item dicte precarie pertinent plures pecie terre que secuntur, videlicet apud clausum de *Hermet* xxɪɪ sext.; item apud Remenovillam, inter Berjouvillam et Morenceas, circa ɪ mod.; item apud cheminum quod ducit de Carnoto ad abbatiam de Aqua vɪɪɪ sext.; item apud Maignerias juxta cheminum quod ducit de Tevasio apud Carnotum vɪ sext.; item apud Ulmum-Hueti circa x sext. Summa dicte terre circa v mod. ɪɪɪɪ sext., qui debent decimam numeratam. Item dicte precarie pertinent circa tria arpenta prati siti prope dictum hebergamentum, que valent circa vɪ lib. annui redditus. Item cursus riparie a hebergamento predicto usque prope Fontem-Album pertinet dicte precarie et valet circa xl sol.; item ɪɪɪ sol. vɪ den. de censibus Capituli, recepti in Nativitate beate Marie Virginis ; item restallagia prati subdecani, que valent circa l sol.; item restallagia prati decani, que valent circa xx sol. Hec precaria consueta est tradi per xvɪɪ lib., de quibus pertinent parvo compoto vɪɪɪ lib.; item anniversario Fulcheri de Berjouvilla et ejus uxoris lx sol.; item ad panem Capituli vɪ lib.

Item apud Berjouvillam est quedam vinea cum una borda, continens circa dimidium arpentum, sita inter Crucem de Berjouvilla et monasterium, juxta viam que ducit de Cruce ad monasterium et vineam Laurentii *Arondel;* que valet ad presens x sol. et pertinet anniversario Guillelmi de Monte-Guillonni, canonici.

Item apud Berjouvillam habet Capitulum circa ɪx sol. ɪ den. ob. postcensus, in festo beati Remigii, super vineas sitas in clauso de *Batentretre,* inter Crucem de Berjouvilla et Rupemfortem, et super terras sitas prope cheminum quod ducit de Carnoto apud Thevasium ab utroque latere dicti chemini ; qui census cum vendis pertinent anniversario Edualdi, canonici.

Item apud Berjouvillam habet Capitulum, in Nativitate beate Marie, circa xv lib. census, receptas per subdecanum super terras, vineas et domos sitas apud Berjouvillam et circa; de quibus pertinent precarie de Berjouvilla III sol. VI den., et subdecano xv sol.; residuum pertinet parvo compoto.

Item apud Berjouvillam habet Capitulum v sol. .... mod. avene de oblitis super terras sitas circa Berjouvillam, qui pertinent . . . . .

Item apud Berjouvillam habet Capitulum XII sol. annui et perpetui redditus super ecclesiam loci, per presbiterum, pro altalagio ipsius ecclesie; qui pertinent matutinis.

De precariis et aliis redditibus Capituli, qui sunt in prebenda de Magneriis.

Apud Maignerias habet Capitulum.... annui et perpetui redditus, super ecclesiam loci, per presbiterum, pro altalagio ipsius ecclesie; qui pertinent matutinis.

Item apud Maignerias solebant esse due precarie que modo minuuntur et fiunt sola precaria; ad quam pertinet unum hebergamentum, situm apud Maignerias juxta monasterium, clausum de muris terreis; in quo sunt due domus de scindula, et due borde, et una domus de tegula, et duo parva virgulta absque arboribus. Item dicte precarie pertinent terre que secuntur, videlicet apud Chenonvillam xvi sext. que vocantur de *Noiz;* item ibi prope circa xix sext. que vocantur Campus de *Cheteaus*, et vi sext. que vocantur Campus de Petra-*Hucon;* item ad longum vie Sancti-Lupi III sext.; item apud Fossam-*Perreuse* IIII sext.; item in campo qui vocatur *la Chaintre* VIII sext. cum mina; item apud Vallem-*Croteus* IIII sext.; item ibi prope v sext.; item apud Motam v sext.; item apud viam de *Rienne* v sext.; item versus Melleyum, in territorio quod dicitur Fronvilla, circa II mod. in una pecia et IIII sext. in alia pecia; item in territorio de *Mulcens* circa xv sext. cum mina; item versus Cepaium III sext: in una pecia, et in alia pecia VII sext.; item apud Vaucellas circa XXII sext.; item apud Crucem Guillelmi Berte circa XXII sext.; item ibidem III min.; item in territorio quod dicitur Campus-Roberti circa VII sext. cum mina, in tribus peciis; item apud Crucem-Hussatam circa VIII sext.; item in territorio de Feodis x sext. in una pecia et II sext. in alia pecia; item in oschiis de Maigneriis I sext.; item apud fossatam deffuncti Huberti III min.; in oschiis circa hebergamentum predictum v sext. cum mina. Summa dicte terre circa XIX mod., de qua sunt circa....... mod. qui decimam numcratam, et XXVIII sext. qui debent dimidiam decimam ; de residuo finatum est cum prebendariis de Maigneriis et de Fontaneto-super-Auduram, pro omni campipartagio seu decima, que habebant super illas terras, pro duobus modiis grani, duabus partibus bladi et tercia avene : de quibus prebendarius de Maigneriis habebat annuatim in perpetuum VI sext., et prebendarius de Fontaneto XVIII sext. Item dicte precarie pertinent LXIII sol. census super aliquas ostisias de Maigneriis et de Chenonvilla, cum vendis et justicia. Hec precaria valet ad presens XXXII lib.; de qua precaria due partes pertinent anniversario Johannis de Frequoto, et tercia pars pertinet ad panem Capituli.

Aput Cepayum, in majoria de Maigneriis, habet Capitulum unum molendinum cum una rota, coopertum de tegula, quod valet per annum circa VII mod. bladi et pertinet matutinis, et est ibi molta quesita.

Apud Vocellas, in majoria de Maigneriis, habet Capitulum unum molendinum cum duabus rotis, quod valet per annum circa v mod. bladi ; de quibus pertinent parvo compoto II modii, et residuum ad anniversarium Bobonis, cantoris, et Johannis ejus patris, Marie ejus matris et Lupi ejusdem Bobonis fratris, prout in registro anniversarorum continetur, distribuendum.

Apud Capellam-Beati-Lupi, in prebenda de Maigneriis, habet Capitulum XXV sol. annui et perpetui redditus super ecclesiam loci, per presbiterum, pro altalagio ecclesie predicte, qui pertinent matutinis.

Item aput Capellam-Beati-Lupi habet Capitulum, in festo beati Lupi, videlicet a pulsatione none, in vigilia ejusdem festi, usque post vesperas cantatas in die festi, duas partes omnium oblacionum que fiunt in ipsa ecclesia diebus predictis, que valent circa IX lib., et pertinent matutinis.

Apud Moucovillam, in majoria Capelle-Sancti-Lupi, habet Capitulum quedam precaria cum hebergamento sito apud Moucovillam, clauso de muris terreis, in quo est quoddam portallum anterius pulcherrimum, cum quadam camera tenenti eidem portallo, et quoddam aliud portallum posterius, et quedam granchia pulcherrima, cum quodam apentitio tenenti eidem granchie, que omnia sunt cooperta de tegula; item quedam pulcra borda terrata et alia borda pro peccudibus; item pulcherrimum virgultum cum multis arboribus fructiferis. Item dicte precarie pertinent terre que secuntur, videlicet juxta viam per quam itur de Moucovilla apud Auffarvillam circa xxx sext.; item in territorio quod vocatur *le Soussi* circa iiii sext.; item juxta viam que ducit de Capella apud Lucum-Plantatum v min.; item juxta viam de Ruella circa ii sext.; item in capite ville de Moucovilla v min.; item retro domum dicte *la Teauvillesce* v min.; item apud Magnum-Marchesium v sext.; item apud Marchesium fenare iiii sext.; item juxta viam que ducit de Moucovilla apud Lucum-Plantatum ii sext.; item viii modii in una pecia tenenti dicto hebergamento; item ibi prope, in territorio de *Morviller*, i mod. Summa dicte terre circa xiii mod. iiii sext.; que est ad duas gerbas, et non debet alias redibentias. Hec precaria solet valere xx lib., et pertinet matutinis.

Apud Lucum-Plantatum, in prebenda de Magneriis, habet Capitulum perpetui redditus xvii sol. super ecclesiam loci, per presbiterum, pro altalagio ejusdem ecclesie, qui pertinent matutinis.

Apud Orpharvillam, in parrochia Luppi-Plantati, habet Capitulum unam precariam absque hebergamento, ad quam pertinent xxx sol. census, in Nativitate beate Marie, super ostisiis dicte ville, cum vendis et justicia; item due partes decime, lane et agnellorum et panum dicte ville, et presbiter Lupi-Plantati habet terciam partem. Item presbiter predictus reddit annuatim dicte precarie iii sol. iii den., videlicet in Nativitate Domini xiii den., in Resurrectione Domini xiii den. et in Penthecoste xiii den. Hec precaria valet ad presens.....

De precariis et aliis redditibus Capituli, qui sunt in prebenda de Benis.

Apud Benas, in prepositura Fontaneti, habet Capitulum omnia forragia, paleas et duo leta in granchia dicti loci, et decimam lini et canabi majorie ejusdem loci, et valent circa xii lib. : de quibus tres partes pertinent anniversario Gauffridi et Evrardi de Benis equaliter distribuende, et quarta pars pertinet anniversario Guillelmi de Nova-Villa, archidiaconi Blesensis.

Item apud Benas habet Capitulum xi lib. annui et perpetui redditus super majoriam loci per majorem; de quibus pertinent anniversario Hugonis de Palma, canonici, vi lib., et ad anniversarium magistri Johannis *Sequence*, post decessum ipsius, c sol.

Item apud Benas habet Capitulum i sext. terre, situm inter Benas et

Afflavillam, juxta terram.....; quod devenit Capitulo de morte cujusdam pueri bastardi.

Item in prebenda de Benis habet Capitulum quasdam terras sitas in locis sequentibus, videlicet apud Poenceyum, in majoria de Benis, vi sext. juxta muros ville predicte; item in majoria de Afflainvilla xi sext. in tribus peciis, videlicet versus Baillolium-Pini v sext. juxta Johannem Huberti et tria sext. juxta Chiminum *Chevalier* et tria sext. super Perruchias Fosse-Rubee; item in majoria Frometi-Loci circa ix sext., videlicet vii sext. in duabus peciis juxta viam que ducit de Frometo-Loco apud Coingneyum, et ii sext. juxta Custuram majoris de Frometi-Loco in quinque peciis que sunt prope chiminum quod ducit de Coigneyo apud Pontem-*Trenchefestu*. Summa dicte terre circa ii mod. iii sext., de qua sunt vi sext. ad duas gerbas; residuum debet campipartagium et decimam relictam in campis; item iii ob. de escoblagiis. Item apud Poenceyum habet Capitulum ii sext. grani ad mensuram Curveville, videlicet i sext. bladi et i sext. avene super uno hebergamento sito apud Poenceyum, quod fuit Girardi *Nicole* et Yvardi *Estalart*. Que omnia predicta valent ad presens circa c sol. redditus, et pertinent anniversario Guimondi *Fouaille*.

Item in prebenda de Benis est quedam precaria absque hebergamento, ad quam pertinent quedam terre site in territorio de Poenceyo, in majoria de Benis, videlicet unum mod. qui abotat chemino de Marchevilla juxta terram Philippi de Carnuto, armigeri; item vi sext. que abotant vie que ducit de Alleyo apud Illesias; item in oschiis de Ponseyo iii sext. que abotant vie de Illesiis. Summa dicte terre circa xxi sext., que est ad duas gerbas et debet menagium de vi gerbis i sext. bladi et de viii gerbis avene i sext. Item dicte precarie pertinet tercia pars cujusdam decime site in territorio de Hardeceyo, que extendit se de Hardeceyo usque ad magnum cheminum Carnotensem ex uno latere et usque ad Ulmos de Alleyo ex alio latere, et in Vallem de Ceyo usque ad Bruerias; que tercia pars Capituli solet valere xviii sext. grani. Item dicte precarie pertinent omnia forragia et palee granchie Dalimontis in dicta prebenda, et medietas locorum, videlicet locus et dimidius. Hec precaria valet ad presens xii lib., et pertinet ad tria anniversaria, videlicet anniversario Galteri, patris Mathei episcopi, et Ade matris, et Petri de Campis, fratris ejusdem episcopi, videlicet cuilibet tercia pars.

Item apud Dalimontem, in prebenda de Benis, habet Capitulum majoriam loci, que est modo precaria; ad quam pertinet unum hebergamentum, clausum de muris, situm apud Dalimontem, juxta granchiam prebendarii; in quo est quedam borda cum appenticiis, et parvus ortus ubi est terra que colitur, videlicet circa iiii boissellos. Item dicte majorie pertinent terre que secuntur, videlicet prope Dalimontem iii sext. juxta cheminum Curveville; item x sext. que vocantur Custura; item in territorio terre Fecentis vii sext.; item apud *Sorbières* xiiii sext.; item apud *Boschart* viii sext.; item apud Bruerias iii sext.; item apud Noas circa i sext. Summa dicte terre circa iii mod. x sext., que debent decimam relictam in campis. Item dicte precarie seu majorie pertinet una mina avene, in granchia loci, pro citando quarragio. Hec precaria traditur ad presens pro viii lib., que pertinent ad anniversarium Theobaldi de Nantolio, et pro duobus modiis bladi qui pertinent anniversario Petri de Bordellis, archidiaconi Vindocinensis.

Item apud Dalimontem habet Capitulum xxxiiii den. ob. census super terris sitis juxta viam que ducit de Dalimonte apud Cintreyum, qui redditur apud Carnotum penes distributorem anniversariorum in festo beati Remigii, et pertinet anniversario Nicholai *Lesene* et ejus sociorum.

Item apud Atayam, in majoria Dalimontis, est precaria cum uno hebergamento sito in villa de Ataya, in quo sunt tres domus et virgultum cum arboribus fructiferis. Item dicte precarie pertinet quedam platea ubi fuit quondam hebergamentum, sed modo non sunt alique domus, sed ibi est parum vinee et arbores fructifere. Item eidem precarie pertinent terre que secuntur, videlicet circa viii sext. in territorio de *Chentul,* juxta viam que ducit de Ataya apud Oreyum; item in territorio de Putheolis x sext. que abotant dicte vie de Oreyo, que terre predicte sunt ad duas gerbas; item apud Fossas de Ataya circa vi sext. juxta terram presbiteri de Amilliaco; item in territorio de *Mombanain* circa vi sext. juxta terram Pasqueri de Ataya; item in territorio quod dicitur *les Quarreaus* iii sext. que abotant terre Rousselli de Ataya; item apud Fossas de Ataya iii sext. cum mina juxta terram Guilloti *Fillastre;* item apud Marnerias circa i sext. Hee terre predicte debent campipartagium et medietatem decime relicte in campis. Totalis summa dicte terre circa xxxvii sext. cum mina, que debet iii sol. iiii den. census, et in Loenio iii sext. cum rasa avene. Hec precaria valet

ad presens. ..... libras; de quibus pertinent anniversario Guillelmi de Nova-Villa, archidiaconi Blesensis.

Item apud Atayum habet Capitulum unum pratum, continens circa duo arpenta, quod vocatur Pratum Nostre-Domine et pertinet precarie de *Berneure*, prout inferius in eadem precaria continetur.

Apud Moncellos-super-Auduram, in prebenda de Benis, est majoria que est modo precaria Capituli cum hebergamento, clauso fossatis et sepibus, sito apud Moncellos, in quo sunt quatuor borde, de quibus due sunt terrate. Item infra dictum hebergamentum est quedam ulmeya continens circa II arpenta, in qua sunt et possunt esse cuniculi. Item dicte majorie pertinent terre que secuntur, videlicet xx sext. sita inter cheminum Curveville et cheminum Sancti-Leupercii que sunt in una pecia; item in alia pecia xxxIII sext. juxta dictum chiminum Sancti-Leupercii et terram Sancti-Petri Carnotensis; item in pecia que vocatur Cuspis circa VII sext.; item in territorio de *Nois* VIII sext. juxta terras feodi Sancti-Petri; item in territorio de *Sarqueuses* II sext.; item retro dictum hebergamentum v sext.; item apud *Loulapes* I sext. juxta columbarium domini Johannis de *Loulapes*, militis. Summa dicte terre circa VI mod. IIII sext., que terre debent decimam relictam in campis. Item dicte majorie pertinent circa arpentum et dimidium pasture pecudum dicte precarie que vocatur Noa; item xII den. census, in festo beati Remigii, super uno hebergamento sito apud *Loulapes*; item VIII sol. de escoblagiis pertinentibus prebendario de Benis; item omnia forragia granchie de *Hautencourt* et medietas forragiorum granchie de *Loulapes*, et palee et grossa pillona dictarum granchiarum. Hec precaria valet ad presens xxv lib., et pertinet anniversario Guillelmi de Moncellis, archidiaconi Drocensis.

Apud *Loulapes*, in majoria de Moncellis, habet Capitulum xL sol. census super quibusdam arpentis terre site juxta *Loulapes*, que vocantur Desertum-Sancte-Marie, pro eo quod ibi fuit olim boscum; qui census debet reddi apud Carnotum, in domo matutinarum, in festo beati Remigii, et pertinet matutinis cum vendis.

Apud *Ceres*, in prebenda de Benis, habet Capitulum, de forefacto Johannis *Menart* propter homicidium sibi impositum, unum hebergamentum situm juxta hebergamentum Droini *Chapifol* et v min. terre sita prope *Cerez* ad limitem..... : que terre cum dicto hebergamento pertinet parvo compoto.

Item apud *Cerez* habet Capitulum c sol. perpetui redditus super quoddam hebergamentum, situm apud *Cerez* juxta habergamentum Jaqueti Normani et habergamentum Carauni Reinerii, et xviii sext. terre sita versus Arouvillam, in majoria de *Cerez*, juxta Spinas-*Monais*, per Julianum *Saradin* et ejus heredes; qui pertinent anniversario Geraldi de Limogiis.

Apud Macelinum-subtus-Curvamvillam, in metis prebende de Benis, est precaria que ab antiquo vocatur precaria de Locellis, ad quam pertinet unum hebergamentum, situm in villa de Macelino, clausum de fossatis cum aqua et piscibus; in quo sunt due domus de scindula et unum portallum de tegula, in quo sunt orrea. Item extra clausuram illius hebergamenti est aliud hebergamentum, in quo sunt due borde et una granchia de tegula, cum maximo virgulto in quo sunt arbores fructifere. Item in primo ingressu dicti atrii est aliud hebergamentum, ubi est quedam borda et quoddam portallum de tegula. Item dicte precarie pertinent ix modii terre vel circa in duabus peciis, tenentia cuidam alii siti inter Macelinum et magnum cheminum quod ducit de Carnoto apud Pontem-Goenii. Item dicte precarie pertinent iiii^{or} molendina, videlicet unum situm apud Curvamvillam, quod valet circa iiii mod.; item aliud molendinum situm apud Curvamvillam, inter ecclesiam Sancti-Petri et granchiam prioris, quod vocatur *Tranchesac*, et valet circa vi mod.; aliud molendinum situm est apud Macelinum et vocatur molendinum de *Macelin*, quod valet circa vi mod ; et aliud molendinum situm est subtus Macelinum, inter molendinum de *Haremont* et molendinum *Viel*, quod vocatur molendinum *Fou*, et valet, cum quodam prato ad duas gerbas eidem molendino pertinenti, circa v mod. Item dicte precarie pertinent xxxviii sext. aveue de oblitis et xxxviii galline super arpentis ville de *Macelin*, videlicet pro quolibet arpento ii sext. avene et due galline; item, in Nativitate beate Marie, xxxii den. census super quibusdam domibus sitis apud Curvamvillam, in magno vico, cum vendis et justicia dictarum domorum; item, in festo beati Remigii, circa xlix sol. ii den. ob. census super hostisiis de *Macelin*, cum vendis et justicia. Item dicte precarie pertinent due pecie prati, que valent circa xl libras, quarum una sita est inter Varannam et Macelinum et alia inter Varannam et pratum prioris de Oreyo. Item eidem precarie pertinet campipartagium aliquarum terrarum sitarum prope Macelinum, que valent circa ii mod. Item dicte precarie pertinet rachetum quarumdam domorum, sitarum apud Curvamvillam, quas tenent milites ad fidem a tenente dictam precariam. Hec precaria solet tradi pro viii modiis bladi ad mensuram et valorem Loenii et lxxvii lib. in peccunia. De hac precaria pertinet anniversario Galteri, episcopi, lx sol.; omne residuum pertinet matutinis.

Apud *Berneure*, in parrochia Sancti-Georgii-super-Auduram, in metis prebende de Benis, est precaria absque hebergamento; ad quam pertinent xxviii sol, census super hostisiis dicte ville de *Berneure*, cum vendis et justicia. Item eidem precarie pertinet unum pratum, continens circa duo arpenta, situm apud Athayam, quod vocatur *Nostre-Dame*. Hec precaria valet ad presens iiii lib. v sol., de quibus pertinent ad matutinas xxx sol., et ad anniversarium Bartholomei de Minciaco lx sol.

Item in parrochia Sancti-Georgii habet Capitulum quandam decimam in campis super terris sitis circa dictam villam, que valet iii modios; de qua medietas pertinet matutinis et alia medietas anniversario. . . . .

De precariis et aliis redditibus Capituli, qui sunt in prebenda de Sandarvilla.

Apud Sandarvillam, in prepositura Fontaneti, habet Capitulum xiiii sol. annui et perpetui redditus super ecclesiam loci, per presbiterum, pro altalagio ejusdem ecclesie; qui pertinent matutinis.

Item apud Sandarvillam, habet Capitulum quandam precariam cum habergamento, sito apud Sandarvillam juxta habergamentum presbiteri dicti loci, clauso de muris terreis, cum portallo; in quo sunt iii^{or} borde et parvum virgultum: ad quam precariam pertinent plures pecie terre que sequuntur, videlicet viii sext. que sunt supra marchesium de Lucanno; item juxta Campum-*aus-Gautiers* circa viii sext.; item in Valle de Lucanno circa vii sext. in duabus peciis; item apud Ulmum deffuncti Hugonis unum minotum, et juxta terram pertinentem precarie de Fontaneto unam minam. Summa dicte terre circa ii modios terre semeure, que terra est ad duas gerbas, excepto uno sext. et reddit ii sol. census, item ii sext. avene de oblitis in Loenio, et menagium ii modiorum grani. Hec precaria valet c sol., et pertinet anniversario Guillelmi de *Bediers*.

Item apud Sandarvillam habet Capitulum aliam precariam cum uno herbergamento sito apud Sandarvillam, inter habergamentum Perrini *Foreau* et herbergamentum Guillelmi *Bardoin*; quod habergamentum est clausum de muris terreis, et ibi sunt iii borde cum portallo de calmo et parvo virgulto ubi sunt arbores fructifere. Ad quam precariam pertinent terre que sequuntur, videlicet vi sext. sita in Campo-Fabiani, item juxta terram majorie loci iiii sext.; item juxta cheminum Baillolii ii sext.; item apud Salicem iii sext.; item juxta terram Macoti *Tyerri* ii sext. Summa dicte terre circa xviii sext., que est ad duas gerbas, exceptis ii sext., et reddit ii sext. avene in Loenio, et menagium de xviii sext. grani. Hec precaria valet ad presens lx sol.; de quibus pertinent anniversario Chinchii l sol. et ad anniversarium Odonis de Moustoneria x sol.

Item apud Sandarvillam habet Capitulum circa xx sext. terre pertinentis precarie de Fontaneto, sita in certis locis, prout in eadem precaria superius continetur.

Item apud Sandarvillam habet Capitulum xxv sol. annui et perpetui redditus super v sext. terre, sita apud prata de *Montencon* juxta terram Guillelmi *Nasart*, armigeri, videlicet per Andream et Gauffridum Normannos et eorum heredes; qui xxv sol. pertinent precarie de Angouvilla.

Apud Melleyum, prope Sandarvillam, habet Capitulum vii sol. annui et perpetui redditus super ecclesiam loci, per presbiterum, pro altalagio ipsius ecclesie, qui pertinent matutinis.

Apud Baillolium-Pini, in prebenda Sandarville, habet Capitulum x sol. annui et perpetui redditus super ecclesiam loci, per presbiterum, pro altalagio ipsius ecclesie, qui pertinent matutinis.

Item apud Baillolium-Pini habet Capitulum quasdam terras que sequuntur, videlicet iii sext. juxta magnum cheminum Carnotensem; item vii sext. cum mina, in quatuor peciis que aboutant chemino Curveville versus Spinam deffuncti *Galais*, videlicet iii min. juxta terras precarie Baillolii, et iii sext. juxta terram Johannis *li Beaus* a parte sinistra eundo de Baillolio apud Curvamvillam, et duo sext. ad longum terre predicte precarie, et iii sext. juxta aliam terram ejusdem precarie a dextra parte dicti chemini eundo apud Curvamvillam. Summa dicte terre circa i mod. cum mina, qui debet decimam relictam in campis : valet circa iiii lib. redditus, et pertinet anniversario Nicholay de Castro-*Therry*.

Item apud Baillolium-Pini, in prebenda de Sandarvilla, habet Capitulum quandam precariam cum hebergamento, clauso muris terreis et fossatis, sito apud Baillolium, ex parte Illesiarum, in quo sunt due borde et quedam granchia de scindula, et porte lignee in introitu dicti hebergamenti. Item dicte precarie pertinent plures pecie terre que sequuntur, videlicet versus Ponceyum vi sext. tenentia chemino Curveville; item iii min. sita inter terras ecclesie Baillolii ab utraque parte; item xiiii sext. sita inter cheminum Curveville et cheminum de Benis; item ibi prope v minas juxta terras numerature de *Chuyne*; item juxta dictum cheminum Curveville et terram pertinentem anniversario Nicholay de Castro-Terrici i mod.; item juxta fossata dicte precarie iii sext.; item prope Baillolium, a parte Sandarville, tam in prato quam in terra, v min.; item inter terram de Houvilla ii sext. Summa dicte terre circa iii mod. v sext.; que terra debet decimam relictam in campis. Item dicte precarie pertinent xxv sol. grossi census super vi sext. cum mina sita apud *Autresche*; item iii sol. viii den. minuti census, xiiii galline et vi pulli super aliquibus hebergamentis sitis apud Baillolium; item medietas quarte partis decime terrarum que sunt in numeratura de Hervilla, que medietas valet circa v sext.; et medietas quarte partis decime lanarum et agniculorum de Hervilla; item quoddam pratum situm subtus Pontem-*de-Tranchefestu*, videlicet inter pontem et molendinum de *Mouvet*, quod continet circa ...... arpenta. Item in parrochia de Manuvillari, prope Carnotum, est quedam decima numerata super terras sitas inter Manuvillare, que pertinet tota dicte precarie. Item apud Manuvillare est alia decima relicta in campis super terris sitis circa Ulmum de Mondonvilla; cujus decime medietas pertinet dicte precarie. Que decime predicte valent pro parte Capituli circa iiii^{or} mod. Que precaria valet ad presens xxv lib., que pertinent clericis horariis ecclesie Carnotensis.

Item apud Baillolium-Pini habet Capitulum quartam partem decime terrarum sitarum inter Triseyum et Altamvillam et inter Sandarvillam et Baillolium, prout itur in territorio Pontis-Villaris; item terrarum de oschiis Alteville, ex parte Rouseti, et aliquarum terrarum territorii de Roseyo, que quarta pars decime omnium terrarum predictarum valet circa ii mod. grani, et pertinet anniversario Andree de Lavanna, prepositi Normannie.

Item apud Baillolium-Pini habet Capitulum quartam partem decime terrarum sitarum inter Ponceyum et Baillolium usque ad prata de *Montanquon*; que quarta pars valet circa ii mod., et pertinet precarie de Cerneyo, prout in eadem precaria inferius continetur.

Apud Hervillam, in parrochia Baillolii, habet Capitulum precariam absque habergamento; ad quam pertinent xxviii sext. avene et xxviii galline et

III den. de fornamentis pro quolibet sext. dicte avene super XXVIII hostisiis dicte ville, et XVI den. census super duobus herbergamentis, cum vendis et justicia dicte ville ; item tercia pars lane, agnellorum et ortorum dictarum ostisiarum. Item in dicta villa sunt VI homines vel circa de corpore, qui reddunt censum pro capite. Hec precaria valet ad presens.....

Apud Marchevillam, in prebenda Sandarville, habet Capitulum XX sol. annui et perpetui redditus, super ecclesiam, per presbiterum loci, pro altalagio ejusdem ecclesie, qui pertinent matutinis; et unum modium bladi ad forum bladi granchie de Marchevilla, qui debet reddi in Loenio ad expensas presbiteri, et pertinet anniversario Petri de Castris, canonici et presbiteri.

Item apud Marchevillam habet Capitulum VI lib. annui redditus super majoriam loci, per majorem, qui debent reddi ad festum beate Magdalene, et pertinent ad anniversarium Ade de Stampis, canonici.

Item apud Marchevillam habet Capitulum in granchia loci duo leta, que valent circa IIII lib. et pertinent anniversario Gauffridi *Chardonel*.

Apud *Bouglelou*, in majoria Marcheville, habet Capitulum quamdam precariam absque hebergamento, ad quam pertinent ea que sequuntur, videlicet III modii terre in una pecia que vocatur terra de *Vorocein*, que est ad decimam relictam in campo; item circa II mod. terre que est pastura communis pro pecudibus patrie, que valet circa X sext. avene, quam reddunt tenenti precariam illi qui habent pecudes in dicta pastura ; item circa IX sext. terre site prope Marchevillam in duabus peciis, videlicet una pecia juxta terram presbiteri de Marchevilla et alia juxta quoddam vivarium pertinens dicte precarie cum quadam noa ibi existenti. Summa dicte terre pertinentis dicte precarie absque pastura circa V mod. Hec precaria valet ad presens VII mod. grani, et pertinet anniversario Johannis de Marchevilla, presbiteri ; super qua presbiteri veterum altarium ecclesie Carnotensis habent II sol. per distributorem anniversariorum.

Apud Brolium, in majoria Marcheville, habet Capitulum quamdam precariam, ad quam pertinet unum molendinum de Brolio et circa I mod. terre situm super stannum de Brolio ibi existentem, de qua terra sunt in gastis IIII sext. Item dictum stannum de Brolio solebat pertinere huic precarie, sed modo est annexum precarie de Cerneyo. Hec precaria valet XII lib. X sol.

Apud Cerneyum, in prebenda Sandarville, est precaria cum herbergamento, sito apud Motam de Cerneyo, in quo est quedam domus de scindula, et ibi prope duo stanna pertinentia eidem precarie; item circa IIII arpenta parvi bosci; item et unum molendinum ad unam rotam, quod vocatur molendinum de Serneyo, quod valet circa III mod. Item dicte precarie pertinent quedam campipartagia terrarum sitarum prope Serneyum, quod valent circa II mod.; item quedam decima sita apud Maigneium prope Marchevillam, que valet circa VI sext.; item quarta pars decime quarumdam terrarum sitarum in parrochia Baillolii-Pini, prout superius alibi continetur, que valet circa II mod.; item circa IIII sext. avene et X galline super allodiis prope Cerneyum; item XL sol. minuti census super hostisias, et terras de Mota et de Carrogio prope Marchevillam, cum vendis et justicia. Item dicte precarie est modo annexum stannum de Brolio, quod solebat pertinere precarie de Brolio. Hec precaria valet ad presens XL lib., et pertinent hec precaria et precaria de Brolio mediate precedens ad anniversaria que sequuntur, videlicet ad anniversarium Gilonis, archiepiscopi Senonensis, XX sol., et ad anniversarium Theobaldi, episcopi, XX sol., ad anniversarium Thome, decani, LX sol., ad anniversarium Symonis de Sancto-Dyonisio XXX sol., item ad anniversarium Bobonis, cantoris, LII sol., item ad anniversarium Roberti de *Bleniau* VIII lib. X sol., item ad anniversarium. . . . . . .; residuum pertinet ad anniversarium Henrici de Sancto-Dyonisio.

Apud Perreyum, in prebenda de Sandarvilla, habet Capitulum V sol. annui et perpetui redditus super majoriam loci, qui pertinent anniversario Geraldi de Limogiis, canonici presbiteri.

Apud Castellerias, in prebenda Sandarville, habet Capitulum II sol. annui et perpetui redditus super ecclesiam loci, per presbiterum, pro altalagio ejusdem ecclesie, qui pertinent matutinis.

Apud Longum-Villare prope Castellia, prope metas prebende Sandarville, habet Capitulum L sol. annui et perpetui redditus, super preposituram loci, per prepositum, et debent reddi apud Carnotum, et pertinent anniversario Stephani, comitis Perthicensis.

De precariis et aliis redditibus Capituli, qui sunt in prebenda de Charonvilla.

Apud Charonvillam, in prepositura de Fontaneto-super-Auduram, habet Capitulum X sol. annui et perpetui redditus super ecclesiam loci, per presbiterum, pro altalagio ipsius ecclesie, qui pertinent matutinis ; item xxx sol. annui et perpetui redditus pro minutis decimis, quas dictus presbiter percipit, qui pertinent ad panem Loenii.

Item apud Charonvillam habet Capitulum medietatem forragiorum, palearum et pillonorum excussorum et veciarum, et duo leta in granchia loci ; et sunt vecie partite in campis, et teuentur prebendarii loci hebergare in granchia sua duas estepeyas forragii de portione Capituli. Que omnia valent ad presens pro portione Capituli vi lib. v sol., et pertinent anniversario Guillelmi de Calvo-Monte, archidiaconi Carnotensis.

Item apud Charonvillam habet Capitulum quamdam precariam cum hebergamento, sito apud Charonvillam, quod vocatur hebergamentum Croce, et est clausum de muris terreis, et sunt in eo una domus de scindula et una borda. Ad quam precariam pertinent terre que secuntur, videlicet apud Vallem x sext. juxta terram Ynardi clerici; item ibi prope i sext. juxta terram majoris ; item juxta leprosariam de Charonvilla ii sext.; item in Forgeriis de Gastina ix sext. juxta terram Laurentii Girardi. Summa dicte terre circa xxi sext., que est ad duas gerbas, et debet vi rasas avene in Loenio. Que terra valet ad presens lx sol. et pertinet anniversario Johannis de Albigniaco, canonici et presbiteri.

Apud Ermenonvillam-Parvam, in prebenda Charonville, habet Capitulum v sol. annui et perpetui redditus super ecclesiam loci, per presbiterum, pro altalagio ejusdem ecclesie, qui pertinent matutinis; et xxiiii sol. pro decimis minutis quas habet presbiter, qui pertinent ad panem Loenii.

Apud Blandainvillam, in prebenda Charonville, habet Capitulum viii sol. annui et perpetui redditus super ecclesiam loci, per presbiterum, pro altalagio ejusdem ecclesie, qui pertinent matutinis.

Apud Carrogias, in parrochia de Blandainvilla, habet Capitulum annuatim vi sext. cum mina avene de oblitis et iiii den. fornamentorum pro quolibet sext.; item vi gallinas et viii den. census super ostisiis et terris, cum vendis et justicia : que omnia pertinent precarie de Angouvilla.

Apud Bellum-Robur, Boscum-Tyboudi, Casam-Pictam et Fravrilliacum prope Boscum-Tyboudi, in parrochia de Blandainvilla, habet Capitulum xii sol. v den. super ostisiis letorum, cum vendis et justicia, qui pertinent precarie de Angovilla, prout in eadem precaria continetur.

Apud Genervillam, in parrochia de Bouvilla prope Charonvillam, et apud Govervillam [1], in parrochia de Aloya, est una precaria absque hebergamento, ad quam pertinent ea que secuntur : apud Genervillam sunt XIII sol. IIII den. census super hebergamentum dicte ville; item due oschie terre continentes circa II sext. avene sita juxta furnum et puteum dicte ville, et valent circa II sext. grani de redditu; item circa IIII sext. terre forefacte in una pecia, sita juxta viam furni, prout itur apud Carnotum : que terra devenit ad Capitulum de forefacto Luce *Jambet* propter homicidium. Apud Ronciam sunt XXXVIII sol. VIII den. census super hebergamentum dicte ville. Item circa dictas villas de Govervilla et de Roncia sunt circa XII mod. terre, de qua et de quibus villis omnis justicia pertinet Capitulo et medietas vendarum, et alia medietas redditur et solvitur habentibus illam et per majores dictarum villarum. Hec precaria traditur ad presens pro XXX sol., et pertinet matutinis.

Apud Albam-Spinam, in parrochia de Saumereyo prope Charonvillam, est precaria absque hebergamento, ad quam pertinent XX sext. avene ad mensuram carnotensem, et VIII den. fornamentorum pro quolibet sext., et XX galline super ostisiis et oschiis dicte ville; item XII den. census super uno hebergamento ejusdem ville, cum vendis et justicia; que omnia debent reddi apud Carnotum. Hec precaria traditur ad presens pro... libris, et pertinet matutinis.

Apud Aloyam, prope Charonvillam, habet Capitulum x lib. annui et perpetui redditus super prepositurarn loci, per prepositum, qui debent reddi apud Carnotum, in Purificatione beate Marie, ad certam penam; de quibus pertinent ad panem Loenii XL sol., ad anniversarium Hervei, comitis Nivernensis, L sol., et ad anniversarium Raginaldi de Monte-Mirabili L sol., et altari Martirum LX sol., per manum distributoris anniversariorum vel clerici Loenii.

Apud Macerias-in-Perthico, in prebenda Charonville, habet Capitulum III sol. annui et perpetui redditus super ecclesiam loci, per presbiterum, pro altalagio ipsius ecclesie, qui pertinent matutinis.

Item apud Macerias habet Capitulum IIII lib. annui et perpetui redditus super majoriam loci, per majorem, pro quibusdam terris dicte majorie annexis, propter quas IIII lib. tota majoria Capitulo obligatur.

---

(1) Une main plus moderne a ajouté *modo vocatur Colummerios*.

Item apud Macerias est quoddam molendinum, situm in quadam parva riparia que vocatur *Villainne de Maton* et molendinum de Croseyo, quod vocatur molendinum de *Quarcon;* cui pertinet unum sext. terre vel circa, situm ante dictum molendinum; cujus molendini medietas pertinet Capitulo, que valet circa xx sext. ad mensuram dunensem, que valent circa xvi sext. ad mensuram carnotensem. Et est sciendum quod Capitulum habet tradicionem dicti molendini cum justicia, quod molendinum pertinet matutinis.

Apud Fontanetum-in-Perthico, in prebenda Charonville, habet Capitulum lx sol. annui et perpetui redditus super quoddam pratum situm apud Fontem-Sancti-Lamberti, per Andream Lamberti et ejus heredes, qui pertinent matutinis.

Item in majoria de Fontaneto-in-Perthico, habet Capitulum xx sol. annui et perpetui redditus super quoddam pratum situm apud Fontem-*Mesengrin,* cum tribus minis terre site super collem Sancti-Hillarii-de-Illesyo, per Andream et ejus heredes, qui pertinent ad panem Capituli

Apud Berchevillam, versus Fontanetum-in-Perthico, habet Capitulum iii sol. super ostisiis dicte ville, cum vendis et justicia ejusdem ville, qui pertinent precarie de Angovilla in prepositura Belsie, prout in eadem precaria superius continetur.

Apud Magnum-Hussum, in prebenda Charonville, habet Capitulum viii sol. annui et perpetui redditus super ecclesiam loci, per presbiterum, pro altalagio ipsius ecclesie, qui pertinent matutinis.

Item apud Magnum-Hussum habet Capitulum in granchia loci duo leta et omnia forragia, paleas et pillonna et unam minam avene; que omnia valent circa xii lib., et pertinent anniversario Petri de Tuschis, canonici Carnotensis.

Apud *Chatule,* in majoria Magni-Hussi, habet Capitulum viii sol. annui et perpetui redditus per Robertum Droeti et ejus heredes, pro uno bosco quod vocatur Claretum; qui pertinent matutinis.

Apud Gardeas, in prebenda Charonville, habet Capitulum quoddam boscum pulcrum, continens circa... arpenta, quod vocatur Boscum-Clericorum, et quoddam aliud parvum boscum dictum *les Coudières,* contiguum illi bosco quod fuit diu gastum; de quibus boscis major de *Gardes* habet vicesimum denarium quando venduntur; et valent quando venduntur, circa... libras, et pertinent matutinis.

Apud Autoyum, in majoria de Gardeis, est quoddam pulcrum boscum, continens circa... arpenta, sita inter Autoyum et *Combres*, quod vocatur boscum de Autoyo, et quoddam aliud parvum boscum quod vocatur *le Chailloay*, situm inter Autoyum et Tironnium; quorum medietas pertinet Capitulo et alia medietas est comitis Perthicensis; et est custodia et justicia dictorum nemorum communis Capitulo et Comiti. Major vero de Gardeis habet vigesimum denarium porcionis Capituli, pro custodia eorumdem nemorum, et valent quando venduntur circa... libras, et pertinet porcio Capituli matutinis.

Item apud Autoyum, in loco qui dicitur Bouletum, habet Capitulum quamdam mansuram cum quodam hebergamento, sito apud Bouletum, clauso sepibus vivis; in quo sunt III borde, de quibus una est terrata, bona et pulchra, et magnus circuitus orti cum pluribus arboribus fructiferis, ad quam masuram pertinent terre que secuntur, videlicet VIII sext. terre site inter Autoyum et Bouletum juxta terram presbiteri; item retro dictum hebergamentum circa VI sext.; item inter Bouletum et *la Prentencière* circa III sext. Summa dicte terre circa XVII sext., que sunt ad duas gerbas, exceptis II sext., et reddit II sext. avene in Loenio, III den. census, VI den. de escoblagiis et III den. de charreto. Item eidem masure pertinet quedam noa, continens circa dimidium arpentum, que est retro dictum hebergamentum; item medietas cujusdam noe seu prati, quod vocatur *Grondin*, continens circa unum arpentum, et est juxta mansuram de Frechiis; item tercia pars cujusdam prati siti prope *les Larris*, continens circa unum arpentum. Summa pratorum pertinentium dicte masure circa unum arpentum et tercia pars unius arpenti. Item dicte masure pertinet medietas quinque sextariorum terre site apud Bordas, in parrochia de Autoyo, videlicet III sext. cum mina prope nemus de *Challoay*, per que est via que ducit de Autoyo apud Tyronium, et III minota prope Bordas: de qua medietate Capituli, Thomas turturarius reddit Capitulo annuatim II sext. grani vel v sol., cum sexta parte cujusdam noe site juxta Bordas. Hec masura predicta valet ad presens VII lib.: de qua masura medietas pertinet anniversario Guillelmi de Noiraco, canonici et presbiteri; et alia medietas anniversario Bertheri, episcopi, exceptis hiis que sunt apud Bordas, ut dictum est, que pertinent anniversario dicti Guillelmi ultra medietatem.

Apud Bordas predictas, in parrochia de Autoio et in majoria de Gardeis, habet Capitulum, de forefacto Girardi tinturarii, qui fuit suspensus propter latrocinium sibi impositum, parum terre quod parum valet, et pertinet parvo compoto.

Item apud Autoyum sunt ii sext. terre site apud *la Focoière*, quam prebendarii dicunt sibi pertinere, sed credo quod debeat esse Capituli pro parvo compoto.

Apud Caudas, prope Nogentum-Rotrodi, in parrochia Sancti-Sergii et in prebenda Charonville, habet Capitulum xl sol. annui et perpetui redditus super majoriam loci, per majorem, pro quodam bosco dicte precarie diu est annexo, sed modo non est boscum sed terra arabilis; qui xl sol. pertinent matutinis; item xl sol. super quoddam molendinum dicte majorie annexum, quod vocatur molendinum de Alneto; qui pertinent anniversario Stephani Jordani, canonici, et debent reddi ad Nativitatem beati Johannis-Baptiste.

Apud Nogentum-Rotrodi in Perthico, super metas prepositure Fontaneti-super-Auduram, habet Capitulum c sol. annui et perpetui redditus super preposituram loci, per prepositum, qui debent reddi apud Nogentum, in festo beati Dyonisii, ad certam penam, et pertinent anniversario Guillelmi, episcopi Cathalaunensis et comitis Perthicensis.

Apud Gaudum, versus Basochiam-Goeti, in metis prepositure Fontaneti, est precaria cum habergamento sito subtus Gaudum; in quo sunt due domus, videlicet una de tegula et una borda cum ii stannis, videlicet uno magno et uno parvo. Ad quam precariam pertinent plures pecie terre diversis locis site; quas pecias difficile esset redigere in scriptis, quia parum de eadem terra colitur propter pravitatem ejusdem; de qua terra coluntur communibus annis circa ii modios qui possunt valere circa ii modios grani; residuum dicte terre est pastura animalium. Item apud Gaudum sunt decime et campipartagia, que valent circa xii modios ad mensuram patrie, quas decimas cum campipartagiis major loci tenetur numerare et hebergare, et propter hoc habet forragia et palleas. Item apud Gaudum sunt census circa xiii sol.; item xvi capones et circa xxx sext. avene ad dictam mensuram, et tallia de quatuor annis in quatuor, que valet circa x lib.; de quibus decimis, campipartagiis, censibus, caponibus, tensamentis et tailliæ predictis medietas pertinet Capitulo et alia medietas cuidam militi; super qua medietate dictorum campipartagiorum Capituli, presbiter de

Gaudo habet II modios grani, videlicet due partes bladi et tercia avene. Item apud Gaudum sunt alie decime relicte in campis, que dicuntur decime feodi militum, quas major de Chaucheyo tenetur querere, ducere et habergare apud Chaucheyum, ad expensas suas; et propter hoc habet nonum sextarium dicte decime. Item habet, ratione dicte majorie sue, ad modium, minam grani dicte decime et omnia forragia, palleas et pillona : residuum dicte decime valet circa unum modium bladi et xviii sext. avene, qui pertinent dicte precarie. Item in parrochia de Gaudo est alia decima, que vocatur decima de Charmayo, relicta in campis, que valet circa unum modium bladi et unum modium avene, qui pertinent omnes dicte precarie. Item dicte precarie pertinet alia decima relicta in campis, sita in parrochia de Gaudo, que vocatur decima de Colle, et valet circa quatuor sext. bladi et vi sext. avene. Item dicte precarie pertinent quidam redditus qui vocantur mestive, qui valent unum modium grani, videlicet x sext. bladi et II sext. avene, super ostisiis sitis diversis locis per parrochiam de Gaudo. Item apud Gaudum sunt plures pecie bosci que vocantur Haie, site apud *Monserant*-Valleyam et retro domos hospitum Capituli; de quibus medietas pertinet Capitulo; que valent, quando venduntur dicta nemora, circa xxx sol.: et consuetum est easdem hayas vendi de tribus annis in tres annos. Item apud Gaudum est quedam domus de tegula, cum quadam haya ubi debet esse garenna, et ibi solebat esse unum molendinum ad ventum; que domus cum dicta haya pertinet ad usum tenentis dictam precariam. Item apud Fontenellam, prope Gaudum, sunt decime et campipartagium, que valent circa xxIIII modios grani; de quibus dominus de Fontenella habet medietatem, et alia medietas pertinet dicte precarie; super qua medietate dicte precarie, presbiter de Fontenella habet xvIII sext. bladi et xvIII sext. avene. Granchia in qua reponuntur dicte decime et campipartagia est communis Capitulo et dicto domino de Fontenella; predictus dominus debet numerare gerbas et tenens precariam custodire granchiam, et est numerator ad expensas domini, et custos granchie ad expensas precarie, et tenetur quilibet contribuere in reparatione dicte granchie, et sunt forragia communia, exceptis aliquibus forragiis, que vocantur forragia parve granchie, que sunt majoris de Fontanella. Item apud Fontanellam habet Capitulum, in censibus Nativitatis beati Johannis-Baptiste, xx sol. per dominum loci. Item apud Fontenellam habet Capitulum xx sol.

perpetui redditus super ecclesiam loci, ratione personatus. Item apud Fontenellam habet Capitulum xx sol. de censibus Nativitatis beati Johannis-Baptiste. Item apud Veterem-Fontenellam est quoddam pratum, cujus medietas pertinet dicte precarie, et partitur fenum in prato, et valet medietas circa xxx sol. Item apud Polleyum, prope Gaudum, est quoddam habergamentum quod vocatur meditaria de *Chauchepot;* quod hebergamentum cum pertinenciis suis reddit annuatim dicte precarie iii sext. bladi et iii sext. avene. Item in parrochia de Polleyo est quedam decima que tenetur a domino de Curia-Alani, que valet circa... modios; cujus decime tercia pars pertinet dicte precarie et due partes priori de Gohoreyo, qui prior habet per duos annos tractum dicte decime et precarie per unum annum; et sunt forragia illius qui habet tractum, nec tenetur Capitulum contribuere in reparatione vel reedificatione granchie in qua reponuntur dicte decime. Item apud Polleyum habet dicta precaria xx sol. perpetui redditus super ecclesiam loci, ratione personatus. Item apud Polleyum est quedam villa que vocatur *la Grafardière,* ubi est quedam decima que tricturatur penes debentes illam, et propter hoc habent forragia, que valent circa....; super quibus decimis de Polleyo, presbiter loci habet unum modium bladi et unum modium avene. Item apud *Boferi,* prope Gaudum, habet Capitulum xx sol. perpetui redditus super ecclesiam loci, racione personatus. Item ibidem est quoddam parvum boscum pertinens dicte precarie, quod valet circa v sol. annui redditus. Item collatio ecclesiarum de Gaudo et de Polleyo pertinet semper dicte precarie, et ecclesie de *Boferi* semel, et cuidam abbati de Tyronio alias. Hec precaria valet ad presens.....; de quibus pertinent anniversario Raginaldi de Bello-Monte c sol., et residuum matutinis.

De precariis et aliis redditibus Capituli, qui sunt in prebenda Amilliaci.

Apud Amilliacum habet Capitulum xxx sol. annui et perpetui redditus super ecclesiam loci, per presbiterum, pro altalagio ipsius ecclesie, qui pertinent matutinis.

Item apud Amilliacum habet Capitulum x lib. annui et perpetui redditus super majorias loci, quas emit a majore super majoriam magistri Raginaldi de Villa-Nova-Guyardi, pro anniversario suo et anniversario Johannis de Brayo, que anniversaria pariter fiunt.

Item apud Amilliacum habet Capitulum, in granchia loci, octo leta que valent circa xx lib.; de quibus tria pertinent anniversario Raginaldi de Toryaco, Carnotensis, et quinque anniversario Petri de Campis, cancellarii.

Item apud Amilliacum habet Capitulum quasdam terras sitas locis sequentibus, videlicet versus Dondeiuvillam IIII sext., per que itur de monasterio Amilliaci apud Dondainvillam; item apud Spinam-Curvam IIII sext. cum mina in duabus petiis; item III min. que abotant vie que ducit de Amilliaco apud Carnotum; item apud Ruetam I sext. juxta terram Guillelmi *Mulart*; item ibidem III min. juxta oschiam Venoti Boni-Generis; item in territorio Hospitalis III sext. cum mina; item juxta cheminum Curveville V min. ante furchias de Amilliaco. Summa dicte terre circa XVIII sext. que sunt ad duas gerbas, exceptis tribus sextariis que sunt ad decimam numeratam : que terra debet in Loenio I sext. avene, et prebendario XXI de custumis. Valet ad presens LX sol., et pertinet anniversario Guillelmi de Alneto, canonici.

Item apud Amilliacum habet Capitulum alias terras sine habergamento, videlicet VIII sext. que vocantur *la Fauconnière*, et sunt in oschiis de Amilliaco; item in dictis oschiis II sext. juxta terram Thome *Coichin* et abotant chemino Curveville; item apud Fossatum-*Johannet* III min. juxta terram Huberti de Ulmis; item apud Ulmos III min. juxta terram *Sougerat* et unum sext. ex alio latere dicte terre *Sougerat*; item inter viam de Andrevillari et viam de Ataya III sext. cum mina, que abotant terre Jaqueti Regine; item ibidem I min. juxta terram Caterine de Dondainvilla; item ibidem II sext. juxta viam de Ataya et Magnas-Noas; item juxta viam Dalimontis II sext.; item ad longum vie de Andrevillari IIII sext. et VIII sext. que vocantur campus de *Montoison*; item apud Collem, juxta viam de Moncellis, IIII sext. supra Ulmetellos, II sext. juxta parvum cheminum Sancti-Leuparcii; item ibidem VI sext. que abotant chemino Curveville et vie *de Maine*; item juxta terram majoris de Amilliaco V minas. Summa dicte terre circa IIII mod. qui sunt ad duas gerbas, excepto uno modio qui est ad unam gerbam; que terra debet C sol. census et XVIII den. campipartagiorum et IIII mod. VI sext. mesnagii. Valet ad presens VI lib., et pertinet anniversario Nicholai de Monte-Letherico, canonici Carnotensis.

Item apud Amilliacum habet Capitulum alias terras, videlicet VII sext. apud Chesiam; item apud Crucem-Bussatam III sext.; item apud viam de

Noa III sext. cum mina in duabus peciis; item apud *le Boscat* VI sext. in tribus peciis; item apud Fossam de *Boecon* III sext. cum mina; item apud viam Pilatam circa V min.; item versus Cintreyum circa III min., que dicuntur arpenta Forraudi. Summa dicte terre circa XXVII sext.; de quibus sunt XIX sext. ad duas gerbas, et residuum ad unam gerbam, et debet in Loenio II sext. avene, XLVI den. de censibus et fornamentis et II sol. VI den. de escoblagiis et custumis; que terra valet ad presens VI lib., et pertinet anniversario Guidonis de Milliaco, canonici Carnotensis.

Item apud Amilliacum habet Capitulum alias terras que vocantur terre majorie, pro eo quod fuerunt quondam de majoria, videlicet XIII sext. ad longum vie Dalimontis a latere fulcharum de Amilliaco; et in cuspide V sext. ex altera parte dicte vie; item IIII sext. que abotant predictis XIII sextariis; item apud Magnas-Noas VI sext. que abotant fondo earumdem noarum; item ad longum vie de Andrevillari III sext. cum mina; et III sext. que abotant predictis tribus sextariis cum mina; item apud Dinnum-*Sauvage* IIII sext. in duabus peciis; item apud Chesam VIII sext.; item apud Dinnum-Martini V sext.; item in oschia Perroti Comitis III min. Summa dicte terre circa IIII mod. VI sext. que sunt ad I gerbam, et debent I sext. avene de obligatis. Que terra valet ad presens......, et pertinet ad usum cujusdam cerei ardentis ante majus altare ecclesie Carnotensis.

Item apud Amilliacum et in parrochia de Amilliaco habet Capitulum alias terras, videlicet apud *les Milardiers* V min. que dicuntur oschia Mileti de Ulmis; item apud Dinnum-*Sauvage* III sext. cum mina que sunt juxta viam Dalimontis; item apud Magnas-Noas III min. juxta terras que fuerunt de majoria, et unam minam, que abotant vie de Ataya; item III min. que abotant terre ecclesie de Amilliaco; item circa III sext. que abotant magno chemino Curveville; item apud Alodia X min.; item ad longum vie Capelle III minas; item apud *Butaceau* II sext.; item apud Longum-Boellum IIII sext. in duabus peciis; item III min. que dicuntur Oschia-Majoris; item apud Collem-Dalimontis IIII sext. juxta terram Guilloti Hervei; item apud parvum cheminum I sext. Summa dicte terre circa duos modios VI sext. cum mina, que est ad duas gerbas, exceptis VIII sext., et debet II sext. avene de oblitis et IIII mod. menagii, et circa IIII sol. de custumis et XIII den. de fornamentis. Hec precaria valet ad presens circa IIII lib. X sol. et pertinet anniversario Guiardi *Mordant*.

Item apud Amilliacum [1] habet Capitulum alias terras cum quodam hebergamento, sito apud Amilliacum, prope monasterium, juxta vineam majoris, clauso partim de muris terreis et partim de sepibus et fossatis; in quo sunt quatuor borde cum furno in una et virgulto in quo sunt arbores fructifere. Quod hebergamentum debet annuatim in Loenio I sext. avene; de quibus terris predictis sunt IIII sext. in custura, que abotant terre Agnetis cordarie, et ibidem III sext. cum mina, que sunt ad longum dicte terre dicte Agnetis; item ad viam Pilatam v minas juxta terram Leobini Thome; item ibi prope I sext. juxta terram Colini Regine; item apud Gauderias VI sext. in duabus peciis, inter quas pecias Johannes Silvestri habet II sext. terre; item apud Petram-Martini v min. juxta terram Michaelis *Belle-Vasche* ; item apud *les Croènes* circa IIII sext. in duabus peciis, in medio quarum est terra presbiteri de Cintreyo; item ad capud oschiorum dictorum *les Choichins* II sext.; item juxta viam de Ermenonvilla II sext.; item apud *les Milardiers* III min. juxta terram Thome *Coichin* et terras pertinentes anniversario Girardi *Mordant*. Summa dicte terre circa XXIX sext., que est ad II gerbas, exceptis III minis, et debet omnes coustumas: que terra valet ad presens circa......, et pertinet anniversario Petri de Sorquis, canonici et presbiteri. Dictum hebergamentum est Martini de Amilliaco.

Item apud Mondonvillam, in parrochia de Amilliaco habet Capitulum alias terras cum quodam habergamento, clauso de muris et fossatis, sito apud Mondonvillam, ante habergamentum majoris loci; in quo sunt due domus de scindula et de calmo pro pecudibus, et sunt ibi plures ulmi. De quibus terris sunt XXVIII sext. in territorio de Pincellis in duabus peciis; item apud *la Muterne* XX sext. in una pecia et XV sext. in alia, item retro muros hebergamenti de Noa XXXII sext.; item ad caput haiarum de Mondonvilla XII min. Summa dicte terre circa VIII mod. cum mina; que valet ad presens circa VIII mod. frumenti, et debent tantummodo dimidiam decimam relictam in campis, et pertinent ad panem Capituli. Item dicte precarie sunt de novo annexe alie terre, videlicet v mine site juxta viam que

---

[1] Une note du XVIe siècle porte ce qui suit : *Nota quod apud Amilliacum habet Capitulum duo modia et novem sextaria terre de novo tradita Leobino* du Mostier *et* Blavet du Mostier, *pro somma et precio sexaginta trium solidorum quolibet anno, in festo .. ., in anniversario Guerini de Ocquis distribuendorum.*

ducit de Amilliaco apud Carnotum; item v mine site apud Borreyum ad longum vie que ducit de Dondainvilla apud *Poyfont*; item ibi prope III min.; item ad longum vie que ducit de Amilliaco apud leprosariam de Oreyo III min.; item apud Borreium III sext. cum mina, sita juxta terram Johannis *Picheeur;* item ibi prope III min. Summa dicte terre circa x sext. III min., que valet ad presens circa v sext. bladi et pertinet anniversario Girardi *Mordant*. Item dicte precarie de Mondonvilla sunt alie terre annexe, videlicet apud Valleyas VIII sext. in una pecia et VII sext. in alia. Summa hujus terre xv sext., que pertinent terris sitis apud Amilliacum que dicuntur *la Fauconnière*, et pertinent anniversario Nicholai de Monte-Letherico. Que xv sext. predicta valent ad presens circa VI sext. grani et pertinent anniversario dicti Nicholai.

Item apud Oreyum, in prebenda et parrochia de Amilliaco, habet Capitulum in granchia prebendaria duo leta, que valent c sol. et pertinent anniversario Raginaldi de Blesis.

Item apud Oreyum est majoria cum habergamento, sito apud Oreyum, que est modo precaria; in quo hebergamento est portallum, quedam magna domus et columbarium de tegula, et quedam domus de scindula, una borda et unum bogellum de calmo. Item dicte majorie seu precarie pertinent omnia forragia, pallee et pillonna granchie Sancte-Marie, super que tenens dictam precariam reddit annuatim matutinis x sol. Item dicte majorie pertinent plures pecie terre que secuntur, videlicet IX sext. que sunt versus Atayam et abotant cuidam limiti qui ducit de Ataya versus Maindrevillam; item circa xxx....... juxta viam que ducit de Oreyo apud Pontem-de-*Trenchefestu* in una pecia; item XVI sext. in alia pecia; item inter Oreyum et Maindrevillam circa xxx sext. juxta terram domine de Melleyo; item prope Maindrevillam circa IIII sext. juxta terram Gauffridi carpentarii. Summa dicte terre circa VII modios VI sext. Hec precaria consueta est tradi pro IIII modiis frumenti, pertinentibus ad panem Capituli, et pro x lib., de quibus pertinent anniversario Johannis de Monte-Letherico IIII lib., ad anniversarium patris et matris ejusdem IIII lib., et ad anniversarium........

Item apud Cintreyum, in prebenda de Amilliaco, habet Capitulum VII sol. annui et perpetui redditus super ecclesiam loci, per presbiterum, pro altalagio ipsius ecclesie; qui pertinent matutinis.

Apud Sanctum-Albinum, in prepositura Amilliaci, habet Capitulum xxi sol. annui et perpetui redditus super ecclesiam loci, per presbiterum, pro altalagio ipsius ecclesie; qui pertinent matutinis.

Item apud Sanctum-Albinum et Fontem-Guidonis habet Capitulum IIII lib, x sol. census super terras sitas subtus Boscum-Sancti-Albini, qui redduntur apud Fontem-Guionii, in festo beati Remigii, et pertinent matutinis cum vendis.

Item apud Sanctum-Albinum habet Capitulum circa..., arpenta bosci; et consuetum est semper esse venditio, et valet quelibet vendicio per annum III^{c}XL lib.; quod boscum pertinet matutinis.

Apud *Groigneaus,* in parrochia Sancti-Albini, habet Capitulum VI sext. bladi et III sext. avene annui et perpetui redditus in granchia domini de Groignollis ad mensuram carnotensem; qui pertinent anniversario Roberti de Pignora.

Apud Verovillam, in majoria Sancti-Albini, est precaria cum hebergamento sito apud Verovillam, clauso de muris terreis, in quo sunt due granchie de calmo, una domus de tegula cum oreis, et alie borde pro pecudibus, et magnus ortus ubi est columbarium, et vivarium cum arboribus fructiferis; item in dicto habergamento est furnus. Ad quam precariam pertinent plures pecie terre sequentes, videlicet ad viam Carnotensem V sext. in duabus peciis; item juxta viam que ducit de Verovilla apud Sanctum-Albinum V sext.; item in campo qui dicitur *Beaupré* circa I mod.; item in campo qui dicitur *Buse-haute* circa II mod.; item prope Verovillam, videlicet circa marchesium quod dicitur *Ormeres,* circa VIII mod. II sext. Summa dicte terre circa XII mod., que est ad duas gerbas, et reddit prebendario circa XIIII sol. de custumis et XII modia VI sext. de mesnagio. Que precaria valet ad presens XIX lib., de quibus pertinent anniversario Girardi de Marchevilla, archidiaconi Pissiacensis, et ad anniversarium patris et matris Johannis *Haudri* IIII lib., et......

Apud Adeyum, in prebenda Sancti-Albini et in parrochia Baillolii-Episcopi, habet Capitulum precariam absque hebergamento; ad quam pertinent XIIII sext. cum mina avene perpetui redditus super ostisiis dicte ville, cum vendis et justicia, et cum justicia quatuor modiorum terre site circa Adeyum, sed Capitulum non habet vendas. Hec precaria valet ad presens XL sol., qui pertinent matutinis.

Item apud Adeyum habet Capitulum quasdam terras forefactas, videlicet apud *la Begaudière* circa III sext. que abotant chemino qui ducit de Sancto-Albino apud Baillolium; item apud *Voisin* III sext. juxta terram Petri Ogeri; item apud *le Motay* circa VII sext. cum mina; debent campipartagia et decimam relictam in campis et V sol. census. Hec terra devenit ad Capitulum de forefacto Thenoti *Norri* qui se suspendit : valet circa LX sol. et pertinet.......

Item apud *Groigneaus*, in prebenda Sancti-Albini et in parrochia Baillolii-Episcopi, habet Capitulum, in festo beati Remigii, ob. parisiensem census super quinque minis terre cum vendis, qui pertinet matutinis, et debet reddi apud Carnotum per Jaquetum Aalardi et ejus heredes.

Apud Fontem-Guionii, in prebenda Sancti-Albini, habet Capitulum XV sol. annui et perpetui redditus super ecclesiam loci, per presbiterum, pro altalagio ipsius ecclesie; qui pertinent matutinis.

Item apud Fontem-Guyonii habet Capitulum sex leta in granchia loci, que valent circa XX lib., de quibus tria pertinent anniversario Raginaldi de Castriduno, et tria anniversario Petri Lombardi.

Item apud Fontem-Guionii est quedam precaria Capituli cum habergamento, sito apud Fontem-Guyonii, in quo est quedam domus cum pressorio intus, et virgultum cum pluribus arboribus fructiferis et ulmis, et circa tria arpenta vinee, tenentia dicto habergamento. Item dicte precarie pertinent terre que sequntur, videlicet apud viam Desertorum III sext.; item apud viam Carnotensem II sext.; item juxta pratum Fontis III sext. min.; item in arpentis de Pinu I sext.; item apud viam Fontenelle III min. Summa dicte terre circa X sext. Item dicte precarie pertinent circa VI lib., et pertinet matutinis.

Item apud Fontem-Guyonis habet Capitulum quasdam terras forefactas, videlicet III min.; item duo nemora; item juxta viam *Traversaine* I min., et apud Quercum-Siccum III min. Summa dicte terre II sext., que devenit ad Capitulum de forefacto Macote *la Morelle*, et pertinet ad parvum compotum.

Item apud Fontem-Guyoni, videlicet in territorio Ville-Nove, sunt duo sext. terre vel circa ad longum vie que ducit de Villa-Nova apud Pinum, super quam Capitulum habet annuatim IIII den. de custumis et I sext. bladi vel avene secundum quod crescit in eadem terra. Item juxta dictam viam sunt tria sext. terre, super que Capitulum habet annuatim III den. ob. de custumis et unum sext. bladi vel avene secundum quod crescit in ipsa terra, et si nichil crescat in dictis terris nichil ibi habet Capitulum, exceptis custumis que quolibet anno redduntur. Item ibidem ex altera parte dicte vie sunt II sext. terre, super quam habet Capitulum annuatim duo sext. avene et duas galinas. Que omnia pertinent matutinis, et redduntur apud Carnotum in domo matutinarum.

De precariis et aliis redditibus Capituli, qui sunt in prebenda Cluvillaris.

Apud Cluvillare, in prepositura Amilliaci, habet Capitulum XVIII sol. annui et perpetui redditus super ecclesiam loci, per presbiterum, pro altalagio ipsius ecclesie; qui pertinent matutinis.

Item apud Cluvillare habet Capitulum in granchia loci sex leta que valent circa x lib.; de quibus duo pertinent anniversario Johannis *le Haingre* et quatuor anniversario Johannis *Lambert.*

Item apud Cluvillare-Bosci, habet Capitulum unam peciam bosci continentem circa.. arpenta, quod valet quando venditur circa.. libras, et pertinet matutinis.

Item apud Cluvillare habet Capitulum aliud boscum continens circa.. arpenta, quod vocatur boscum de Haya, et valet quando venditur circa.. libras, et pertinet matutinis.

Item apud Cluvillare habet Capitulum aliud boscum continens circa.. arpenta, que vocatur *Hautequeue*, et valet quando venditur circa.. libras, et pertinet matutinis.

Item apud Luatum, in prebenda Cluvillaris, habet Capitulum unam precariam cum quadam granchia sita apud Luatum in Bruerio cum magno spacio circa. Ad quam precariam pertinent XIII sext. avene super ostisiis medietarie dicte ville vel circa, cum vendis et justicia; item plures pecie terre, videlicet III mine que sunt retro domum Raginaldi *Quoquart;* item in Arderia circa tria sext.; item apud Quarrellum v min.; item versus Crucem de Verrignyaco circa x sext. in duabus peciis; item apud locum qui dicitur *le Lime* XIII sext. Summa dicte terre circa XXXI sext., que debent campipartagium et decimam relictam in campis, et in Loenio III sext. avene : que precaria valet ad presens IIII lib., et pertinet anniversario Symonis de Verdelayo.

De precariis et aliis redditibus Capituli, qui sunt in prebenda de Cathenis.

Apud Cathenas, in prepositura Amilliaci, habet Capitulum vii sol. annui et perpetui redditus super ecclesiam loci, per presbiterum, pro altalagio ipsius ecclesie; qui pertinent matutinis.

Item apud Cathenas habet Capitulum ix sext. bladi annui et perpetui redditus, ad secundum precium Loenii, per..... dictum *Rebole* et ejus heredes de Cathenis, super terras forefactas que sunt in majoria de Cathenis; que pertinent parvo compoto.

Apud Escubleyum, in prebenda de Cathenis et in terra decani, habet Capitulum...... annui et perpetui redditus super ecclesiam loci, per presbiterum, pro altalagio ipsius ecclesie; qui pertinent matutinis.

Apud *Billeheust,* in majoria de Escubleyo, habet Capitulum quasdam terras cum hebergamento, sito apud *Billeheust* juxta domum Johannis· *Godin,* carpentarii; de qua terra sunt xx sext. in campo qui dicitur *Pincon;* item in campo qui dicitur *Roigoret* viii sext.; item apud Veterem-Urbem-Puteum circa x sext. Summa dicte terre circa xxxviii sext., que est ad duas gerbas, et debet menagium et ii sol. de custumis : que terra valet ad presens c sol., de quibus pertinent anniversario Johannis, episcopi Lingonensis, xl sol., et anniversario patris et matris ejusdem lx sol.

Item apud *Billeheust* habet Capitulum quoddam boscum continens circa... arpenta, quod vocatur Boscum.....; quod valet quando venditur circa....., et pertinet matutinis.

Apud Megium, in terra decani et in metis prebende de Cathenis, habet Capitulum unum boscum continens circa... arpenta; quod vocatur Boscum......, et valet quando venditur circa......, et pertinet matutinis.

Apud Gastellas, in terra decani et in metis prebende de Cathenis, habet Capitulum xv sol. perpetui redditus super ecclesiam loci, per presbiterum, pro altalagio ipsius ecclesie; qui pertinent matutinis.

Apud Bursam, in terra decani et in parrochia....., habet Capitulum unum boscum, continens circa.. arpenta, quod vocatur Boscum....., et valet quando venditur circa......, et pertinet matutinis.

Apud Affunvillam, in prebenda de Cathenis, in parrochia de Verrigniaco, habet Capitulum unum boscum, continens circa.. arpenta, quod vocatur Boscum.....; valet quando venditur....., et pertinet matutinis.

Item apud Affunvillam, est quedam decima grani, super quam Capitulum habet ɪɪ mod. bladi admortizatos per Gervasium de Calceya, militem, et ejus heredes; pro qua admortizatione Capitulum reddit annuatim ɪɪ sol. censuales dicto militi et ejus heredibus; qui ɪɪ modii bladi pertinent anniversario Yvonis de Verdelayo.

Apud Dangerias, in prebenda de Cathenis et in terra decani, habet Capitulum ɪ mod. bladi super majoria loci, per majorem : qui debet reddi apud Carnotum in Loenio ad festum beati Remigii, et pertinet anniversario Menesserii de Galandia.

Apud Dangerias habet Capitulum xxx sol. annui et perpetui redditus super quoddam hebergamentum, situm apud Dangerias juxta habergamentum Benedicti *Chametel*, et super ɪɪɪ sext. terre, que abotant chemino de Castro-Novo, et per Gilbertum Poterii et ejus heredes; qui pertinent anniversario Roberti de Lorreto.

Item apud Dangerias habet Capitulum xʟv sol. perpetui redditus per Rogerium Asinarium et ejus heredes super terras que secuntur, videlicet ɪɪɪ sext. que sunt in campo qui dicitur Campus-Capituli; item ɪɪɪ min. que abotant Spine-Torte; item ɪɪɪ min. que abotant vie *dou Routoer ;* item ɪɪɪ min. juxta terras Sancti-Karauni; item ɪ min. juxta terram Supplicii de Hamello : qui denarii pertinent matutinis.

Item apud Dangerias habet Capitulum vɪɪ sol. vɪ den. annui et perpetui redditus per Colinum *Avenart* et ejus heredes super ɪɪɪɪ sext. terre, site in Deserto-Hamelli ; qui pertinent anniversario Odonis de Moustonneria.

Item apud Dangerias habet Capitulum quoddam boscum continens circa.. arpenta, quod vocatur Boscum-*Tyon ;* valet quando venditur circa......, et pertinet matutinis.

Apud Torceyum, in prebenda de Cathenis, in parrochia Fontis-Riboudi et Sancti-Angeli, habet Capitulum unam precariam cum hebergamento, clauso muris terreis, sito apud Torceyum, in quo est portallum, aula et granchia de tegula et caule de calmo pro pecudibus, et furnus coopertus de scindula, et virgultum ad terram arabilem. Ad quam precariam pertinet unum molendinum coopertum de tegula, quod vocatur molendinum de Torceyo, et valet circa vɪɪ mod. bladi ; item medietas molendini de Bleteello, siti subtus molendinum de Torceyo, quod valet circa ɪ mod. bladi, et decima pars alius medietatis; in reparatione cujus molendini Capitulum non tenetur contribuere. Item dicte precarie pertinent plures pecie terre que secuntur, videlicet xxx arpenta juxta boscum de Guernolia, que vocantur Campus-Medietarie; item prope *Espineus* in magno campo xx arpenta juxta Marnerias; item inter boscum Sancti-Vincentii et boscum seu freschium de *Tymerais* xvɪɪɪ arpenta; item super Fossas-*Hache* circa vɪɪɪ arpenta; item versus Torceellum in campo de Boscheto ɪɪɪ arpenta; item juxta vicum Odelote circa ɪɪɪ arpenta; item apud Pomeretum circa ɪɪɪ arpenta; item in clauso de Castelleriis circa ɪɪ arpenta; item ante portam hebergamenti de Torceyo ɪ arpentum; item in Campo-Salubi vɪɪɪ arpenta. Summa dicte terre ɪɪɪˣˣxvɪ arpenta, que est omnino libera. Item dicte precarie pertinet unum pratum, continens circa ɪ arpentum quod vocatur pratum de Boscheto; item aliud pratum situm inter duo molendina, quod vocatur Noa-Sancte-Marie; item aliud Pratum quod vocatur Noa-Decani, quod continet circa unum arpentum; item aliud pratum quod vocatur Noa-de-Virgulto, cum orto. Item dicte precarie pertinent circa xʟ sol. census super ostisias sitas prope *Espineus;* item vɪ den. census super quamdam domum sitam prope hebergamentum dicte precarie; item circa ɪɪ sol. census super molendinum de Bleteello per participes molendini, cum vendis et justicia. Item dicte precarie pertinet boscum situm retro ortos de Torceyo, continens circa xx arpenta, quod valet quando venditur circa..... Hec precaria valet ad presens ɪɪɪɪ mod. bladi ad primum forum Loenii, qui pertinent matutinis, et xxɪx lib. xv sol. in pecunia; de quibus pertinent anniversario Huberti cerarii x sol.; ad anniversarium Raginaldi de Villa-Leonis xv sol.; ad anniversarium Gauffridi *Chardonnel* x sol.; residuum matutinis.

Item apud Torceyum habet Capitulum aliud boscum continens circa... arpenta, sita juxta boscum de Guernolia et juxta cheminum qui ducit de *Torceyo* apud Castrum-Novum, quod vocatur boscum de Torceyo, quod valet quando venditur circa....., et pertinet matutinis.

Item versus Torceellum prope Torceyum habet Capitulum aliud boscum, continens circa.. arpenta, situm prope valleyam de Torcello et abotat chemino qui ducit de Sancto-Angelo apud Conayum, quod vocatur Boscum-Sancte-Marie, et pertinet matutinis, et valet quando venditur circa.......

Apud Dampnam-Petram-super-Arvam, versus Nonenticuriam, prope metas prepositure Amilliaci et prebende de Cathenis, cum aliis duabus villis, videlicet Plesseyo et Dumo, habet Capitulum precariam absque habergamento, ad quam pertinent circa VIII sext. campipartagiorum; item in festo beati Remigii circa XXVII sol. census, et in Nativitate Domini circa XVIII sext. avene, XX gallinas et XX panes et XX sol. census, que omnia sunt super hostisias et terras dictarum villarum, cum vendis et bannagio et justicia. Hec precaria valet ad presens VIII lib., et pertinet matutinis.

Apud Chevenerias, in parrochia de *Blevi*, in metis prepositure Amilliaci et prebende de Cathenis, habet Capitulum quamdam precariam absque habergamento; ad quam pertinent XLII sol. census super ostisiis dicte ville de Cheveneriis; item medietas cujusdam loci, continens circa VI arpenta, sita prope Chevenerias, cum vendis et justicia dicte ville et dicti bosci, exceptis aliquibus ostisiis que non sunt in terra Capituli : que precaria pertinet matutinis.

Apud Castrum-Novum, prope metas prepositure Amilliaci et prebende de Cathenis, habet Capitulum XL sol. annui et perpetui redditus super prepositurum loci, per prepositum, qui debent reddi apud Carnotum, in Purificatione beate Marie Virginis; et pertinent anniversario Gervasii de Castro-Novo, militis.

De precariis et aliis redditibus Capituli, qui sunt in prebenda de Landellis.

Apud Landellas, in prepositura Amilliaci, habet Capitulum duo molendina, videlicet unum quod vocatur molendinum de Bosco et aliud quod vocatur molendinum de Prato; ad quod molendinum de Bosco pertinent circa III arpenta terre site prope illud molendinum, et due partes pratorum de Menilliis, que valent circa VIII lib.; et ad molendinum de Prato pertinent VI sext. terre site inter Magna-Prata et Noas de Chenarderia; item quedam noa que vocatur Noa-Asinorum, pro eo quod est pastura. Que molendina traduntur pro XI modiis bladi, de quibus pertinent anniversario Petri de Sancto-Maximino VI modii ad primum forum Loenii; residuum pertinet matutinis ad ultimum forum Loenii.

Item apud Landellas est quoddam molendinum de Menilliis, super quod Capitulum habet X sext. bladi ad secundum forum Loenii et X sol. in peccunia pro medietate cujusdam portalli; qui pertinent ad anniversarium

Girardi de Columba; et II modios bladi ad ultimum forum Loenii, qui pertinent matutinis. Item super dictum molendinum habet Capitulum ob. census in Nativitate Domini, qui pertinent matutinis, cum vendis et justicia.

Apud *Pincon*, in majoria de Landellis, est precaria absque hebergamento; ad quam pertinent circa C sol. census super VI arpenta terre vel circa, que vocantur gasta de *Pincon*, cum decima et campipartagio ejusdem terre : que precaria valet ad presens VI lib., qui pertinent matutinis.

Item apud *Pincon* habet Capitulum quoddam boscum, continens circa II^cLVIII arpenta, quod vocatur boscum de *Pincon* : valet quando venditur....., et pertinet matutinis.

Item apud Alnetum, in majoria de Campis, in prebenda de Landellis, est precaria cum quodam habergamento quod dicitur Alnetum, in quo sunt due borde et una domus de scindula : ad quam precariam pertinent plures pecie terre, videlicet XVI sext. in una pecia versus Alnetum-Sancti-Guillelmi; item juxta dictum hebergamentum circa XXII sext. inter se tenentia. Summa dicte terre III modii II sext.; item circa arpentum et dimidium prati siti juxta dictum habergamentum; item apud Boscum-Quarrelli circa I arpentum prati; item versus Alnetum-Sancti-Guillelmi circa arpentum et dimidium prati. Summa pratorum IIII arpenta. Hec precaria valet ad presens C sol., et pertinet matutinis.

Apud Chenarderiam ubi est majoria, in prebenda de Landellis, habet Capitulum XL sol. annui et perpetui redditus super majoriam loci, per majorem, pro quodam bosco dicte majorie annexo, qui pertinent matutinis.

Apud Guimonvillare, in majoria de Campis, et in prebenda de Landellis, habet Capitulum duo leta in granchia loci, et omnia forragia et pallearia ejusdem granchie; que valent circa X lib., de quibus medietas pertinet anniversario Andree de Lavennia, et IIII^a pars anniversario Johannis de Milliaco, et IIII pars pulsationi campane que dicitur Bordelli.

Apud Mandras ubi est majoria, in prebenda de Landellis, habet Capitulum LXX sol. annui et perpetui redditus super majoriam loci, per majorem, qui debent reddi in Assumptione beate Marie Virginis, et pertinent anniversario Johannis de Secusa.

Apud Bellum-Montem ubi est majoria, in prebenda de Landellis, habet Capitulum XL sol. annui et perpetui redditus super majoriam loci, per majorem, pro quodam bosco eidem majorie annexo, qui pertinent matutinis.

Apud Charmayum-Gontheri, in parrochia de Digniaco, prope metas prepositure Amilliaci et prebende de Landellis, habet Capitulum xi sol. vi den. census ; item duas partes decime lanarum et agnellorum dicte ville, et decimam grani et aliorum fructuum crescencium in ortis et arpentis dicte ville, cum vendis et justicia. Que omnia premissa, absque censu et vendis, valent circa xl sol., et pertinent precarie de Angovilla, prout in eadem precaria continetur.

Apud Marchevillam-in-Perthico, prope metas prepositure Amilliaci et prebende de Landellis, habet Capitulum ix lib. annui et perpetui redditus super prepositurain loci, per prepositum, videlicet lx sol. pro anniversario Gauffridi, comitis Perthicensis, et lx sol. prò anniversario Matildis, comitisse Perthicensis, qui debent reddi apud Marchevillam in Purificatione beate Marie Virginis ; et lx sol. pro anniversario liberorum Stephani de Sacro-Cesare, qui debent reddi apud Marchevillam in Ascensione Domini : et si prepositus defficiat de solutione ad aliquem terminorum, tenetur Capitulo in v sol. qualibet ebdomada pro pena.

Apud Framboiseriam, versus Senonchias, prope metas prepositure Amilliaci et prebende de Landellis, habet Capitulum precariam cum hebergamento sito apud Framboiseriam, clauso magnis fossatis cum aqua; in quo sunt plures domus, videlicet una de scindula que est juxta portam hebergamenti cum orreis ; item granchia de tegula infra quam due camere juxta quas est quoddam pratellum, in quo sunt due parve traille vinee ; item alia domus cooperta de scindula ubi sunt stabula equorum, et quidam furnus antiquus ; item alia domus cooperta de miricis pro pecudibus et galinis. Item ibi est virgultum continens circa dimidium arpentum terre in quo est vivarium et quedam trailla cum multis arboribus fructiferis et columbario. Item juxta dictum virgultum est nemus grossum, continens circa arpentum et dimidium, clausum fossatis, cum haya mortua super crestam fossatorum. Item dicte precarie pertinet quidam redditus qui vocatur *charrais*, videlicet pro quolibet animali trahenti vi den., et valet circa xxvi sol., et debent reddi ad Nativitatem beati Johannis-Baptiste ; item ad festum beate Marie Magdalene circa iiii lib. v sol. census super ostisiis dicte ville et precarie, videlicet pro qualibet ostisia xii den., cum vendis et justicia. Item ·

dicte precarie pertinent escoblagia, que valent circa IIII lib., videlicet pro qualibet boneria antiqua XII den. et pro qualibet nova IIII sol., et debent reddi ad festum beati Remigii; et iste bonerie sunt divise per particulas; quodlibet arpentum divisum reddit III den. pro escoblagiis. Item dicte precarie pertinent circa XVIII..... avene de oblitis; et... galline que debent reddi ad Nativitatem Domini. Item dicte precarie pertinent .... et campipartagia terrarum sitarum juxta Framboiseriam, que valent circa XII modios grani; item tercia pars grani cujusdam granchie site prope habergamenta dicte precarie, que valet circa V modios; duo vavassores habent alias duas partes granchie, sed nichil habent in juridicione ville nec terrarum; ymo tota juridicio cum vendis pertinet tenenti dictam precariam. Item dicte precarie pertinent duo arpenta prati et tercia pars duorum aliorum arpentorum prati. Item collatio ecclesie de Framboiseria pertinet dicte precarie, et percipit presbiter loci super precariam unum modium bladi et unum modium avene in granchia et LX sol. in peccunia. Hec precaria valet ad presens LIII lib., de quibus pertinent ad anniversarium.......

Sequitur de majoriis et villis in quibus Capitulum habet tailliam.

Capitulum Carnotense levat tailliam in terra sua, aliquando integram, aliquando dimidiam, ad voluntatem suam. Et de hoc consuetum est ordinari circa Nativitatem beati Johannis, et tunc significant prebendarii majoribus suis ut ipsi faciant venire tailliatores majoriarum suarum ad eum qui deputatur a Capitulo ad dictam tailliam colligendam. Qui tailliatores debent jurare de dicta taillia legitime assidenda et citius quam poterunt levanda.

In terra decanatus.

Brissart reddit X lib. XII sol. VI den.; Cussiacum reddit XXV sol.; Escubleyum XLVIII sol. IIII den.; *Billeheust* IIII lib. XVI sol. VIII den.; Gastelle VII lib. V sol.; Dangerie C sol.; Cerseyum vel Groignelli L sol.; *Betaincourt* XXXV sol. Summa quam reddit decanatus de taillia XXXV lib. XII sol. VI den.

In terra subdecanatus.

Oreyum reddit VIII lib. X sol.; Cerevilla CX sol.; Barjouvilla VII lib. Summa quam reddit subdecanatus de taillia XXI lib.

De prepositilris que reddunt tallias.

Nota quod de villis super quas fundantur iiii^{or} prepositure ecclesie Carnotensis sunt tres ville que reddunt tailliam Capitulo singulis annis, licet Capitulum aliquando parcat terre sue, videlicet Ingreyum, Masengeyum et Capella-Vindocinensis. Ingreyum reddit singulis annis xiii lib. x sol. parisienses; Masengeyum xxvi lib.; Capella-Vindocinensis, que est villa prepositure de Masengeyo, ix lib. Summa quam reddunt dicte ville dictarum prepositurarum de táillia li lib. xvii sol. vi den.

In terra Capituli, in prepositura Belsie:
Et primo in prebenda de Vovis.

Villa Vovarum reddit x lib. de quibus cadunt xx sol. pro terra pertinenti anniversario deffuncti Petri de Castra, cancellarii, et iii sol. pro terra spectanti anniversario Gauffridi de Putheolis. *Multons* reddit xxxii sol., de quibus cadunt iiii sol. pro terra spectanti anniversario Gauffridi de Putheolis. Mons-Calveti reddit xxviii sol., de quibus cadunt x sol. pro terra spectanti anniversario Gauffridi de Putheolis. Guignonvilla reddit vii lib.; Petra-Foraminis xxx sol.; Cersayum viii lib., de quibus cadunt xvi sol. pro terra spectanti anniversario Petri de Castra cancellarii et Johannis de Albigniaco canonici. Fainvilla reddit iiii lib., de quibus cadunt vii sol. pro terra spectanti anniversario Stephani de Sancto-Arnulpho, ut credo; Villarcelli xxx sol.; Follia xix sol.; Bussayum-*le-Saibeuf* lxv sol.; Bussaellum vi lib., de quibus cadunt lxi sol. pro terra precarie loci; Amoinvilla xxxix sol.; *Ceoignoles* iiii lib. xv sol.; Puteoli vii lib.; Vetus–Alonna x lib., de quibus cadunt xvii sol. pro terra pertinenti anniversario Johannis de Divione et Johannis de Gometo; Merrolie vii lib. xii sol. de quibus cadunt xxiiii sol. pro terra spectanti anniversario Roberti de Sancto-Germano et Johannis de Gometo; Malus-Lupus reddit cviii sol., de quibus cadunt v sol. pro terra spectanti anniversario Johannis de Gometo. Summa quam reddit prebenda de Vovis de taillia iiii^{xx} iii lib. viii sol. vi den.; de quibus cadunt......

In prebenda Donne-Marie.

Donna-Maria reddit xiii lib. x sol., de quibus cadunt x sol. pro furno ville quod pertinet anniversario ecclesie Carnotensis: Consensie reddit vi lib. xv sol., de quibus cadunt xiiii sol. pro precaria loci; Aimprevilla xlv sol., de quibus cadunt iii sol. v den. pro terra... Bonceyum iiii lib. x sol.; Nidum-Corbini xxii sol. Summa quam reddit prebenda Donne-Marie de tailliis xxviii lib. ii sol., de quibus cadunt xxvi sol. v den., restant xxvi lib. xv sol. vii den.

In prebenda de Rebolino.

Rebolinum reddit xxx sol; Guillonvilla vi lib. x sol., de quibus cadunt lxxiii sol. pro terris pertinentibus anniversario Chinchii de Sancto-Eustachio, Petri de Castra, cancellarii, Guillelmi de Prato-Grimaudi, Nicholai *Haudri* et Guillelmi de Calvo-Monte archidiaconi, et pro terra pertinenti.... Sancti-Ludovici, regis; Judei lx sol., de quibus cadunt xvii sol. pro iiii modiis ii sextariis terre pertinentibus anniversario Guillelmi *Espaillart;* Hemorvilla xxxix sol., de quibus cadunt iii sol. vi den. pro terra forefacta, spectanti parvo compoto; Bretonvillare cum Muleriis x lib. x sol., de quibus cadunt xv sol. pro viii sextariis terre annexe precarie loci; Ulmevilla vii lib. x sol.; Pravilla lx sol.; Moinvilla-Borelli lxxii sol.; Reclainvilla xlix sol.; Aintrevilla l sol. Summa quam reddit prebenda de Rebolino de tailliis xlii lib. x sol., de quibus cadunt iiii lib. xi sol. pro terris Capituli; restant xxxviii lib. ix sol.

In prebenda Dunensi.

Villasium reddit xvii lib., de quibus cadunt iiii lib. viii sol. pro terra pertinenti precarie loci et precarie de Menovilla, item xxi sol. pro terra quam acquisivit G[uillelmus] de Villa-Nova; Menovilla xxxv sol.; Planchevilla vi lib.; Bromevilla iiii lib.; *Lugaudri* xxv sol.; Menainvilla xxx sol.; Bullainvilla xi lib.; Parayum-Sancti-Ebrulphi ix lib.; Beata-Maria-de-Connia lx sol.; Paraellum viii lib. x sol.; Tyvilla ix lib.; Sanctus-Christoforus xlii sol. Summa quam reddunt prebende Dunenses lxxvi lib., de quibus cadunt iiii lib. viii sol.

Totalis summa quam reddit prepositura Belcie ii^e xxx lib. vi den.

In prepositura Nogenti-Fisci :
Et primo in prebenda Nogenti-Fisci.

Nogentum-Fisci reddit xxxvi lib., de quibus cadunt xxxvi sol. pro terris pertinentibus cuidam precarie de Harchevillari, videlicet illi precarie que pertinet ad anniversarium Adeline et Guillelmi de Cuneo-Muri; item cadunt VIII sol. IIII den. pro prato et terra pertinentibus anniversario magistri Guerrici de Verduno; Harchevillare XI lib. x sol.; Gaivilla IIII lib. x sol.; Colletainvilla xx sol.; Quinque-Ulmi IIII lib., de quibus cadunt xv den. pro III minis terre quas Capitulum habet ibi, que pertinent.....; Villare-Bosci XI lib. XVI sol., de quibus cadunt II sol. pro terra pertinenti precarie de Harchevillari, videlicet illi precarie super quam anniversarium Guerini de Landorvilla assignatur. Summa quam reddunt prebende Nogenti-Fisci de tailliis LXVIII lib. XVI sol.

In prebenda Campi-Scruci,

Campus-Serucus, cum Painpolio, reddit XXIII lib., de quibus cadunt x den. pro terra pertinenti.....; Campus-Garnerii XI lib.; Senenvilla xv lib.; Brayacum XIII lib. x sol., de quibus cadunt XII sol. VIII den. pro terra pertinenti anniversario..... de Seccione, subdecani; Loinvilla XIII lib. x sol.; Unus-Pilus VII lib. x sol. Summa quam reddit Campus-Serucus de taillia IIII^{xx} IIII lib. x sol.

In prebenda de Ymereyo,

Ymereium reddit cx sol.; Vadum-Longi-Rogerii LII sol. VI den., de quibus cadunt XIIII den. pro terra que vocatur Dyaboli, que pertinet matutinis; Atonvilla LII sol. VI den., de quibus cadunt XII sol. pro predicta terra Dyaboli; Anguli LII sol. VI den., de quibus cadunt x den. pro grano quod Capitulum habet in molendino de Angulis pro anniversario Philippi *Morhier;* Boyvilla LII sol. VI den.; Girodetum LX sol.; Amanceyum XXII lib., de quibus cadunt IIII lib. XVI sol. VI den. pro terris pertinentibus precarie de Sauvagiis de Chalennis. Summa quam reddit prebenda de Ymereyo cum Amanceyo de taillia XLI lib., de quibus cadunt pro terra Capituli.....

In prebenda Buglainvallis,

Buglainvallis reddit xx lib.; Thelevilla VIII lib.; Medium-Vicini xv lib. Summa quam reddit Buglainvallis de taillia XLIII lib.

In prebenda de Joyaco,

Joyacum reddit XVIII lib., de quibus cadunt XVIII sol. pro terra Capituli;

Televilla c sol.; Moncelli xxxv sol.; Sanctus-Priscus x lib. x sol. Summa quam reddit prebenda de Joyaco de tallia xxxvii lib., de quibus cadunt pro terra Capituli.....

In prebenda Bercheriarum-Maingoti,

Bercherie-Maingoti reddit xxx lib., de quibus cadunt xxxiiii sol. pro precaria loci.

In prebenda Bercheriarum-super-Vulgram,

Bercherie-super-Vulgram reddit xii lib. x sol.; Panpolium-in-Drocensi vi lib.; Dampna-Curia l sol. Summa quam reddit prebenda Bercheriarum-super-Vulgram de taillia xxi lib.

Totalis summa quam reddit prepositura Nogenti-Fisci de taillia iii^e xxv lib. vi sol.

In prepositura Fontaneti-super-Auduram :
Et primo in prebenda Fontaneti-super-Auduram,

Fontanetum-super-Auduram reddit xiii lib. xv sol. iiii den., de quibus cadunt iiii sol. pro terra quam forefecit Nicholaus de Chaverneyo, que pertinet parvo compoto ; Tersiacum c sol.; Pons-*de-Trenchefestu* et Bassigniacum iiii lib. xi sol.; Mons lxix sol., de quibus cadunt iiii sol. pro terra pertinenti precarie de Pratis ; *Oysemont* l sol.; Andrevillare l sol.; Chauvetum-prebenda iiii lib. viii sol. ; Chauvetum-precaria c sol., de quibus cadunt xxviii den. pro vii sextariis terre pertinentibus precarie. Summa quam reddit prebenda Fontaneti-super-Auduram de taillia xli lib. xi sol.; de quibus cadunt pro terris Capituli.....

In prebenda de Maigneriis,

Maignerie reddit viii lib.; Cepayum iiii lib., de quibus cadunt ii sol. iiii den. pro terra pertinenti precarie de Pratis; Thevasium xii sol.; Lucus-Plantatus vii lib. x sol.; Capella-Sancti-Lupi iiii lib. x sol.; Maconvilla xxxvii sol.; Offarvilla xv sol.; Chenonvilla lxxv sol. Summa quam reddit prebenda de Maingneriis de tallia xxx lib. xix sol.; de quibus cadunt pro terris Capituli.....

In prebenda de Benis,

Benes reddit xi lib., de quibus cadunt ii sol. pro terra pertinenti anniversario Guymondi *Fouaille*; Dalimons lxx sol.; Ataya lxx sol.; Frometi-Locus xxxi sol.; Afflainvilla xxv sol. ii den., de quibus cadunt....; Manus-Roberti xxx sol.; *Ceres* vii lib. x sol.; Moncelli-super-Auduram cum *Hautencourt* xxxvi sol. viii den.; *Loulappes* lxxiii sol. iiii den.; Chermayum iiii lib. x sol. Summa quam reddit prebenda de Benis de taillia xxxviii lib. xvi sol. ii den.

In prebenda de Sandarvilla,

Saindarvilla reddit lx sol., de quibus cadunt xvi sol. pro precaria loci; Lata-Villa vi lib.; Melleyum xxii sol.; Altavilla lx sol., de quibus cadunt viii den. pro terra pertinenti precarie Fontaneti; Bailliolum-Pini xxi sol.; Campus-Clausus cum Pomereyo lxx sol.; Marchevilla xi lib. x sol.; Serneyum xxxiiii sol.; Perreyum xlv sol. Summa quam reddit prebenda de Sandarvilla de tallia xxxii lib. ii sol.

In prebenda de Charonvilla,

Charonvilla-prebenda reddit iiii lib. iiii sol., de quibus cadunt iii sol. iiii den. pro terra pertinenti anniversario Johannis de Albigniaco; Charonvilla-precaria iiii lib. v sol., de quibus cadunt xviii den. pro habergamento sito apud Charonvillam quod dicitur *Croce*, et pertinet anniversario Johannis de Albigniaco; Maverolie xlii sol., de quibus cadunt iiii den. pro terra pertinenti anniversario Johannis de Albigniaco; *Francesches* xlii sol.; *Haume-Fontane* xlii sol.; *Houdouer* xxx sol.; Blaindainvilla xlii sol.; Ermenonvilla-Parva iiii lib. v sol.; Macerie-in-Perthico iiii lib. v sol., de quibus cadunt vi sol. pro terra et habergamento annexis majorie loci; Fontanetum-in-Perthico lx sol., de quibus cadunt v sol. pro prato Fontis-Sancti-Lamberti et Fontis-Mésengii; Grande-Hussum iiii lib. x sol.; Gardeye iiii lib. x sol.; Autoyum lv sol., de quibus cadunt iiii sol. pro terra de Bolleto, pertinenti anniversario G[uillelmi] de Noviaco et Bertheri, episcopi Parisiensis; *Gaud* lxv sol. Summa quam reddit prebenda de Charonvilla de taillia xliiii lib. xvi sol. viii den.
Summa tocius prepositure de Fontaneto ciiii^{xx} viii lib. iiii sol. x den.

In prepositura Amilliaci:
Et primo in prebenda Amilliaci,

Amilliacum reddit xvii lib. x sol., de quibus cadunt xxxiii sol. pro terris pertinentibus anniversario Guillelmi de Alneto, Guidonis de Milliaco, Girardi *Mordant* et Nicholai de Monte-Letherico et ejus sociorum. Item cadunt pro anniversario Petri de Sorquis.....; Cyntreium xvii lib. x sol., de quibus cadunt xxxiii sol. pro predictis anniversariis immediate superius apud Amilliacum. Summa quam reddit prebenda de Amilliaco de taillia xxxv lib., de quibus cadunt.....

In prebenda Sancti-Albini,

Sanctus-Albinus reddit xii lib. xix sol., de quibus cadunt xii den. pro hebergamento quodam; Cersayum ix lib.; Pinus lxx sol.; Verovilla xl sol.; Fons-Guionii xxii lib. Summa quam reddit prebenda Sancti-Albini cum Fonte-Guyonii de taillia xliiii lib. ix sol.

In prebenda de Cluvillari,

Cluvillare-Monasterii reddit iiii lib. xiii sol., Cluvillare-Bosci iiii lib. xii sol. i den.; Briconvilla iiii lib. v sol.; Luatum xliii sol. vii den.; Affonvilla lx sol. ix den.; Gouvilla vi lib. v sol. ii den. Summa quam reddit prebenda Cluvillaris de taillia xxv lib. vii den. ob.

In prebenda de Cathenis,

Cathene reddit lxv sol., de quibus cadunt xx den. pro terra que fuit Michaelis Thome, que pertinet parvo compoto; Torceyum lxv sol.; Varonvallis xl sol. Summa quam reddit prebenda de Cathenis de taillia viii lib. x sol.

In prebenda de Landellis,

Landelle reddit lxxv sol.; Bellus-Mons iiii lib. x sol.; Campi l sol., de quibus cadunt pro precaria de Alneto que pertinet matutinis iiii sol.; *Maudres* l sol. Summa quam reddit prebenda Landellarum de tallia xiii lib. v sol., de quibus cadunt iii sol., sed restant xiii lib. xii sol.

Summa quam reddit de tallia prepositura Amilliaci cxxvi lib. iiii sol. vii den. ob.

Sequitur de majoriis et villis in quibus Capitulum percipit vendas de possessionibus venditis in eisdem :
Et primo in terra decanatus,

Majoria Pini, majoria Ville-Nove-super-Pinum, majoria de *Betaincourt,* majoria Chesonville, majoria Cusseii, majoria de *Brissart,* majoria de Escubleyo, majoria de Dangeriis.

In terra subdecanatus,

Majoria Barjouville, majoria de Oreyo, majoria de Cerevilla.

In prepositura Belsie sunt majorie in quibus Capitulum percipit vendas que secuntur :
Et primo in prebenda de Vovis,

Majoria Vovarum, majoria de Ceongnoliis, majoria Bussaelli, majoria *Bussai-le-Saibeuf,* majoria Amoinville, majoria Folie-Herbaudi, majoria Putheolorum, majoria Veteris-Alumpne.

In prebenda Dunensi,

Majoria de Villasio, majoria de *Lugaudri,* majoria Bullainville, majoria Menoville, majoria Menainville, majoria Planchainville cum Bremevilla, majoria de Mellerayo, majoria de Perayo-Sancti-Ebulphi, majoria Jupaelis-Sancti-Christofori, majoria Tyville, majoria Paraelli, majoria de *Luz.*

In prebenda Donne-Marie,

Majoria Donne-Marie, majoria Nicorbini.

In prebenda de Rebolino,

Majoria de Rebolino, majoria de Bretonvillari, majoria de Ulmevilla, majoria de Moinvilla, majoria de Aintrevilla.

In prepositura Nogenti-Fisci :
Primo in prebenda Nogenti-Fisci,

Majoria Nogenti-Fisci.

In prebenda Campi-Seruci,

Majoria Campi-Seruci, majoria Unius-Pili.

In prebenda Ymeriaci,

Majoria Ymeriaci, majoria de *Chalaines.*

In prebenda de Joyaco,

Majoria de Joyaco, majoria Sancti-Prisci.

In prebenda Buglainvallis,

Majoria Buglainvallis, majoria Manus-Vicini, majoria Televille, majoria de *Chasteillon.*

In prebenda Bercheriarum-Maingoti,

Majoria Bercheriarum-Maingoti, majoria Landorville.

In prebenda Bercheriarum-super-Vulgram.

Majoria Bercheriarum-super-Vulgram, majoria Pampolii-in-Drocensi, majoria Dampni-Curie, majoria de Luriaco, majoria Maceriarum-in-Drocensi.

In prepositura Fontaneti-super-Auduram :
Et primo in prebenda Fontaneti-super-Auduram,

Majoria Fontaneti-super-Auduram.

In prebenda de Maigneriis,

Majoria de Maigneriis.

In prebenda de Sandarvilla,

Majoria Sandarville, majoria de Melleyo, majoria Baillolii-Pini, majoria Marcheville, majoria Campi-Clausi, majoria de Castelleriis, majoria de Cerneyo, majoria de Perrayo.

In prebenda de Benis,

Majoria de Benis, majoria Dalimontis, majoria Frometi-Loci, majoria Moncellorum-super-Auduram, majoria de Afflainvilla, majoria de Charmeyo, majoria de *Ceres,* majoria Manus-Roberti.

In prebenda Charonville,

Majoria Charonville, majoria Blandainville, majoria de *Houdoer,* majoria Ermenonville-Parve, majoria Maceriarum-in-Perthico, majoria Fontaneti-in-Perthico, majoria Grandi-Hussi, majoria Corvearum, majoria de Gardeis, majoria de Caudis.

In prepositura Amilliaci :
Primo in prebenda Amilliaci,

Majoria de Amilliaco.

In prebenda Sancti-Albini,

Majoria Sancti-Albini, majoria de *Coussart,* majoria Fontis-Guyonii.

In prebenda Cluvillaris,

Majoria Cluvillaris.

In prebenda de Cathenis,

Majoria de Cathenis, majoria de *Torteis.*

In prebenda de Landellis,

Majoria de Landellis, majoria Belli-Montis, majoria de Maudris, majoria de Campis.

Hee sunt ecclesie super quas Capitulum habet redditus qui vocatur altalagia :
Et primo in decanatu,

Escubleyum reddit xv sol.; Gastelle xv sol.

In terra subdecanatus,

Barjouvilla reddit xii sol.

In prepositura Belsie:
Et primo in prebenda de Vovis,

Vove reddit xxii sol.; Bellum-villare vii sol.

In prebenda Dunensi,

Villasium reddit viii sol.; Bullainvilla v sol.

In prebenda Donne-Marie,

Donna-Maria xxxv sol.; Thevilla x sol.; Consencie vi sol.

In prebenda de Rebolino,

Intrevilla reddit v sol.

In prepositura Nogenti-Fisci:
Et primo in prebenda Nogenti-Fisci,

Nogentum-Fisci lii sol.

In prebenda Campi-Seruci,

Campus-Serucus xxv sol.; Unus-Pilus xiiii sol.

In prebenda de Ymereyo,

Ymereyum viii sol.; Amenceyum vii sol.; Droa x sol.; Capella Beate-Marie-Magdalene de Sparnone xii den.

In prebenda Buglainvallis,

Buglainvallis xx sol.; Hussus iiii sol.; Ermenonvilla prope Hussum iiii sol.; Medium-Vicini vii sol.

In prebenda Joyaci,

Joiacum xviii sol.

In prebendis Bercheriarum-Maingoti et Bercheriarum-super-Vulgram,

Nichil.

*In prepositura Fontaneti-super-Auduram:
Et primo in prebenda de Fontaneto-super-Auduram,*

Fontanetum-super-Auduram xxx sol.; Nogentum-super-Auduram xiii sol.

In prebenda de Maigneriis,

Maignerie xx sol.; Capella-Sancti-Lupi xxv sol., Lucus–Plantatus xvii sol.

In prebenda de Benis,

Nichil.

In prebenda de Sandarvilla,

Sandarvilla xiiii sol.; Baillolium-Pini x sol.; Marchevilla xv sol.; Castellaria iii sol.

In prebenda de Charonvilla,

Charonvilla x sol.; Blandainvilla viii sol.; Ermenonvilla-Parva v sol.; Magnus-Hussus viii sol.; Macerie-in-Perthico iii sol.

*In prepositura Amilliaci:
Et primo in prebenda Amilliaci,*

Amilliacum xxx sol.; Cintreyum viii sol.

In prebenda Sancti-Albini,

Sanctus-Albinus xxi sol.; Fontane xv sol.

In prebenda de Cathenis,

Cathene reddit viii sol.

In archidiaconatu Carnotensi,

Milleyum prope Sandarvillam vii sol.
Summa altalagiorum xxx lib.

Hee sunt majorie super quas Capitulum habet redditus qui vocantur bannerie.

Major Campi-Seruci reddit cx sol., videlicet: pro Campo-Seruco xxxvi sol., pro Campo-Garnerii xiii sol., pro Pampolio iiii sol., pro Senesvilla xxx sol., pro Loenvilla xxvi sol.; major Buglainvallis xxx sol.; major de Joyaco x sol.; major Bercheriarum-Maingoti l sol.; major Sancti-Prisci ii sol.; major Medii-Vicini ii sol.; decanus pro decanatu xxx sol.; subdecanus pro subdecanatu x sol.; molendinarius de Bretigniaco vii sol.

Summa banneriarum xvi lib. v sol.

DE POSSESSIONIBUS ET CENSIBUS ET ALIIS REBUS QUAS HABET CAPITULUM INFRA CIVITATEM ET BANLEUGAM CARNOTENSEM.

Primo de hiis que habet Capitulum infra claustrum Carnotense.

Capitulum habet super oblationes Capitis beate Marie centum solidos annui redditus per canonicos provisores operis ecclesie Carnotensis; qui pertinent anniversario Ludovici, comitis Blesensis.

Item capellam Beati-Nicholai de Curia-Episcopi solebat habere Capitulum, et adhuc haberet, si vellet, XIII lib. annue pensionis, sed ad presens nichil habet de dicta pensione propter diminutionem oblationum dicte capelle, de quibus pertinet anniversario comitis Monconnis L sol.; item ad anniversarium Hervei, comitis Trecensis, L sol.; residuum pertinet missis beate Marie die sabbati, que celebrantur in choro.

Item ante dictam Beati-Nicholai capellam habet Capitulum quamdam domum que abotat a parte posterne Episcopi et capitellis Comitis, que valet circa VI lib. redditus, et pertinet matutinis. Omnes alie domus a domo predicta usque ad Portam-Novam Carnificum sunt Capituli, sed nichil habetur ad presens ex redditu earumdem quia pertinet ad usum negociorum Capituli, videlicet pro fabro, pro lathomis, pro calce et pro aliis.

Item juxta dictam Portam-Novam habet Capitulum quoddam longum apenticium, coopertum de tegula, ad reponendum merrenium et alia necessaria Capituli, situm contra muros claustri.

Item super mediam domum de tribus domibus que sunt ante portam ecclesie Carnotensis, que dicitur Portam-Regalem, que domus est ad presens magistri Nicholai de Domo-*Maugis*, habet Capitulum LX sol. annui et perpetui redditus, qui pertinent anniversario Egidii *Paste*, episcopi Aurelianensis.

Item in vico qui incipit ad puteum Elemosine a parte sinistra eundo versus portam Perthicanam habet Capitulum quasdam domos sitas retro et juxta Elemosinam, que valent ad presens redditus....., et pertinent anniversario Archambaudi de *Sarcleis*, canonici Carnotensis.

Item in eodem vico sunt quedam domus site ex alia parte ipsius vici, que faciunt cuneum a parte anteriori et abotant a parte posteriori prope posternam que aperit versus Cuneum-Racherii, super quas Capitulum habet xi lib. xi sol. annui et perpetui redditus et ii mod. vini rubei qui taxantur ad lx sol., videlicet pro modio xxx sol.; de quibus denariis pertinent anniversario Odonis levite l sol., ad anniversarium Henrici episcopi vii lib. xii den., ad anniversarium Stephani decani xl sol., ad anniversarium Auberti de *Mez* predicti lx sol. pro ii mod. vini predictis. Item super eisdem domibus habet Capitulum xxvii den. census, qui pertinentes sunt de magnis censibus Capituli, quos recipit major. Et sciendum est quod hujusmodi census, qui pertinent officio ejusdem majoris, deputati sunt ad faciendum expensas et misias pro justicia Capituli exequenda; de quibus censibus dictus major reddit ad anniversarium Henrici prepositi xxxviii sol. vi den. ob., et priori Parvi-Belli-Loci xiii den. census pro platea que est juxta Loenium, ubi fuit quondam domus que vocabatur domus *Augrimet*. Et de eisdem censibus tenetur dictus major computare in Purificatione beate Marie, et illud quod est residuum de eisdem pertinet parvo compoto : qui census situs est infra civitatem et banleugam Carnotensem, super certis locis et rebus que in presenti registro inferius continentur.

Item in vico qui ducit ad portam Claustri que aperit versus portam Perthicanam et Sellariam habet Capitulum quamdam domum sitam juxta domum que vocatur domus Britonum, que pertinet anniversario Johannis de Calvo-Monte et Richeudis *la Quetonière*, ejus uxoris.

Item in ipso vico habet Capitulum aliam domum juxta dictam domum dicti Johannis de Calvo-Monte; que valet c sol. de locagio et pertinet anniversario Guillelmi de Calvo-Monte, archidiaconi Carnotensis.

Item inter ipsam domum et domum deffuncti Hugonis *Saugier* habet Capitulum quamdam plateam ubi fuit olim domus, que pertinet.....

Item in ipso vico habet Capitulum v sol. super quamdam domum sitam juxta dictam portam a parte sinistra exeundo claustrum; que domus fuit Johannis de Granchia, archidiaconi Dunensis : qui quinque solidi sunt de magnis censibus Capituli pertinentibus officio majoris.

Item juxta aliam portam claustri que aperit versus Cordubenariam est quedam domus a parte dextra eundo claustrum, super quam Capitulum habet xl sol. annui et perpetui redditus, qui devenerunt ad Capitulum de forefacto Johannis de Esseyo; qui XL sol. pertinent parvo compoto.

Item juxta portam aliam claustri que aperit versus Cavetariam est quedam domus sita a parte dextra exeundo claustrum, super quam Capitulum habet XII lib. annui et perpetui redditus, que pertinent matutinis pro quodam clerico vicario et matutinario quem instituit Johannes de Capriaco, episcopus Carcassonensis, tempore quo erat succentor Carnotensis.

Item juxta dictam portam de Cavateria est alia domus ex alia parte, videlicet a parte sinistra exeundo claustrum, que domus est ad presens magistri G[uillelmi] *Rigaut*, super quam Capitulum habet XXII den. census, qui pertinent matutinis.

Item juxta predictam domum magistri Guillelmi Rigaudi habet Capitulum quasdam domos que aperiunt in claustro a parte anteriori et apud portam Aquariam ex parte posteriori; que domus valent ad presens XVIII lib. annui et perpetui redditus, de quibus tercia pars pertinet anniversario Guillelmi de Leugis, et tercia pars anniversario Gauffridi de Leugis, et alia tercia pars anniversario patris et matris eorumdem.

Item ibi prope habet Capitulum alias domos que faciunt cuneum ante gradus ecclesie Carnotensis a parte Sancti-Stephani et abotant a parte posteriori domibus Villani de Leugis, que valent ad presens circa X lib. annui redditus, de quibus pertinent anniversario Petri de Fontanis, canonici, VII lib., et anniversario Aalesis de Mercato, civis Carnotensis, LX sol.

Item prope veterem turrim ecclesie Carnotensis habet Capitulum quamdam domum coopertam *d'ardaise* que vocatur *le Chapiteaux* in qua solebant vendi mercerie, et valebat ad minus L sol. de locagio; de quibus pertinent anniversario Guillelmi de Valleya L sol. et residuum matutinis.

De hiis que Capitulum habet extra claustrum, videlicet infra muros civitatis Carnotensis.

Prope claustrum, ex parte Porte-Nove, habet Capitulum quoddam atrium pulcherrimum cum magno porprisio, clausum muris lapideis magnis et altis, quod vocatur Loenium, in introitu cujus sunt prisiones et carceres, in quibus custodiuntur et tenentur malefactores totius terre ecclesie Carnotensis. Et ibidem est pulcherrimum cellarium lapideum cum multis pulcherrimis tonnis, in quibus solebat reponi vinum omnium vinearum clausi Capituli et omnium aliarum vinearum Capituli, quod cotidie distribuebatur canonicis residentibus Carnoti. Super dictum cellarium sunt orrea magna ubi reponuntur avene oblitarum, et grana forennitatum ac alia grana spectantia administrationibus Capituli, et ibi distribuuntur panis et peccunia vini; pro quibus pane et vino pertinent dicto Loenio plures redditus qui superius continentur et inferius subsecuntur, super quos redditus administrator Loenii reddit aliis administrationibus Capituli ea que secuntur, videlicet ad anniversarium Johannis de Rupeforti xl sol.; ad anniversarium Guimondi *Fouaille* xx sol.; ad anniversarium Hemerici de Blandainvilla xlv sol. et ii modii vini ad taxationem Capituli; ad anniversarium Bobonis, cantoris, xx sol.; ad anniversarium Gauffridi, decani, xx sol.; ad anniversarium Boni-Valeti xx sol. et duplicem panem et duplex vinum; ad anniversarium Ysabellis, matris Guymondi archidiaconi, cuilibet canonico viii den. pro ii sextariis vini; ad anniversarium Hugonis, decani, x lib.; ad anniversarium Johannis de Milliaco vi sext. avene de oblitis. Item reddit episcopo ii sol. vi den. census pro vinea Vallis-Petrose; item eidem ii sol. ix den. pro vineis de Submonte; item eidem iii sol. pro vineis clausi Beate-Marie, qui solebant esse domini de Levesvilla; item magistro Stephano de Alneto ad presens vii sol. iiii den. ob. pro vineis de Burgo-Novo; item eidem xxi den. pro aliquibus vineis que sunt versus Farvillam; item Petro Sequardi ad presens xiiii den. pro aliis vineis sitis versus pressorium Regis; item distributoribus matutinarum Carnotensium iii sol. pro clauso Beate-Marie; item prioratui Sancti-Michaelis Carnotensis xviii den. pro aliquibus vineis de clauso; item prioratui Sancti-Martini-in-Valle ix den. pro vineis de *Galichet;* item Johanni de Noeriis ad presens vi den. pro vinea de Valle-Radulphi que dicitur *Premete*; item majori Sancti-Caranni ii sol. pro magno arpento quod est prope Sanctum-Bartholomeum; item canonicis Sancti-Mauricii Carnotensis ii sol. pro pressorio de Inferno et iii sol. viii den. pro aliquibus aliis pertinenciis precarie Inferni; item eisdem xxii den. pro quadam platea que est juxta Infernum; item domino episcopo iiii den. pro quodam quarterio vinee de Inferno; item domino de Leugis xviii den. pro aliqua parte Inferni; item canonicis Sancti-Mauricii iii sol. vi den. pro vineis clausi *Ysacart.*

Item de redditibus Loenii administrantur expense pauperibus incarceratis, videlicet cuilibet una denariata panis, et geolarius tenetur administrare aquam eisdem.

Item de redditibus Loenii consuetum est fieri curialitas vini, videlicet *presenz* magnis personis transeuntibus Carnotum quibus Capitulo videtur expedire.

Item juxta muros predicti Loenii a parte posterne Episcopi habet Capitulum quandam plateam ubi fuit olim domus que vocabatur domus *Angrimet*, que platea est libera et pertinet.....

Item juxta predictam plateam et juxta domum que vocatur domus Radulfi *le Mestre* habet ecclesia Carnotensis quamdam plateam, ubi fuit olim domus, super quam Capitulum habet v sol. census, qui pertinent matutinis.

Item ante posternam Episcopi, in capite vici Vassellorum, a parte furni Episcopi, habet Capitulum quamdam domum sitam ante Licias, et dicitur quod eedem Licie sunt de libertate ejusdem domus; que domus fuit ultimo Petri de Belna, canonici Carnotensis et presbiteri. Hec domus reddit officio majoris Capituli xii den. census in festo beati Remigii; valet ad presens xii lib. redditus, de quibus pertinent anniversario predicti Petri de Belna vi lib., et ad anniversarium Johannis de Sancto-Dyonisio vi lib.

Item ante posternam Episcopi habet Capitulum, in festo beati Remigii, xxxviii den. census super domos sitas a cuneo vici Vassellorum usque ad ruellam que ducit de posterna ad Fratres Predicatores, et iii sol. super domos sitas in capite dicti vici Vassellorum ex alia parte ejusdem vici.

Summa census quem habet Capitulum ante posternam vii sol. ii den., qui pertinent censibus officii majoris.

Item in predicto vico Vassellorum habet Capitulum alias domos sitas a parte Loenii, que fuerunt Ade de Corbolio, canonici : valent ad presens xii lib., et pertinent anniversario predicti Ade.

Item in predicto vico Vassellorum habet Capitulum alias domos sitas a parte Fratrum Predicatorum ad longum ruelle que ducit de vico Vassellorum ad Fratres Predicatores, videlicet a parte dextra; que domus fuerunt ultimo Petri de Minciaco, archidiaconi Blesensis; quas reliquit Capitulo pro anniversario suo faciendo; que domus valent circa... libras redditus.

Item in dicto vico Vassellorum sunt alie domus site juxta ruellam que ducit de ipso vico ad Fratres Predicatores a parte sinistra dicte ruelle, et abotant a parte posteriori virgultis Fratrum Predicatorum; que domus sunt ad presens Philippi de *Cornillon*, archidiaconi Dunensis; super quas domos habet Capitulum c sol. annui et perpetui redditus, qui pertinent anniversario Johannis Benedicti et Margarete ejus uxoris, civium Carnotensium.

Item in dicto vico Vassellorum, sunt alie domus site subtus et juxta predictas domos Philippi de *Cornillon*; que domus fuerunt Michaelis Scoti et sunt ad presens magistri Johannis Ducis; super portallum cujus domus vel super quamdam cameram que est prope dictum portallum habet Capitulum vi den. censuales, qui pertinent ad anniversarium Roberti de Pinora una cum censu de Cuneo-Raherii.

Item in vico Magni-Bellividere habet Capitulum quasdam domos sitas a parte sinistra dicti vici, eundo de Porta-Nova in eumdem vicum, ab oppositis domorum Templariorum de Bouvilla; que domus fuerunt ultimo magistri Nicholai de Domo-*Maugis* canonici, qui dedit eas Capitulo ad usum processionum que fiunt in ecclesia Carnotensi die lune et die mercurii omnis Quadragesime usque ad Ramos-Palmarum. Que domus valent ad presens xii lib. xii sol. annui redditus, de quibus non canonici habent xx sol. pro omni Quadragesima.

Item in dicto vico Magni-Bellividere sunt alie domus site juxta predictas domos magistri Nicholai de Domo-*Maugis*, que fuerunt Guillelmi de Calvo-Monte, archidiaconi Carnotensis, super quas Capitulum habet xi den. census, qui pertinent matutinis.

Item super easdem domos et super alias domos contiguas eisdem, que fuerunt Guillelmi de Esseyo, et faciunt cuneum Bellividere, habet Capitulum, ad anniversarium Odonis quadrigarii, pro quolibet canonico existenti ad idem anniversarium, xii den. et ii sext. boni vini, et pro quolibet non canonico vi den. pro i sext. boni vini percipiendo equaliter super duas domos predictas.

Item in Parvo-Bellovidere sunt quedam domus site in capite ejusdem vici, a parte dextra eundo de Curia-Richeudis in ipsum vicum, et abotant a posteriori parte muris civitatis: que domus sunt ad presens Hugonis de Tingiis, canonici; super quas Capitulum habet lxx sol. annui et perpetui redditus, qui pertinent anniversario Guillelmi *Heron*, canonici.

Item in Magno-Bellovidere sunt quedam domus site retro furnum Porte-Nove, que sunt magistri Guerini de Villanova-Comitis, camerarii; super quas idem camerarius assignavit Capitulo xv lib. redditus quousque alibi quesierit illum redditum.

Item apud portam claustri que dicitur Porta-Nova habet Capitulum quoddam stallum ad vendendum carnes, situm juxta dictam portam a parte dextra exeundo claustrum; quod valet circa L sol. de locagio et pertinet ad panem Loenii, exceptis x sol. qui pertinent anniversario Roberti de Valle-Sancti-Germani, qui redduntur per clericum Loenii.

Item apud Portam-Novam predictam est quoddam stallum situm a parte sinistra exeundo claustrum juxta stallum ecclesie Carnotensis, quod est Johannis, filii deffuncti Stephani carnificis de Castelleto; super quod Capitulum habet XL sol. annui et perpetui redditus per dictum Johannem et ejus heredes; de quibus pertinent anniversario Roberti de Tymaio xx sol. et anniversario Guymondi *Peri* xx sol.

Item apud dictam Portam-Novam habet Capitulum aliud stallum situm juxta scriptum immediate superius stallum, et juxta stallum Sancti-Johannis-in-Valleya; quod valet circa L sol. de locagio, et pertinet anniversario Galteri de Vico-Vassellorum.

Item super alia stalla Porte-Nove habet Capitulum circa xviii sol. iiii den. ob. census, in festo beati Remigii; qui pertinent censibus officii majoris Capituli.

In vico Porte-Nove est quidam furnus qui vocatur Furnus de Croto, super quem Capitulum habet iiii sol. census, in festo beati Martini hyemalis, qui pertinent anniversario Roberti de Pinora, una cum censu de Cuneo-Raherii.

Item in ruella Curie-Richeudis, prope vicum Porte-Nove, habet Capitulum ix den. census, super domibus sitis inter posteriorem partem domorum que dicuntur domus de Sandarvilla, pro eo quod sunt prebende de Sandarvilla, et cuneum dicte ruelle; qui pertinent anniversario Roberti de Pinora, una cum censu de Cuneo-Raherii.

Item in vico de Cuneo-Raherii habet Capitulum iii sol. ob. census, in festo beati Martini hyemalis, super domibus sitis in medio dicti vici, nullis aliis domibus interpositis cum eisdem; qui census pertinet anniversario Roberti de Pinora, una cum censu furni Croti, Curie-Richeudis et domus Michaelis Scoti.

Item in vico Porte-Nove et Cunei-Raherii habet Capitulum alium censum, videlicet circa xv sol. x den. super domos sitas a parte sinistra, eundo de stallis Porte-Nove apud Cuneum-Raherii, qui pertinent censibus officii majoris Capituli.

Item apud Sanctam-Fidem Carnotensem habet Capitulum xii sol. annui et perpetui redditus per priorem, super ecclesiam loci, pro parrochiatu Burgi-Mathei quem prior habet; qui xii sol. pertinent matutinis.

Item apud Portam-Perthicanam habet Capitulum, in festo beate Fidis, viii sol. ix den. census super domos, sitas partim juxta furnum *Berthain* ab utroque latere et partim in ruella que ducit de Magno-Vico apud Sanctam-Fidem a parte dextra dicte ruelle, et super aulam lapideam domus Vincentii Sequardi retro dictum furnum; qui census pertinet anniversario Ernaudi *Foaille*.

Item in Magno-Vico porte Perthicane habet Capitulum, in crastino Nativitatis Domini, alium censum, videlicet v sol. v den. super domos sitas a parte dextra eundo versus portam Sparrarum, inter duas ruellas que ducunt apud Sanctam-Fidem; qui census pertinet anniversario Hamonis, capicerii.

Item super domos sitas in Magno-vico porte Perthicane, a parte sinistra dicti vici eundo de porta Perthicana apud portam Sparrarum usque ad ipsam portam, excepta domo que facit cuneum dicti vici ante dictam portam, et super domos sitas in vico qui ducit Sparrarum porta ad Crucem-Monachorum a parte sinistra usque ad furnum Boelli, et in ruella que est retro dictum furnum, et in vico qui ducit de dicto furno apud quadrivium porte Perthicane a parte sinistra, et super dictum furnum qui est de dicta censiva habet Capitulum circa lxxviii sol. iii den. ob. census. Item super domos et plateas sitas in majori vico Asinorum, ab utraque parte ejusdem vici, et in ruella que ducit Asinorum vico versus Crucem-Monachorum, et ab ipsa ruella usque ad portam Sparrarum a sinistra parte eundo versus dictam portam de dicta cruce circa ciii sol. ob. census. Item super domos et plateas sitas dicte ruelle eundo versus Crucem-Monachorum usque ad Halas-Comitis, a dextra parte eundo de dicta cruce versus Halas predictas et in Mercato-Merrenni circa *le Pilori* circa lv sol. iii den. Item super domos et plateas sitas in loco qui dicitur Inter-muris-fossatis, videlicet inter vicum Mercati-Bladi et vicum qui ducit de Cruce-Monachorum versus Halas circa xlii sol. Omnes census predicti debent reddi in festo beati Remigii. Item in festo beati Martini super domos et plateas sitas in quadam parte vici Asinorum et ante *le Pilori*, ex parte murorum civitatis, xxxix sol. iiii den.

Summa omnium censuum predictorum debitorum ad dictos duos terminos circa xvi lib. ii den. ob., qui pertinent officio majoris Capituli.

Item versus Mercatum-Bladi habet Capitulum quoddam furnum pulcherrimum, cum omni justicia, qui vocatur furnus Boelli; ad quem pertinent due platee que sunt ad latera dicti furni. In quo furno sunt x camere et porticus anterior ad panem vendendum cum quodam solario desuper; et consuetum est ibi fieri panis cujuscumque precii; qui furnus valet ad presens xxxii lib. de locagio; de quibus pertinent ad anniversarium Petri de Castriduno iiii lib., et ad anniversarium patris et matris ejusdem lxvi sol.; item ad anniversarium Johannis de Secusa iiii lib., et ad anniversarium patris et matris ejusdem lxvi sol.; et ad anniversarium Henrici, Hostiensis episcopi, lxvi sol.; et ad anniversarium Raginaldi *Pare* xxx sol.; et ad anniversarium Petri *Blanche* xxx sol.; et ad anniversarium Hemerici de Villerayo, militis, l sol.; et ad anniversarium Gauffridi *Poullequin* xxx sol.. residuum cedit ad reparationem dicti furni. Dictus vero furnus solebat plus valere quam modo non valet, et tunc cedebant x lib. vesperis temporis Paschalis.

Item in vico Veteris-Monete, super domos sitas in medio ejusdem vici a parte sinistra eundo de quadrivio Monete apud Sanctum-Anianum xii den. census; qui debent reddi in festo beati Remigii, et pertinent anniversario Ernaudi *Foaille*.

Item super domos sitas in vico *de la Clouetiére* a parte dexta eundo de magno vico Monete apud Mercatum-Bladi, et super magnam domum Guillelmi *Jourdain* que facit cuneum dicti vici habet Capitulum iiii sol. iiii den. census, in festo beati Remigii; qui pertinent anniversario Ernaudi *Foaille*.

Item juxta domum presbiteri ecclesie Sancti-Martini Vitam-dantis et super domos et plateas sitas ante dictam ecclesiam, ac in quadam parte Veteris-Monete, a sinistra parte eundo de Jueveria ad quadrivium Monete, habet Capitulum xv sol. ii den. census, qui pertinent officio majoris Capituli.

Item in Cellaria vi den. census in festo beati Remigii super quamdam partem domorum sitarum a dextra parte eundo de porta Perthicana in Cellaria, inter quamdam ruellam que habet finem seu caput et vicum qui ducit de Cellaria apud Monetam; qui pertinent anniversario magistri Edualdi, canonici Carnotensis. Item super easdem domos circa . . . . . census, qui pertinent officio majoris Capituli.

Item in Corvaiseria, in festo beati Remigii, Capitulum habet III sol XI den. super domos sitas a parte dextra eundo de porta Perthicana in Cellaria, inter quamdam ruellam et dictam Corvaiseriam, eundo de Cellaria versus Cordubanariam, et super domos et plateas sitas inter Sanctum-Martinum Vitam-dantis et cuneum dicte Corvaserie; qui pertinent anniversario magistri Edualdi.

Item in dicta Corvaiseria ex alia parte, videlicet in sinistra parte eundo de Sellaria in Cordubanariam, III sol. VI den. census super domum que vocatur ab antiquo Turris Huberti Ruffi; qui pertinent matutinis.

Item ante portam claustri de Cavateria est quedam domus que facit [cuneum] vici dicte Cavaterie a parte dextra eundo de claustro in eumdem vicum; super quam domum Capitulum habet L sol. annui et perpetui redditus, qui pertinent anniversario Gilonis, archidiaconi Blesensis; et post decessum dicti Johannis dicta domus erit Capituli ad usum panis Capituli, in excambio precarie Pontis-Archarum facto a Capitulo cum domino Johanne de dicta precaria cum dicta domo. Quam precariam dictus Johannes dedit ecclesie Carnotensi tenendam libere ad VI den. censuales pertinentes officio majoris Capituli, sed tamen major Capituli percipiat super dictas domos XX sol. VIII den. quos percipiebat super dictam precariam.

Item comes Carnotensis reddit annuatim Capitulo Carnotensi VIII^{xx} lib. annui et perpetui redditus reddendas in Turre Comitis, in festo beati Michaelis, per argentarium comitis, pro recompensatione burgensium advocatorum quos solebant habere canonici Carnotenses: qui denarii pertinent matutinis.

Item comes Carnotensis reddit annuatim Capitulo X lib. annui et perpetui redditus, videlicet L sol. super Perreyam Carnoti, qui pertinent anniversario Ludovici, comitis Carnotensis, et debent reddi medio mense aprilis per argentarium comitis, et VII lib. X sol. super Molendina-Comitis, reddenda medio mense septembris per dictum argentarium; de quibus pertinent anniversario Adelicie, comitisse Blesensis, et ad anniversarium Katherine, comitisse Blesensis, C sol.

Item in vico Sancti-Petri XLIIII sol. census vel supercensus super domos et plateas sitas a sinistra parte dicti vici eundo de Cruce-Armigerorum versus Sanctum-Petrum, inter dictam Crucem et ruellam que ducit de dicto vico Sancti-Petri in vico Sutorum, videlicet in festo beati Remigii xv sol. et die dominica ante nundinas de Landito xxix sol. Item in ipso vico ex alia parte xviii den. super domum vel plateam que facit cuneum ruelle de *Tencul* a dextra parte ascendendo dictam ruellam; qui debent reddi in festo beati Aniani.

Summa census dicti vici xlv sol. vi den., qui pertinent anniversario Tusculani episcopi.

Item in vico Sutorum ii sol. vi den. census in festo beati Remigii super domum vel plateam que dicitur domus *Maupen*, sitam a dextra parte dicti vici, eundo de ipso vico in vicum Sancti-Petri; qui census pertinet anniversario dicti Tusculani episcopi.

Item in eodem vico Sutorum xxxv den. ob. census super domos vel plateas sitas inter domum Marie Portarie et magnum vicum qui ducit de Magno-Ponte in Burgum, videlicet ex parte riparie; sed domus que facit cuneum dicti vici Sutorum non est censiva Capituli; qui census pertinet censibus pertinentibus officio majoris.

Item apud Magnum-Pontem, videlicet inferiori parte ejusdem pontis, est unum molendinum situm in medio cursus aque, super quod Capitulum habet vi sextaria bladi annui et perpetui redditus ad forum tercii precii de Loenio per tenentem dictum molendinum; quod molendinum est ad presens Guillelmi *Jourdain*, nec tenetur Capitulum contribuere in reparatione ejusdem molendini; quod bladum pertinet ad panem Loenii.

Item ibidem est aliud molendinum cum una rota situm in ripa riparie, ex parte porte Guillelmi situm, quod est Capituli, quod est justicia, et valet ad presens circa xvi lib., et pertinet matutinis, et est ibi molta quesita.

Item retro dictum molendinum est quedam domus contigua posteriori parti ejusdem molendini, super quam Capitulum habet ii den. ob. census, in festo beati Remigii, qui pertinent anniversario Ernaudi *Fouaille*, una cum censu de vico Sancti-Andree.

Item in vico qui dicitur *rue Berchot* que est retro domum Ysembardi de Galardone ex parte murorum usque ad portam Guillelmi, cum una domo sita juxta dictam portam extra muros a parte dextra exeundo civitatem, habet Capitulum circa xxiii sol. ob. census super domos et plateas.

Item ex illa parte dicti vici *de rue Berjot*, videlicet ex parte riparie circa iiii sol. vii den. census super domos et plateas. Item apud portam Guillelmi super domos sitas ex parte capelle Sancti-Panthaleonis usque versus Magnum-Pontem circa v sol. ob. census. Item super domos et vineas sitas inter Magnum-Pontem et Tria-Molendina, ex parte murorum civitatis, circa xxi sol. ob. census, et aliquas domos sitas retro Magnum-Pontem ex alia parte dicti vici circa xxi den. census. Qui census predicti de *rue Berjot*, de porta Guillelmi et de vico Trium-Molendinorum pertinent officio majoris.

Item apud portam Gilardi, que modo vocatur porta *aus Corneurs*, in festo beati Remigii, circa ... census super domos sitas a domibus que vocantur Curia de Orrevilla usque prope archam Sancti-Andree; qui census pertinent anniversario Roberti de Orrevilla et ejus sociorum.

Item apud pontem *Huon*, qui modo vocatur pons Boysardi, circa xiii sol. x den. census super domos sitas eundo de dicto ponte versus pontem de Archiis; item x den. census super quandam domum sitam juxta portam Ymbodi a parte dextra exeundo portam. Item ex alia parte dicti vici usque in vicum dicti *Foillet* et in ipso vico qui dicitur *Foillet* circa xlii sol. iii den. census super domos et plateas; qui omnes census predicti redduntur in festo beati Dyonisii et pertinent officio majoris.

Item super domos sitas inter capellam Sancti-Nycholay de fonte Sancti-Andree et pontem qui dicitur *Ponceaus*, in festo beati Remigii, circa viii sol. x census, qui pertinent officio majoris.

Item super unam dictarum domorum, videlicet super domum que dicitur domus Huelli, in predicto festo beati Remigii, ii sol. vi den. census, qui pertinent anniversario Ernaudi *Fouaille*, archidiaconi Drocensis : item super eandem domum, in festo beati Andree, ii sol. vi den., qui pertinent matutinis.

Item ibi prope, ex alia parte dicti vici, in loco ubi fuit quondam furnus *Avagot*, ubi modo fit cals, in festo beati Remigii, v sol. census, qui pertinent anniversario Roberti de Orrevilla.

Item in predicto vico Sancti-Andree super aliquas domos sitas quasi in medio ejusdem vici a parte dextra eundo de Burgo versus Sanctum-Andream, in festo beati Remigii, circa xxix den. census, qui pertinent anniversario Ernaudi *Fouaille*, archidiaconi Drocensis, una cum ii den. ob. census in magna riperia et ix den. census apud Crucem-Theobaldi.

Item in vico per quem itur de furno Vicedomini versus Sanctum-Stephanum super domum sitam a parte sinistra que dicitur domus *Quanque-*

terre, in festo sancti Remigii, ... census vel supercensus, qui pertinent anniversario Raginaldi Kari-Temporis.

Item in ruella que dicitur Triperia prope Burgum, prout itur apud Sanctum-Andream, a dextra parte, super domos et plateas, circa ix sol. x den. ob. census.

Item in alia ruella Triperie que est retro furnum monachorum Belli-Loci super domos et plateas sitas a latere dicti furni ex parte Triperie xi den.

Item in magno vico qui ducit de Burgo versus Sanctum-Andream a parte sinistra super furnum Symonis *Mydi* et super domos contiguas eidem furno circa ii sol. ob., qui pertinent anniversario Guillelmi, decani, una cum censu Triparie.

Item in vico magno Burgi, in Nativitate beate Marie virginis, xxxi den. census super domos sitas a sinistra parte prout ascenditur de Magno-Ponte in Burgum; qui census pertinet anniversario Guillelmi, decani, una cum censu Triperie.

Item in magno vico qui ducit de Burgo versus portam Aquariam, in festo beati Remigii, super domos sitas supra ruellam Sancti-Emani xvi den. census, qui pertinent anniversario Theodori, episcopi.

Item in vico porte Aquarie..... census super domos sitas juxta portam claustri a parte dextra intrando claustrum; qui census pertinet officio majoris.

Item retro murum episcopi, in vico qui dicitur *Estrille-Putain,* in festo beati Remigii, super quamdam domum sitam ab opposito *roche* magistri Chinchii, v sol. supercensus.

Item in Nativitate beate Marie super ipsam domum et super alias domos contiguas eidem xii den. ob. census, qui census et supercensus pertinent anniversario Chinchii de Sancto-Eustachio.

Item apud Cuneum-Muri-Episcopi, videlicet in vico qui ducit versus domos de Moustonneria, super domos sitas ab utraque parte ejusdem vici, circa viii sol. vi den. ob. census. Item super domos sitas inter Cuneum-Muri et vicum qui ducit de Mureto apud Sanctum-Andream et in quadam parte ejusdem vici, videlicet in parte superiori eundo apud Sanctum-Andream a parte dextra ix sol. x den. ob. supercensuales per manum censuarii loci, que censiva solebat esse domini Theobaldi de Piatovillari, militis, et modo est magistri Stephani de Alneto. Item in eodem vico qui ducit apud Sanctum-Andream super domos sitas a parte dextra eundo apud Sanctum-Andream xiiii sol. x den. ob. census.

Summa census et supercensus predictorum xxxvi sol. viii den. ob., qui pertinent anniversario Roberti de Orrevilla.

Item in predicto vico de Cuneo-Muri habet Capitulum alias domos sitas immediate juxta predictas domos quas contulit magister Petrus de Fontaneto, canonicus, Capitulo, una cum aliis rebus in recompensatione dotizationis precariarum quas ipse diu tenuerat; que domus valent ad presens xvii lib. redditus et pertinent matutinis.

Item in predicto vico de Cuneo-Muri habet Capitulum alias domos sitas ex parte dicti muri, que valent circa xii lib. redditus, de quibus pertinent anniversario..... xl sol., et anniversario Guidonis de Custuris xx sol.; residuum spectat ad anniversarium Guillelmi de *Luigni*. Item eedem domus reddunt distributori anniversariorum v sol. i den. in festo beati Remigii.

Item ab oppositis capitis dicti vici de Cuneo-Muri, a parte inferiori ejusdem vici, sunt predicte domus de Moustonneria que sunt Capituli : valent ad presens vii lib. redditus et pertinent anniversario Odonis de Moustonneria, a cujus cognomine dicte domus traxerunt nomen de Moustonneria.

Item apud furnum Episcopi, super domos sitas inter ipsum furnum et vicum qui ducit apud Sanctum-Jacobum, videlicet retro dictum furnum xix den. ob. ad anniversarium Ernaudi *Fouaille*, et redduntur in festo beati Remigii.

Item in Mureto prope portam Drocensem, in festo beati Mauricii, super domos et plateas sitas a parte sinistra eundo de Mureto apud portam Drocensem circa iii sol. qui sunt de censu de Cerevilla, qui pertinent anniversario Mathei de Rufino et ejus sociorum.

Item in eodem loco, in festo beati Remigii, xvi den. ob. precensus super unam domum, que est de censiva aliarum domorum sitarum extra dictam portam, que sunt de censiva pertinenti officio majoris.

Item apud portam Drocensem, in festo beati Remigii, super domos sitas inter ipsam portam et Archarum-Pontem, a sinistra parte eundo de eadem porta versus dictum pontem circa iiii lib. ii sol. iii ob.; sed post decessum magistri Johannis *Sequence*, canonici Carnotensis, cadunt de isto censu xx sol. viii den. super domibus ubi abluuntur vestimenta ecclesie Carnotensis, que solebant esse precaria Capituli; quas Capitulum contulit ecclesie predicte ad petitionem dicti magistri Johannis, et in recompensationem hujusmodi idem Johannes dedit Capitulo domos suas sitas juxta vicum Cavaterie Carnotensis, super quibus major Capituli percipiet predictos xx sol. vიი den. Itaque de xxi sol. et ii den. quos debebant predicte domus de Ponte-Archarum non solvet Capitulo amodo ecclesia preter vi den. censuales, et tunc valebit census dicti vici circa lx sol. v den. ob.; qui census pertinet officio majoris.

Item in predicto vico de Cuneo-Muri habet Capitulum quasdam domos sitas retro domum Pompeline a parte sinistra eundo versus Moustonneriam, que valent ad presens vi lib. redditus; de quibus pertinent anniversario Johannis de Sancto-Mederico, succentoris, x sol. et ad anniversarium Roberti Sancti-Germani xxx sol.

De hiis que Capitulum habet apud Carnotum, extra muros civitatis.

Apud portam Drocensem consuevit vicedominus Carnotensis facere recipi custumas quas ipse habet apud Carnotum, super quas et super viariam quam ipse habet apud Carnotum Capitulum habet xl sol. annui et perpetui redditus, qui pertinent anniversario Guillelmi, quondam vicedomini Carnotensis, et debent reddi ad Pascha per illum qui recipit et tenet dictas custumas.

Item apud portam Drocensem, in magno vico, ex parte furni de *Josaphat* usque ad ruellam que ducit in curtillam Episcopi, in festo beati Remigi, circa xxxv sol. iiii den. censuales.

Item in eodem vico, ex alia parte ejusdem vici, in ruella que est a latere Cecorum circa xliii sol. ii den. census super domos sitas a dicta porta usque ad oppositum dicte ruelle de Cortilla-Episcopi.

Item in ruella que est a latere dicti furni de *Josaphat* super domos et plateas sitas a parte dextra eundo de dicto furno versus ruellam de Cortilla-Episcopi ix sol. ii den. ob.

Summa omnium censuum predictorum iiii lib. viii sol. i den., computatis in hac summa xvi den. ob. parisiensibus de quadam domo sita prope dictam portam que est infra muros; qui census pertinent officio majoris, de quibus idem major reddit distributori anniversariorum xxx sol. iii den. pro anniversario Henrici, prepositi.

Item super duas predictarum domorum contiguas dicte porte ex parte dicti furni de *Josaphat* ix sol. supercensuales in festo beati Remigii, qui pertinent anniversario Milonis, archidiaconi; de quibus distributor reddit majori Banleuge iii sol. ob.

Item in clauso Erardi retro magnum vicum porte Drocensis et in vico qui ducit de archa Sancti-Mauricii versus molendinum Sancti a parte clausi Erardi circa lxviii sol. iii den. census, qui pertinent anniversario Raginaldi Cari-Temporis et redduntur in Nativitate beate Marie; et ibi habet Capitulum omnem justiciam.

Item in vico de Ore-Pratorum-Episcopi, in festo beati Remigii, circa ii sol. census super domos sitas ab oppositis Folie-Bernardi, qui pertinent majori.

Item subtus Sanctum-Mauricium est quedam precaria que vocatur Infernum, et ibi est magnum atrium clausum muris terreis, in quo est quedam torella lapidea cooperta de tegula et quedam domus de scindula cum galleriis et pressoriis. Item ibi est magnum virgultum cum arboribus fructiferis et iii arpenta et dimidium vinee, que valet ad presens xiii lib. et pertinet ad panem Capituli, et reddit hec precaria parvo compoto xii den.

Apud portam Castelleti et in pluribus locis Castelleti habet dominus de Vere prope Carnotum quamdam censivam, super quam Capitulum habet xl sol. annui et perpetui redditus, qui debent reddi in festo beati Martini hyemalis per majorem loci et pertinent anniversario Gilberti de Vere.

Item in Burgo-Mathei prope Castelletum, ab utraque parte ejusdem vici usque ad quadrivium Valleye, et ab illo quadrivio usque ad domum que vocatur Granchia-Cantoris, in qua est ad presens quidam furnus, circa lix sol. census, qui redduntur in festo beati Remigii et pertinent matutinis. Item predictus furnus cum dicta domo que vocatur Granchia est Capituli et valet ad presens viii lib. et pertinet matutinis; in hiis locis predictis habet Capitulum omnem justiciam.

In quadam parte vici qui ducit de quadrivio Valleye in Vallem-Radulphi usque ad illud quadrivium a parte dextra eundo in Vallem-Radulphi, et ab illo quadrivio usque in vicum qui dicitur Parva-Valleya-Rachineti, super domibus et plateis sitis a parte sinistra eundo Rachinetum et in ruella que dicitur *Daguenet*, que est a latere Parve-Valleye circa......; qui pertinent officio majoris et redduntur in festo beati Remigii.

Item in Parva-Valleya, super domos sitas a parte dextra, eundo de quadrivio Valleye versus Rachinetum et versus lacum de Valleya, x sol. ix den. census, qui redduntur in festo beati Remigii et pertinent ad anniversarium Tusculani episcopi et Bobonis, cantoris, videlicet ad anniversarium Tusculani v sol. ix den., et ad anniversarium Bobonis v sol.

Item apud Rachinetum, in Nativitate beate Marie Virginis, xi sol. viii den. census super domos et vineas sitas a parte sinistra eundo de Valleya apud Serevillam, qui pertinent ad panem Capituli.

Item super easdem domos et vineas xi sol. iiii den. ob. in festo Mortuorum, qui pertinent matutinis.

Item apud portam Sparrarum super domos sitas inter fossata civitatis et cimiterium Sancti-Saturnini, a parte sinistra exeundo portam, in festo beati Remigii circa vi sol. ob. census, qui pertinent officio majoris.

Item super ecclesiam Sancti-Saturnini habet Capitulum xiii lib. annue pensionis seu redditus, reddendas hiis quatuor terminis sequentibus, videlicet ad Nativitatem beati Johannis Baptiste lxv sol., ad festum Omnium-Sanctorum lxv sol., ad Nativitatem Domini lxv sol. et ad Pascha lxv sol.

Item a latere Sancti-Saturnini habet Capitulum quendam furnum qui vocatur furnus de Sparris, quem comes ad presens impedit ; qui furnus valet ad presens circa c sol. redditus et pertinet anniversario Johannis de Soliaco.

Item super predictum furnum cum granchia ecclesie que est prope dictum furnum, et super aliquas domos sitas inter vicum qui ducit de Sparris apud Cordellas et vicum qui ducit versus Nichochetum, videlicet in prima parte ejusdem vici, in Purificatione beate Marie virginis, circa iii sol. xi den. census, qui pertinent officio majoris.

Item in vico qui dicitur Foilletum a latere Nichocheti habet Capitulum xix lib. ii sol. viii den. census super domos et vineas sitas a parte dextra eundo versus Curvamvillam; de quo censu xviii lib. ii sol. viii den. redduntur in festo beati Remigii vel in vindemiis, et xx sol. in Nativitate Domini.

Item in dicto vico de Foilleto, ex alia parte ejusdem vici vii lib. x sol. census super domos et vineas; qui census vocatur de Goupillaria, et debet reddi in dicto termino.

Summa census dicti vici xxvi lib. xii sol. viii den., qui pertinent ad panem Loenii, et in hoc vico et in pertinenciis habet Capitulum omnem justiciam.

Item in eodem vico de Foilleto habet Capitulum quandam granchiam si-tam ab oppositis pressorii Elemosine, et traditur ad precariam, et valet ad presens x sol., qui pertinent parvo compoto; que granchia vocatur *la Goupillière*.

Item in vico qui ducit de Cordellis versus Nicochetum, qui vicus vocatur Friesia, et in ruella que ducit de Cordellis versus Foilletum, ab utraque parte, habet Capitulum, in crastino Nativitatis Domini, xxxv sol. vi den. census super domos et vineas; qui census pertinent anniversario Hamonis, capicerii.

Item apud portam Guillelmi est quedam domus sita juxta dictam portam a parte dextra exeundo portam, super quam Capitulum habet vi den. census, que est de censiva aliarum domorum sitarum infra muros prope dictam portam, prout continetur superius alibi in redditibus qui sunt infra muros.

Item prope portam Guillelmi, in vico qui ducit ad pontem de *Digne*, a dextra parte eundo versus dictum pontem, est quidam locus qui vocatur Perreya ubi venduntur et ponderantur lane que vocantur *agnelins;* que perreya est comitis Carnotensis; super quam Capitulum habet l sol. annui et perpetui redditus pro anniversario Ludovici, comitis Blesensis, et debent reddi in Turre-Comitis per manum argentarii, medio mense aprilis, prout superius continetur.

Item in predicto vico Porte-Guillelmi et in dicta parte sunt quedam polie ad pannos cum quadam domo sita ante easdem polias; quas polias Capitulum tradidit Guyomardo Britoni et ejus heredibus in perpetuum pro c sol. annui redditus et supercensus, et dictam domum pro vii sol. annui supercensus, et debent reddi mediocriter ad Nativitatem Domini et ad Nativitatem beati Johannis, et pertinent anniversario Raginaldi Cari-Temporis, canonici Carnotensis : de quibus poliis Capitulum reddit..... seu majori Sancti-Caranni iii den. census, et dicta domo xii den.

Item in plateis Sub-Ulmo habet Capitulum, in Nativitate beate Marie, circa lii sol. ii den. census super domos et plateas in vico qui dicitur vicus Textorum et in vico Mancheti ac in quadam parte vici qui ducit versus Portam-Clausam; qui census pertinent anniversario Raginaldi Temporis-Cari.

Apud Reculetum, in festo beati Dyonisii, circa vii sol. i den. census super domos et plateas sitas in quadam ruella que vocatur ruella de Barra, a sinistra parte eundo versus Filias-Dei, videlicet prima ruella que est prope pontem *Braz-de-fer*. Item super unam dictarum domorum x sol. supercensus; qui census et supercensus pertinent matutinis.

De hiis que Capitulum habet infra Banleugam Carnotensem, extra villam.

In clauso qui dicitur *Cloypas* quod est a latere monasterii et domorum Filiarum-Dei, eundo versus Solidum-Montem, in festo beati Remigii, III sol. VII den. census pro vineis; qui pertinent officio majoris.

Item apud Solidum-Montem habet Capitulum quoddam molendinum cum tribus rotis, quod vocatur molendinum de *Pres*, situm juxta Os-Pratorum-Episcopi et Solidum-Montem; ad quod pertinent due domus et una pecia prati cum quadam cortilla, adjacentes eidem molendino. Item eidem molendino pertinet una domus que vocatur Asinaria et una alia pecia prati que sunt de juridicione episcopi; de quibus Capitulum reddit episcopo IX sol. censuales et monachis de Molinellis v sol.; quod molendinum valet ad presens IIII^{or} modios bladi et pertinet matutinis.

Item apud Solidum-Montem habet Capitulum quoddam habergamentum ubi sunt due domus de scindula cum virgulto ubi sunt salices et poplecii; quod habergamentum est juxta dictum molendinum de *Prees* et juxta molendinum Episcopi : quod habergamentum consuetum est tradi in precaria et valet ad presens xx sol. et pertinet anniversario Symonis de Beroto.

Item subtus Solidum-Montem versus *Rejart* est quedam vinea campestris libera, continens circa dimidium arpentum, sita juxta vineas Elemosine Carnotensis, et abotat riparie Audure, que valet ad presens xx sol. et pertinet anniversario Symonis de Sancto-Dyonisio.

Item subtus Solidum-Montem habet Capitulum circa... arpenta prati siti a latere Pratorum-Episcopi, inter cheminum qui ducit de Carnoto apud *Rejart* et riperiam Audure; quod pratum valet ad presens L sol., de quibus habet xx sol., et pertinet anniversario Geraldi de Limogiis, canonici presbiteri.

Item prope *Rejart* habet Capitulum circa unum arpentum vinee site juxta vineam Roberti Bernardi ab utraque parte; que valet circa XL sol. redditus et pertinet anniversario Godefredi de Perthico, et traditur ad presens in precariam una cum aliis redditibus pertinentibus anniversario Godefredi predicti.

Apud Castellam, in parrochia de Campo-Folii, in festo beati Remigii, super vineas et terras sitas inter quoddam pressorium ecclesie Carnotensis et Fortem-Domum, xix sol. ii den. census, qui pertinent anniversario Aucheri, diaconi.

Item apud Cuneum-Morini, in parrochia de Campo-Folii, in Decollatione beati Johannis-Baptiste, supra vineam sitam in clauso *dou Tela* inter Campum-Folii et crucem Sancti-Prisci iii sol. ix den. census, qui pertinent anniversario predicti Aucheri, dyaconi.

Item apud leprosariam Banleuge Carnotensis habet Capitulum xii sol. iiii den. census, in Purificatione beate Marie Virginis, per magistrum et fratres dicte leprosarie pro terris eidem leprosarie pertinentibus, qui census pertinet parvo compoto.

Item versus leprosariam Banleuge super vineas sitas in clauso qui dicitur *Rucon*, que abotant chemino Parisiensi a dextra parte eundo versus dictam leprosariam, in Nativitate beate Marie virginis, xl sol. census, qui pertinent ad panem Capituli.

Item in predicto clauso *Rucon* super vineas sitas versus Sanctum-Karannum, in festo sancti Martini hyemalis, iii sol. v den. precensus, qui pertinent anniversario Tusculani episcopi.

Item in clauso de Cruce-Theobaldi, qui est inter ruellam que ducit de magno chemino Parisiensi apud Sanctum-Carannum et inter cheminum qui ducit de Cruce-Theobaldi apud cymiterium Sancti-Bartholomei, in festo beati Martini Hyemalis, iii sol. censuales super domos et vineas sitas juxta dictum cheminum Parisiensem, qui census pertinet anniversario Reginaldi Cari-Temporis.

Item in medio predicti clausi habet Capitulum Sancti-Andree Carnotensis unam vineam, de qua reddit Capitulo Carnotensi ix den. census in festo beati Remigii, qui pertinent anniversario Ernaudi *Fouaille*, archidiaconi Drocensis, una cum censu de vico Sancti-Andree, prout alibi superius continetur.

Item apud Sanctum-Carannum habet Capitulum, in festo beati Remigii, xx sol. super quamdam censivam quam habet ibidem quidam vavasor, qui redduntur Capitulo per majorem hujus censive, sed Capitulum nichil habet in vendis nec in justicia; qui xx sol. pertinent precarie de Angouvilla prout in eadem precaria superius continetur.

Item prope Sanctum-Carannum est quoddam arpentum vinee quod vocatur Magnum-Arpentum, situm juxta cymeterium Sancti-Bartholomei ad longum vici per quem itur de Sancto-Bartholomeo versus Locum-Bellum a dextra parte, super quod Capitulum habet in Nativitate beate-Marie xx sol. supercensus, et super unum aliud arpentum vinee situm apud quadrivium Putei-Droeti, quod est ad presens heredibus Hamonis caligarii, xx sol. supercensus.

Summa dicti supercensus XL sol., qui pertinent ad panem et ad vinum Loenii.

Apud Marchesium-*Guyomin*. . . . .
. . . .

Item in clauso Capituli sito retro Sanctum-Saturninum, quod vocatur clausum Beate-Marie, habet Capitulum circa xxv arpenta cum quarterio et dimidio vinee, qui pertinent aliquibus prebendis Carnotensibus, de quibus prebendis reddunt certas pensiones ad distribuendum in Loenio loco vini; que pensiones dicti clausi valent circa . . . .

Item in quibusdam vineis clausi Beate-Marie habet Capitulum unum modium vini de terceolis, et in quadam vinea que dicitur *le Perchie* sita juxta vineas dicti clausi II barillos, et in una alia vinea existenti prope *le Perchie* I barillum cum dimidio, et in clauso Sancti-Martini quod est a latere clausi Beate-Marie unum modium, et in vineis de *Mautrou* a parte dextra eundo versus Sanctum-Launomarum II barillos, et in pressorio de *Mautrou* sito a . . . . . parte eundo de *Mautrou* versus Sanctum-Martinum-in-Valle unum barillum, et in quodam clauso sito versus Sanctum-Leobinum-de-Vineis quod vocatur Clausum-Medium unum barillum. Summa vini omnium vinearum predictarum III modios I barillum cum dimidio. Qui terceoli vocantur terceoli Sancte-Katherine, et recipiuntur per matutinos, et accipiuntur in cupis antequam debentes levent aliquid de eisdem.

Item in locis predictis habet Capitulum circa xx sol. census, in festo beati Leobini septembris, et vocantur census de Sancto-Leobino; qui census pertinet matutinis.

Item apud pressorium Alboini et in clauso qui dicitur *Galichet* habet Capitulum circa arpentum et dimidium vinee, pertinentis ad duas prebendas : reddunt L sol. de pensione ad vinum in Loenio distributum.

Item apud Vallem-Profundam habet Capitulum quamdam decimam super terris sitis versus Ulmum-*Aguillon* et super terris et vineis sitis apud *Mautrou* et prope cheminum Pontis, et sunt v sextaria, de quibus redduntur quolibet anno v sol. pro decima; que decima valet circa vi sextaria et pertinet matutinis.

Item apud Luceyum, in Nativitate beate Marie, ix den. census super terram que est Raginaldi Arresvardi, que terra sita est . . . . ; qui census pertinet anniversario Guillelmi, decani.

Item in clauso qui est inter pressorium de Hedera et pressorium de Valle, alias dictum pressorium Raginaldi *Belin,* quod clausum vocatur *Pelican* et *Belle-face,* habet Capitulum, in festo beati Remigii, circa xvi sol. x den. ob. census super vineas; qui census pertinet officio majoris.

Item inter pressorium de Valle et Parvum-Mainvillare, in festo beati Remigii, circa xxxiiii sol. x den. ob. precensus super vineas, qui pertinent officio majoris.

Item apud Parvum-Mainvillare, in festo beati Remigii, circa xxxiiii sol. iii den. census super terras et vineas sitas ex parte Mainvillaris monasterii circa domum *à la Recluse,* a sinistra parte eundo ad monasterium de Mainvillari; qui census pertinet officio majoris.

Item apud Mainvillare-Parvum, in festo beati Remigii, circa liiii sol. x den. census super domos et terras sitas a parte dextra Parvi-Mainvillaris eundo de Carnoto ibidem, videlicet circa domum Radulphi Judei; qui census officio majoris pertinet.

Item apud Magnum-Mainvillare habet Capitulum quamdam decimam grani integram super terris sitis inter Magnum-Mainvillare et Mondovillam, et medietatem alie decime super terra sita circa Ulmum de Mondovilla; que decima integra cum medietate alius valet circa iiii^{or} modios et pertinet precarie Baillolii-Pini, prout in eadem precaria superius continetur.

Item apud Parvum-Mainvillare, in festo Mortuorum, super ostisiis et terris xviii sol. census, et pertinent officio majoris.

Apud Vallem-Radulphi, in Nativitate beate Marie, xii sol. census vel supercensus super vineis sitis in clauso sito inter cheminum qui ducit de Valle-Radulphi apud Mainvillare et pressorium de Valle; que vinee abotant chemino qui ducit de Valle-Radulphi apud pressorium de Valle predictum; qui census pertinent ad panem Loenii.

Item in predicto clauso habet Capitulum, in dicta Nativitate, xiii sol. supercensus super alias vineas que abotant dicto chemino de Valle-Radulphi; qui census pertinet ad panem Capituli.

Item apud Vallem-Radulphi habet Capitulum quamdam vineam continentem circa vi quarteria sita juxta vineam Giloti *Jeubert*, et abotat vinea chemino Vallis-Radulphi a parte dextra eundo versus *Poifont;* que vinea pertinet parvo compoto.

Item apud Vallem-Radulphi, in Nativitate beate Marie, xlvi sol. census super vineam sitam ab opposito pressorii Sancti-Johannis; qui census pertinet anniversario Edualdi, canonici Carnotensis; de quo censu redditur majori Banleuge iii sol. iii ob.

Item apud Vallem-Radulphi, in festo beati Remigii, vii sol. ii den. census super domos et virgulta sita a parte sinistra eundo de Valle-Radulphi apud Sanctum-Johannem-in-Valleya; qui census pertinet anniversario Guymondi *Fouaille*.

Item apud Vallem-Radulphi, in Nativitate beate Marie, xx sol. census super vineas sitas inter quamdam vineam Capituli que dicitur *Lacherite* et virgulta ostisiarum pertinentium precarie de Bretonvillari; qui census pertinet ad panem Capituli.

Item ibidem, in festo beati Remigii, super vineas cv sol. ob. census, qui pertinet ad dictum panem.

Item apud Vallem-Radulphi, in festo beati Remigii, vii sol. census super quoddam herbergamentum et terram sitam ad longum chemini de Valle-Radulphi qui ducit ad pressorium de Valle a parte sinistra; qui census pertinet ad panem Loenii. Quod herbergamentum est Arnulphi *Cheret*.

Item apud Vallem-Radulphi sunt plures domus cum virgultis, site a parte sinistra eundo versus Sanctum-Johannem-in-Valleya; que pertinent precarie Bretonvillaris, et.....

Item apud Vallem-Radulphi habet Capitulum iiii sol. ii den. ob. supercensus super vineas que abotant virgultis de Valle-Radulphi; qui supercensus pertinet......

Item supra Vallem-Radulphi, in festo beati Remigii, xvi sol. ob. census vel supercensus super quoddam pressorium cum vineis eidem adjacentibus, situm juxta cheminum qui ducit de Valle-Radulphi apud Mainvillare a parte dextra; qui census pertinet matutinis.

Item in territorio quod dicitur Campus-Hoelli et versus Rachinetum, in festo beati Remigii, circa xiii sol. i den. ob. precensus pro vineis; qui census pertinet officio majoris.

Item in territorio de Valle-Radulphi et de Rachineto habet Capitulum circa iiii*or* arpenta vinee, que pertinent aliquibus prebendis ecclesie Carnotensis; de quibus prebendarii tenentes illas reddunt in Loenio certas pensiones ad distribuendum ibidem, loco vini.

Item in territorio qui dicitur Curta-Haraya, in festo beati Remigii, xxvii sol. supercensus super vineas sitas retro Rachinetum a parte sinistra eundo versus Cerevillam; qui supercensus pertinet anniversario Henrici de Blandenvilla.

Item apud Curtam-Harayam, in Nativitate beate Marie, circa xviii sol. census super vineas sitas juxta vineas censive subdecani; qui census pertinet anniversario Theodori, episcopi.

Item apud *Chapelet* prope Rachinetum, a parte sinistra eundo versus Cerevillam, in Nativitate beate Marie, lxxvi sol. supercensus super vineas ibidem sitas; qui supercensus pertinet anniversario Galteri, capicerii; de quo distributor anniversariorum majori Banleuge reddit v sol. census.

Item super dictas vineas habet Capitulum circa viii sol. ob. census, qui pertinent officio majoris.

Item juxta Rachinetum, a parte dextra exeundo villam, in Nativitate beate Marie, xxix sol. viii den. census vel supercensus super terras et vineas sitas in capite vici de Rachineto; qui census vocatur census de Spina, et pertinet anniversario Milonis, archidiaconi; de quibus distributor anniversariorum reddit majori Banleuge iii sol. ob.

Item apud Rachinetum, in festo beati Remigii, xxx sol. iii den. ob. supercensus super vineas sitas retro Rachinetum a parte dextra exeundo Rachinetum; qui supercensus pertinet anniversario Theodori, episcopi.

Item apud Vallem-Perronni habet Capitulum quamdam vineam continentem circa quinque quarteria, sitam juxta vineam prebende abbatis Sancti-Johannis, que valet ad presens xl sol. firme et pertinet anniversario Johannis de Minciaco.

Item apud *Pisselou* versus Cerevillam, in Nativitate beate Marie, vi sol. viii den. census super terris . . . . .; qui census pertinet anniversario Roberti de Orrevilla.

Item apud *Pisselou*, in festo beati Remigii, III sol. VI den. super terram que est juxta cheminum de Castro-Novo et abotat chemino de Leugiis; qui census pertinet anniversario . . . . .

Apud Cerevillam, in festo beati Mauricii, circa VII lib. XII den. census super ostisiis et vineis sitis in locis qui dicuntur Puteus de Meseyo et super terris sitis circa Cerevillam; qui census recipitur apud Sanctum-Mauricium Carnotensem in festo predicto.

Item in territorio de *Corbones* prope Cerevillam, in festo predicto, XX sol. census super terris; qui census recipitur per majorem dicti territorii, et idem major tenetur afferre dictum censum distributori anniversariorum die dominica post dictum festum beati Mauricii. Qui census de Cerevilla et de *Corbonnes* supradicti, cum III sol. census vel circa super domos sitas prope portam Drocensem, debent valere circa VIII lib. II sol. III den.; de quibus pertinent anniversario Mathei de Rufino XXXII sol. cum portione vendarum; item anniversario Rogeri *Lesene* LII sol. III den.; item ad anniversarium matris Mathei de Rufino L sol., et ad anniversarium Petri episcopi XXXV sol.

Item apud Rousseriam et Chavennas supra Leugas, in festo beati Remigii, circa XXIII sol. census super domos, terras et vineas; qui census recipitur Carnoti et pertinet anniversario Roberti de Pinora.

Item in territorio de Besonvilla prope Mondonvillam et in territorio de Mondonvilla, in festo beati Andree, circa II sol. VI den. super terras in dictis territoriis sitas; qui census pertinet anniversario . . . . .

Apud Burgum-Novum, in Nativitate beate Marie, XI lib. supercensus vel redditus per magistrum et fratres Elemosine Carnotensis super V arpenta vinearum cum pressorio sito ante puteum; qui supercensus pani Capituli pertinet.

Item apud Burgum-Novum, in festo beati Remigii, LX sol. census super domos et vineas sitas inter ruellam que ducit de magno chemino Burgi-Novi ad vineas et terras sitas super Burgum-Novum et inter pressorium Elemosine Carnotensis; qui census pertinet ad panem Capituli.

Item apud Burgum-Novum, in festo beati Remigii, XXXII sol. supercensus super vineas sitas in clauso *Ysaquart;* qui supercensus pertinet ad panem Loenii.

Item apud Graverias-Leugarum prope Burgum-Novum, in festo beati

TABLE

DEUXIÈME VOLUME.

Chartes et documents (1200 à 1391) 1
Polyptique de l'église de Chartres 279

www.ingramcontent.com/pod-product-compliance
Lightning Source LLC
Chambersburg PA
CBHW050915230426
43666CB00010B/2183